잃어버린 대의를 옹호하며

In Defense of Lost Causes

IN DEFENSE OF LOST CAUSES by Slavoj Žižek
First published by Verso 2008. © Slavoj Žižek 2008.
Korean translation copyright © Greenbee Publishing Co., 2009
All rights reserved.
This edition published by arrangement with VERSO through Shinwon Agency Co.

트랜스 소시올로지 005
Trans Sociology

Slavoj Žižek
In Defense of Lost Causes

잃어버린
대의를
옹호하며

슬라보예 지젝 지음 **박정수** 옮김

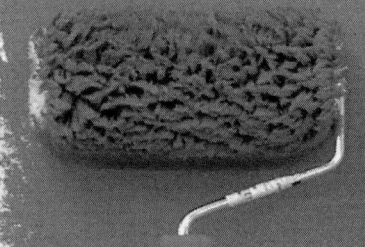

그린비

언젠가 내가 신나게 떠들고 있던 방 안에서 바디우의
(설상가상, 내가 빌려 준) 핸드폰 벨이 울린 적이 있었다.
그는 핸드폰을 끄는 대신 공손하게 내 이야기를 끊고는
통화음이 잘 안 들린다며 좀 조용히 이야기해 줄 수 없냐고 했다.
이것이 진실한 우정의 행위가 아니라면 나는 뭐가 우정인지 모르겠다.
그래서 나는 이 책을 바디우에게 헌사한다.

서문 대의가 말하면 로마는 끝난다 Causa Locuta, Roma Finita

로마가 말하면 논쟁은 끝난다 Roma Locuta, causa finita. 논란을 끝내는 이 권위의 말은 "교회총회가 결정했다"거나 "중앙위원회가 통과시켰다"거나 혹은, "인민의 투표함이 그것을 선택했다"—왜 안 되겠는가?—와 같은 형태로 변주되어 왔다. 하지만 정신분석은 정반대로 말하지 않을까? 논란의 원인 자체가 말하게(라캉의 "나, 진리가 말한다"처럼) 하라. 그러면 (로마)제국(오늘날에는 전 지구적 자본주의)은 끝날 것이다. 원인이 제거될 때 결과들이 판친다 Ablata causa tolluntur effectus. 원인이 부재할 때 결과들이 번성한다(결과들은 오직 원인이 부재할 때만 등장한다). 거꾸로, 원인이 개입할 때 그 결과들은 사라지는 게 아닐까?[1]

하지만, **어떤** 원인이 말해야 하는가? 오늘날의 이데올로기적 무대는 헤게모니를 다투는 입장들로 난립해 있지만, 그들 사이에는 거대 담론의 시대가 지나고 우리는 일체의 근본주의에 반대하여 리좀처럼 부유하는 현실에 맞는 '부드러운 사유'를 필요로 한다는 합의가 이뤄져 있다. 그런 '포스트모던한' 상황에서 대문자 원인(대의)Cause을 말하기는 어렵다. 정

---

[1] 이런 역전은 괴벨스(J. Goebbels)의 악명 높은 격언 "문화라는 단어를 들을 때 나는 총에 손이 간다"에 대한 좌파의 참으로 적절한 대구 "**총에 대한 이야기를 들을 때 나는 문화로 손이 간다**"의 논리를 따른다.

치도 더 이상 총체적인 설명 기제나 근본적인 해방의 기획을 목표로 하지 않는다. 거시적인 해법의 폭력적인 강제는 개별적인 저항과 개입 형식들에 자리를 내줘야 한다. 만약 이와 같은 흐름에 조금이라도 동조한다면, 당장 이 책을 덮고 멀리 던져 버려야 할 것이다.

프랑스 포스트모던 이론을 '장광설'로 가득한 '헛소리'로 치부하는 사람들조차 '딱딱한 사유'와 거시적 해법에 대한 혐오에 관해서는 입장을 같이한다. 오늘날에는 실로 많은 헛소리들이 난무하고 있다. 놀랄 것도 없이, 해리 프랑크푸르트Harry Frankfurt처럼 '헛소리'라는 개념을 대중화시킨 자들조차 그로부터 자유롭지 않다. 불관용이 관용으로, 종교가 합리적 상식으로 보이는 등 끝 모를 복잡성 속에서 모든 게 반대로 나타나는 오늘날, 차라리 딱 잘라서 "헛소리는 집어치워!"라고, 대개는 무기력한 '행위로의 이행'passage à l'acte 이상의 것으로 여겨지지 않는 폭력적인 제스처를 취하고픈 유혹을 받는다. 진실한 말과 '헛소리'의 명확한 분리선을 긋고 싶은 그런 욕망은 지배적인 이데올로기를 진실된 말처럼 양산할 수밖에 없다. 프랑크푸르트가 "헛소리는 집어치워!"라고 말하는 대표적인 정치인으로 트루먼H. Truman이나 아이젠하워D. Eisenhower, 맥케인J. McCain을 제시하는 것은 이상할 게 없다.[2] 그들에게는 거리낌 없이 솔직하게 말하는 것 자체가 진실함의 증명인 듯하다.

독견doxa(우연적이고 경험적인 견해나 지혜)과 진리Truth, 혹은 실증적이고 경험적인 지식과 절대적 믿음Faith 사이의 전통적인 구분선상에서 오늘날의 상식은 '생각할' 수 있는 것과 '할' 수 있는 것 사이에 구분선을 그어야 한다고 말하는 것 같다. 상식 차원에서 가장 멀리까지 밀고 나갈 수 있는 것은 보수주의적 자유주의뿐이다. 확실히, 자본주의의 대안들은

---

2 그의 인터뷰 "Demokratie befordert Bullshit", *Cicero*, March 2007, pp.38~41를 보라.

없는 것처럼 보인다. 그러면서도 자본주의 메커니즘이 자신의 토대 자체를 무너뜨릴 위험은 남아 있다. 이런 위험은 경제적 동력(강력한 국가기구가 시장경쟁 자체를 유지해야 할 필요성)뿐 아니라 이데올로기-정치적 동력과도 관련된다. 다니엘 벨Daniel Bell에서부터 프랜시스 후쿠야마Francis Fukuyama까지 보수적 민주주의자들은 전 지구적 자본주의는 자기 자신의 이데올로기적 조건들(오래전 벨이 '자본주의의 문화적 조건들'이라고 불렀던 것)을 무너뜨리는 경향이 있음을 깨달았다. 자본주의는 자기 책임과 시스템의 '공정함'을 철저히 인식하는 개인들과 그런 개인들을 통해 이뤄지는 사회적 안정을 조건으로 해서만 번창할 수 있다. 이를 위해서는 강력한 교육 제도와 문화적 기제를 통한 이데올로기적 뒷받침이 마련되어야 한다. 이런 지평에서 제출되는 유일한 해법은 하이에크식의 급진적 자유주의도 아니고 낡은 복지국가 모델에 덜 집착하는 잔인한 보수주의도 아니다. 그것은 경제적 자유주의에다가 시스템의 과잉에 맞서는 최소한의 '권위주의적' 공동체 정신(사회적 안정과 '가치들'에 대한 강조)이 결합된, 블레어T. Blair 같은 제3의 길 사민주의자들이 개척한 해법이다.

　　이것이 상식의 한계선이다. 그 너머에 있는 것은 신념의 도약Leap of Faith, 즉 회의적인 지혜의 지평에서는 미친 것으로밖에 보이지 않는 잃어버린 대의Lost Cause에 대한 믿음이다. 이 책은 바로 이 신념의 도약에서부터 발언한다. 하지만 왜? 물론, 문제는 위기와 분열의 시대 속에서 지배적인 상식의 지평에 제약된 경험주의적이고 회의주의적인 지혜로는 결코 해법을 찾을 수 없다는 것이며, 그래서 우리는 감히 신념의 도약으로 나아가야 **한다**는 것이다.

　　이런 전환은 "내가 진리를 말한다"에서 "진리 자체가 (내 안에서/나를 통해서, 분석자의 담론에 대한 라캉의 '수학소'matheme에서 진리의 입장에서 말하는 자처럼) 말한다"로의 전환, 다시 말해서, 에크하르트처럼 "이것이 진리이며, 진리 자체가 그렇게 말한다"[3]라고 말할 수 있는 지점으로의 전환이다. 물론, 실증적 지식 차원에서 진리를 획득하는 것(진리를 획득했다고 확신하는 것)은 불가능하다. 단지 우리는 끊임없이 진리에 가깝게 다가갈 뿐이다. 왜냐하면 언어란 궁극적으로 자기-지시적이기 때문에 궤변론sophism의 실천들과 진리 자체의 구분선을 긋는 것은 불가능하다(이것이 플라톤의 문제이다). 여기서 라캉은 파스칼의 입장에서, 진리 쪽에 내기를 건다. 하지만 어떻게? '객관적' 진리를 추구하는 게 아니라 발화하는 위치에 관한 진리를 견지함으로써.[4]

이와 같은 진리 개념을 견지하고 실천하는 이론은 두 가지밖에 없다. 맑스주의와 정신분석이 그것이다. 이 두 이론은 모두 투쟁하는 이론이다. 단지 투쟁에 관한 이론일 뿐만 아니라, 스스로를 투쟁 속에 두는 이론이다. 이 두 이론의 역사는 중립적인 지식 축적의 역사가 아니다. 그 역사는 불화와 이단과 파문으로 얼룩져 있다. 그 때문에 두 이론에서 이론과 실천은 해소 불가능한 변증법적 관계 속에 있다. 이론은 단지 실천의 개념적 토대가 아니라, 왜 실천이 궁극적으로 실패할 수밖에 없는지를 설명한다. 프로이트가 정확히 지적했던 것처럼, 정신분석은 더 이상 정신분석이 필요 없는 사회에서만 완전하게 이루어질 것이다. 근본적인 차원에서 이론은 실패한 실천의 이론인 것이다. "이 때문에 사태가 어그러진 것이다

---

3 Eckhart von Hochheim, "Jesus Entered", trans. Reiner Schuermann, *Wandering Joy*, Great Barrington, MA: Lindisfarne Books, 2001, p.7의 설교 중에서.
4 그럼 특정한 정치적 입장 선택과 관련하여 이 신념의 도약은 어떤 것을 의미할까? "이것이 그들의 진면목(Real Thing)은 아니다." 결정적 단계(Big step)가 아직 남아 있다는 단서 속에서 통상적인 자유주의 좌파의 입장을 지지하는 것인가? 결코 그렇지 않다. 이런 지지는 신념의 도약이 아니다. 신념의 도약은 현실적 배치 속에 근본적인 해방적 행위의 여지가 전혀 없는 것처럼 보일지라도 모든 가능한 전략적 동맹을 향한 철저하게 냉정하고 개방적인 태도를 위해 우리를 해방시키는 것이다. 그것은 자유주의 좌파의 협박("만약 당신이 우리에게 투표하지 않으면 우파가 낙태를 제한할 것이고 인종주의가 합법화될 것이다……")의 악순환을 깨 버릴 수 있게 해주며 보수 지식인들이 때로는 진보적 자유주의자들보다 훨씬 더 많은 것을 본다(그리고 기존 질서의 적대를 더 잘 인식한다)는 맑스의 오랜 통찰을 이용할 수 있게 한다.

……." 우리는 흔히 프로이트의 다섯 가지 주요한 임상 보고서가 지극히 부분적인 성공과 궁극적인 실패에 관한 보고서라는 사실을 잊곤 한다. 마찬가지로, 혁명의 사건에 관한 가장 위대한 맑스주의적 보고서는 모두 위대한 실패들(독일 농민 전쟁, 프랑스 혁명에서의 자코뱅, 파리 코뮌, 10월 혁명, 중국의 문화혁명……)에 관한 역사이다. 그런 위대한 실패에 관한 고찰은 우리를 충실성의 문제와 대면시킨다. 과거에 대한 향수 어린 집착과 '새로운 환경'에 너무 매끄럽게 적응하는 양쪽의 덫을 피해 가면서 어떻게 이런 실패들 속에 있는 해방의 잠재성을 부활시킬 것인가?

맑스주의와 정신분석의 시대는 끝난 것처럼 보인다. 토드 뒤프레슨이 지적한 것처럼 인간 사유의 역사에서 프로이트만큼—맑스와 몇몇을 제외하고—오류로 가득 찬 이론적 원리를 제시한 사상가는 없다.[5] 그리고, 오늘날 이 두 이론은 자유주의자의 의식 속에서 20세기의 핵심 '공범자'로 떠오르고 있다. 짐작 가능하듯이 공산주의 범죄들을 목록화한 악명 높은 『공산주의 블랙리스트』[6]가 출판된 데 이어 2005년에 정신분석학의 이론적 오류와 임상적 사기행각을 열거한 『정신분석 블랙리스트』[7]가 출판되었다. 적어도, 이런 부정적 형태 속에서나마 맑스주의와 정신분석 사이의 심오한 연대가 만천하에 알려진 것이다.

그럼에도 이런 포스트모던한 승리감을 교란하는 징후들이 있다. 알랭 핑켈크로Alain Finkielkraut는 최근 들어 알랭 바디우Alain Badiou의 사유가 점점 큰 반향을 얻고 있다고 지적하면서 바디우의 사유를 근본성의 회귀와

---

[5] Todd Dufresne, *Killing Freud: 20th Century Culture & the Death of Psychoanalysis,* London: Continuum, 2004. 참조

[6] Stéphane Courtois et al., *Le Livre noir du communisme: crimes, terreurs et répression,* Paris: Robert Laffont, 2000.

[7] Catherine Mayer et al., *Le Livre noir de la psychanalyse: vivre, penser et aller mieux sans Freud,* Paris: Éditions Les Arènes, 2005.

반-전체주의의 붕괴 징후로, 일체의 '반-전체주의자들', 인권 옹호자들, 프랑스의 신 철학nouveaux philosophes부터 '두번째 근대성'의 주창자들까지 '낡은 좌파적 패러다임'에 맞서 싸운 투사들의 오랜 노작이 결국 실패로 끝났다는 사실에 대한 놀라울 정도로 냉철한 인정으로 특징짓는다.[8] 완벽한 불신 속에서 폐기처분되어 마땅한 것들이 복수의 귀환을 시작한 것이다. 우리는 그들의 비탄을 이해할 수 있다. 도대체 어떻게 수십 년 동안 학술 논문과 대중 매체를 통해 전체주의적인 '주인-사상가들'의 위험을 듣고 싶어 하는 사람들에게 열심히 설명했는데도 그와 같은 종류의 철학이 다시 폭력적인 형태로 귀환할 수 있단 말인가? 아직도 사람들은 그런 위험한 유토피아 사상의 시대가 끝났음을 이해하지 못했단 말인가? 아니면, 전체주의적 유혹에 굴복하는 그런 성향은 근절할 수 없는 맹목성이나 인류학적 천성이란 말인가? 나의 주장은 이런 관점을 뒤집는 것이다. 바디우가 특유의 플라톤적 논법으로 지적한 것처럼, 진실한 이데아들은 영원하며 파괴 불가능하다. 그것들은 자신의 죽음을 선포하는 시간 속에 언제나 되돌아온다. 바디우에게는 이와 같은 이데아들을 다시 한번 명확히 **진술하고** 그럼으로써 반-전체주의적 사유가 원래 모습대로 쓸모없는 궤변적 활동으로, 혹은 저급한 기회주의적 생존본능과 두려움의 이론화로, 통상적인 의미에서 반동적일 뿐만 아니라 니체적인 의미에서도 **반동적인**reactive 사유 방식으로 보이게끔 하는 것으로 충분하다.

이와 관련하여 최근 프랑스(뿐만 아니라)의 라캉주의자(뿐만 아니라) 사이에서 일어난 흥미로운 갈등이 있다. 이 갈등은 정치적 주체성의 이름인 '일자'One의 위상과 관련된 것으로, 많은 사람들의 (이를테면 바디우와 장-클로드 밀네Jean-Claude Milner) 개인적 우정을 깨기까지 했다. 아이러니한

---

[8] Eric Aeschimann, "Mao en chair", *Libération*, January 10, 2007에서 인용.

점은 이 갈등이 구-마오주의자들(바디우, 밀러, 레비, 밀네, 르노, 핑켈크로) 중에서 '유대인' 지식인과 '비-유대인' 지식인들 간의 갈등으로 나타났다는 사실이다. '유대 마오주의자들'에 따르면 '유대인'은 오늘날 인간의 유한성까지 포함하여 급진적인 자본주의적 '탈영토화'와 '흐름'의 공간 속에서 모든 한계를 뛰어넘고자 하는 지배적 경향(이런 경향은 인간 자체가 하나의 하드웨어에서 다른 하드웨어로 옮겨 갈 수 있는 소프트웨어로 변형되는 디지털-영지주의Gnosticism적 꿈에서 정점에 도달한다)에 저항하는 자들을 대표하는 이름이다. 그래서 '유대인'이라는 이름은 일자에 대한 근본적 **충실성**fidelity을 대변한다는 것이다. 이런 맥락에서 프랑수아 르노는 오늘날 좌파는 (다른 어떤 인종집단보다)—라캉의 윤리학적 준칙인 "너의 욕망에 대해 양보하지 말라"를 참조하여—"자신의 이름에 대해 양보하는" 유대인을 요청한다고 주장한다.[9]

우리는 급진적 해방 정치로부터 유대인이라는 이름에의 충실성으로 전환하는 이런 주장이 이미 프랑크푸르트 학파의 운명 속에서, 특히 호르크하이머의 후기 텍스트들에서 나타나고 있었음을 기억해야 한다. 여기서 유대인은 예외적인 존재이다. 자유주의적 다문화론의 관점에서 모든 집단은 자신의 정체성을 주장할 수 있다. 자기 정체성이 시오니즘적 인종주의인 유대인들만 제외하고. 이런 접근법에 반대해서 바디우와 몇몇은 명명하기의(를 위한) 정치적 투쟁을 통해 출현하는(구성되는), 그것 자체는 어떤 특수한 제한적 내용(인종적이거나 종교적인 근원들)에도 근거할 수 없는 '일자'에의 충실성을 역설한다. 이런 관점에서 '유대인'이라는 이름에의 충실성은 진정한 해방적 투쟁들의 패배 이면(패배에 대한 은밀한 인정)이다. '유대인'이라는 이름에의 충실성을 요구하는 자들이 급진적

---

9 François Regnault, *Notre objet a,* Paris: Verdier, 2003, p.17.

해방 운동의 '전체주의적' 위험성을 경고하는 자들이기도 하다는 사실은 이상할 게 없다. 그들의 정치는 우리가 처한 상황의 근원적 유한성과 한계의 수락에 의거한다. 유대인의 법이란 궁극적으로 이런 유한성의 표식으로, 그들에 따르면 법을 극복하려는 시도들과 전부를 포괄하는 사랑은 (예수로부터 프랑스의 자코뱅과 스탈린주의까지) 결국 전체주의적 테러로 귀결된다. 간단히 말해서, '유대인 문제'에 대한 유일하게 진정한 해결책은 '최종 해결'Final Solution(유대인의 말살)이다. 왜냐하면 **대상** a로서의 유대인은 유연한 통합 속에서 분열을 극복하는 걸 방해함으로써 역사 자체의 '최종 해결'을 가로막는 장애물이기 때문이다.

하지만 근대 유럽사에서 보편성을 향한 열망을 대변한 자들은 스피노자에서부터 맑스와 프로이트까지 무신론적 유대인이 아닌가? 아이러니하게도 반-유대인의 역사에서 유대인은 그 두 편 모두를 대변해 왔다. 어떤 때는 이주지의 시민이 되지 못하게 만든 특이한 생활 형식에 대한 완고한 집착을 대변해 왔고, 어떤 때는 아무런 특수한 민족적 형식에도 무관심한 채 '집 없고' 뿌리 뽑힌 자들의 보편적 세계주의를 대변해 왔다. 이런 갈등이 (또한) 유대인의 정체성을 이루는 **고유한** 특질이라는 사실을 잊지 말아야 한다. 또한 이런 유대인의 갈등은 오늘날 우리의 정체성을 구성하는 핵심적인 갈등이다. 자신의 특수한 정체성을 보존하는 데 얽매인 **반동적인**(정확히 니체적인 의미에서) '두려움의 정치'와 메시아적 열망 사이의 갈등 말이다.

'이성의 공적 사용'의 영역을 수립하는 데 있어서 유대인이 갖는 특권적 지위는 모든 국가권력으로부터 벗어나 있다subtraction는 특성과 결부되어 있다. 유일신의 추상적-보편성 때문이 아니라, 모든 유기적 민족-국가 공동체로부터 배제된 '몫 없는 자들'part of no-part로서의 위상이 유대인을 보편성의 직접적 구현자로 만든다. 그래서 유대 민족-국가 수립과 함께 새로운 유대인 형상이 출현하게 된 것은 이상할 게 없다. 이스라엘 국가와 자기를 동일시하는 것에 저항하는 유대인, 이스라엘 국가를 자신의 진정한 고향이라고 받아들이기를 거부하는 유대인, 이스라엘 국가 역시 거리를 유지한 채 살아왔던 다른 국가들 중 하나로 취급하면서 자신을 이스라엘 국가로부터 '빼내는'subtract 유대인 말이다. 이 기괴한 **유대인**이야말로 민족-국가 공동체를 교란시키는 이질적 잉여로서 '시오니스트 반-유대주의자'라고 지칭할 수밖에 없는 존재이다. 스피노자의 후예라고 지칭될 자격이 있는 이 '유대인 자신의 유대인'은 오늘날 자신의 이성을 민족-국가의 '사적 영역'에서 사용하기를 거부하고 이성의 '공적 사용'을 끊임없이 주장하는 유일한 유대인이다.

이 책은 일말의 거리낌도 없이 보편적 해방을 위한 투쟁이라는 '메시아적' 관점에 선다. 이 책에서 옹호된 잃어버린 대의의 목록들이 '포스트모던한' 독견의 주장자들에게는 가장 끔찍한 악몽의 호러쇼 내지 온 힘을 다해 쫓아내려 했던 유령들이 모여 있는 대기소처럼 보일 것은 당연하다. 전체주의적 정치에 매혹된 대표적인 철학자로서 하이데거의 정치학, 로베스피에르에서 마오까지의 혁명적 테러, 프롤레타리아 독재 등, 오늘날 지배적 이데올로기는 이것들의 대의를 무시해 버릴 뿐만 아니라 그것들을 좀더 '부드러운' 형태로 대체하려고 시도한다. 지식인의 전체주의적 참여는 안 돼! 그 대신 세계화의 문제점을 탐구하고 공론장 속에서 인권과 관용을 주장하며 인종주의와 성차별주의에 맞서 싸우는 지식인은 좋아! 혁명적 국가 테러는 안 돼! 그 대신 탈-중심적인 다중의 자율-조직화는 좋아! 프롤레타리아 독재는 안 돼! 그 대신 다양한 행위자들 간의 협력(시민사회 발의, 국가 융자, 국가 규제)은 좋아! '잃어버린 대의 옹호'의 진정한 목적은 스탈린주의나 테러를 옹호하는 게 아니라, 너무나 손쉽게 제출된 자유-민주주의적 대안을 문제 삼는 것이다. 푸코의 정치 참여나 특히 하이데거의 정치 참여는 그 근본적 동기는 받아들일 수 있지만 분명히 '잘못된 방향의 올바른 발걸음'이었다. 혁명적 테러의 불행한 운명은—그 테러를 통째로 거부하는 게 아니라—그것을 재창안할 필요를 제기한다. 멀지 않은 생태학적 위기는 새로운 형태의 프롤레타리아 독재를 **받아들일** 유일한 기회를 제공한다. 이 책의 주장은, 이것들이 자기 나름의 역사적 실패이자 괴물이지만 (스탈린주의는 인간의 고통이란 측면에서 파시즘보다 더 잔혹했던 악몽이었다. '프롤레타리아 독재'는 엄밀히 말해서 프롤레타리아가 침묵한 우스꽝스러운 체제를 양산했다……) **그것이 진실의 전부는 아니라**는 것이다. 이것들 안에는 자유-민주주의자의 거부 속에서 사라진 부활의 계기가 존재한다. 이 계기를 분리해 내는 것이 중요하다. 우리는 더러운 물과 함께 아이까지 버리지 않도록 조심해야 한다. 거꾸로, 자유민주주의자들이야말로 더러운 물과 함께 아이까지 버리지 않기를 원하는 자들(순수한 사회민주주의라는 아이는 남겨두고 더러운 테러의 물은 버림으로써)이라고 주장하고픈 유혹을 받지만, 그 속에서 원래 물은 깨끗했다는 사실, 물속의 오물은 아이로부터 온 것임을 잊어서는 안 된다. 오히려 우리가 해야 할 일은 아이가 더러운 똥으로 깨끗한 물을 오염시키기 전에 아이를 버리는 것, 스테판 말라르메Stéphane Mallarmé 말을 이용하면, **역사의 욕조 속에 물 외에는 아무것도 남지 않게** 하는 것이다.

그래서 잃어버린 대의의 옹호는 "모든 대의가 원인으로 작동하기 위해서는 우선 그것이 상실되어야 한다"는 식으로, 일종의 폭력 게임에 참여하는 것이 아니다. 반대로, 모든 폭력을 동원하여 라캉이 조롱 섞인 어조로 '상실한 원인의 나르시시즘'이라고 불렀던 것을 파괴하고 과감하게 대의원인의 완전한 실현을 받아들이는 것, 불가피하다면 파국적인 재앙까지 무릅쓰는 것이다. 바디우가 공산주의 체제의 붕괴와 관련하여, 탈-존재보다는 재앙이 낫다mieux vaut un dèsastre qu'un désêtre라고 말할 때 그는 옳다. 사건에 무관심한 비-존재보다는 사건에 충실한 재앙이 낫다. 앞으로 자주 인용할 베케트의 유명한 문구를 인용하면, 무관심은 우리를 아둔한 존재의 늪에 빠뜨리는 반면, 과감히 실패함으로써 우리는 앞으로 나아갈 수 있고, 그럼으로써 더 잘 실패할 것이다.

* * *

몇 년 전 영화잡지 『프리미어』Premiere는 할리우드 영화의 엔딩 장면이 비-영어권 지역에서 어떻게 다르게 번역되었는지 조사한 바 있다. 「바람과 함께 사라지다」의 일본판에서 클라크 게이블이 비비안 리에게 한 "솔직히, 이제는 내 알 바 아니오"라는 원래 대사는 "당신과 나 사이에 약간의 오해가 있었다고 생각합니다"라는 일본 특유의 예의 바른 말투로 번역되었다. 이와 반대로 중국(중화인민공화국)에서 「카사블랑카」의 "루이스. 이것이 아름다운 우정의 시작이 아닌가 싶소"는 "우리는 이제 새로운 반-파시즘 투쟁 세포를 조직하게 될 것이오!"로 번역되었다. 적과의 투쟁은 사적인 우정 이상의 공동 과업인 것이다.

최근의 저서들은 과도하게 직설적이고 '도발적인' 진술에 몰두하는 것처럼 보이지만(혁명적 테러에 대해 최소한의 공감과 이해를 표명하는 것보다 오늘날 더 '도발적인' 것이 있을까?) 그것은 오히려 『프리미어』에 인용된 사례들처럼 진실을 전치시키는 것이다. 적에 대해 내 알 바 아니라고 말할 상황에서 뭔가 약간의 오해가 있는 것 같다고 말하거나, 새로운 이론-정치적 투쟁의 장을 공유하는 것이 문제인 상황에서 아카데믹한 우정과 연대에 대해 이야기하는 식이다. 이런 상황에서 자기 앞의 실마리를 푸는 것은 결국 독자의 몫이다.

CONTENTS

서문 대의가 말하면 로마는 끝난다 · 7

1부—사물들의 상태

1장. 무조음의 세계에서 행복과 고문 · 23
인간적인, 너무나 인간적인 23 ㅣ 교양의 스크린 33 ㅣ 선물과 교환 41 ㅣ 오디세우스의 현실정치 46
무조음의 세계 52 ㅣ 세르브스키 연구소, 말리부 61 ㅣ 증상으로서의 폴란드 67 ㅣ 고문의 행복? 73

2장. 이데올로기의 가족 신화 · 85
'자본주의적 리얼리즘' 85 ㅣ 할리우드의 커플 생산…… 91 ㅣ ……과 바깥에서의 커플 생산 99
실재적인 할리우드 좌파 105 ㅣ 프랑켄슈타인의 역사와 가족 114 ㅣ 자기 목적지에 도달한 편지 127

3장. 급진적 지식인들, 혹은 왜 하이데거는 1933년(비록 잘못된 방향일지라도) 올바른 발걸음을 내디딘 걸까 · 147
숲속에 나무 감추기 147 ㅣ 니체 길들이기 158 ㅣ 미셸 푸코와 이란 사건 165
하이데거의 문제 180 ㅣ 존재론적 차이 191 ㅣ 하이데거의 연기나는 총? 196 ㅣ 반복과 새로움 209 ㅣ
하이데거부터 충동까지 219 ㅣ 하이데거의 '신성한 폭력' 228

2부—과거로부터의 교훈

4장. 로베스피에르부터 마오까지의 혁명적 테러 · 239
"무엇을 원하는가?" 239 ㅣ 비인간적인 것을 주장하기 250 ㅣ 맑스주의의 실체변환 267
마오 변증법의 한계 276 ㅣ 문화혁명과 권력 294

5장. 다시 방문한 스탈린주의, 혹은 어떻게 스탈린은 인간의 인간성을 구원했는가 · 319
스탈린주의의 문화적 반-혁명 319 ㅣ (어쩌면 세상을 구할지도 모를) 자기 목적지에 도착하지 않은 편지 324

크렘린학 331 | 객관적 유죄로부터 주관적 유죄로 336 | 「카사블랑카」속의 쇼스타코비치 358
스탈린주의적 카니발…… 374 | 세르게이 에이젠슈테인의 영화에서 384 | 최소한의 차이 393

6장. 포퓰리즘이 실천에서는 (가끔씩) 옳지만, 이론에서는 옳지 않은 이유 · 401
실천적으로는 좋다 404 | ……하지만 이론에서는 좋지 않다 420 | '경제의 지배적 역할': 맑스와 함께 프로이트를 432 | 선 긋기 445 | 행위 460 | 실재 480 | 향락의 정치의 공허함 492

3부—무엇을 할 것인가?

7장. 규정적 부정의 위기 · 509
유머러스한 초자아…… 512 | ……그리고 그 저항의 정치 523 | "굿바이, 저항하는 유목민 씨" 529
다보스 속의 네그리 544 | 네그리 없는 들뢰즈 551 | 협치와 운동 566

8장. 알랭 바디우, 혹은 빼기의 폭력 · 577
민주주의적 유물론과 변증법적 유물론 577 | 사건에 응답하기 585
우리는 새로운 세계를 원하는가? 599 | 문화혁명의 교훈들 604 | 어떤 빼기? 614
프롤레타리아 독재에게 기회를! 622

9장. 자연 속의 불만 · 635
후쿠야마를 넘어 635 | 두려움에서 전율로 648 | 자연에 대립한 생태주의 655
하이데거의 이용과 오용들 678 | 무엇을 할 것인가? 686

옮긴이 후기 지젝과 함께 다시 맑스로 · 701

| **일러두기** |

1 이 책은 Slavoj Žižek의 *In Defense of Lost Causes*(Verso, 2008)를 완역한 것이다.
2 본문에 들어간 괄호( )는 모두 저자의 것이고, 대괄호[ ]는 읽는이의 이해를 돕기 위해 옮긴이가 추가한 부분이다.
3 본문의 각주 중 일련번호(1, 2, 3······)로 표시된 것은 저자의 것이고, 별표(*)로 표시된 것은 한국어판 편집자가 추가한 것이다.
4 외국의 인명이나 지명, 그리고 작품명은 대부분 〈국립국어원〉에서 2002년에 펴낸 '외래어 표기법'에 근거해 표기했다.
5 단행본·전집·정기간행물 등에는 겹낫표(『 』)를, 논문·영화·단편·기사 등에는 낫표(「 」)를 사용했다.

1부
사물들의 상태

1장
무조음의 세계에서 행복과 고문

2장
이데올로기의 가족 신화

3장
급진적 지식인들, 혹은 왜 하이데거는 1933년 (비록 잘못된 방향일지라도) 올바른 발걸음을 내디딘 걸까

1장 무조음의 세계에서 행복과 고문

인간적인, 너무나 인간적인

스파이 스릴러물은 착한 놈과 나쁜 놈의 단순한 대립과 달리 특유의 예술적 장치로써 '우리' 편의 '리얼한 심리학적 복합' 성격을 제시한다. 하지만 우리 자신의 '어두운 측면'에 대한 이런 '정직한' 인식은 단순하게 균형 잡힌 관점을 보여 주는 것이 아니라 정확히 그 반대의 것, 자기 우월성의 은밀한 확신을 표명한다. 우리는 '심리적으로 복합적'이어서 의심으로 가득 차 있는 데 반해, 악당은 오로지 광적인 살인 기계로서의 성격만을 지니고 있다는 식이다. 여기에 스티븐 스필버그가 감독한 「뮌헨」Munich의 기만성이 있다. 이 영화는 이스라엘의 관점이 지닌 도덕적 콤플렉스와 양면성·심리적 의심·복수의 문제적인 성격 등을 제시하면서 '객관적인' 척 하지만, '실제로는' 모사드 요원들을 훨씬 더 잘 속죄해 준다. "보라. 그들은 냉혹한 살인자이기만 한 것이 아니라 의심하는 인간 존재이기도 하다. **그들은** 스스로 의심하지만 팔레스타인 테러리스트들은 ……." 우리는 실제로 보복 살인을 수행하고 살아남은 모사드 요원들이 이 영화에 대해서 갖는 적개심("우리는 어떤 심리적인 의심도 하지 않았다. 우리는 단지 해야 할 일을 했을 뿐이다")에 공감할 수밖에 없다. 이런 그들의 입장에 훨씬 더

많은 진실이 담겨 있기 때문이다.[1]

이로부터 도출되는 기본적인 교훈은, 타자의 악마화에 맞서는 최선의 방법은 타자를 주체화하는 것, 타자의 이야기에 귀 기울이는 것, 타자의 상황 인식 방식을 이해하는 것, 혹은 중동의 한 게릴라의 말처럼 "적이란 우리가 들어 본 적이 없는 이야기를 하는 자"[2]임을 받아들이는 것이 될 듯하다. 최근에 아이슬란드 당국자들은 이 다문화적 관용이라는 고귀한 모토를 실천하면서 타자의 주체화를 실행하는 독특한 형식을 찾아냈다. (이주노동자의 증가로 인한) 인종주의의 확산이나 성적 불관용에 대응하기 위해 그들은 '살아 있는 도서관'이라 불리는 것을 조직했다. 인종적·성적 소수자들(게이, 동유럽의 이주노동자들이나 흑인들)이 아이슬란드 가족을 방문하여 그 가족들과 얘기를 나누고 그들의 일상적인 생활 방식이나 꿈에 친근해지도록 하는 프로그램이다. 이렇게 해서 우리의 생활 방식을 위협하는 것으로 보였던 낯선 이방인들은 감정을 교류하고 그들의 복잡한 세계와 공감할 수 있는 평범한 사람으로 보이게 된다.

하지만 이 과정에는 명백한 한계가 있다. 우리는 나치 살인청부업자를 방문하여 그의 이야기를 듣는 것을 상상할 수 있을까? 우리는 히틀러가 우리의 적인 것은 그의 이야기를 들어 본 적이 없기 때문이라고 주장할 수 있을까? 세르비아의 한 저널리스트가 최근에 한 정치인과의 길고도 힘겨운 대화를 통해 기이한 정보를 입수했는데, 슬로보단 밀로셰비치

---

1 그럼에도 이 영화에는 '안다고 가정된 주체'의 완벽한 사례를 제공하는 특이한 장면이 있다. 모사드 요원들은 (그들을 처형하기 위한) 뮌헨 암살을 조직한 자들의 처소를 알아내기 위해 신비한 프랑스인 집단에 도움을 청한다. 그 집단은 아이들과 닭들이 뛰어다니는 시골집에서 평범한 농촌 생활을 영위하고 있는 일종의 확대 가족인데, 그 집단의 남자 구성원은 마치 테러리스트들과 지하 스파이 조직의 행방과 처소에 대해 모두 알고 있는 듯한 이상한 태도를 보인다.
2 "Living Room Dialogues on the Middle East"의 발문. Wendy Brown, *Regulating Aversion*, Princeton, NJ: Princeton University Press, 2006에서 인용.

Slobodan Milošević가 자기 빌라에서 경찰에 자진 체포되었다는 것이다. 그의 말에 의하면, 밀로셰비치는 '알았다'며 잠깐 일을 마칠 동안 일층에 내려가 기다려 달라고 부탁하더라는 것이다. 협상가는 혹시 자살을 하려는 건 아닐까 하는 의구심을 피력했지만 밀로셰비치는 떠나기 전 꼭 머리를 감겠다고 아내 미라 마르코비치에게 약속했다면서 협상가를 안심시켰다. 이와 같은 사생활의 디테일은 밀로셰비치 통치의 공포를 '덜어 주는가?' 그래서 그를 '보다 인간적'으로 만들어 주는가? 우리는 히틀러가 에바 브라운Eva Braun의 머리를 감겨 주는 것을 상상할 수 있다. 굳이 그럴 필요도 없이 우리는 이미 홀로코스트를 설계한 하이드리히R. Heydrich가 저녁 때 친구들과 베토벤의 현악 4중주를 즐겨 연주했다는 사실을 알고 있다. 보통 작가 소개 끄트머리에 쓰는 '사적인' 문장들을 떠올려 보자. "그는 한가한 때면 고양이랑 놀면서 튤립을 기른다……." 작가를 '인간화'하는 그런 보충은 "그 역시 우리와 같은 사람이다"는 메시지를 전달하는 이데올로기의 순수한 형태이다(내 책 뒤표지에는 "지젝은 한가한 시간이면 아이들을 위해 인터넷으로 아동용 포르노그래피를 서핑하며, 아들에게 거미 다리 뜯는 방법을 가르쳐 주곤 한다"라고 쓰고픈 유혹을 느낀다).

주체성에 대한 가장 기본적인 경험은 '나의 풍요로운 내적 삶'에 대한 체험이다. 이것이 공적 삶에서의 소명이나 상징적 결정요소(아버지, 교수, 철학자)와 대조된 '진실로 나'인 바이다. 이에 대한 정신분석의 기본 교훈은 '우리의 풍요로운 내적 삶'은 근본적으로 기만이라는 것이다. 그것은 나의 외관을 지킬 수 있게, 나의 진정한 사회-상징적 정체성을 손에 잡힐 듯 지각할 수 있게 해주는 (나의 상상적 나르시시즘에 접근할 수 있게 해주는) 일종의 은폐 막, 내지 거짓거리이다. 그래서 이데올로기 비판의 실천 방법 중 하나는 이와 같은 '내적 삶'과 '진정한' 감정의 위선을 벗겨 버리는 전략을 창안하는 것이다. 라스 폰 트리에Lars von Trier가 자기 영화에서 체계적으로 실행한 것처럼.

나의 첫번째 영화, 「정원사」The Orchid Gardener는 백혈병으로 죽은 한 소녀의 출생 연도 및 사망 날짜와 함께 그녀에게 영화를 바친다는 오프닝 자막으로 시작한다. 이것은 조작과 냉소로 꾸며 낸 거다. 이렇게 시작하면 관객들이 영화를 훨씬 더 진지하게 본다는 걸 알았기 때문이다.[3]

여기에는 기법상의 조작 이상의 것이 있다. 라스 폰 트리에는 자신의 여성 3부작(「브레이킹 더 웨이브」Breaking the Waves, 「어둠 속의 댄서」Dancer in the Dark, 「도그빌」Dogville)에서 순수한 영혼 때문에 수난을 겪는 지극히 원형적인 여성 이미지를 통해 그런 여자를 볼 때마다 우리 내면에서 자동적으로 움트는 동정심을 드러낸다. 이런 예술적 '조작'manipulation을 통해 그는 희생자의 고통을 통해 얻는 외설적 쾌락이라는 동정심의 이면을 폭로하고, 그럼으로써 우리 내면의 자기-만족을 교란한다. 하지만 이것이 (라캉에 대한 소박한 독법에서 흔히 있는 것처럼 기표의 주체와 상상적 에고를 대립시키면서) 나의 '진실'은 나의 상상적인 '내적 삶'에 의해 은폐된 나의 상징적 정체성 속에 있음을 의미하는 걸까?

내심 가학적인 환상에 몰두하면서도 공적으로는 점잖게 규범적인 남자를 예로 들어 보자. 그가 인터넷 채팅 방에서 그런 가학적인 환상을 드러낼 때, 즉 허구의 형식 속에서 자신의 진실을 드러낼 때 오히려 진실은 점잖은 사람 쪽에 있고 그가 보여 주는 가학적 환상은 진실에 대한 방어로 기능하는 게 아닐까? 오래된 유대인 농담을 변주하면 "당신은 점잖

---

[3] Lars von Trier and Stig Björkman, *Von Trier on von Trier*, London: Faber and Faber, 2003, p.252.

은 사람이다. 그런데도 왜 당신은 점잖은 사람처럼 행동하는 거지?" 그래서 인터넷이란 공간은 우리의 내적 진실을 스크린상에 표현한다고 여겨지지만 오히려 우리의 진실인 진부한 도덕성으로부터 우리를 지켜 주는 방어적 환상을 펼쳐 놓는 장소가 아닐까?[4]

여기서 두 가지 경우가 구별되어야 한다. 공적으로는 잔혹한 사업가이지만 그것은 단지 공개적인 외관에 불과하고 진정한 자기는 영적인 명상 속에 있다고 느끼는 경우(그의 친구가 다른 사람들에게 "그의 난폭한 비즈니스 업무가 당신들을 기만해서는 안 된다. 그는 실제로는 매우 세련되고 점잖은 사람이다"라고 말하는 장면을 상상해 보라)와 인터넷에서는 폭력적인 환상에 굴복하지만 실제 인간관계에서는 점잖은 사람의 경우는 전혀 다르다. 주체적 동일시의 장소가 바뀐다. 인터넷 애호가의 경우 자신은 실제로 점잖은 사람인데 폭력적인 환상을 연기할 뿐이라고 생각하는 반면에 뉴에이지 풍의 사업가는 사업상 공적인 역할을 수행하지만 자신의 진실한 정체는 명상을 통한 내적 자기 발견이라고 생각한다. 달리 말해서, 둘 다 진실은 허구적이지만 이 허구의 장소가 다르다. 인터넷의 경우 어떤 측면에서 '가면을 벗고' 자신을 드러내는 것, 즉 실제 생활에서 폭력적인 환상을 실행하는 것은 있을 수 있다. 이런 폭발은 '진정한 자기'의 실제적 발현이 될 것이다. 뉴에이지 풍 사업가의 경우 진실은 공적인 얼굴이고 여기서 '가면을 벗고' 뉴에이지 풍의 자기를 현실에 드러내는 것, 즉 자신의 사업가적 특질을 **현실에서** 포기하는 것은 자신의 주체적 위치를 실제로 바꾸는 것을 의미하게 될 것이다. 그래서 두 경우 '가면 벗기'는 전혀 다르게 작동한다. 인터넷의 경우 이런 제스처는 이를테면 히틀러가 현실의 반-유대주의적 해결책(반-유대주의적 환상의 실현)으로 거짓 행위

---

4 (거의) 항상 그렇듯이 이 점에 대해서는 에릭 샌트너(Eric Santner)를 참조했다.

를 실행하는 것인 반면, 뉴에이지 사업가의 경우는 진실한 행위의 실행이 될 것이다.

표면적인 대립을 해소하기 위해 우리는 이 두 경우를 라캉의 상상계-상징계-실재의 삼항체계로 재규정해야 한다. 우리는 두 요소가 아니라 세 가지 요소를 다루고 있는 것이다. 인터넷에서 연기하는 더러운 환상은 명상 중에 있는 '진실한 자기'와 동일한 지위에 있지 않다. 전자는 실재에 속하는 반면 후자는 상상계에 속한다. 그래서 삼항체계는 I-S-R을 그린다. 정확히, 인터넷의 경우 나의 점잖은 얼굴은 내 환상의 실재와 대립된 상상적-상징계인 반면에 뉴에이지 사업가의 경우 나의 공적 얼굴은 나의 상상적 '진실한 자기'에 대립된 상징적-실재이다.[5] (이론적으로 한발 더 나아가 이 삼항체계가 작동하도록 하려면 네번째 항, 주체성이라는 텅 빈 핵심을 추가해야 한다. 라캉의 '빗금친 주체'($)는 나의 상징적 정체성도 아니고 나의 상상적 '진실한 자기'도 아니며 내 환상의 외설적 중핵도 아니다. 그것은 마치 매듭처럼 세 장을 묶어 주는 텅 빈 그릇이다.)

이 복합적 '매듭'은 냉전 시대의 유명한 비극적 형상을 설명해 준다. 서구의 좌파들은 진심으로 자기 나라의 반-공산주의적 히스테리에 대항해 영웅적으로 싸워 왔다. 그들은 자신의 공산주의적 신념과 소련에 대한 옹호 때문에 감옥에 가는 것을 두려워하지 않았다. 바로 그런 신념의 환영적 성격이 그들의 주체적 입장을 비극적으로 숭고하게 만드는 요소가 아닐까? 그래서 소련의 비참한 현실은 그들의 내적 신념의 연약한 아

---

5 이 구분을 좀더 명료화하기 위해 두 가지 정치적-이데올로기적 사례와 비교해 보자. 첫번째 사례는 자신은 내면의 진정한 자아와는 무관한 외관적인 게임을 하고 있을 뿐이라고 확신하면서 이데올로기적 의례에 복종하는 공산주의 공무원이다(밀란 쿤데라가 말했듯이 "삶은 다른 곳에 있다"). 또 다른 사례는 에릭 앰블러(Eric Ambler)의 소설에서 처음에는 단지 보수적인 친척과 친구들을 괴롭히기 위해 부자 여자와 결혼한 주인공처럼 도발적으로 믿는 척하면서 공산주의 문학을 읽었지만, 점점 자신의 게임에 자기가 몰입하여 결국에는 진정한 공산주의자가 되는 경우이다.

름다움에 장엄함을 부여해 줄 뿐이다. 이것은 급진적이고 예상치 못한 결과를 낳는다. 그의 신념은 비극적으로 잘못된 윤리적 확신이라고 말하는 것, 즉 그 윤리적 준거의 끔찍하고 비참한 현실을 회피하는 맹목적 신뢰일 뿐이라고 말하는 것으로는 충분치 않다. 반대로, 그런 맹목성, "나는 소련에서 벌어지는 일이 끔찍하다는 것을 잘 알고 있어. 그럼에도 불구하고 나는 소비에트 사회주의를 믿어"라는 물신주의적 태도야말로 모든 윤리적 입장의 핵심적 구성요소이다. 칸트가 『학부 간의 논쟁』Der Streit der Fakultäten(1798)에서 프랑스 혁명에 도취된 자기 입장을 제시할 때 그는 이미 이것을 알고 있었다. 혁명의 진정한 의의는 파리에서 실제로 일어난 사태―상당 부분 끔찍한 살육적 열정이 분출된 사태―에 있는 게 아니라, 파리에서 일어난 사건들이 그에 공감하는 유럽의 관찰자들에게 불러일으킨 열광적인 반응에 있다.

정신적으로 풍요로운 인민들이 일으킨 최근의 혁명은 실패할 수도 있고 성공할 수도 있다. 그것은 불행과 잔혹을 더할 수도 있다. 그럼에도 그것은 모든 관객(혁명에 직접 참여하지 않은 사람들)의 가슴에 욕망에 따른 동조의 감정을 불러일으켰다. 도취라고 말할 수 있는 그 감정의 표현은 위험한 것이기에 오직 인류 속에 있는 도덕적 소인素因에 의해서만 생길 수 있는 것이다.[6]

실재적 사건Event, 실재the Real의 영역은 파리에서 일어난 현실적인 폭력 사태가 아니라 이런 현실이 관찰자들에게 현상하는 방식과 그들의 가

---

6 Immanuel Kant, "The Conflict of Faculties", *Political Writings*, Cambridge: Cambridge University Press, 1991, p.182.

슴속에 일어난 희망 속에 있다. 파리에서의 현실은 시간 속에 일어난 경험적 역사에 속하는 반면, 열광적 반응을 일으킨 숭고한 이미지는 영원성에 속한다. 이것은 서구의 소련 예찬자들에게도 똑같이 적용된다. '일국사회주의 건설'이라는 소비에트의 경험은 분명 비극과 실패의 연속일수 있다. 그럼에도 불구하고 그것은 구경꾼들(거기에 직접 참여하지 않은 사람들)의 가슴속에 열정을 불러일으킨다.

문제는 바로 여기에 있다. 모든 윤리가 그런 물신주의적 부인fetishistic disavowal의 제스처에 의존해야만 하는가? 가장 보편적인 윤리조차 어떤 종류의 수난에 이끌리지 않고 그로부터 선을 그어야 하지 않을까? 우리의 소비를 위해 도살당하는 짐승은 어떤가? 산업화된 농장에서 반쯤은 눈이 먼 채 잘 걷지도 못하고 도살될 때까지 살만 찌우는 돼지를 보고 나서도 폭찹을 계속 먹을 수 있겠는가? 알지만 무시하곤 하는 수많은 사람들의 고통과 고문은 어떤가? 지구상에서 자행되는 (눈을 뽑아 버리거나 고환을 뭉개 버리는 따위의) 잔혹한 고문장면을 찍은 스너프 필름을 하루 종일 반복해서 봐야 한다고 상상해 보자. 그럴 때도 우리는 평상시와 똑같이 지낼 수 있을까? 그렇다. 우리가 목격한 것을 어쨌든 잊어버릴 수만 있다면(우리가 본 것의 상징적 효력을 중지시킬 수 있다면) 말이다.

다시, **모든** 윤리학은 그런 물신주의적 부인의 제스처에 의존해야 하는 게 아닐까?[7] 맞다. 모든 윤리학이 그렇다. **단 일종의 반-윤리학인 정신분석적 윤리학은 예외로 하고**. 정신분석적 윤리학은 정확히 통상적인 윤리적 도취가 배제한 것, 유대-기독교적 전통에서 '이웃'이라 불리는 외상적 사물에 초점을 맞춘다. 프로이트는 "이웃을 사랑하라"는 명령을 받아

---

7 모든 중생들과 연대한다는 불교 윤리학의 예외적인 해법 역시 과도한 연민으로부터 물러섬으로써 보편화된 무관심을 실천하는 것이라고 할 수 있다. (일본의 선불교가 명확히 보여 주었듯이, 불교 윤리학이 보편적 동정의 대립물로 전화하여 무자비한 군사적 대응을 옹호할 수 있는 것은 이 때문이다.)

들이기 힘든 이유를 제시한다. 여기서 유혹적이지만 하지 말아야 할 것은 이웃을 윤리적으로 길들이는 것이다. 엠마누엘 레비나스가 윤리적 책임의 요청이 발해지는 심연의 지점으로서 이웃을 말하면서 했던 것 말이다. 그로 인해 그는 이웃의 괴물성을 은폐해 버렸다. 라캉이 견딜 수 없는 강도와 불가해함 속에 있는 욕망의 대상을 가리키는 프로이트의 '사물'das Ding 개념을 이웃에 적용하면서 지적했던 괴물성 말이다. 이 괴물성이란 용어를 통해 모든 공포영화의 함의를 읽어 내야 한다. 이웃은 스티븐 킹의 『샤이닝』The Shining에서 점점 살인마로 변해 가며 악마의 이빨을 드러내듯 가족을 살육하려 하는 온순한 삼류소설가처럼 평온한 인간의 얼굴 속에 잠재해 있는 (악마적) 사물인 것이다.

프로이트와 라캉이 유대-기독교의 "네 이웃을 사랑하라"는 명령의 문제적 성격을 주장할 때 그들은 통상적인 비판-이데올로기처럼 모든 보편적 개념은 특수한 가치에 물들어 있으며 은밀한 배제를 포함한다는 것을 지적한 게 아니다. 그들은 보편성의 차원과 이웃 간의 양립 불가능성에 대해 훨씬 강력한 입장을 전개한다. 이웃의 **비인간적**inhuman 성격 자체가 보편성에 저항하는 요소인 것이다. 이것은 중요한 문제를 제기한다. 모든 보편주의적 윤리가 그런 물신주의적 부인의 제스처에 의존해야 하는가? 답은 '그렇다'이다. (인간 존재의 비인간적 중핵을 회피한다는 의미에서) '휴머니즘'에 머물러 있는 모든 윤리, 이웃의 심연적 성격을 부인하는 윤리라면 말이다. '인간'Man, 혹은 '인간적인 사람'human person은 이웃이라는 순수한 주체성을 숨기는 가면이다.

이처럼 이웃을 어떤 길들이기의 시도 내지 편안한 동료로 변모시키는 시도를 좌절시키는 불가해한 '사물'로 정의한다고 해서 그것이 윤리의 궁극적인 지평이 모든 보편성을 거부하는 이해 불가능한 타자성에 대한 복종이라는 것을 뜻하는 것은 아니다. 알랭 바디우를 따라 우리는 정반대로 **오직** '비인간적' 윤리학, 동료가 아니라 비인간적 주체를 호명하는 윤리학만이 진정한 보편성을 지탱할 수 있다고 단언해야 한다. 상식적으로 이해하기 어려운 점은 이 이웃-사물로서의 주체가 지닌 단일성을 통상적인 '일반적' 보편성이 아니라 보편적 단독성, 즉 일체의 특수한 속성들이 제거된 주체적 단독성에 근거한 보편성, 특수자를 매개하지 않고서 보편과 개별 사이의 직접적인 단락이라 할 보편성으로 전도시키는 것이다.

우리는 발터 벤야민의 초기 저서 『언어 일반과 인간의 언어에 대하여』Über die Sprache überhaupt und über die Sprache des Menschen의 제목이 함축하고 있는 놀라운 성찰에 주목해야 한다. 여기서 요점은 인간의 언어가 다른 종류의 언어(신의 언어와 천사의 언어, 동물의 언어, 외계의 다른 지적 존재의 언어, 컴퓨터 언어?)를 모두 포함하는 보편적 언어 '자체' 중 한 가지 종류라는 게 아니다. 인간의 언어 말고는 어떤 언어도 현실적으로 존재하지 않는다. 그러나 인간의 언어라는 이 '특수한' 언어를 이해하려면, 그것을 언어 '자체'(인간 유한성의 표식이나 에로틱한 열정과 필멸성, 권력의 외설성과 권세를 위한 투쟁의 흔적이 제거된 순수한 언어 구조)와 분리시키는 미세한 차이와 간극의 견지에서 이해해야 한다.[8] 비인간적 언어와 인간적 언어 사이의 미세한 차이는 명백히 플라톤적인 차이다. 그래서 우리는 여기서 통상적인 관계를 뒤집어야 하는 게 아닐까? 그리스도 속에서 신은 전적으로 인간적이라는 사실의 이면은 **우리 인간은 인간적이지 않다**는 것이 아닐까? 체스터턴G. K. Chesterton은 『노팅힐의 나폴레옹』The Napoleon of Notting Hill을 이런 문장으로 시작한다. "내 책을 읽는 상당수 독자인 인간 종족……." 물론, 이 문장은 우리 중 어떤 이는 인간이 아니라는 게 아니

---

[8] 이와 같은 벤야민의 교훈은 하버마스에 의해 잊혀진다. 하버마스는 정확히 하지 말아야 할 것을 한다. 그는 이상적인 '일반 언어'—실용적 보편—를 현실에 존재하는 언어 규범과 같은 것으로 설정했다.

라, 우리 모두 안에는 비인간적인 알맹이가 있다는 것, 우리는 '전부가 인간은 아닌' 존재라는 것이다.

교양의 스크린

'비인간적인' 이웃의 주제넘은 근접성과 거리를 유지하는 가장 좋은 방법은 정중함politeness이다. 정중함이란 무엇인가? 유혹에 관한 점잖은 속어가 있다. 한 청년이 밤에 여자 집 앞에서 작별인사를 하는데 머뭇거리면서 "너하고 커피 한잔 하면 안 될까?"라고 말하자 여자가 "오늘은 안 돼. 오늘이 그날이야……"라고 대답한다. 이런 일반형의 한 가지 변이형은 여자가 "좋은 소식이 있어. 그날이 지났어. 방으로 가자!"라고 말하고 남자는 "미안, 지금은 커피 마실 기분이 아니야……"라고 말하는 것이다. 이런 점잖은 대화는 즉각 정중함의 모호한 측면을 드러낸다. 남자의 정중한 대답에는 확실히 모욕적인 잔인함이 숨어 있다. 존 레논이 그의 「노동 계급의 영웅」Working Class Hero에서 말한 것처럼 "당신은 죽이면서 웃는 법을 배워야 한다".

헨리 제임스Henry James의 작품들은 정중함의 모호함을 잘 보여 준다. 그의 작품 세계에서는 **재치**가 가장 큰 가치로 칭송되며 감정을 폭발시키는 것이 가장 천박한 것으로 간주된다. 거기서는 모든 것이 말해지고 지극히 고통스런 결정이 이뤄지며 지극히 미묘한 메시지들이 전해지지만 그것들은 모두 극히 형식적인 대화를 통해 이뤄진다. 심지어 파트너를 등쳐 먹을 때조차 고상한 미소로 차와 케이크를 건넨다. 그렇다면 이것은 거칠고 직접적인 접근법이 타자의 핵심을 놓쳐 버리는 반면 기교적인 춤은 그것을 성취할 수 있다는 것일까? 아도르노는 『한줌의 도덕』Minima Moralia에서 헨리 제임스 안에서 명확히 드러난 기교의 극단적 모호함을 지적한 바 있다. 타인의 감수성을 존중하고 타인의 내밀함을 공격하지 않으려는 극단적인 조심성은 쉽게 타인의 고통에 대한 잔인한 무관심으로 전환될 수 있다.9 이런 정신이 부조리의 수준으로까지 고양된 경우를 러시아 최전방의 독일 육군본부 원수 폰 클루케에게서 찾을 수 있다. 1943년 1월 육군 본부가 있는 스몰렌스크의 독일군 장교들은 히틀러가 방문할 때 그를 암살하려는 계획을 세우고 있었다. 계획은 히틀러가 회식을 하는 동안 수십 명의 장교들이 동시에 권총을 쏘아 히틀러를 죽이는 것이었다. 집단적으로 저격하면 히틀러의 경호원들이 한두 발의 탄환은 막더라도 성공확률을 높일 수 있기 때문이다. 하지만 폰 클루케는 그 계획에 반대했다. 그는 분명 반-나치주의자이고 히틀러가 죽기를 원했지만 독일 장교 지침에 따르면 "점심 식사 중인 사람을 쏘는 것은 예의에 어긋나기 때문이다".10

이렇게 해서 정중함은 교양civility에 가까워진다. 「브레이크업」The Break-Up에는 신경질적인 빈스 본이 제니퍼 애니스톤에게 화를 내는 장면이 나온다. "당신은 내가 접시를 닦길 원했고, 나는 접시를 닦을 거야. 근데, 뭐가 문제지?" 그녀가 대답한다. "나는 당신이 접시를 닦기를 원한 게 아니야. 내가 원한 건 당신이 접시를 닦기를 **원하는** 거였어." 이것이 욕망의 미세한 반성성reflexivity, 욕망의 '테러리즘적' 요구이다. 내가 원한 건 단지 내가 원한 걸 하는 것이 아니라 당신이 진정으로 원해서 하는 것이다.

---

9 Theodor W. Adorno, *Minima Moralia,* Frankfurt: Suhrkamp, 1997, pp.38~41.[『미니마 모랄리아』, 김유동 옮김, 길, 2005.]
10 Michael Baigent and Richard Leigh, *Secret Germany,* London: Arrow Books, 2006, p.14. 이 예의바른 망설임은 잉마르 베리만(Ingmar Bergman)의 영화 「뱀의 알」(The Serpent's Egg)에 나오는 (다른 면에서는 실패라고 할) 유명한 장면의 이면이 아닌가? 여기서 나치 무리는 유대인 나이트클럽 주인에게 다가가 점잖게 "실례지만 저 유리컵들을 치워 줄 수 있겠소. 깨질지도 모르거든요"라고 요청한다. 주인이 그렇게 하자 그들은 그의 머리를 움켜쥐고는 피가 철철 날 때까지 탁자에 내리찍는다.

나는 단지 당신의 행동뿐만 아니라 당신의 욕망을 통제하고자 하는 것이다. 당신이 할 수 있는 가장 나쁜 것은 내가 원하는 걸 하지 않는 것보다 원치 않으면서도 내가 원한 걸 하는 것이다. 이것이 우리를 교양으로 이끈다. 교양 있는 행동은 정확히 타인이 내게 원하는 것을 나도 원한 듯이 행동하는 것, 그래서 나의 복종이 그에 대한 압력으로 작용하지 않도록 하는 것이다. 영화 「보랏」Borat의 전복성이 정점에 도달하는 것은 주인공이 (적어도 우리 서구인의 눈과 귀에) 무례하고 교양 없어 보일 때가 아니라, 반대로 그가 필사적으로 정중하려고 애쓸 때이다. 상류 계층의 가정에서 저녁 식사를 할 때 그는 화장실이 어디 있는지 물어본다. 잠시 후 그는 비닐에 조심스럽게 싼 똥을 들고 와서는 여주인에게 낮은 목소리로 그걸 어디에 둘지 공손하게 물어본다. 이것이 진실로 전복적인 정중한 제스처의 은유적 모델이다. 권력자들에게 똥주머니를 들고 가서 그걸 어떻게 제거할지 정중하게 물어보는 것 말이다.

교양에 대한 짧고도 예리한 에세이에서 로버트 피핀은 타인을 자신과 마찬가지로 자유롭고 독립적인 존재로 존중하는 주체적인 태도 내지 타인과의 관계에서 '합리적으로' 손익을 계산하는 냉정한 공리주의를 초월하는 자비로운 태도, 혹은 타인을 모욕하지 않고 최대한 신뢰하려고 노력하는 태도를 보여 주는 이런 정중한 행위의 모호하게 중간적인 위상을 정교하게 분석한다.[11] 이런 정중한 태도는 강제성의 정도 측면에서 친절함이나 관대함보다는 강제적이지만(우리는 다른 사람들이 관대하기를 강제할 수 없다) 엄격한 도덕과 법적 의무보다는 덜 강제적이다. 이것이 기본적으로 교양에 속한 행위 양식(저속하고 외설적인 말로 타인에게 상처를

---

11 Robert Pippin, "The Ethical Status of Civility", *The Persistence of Subjectivity,* Cambridge: Cambridge University Press, 2005, pp.223~238.

주는 따위)을 교화하거나 직접적으로 처벌하려는 정치적으로 올바른 시도의 잘못된 점이다. 그런 시도들은 잠재적으로 통제되지 않은 사적 환상들과 엄격하게 규제된 상호주체적 행위 형식을 매개하는 교양의 소중한 '매개 근거'를 무너뜨린다. 헤겔적인 용어로 설명하면, 교양 없는 행위의 처벌 속에서 상실되는 것은 '윤리적 실체'ethical substance이다. 법률이나 명시적인 통제 규칙과 달리 교양은 정의상 '실체적'인 것으로, 그것은 결코 강제적이거나 제도적인 것이 아니라 언제나-이미 주어져 있는 것으로 경험되는 것이다.[12] 교양이 '본질적으로 부산물인 상태들'의 역설을 내포할 수밖에 없는 이유가 여기에 있다. 그것은 목적의식적으로 실행될 수 없는 것이다. 그렇지 않으면 그것은 진정한 교양이 아니라 가짜 교양이라고 말할 수 있다. 그래서 피핀이 현대 사회에서 교양의 핵심 역할을 독립적이고 자유로운 개인의 출현과 연결시키는 것은 정당하다. 교양이 타인을 자신과 동등하며 자유롭고 독립적인 주체로 대하는 실천이라는 의미에서가 아니라 훨씬 더 세련된 방식으로, 부서지기 쉬운 교양의 네트워크야말로 자유롭고 독립된 개인들의 '사회적 실체', 혹은 그들의 (상호)독립성의 양태 자체라는 의미에서 말이다. 만약 이 실체가 해체되면 개인적 자유를 위한 사회적 공간 자체가 폐쇄되어 버린다.

---

[12] 정치적으로 올바른 관점은 기괴한 전도 속에서 타자성에 대한 인종주의적 증오로 실행된다. 정치적 올바름은 공개적인 인종주의적 추방이나 타자에 대한 증오를 유사 헤겔적으로 부정/지양하여 타자를 우리의 일상생활을 위협하는 적으로 지각하는 것이다. 정치적 올바름 속에서 타자의 폭력은 그것이 아무리 잔인하고 괘씸한 것이라도 그들을 추방하고 억압했던 **우리 자신**의 "기원적 죄"(백인의 제국주의적이고 식민주의적인 행위)에 대한 **반작용**(reaction)일 뿐이다. 우리 백인들은 죄를 지었고, 그에 대한 책임이 있다. 타자는 단지 희생자로서 대응한 것뿐이다. 우리는 벌받아 마땅하며, 타자를 이해해야 한다. 우리는 도덕의 세계에(도덕적 책임) 살지만 타자는 사회학적 세계에(사회적 이유) 산다. 물론, 이런 자기-책임과 자기 비하의 가면 뒤에 뭐가 있는지 알아채는 것은 어렵지 않다. 그와 같은 참으로 윤리적인 마조히즘의 입장은 바로 그 형식 안에서 인종주의를 반복한다. 우리 백인은 부정적인 '백인의 짐'을 지고 있지만, 그런 만큼 역사의 주체이다. 이에 반해 타자는 우리의 (잘못된) 행위에 대해 반응할 뿐이다. 달리 말해서, 정치적으로 올바른 도덕적 자기-비하의 진정한 메시지는 만약 우리 백인이 민주주의와 문명의 모델이 되지 못한다면 최소한 악의 모델이라도 되어야 한다는 것이다.

'토대'base에 대한 맑스주의적 관념(상부구조와 대립되는)을 우리가 지닌 자유의 범위를 결정(제약)하는 근거로("우리는 자유롭다고 생각하지만 실제로 우리는 토대에 의해 결정되어 있다") 이해해서는 안 된다. 오히려 우리는 '토대'를 자유의, 자유를 **위한** 토대(프레임, 영토, 공간)로 인식해야 한다. '토대'는 우리의 자유를 지탱하는 사회적 실체이다. 이런 의미에서 교양의 규칙들은 우리의 자유를 제약하는 게 아니라 우리의 자유가 번성할 수 있는 유일한 공간을 제공한다. 국가장치에 의해 강요된 법적 질서는 우리의 자유로운 시장 교환을 위한 토대이다. 문법 규칙들은 우리의 자유로운 사유를 위한 필수불가결한 토대이다('자유롭게 생각하기' 위해 우리는 이 규칙들을 무조건 실천해야 한다). '이차적인 본성'으로서의 습속은 문화의 토대이다. 신앙 공동체는 기독교적 주체가 자유로울 수 있는 유일한 영토이자 토대이다. 이것이 부르주아의 '추상적이고 형식적인 자유'에 반하는 '구체적이고 실제적인 자유'에 대한 맑스의 악명 높은 주장을 이해하는 방법이기도 하다. 이 '구체적인 자유'는 어떤 가능한 내용을 제약하지 않는다("당신이 우리 공산주의의 편을 드는 한에서만 당신은 진실로 자유로울 수 있다"). 오히려 문제는 어떤 '토대'가 자유를 위해 보호되어야 하는가이다. 가령, 자본주의에서 노동자는 형식적으로는 자유롭지만 생산자로서의 자유를 실천할 어떤 '토대'도 없다. 언론과 결사의 자유가 '형식적'으로 존재하지만 그런 자유의 토대는 제약되어 있다.

그래서 교양의 이론적 요점은 자유로운 주체성이 '척하기'에 의해 지탱되어야 한다는 점이다. 하지만 이것은 흔히 예상하는 것처럼 어떤 압박이나 의무로 주어진 것을 자유의사에 따른 행위인 척하는 것이 아니다(물론, 이런 척하기의 가장 근본적인 형식은 '원시' 사회에서의 '포틀래치' potlatch 의례나 선물 교환이다). 그렇다면 교양은 어떻게 실제로는 자유를 제약하면서도 자유의 외관을 지탱하는 불문율들과 관련될까? (내가 권위의 자리에 있고 타인이 내 명령을 따라야 하는 상황에서) 타인을 모욕하지 않는 정중한 존재로 남아 있기 위해 "혹시, 이렇게 해줄 수 있는지……" 따위로 명령형을 요청의 형태로 바꿔서 말하는 상황을 상상해 보자. (같은 선상에서 저명한 사람들이 평범한 사람들을 접대하는 정중한 태도 중 하나는 그 사람이 자기를 방문하는 호의를 베풀고 있는 것처럼 말하는 것이다. "이렇게 저희를 방문해 주시다니 정말 감사드립니다.") 하지만 이것은 진정한 교양이 아니다. 교양은 **자유로운 행위인-척하는-의무**가 아니라 오히려 정반대로 **의무인 척하는 자유 행위**이다

사람의 진정으로 교양 있는 태도는 실제로는 자신의 호의인데도 마치 그것이 자신의 의무인 것처럼 표현하는 것이다. 그래서 자유는 자유를 필연의 인식으로 정의하는 스피노자를 뒤집는 역설에 의해 지탱된다.

헤겔의 용어로 설명하면, 자유는 우리 존재의 윤리적 실체에 의해 지탱된다. 각 사회마다의 특질들, 태도들, 혹은 삶의 규범들은 이데올로기적으로 표식된 것으로 인식되지 않고 비-이데올로기적이고 상식적이며 '중립적인' 생활 형식처럼 나타난다. 이데올로기는 (급진적인 종교적 열정이나 정치적 경향에 대한 헌신처럼) 이런 배경으로부터, 그 배경을 토대로 명시적으로 정립된(기호학적으로 '표시된'marked) 입장이다. 여기서 헤겔이 말하고자 하는 요점은, 가장 두드러지게(가장 실제적인) 이데올로기적인 것은 바로 어떤 특질들을 자연발생적인 배경으로 중립화하는 것이라는 점이다. 변증법적인 '대립물의 일치'란 이런 것이다. 어떤 관념(이 경우 이데올로기)이 그 대립물(비-이데올로기)과의 일치(보다 정확히, 비-이데올로기적인 것으로 나타남) 속에서 현실화되는 것이다. 폭력에 대해서도 똑같이 말할 수 있다. 사회-상징적 폭력은 자신의 대립물 속에서, 즉 우리가 살고 있는 환경이나 숨 쉬는 공기와 같은 자연스러움의 형태로 현실화된다.

다문화주의의 내적 곤경에는 이와 같은 교양 개념이 자리 잡고 있다. 몇 년 전 독일에서 지배문화Leitkultur에 대한 논쟁이 있었다. 보수주의자들은 추상적인 다문화주의에 반대하면서 모든 국가는 자국 내의 다른 문화 구성원들 역시 존중해야 하는 지배적인 문화 공간을 가지고 있어야 한다고 주장했다. 자유주의 좌파들은 이런 생각이 명백한 인종주의라고 비판했다. 하지만 그 주장은 최소한 사실에 대한 묘사만큼은 정확하다고 인정해야 한다. 개인의 자유와 권리의 존중은 여성의 완전한 해방이나 종교(와 무신론)의 자유, 성적 지향의 자유 같은 집단의 권리들이나 공개적으로 타인과 물건을 공격할 자유를 희생시킨 대가로 얻어진 서구의 자유주의적 지배문화의 핵심 요소이다. 이것은 자신들이 당하는 무슬림 차별에 대해서는 항의하면서도 자기 본국, 이를테면 사우디아라비아의 타종교 차별에 대해서는 하나의 규범으로 인정하는 서구 내 무슬림학자들에 대한 응답으로 사용될 수 있다. 그들은 자신들의 종교를 허용하는 서구의 지배문화, 바로 그것이 다른 모든 자유에 대한 존중을 요구한다는 사실을 받아들여야 한다. 간명하게 말해서, 무슬림을 위한 자유는 살만 루시디Salman Rushdie가 원하는 것을 쓸 수 있게 하는 자유의 일부이다. 자기에게 맞는 서구식 자유만 선택할 수 없는 것이다. 서구식 다문화주의는 사실 중립적이지 않으며 단지 특수한 가치들만 특권화할 뿐이라는 통상적인 비판에 대한 응답은 이런 역설, 즉 서구 근대성 안에는 보편적 개방성이 뿌리 박혀 있다는 사실을 당당하게 받아들여야 한다는 것이다.

괜한 오해를 피하기 위해, 기독교에 대해서도 똑같이 말할 수 있다. 바티칸은 자신의 공식 저널인 『로세르바토레 로마노』L'Osservatore Romano 2007년 5월 2일자에서 이탈리아 코미디언 안드레아 리베라를 교황을 비판한 '테러리스트'로 고발했다. 메이데이 록 콘서트의 진행자였던 리베라는 진화론에 대한 교황의 입장을 신랄하게 공격했다. "교황은 진화론을 믿지 않는다고 한다. 나도 그렇다. 사실, 교회는 결코 진화한 적이 없다."
그는 또 근위축증으로 괴로워하며 안락사를 요구하다가 2006년 의사 동의하에 인공호흡기를 뗀 피에르조르지오 웰비의 가톨릭 장례를 교회가 거부한 것에 대해 공격했다. "나는 바티칸이 피노체트나 프랑코의 장례식은 허가하면서 웰비의 장례식은 거부한 것을 참을 수 없다." 이에 대한 바티칸의 대답은 "이것 또한 테러리즘이다. 테러리즘이 급기야 교회를 공격하기 시작한 것이다. 테러리즘이 항상 생명에 대한 사랑, 인간에 대한 사랑의 이름으로 말하는 자들에 대한 맹목적이고 불합리한 분노의 감정을 폭발시켰다"라는 것이다. 서유럽의 지배문화를 무도하게 공격한다는 점에서 지적 비판이나 물리적인 테러 행위는 결국 같다는 것이다. 모든 것을 비판할 수 있고 모든 것을 문제 삼을 수 있는 '이성의 공적 사용'을 위한 보편적 공론장을 주장하는 그 서구 문화 안에서 말이다. 우리, 서구인이 공유하는 지배문화의 관점에서 리베라의 진술은 전적으로 받아들여질 수 있는 것이다.

여기서 다시 교양이 중요해진다. 다문화주의적 자유가 작동하는 것은 오직 그것이 추상적으로 존재하지 않고 언제나 지배문화에 각인된 교양의 규칙들에 의해 지지될 때뿐이다. 우리의 지배문화 안에서 '테러리즘적'인 것은 리베라가 아니라, 리베라의 소박하고도 이성적인 반대를 "맹목적이고 불합리한 분노"의 폭발이라고 매도하는『로세르바토레 로마노』이다. 표현의 자유는 어떤 종류의 공격이 불법은 아닐지라도 부당한 공격인지 알려 주는 교양의 불문율을 모든 정파들이 똑같이 따를 때만 기능한다. 교양은 어떤 특질의 인종적·종교적 '생활 방식'이 허용 가능한 것이고 어떤 것이 그렇지 않은지 알려 준다. 만약 모든 정파들이 동일한 교양을 공유하고 존중하지 않는다면 다문화주의는 합법적으로 규제된 상호 무시나 상호증오로 변질되어 버린다.

이와 같은 교양을 위한 라캉의 명칭 중 하나는 오직 스스로에게만 근거한 규칙들을 가리키는 ("그것은 원래 그렇기 때문에, 우리의 관습이기 때문에 그렇다") '주인-기표'이다. 우리 사회에서 점점 더 위협받는 것은 이런 주인-기표의 차원이다.

선물과 교환

그럼 주인-기표란 무엇인가? 학교 시험과 관련하여 라캉은 기괴한 사실을 지적한다. 나의 자격을 측정하는 절차와 그 결과(성적)를 공표하는 행위 사이에는 분명히 미세한 간극과 지연이 존재한다. 달리 말해서, 나는 내가 시험 문제에 완벽한 답을 제시했다는 걸 알더라도 시험 결과가 공표되기 전까지는 얼마간의 불확실함과 우연적인 요소가 남아 있게 마련이다. 이 간극은 술정문constative과 수행문performative 사이의 간극, 결과들의 **측정**과 순전한 상징적 행위인 그 측정의 **기록**(결과의 등록) 사이의 간극이다. 관료제에 내재한 숭고하고 신비로운 특성 역시 이런 간극에 의존해 있다. 당신은 사실을 알고 있다. 하지만 당신은 이런 사실들이 관료체제에 의해 어떻게 등록될지 확신할 수 없다. 선거 역시 마찬가지다. 선거 과정에서는 우발성의 계기, 즉 우연과 '운수'의 계기가 중요하다. 완벽하게 '합리적인' 선거는 더 이상 선거가 아니라 투명하게 객관화된 절차일 뿐이다.

전통적(전-근대적) 사회는 이 문제를 (신이나 왕 같은) 초월적 근원에 의거하여 권위를 부여함으로써 결과를 '정당화'하는 방식으로 해결한다. 여기에 근대성의 문제가 있다. 근대 사회들은 스스로를 독립적이고 자기-통제적인 사회로 지각한다. 그럼에도 우발성의 위험이 선거 절차에 영향을 미치기 때문에 평론가들로 하여금 투표의 '불합리성'을 지적하게 만든다(우리는 선거 마지막 날까지 투표의 향방이 어떨지 모른다). 달리 말해서, 민주주의가 항시적인 여론 조사에 의존한다면, 즉 완벽하게 조직되고 계량화되어 그 '수행적' 성격을 잃게 되면 민주주의는 결코 작동하지 않을 것이다. 클로드 르포르Claude Lefort가 지적한 것처럼 투표는 일종의 (희생)제의, 혹은 제의적인 자기-파괴 내지 사회의 재탄생으로 남아 있어야 한다.[13] 이런 우발성의 위험이 투명하지 않아야 하고, 오직 최소한으로만 외현화/구체화되어야 하기 때문이다. '인민의 의지'는 고대인들이 불가사의한 신의 의지나 운명의 손으로 인식한 것의 현대적 등가물이다. 인민은 순수하게 우연적인 결과를 자신들의 임의적인 선택으로 여길 수 없고 그것이 최소한의 '실재'를 지시한다고 여길 때만 그것을 납득할 수 있다. 헤겔은 오래전에 이미 그것을 알고 있었다. 그가 군주제를 옹호한 것은 이 때문이다. 사랑도 마찬가지다. 사랑에는 '실재의 응답'("우리는 영원히 함께하기로 되어 있다")이라 할 요소가 존재해야 한다. 사랑에 빠진 자는 진실로 어쩌다가 우연히 사랑하게 되었다고 여길 수 없는 것이다.[14]

이런 배경 속에서만 우리는 주인의 기능을 적절하게 자리매김할 수 있다. 주인은 선물을 주는 자가 자신의 증여를 은총으로 여기게끔 선물을 받는 사람이다. 그래서 주인은 프로이트가 포기Versagung라 불렀던 이중적 움직임에 사로잡힌 주체의 상관항이다. 교환을 통해 가장 소중한 것을 줌으로써 자신을 교환의 대상으로 전환시키는 제스처는 받는 행위 속에서 주는 행위를 수행하는 제스처에 상관적이다. 주인의 교환 거부는 교환하면서(자기에게 가장 소중한 것을 주면서) 교환되는 주체 편의 배가된 자기-반영적 교환에 상관적이다.

---

13 Claude Lefort, *Essais sur le politique*, Paris: Éditions du Seuil, 1986.
14 Slavoj Žižek, *Looking Away,* Cambridge, MA: MIT Press, 1991. [『삐딱하게 보기: 대중문화를 통한 라캉의 이해』, 김소연·유재희 옮김, 시각과언어, 1995.]

물론, 자본주의의 속임수는 이런 비대칭성이 등가교환이라는 이데올로기적 외관 속에서 은폐되는 것이다. 이중적인 비-교환이 자유로운 교환의 탈을 쓰는 것이다. 라캉의 지적처럼 상호주체적 관계가 화폐를 매개로 해서 이뤄지는 자본주의 사회에서만 정신분석이―이론으로서뿐 아니라 무엇보다 특수한 상호주체적 실천으로서, 특이한 사회적 관계 형식으로서―출현할 수 있는 것은 이 때문이다. 화폐는―분석가에게 요금을 지불하는 것―분석가가 환자의 병리적인 정념의 분규와 회로에 휘말리지 않게 하기 위해 반드시 필요하다. 정신분석가가 주인-형상이 아닌 것은 이 때문이다. 오히려 분석가는 일종의 '정신의 매춘부'로서 사적 관계에 휘말리지 않고 거리를 두면서 섹스를 하고 돈을 받는 매춘부와 똑같은 방식으로 돈을 대한다. 여기서 우리는 화폐의 기능을 가장 순수한 모습으로 만나게 된다.

분석 치료와 포틀래치 제의 사이에도 이런 유사성이 있다. 마르셀 모스는 『증여론』[15]에서 최초로 포틀래치의 역설적 논리인 선물의 호혜적 교환을 정식화했다. 물론, 선물과 교환은 그 내적 논리에서 대립된다. 진정한 선물은 정의상 대가를 바라지 않고 주는 관대한 행위인 반면에 교환은 반드시 다른 것을 기대하면서 주는 호혜적 행위이다. 포틀래치는 이 둘 사이의 단락(교차)으로, 자기 대립항인 자발적 선물 증여의 형태로 이뤄진 교환이다(물론, 요점은 증여 행위가 교환에 비해 부차적이라는 게 아니다. 오히려 증여는 교환에 선행하며 교환의 근거이다). 정신분석 치료도 마찬가지다. 여기서 분석가는 등가교환 속에서 그가 한 작업의 대가를 받는 게 아니다(꿈 하나 해석하는 데 얼마, 증상 하나 해소해 주는 데 얼마 따위

---

15 Marcel Mauss, "Essai sur le don", *Sociologie et anthropologie,* Paris: PUF, 1973. [『증여론』, 이상률 옮김, 한길사, 2002.]

로. 특별 할인해서 "꿈 해석 세 개 구매할 때 해석 한 개는 공짜!" 식으로). 이런 교환 관계가 작동하면 우리는 더 이상 분석가의 담론(분석가와의 사회적 관계) 안에 있을 수 없다. 그렇다고 분석가가 선의를 가지고 환자의 건강을 공짜로 회복시켜 주는 것은 아니다. 분석가의 행위는 이웃을 도와주는 것 같은 착한 행위와는 아무 관계도 없다. 분석가가 선의에 따른다는 걸 환자가 알게 되면 환자의 정신은 편집증적 파열 속에서 정신병적으로 붕괴될 수 있다. 그래서 포틀래치에서처럼 분석가와 분석자 사이의 교환 행위는 두 가지 해소 불가능한 '잉여'의 교환이다. 분석가는 증여받은 선물과 마찬가지로 아무것도 아닌 것에 대한 보답을 받는다. 그가 받는 대가는 언제나 과도하다(전형적으로 환자들은 너무 비싼 요금에 대한 불만과 과도한 은혜—"선생님께 어떻게 보답해야 할지……"—사이에서 왕복한다). 그리고 환자는 예상치 못한 부산물로서 자신의 상황이 호전되는 은혜를 받는다. 라캉이 명확히 지적한 것처럼, 여기에 잠재된 문제는 어떻게 가치 없는 것의 가치를 결정할 것인가의 문제이다.

그럼 어떻게 포틀래치의 수수께끼를 풀 수 있을까? 모스가 제시한 해법은 교환 속에 순환하는 신비로운 X이다. 클로드 레비-스트로스는 이 신비를 '합리적 핵심'으로 환원하여 호혜적 교환 자체에서 찾는다. 선물의 상호교환이 지닌 의미는 **교환 자체**, 즉 사회적 관계 설정 자체이다.[16] 하지만 레비-스트로스의 해법이 놓치고 있는 것이 있다.[17] 이와 관련하여 피에르 부르디외[18]는 (맑스의 글에서) 왜 "정치경제학은 가치와

---

16 Claude Lévi-Strauss, "Introduction a l'œuvre de Marcel Mauss", in Marcel Mauss, *Sociologie et anthropologie,* Paris: PUF, 1973.
17 Jean-Pierre Dupuy, *Avions-nous oublié le mal? Penser la politique après le 11 septembre,* Paris: Bayard, 2002.
18 Pierre Bourdieu, *Esquisse d'une théorie de la pratique,* Geneva: Droz, 1972.

가치의 크기에 대해, 그리고 그 가치 근저에 노동이 있다는 것은 분석하면서도 노동이 노동생산물의 가치에 의해 재현되는 이유, 노동시간이 생산물의 가치량으로 재현되는 이유에 대해서는 한 번도 질문하지 않았는지"[19]에 관한 '맑스주의적' 질문을 던졌다. 만약 포틀래치의 비밀스런 핵심이 교환의 상호성 자체라면, 왜 이 상호성은 직접 주장되지 않고 자유롭고 자발적인 호의인 척하는 연속 행위라는 '신비한' 형식으로 제시되는 걸까? 여기서 우리는 강요된 선택의 역설, 근본적으로 필연적인 것을 행할 자유라는 역설에 직면한다. (만약 내가 선물을 받는 즉시 공여자에게 보답한다면 이런 직접적 순환은 극히 모욕적인 공격적 제스처가 되고 말 것이다. 즉 그런 직접적 보답은 타인의 선물을 **거절한다**는 신호가 될 것이다. 한 늙은이가 까먹고 지난해 받은 선물을 되돌려 주는 난감한 상황을 떠올려 보라.) 하지만 부르디외의 해법 역시 속류 맑스주의다. 그는 감춰진 경제학적 '이해'$_{interest}$를 불러들인 것이다. 이와 달리 보다 적실한 해법을 제시한 것은 마셜 살린스이다. 그에 따르면 교환의 호혜성은 전적으로 모호하다. 근본적으로 그것은 사회적 결속의 **파괴**이며 받은 대로 갚는 보복의 논리이다.[20] 교환의 이와 같은 측면을 덮기 위해서는, 즉 교환을 관대하고 평화로운 것으로 만들기 위해서는 각각의 증여가 자유롭고 자발적인 **척해야** 한다. 이것은 포틀래치를 '경제 이전의 경제', 경제의 제로-등급, 비-생산적인 지출들 간의 상호관계로서의 교환으로 보게 한다. 만약 증여가 주인에게 속하고 교환이 노예에게 속한다면 포틀래치는 주인들 사이의 역설적 교환이다. 그래서 포틀래치는 교양의 제로-등급, 억제된 교양과 외설적인 소비가 중첩되는 지점, 무례하게 행동하는 것이 정중함이 되는

---

19 Karl Marx, *Captial*, vol.1, Harmondsworth: Penguin, 1990, p.167.[『자본』 I-1, I-2, 강신준 옮김, 길, 2008.]
20 Marshall Sahlins, *Stone Age Economics*, Berlin and New York: Walter De Gruyter, 1972.

역설적 지점이다.

오디세우스의 현실정치

주인-기표의 권위에 처음부터 달라붙어 있는 외설적 이면, 혹은 법의 권위와 그 외설적 위반 사이의 은밀한 공모가 처음으로 뚜렷이 나타난 것은 셰익스피어의 『트로일로스와 크레시다』Troilus and Cressida이다. 셰익스피어의 희곡 중 가장 기괴한 작품으로 포스트모더니즘 이전의 포스트모던한 작품이라 할 이 희곡에 대해 영국의 위대한 헤겔주의자이자 셰익스피어에 대한 학술적 독해의 좌표를 수립한 브래들리는 『셰익스피어 비극론』에서 이렇게 말한다.

> 셰익스피어의 영혼 속에는 그를 신비로운 시인이나 위대한 음악가와 철학자의 반열에 올려놓는 위대성의 한계와 부분적인 억압이 있다. 그의 희곡 중 한두 작품, 특히 『트로일로스와 크레시다』에서 우리는 이러한 억압을 고통스럽게 인지할 수 있다. 거기서 우리는 강력한 지적 활동과 함께 어떤 차가움과 딱딱함을 느낀다. 마치 그의 영혼 속에 있는 가장 고귀하고 달콤했던 힘이 일순간 정지한 것 같은 느낌 말이다. 그의 다른 작품에서, 특히 『템페스트』The Tempest: 태풍에서 우리는 그 힘을 다시 느끼게 된다.[21]

브래들리의 느낌에는 어떤 진실이 있다. 『트로일로스』에는 끔찍하고

---

[21] A. C. Bradley, *Shakespearean Tragedy,* London: Macmillan, 1978, p.150.[『셰익스피어 비극론』, 이대석 옮김, 한신문화사, 1986.]

우스꽝스러운 사건들을 상쇄하는 형이상학적 파토스와 희열을 위한 자리가 없는 것 같다는 느낌 말이다. 『트로일로스』 분석에서 겪게 되는 첫 번째 어려움은 이것을 어떤 장르로 이해할 것인가 하는 점이다. 셰익스피어의 희곡 중 가장 메마른 작품이라는 주장에도 불구하고 이 작품은 보통 희극으로 분류되는데, 왜냐하면 고귀한 비극적 파토스가 결핍되어 있기 때문이다.[22] 달리 말해 『트로일로스』가 희극이라면 그것은 홀로코스트를 다룬 모든 영화가 희극인 것과 같은 이유에서이다. 집단 수용소의 수감자들이 처한 곤경이 비극적이라는 주장은 모욕적이다. 그들의 곤경은 너무나 끔찍해서 그들은 비극적 위대함을 보여 줄 가능성 자체를 박탈당했다. 셰익스피어의 작품세계에서 『트로일로스』의 구조적 역할은 모차르트 오페라에서 「코지 판 투테」Cosi fan tute의 역할과 같다. 그 작품에서의 절망은 너무나 근본적이라서 그것을 극복할 수 있는 유일한 방법은 민담의 신비 세계로 후퇴하는 것뿐이다(『템페스트』를 비롯한 셰익스피어의 다른 후기 작품들과 모차르트의 「요술 피리」Die Zauberflöte처럼).

셰익스피어의 작품 중 상당수는 이미 알려진 거대 서사(율리우스 카이사르 이야기, 영국 왕 이야기)를 재구성한다. 『트로일로스』를 예외적인 작품으로 만드는 것은 기존의 잘 알려진 이야기를 사용하면서 원래 작품에서의 중심인물과 주변인물의 강세를 바꾸는 것이다. 『트로일로스』는 아킬레우스와 헥토르, 프리암과 아가멤논을 중심인물로 다루지 않는다. 거기서의 연인은 헬레나와 프리암이 아니라 크레시다와 트로일로스이다. 이런 의미에서 『트로일로스』는 전형적인 포스트모던 기법을 사용한 작품이라고 할 수 있다. 유명한 고전 서사를 주변 인물의 관점에서 재

---

22 이런 맥락에서 우리는 셰익스피어의 위대한 비극들 중 『맥베드』나 『오델로』만이 진정한 비극이라고 주장하고픈 유혹을 느낀다. 『햄릿』은 이미 절반쯤은 희극적인 멜로드라마이며, 『리어왕』은 (또 다른 위대한 희극 작품 『티투스 안드로니쿠스』Titus Andronicus와 비견될 만큼) 완전한 희극의 범주에 속한다.

기술하는 기법 말이다. 톰 스토파드Tom Stoppard의 『로젠크란츠와 길덴스턴은 죽었다』Rosencranz and Gildenstern are Dead는 『햄릿』 이야기이지만 거기서는 셰익스피어 자신이 이야기를 이끌어 간다. 이런 강세 이동은 고상한 어조의 '위대한' 왕족 이야기 중간에 평민의 관점이 녹아든 희극적 장면을 끼워 넣는 셰익스피어의 통상적 기법 역시 전복한다. 왕가의 역사에 끼어든 이런 막간 희극은 오히려 그것과 대조되는 고상한 장면의 가치를 강화한다. 『트로일로스』에서는 모든 이들이, 심지어 귀족 전사들조차 어리석은 맹목적 열정에 사로잡혀 잔혹한 음모에 휘말리고 마는 사람처럼 보이는 관점에 의해 '오염된다'. 이처럼 비극적인 요소를 상쇄하는 '사기꾼'operator, 즉 비극적 파토스를 체계적으로 무너뜨리는 특이한 개입자는 오디세우스 자신이다. 1막의 전투회의에서 그리스(셰익스피어는 '그리스 인다운'Grecian이라고 표현하는데, 지금이라면 '부시 같은'Bush mode이라고 부를) 장군들이 8년간의 전쟁에도 불구하고 트로이를 함락시키지 못한 것에 변명을 늘어놓을 때 오디세우스가 개입하는 장면을 생각해 보면 이것은 이상하게 들릴 수도 있다. 오디세우스는 전통적인 '오래된 가치'의 옹호자로서 개입한다. 그는 그리스의 패배 원인은 모든 개인이 자기 고유의 직분에 충실한 중앙 집중적 위계질서가 무너졌기 때문이라고 단언한다.

> 그동안 우리 군의 통수권이 무시당해 왔사옵니다.
> 보시옵소서. 이 평원에는 수많은 그리스군의 막사들이 공허하게
> 서 있사오나, 하나같이 그릇된 독불장군의 패거리들만이
> 가득 차 있을 뿐이옵니다.
> (……) 아, 모든 고귀한 계획을 실행하게 하는
> 사닥다리인 위계질서가 흔들리게 되오면,
> 사업은 병들게 되는 것이옵니다. 공동 사회며 학교에서의 학위며,

도시에서의 직업 조합이며, 바다 건너에 있는 나라들과의

평화로운 교역이며, 장자 상속권과 타고난 특권

연장자 특권과 왕관·왕홀·월계관의 특권도 위계질서에 의하지 않는다면

어떻게 원래의 자리를 지킬 수가 있겠사옵니까?

위계질서를 제거해 버리고, 우주의 조화로운

음악을 연주하는 악기의 현을 끊으시고, 어떤 불협화음이

뒤따르는지를 들어 보시옵소서. 모든 것이 제각기 걷잡을 수 없는

갈등으로 빠져들어, 육지를 둘러싸고 있는 바닷물은

그 가슴을 해안선보다도 더 높이 쳐들어서

이 단단한 지구 전체를 물에 푹 젖어 들게 할 것이고

힘센 자가 약한 자의 주인이 될 것이며,

무지막지한 아들은 아비를 때려죽일 것이오니,

완력이 곧 옳은 것으로 될 것이옵니다.

아니 오히려, 옳고 그름은 그것들의 끝없는 갈등 가운데

정의가 자리 잡게 될 터인즉, 그 이름마저

상실하게 될 것이오며, 그것들을 저울질할 정의 또한

그렇게 될 것이옵니다. 그러면 모든 것은 힘에 의해서 좌우될 터인즉

(……)

—1막 3장

 그렇다면 모든 이들이 권력에 참여하는 이런 끔찍한 민주주의로 귀결된 체제 붕괴의 원인은 무엇인가? 후반부에서 오디세우스는 아킬레우스를 설득하여 전투에 복귀시킬 때 자연적 위계질서를 위협하는 힘인 시간의 파괴적인 힘에 대해 이야기한다. "시간의 흐름 속에서 당신의 오랜 영웅적 행위는 곧 잊혀질 것이고 새로운 영웅에 의해 당신의 영광은 스러

지고 말 것입니다. 만약 당신이 전사의 영광 속에서 계속 빛나기를 원한다면 다시 참전하시오."

> 시간이란 말이오, 장군, 그 등에 배낭을 메고 있어서
> 거기에 망각이라는 의연금을 넣어 가지고 다니고 있소.
> 배은망덕이라는 어마어마한 괴물인 시간 말이외다.
> 그 의연금 나부랭이들로 말하자면 과거에 행한 공적들로서,
> 행하자마자 시간은 그것들을 집어삼켜서, 행하는 즉시
> 망각되어 버리고 말지요. 명예란, 장군, 잘 닦아서 보존하면
> 그 광채를 보존하지만, 얻고 난 후에 그대로 버려두면,
> 마치 기념관에 걸려서 조소의 대상이 되는 녹슨 갑옷과 같이
> 사람들의 관심에서 멀어지게 되는 법이오. (……) 아, 유덕한 사람은
> 과거의 공적에 대한 보상을 바라지 않는 법이오. 왜냐하면, 아름다움도,
> 지혜도, 고귀한 태생도, 활기찬 체력도, 공적도, 사랑도,
> 우정도, 자비도, 모두가 심술궂고 비방 중상을 일삼는
> 시간의 지배를 받고 있기 때문이오.
>
> ─3막 3장

여기서 오디세우스의 전략은 극히 모호하다. 겉으로 보면 그는 단지 '신분'(사회적 위계질서)의 필연성에 대한 주장의 연장선상에서 전형적인 보수주의적 비유법으로 전통적 가치들을 부식시키는 시간에 대해 이야기할 뿐이다. 하지만 좀더 엄밀하게 읽으면 오디세우스가 자신의 논증에 특이한 냉소적 변형을 가하고 있는 걸 알 수 있다. 우리는 어떻게 전통적 가치들을 지키기 위해 시간에 맞서 싸워야 하는가? 직접적으로 오래된 가치들을 고수함으로써가 아니라 영웅들 상호 간의 잔혹한 조작이나 기

만과 같은 외설적인 '현실정치'를 보충함으로써 가능하다는 것이다. 조화로운 질서를 유지하는 것은 오직 이런 더러운 이면, 이 감춰진 부조화(오디세우스는 아킬레우스의 질투심을 자극하여 경쟁을 부추긴다. 이런 경쟁적 질투야말로 위계적 질서를 동요시키는 것이다. 왜냐하면 그런 태도들은 사회체 내의 종속적 위치에 만족하지 못하고 있음을 의미하기 때문이다)뿐이다. 질투심의 조작이야말로—즉, 오디세우스가 앞에서 찬미했던 지배적 가치들의 위반 자체가—시간의 힘을 중화시켜 위계적 '신분'질서를 유지하는 데 필요한 것이다. 이것은 햄릿의 유명한 대사 "어긋나 버린 시간이로다. 아, 저주받은 원한이여. 그것을 바로잡기 위해 태어나다니!"의 오디세우스적 판본일 것이다. '그것을 바로잡기' 위한 유일한 방법은 오래된 질서의 위반을 **그것에 고유한 위반으로** 중화시키는 것이다. 이를 위해 우리는 그렇게 유지된 질서가 자신의 냉소적인 모방, 즉 질서의 모욕적인 반복이 되는 대가를 치러야 한다.

이것이 이데올로기가 단순히 봉쇄closure의 조작을 통해 포함된 것과 배제된/금지된 것 사이의 분리선을 긋는 것이 아니라 지속적인 비-봉쇄의 규정인 이유이다. 결혼의 경우, 이데올로기는 단지 혼외정사를 금지하는 것만이 아니다. 그런 불가피한 위반을 규정하는 것이 이데올로기의 핵심 기능이다. (한 문란한 남편에 대한 가톨릭 사제의 전형적인 충고를 떠올려 보라. 만약 당신의 아내가 충족시켜 줄 수 없는 욕구를 가지고 있다면 매춘부를 찾아가서 몰래 간음하세요. 그리고 후회하세요. 이혼하기 전까지는.) 이처럼, 이데올로기는 봉쇄의 실패를 인정한 채 외부와의 은밀한 교환 가능성을 계속 규정한다.

하지만 오늘날 '포스트모던한' 세계에서 법과 그 내재적 위반 사이의 변증법은 또 한번 뒤틀린다. 법 자체에 의해 위반이 직접적으로 강력하게 강요되는 것이다.

무조음의 세계

포틀래치는 왜 그렇게 기이하고 무의미한 것처럼 보이는 걸까? 오늘날 '포스트모던' 사회의 기본 특질은 주인-기표의 기능을 필요 없게 하는 데 있다. 세계의 '복잡성'이 무조건 인정되어야 하며 모든 주인-기표는 마땅히 '파괴되고' 분산되고 '흩어져야' 할 질서의 강요를 의미하게 된다. "세계의 복잡성에 대한 현대적 옹호는 (……) 실로 무조음성atonality에 대한 일반화된 욕망 외에 아무것도 아니다."²³ 그런 '무조음의' 세계에 대한 바디우의 통찰을 보여 주는 사례는 '이항 체계'를 강박적으로 거부하는 젠더 연구자들이 주창한 성에 대한 '정치적으로 올바른' 관점이다. 그들에 따르면 이 세계는 어떤 확고한 결정도, 어떤 이항적 심급도, 어떤 (니체적 의미에서) 가치 확정도 필요 없는, 오직 다양한 성적 실천들만으로 어우러진 세계이다. 이런 주인-기표의 기능 정지는 오직 '명명할 수 없는' 향락jouissance의 심연만을 유일한 이데올로기적 호명으로 남겨 둔다. '탈근대성' 속에서 우리의 삶을 규제하는 최종 명령은 "즐겨라!"이다. 강력한 성적 쾌락에서 사회적 성공과 영적인 자기-완성에 이르기까지 모든 수단을 동원하여 너의 잠재성을 실현하라.

그러나 이런 주인-기표의 부재는 우리를 죄의식의 압박으로부터 해방시키기는커녕 라캉이 초자아에 특유한 명령이라고 지적한 대가를 치르게 한다. "초자아 말고는 아무것도 즐기라고 강요하지 않는다. 초자아는 향락의 정언명령 '즐겨라!'이다."²⁴ 간략히 말해서 주인-기표의 약화는 주체를 초자아의 덫, 초자아의 이중-명령에 노출시킨다. 즐기라는 명

---

23 Alain Badiou, *Logiques des mondes*, Paris: Éditions du Seuil, 2006, p.443.
24 Jacques Lacan, *On Feminine Sexuality(The Seminar, Book XX)*, New York: Norton, 1998, p.3.

령, 즉 향락의 허용으로부터 향락의 강압(의무)으로의 이런 전환은 우리의 향락을 훼방한다. 초자아의 명령에 복종하면 할수록 역설적으로 죄의식은 점점 커지는 것이다. 이와 유사한 양가성이 오늘날 '관대하고' '관용적인' 사회 근저에서 작용하고 있다. "오늘날 우리는 어떻게 이런 관용이 광신적인 믿음에 다름 아닌지 목격하게 된다. 그것은 오직 자기 자신의 공허함만을 허용하기 때문이다."[25] 이런 상황에서 모든 결정과 구체적인 참여는 타인들 모두에 대한 잠재적 '불관용'이 된다.

바디우는 『세계들의 논리』에서 '무조음'의 세계monde atone,[26] 라캉식으로 말하면 '구두점'point 없는 세계라는 개념을 발전시킨다. 세계 안에 '질서'를 부여하는 '누빔점'point de capiton 내지 주인-기표의 개입, 혹은 혼돈의 다수성을 '미세한 차이'로 환원시키는 결정 지점(예, 혹은 아니오) 말이다. 케네디J. F. Kennedy만큼 이 결정 지점을 정확히 묘사한 사람도 없을 것이다. "최종 결정의 본질은 관찰자에게, 때로는 결정자 자신에게도 불가해하다." 어떤 근거에도 확고하게 기댈 수 없는 이런 제스처가 주인의 제스처이다. 체스터턴은 아무도 흉내 낼 수 없는 방식으로 이것을 묘사했다. "열려 있는 입과 마찬가지로 열려 있는 마음을 갖는 목적은 딱딱한 것에 대해서는 문을 닫기 위해서이다."

만약 어떤 세계와 맞서 싸우는 것이 그 세계의 '구두점', 즉 세계를 안정된 총체로 봉합하는 특질의 전복을 통해서 진행된다면 (지금처럼) 무조음의 세계, 결정적 주조tonality가 없는 다수성의 세계에 살고 있을 때 우리는 어떻게 싸움을 진행할 수가 있을까? 답은 이렇다. 우리는 그 세계가 스스로 '조음화'되도록 몰아붙임으로써, 자신의 무조음성을 지탱하는 은

---

25 Badiou, *Logiques des mondes*, p.533.
26 Ibid., pp.442~445.

밀한 조음성을 공개적으로 인정하도록 함으로써, 그 세계에 맞서야 한다. 이를테면 스스로를 어떤 중심도 없는 관용적이고 복수적인 세계라고 주장하는 다문화주의 세계와 직면할 때, 우리는 이런 무조음성을 지탱하는 근저의 구조화 원리를 공격해야 한다. 말하자면, 어떤 비판적 질문에 대해서는 '비관용적'으로 배제하는 '관용'의 은밀한 한계, 혹은 자유의 현재적 한계에 대한 의문을 '자유에 대한 위협'으로 간주하고 배제하는 은밀한 제한에 대해 공격하는 것이다.

오늘날 종교적 근본주의와 그것이 맹렬히 반대하는 '탈근대적' 세계 사이의 은밀한 공모의 징표와 역설은 근본주의 역시 '무조음의 세계'에 속한다는—근본주의자들은 **믿지** 않는다. 대신 그들은 직접 **안다**—사실이다. 그래서 자유주의적 회의론(냉소론)과 근본주의는 기본적인 특질을 공유한다. 믿을 수 있는 능력을 상실했다는 특질 말이다. 두 경우 모두에게 있어서 종교적 진술은 직접적인 앎에 대한 유사 경험론적 진술이다. 회의론적 냉소주의자들이 그런 진술을 조롱하는 반면 근본주의자들은 그런 경험적 진술을 받아들인다. 그 둘이 생각할 수 없는 것은 진정한 믿음을 수립하는 '부조리한' 결정 행위, 즉 어떤 '근거들'의 연쇄나 실증적 지식에도 의존할 수 없는 결정 행위이다. 나치의 끔찍한 악행에 직면하여 모든 인간의 근본적인 선함에 대한 믿음을 확신하면서 "불합리하기에 믿는다"creo qua absurdum를 실천한 안네 프랑크Anne Frank 같은 이들의 '충실한 위선' 말이다. 종교적 근본주의자들 중 열성적인 해커들이 많고 자신의 종교를 최신의 과학적 발견과 결합하고자 하는 이들이 많은 것은 이상할 게 없다. (이런 의미에서 '보편적 인권' 역시 순수한 믿음에 속한다. 인권은 인간 본성에 관한 지식에 근거한 게 아니라 우리의 결정에 의해 정립되는 공리이다.) 몇몇 근본주의 분파들의 호칭에 '과학'이라는 용어가 붙는 것(그리스도 과학, 과학 신학)은 단지 외설적인 농담이 아니라, 이런 믿음이 실증적 지식으로 환원된 것을 보여 주는 표식이다. 이런 맥락에서 토리노의 성의聖衣는 징후적이다. 모든 진정한 신자들에게 그것의 진정성은 공포 그 자체일 것이다(우선 핏자국의 DNA 검사부터 해야 할 것이고, 다음에는 예수의 아버지가 누구인지에 대한 의문을 실증적으로 해명해야 할 것이다). 이에 반해 진정한 근본주의자들은 이런 기회를 즐긴다.

이런 현상은 오늘날 몇몇 이슬람 분파에서도 발견된다. 그들은 수백 권의 과학저서들과 최신의 과학적 발견이 어떻게 코란의 지혜와 가르침을 증명하는지 '논증한다'. 근친상간에 대한 신의 금지는 근친상간으로 탄생한 아이의 유전적 결함에 대한 생물학적 지식에 의해 정당화된다는 식이다. (심지어 코란이 제시한 신앙의 항목 중에는 최종적인 과학적 검증이 이뤄지지 않았기 때문에 검증받아야 한다는 주장도 있다. 이로써 코란은 현대 과학에 의해 정식화되어야 할 한낱 신비주의적인 교설로 축소된다.[27]) 불교도 마찬가지다. 많은 과학자들은 현대과학에서 현실을 유동적인 사건들의 탈실체적 흐름으로 보는 관점이 어떻게 불교의 존재론을 뒷받침하는지에 대해 다양한 방식으로 '현대 물리학의 도'라는 주제를 변주한다.[28] 여기서 우리는 역설적인 결론에 도달한다. 세속적 휴머니스트와 종교적 근본주의 사이의 전통적인 대립에서 믿음을 대변하는 쪽은 오히려 휴머니스트이고, 반면에 종교적 근본주의는 지식을 대변한다. 즉, 근본주의의 진정한 위험은 인간의 세속적 지식을 위협한다는 데 있는 게 아니라 오히려 진정한 믿음 자체를 위협한다는 데 있다.

여기서 염두에 둬야 하는 것은 어떻게 지식과 믿음의 대립이 실정문

---

27 Fethi Benslama, *La Psychanalyse à l'épreuve de l'Islam,* Paris: Aubier, 2002, pp.77~85.
28 종교적 근본주의와 과학적 접근법의 합작투자가 지닌 우스꽝스러운 과잉성은 오늘날 이스라엘에서 잘 드러난다. 메시아는 완전히 새빨간 송아지가 태어날 때 도래한다는 구약의 예언을 문자 그대로의 진리로 여기는 종교 집단은 유전자 조작을 통해 그런 송아지를 만드는 데 엄청난 에너지를 쏟아붓고 있다.

과 수행문의 대립과 공명하는가 하는 점이다. 믿음(혹은 신뢰)은 사회적 결속의 매개이자 주체가 이 결속에 참여하는 수단인 발화의 기본 요소이다. 이에 반해―과학의 공식화가 보여 주듯―과학은 언어를 중립적 기록으로 환원한다. 라캉에게 과학은 실재 속에서의 '지식'에 속한다는 것을 잊지 말자. 과학의 언어는 주체적 참여의 언어가 아니라 탈-주체화된 언어, 수행적 차원이 제거된 언어이다. 그래서 과학 담론의 지배는 주체성을 구성하는 은유의 상징 기능 자체의 퇴거 내지 잠정적 중지를 수반한다. 부성적 권위는 필연적으로 믿음, 즉 아버지의 정체성에 대한 신념에 근거한다. 우리는 (상징적 기능으로서, 아버지-의-이름name-of-the-Father으로서, 부권적 은유로서) 아버지들을 갖고 있다. 우리는 누가 우리 아버지인지 직접적으로 **알지** 못하기 때문에, **그의 말에서** 아버지를 받아들이고 그것을 **믿어야** 하기 때문이다. 정확히 말해서, 만약 내가 누가 나의 아버지인지 과학을 통해 명확히 알게 되는 순간, 사회-상징적 신뢰를 지탱하는 부권의 기능은 정지된다. 과학의 세계에서는 그런 믿음이 필요 없으며 진실은 DNA 분석과 같은 방식으로 수립될 수 있다. 그래서 과학 담론의 지배는 주체의 상징적 동일화를 지탱하는 상징적 전통의 네트워크를 잠정적으로 중단시킨다. 정치적인 차원에서는 전통적인 상징적 권위에 근거한 권력으로부터 생정치biopolitics로 전환되는 것이다.

근대성에 내재한 이런 과학 담론의 헤게모니는 자본주의의 '세계 없음'worldless과 연관되는 것으로, 이것은 일찍이 헤겔이 현대인에게는 예술과 종교가 더 이상 절대적인 존경을 받지 못한다고 말하면서 지적한 특질이다. 물론, 우리는 그것들을 존중할 수 있다. 하지만 더 이상 그것들 앞에 무릎 꿇지는 않는다. 우리의 마음은 더 이상 그것들과 함께하지 않는다. 오늘날에는 오직 과학(개념적 지식)만이 이런 존경을 받는다. 탈근대적인 '거대 서사의 종말'은 이런 곤경의 한 가지 특질로, 그 안에서는 다양한 국지적 서사들이 과학 담론을 배경으로 삼아 의미 없는 보편성으로 남아 있다. 현대 좌파들이 주장하는 새로운 정치, 즉 (포르투 알레그레Porto Alegre 선언, "또 다른 세계는 가능하다!" 같은) '새로운 세계'를 상상하고 새로운 허구들을 창안함으로써 자본주의적 근대화의 파괴적인 결과에 맞서는 정치가 부적절하거나 적어도 지극히 모호한 것은 이 때문이다. 그것의 성패 여부는 그 새로운 허구들이 자본주의의 근본적 **실재**와 관계 맺는 방식에 달려 있다. 포스트모던한 '국지적 서사들'이 그렇듯이 그런 정치는 자본주의적 실재를 상상적 다수성으로 **보충**supplement하는가, 아니면 그것의 작동을 **교란하는가**disturb? 달리 말해서, 오늘날의 정치적 과제는 **실재 속으로 개입하여** 그 안에서 변화를 일으키는 **상징적 허구(진리)**를 생산하는 것이다.[29]

우리의 정체성이 수행적으로 상징적 동일화에 의존하는 방식과 상징적 질서가 우리의 경험 전체를 총체적인 의미로 묶어 주는 지평을 제공하는 방식을 통해 (과학 담론과 자본주의라는 두 측면에서의) 근대성의 파괴적인 충격을 온전히 설명해 줄 수 있는 것은 정신분석밖에 없다. 근대성의 필연적 이면은 '의미의 붕괴', 즉 진리와 의미 사이의 연관고리가—둘 사이의 동일성까지—끊어졌다는 점이다. 수세기에 걸쳐 유럽의 근대화가 진행된 이래 우리는 새로운 사회적 서사와 신화라는 지배문화를 통해 이런 해체를 조절하고 그 파열의 충격을 완화할 시간을 가져 왔

---

29 우리는 또한 라캉은 상징계를 유사-초월론적 질서로 물신화하고 있다면서 비난하는 자들이 어떻게 해서 완전히 틀렸는지 이해할 수 있다. 라캉이 1938년 『가족 콤플렉스』(*Les complexes familiaux*)에서 지적했듯이 정신분석의 탄생 자체가 라캉이 '부성적 이미지'라고 불렸던 것의 해체 위기와 연관되어 있다. 혹은 그후 십 년 뒤에 라캉이 지적했듯이 정신분석의 주체는 근대 과학의 데카르트적 주체에 다름 아니다. 이와 같은 진단을 부성적 권위가 여전히 작동하고 있던 좋았던 옛날에 대한 요청—적어도 그 시절에 대한 동경—으로 잘못 읽는 자들에게 상기시켜 줄 것은 라캉에게 정신분석을 탄생시킨(즉 정신분석의 출현에 주된 역사적 조건인) 부성적 권위의 위기는 엄밀한 의미에서 증상적이라는 것이다. 즉 그것은 우리로 하여금 근원적인 보편적 법을 정식화하도록 허용하는 특이한 예외 지점이다.

다. 이에 반해 다른 사회들—가령, 무슬림 사회—은 이런 근대성의 충격을 아무런 보호막도, 시간적 지연과정도 없이 직접 받았다. 그래서 그들의 상징 세계는 훨씬 급작스럽게 해체되었으며 새로운 (상징적) 균형을 수립할 시간도 갖지 못한 채 자신들의 (상징적) 기반을 상실했다. 그래서 이들 사회들이 자기 사회의 전면적 해체를 피하기 위해 광신적인 '근본주의'의 보호막을 들고 나온 것은 이상하지 않다. 종교를 신적인 실재의 직접적 통찰로 간주하는 이런 정신병적-착란적-근친상간적 종교 부흥이 희생양을 요구하는 외설적 초자아의 신성한 복수를 동반하면서 진행된 것도 당연하다. 초자아의 부흥은 탈근대적 관용과 새로운 근본주의가 공유하고 있는 또 다른 특질이다. 그 둘을 분리하는 것은 강요된 향락의 자리밖에 없다. 관용주의에서 그 향락의 자리는 우리 안에 있고 근본주의에서는 신에게 있다.

모든 측면에서 우파와 좌파는 오늘날 탈근대 사회가 쾌락주의적 유아론에 의해 지배되고 있으며 사회적 결속은 점차 해체되어 간다고 불평한다. 오늘날 우리는 컴퓨터 스크린에 달라붙어서 피와 살로 이뤄진 타인과의 접촉보다는 가상적 교환을 더 좋아하고, 육체적인 결합보다 사이버섹스를 더 좋아하는 고독한 개인으로 원자화된다. 하지만 이런 사례 자체가 사회적 결속의 붕괴에 대한 진단의 오류를 드러낸다. 개인이 가상공간에 몰입하기 위해서는 대타자가 존재해야 한다. 대타자는 사이버스페이스 자체의 모습으로 그 어느 때보다 강력하게 현존하며 이와 같은 사회성의 직접적 보편 형식이 우리를 스크린 앞에 혼자 앉아 있음에도 세계 전체와 직접 연결되도록 해주는 것이다.

오늘날 라캉의 "대타자란 없다"는 테제는 애초의 전복적 예리함을 상실한 채 세계적인 상식이 된 것처럼 보인다. 실로 모든 사람들이 공유된 가치와 관습의 집합을 의미하는 '대타자'란 존재하지 않는다는 것, 헤겔이 '객관적 영혼'(관습의 사회적 실체)이라고 부른 것이 순전히 형식적인 규칙에 의해 그 좌표가 규정되는 특수한 '세계들'(혹은 라이프스타일)로 해체되고 있다는 것을 아는 듯하다. 공산주의자뿐만 아니라 자유주의 좌파들까지 새로운 연대성과 또 다른 가치의 공유가 필요하다고 주창하는 이유가 여기에 있다. 하지만 사이버 공간의 사례는 오히려 과거 어느 때보다 오늘날이야말로 대타자가 견고하게 현존하는 시대임을 보여 준다. 사회적 원자화는 오직 어떤 (외형적으로) 중립적인 메커니즘에 의해 규제될 때만 작동한다. 디지털 유아주의solipsist가 자신의 화려한 고립성을 유지하기 위해서는 전 지구적인 복잡한 기계장치를 필요로 한다.

리처드 로티Richard Rorty는 타인들과의 특권적인 연관성이 없는 그런 대타자에 대한 대표적인 철학자가 아닌가? 그의 대타자는 각 개인들이 자신의 꿈과 고통을 '자기 자신의 언어로 말할' 수 있는 중립적이고 공적인 규칙들의 집합이다. 이런 규칙들은 불완전성이나 폭력적인 환상 등 인격적 특징들로 이뤄진 '사적' 공간이 타인들의 직접적 지배로 흘러넘치지 않도록 지켜 준다. 최근 성적 해방의 극단적 효과를 떠올려 보자. '마스터베이터톤'masturbate-a-thon이라는 이벤트에서 수백 명의 남녀가 자선사업을 위한 자위행위와 건강한 섹스-임신 대행자를 위한 모금활동을 하고—운영자들의 말처럼—이렇게 안전하고 평범하고 자연스러운 성행위 형태에 대한 수치심과 터부를 일소시키기 위한 캠페인을 벌인다. 마스터베이터톤 행사의 근저에 있는 이데올로기적 입장은 그 형식과 내용 사이의 갈등에서 나타난다. 그 운동은 자신의 고립주의적인 멍청한 쾌락을 타인들과 **공유할** 준비가 된 개인들로 이뤄진 집단을 형성하려고 한다. 하지만 이런 모순은 실재보다 훨씬 뚜렷하다. 프로이트는 일찍이 나르시시즘과 군중 속의 함몰 내지 캘리포니아식으로 '경험의 공유' 사이의 연관성에 대해 지적한 바 있다. 중요한 것은 마스터베이터들이 각자의 공간을 침범하지 않고도 하나의 '공간을 공유할' 수 있는 것은 그 집단의 상징적 협약 때문이라는 것이다. 개인주의자가 되려고 하면 할수록 타인들과의 거리를 조종해 줄 대타자의 형상이 필요한 것이다. 아마도 이것이 진정한 유아론적 쾌락주의자를 만났을 때 피하기 어려운 기이하고도 적절한 느낌을 설명해 줄 것이다. 개인적 특이성에 대한 무제한적 탐닉에도 불구하고 그는 기이하게도 비인격적인 존재로 느껴진다. 그가 결여하고 있는 것은 인격체로서의 '깊이'이다.

대타자가 아니라면 오늘날 사회적 결속에서 사라진 것은 무엇일까?[30] 답은 분명하다. 대타자를 구현하면서 대타자를 대리하는 작은 타자이다. '다른 사람들과 같지' 않은 사람, 하지만 직접적으로 권위를 체현하고 있는 사람 말이다. 탈근대세계에서 모든 작은 타자들은 (오류투성이고 불완전하며 '그냥 인간적'이고 어리석은 존재로) '유한해져서' 대타자를 체현하기에 부적합하다. 이런 방식으로 그들은 그 실패에 의해 흠 없는 대타자의 순수성을 보존한다. 아마 십여 년 안에 화폐는 순수하게 가상적인 참조점으로서 더 이상 특정한 대상 안에 물질화되지 않게 될 텐데, 이렇게 탈물질화된 화폐는 자신의 물신적인 힘을 절대화할 것이다. 화폐의 비가시성 자체가 화폐를 전능한 존재로 만들 것이다. 따라서 급진적 정치의 임무는 대타자를 체현하는 작은 타자들의 부적절함을 비난하는 게 아니라(그런 '비판'은 대타자의 힘을 강화할 뿐이다) 대타자의 근저를 무너뜨리는 것, 대타자가 지탱하는 사회적 결속관계 자체를 끊어 버리는 것이다. 오늘날 모든 사람들이 사회적 결속의 해체를 염려할 때(그런 염려 속에서 과거 어느 때보다 강력해진 그것의 지배력을 은폐할 때) 그런 결속관계를 해체하는 과제는 여전히 우리 앞에 있고 그 어느 때보다 절실하다.

---

30 이런 생각은 류블랴나 대학의 알렌카 주판치치(Alenka Zupančič)에게 빚지고 있다.

불안에 대한 라캉의 표준적 관념은 불안이란 거짓말을 하지 않는 효과로서, 실재의 근접성과 대타자의 비존재를 증명한다는 것이다. 우리는 그런 불안에 과감히 대면해야 하며 그것은 특정한 상황의 실재 안으로 개입하는 행위 고유의 차원으로 이어져야 한다. 하지만 오늘날에 전형적인 또 다른 형태의 불안이 있다. 그 불안은 무조음의 세계가 지닌 폐쇄공포증에서 유발된 불안으로, 아무런 구조적 '구두점'도 결여한 불안, 어떤 '작은 타자들'도 '대타자'를 대변하지 못하고 자기와 닮은 동료들과의 무한 경쟁적 상호반사(a-a′-a″-a‴……)에 사로잡혀 있다는 사실로 인해 좌절된 '병리적 나르키소스Narcissus'의 불안이다.[31] 이런 폐쇄공포증의 뿌리는 대타자를 대리하는 체현자의 결여로, 그 결여는 사회적 공간을 개방하는 대신 어떤 주인-형상들도 배제한 채 '작은 타자들'의 상호작용을 규제하는 메커니즘인 비가시적 '대타자'가 만연하도록 만든다.

세르브스키 연구소, 말리부

이와 같은 '무조음의 세계'로의 이행 속에서 법과 그 초자아적 이면 사이의 외설적 공모는 다원주의적 관용과 종교적 근본주의 사이의 숨겨진 공모관계로 대체된다. 최근 말리부에서의 스캔들은 생정치적 '치료기법'과 그에 대한 근본주의적 반응 사이의 추잡한 협약뿐 아니라 그 협약을 위해 우리가 치러야 할 파국적인 윤리적 대가를 잘 보여 준다.

좋았던 소비에트 시절 모스크바의 세르브스키 연구소Serbsky Institute는 형벌적인 정치적 통제를 위한 최고의 정신의학 연구소였다. 그 연구소의 정신의학자들은 국가적인 안보 사찰에 이용될 증거 확보를 위해 용의자

---

31 이런 생각은 노샘프턴 대학의 글린 데일리(Glyn Daly)에게 빚지고 있다.

들에게 자백을 강요하는 약을 발명했다. 정신의학자들이 인민을 투옥시킨 근거는 자신들이 창안해 낸 '나태한vilotekushehaia 정신분열증'이라 불린 정치적 정신이상 때문이다. 정신의학자들은 그 정신이상의 증상을 이렇게 설명했다. 그 정신병에 걸린 사람들은 정상인처럼 보이지만 "굽힐 줄 모르는 확신"이나 "정의에 대한 강박관념 때문에 생긴 신경탈진", 혹은 "논쟁 애호 성향", "수정주의적 망상"으로 인격이 파탄나 있다. 이에 대한 치료법은 항정신성 약물을 투입하는 것인데, 그것은 너무나 고통스러워서 환자들은 무의식 상태에 빠진다. 공산주의에 반대하는 사람은 **정신이상**임에 틀림없다는 확고한 믿음이 있는 것이다. 정치적으로 문제 있는 입장에 대한 이와 같은 정신의학적 접근은 지나간 유산일 뿐일까? 불행히도 그렇지 않다. 오늘날 푸친 치하의 러시아에서도 이런 세르브스키 연구소가 번성할 뿐 아니라 최근 멜 깁슨의 사례에서도 볼 수 있듯이 말리부에서도 조만간 확산될 것이다. 다음은 2006년 7월 28일 금요일 멜 깁슨에게 일어난 사건에 대한 본인의 진술이다.

운전해서는 안 되는 상황에서 나는 차를 몰았고 결국 LA주 보안관에 의해 멈춰 세워졌다. 경관은 자신의 임무대로 나를 체포했고 다행히 나는 사람을 다치게 하기 전에 저지되었다. 나는 완전히 정신 나간 사람처럼 행동했고, 비열하게도 나 역시 진실이라고 믿지 않는 말을 해버렸다.

기록에 의하면 멜 깁슨은 "좆같…… 유대인…… 유대인은 지구상의 모든 전쟁에 책임이 있어"라고 말했고 보안관에게 "당신, 유대인이야?"라고 물었다. 멜 깁슨은 사과했지만 반-유대인 비방 연맹Anti-Defamation League은 그의 사과를 받아들이지 않았다. 다음은 이 연맹의 지도자 아브라함 폭스맨의 진술이다.

멜 깁슨의 사과는 진정성도 없고 충분하지도 않다. 그의 사과는 진정한 사과라고 말하기 힘들다. 왜냐하면 그것은 자신의 편협함과 반유대주의의 본질에 접근하지 못했기 때문이다. 보안관 앞에서 한 그의 헛소리는 그의 내면에 있는 진실을 폭로하며 「패션 오브 크라이스트」 논쟁에서 자신은 관용적이고 애정적인 사람이라는 그의 주장이 기만이었음을 드러낸다.

이후 멜 깁슨은 대변인을 통해 보다 실질적인 사과를 하는데, 자신은 알코올 중독 치료를 받을 계획이라는 것이다. 덧붙여 그는 "내 신념에 대해 증오심을 느낍니다. 나는 단지 용서를 구할 뿐 아니라, 나아가 유대 공동체 지도자와 만나고 싶습니다. 만나서 나 자신을 치료할 적절한 방법에 대해 논의하고 싶습니다." 멜 깁슨은 "자신은 만취 상태에서 나온 그런 사악한 말의 근원을 이해하기 위해 노력 중이다"라고 말했다. 그러자 폭스맨은 멜 깁슨의 사과를 진정한 것으로 받아들였다.

2년 전 나는 그의 대변인으로부터 그가 나를 만나 이해를 구하고 싶다는 말을 들었다. 나는 지금도 기다리고 있다. 그 이해의 시간에는 어떤 강의나 커리큘럼도 필요 없을 것이다. 그냥 심도 깊은 대화만이 필요할 뿐이다. 그것은 일종의 치료과정으로, 모든 치료에서 가장 중요한 단계는 자신에게 문제가 있음을 인정하는 것이다. 그는 이미 그 단계를 밟고 있다.

왜 이런 저속한 사건에 귀중한 시간을 낭비해야 할까? 미국의 이데올로기적 흐름을 관찰하는 입장에서 이 사건은 그 속의 악몽 같은 측면을 드러낸다. 반유대-기독교 근본주의와 시오니즘이 서로의 위선을 강화하는 모습은 숨이 막힐 지경이다. 멜 깁슨과 폭스맨의 화해는 정치적으로 반-유대 기독교 근본주의와 공격적인 시오니즘 사이의 추잡한 협정을 대변하며, 그것은 이스라엘 국가에 대한 근본주의자들의 점증하는 지지로 나타나고 있다(샤론의 심장 발작은 가자 지구 소탕에 대한 신의 징벌이라는 팻 로버트슨의 주장을 회상해 보라). 유대 민족은 그런 협정을 위해서라면 악마와도 계약을 할 것이다. 우리는 폭스맨의 제안으로부터 반유대주의가 얼마나 고무될지 상상이나 할 수 있을까? "그래서 내가 지금도 유대인에 대해 비판적인 말을 한다면 기꺼이 정신치료를 받을 것입니다."

최종적 화해를 떠받치는 것은 분명 외설적인 상호보상이다. 멜 깁슨의 감정적 폭발에 대한 폭스맨의 반응은 과도하게 엄격하거나 벅찬 게 아니었다. 반대로 그의 반응은 멜 깁슨이 너무나 손쉽게 곤경에서 벗어나게 해준다. 그것은 멜 깁슨이 자기 말(반-유대주의적 언사)에 대해 인격적인 책임을 지지 않아도 되게끔 해준다. 자신의 말은 실제로 그 자신의 것이 아니다. 그것은 병리적인 것이며 알코올이 야기한 알 수 없는 힘 때문이다. 하지만 "그런 사악한 말의 근원이 어디인지"라는 깁슨의 의문에 대한 답은 우습게도 아주 단순하다. (굳이 찾자면) 그것은 상당부분 그의 아버지에 의해 형성된 이데올로기적 정체성의 필수적인 요소이다. 멜 깁슨의 언사를 지탱하는 것은 광기가 아니라 너무나 잘 알려진 이데올로기(반-유대주의)이다.

오늘날 일상생활에서 인종주의는 삶의 표면 아래 도사리고 있다가 '낮의 잔재'에 부착되어 자기 방식대로 물들이기를 기다리는 자생적 기질로 작용한다. 최근에 나는 (폴란드 유대인) 야누시 바르다흐가 2차 세계대전 동안 최악의 스탈린 수용소인 콜리마에서 기적적으로 살아남은 기억을 적은 『인간은 인간에 대해 늑대다』[32]를 읽었다. 1945년 대對 독일 승전

---

32 Janusz Bardach and Kathleen Gleeson, *Man is Wolf to Man,* London: Scribner, 2003.

기념 특별 사면으로 그는 자유의 몸이 되었지만 여전히 그 지역을 떠날 수 없었다. 그래서 시간도 때우고 약간의 돈도 벌 겸해서 그는 병원에서 일자리를 얻었다. 거기서 그는 한 의사의 권유로 병들고 굶주린 수감자들에게 비타민과 영양식을 제공할 방법을 찾아냈다. 수용소 병원은 버려야 할 정도로 많은 양의 수혈용 혈액을 보유하고 있었다. 바르다흐는 그것에 지역 토착 식물에서 추출한 비타민을 첨가하여 병원에 되팔 계획을 세웠다. 상부 당국자들이 그 사실을 알게 되자 그는 다시 체포될 상황에 처하게 되었다. 당국자들은 그들이 '조직적인 카니발리즘'이라 부른 것의 실행을 저지했다. 하지만 바르다흐는 돌파구를 찾아내서 인간의 혈액을 인근 이누이트에서 잡은 사슴피로 바꿨고 결국 막대한 사업적 성공을 이뤄냈다……. 이로부터 나에게 떠오른 연상은 물론 인종주의적이다. "정말 유대인답다! 최악의 굴락$_{gulag}$에서조차 약간의 자유와 여지만 주어지면 장사를 시작하는구나. 그것도 인간의 피로."

가톨릭 사제의 아동성애가 교회라는 사회-상징적 작동 체계의 일부를 이루는 것처럼 이런 외설적 이면이 제도화될 때 문제는 심각해진다. 그때 문제가 되는 것은 단지 개인의 '사적인' 무의식이 아니라 제도 자체의 '무의식'이다. 이런 문제는 단지 교회가 자신의 생존을 위해 어쩔 수 없이 리비도적 삶의 정념적 현실에 순응해야 하기 때문에 발생하는 것이 아니라 교회제도의 재생산 과정에 필수적인 구성요소이다.[33] 이런 제도적 무의식은 개인들을 포괄하는 정신적 실체로서 융이 '집단적 무의식'이라

---

33 이것이 성직자들의 성욕이 합법적인 출구를 찾지 못한다면 그것은 병리적인 방법으로 폭발할 것이라고 지적하는 것으로는 충분하지 못한 이유이다. 가톨릭 신부들에게 결혼을 허락하는 것은 아무런 해결책도 안 된다. 그것은 신부들이 소년들을 성가시게 구는 일 없이 자신의 임무에 충실하게 되는 결과를 낳지 않는다. 왜냐하면 소아애호증은 가톨릭의 사제 제도 자체로부터, 그 제도의 '내재적 위반'으로서, 그것의 외설적이고 은밀한 보충물로서 생성되기 때문이다.

고 불렀던 것과는 아무 상관도 없다. 그것은 전적으로 비-심리적인 것으로, 엄격히 담론적 차원에 속한다. 그것은 상징적 좌표들의 '물화된' 시스템으로서 '대타자'와 상관적이다. 그것은 공적 담론에 내재하는 전제와 배제의 집합이다. 따라서 교회가 자기 내부의 범죄를 인정하기 거부할 때 그에 대해서는 만약 교회가 그와 같은 명백한 범죄에 대한 조사에 착수하지 않는다면 교회 역시 공범자가 된다고 주장하는 것이다. 나아가 교회는 그 제도 자체로써 그와 같은 범죄가 일어날 조건을 마련해 왔음을 인정해야 한다. 오늘날 아일랜드에서 어린아이가 외출할 때 어머니가 "낯선 사람에게 말 걸지 마라"라는 주의에 덧붙여 "그리고 신부에게도 말 걸지 말고"라고 당부하는 것은 전혀 놀랄 일이 아니다.

결과적으로 멜 깁슨에게 필요한 것은 치료가 아니다. 자신의 반-유대주의적 감정 표출이 어떤 방식으로 가톨릭 신앙과 연관되어 있는지, 나아가 가톨릭의 외설적 이면으로 기능하고 있는지 자문하면서 자신의 반-유대주의적 언사를 스스로 책임지지 못하는 이상 단지 "나에게는 문제가 있어"라고 인정하는 것은 불충분하다. 폭스맨이 멜 깁슨의 감정분출을 치료를 요하는 병리학적 사례처럼 취급할 때, 그는 단지 유아성추행을 개인적인 병리학으로만 축소하고자 하는 자들과 동일한 오류를 범하고 있을 뿐 아니라 나아가서는 세르브스키 연구소에서 문제적인 정치적·이데올로기적 태도를 정신의학적 치료대상으로 취급하는 태도를 반복하는 것이다. 세르브스키 연구소를 떠받치는 것이 공산주의에 반대하는 사람은 **미친** 자일 수밖에 없다는 믿음인 것처럼 폭스맨의 제안 역시 반-유대주의를 주창하는 사람은 **미친** 사람일 수밖에 없다는 믿음에 근거한다. 이런 식의 대응 방식은 핵심적인 문제를 비껴 간다. 우리 서구 사회에서 반유대주의는 정신 나간 자들의 이데올로기가 아니라 지극히 **멀쩡한** 사람들의 자발적인 이데올로기, 혹은 우리의 이데올로기적 **멀쩡함**

의 핵심 요소였고, 지금도 그렇다. 오늘날 우리가 놓여 있는 지점이 여기다. 깁슨이냐 폭스맨이냐의 선택, 외설적이고 편협한 근본주의적 믿음이냐 아니면 문제적인 믿음을 정신병 취급하면서 아예 자격을 박탈해 버리는 만만찮게 외설적인 믿음이냐 사이의 슬픈 선택.

증상으로서의 폴란드

탈근대적 '무조음의 세계'와 그에 대한 근본주의적 대응 사이의 숨겨진 공모는 사회-상징적 정체성이 붕괴될 때 확산된다. 2007년 3월 "올렉시 게이트"라고 불린 스캔들이 폴란드를 둘로 갈라놓았다. 사적인 대화가 녹음된 테이프가 공개된 것인데, 전 국무총리이자 민주주의 좌익 동맹SLD; Sojusz Lewicy Demokratycznej, 前前-공산당의 지도자 요제프 올렉시Josef Oleksy가 SLD 정치인들을 "한 무리의 멍청이와 사기꾼"이라고 비난하면서 SLD는 폴란드에 자본주의를 도입한 집단이며 SLD 지도자들은 폴란드에 대해서는 아무런 관심도 없고 오직 자기 생존과 부에 대해서만 신경 쓴다고 떠든 내용이었다. 이 테이프에서 진정 놀라운 점은 모종의 일치점에 있다. 올렉시는 반-공산주의 우파들이 SLD에 대해 사용한 것과 꼭 같은 논법을 사용했던 것이다. 반공산주의 우파는 SLD가 자기 고유의 정치 기획은 없이 그저 사적인 경제적 이익만을 추구하는 전前-노멘클라투라들의 네트워크에 불과하다면서 SLD의 정통성을 부정했다. 이런 외부적인 비난의 내용은 SLD의 자기 냉소적 규정 속에서 재확인되고 있다. 그에 따르면 탈-공산주의 국가에서 신좌파의 최우선 과제는 일반적으로 대자본가의 이해를 대변하는 전-공산주의 '좌파'와의 연결고리를 끊는 것으로 규정된다.

이 스캔들과 상관적인 사실은 폴란드가 서구 최초로 반-근대적인 반동세력이 승리하여 지배 세력으로 대두한 나라라는 점이다. 전면적인 낙태 금지, 공산주의 '척결', 초중등 교육에서 다원주의 배제, 공화국의 대통령 직위 철폐, 예수 그리스도를 폴란드의 천년 왕Eternal King으로 세우자는 기괴한 주장까지 이들의 요구는 근대성과의 명확한 단절과 기독교적 가치 위에 세워진 새로운 폴란드를 향한 포괄적인 제안으로 모아진다. 그러나 이런 반동은 좌파가 "지금은 모두 힘을 모아 그들의 위협에 맞서 자유주의-세속적 근대화를 재확인해야 할 시간이다"라는 자유주의자들의 협박에 순응해야 할 만큼 그렇게 위협적인 걸까? (이런 협박은 사회-민주주의 진화론자들이 저개발 국가에서 좌파는 우선 부르주아의 근대 민주주의 국가 수립을 지지해야 하며 '오직 두번째 단계'에서만 자본주의와 부르주아 민주주의를 극복하는 급진적 정치에 돌입해야 한다는 주장을 떠올리게 한다. 레닌은 이런 '전술적' 접근법에 완강히 반대했음을 기억할 필요가 있다. 이런 식의 전술적 태도는 이후 공산주의의 '낮은' 단계와 '높은' 단계에 대한 스탈린의 형식적 구분에서 다시 나타난다.)

반대로, 오늘날 좌파의 임무는 자유주의적 근대화와 반-근대주의적 반동 간의 대립이라는 논의장 자체로부터 자신을 '빼내는' 차원을 넘어서는 것이다.[34] 안정된 기독교적 가치를 사회생활에 도입하자는 열정적인 기획에도 불구하고 반-근대적, 반동적 근본주의는 진실로 (니체적 의미에서) **반동적**reactive 현상임을 잊지 말아야 한다. 그 근본주의적 협박의 핵심에는 새로운 사회를 현실화하자는 어떤 능동적 정치학이 아니라, 어떤 위협에 대한 방어에서 비롯된 두려움의 정치가 있다. 여기에 현대 사회의 곤경에 대한 보수주의적 관점의 기본 윤곽이 있다. "세속적-진보적 문화

---

34 오늘날 터키의 문제는 자본주의 세계화를 이해하는 데 중요하다. 세계화의 정치적 주창자는 에르도간(R. T. Erdogan) 총리가 이끄는 '온건' 이슬람 당이다.

가 전통적 신앙들을 파괴하고 있다"는 진단 말이다.

이런 영성의 상실을 대체하기 위해 수백만 유럽인들은 '상대주의'라는 세속적 개념을 사용해 왔다. 이런 사고방식에 따르면 절대적 진리도 없고 확실한 옳고 그름도 없다. 모든 것은 '상대적'이다. 내 눈에 잘못된 것이 당신 눈에도 잘못이라는 보장이 없다. 이런 논리라면 사악한 행위 역시 이해 가능하고 따라서 비난할 수도 없다. 다시 말해서, 어떠한 확실한 가치평가도 이뤄질 수 없다. 왜냐하면 모든 행위가 결정적 판단이 불가능한 정상참작의 환경 속에 놓여 있기 때문이다.

상대주의의 폭넓은 수용이 유럽을 연약하고 혼란스럽게 만들었다. 지금 사회주의 정부나 유사-사회주의 국가들은 자국민들에게 생필품을 제공하면서 수많은 유럽인들이 자기 일에만 몰입하게 하고 있다. 그런 일이 개인에게 일어날 때 그 혹은 그녀를 위대한 대의에 참여케 하는 것은 어렵다. 자신의 행복과 무관한 것을 위한 싸움은 무가치한 것이 된다. 유일한 신조는 자기만족에 대한 믿음밖에 없다.[35]

우리는 어떻게 이 대립(전통주의 대 세속적 상대주의의 대립)을 서구 사회의 '테러와의 전쟁'을 정당화하는 또 다른 이데올로기 대립—개인의 권리에 기반한 자유-민주주의와 '이슬람-파시즘'으로 구현된 종교적 근본주의 사이의 대립—과 결합할 수 있을까? 여기에 미국 신보수주의의 증상적 비일관성이 있다. 주류 정치에서 그들은 주로 세속적 자유주의(낙태, 동성애자 혼인 등)에 맞서 싸우지만, 즉 그들의 투쟁은 소위 '죽음의 문화'에 맞선 '생명의 문화'를 옹호하는 투쟁이지만, 기이하게도 그들은 자

---

35 Bill O'Reilly, *Culture Warrior*, New York: Broadway Books, 2006, pp.175~176.

유주의적 '죽음의 문화'라는 정반대의 가치를 특권화한다. 이 딜레마를 푸는 한 가지 방법은 팀 라헤이Tim LaHaye와 그 동료들의 작품에서 드러난 것과 같은 기독교 근본주의적 강경론으로, 이것은 두번째 대립을 첫번째 대립에 종속시키는 것이다. 팀 라헤이의 최근 소설의 제목 '유럽의 음모' The Europa Conspiracy가 이런 경향을 명확히 대변한다. 이에 따르면 미국의 진정한 적은 무슬림 테러리스트가 아니다. 무슬림 테러리스트는 유럽 세속주의자들에 의해 은밀히 조종되고 있는 꼭두각시에 불과하다. 유럽 세속주의야말로 미국을 약화시키고 유엔 지배하의 세계질서를 수립하려는 적-그리스도의 진정한 힘이다. 주류 자유민주주의는 이런 소수 의견에 반대하여 일체의 근본주의에서 주적을 발견하면서 미국의 기독교 근본주의를 미국에 토착화된 '이슬람-근본주의'의 변형으로 인식한다.

종교적 근본주의의 반동적 성격은 그것의 숨겨진 반성적 입장에서 뚜렷이 드러난다. 이런 반성성의 가장 (예술적인) 고차원적인 형태는 안드레이 타르코프스키의 작품에서 볼 수 있다. 자신의 (후기) 영화 주인공들뿐 아니라 타르코프스키 본인은 서구 지성의 회의주의와 자기-파괴적 거리두기에 반대하며 진정한 믿음의 부활을 직접 대변한다. 하지만, 상황은 좀더 복잡한 게 아닐까? 타르코프스키 본인에 따르면, 이런 직접적 믿음의 궁극적 형상은 '잠입자'Stalker이다.

나는 이 지역이 무엇을 상징하는지 스스로 묻곤 한다. 한 가지 대답만이 가능하다. 이런 지대는 존재하지 않는다. 잠입자 자신이 이 지대를 창조한 것이다. 이를 통해 그는 지극히 불행한 사람들을 불러들여 희망의 관념을 갖게 한 것이다. 이 욕망의 방 역시 잠입자가 창조한 것으로, 그것은 물질적 세계에 대항하는 다른 형태의 도전이다. 잠입자의 정신이 창조한 이 도전은 믿음의 행위에 상응한다.³⁶

잠입자가 그 지대를 창조했다는 주장은 문자 그대로 받아들여야 하는 게 아닐까? 잠입자는 직접적으로 믿는 게 아니라 자신이 끌어들인 지식인들을 홀리기 위해, 그들에게 믿음의 전망을 불어넣기 위해 스스로 믿는 척한 게 아닐까? 그는 직접적으로 믿는 자가 아니라 타락한 지식인 방관자들의 눈을 위해 스스로 믿는다고 가정된 주체의 역할을 맡고 있는 것이라면? 그래서 진짜 순진한 입장은 잠입자의 순수한 믿음에 현혹된 지적 관람자들이라면? 이런 논리는 타르코프스키 본인에게도 적용되지 않을까? 그는 서구의 회의주의와 대립된 진실로 정통적인 신자가 아니라, 서구의 지식인 대중을 현혹하기 위해 단지 그 역할을 연기할 뿐이라면?[37] 그래서 존 그레이John Gray가 "종교적 근본주의자들은 자기에게 타락한 현대 사회의 치료제가 있다고 생각한다. 사실, 그들은 자기가 치료하는 척하는 그 질병의 증상이다"라고 말할 때, 그는 전적으로 옳다.[38]

니체의 용어로 그들은 최후의 니힐리스트들이다. 왜냐하면 그들의 (미디어를 통해 구경거리를 조직하는 따위의) 행위형식 자체가 그들의 메시지를 전복하기 때문이다. 초기 모더니즘 문학의 대표자 중 하나인 로트레아몽Lautrémont(이시도르 뒤카스Isidore Ducasse)은 도발적인 『시편』Poésies과 『말도로르의 노래』Les Chants de Maldoror에서 기이한 방식으로 전통적 도덕의 부활을 추구한다. 그는 예술적 근대성의 출발지점에서 근대성의 역설적 전도를 노래한 것이다. 모든 위반의 원천이 소진될 때 최후의 인간Last Men이 질식할 것 같은 피로감으로부터 벗어나는 유일한 탈출구는 전통

---

36 Antoine de Baecque, *Andrei Tarkovski,* Paris: Cahiers du Cinéma, 1989, p.110에서 인용.
37 달리 말해서, 타르코프스키는 또 다른 차원에서 에미르 쿠스트리차(Emir Kusturica)와 동일한 것을 한 게 아닐까? 쿠스트리차는 서구를 위해 완벽한 발칸, 즉 진정으로 열정적인 폭력의 순환에 매혹된 발칸을 연기하며, 타르코프스키는 진정으로 순진한 러시아적 영혼의 역할을 맡고 있는 게 아닌가?
38 John Gray, *Straw Dogs*, London: Granta, 2003, p.18.

적 태도를 최후의 위반으로 제시하는 것이다. 오늘날 우리의 대중문화도 마찬가지다.

> 새로운 악으로부터 벗어날 때 무슨 일이 일어날까? 더 이상 맞춤 섹스와 마약과 폭력이 팔리지 않을 때 이 지겨움과 권태에서 벗어날 수 있는 방법은 무엇일까? 우리는 그때야말로 도덕이 새로운 유행으로 돌아온다고 확신할 수 있다. '도덕성'이 새로운 위반 상품으로 팔릴 날이 멀지 않았다.[39]

하지만 여기서 우리는 좀더 엄밀해야 한다. 이와 같은 전도는 체스터턴이 묘사한 것처럼 도덕성 자체가 최고의 위반으로, 법질서가 최고의 (보편화된) 범죄로 나타나는 것과는 다르다. 체스터턴의 모델과 달리 여기서의 보편적 범주는 범죄가 아니라 법이다. 즉, 현대 사회에서는 도덕성이 최고의 위반이 되는 게 아니라, 위반 자체가 '도덕적' 지상 명령이 되는 것이다. 그래서 진짜 전도는 도덕과 위반이라는 대립물의 성찰적 동일성 **안에서** 일어난다. 그래서 우리는 대립항을 포괄하는 범주를 도덕성에서 위반으로 바꿔야 한다. 이렇게 보편적 범주가 애초의 대립물로 바뀌기 때문에 우리는 영속적인 위반의 형태인 법이 지배하는 사회로부터, 새로운 법의 형태인 위반이 지배하는 사회로의 역전을 이뤄야 한다.[40]

---

39 Gray, *Straw Dogs*, pp.165~166.
40 이런 역전은 헤겔의 필연성과 우연성의 변증법적 전도와 유사하다. 최초의 접근에서 포괄 단위는 필연성으로 나타난다. 즉 필연성이 자신을 표현하는—자신을 현실화하는—외재적 장으로서의 우연성을 정립하고 매개한다. 우연성은 그 자체로 필연적이며, 개념적 필연성의 자기-외재화이자 자기-매개의 결과이다. 하지만 이 포괄 단위를 그와 대립되는 것으로, 즉 우연성 자체와 필연성을 포괄하는 단위로서의 우연성으로 보충하는 것이 중요하다. 필연성이 다양한 우연적 장의 구조화 원리로 고양되는 것 자체가 우연적인 활동, 즉 우연적인('열려 있는') 헤게모니 투쟁의 산물이라고 말할 수 있다. 이러한 전환은 S에서 $로, 실체에서 주체로의 전환에 상응한다. 출발점은 우연적 다양성이다. 그것의 자기-매개를 통해

고문의 행복?

이처럼 위반 자체가 도덕적 명령으로 고양되는 현상에 걸맞는 명칭이 있다. **숭고한 의무로서의 행복**이 그것이다. 지난 십여 년 동안 행복에 대한 연구가 독자적인 과학 분야가 된 것은 놀랄 일이 아니다. 지금은 대학에 '행복학 교수'가 있고 '삶의 질' 연구소에서 무수한 논문이 쏟아져 나온다. 심지어 『행복 연구 저널』Journal of Happiness Studies도 있다. 이 잡지의 편집장 루트 베호벤Ruut Veehoven은 이렇게 말한다.

> 의학이 우리 건강에 해로운 것을 알려 주는 것처럼 오늘날 우리는 어떤 행동이 행복을 가져오는지, 어떤 것이 행복에 해로운지 알 수 있다. 우리는 이제 각 개인에 꼭 맞는 라이프 스타일이 어떤 것인지 실제적으로 알게 될 것이다.[41]

이 새로운 행복학 분야는 크게 두 부류로 나뉜다. 한편에는 보다 사회학적인 접근이 있다. 이것은 서로 다른 문화권이나 직업, 종교, 사회 경제적 집단에서의 행복지수를 측정한 무수한 데이터에 기반한다. 우리는 이런 연구가 문화적 편견에 사로잡혀 있다고 해서 비난해서는 안 된다. 그들은 행복을 구성하는 개념이 각각의 문화적 맥락에 의존해 있다는 것을 매우 잘 알고 있다. (행복을 개인적 성취의 반영으로 보는 것은 단지 개

서('자생적인 자율-조직화') 우연성은 자신의 내적 필연성을 생성-정립한다. 본질이 존재의 자기-매개로 출현하는 것처럼. 일단 본질이 출현하게 되면 본질은 소급적으로 '자신의 전제를 정립한다'. 다시 말해, 본질은 자신의 전제를 자기-재생산의 종속 변수로 지양하는 것이다. (존재는 외관 현상으로 변형된다.) 하지만 이런 정립과정은 소급적이다.
41 Michael Bond, "The Pursuit of Happiness", *New Scientist*, October 4, 2003.

인주의적인 서구 국가들에서만 통용된다.) 또한 그렇게 수집된 데이터가 때로는 매우 흥미롭다는 것을 부정할 수 없다. 행복은 생활에 대한 만족과 같은 것이 아니다. (평균적이거나 평균 이하의 생활 만족도를 보이는 몇몇 국가들은 매우 높은 행복지수를 보인다.) 생활 만족도에서 가장 우수한 나라들―대부분 서구 사회나 개인주의적인 집단―은 높은 자살률을 보이는데, 물론 그것은 질투심 때문이다. 그들에게는 자기가 갖고 있는 것보다 타인들이 갖고 있는 게 더 중요하게 여겨진다. (중산층이 빈곤층보다 만족감이 떨어지는 것은 도달하기 힘든 고수입과 사회적 지위를 가진 상류층을 준거집단으로 삼기 때문이다. 이에 반해 가난한 사람들은 획득 가능한 중간 소득층을 준거집단으로 삼는다.)

다른 한편으로는 인지과학적 연구나 뉴에이지의 명상적 지혜와 결합되곤 하는 심리학적(오히려 뇌과학적) 접근법이 있다. 이것은 행복과 만족의 느낌을 수반하는 뇌의 활동과정을 측정하는 것이다. 여기서 인지과학과 불교의 결합은(새로운 건 아니다. 최근의 주요 인물은 프란시스코 바렐라Francisco Varela이다) 윤리학적 관점 변화를 가져온다. 과학적 연구의 형태로 이루어지는 이 새로운 윤리학은 오늘날의 생정치와 상응하여 **생명도덕**biomorality이라고 부를 수 있다. 그리고 기실 "삶의 목표는 행복이다"[42]라고 쓴 것은 달라이 라마가 아닌가? 이에 대해 **정신분석학에서는 그렇지 않다**는 말을 덧붙여야겠다. 칸트에 따르면 윤리적 의무는 주체의 항상적 균형을 깨면서 침입하는 이질적 외상처럼 작동한다. 그것은 주체로 하여금 쾌락의 추구를 무시하면서, '쾌락원칙을 넘어서' 행동하도록 압박하는 참기 힘든 압력이다. 라캉에게는 욕망도 그와 같다. 그래서 향

---

42 Mark Epstein, "Foreword by the Dalai Lama", *Thoughts Without a Thinker,* New York: Basic Books, 1996, p.xiii.

유란 주체로 하여금 자신의 잠재력을 실현하도록 추동하는 자연적 힘이 아니라 외상적인 초자아의 명령이다.[43]

그래서 만약 끝까지 '쾌락원칙'을 고집하면 극단적인 결론을 피하기가 어려워진다. 인공지능 철학자 토마스 메칭거Thomas Metzinger는 하이브리드 생체로봇의 발전 전망에서 인공적 주체성이 가능하다고 생각하는데, 그에게 그것은 '철학적 이슈가 아니라 경험적' 이슈일 뿐이다.[44] 그럴 때 제기되는 윤리성에 대해서 그는 "자연적 진화에 의한 생물학적 의식 형태가 **욕망할 만한** 경험 형식인지, 즉 **그 자체로 좋은 것**인지는 결코 명확지 않다"[45]라고 강조한다. 이러한 문제적 특징은 의식적 고통과 연관되어 있다.

> (진화는) 이전에는 없었던 엄청난 괴로움과 혼란의 바다를 창조해 왔다. 진화에 의해 개별 의식 주체들의 숫자뿐만 아니라 그들의 현상적 위상 공간의 차원들 역시 증가하고 있으며, 그에 따라 이런 고통의 대양 역시 깊어져 왔다.[46]

그리고 새롭게 창조된 인공적 의식 형태들 또한 더 '깊은' 고통의 형

---

43 '행복추구'는 '아메리칸 드림'(이데올로기)의 핵심 요소이다. 그 이데올로기 속에서 사람들은 "우리는 모든 사람이 평등하게 태어났으며 창조주에 의해 생존의 권리, 자유의 권리, 행복 추구의 권리와 같은 양도 불가능한 권리를 부여받았음을 자명한 진리로 여긴다"라는 구문의 우연적인 기원을 망각하는 경향이 있다. 미국 독립선언서의 첫 부분에 나오는 이 '행복 추구'라는 다소 어색한 구절은 어디서 따온 것일까? 그것의 기원은 존 로크의 모든 인간은 생존, 자유, 사유재산의 자연권을 갖고 있다는 주장이다. 독립선언서 초안을 협상하는 과정에서 **흑인 노예의 사유재산권을 부정하기 위해** '행복 추구'라는 구절로 대체된 것이다.
44 Thomas Metzinger, *Being No One: The Self-Model Theory of Subjectivity,* Cambridge, MA: MIT Press, 2004, p.620.
45 Ibid.
46 Ibid., p.621.

식들을 창조할 거라고 예상하는 것은 타당하다. 우리는 이런 윤리적 관점이 메칭거만의 사견이 아니라 그의 이론적 틀에 내재한 구성요소라고 조심스럽게 지적해야 한다. 인간의 주체성을 완전히 자연화하는 데 동의하는 순간 고통과 시련의 회피가 궁극적인 윤리적 준거로 나타나는 것은 필연적이다. 한 가지 덧붙이자면, 진화는 "이전에는 없었던 엄청난 괴로움과 혼란의 바다를 창조해 왔다"는 주장을 끝까지 밀고 나가면 인간의 주체성 자체도 부정된다. 만약 우리가 동물로 남아 있었다면 우리는 훨씬 덜 고통스러웠을 것이고 더 나아가 만약 동물이 식물로 남아 있었다면, 식물이 단세포로 남아 있었다면, 세포가 무기물로 남아 있었다면…… 고통은 적었을 것이다.

우리가 처한 가장 아이러니한 곤경 가운데 하나는 행복을 지향하고 고통을 예방하는 이런 생명도덕이 오늘날 고문을 정당화하는 기저 원리로 이용된다는 점이다. 우리는 보다 큰 고통을 예방하기 위해 고문을 해야—고통과 괴로움을 부과해야—한다. 이 지점에서 드 퀸시T. De Quincey의 말을 인용하고 싶은 유혹을 느낀다. "얼마나 많은 사람들이 자그마한 고문에 동참하고 있는가? 얼마나 많은 사람들이 고통과 괴로움에 대항하는 것을 대의로 삼고 있는가!" 이것은 샘 해리스에게도 적용되는 논리이다. 해리스는 『믿음의 종말』에서 고문을 옹호하는 근거로 고통받는 타인에 대한 감각적인 반응 상태와 타인의 고통에 대한 추상적인 관념 사이의 차이를 끌어들인다. 그에 의하면 우리는 수천 명의 치명적인 고통을 일으킬 수 있는 원거리 폭격보다, 단 한 사람의 고문을 더 힘들어한다. 그래서 우리는 감각적 환영에 비견되는 윤리적 환영에 사로잡혀 있다. 이러한 환영의 궁극적 원인은, 우리의 추상적 추론능력은 엄청나게 발전해 왔음에도 우리의 정서적-윤리적 반응능력은 수천 년 전과 다름없이 직접 목격한 고통에 대해 직관적으로 공감하는 수준에 머물러 있기 때문이다. 대부분의 사람들이 눈에 안 보이는 수천 명을 살상하는 폭격 버튼을 누르는 것보다 눈앞에 있는 한 사람을 총으로 쏘는 것을 더 꺼리는 것은 이 때문이다.

우리 가운데 많은 이들은 테러와의 전쟁에 임박해서 고문을 가하는 것은 어떤 상황에서는 가능할 뿐 아니라 필요하기까지 하다고 믿는다. 그럼에도 여전히 고문은 윤리적 관점에서 이전보다 더 많이 납득되고 있지는 않다. 내 생각에 그 이유는 신체적 가격에 대해 달의 착시현상을 일으키는 것과 같은 환영을 느끼기 때문이다. (……) 지금은 우리의 지도자들로 하여금 하늘 위에 가서 보라고 해야 할 때이다.[47]

해리스가 앨런 더쇼위츠Alan Dershowitz와 그의 고문 합법화 주장을 언급하는 것은 이상할 게 없다.[48] 물리적으로 감각된 타인의 고통에 상처받기 쉬운 우리의 진화론적 감각을 중지시키기 위해 해리스는 디카페인 커피나 다이어트 콜라처럼 효과적인 고문기술로서 아주 이상적인 '진실 알약'을 상상해 낸다.

이 약은 고문 기구들과 함께 그것의 철저한 은닉 기구 모두를 제거할 것이다. 이 약은 일시적인 마비와 함께 어떤 인간도 참아 낼 수 없는 정신적 고통을 일시적으로 생산할 것이다. 만약 이 알약을 테러리스트에게 복용케 하여 한두 시간 졸다가 깨어나 자기 조직에 관한 정보 일체를 털어놓게 한다면 우리는 그런 고문에 대해 어떤 인상을 받을까? 우리는 그

---

47 Sam Harris, *The End of Faith,* New York: Norton, 2005, p.199.
48 Ibid., pp.192~193.

것을 최후의 '진실 알약'이라고 부르고 싶지 않겠는가?[49]

첫번째 문장 "이 약은 고문 기구들과 함께 그것의 철저한 은닉 기구 모두를 제거할 것이다"는 포스트모던한 초콜릿 변비약의 논리를 전형적으로 보여 준다. 여기서 상상된 고문은 디카페인 커피와 비슷하다. 우리는 불쾌한 부작용을 경험하지 않고서 원하는 결과를 얻게 된다. 앞에서 언급한 KGB의 정신의학 분과인 모스크바의 세르브스키 연구소가 불만분자를 고문할 때 사용한 약이 바로 그런 약이다. 그 약을 죄인의 심부에 주사하면 심장 박동이 느려지면서 지독한 불안에 사로잡힌다. 겉으로 볼 때 죄인은 단지 꼬박꼬박 조는 것처럼 보이는데 사실 그는 끔찍한 악몽을 체험하는 것이다.

하지만 여기에는 훨씬 문제적인 전망이 내포되어 있다. 동정심 때문에 고문을 받아들이지 못하게 하는 (고문받는 주체와의) 근접성은 단지 물리적 근접성이 아니라 근본적으로 이웃의 근접성, 앞서 말한 유대-기독교-프로이트적 의미에서 이웃의 근접성으로, 그것은 물리적인 거리와는 무관하게 항상 '너무 가까움'으로 정의되는 근접성이다. 해리스가 상상의 '진실 알약'으로 의도한 것은 **이웃이라는 차원의 말소**와 다름없다. 고문당하는 주체는 더 이상 이웃이 아니라 고통이 제거된 대상, 합리적이고 공리적인 계산 속에서 (만약 그보다 더 큰 고통을 막을 수 있다면 고문의 고통은 납득 가능하다) 취급될 도구로 환원된다. 여기서 사라지는 것은 주체에 내속된 무한성의 심연이다. 그래서 고문을 옹호하는 책의 제목이 『믿음의 종말』인 것은 의미심장하다. 그 제목의 의미는 단지 "알다시피, 우리가 고문을 하지 않게 하는 것은 오직 신에 대한 믿음, 즉 이웃을 사랑

---

49 Harris, *The End of Faith*, p.197.

하라는 신의 명령밖에 없다"가 아니라 훨씬 더 근본적이다. 라캉에게 다른 주체(궁극적으로 주체 자체)는 눈앞에 있는 존재가 아니라 '가정' 속에서 **설정된 것, 믿음의 대상**이다. 내 눈앞에 있는 존재가 아무런 깊이도 없는 생물학적 기계가 아니라 또 다른 주체라는 것을 나는 어떻게 확신할 수 있는가?

하지만 미국의 테러 용의자 고문에 대해 우려하는 사람들을 위한 보다 대중적이고 설득력 있는 대답이 있다. "뭐가 그렇게 문제인가? 미국은 자신들뿐만 아니라 다른 모든 국가들도 지금까지 줄곧 해왔던 일을 (반쯤) 공개적으로 인정하는 것뿐이다. 어쨌든 우리는 지금 좀 덜 위선적이게 된 것이다……." 이에 대해 우리는 단순한 반문으로 대응해야 한다. "만약 미국 상원의원들의 의도가 단지 그렇기만 하다면 **왜 그들은 우리에게 그걸 말하는 걸까?** 왜 그들은 지금까지 그랬던 것처럼 몰래 하지 않는가?" 인간의 언어가 지닌 고유성은 언표 내용과 언표 행위 간의 해소 불가능한 간극에 있다. "너는 이렇게 말한다. 하지만 왜 지금 그걸 공개적으로 나한테 말하는 거지?" 상대방의 외도를 암묵적으로 동의해 온 부부를 떠올려 보라. 만약 남편이 갑자기 아내에게 지금까지의 외도를 고백한다면 아내는 광분하며 이렇게 말할 이유가 있다. "그게 단순한 바람에 불과하다면 왜 그걸 나한테 말하는 거지? 그 이상의 뭔가가 있는 게 틀림없어!"⁵⁰ 공개적으로 말하는 행위는 결코 중립적이지 않다. 그것은 발화된

---

50 좀더 저속한 사례를 들어 보자. 만약 어떤 청소년이 자기 교실에서 "나는 정기적으로 자위행위를 해"라고 공개적으로 진술한다고 하자. 그에 대한 학급 친구들의 충격적인 반응은 이런 게 될 거다. "우리 모두 그래. 그리고 우린 이미 그걸 알고 있어. 근데, 너는 왜 그걸 공개적으로 이야기하는 거지?"
* 프랜시스 포드 코폴라 감독의 영화 「지옥의 묵시록」(Apocalypse Now)의 등장인물. 이 영화에서 커츠 대령은 특수부대를 지휘하며 베트남 전쟁에서 임무를 수행하던 중, 군의 통제를 벗어나 캄보디아의 오지에 자신만의 왕국을 건설한다. 이성을 마비시키는 전쟁의 광기와 살육, 폭력을 상징적으로 보여 주는 인물이다.
** 칼리드 셰이크 모하메드는 알카에다의 조직원으로, 9·11 테러의 배후를 쫓던 미국에 의해 2003년에 파

내용 자체에 영향을 미친다.

최근 미국의 공개적인 고문 인정 역시 마찬가지다. 2005년 11월 딕 체니Dick Cheney 부통령이 테러리즘을 격파한다는 것은 "우리 역시 어둠의 지대에서 활동해야 함을 의미합니다. 지금 우리가 할 일들 중 많은 것은 은밀하게 논의 없이 이뤄져야 합니다"라고 말했다. 그의 말은 되살아난 커츠 대령*의 말 같지 않은가? 그래서 딕 체니 같은 자들이 고문의 필요에 대해 추잡한 진술을 할 때 우리는 그들에게 이렇게 물어야 한다. "당신이 원하는 것이 단지 테러리스트 용의자를 비밀리에 고문하는 것이라면 왜 그것을 공개적으로 말하는 거죠?" 즉, 제기되어야 할 의문은, 이런 진술 속에서 발화자로 하여금 그것을 공표하게 만든 다른 어떤 게 더 숨겨져 있을까? 하는 것이다.

2007년 3월 중순 대중매체의 헤드라인을 장식한 칼리드 셰이크 모하메드Khalid Sheikh Mohammed의 자백**에서 그에 대한 힌트(이상의 것을)를 발견할 수 있다. 그의 폭넓은 범죄에 대한 도덕적 분노 안에는 어떤 의혹이 섞여 있었다. 그의 자백은 믿을 만한 걸까? 거물급 테러리스트로 보이려는 욕망 때문이든 물고문이나 다른 '세련된 심문 기술들'의 희생양이 되는 것을 모면하기 위해 아무거나 지껄일 준비가 된 놈이기 때문이든, 그는 자기가 한 짓보다 많은 걸 자백한 게 아닐까? 별로 주목받지 못했지만 훨씬 주목을 요하는 사실은 무엇보다 고문이 **정상화**되었다는 것, 납득할 만한 것으로 제시되었다는 점이다. 고문의 윤리적·법적 결과들이 생각해 볼 만한 주제가 된 것이다.

모하메드의 끔찍한 범죄에 대한 만장일치의 분노 속에서 정작 우리

키스탄에서 검거되었다. 모하메드는 자기가 9·11 테러를 포함해 2002년 파키스탄에서의 미국 언론인 납치 및 살해, 발리 나이트클럽 폭탄 테러 등을 비롯한 수십 건의 테러와 살인의 배후라고 자백했다. 그는 2006년 비밀감옥에서 관타나모 캠프로 이송된 후, 미국 정부가 자신을 고문했다고 주장했다.

사회에서 일어나고 있는—엄정한 판결과 처벌을 요구하는—끔찍한 범죄의 운명에 대해서는 아무도 말하지 않는다. 마치 모하메드의 행위는 그 행위의 성격상(그리고 미국 당국에 의한 처분의 성격상) 유아 살해처럼 응분의 재판과 처벌을 요하는 범죄와는 다르게 취급되어야 한다는 듯이. 마치 **테러리스트뿐 아니라 테러와의 전쟁 자체가 불법적 수단을 사용하는 법의 회색지대에서 진행되어야 한다**는 듯이 말이다. 그래서 우리는 사실상 '합법적' 범죄와 '불법적' 범죄, 법적 절차에 따라(변호사를 선임하여) 다뤄져야 하는 범죄자와 합법성의 외부로 내던져진 범죄자를 갖게 된다. 모하메드의 법적 재판과 처벌은 사실 무의미하다. 합법성의 틀 안에서 이뤄지는 어떤 법정도 불법적 억류나 고문에 의한 자백에 대해 다룰 수 없기 때문이다.

이러한 사실은 의도된 것 이상을 말한다. 그것은 모하메드를 문자 그대로 살아 있는 시체의 자리, 이탈리아의 정치철학자인 조르조 아감벤 Giorgio Agamben이 호모 사케르homo sacer라고 불렀던 자의 자리로 밀어 넣는다. 그는 생물학적으로는 살아 있지만 법적으로는 죽은(법적 지위가 완전히 박탈된) 존재로서—그를 이런 식으로 취급하는 미국의 당국자들 역시 법적인 권력으로서 행동하지만 더 이상 법에 의해서 강제되지 않는다는 점에서 호모 사케르의 상관물을 형성하는 중간 지대에 속해 있다—그는 법에 의해서 지탱되지만 더 이상 법적 규정에 의해서 통제되지는 않는 텅 빈 공간에서 움직인다.

그래서 '현실주의적인' 항변으로 되돌아가면, '테러와의 전쟁'은 **더러운 것**이다. 즉, 우리는 수천 명의 목숨이 포로들로부터 얻어야 할 정보에 의존한 상황(하지만 실제로 모하메드의 고문은 고문 옹호자들의 주장처럼 '일촉즉발'의 상황에 관련된 게 **아니었다**)에 던져진다. 이따위 '솔직함'에 대항하여 우리는 외관적 위선을 주장해야 한다. 물론 나도 극히 특수한 상황에서 고문에 의존해야 하는 경우를 상상할 수 있다. 하지만 그런 경우에도 나는 그런 끔찍한 선택을 보편적 원리로 고양시키지는 **않는다**. 나는 어쩔 수 없이 잔혹해질 수밖에 없다는 응급 상황의 논리에 따라 그렇게 **할** 것이다. 오직 이런 방식으로만, 내가 해야 하는 것을 보편적 원리로 고양시키는 것의 불가능성 속에서만, 나는 내가 행한 공포의 고유한 의미를 견지하게 된다.

노골적으로 고문을 옹호하지 않고 단지 고문을 합법적인 논의 주제로 채택하는 사람들이 명시적으로 고문을 찬성하는 자들보다 더 위험하다. 도덕성은 개인적 양심의 문제가 아니다. 도덕성은 모든 개인들의 행위에 대해 어떤 것이 허용되고 어떤 것이 허용될 수 없는지를 말해 주는, 즉 행위의 근거를 구성하는 불문율의 집합으로, 헤겔이 '객관 정신'이라 부른 것에 의해 지탱될 때만 발전할 수 있다. 가령, 강간에 대한 논쟁의 필요를 느끼지 못한다는 것이 우리 사회가 진보하고 있다는 징후이다. 다시 말해 강간은 잘못된 행위라는 것이 모든 사람에게 '교리적으로' 명확할 때, 그래서 우리 모두가 강간 처벌에 대한 논쟁을 불필요한 잉여라고 느낄 때 우리 사회는 도덕적으로 진보한 것이다. 만약 누군가 강간의 합법성을 옹호한다면, 그래서 우리가 그와 논쟁해야 한다면 그것은 슬픈 징후가 될 것이다. 그는 단지 바보 취급을 받아야 한다. 고문에 대해서도 마찬가지다.

이것이 공개적으로 인정된 고문의 최대 희생자가 그것을 공지받은 공중, 즉 우리 자신인 까닭이다. 우리는 우리의 집단적 정체성의 가장 소중한 부분이 돌이킬 수 없이 상실되고 있음을 깨달아야 한다. 우리는 도덕적 타락의 과정 속에 있다. 권력자들은 문자 그대로 우리의 도덕적 중추를 꺾으려 하고 있다. 그들은 명백히 시민사회의 가장 위대한 성취인 우리의 자생적 도덕 감각의 성장을 무력화하려 하고 있다.

모하메드의 자백에 대한 세부적인 보고 이상으로 이것을 잘 보여 주는 예는 없다. 그 보고서에 따르면 고문 기술자들은 시험 삼아 10초 내지 15초 동안 어떤 것이든 자백할 마음이 생길 때까지 물고문을 했다. 그런데 모하메드는 2분 30초라는, 우리 기억으로는 최장 시간을 견딤으로써 고문 기술자들의 선망과 탄성을 자아냈다. 이따위 보고서가 공적 담화의 일부를 이룬 오늘날, 우리는 고문이 공적 스펙터클이 되고, 붙잡힌 포로가 과연 군중의 찬사를 받을 만한 적인지를 그가 위엄을 잃지 않고 고문을 견디는지 아닌지로 판정하는 중세 시대 말기로 되돌아가고 있다는 걸 깨닫고 있기나 한가? 우리는 정말 이와 같은 원시적인 전쟁의 윤리를 필요로 하는 걸까?

그래서 우리는 이 길의 끝에서 무엇을 발견하는 걸까?「24시」시즌 5에서 테러 음모의 배후자가 다름 아니라 미국 대통령 ─ "세계에서 가장 힘이 센 사람", "자유세계의 지도자"(그리고 또 한 명의 김정일이라는 타이틀을 가진 자) ─ 자신이라는 것이 분명해질 때 수많은 시청자들은 수천 명의 목숨을 살릴 비밀을 간직한 테러리스트를 다루는 표준적인 절차를 미국 대통령에게도 적용할지 조바심을 가지고 지켜보았다. 그는 대통령을 **고문할까?**

불행히도 작가는 감히 이와 같은 속죄 단계를 밟지 않았다. 그러나 우리의 상상력은 조너선 스위프트Jonathan Swift 스타일로 한 걸음 더 나아갈 수 있다. 미국 대통령 후보 검증 단계에 후보자를 공개적으로 고문하는 절차를 끼워 넣는 건 어떨까? 말하자면 백악관 잔디밭에서 후보자를 물고문하는 장면을 수백만의 시청자들에게 보여 주는 것이다. 자유세계의 지도자라면 최소한 모하메드가 견딘 2분 30초보다는 더 오래 견뎌야 하지 않겠는가?

2장 이데올로기의 가족 신화

역사적 실재Real의 지각에 대해, 근본적으로 이데올로기적인 기능을 하는 가족 서사의 틀로 설명하는 수많은 논문들이 쓰여 왔다. 그에 의하면 (계급적 갈등 같은) 사회적 세력들의 갈등에 대한 서사는 가족 드라마의 좌표로 구성되어 있다는 것이다. 물론 이런 이데올로기는 궁극적으로 이데올로기 장치로 작동하는 할리우드 안에서 가장 분명하게 나타난다. 전형적인 할리우드 작품들에서는 원탁의 기사부터 10월 혁명을 거쳐 소행성의 지구 충돌까지 모든 것이 오이디푸스적 서사로 구성된다. (들뢰즈주의자라면 그런 가족화의 주된 이론적 근거가 정신분석학이라고 지적하고 싶을 것이다. 정신분석을 중요한 이데올로기 장치로 만들면서 말이다.)

'자본주의적 리얼리즘'

첫번째 단계는 이런 가족 서사를 기본적으로 키치적인 수준에서 분석하는 것이다. 대표적인 사례는 마이클 크라이튼으로 그는 최초의 위대한 '자본주의적 리얼리즘' 작가인 아서 헤일리Arthur Hailey(1960년대를 배경으로 한 베스트셀러 『호텔』Hotel, 『공항』Airport, 『자동차들』Wheels은 특정한 생산지나 복잡한 조직화에 초점을 맞춰 멜로드라마 플롯에 특정 장소의 기능에 대한 섬세한 묘사를 결합함으로써 예기치 않게 1920, 30년대 스탈린주의적 고전인 글랏코프F. V. Gladkov의 『시멘트』Cement를 연상시킨다)의 현대적 계승자이다.¹ 크라이튼은 오늘날 지배적인 두려움의 정치에 맞게 이 장르에 탈근대적인 테크노-스릴러 플롯을 추가한다. 한마디로, 그는 공포 작가이다. 과거에 대한 공포(『쥐라기 공원』Jurassic Park, 『시체를 먹는 사람들』Eaters of the Dead), 나노기술의 미래에 대한 공포(『먹이』Prey), 일본 경제에 대한 공포(『떠오르는 태양』The Rising Sun), 성적인 괴롭힘에 대한 공포(『폭로』Disclosure), 로봇 기술에 대한 공포(『웨스트월드』Westworld), 미디어 산업의 공포(『코마』Coma), 외계인의 침입에 대한 공포(『안드로메다 스트레인』Andromeda Strain), 생태계적 파국에 대한 공포(『공포의 제국』State of Fear) 등. 그의 최근 작품 『공포의 제국』은 우리들 사이에 숨어 있다가 파국을 일으키는 일련의 음침한 힘들에 예기치 못한 것을 추가한다. 미국의 가장 끔찍한 적은 다름 아니라 환경운동가들이다.²

많은 비평가들의 지적처럼 크라이튼의 책은 실제로는 소설이 아니다. 그의 작품은 소설이라기보다는 미완성 초고나 영화 촬영을 위한 콘티하고 비슷하다. 바로 이런 특징이 그의 작품을 현대 이데올로기 분석의 흥미로운 사례로 만든다. 이 같은 스타일의 결핍이나 전적으로 '투명한' 글쓰기 형식이야말로 그 속에 담겨 있는 이데올로기적 환상들을 놀랄 만큼 탈승화되고 순연하게 벌거벗은 형식으로 담아낸다. 전형적인 사례로 『먹이』³를 들 수 있다. 네바다 사막의 실험실에서 나노기술 실험을 하던

---

1 이러한 계열에 우리는 '시오니즘 리얼리즘'에 속한 작품인 레온 유리스(Leon Uris)의 『엑소더스』(Exodus)를 추가해야만 한다.
2 그는 이미 여성이 남성을 성희롱하는 『폭로』에서 이와 유사한 역전을 전개한 바 있다.
3 Michael Crichton, *Prey*, New York: Avon Books, 2003(본문 인용 부분의 괄호 안 쪽수는 이 판본에 준한다).[『먹이』 1·2, 김진준 옮김, 김영사, 2004.]

중 나노분자 구름—수백만의 마이크로 로봇들—이 탈출하여 끔찍한 재앙을 일으킨다는 이 이야기에서 검은 벌떼처럼 보이는 나노 구름은 스스로 성장하고 번식하며 경험을 통해 학습하면서 매시간 진화한다. 그것을 파괴하려는 모든 노력은 수포로 돌아간다.[4] 그 나노 로봇은 약탈자로 프로그램되어 있으며, 그 먹이는 바로 인간이다. 오직 실험실에 갇힌 한 줌의 과학자들만이 무방비의 세계에 기계적 역병이 퍼지는 것을 막을 수 있다. 이런 종류의 재난 이야기가 늘 그렇듯이 그 '중심 플롯'(인류의 파멸을 가져오는 대재앙)은 역할 전도로 다투는 부부 주위의 과학자들 간의 관계와 긴장들로 구성되는 '하위 플롯'을 동반한다. 이 소설의 화자인 잭은 부패한 동료 때문에 해고되기 전까지는 미디어 테크놀로지 회사의 첨단 컴퓨터 프로그램 부서의 책임자였다. 그의 아내 줄리아는 나노기술 회사인 사이모스사의 부사장으로, 그 회사 소속의 네바다 실험실에서 이 같은 재난이 발생한 것이다. 섹시하고 치밀하며 냉혹한 그녀는『폭로』에 나왔던 암여우 같은 중역의 최신 버전이다. 소설 시작부분에서 잭은 슈퍼마켓에서 아이들과 상대하며 아내가 바람이 났을지 모른다는 의심을 억제하기라도 하듯이 다른 애 아버지와 팸퍼스하고 하기스 중 어떤 게 좋으냐를 놓고 논쟁을 벌이고 있다.

이런 가족 플롯은 단지 인간적인 흥미를 위한 하위 플롯이 아니라 실질적으로 이 소설의 플롯을 지배하고 있다. 즉, 나노분자 구름은 가족 내 긴장의 물질적 구현으로 인식되어야 한다. 라캉에 대해 아는 사람이라면 이 벌레 떼가 라캉이『세미나』11권에서 '라멜르'lamelle라고 명명한 것과 닮았다는 것을 단번에 알아챌 것이다. 그것은 그 무한한 조형력 때문

---

[4] 속류 맑스주의적 독법에 따르면 인간의 통제를 벗어나 자율적으로 조직되는 나노분자 무리에 대한 공포에서 우리는 노동자들(혹은 다른 억압받는 집단들)의 계급-의식에 대한 공포를 읽을 수 있다.

에 파괴 불가능하게 보인다. 그것은 언제나 다양한 형태로 변형되면서 재조합된다. 그것의 순수하게 악한 동물성은 기계가 지닌 맹목적 고집스러움과 중첩된다. 라멜르는 아무런 실체성의 밀도가 없는, 순수한 표면으로 구성된 존재로, 끊임없이 자기 형태를 변화시키는 능력에서뿐만 아니라 한 숙주에서 다른 숙주로 옮겨 가는 능력에 있어서도 무한히 조형적인 대상이다. 새된 굉음으로만 존재하다가 느닷없이 괴물처럼 뒤틀린 신체를 드러내는 '어떤 것'을 상상해 보라. 라멜르는 분리 불가능하며, 파괴 불가능하고, 죽지 않는 것이다. 보다 정확히, 그것의 불멸성은 공포소설적 의미에서의 불멸성이다. 그것은 숭고한 영적 존재의 불멸성이 아니라 '살아 있는 시체'의 외설적인 불멸성, 파괴되고 난 이후에도 재조합되어 꼴사나운 활동력을 지속하게 만드는 그런 종류의 불멸성이다. 라캉의 말처럼, 라멜르는 존재하는exist 게 아니라 고집스레 지속한다insist. 라멜르는 비현실적인 순수 외양이며, 중심의 공백을 감싸는 다양한 외관들이다. 그것은 순수하게 환상적인 것에 속한다.

프로이트는 이런 맹목적이고 파괴 불가능한 리비도의 지속을 '죽음충동'이라고 불렀다. 그의 '죽음충동'이란 역설적으로 그 대립물인 불멸성이 정신분석 안에 나타나는 방식을 지칭하는 말이다. 생명과 죽음, 생성과 소멸의 (생물학적) 순환을 넘어 지속하는 삶의 기괴한 과잉, 삶의 그 '안 죽음'undead에 대한 명칭이다. 프로이트는 죽음충동을 '반복강박'이란 개념과 등가적으로 사용하는데, 그것은 유기체에게 가해지는 자연적 제한을 뛰어넘고 심지어 유기체를 죽음으로까지 몰아넣으면서 고통스런 과거의 경험을 반복하고자 하는 기괴한 고집이다. 라멜르는 생명을 가진 존재가 "성적 재생산 사이클에 종속됨으로써 빠져나오는 것"[5]이다. 그것

---

5 Jacques Lacan, *The Four Fundamental Concepts of Psycho-Analysis*, Harmondsworth:

은 성적인 차이보다 앞서며, 무성적인 자기-분화를 통해 재생산되고 복수화된다.[6] 소설의 절정부분에서 잭은 줄리아를 팔로 끌어안는데 그녀는 이미 낯선 존재가 되어 있었다. 그녀는 이미 벌레 떼에 감염되어서 나노분자들과 공생하며 그로부터 초인간적인 생명력을 흡입하고 있었다.

나는 그녀를 꼭 붙잡았다. 그녀의 얼굴 피부는 부들부들 떨면서 빠르게 진동했다. 그러더니 그녀의 얼굴은 비명과 함께 점점 부풀어 오르는 것처럼 보였다. 그녀의 눈빛도 겁먹은 것 같았다. 계속해서 부풀어 오르는 그녀의 얼굴은 소용돌이치는 흐름 속에서 터져 버릴 것만 같았다.
 그러고는 갑자기 줄리아는 내 눈앞에서 문자 그대로 해체되었다. 그녀의 부풀어 오른 얼굴과 몸의 피부는 나노분자들의 흐름 속에서 모래언덕의 모래가 흩어지듯이 그녀의 몸에서 떨어져 흩어졌다. 그 알갱이들은 자기장의 호를 그리며 방구석 쪽으로 몰려갔다.
나는 내 팔에 안긴 그녀의 몸이 점점 가벼워지는 걸 느꼈다. 나노분자들은 계속해서 슝슝! 소리를 내며 그녀의 몸에서 빠져나와 방구석으로 몰려갔다. 마침내 내 팔 안에 남아 있는 것은 창백하고 비쩍 마른 형상뿐이었다. 줄리아의 눈은 움푹 팼고 입술은 얇아져서 갈라졌고 피부는 반투명 상태가 되었다. 그녀의 머리칼은 색조를 잃어 푸석해졌고 쇄골은 뼈만 남은 목에서 돌출되었다. 그녀는 마치 죽어 가는 암 환자처럼 보였다. 그녀의 입은 아직 움직이면서 숨 쉬는 것보다 힘겨운 듯 가녀린 말을 뱉

Penguin, 1979. p.198.[『자크 라캉 세미나 11, 정신분석의 네 가지 근본 개념』, 맹정현·이수련 옮김, 새물결, 2008.]
6 소설의 첫번째 클라이맥스가 과학자 집단이 나노 벌레들을 물리치고 사막의 지하 동굴에 들어가는 장면인 것은 이상할 게 없다. 거기서 나노 벌레들은 스스로를 재생산하고 있다. 이와 유사하게 『시체를 먹는 사람들』에서 바이킹 전사들은 네안데르탈 부족이 자신의 여자 추장을 죽이는 카니발을 벌이고 있는 동굴 속으로 들어간다.

어 냈다. 나는 그녀의 입으로 몸을 기울여 그 소리를 들었다. "잭" 그녀는 간신히 속삭였다. "그것이 나를 먹고 있어."(pp.468~9)

곧이어, 이탈이 중지되었다. 나노분자들은 줄리아에게 돌아와 그녀를 재생시켰다.

벽에 몰려 있던 분자들이 다시 표류하기 시작했다. 이번에는 전송 방향을 바꿔 그녀의 얼굴과 몸으로 되돌아왔다. (……) 갑자기 쉬익! 하는 소리와 함께 모든 알갱이들이 되돌아와 줄리아를 가득 채웠고 그녀는 이전처럼 아름답고 강한 몸이 되었다. 그녀는 나를 밀치며 경멸적인 시선으로 쳐다보았다. (p.471)

이렇게 해서 최후의 순간 우리는 나란히 서 있는 두 명의 줄리아, 즉 벌레 떼로 구성된 빛나는 줄리아와 말라비틀어진 실제 줄리아와 대면하게 된다.

줄리아는 공기 중에서 제트 스크류처럼 나선을 그리며 나에게로 소용돌이쳐 왔다. 그러고는 내 곁에서 사다리를 움켜잡았다. 이전에 줄리아였던 것만 제외하면 그녀는 벌레 떼였다. 벌레 떼가 잠깐 흩어진 동안 나는 그녀를 통해 벌레 떼의 정체를 명확히 볼 수 있었다. 나는 그녀를 구성하고 있는 소용돌이치는 분자들을 볼 수 있었다. 나는 고개를 숙여 죽은 듯이 창백해진 실제 줄리아를 보았다. 그녀는 일어서며 나를 쳐다보았다. 그녀의 얼굴은 해골 같았다. 이제 내 옆에 있는 벌레 떼는 점차 고형화되어 이전처럼 굳어졌다. 그것은 줄리아처럼 보였다. (p.476)

지금 우리는 과학이나 과학의 문제점에 대해 얘기하는 게 아니라 어떤 근원적 환상의 시나리오에 대해, 정확히 말하자면 환상과 현실 사이의 연결고리가 해체되는 시나리오, 그래서 분리된 현실과 환상 둘 다 '실제' 줄리아와 나란히 서 있는 줄리아-벌레 떼 모두를 만나게 되는 시나리오에 대해 얘기하고 있다. 이것은 테리 길리엄Terry Gilliam의 「브라질」Brazil;한국 개봉 제목은 '여인의 음모' 도입부 장면의 고급 레스토랑에서 음식이 제공되는 방법과 유사하다. 우리가 받는 접시 위에는 (매우 맛있어 보이는) 똥처럼 생긴 자그마한 파이가 있고 그 위에는 우리가 '실제로 먹고 있는' 것을 보여주는 육즙 가득한 스테이크 사진이 걸려 있다. 이것이 『먹이』를 독해하는 방법이다. 여기서 나노기술에 대한 일련의 (유사-)과학적 성찰은 야심만만한 회사 중역인 아내에 의해 좌절되어 가사노동에 내몰린 남편의 이야기를 하기 위한 구실에 불과하다. 그래서 소설의 결말에서 '정상' 커플이 탄생하는 것은 놀랄 일이 아니다. 수동적이지만 이해심 많은 중국인 과학자 메이와 잭의 커플 말이다. 그녀는 줄리아의 공격성과 야망이 결여된 얌전하고 충직한 여자이다.

할리우드의 커플 생산……

스티븐 스필버그의 영화, 「ET」, 「태양의 제국」, 「쥬라기 공원」, 「쉰들러 리스트」에는 부성적 권위의 곤경과 부활이라는 동일한 모티프가 다양한 방식으로 관통하고 있다. 우리는 ET를 친구로 갖게 되는 어린 소년이 (영화 초반부에서 알 수 있듯이) 아버지에게 버림받은 아들이라는 점을 잊어서는 안 된다. 그래서 ET는 궁극적으로 새로운 아버지(영화의 마지막 장면에서 착한 과학자는 어머니와 포옹하고 있었다)를 제공하는 일종의 '사라지는 매개자'이다. 새로운 아버지가 도착하자 ET는 지구를 떠나 '고향으로 돌아갈' 수 있었다. 「태양의 제국」은 중국 내전으로 찢겨진 가족에게 버림받았다가 (존 말코비치가 연기한) 아버지 대리인의 도움으로 살아남은 소년에 관한 이야기이다. 「쥐라기 공원」 도입 장면에서 우리는 공룡 뼈로 아이들을 겁주는 (샘 닐이 연기한) 아버지 형상을 보게 된다. 여기서 공룡 뼈는 이후 거대한 공룡으로 폭발하는 자그마한 대상-얼룩이다. 그래서 우리는 이 영화의 환상 세계에서 공룡의 파괴적인 분노가 부성적 초자아의 격분을 구현한다는 가설을 세울 수 있다. 영화 중반부에 나타난 세부 장면은 이런 독해를 증명한다. 공룡에게 쫓기는 닐과 두 아이들은 육식 공룡의 공격을 피해 거대한 나무 위에 피신한다. 나무 위에서 닐은 벨트에 묶여 있던 공룡 뼈를 떨어뜨린다. 마치 이런 우연적인 상실이 마술적인 효과를 발휘한 것처럼 깊은 숙면에 빠지기 전 닐은 아이들과 화해하며 포근한 애정과 친근함을 표현한다. 의미심장하게도 다음 날 나무에 접근하여 평화로운 잠을 깨운 공룡은 온순한 초식 공룡이다. 「쉰들러 리스트」는 근본적인 차원에서 「쥐라기 공원」의 (어떤 의미에서 원전보다 후진) 리메이크라고 할 수 있다. 거기서 나치는 괴물 공룡이고, 쉰들러는 (영화 초반부에서) 냉소적이고 탐욕적이고 부유한 아버지 형상이며, 게토 속의 유대인은 위협받는 아이들(영화에서 유대인은 어린아이처럼 그려져 있다)이다.

이 영화가 전해 주는 이야기는 쉰들러의 유대인에 대한 부성적 의무의 점진적 회복과 자애롭고 책임감 있는 아버지로의 변모 과정이다. 그리고 「우주 전쟁」The War of the World은 이 아버지 서사의 완결판이 아닐까? 톰 크루즈는 자식들에게 무관심한 노동자계급의 아버지로 아내에게 이혼당한 처지다. 외계인의 침입은 그 속에 있던 부성적 본능을 일깨우고 그는 아이를 보호하는 아버지로 거듭난다. 그래서 영화 내내 그를 경멸했던 아들이 마지막 장면에서 아버지를 인정하는 것은 당연하다. 따라서 이 영화는 18세기식으로 "결국 아들과 화해하는 노동자계급 아버지의 이야기"라는 부제를 달 수 있을 것이다. 우리는 쉽게 피에 굶주린 외계생물체 **없는** 「우주 전쟁」을 상상해 볼 수 있다. 그 결과 '실제로 말하려는 것'으로 남겨진 것은 두 아이들의 존경을 회복하기 위해 안간힘을 쓰는 이혼당한 노동자계급 아버지의 이야기가 된다. 여기에 이 영화의 이데올로기가 있다. 이야기의 두 층위(상실했다가 되찾은 부성적 권위라는 오이디푸스적 층위와 외계인의 침략에 맞선 투쟁이라는 스펙터클한 층위) 사이에는 명백한 비대칭성이 있다. 오이디푸스적 층위는 이야기가 '실제로 말하려는 것'인 반면에 겉으로 드러난 스펙터클은 단지 그것의 은유적 확장이기 때문이다. 이 영화의 사운드트랙은 이 오이디푸스적 층위의 우선권을 멋지게 증명한다. 외계생명체가 공격하는 장면에서 마치 티베트 불교 음악의 낮은 베이스와 나팔 소리, 울부짖는 목소리, 죽어 가는 악마적 아버지의 신음 소리 같은 '도' 톤의 낮은 트롬본 소리가 깔린다(이것과 대조적으로 「미지와의 조우」Close Encounters of the Third Kind에서 '착한' 외계인은 '아름다운' '솔' 톤의 멜로디를 배경으로 나타난다).

그래서 이와 동일한 열쇠가 제임스 캐머런의 전무후무한 히트작 「타이타닉」의 기저 모티프를 드러내는 것은 이상할 게 없다. 「타이타닉」은 빙산에 좌초된 선박에 관한 영화일까? 그 재난이 발생한 순간을 정확하게 포착할 필요가 있다. 두 명의 젊은이(레오나르도 디카프리오와 케이트 윈슬렛)가 서로에 대한 열정을 성행위로 분출한 후 갑판으로 돌아온 그 순간 말이다. 하지만 이게 다는 아니다. 이게 전부였다면 그 재난은 이중의 위반(불법적인 성행위와 계급적 구분의 위반)에 대한 숙명적인 징벌을 의미할 뿐이다. 더 중요한 장면은 갑판 위에서 윈슬렛이 디카프리오에게 열정적인 목소리로 내일 아침 배가 뉴욕에 도착하면 자신은 그와 함께 떠날 것이라고, 부자들의 타락하고 거짓된 삶을 버리고 가난하지만 참된 사랑을 선택할 것이라고 말하는 장면이다. 바로 **이** 순간 배는 빙산을 들이박는다. 마치 그 연인들이 뉴욕에서 겪게 될 **진정한** 재난을 **막기** 위해서인 듯. 우리는 쉽게 일상생활의 불행이 그들의 사랑을 파괴할 것이라고 짐작할 수 있다. 그래서 배의 재난은 그들의 사랑을 구해 주기 위해, 그런 일만 없었다면 그들은 '영원히 행복하게' 살았을 것이라는 환영을 유지하기 위해 발생한다.

하지만 이것이 전부는 아니다. 더 중요한 단서는 디카프리오의 마지막 순간에 있다. 그는 차가운 바닷속에 있고 윈슬렛은 커다란 나뭇조각 위에 떠 있다. 연인을 잃게 될 것을 예감한 윈슬렛은 "당신을 내버려 두진 않을 거야!"라고 외치면서 자기 손으로 그를 밀어낸다. 왜? 그는 자기 삶의 목적을 이루었기 때문이다. 「타이타닉」은 이 러브 스토리 밑에 또 다른 이야기를 깔아 놓고 있다. 상류층의 망나니 여성이 정체성의 위기를 겪는 이야기 말이다. 그녀는 혼란스러워하며 자기 자신을 위해 무엇을 해야 할지 자기 연인에 비해 훨씬 모른다. 디카프리오는 일종의 '사라지는 매개자'로서 그녀의 정체성과 삶의 목적과 자아-이미지(문자 그대로 그는 그녀의 초상화를 그려 준다)를 찾아 준다. 이 임무가 끝나자 그는 사라질 수 있는 것이다. 이것이 차가운 북대서양의 바닷속으로 사라지면서 그가 한 말이 이별하는 연인의 메시지라기보다는 신부의 메시지, "너 자신을 사랑하라, 너 자신에게 충실하라"인 까닭이다. 이것이 의미하는 것은 캐머런 감독의 피상적인 할리우드 맑스주의(하층계급에 대한 노골적인 찬사와 이기적이고 기회주의적이며 잔혹한 부자들에 대한 풍자적인 형상화)에 속아서는 안 된다는 것이다. 가난한 사람에 대한 동정 뒤에는 근본적으로 반동적인 신화가 숨어 있다. 그 신화는 키플링 J. R. Kipling의 『용감한 선장들』Captains Courageous에서 처음으로 완벽한 형태를 이룬 것으로, 이 소설에서 파산한 부잣집 소녀는 가난한 사람들의 원시적인 삶과 짧지만 근본적인 만남을 가진 이후 활력을 되찾는다. 가난한 사람들에 대한 동정 뒤에 숨어 있는 것은 그들의 흡혈귀 같은 착취이다.

거대한 역사적 사건을 짝짓기의 배경으로 삼는 이런 할리우드식 절차의 희극적 절정은 워런 비티의 「레드」Reds이다. 그 영화에서 할리우드는 20세기의 가장 외상적 사건인 10월 혁명을 다시 불러내는 자기만의 방식을 찾아낸다. 이 영화에서 10월 혁명은 어떻게 묘사되고 있나? 존 리드와 루이즈 브라이언트 커플은 심각한 정서적 갈등에 빠져 있다. 그들의 사랑은 루이즈가 플랫폼에서 감동적이고 혁명적인 연설을 하는 존을 볼 때 다시 불타오른다. 다음 광경은 사랑의 장면으로, 그들의 섹스 신scene은 전형적인 방식으로 혁명의 장면으로 대체된다. 이것은 너무나 상투적인 성행위 묘사 방법이다. 이를테면 존이 루이즈를 꿰뚫을 때 그 장면은 시커먼 데모 군중들이 자신을 뚫는 '남근적' 기차를 멈춰 세워 포위하는 길거리 숏으로 표현된다. 이 모든 장면은 「인터내셔널가」를 배경으로 펼쳐진다. 오르가슴이 절정에 달했을 때 소비에트 대표들로 꽉 찬 홀에서 연설하는 레닌의 모습이 등장한다. 이때 레닌은 냉혹한 혁명 지도자라기보다는 커플의 사랑 놀음을 굽어보는 현명한 선생이 된다. 커플의 재결합에 기여한다면 10월 혁명조차 받아들여질 수 있는 것이다.

거대 서사를 배경으로 한 짝짓기라는 이와 같은 할리우드식 공식이 다른 문화권에서도 나타나는지 물어볼 수 있다. 10월 혁명 자체의 계승자들을 보자. 깜짝 놀랄 것이 기다리고 있다.[7]

---

[7] 사실 별로 놀랄 것도 없다. 할리우드식 영화 제작의 꿈-공장 건설에 대한 스탈린주의의 매혹을 상기한다면 말이다. 1930년대 소비에트 영화 제작의 우두머리라 할 수 있는 보리스 슈먀츠키(Boris Shumyatsky)는 할리우드를 방문하고 나서 큰 감동을 받아 크림해에 소비에트 할리우드를 건설하는 계획을 세웠다. 1930년대 말엽에 불행히도 그는 이 고상한 계획이 실행되는 것을 방해한 제국주의자의 간첩으로 고발되었다. 그 계획이 실행되는 대신 그의 처형이 실행된 것이다.

히틀러의 독일에 맞선 소비에트의 승리를 그린 대표적인 스탈린주의적 전쟁 서사인 치아우렐리M. Chiaureli의 악명 높은 「베를린 함락」The Fall of Berlin(1948)을 살펴보자. 영화는 1941년 독일의 소련 공격 직전부터 시작한다. 제강소 노동자인 주인공 스타하노비트는 한 지방 교사를 사랑하지만 부끄러움이 많아서 접근하지는 못한다. 그는 스탈린으로부터 스탈린 공로상을 받고 별장에 초대된다. 1953년 이후에는 잘려 나간 장면에서 공식행사 후 스탈린은 주인공의 얼굴에서 뭔가 불편한 심기를 읽어 내고 무슨 문제가 있는지 묻는다. 주인공은 스탈린에게 사랑의 고민을 털어놓는다. 스탈린은 소녀의 마음을 얻는 데는 시 낭송만 한 게 없다고 충고한다. 고향으로 돌아온 주인공은 소녀를 유혹하는 데 성공한다. 하지만 그녀를 안고 (틀림없이 사랑을 나누기 위해) 풀숲으로 들어간 이후 독일 비행기가 폭격을 퍼붓기 시작한다. 이것이 1941년 6월 22일의 일이다. 이어지는 혼란의 와중에 소녀는 독일군에게 잡혀 베를린 근교 노동 수용소에 갇힌다. 그동안 붉은 군대에 들어간 주인공은 사랑을 되찾기 위해 최전방에서 싸운다. 영화의 결말부분에서 붉은 군대에 의해 해방된 수용소 포로들은 붉은 군대와 뒤섞여 환호한다. 비행기 한 대가 인근에 착륙하고 스탈린이 걸어 나와 그들과 함께 기쁨을 나눈다. 그 순간 또다시 스탈린의 도움인 듯 주인공 연인은 상봉한다. 소녀가 군중 속에서 주인공을 발견한 것이다. 그를 포옹하기 전 그녀는 스탈린에게 다가가 그에게 키스해도 되냐고 물어본다. 진실로 그들은 더 이상 전과 같지 않다. 「베를린 함락」은 실제로 커플의 재결합 이야기다. 여기서 2차 세계대전은 주인공이 연인에게 다가가기 위해 극복해야 할 장애물로 기능한다. 마치 기사가 성에 갇힌 공주를 차지하기 위해 죽여야 하는 괴물처럼. 그리고 스탈린의 역할은 커플의 재결합을 이끄는 마술사이자 중매쟁이이다.

이런 해석의 키는 공상과학 재난영화에도 꼭 맞는다. 최근의 우주적 재난영화 중 미미 레더의 「딥 임팩트」Deep Impact(1998)에서는 거대한 혜성이 수천 년간의 삶을 파괴할 것처럼 다가오고 있다. 영화 결말부분에서 지구는 핵무기로 무장한 우주비행사들의 영웅적인 희생 덕분에 무사해진다. 단지 자그마한 혜성 조각만 뉴욕 동부 연안에 떨어져 수백 야드 높이의 해일이 뉴욕과 워싱턴을 포함한 미국 동북 해안을 덮치는 정도에 그친다. 이 혜성-사물 역시 예기치 못한 커플을 탄생시킨다. 그 커플은 젊고 신경질적이며 성적으로 비활동적인 TV 리포터(티아 레오니)와 바람둥이 아버지(맥시밀리언 셸)의 근친상간적 커플로, 그 아버지는 아내와 이혼한 후 딸과 같은 나이의 여자와 결혼한 상태다. 이 영화가 이런 해소되지 못한 원-근친상간적proto-incestuous 아버지-딸 관계에 관한 드라마라는 것은 명백하다. 위협적인 혜성은 독신자로서 아버지에게 외상적으로 고착된 여자 주인공의 자기-파괴적인 격분을 구현하고 있다. 아버지의 재혼 소식에 충격을 받은 그녀는 아버지가 자기 동료를 위해 자기를 버렸다는 사실을 받아들일 수 없다. 대국민 방송에서 대재앙의 소멸을 선포하는 대통령('정치적으로 올바르게' 모건 프리먼이 연기한)은 외설적인 실재 아버지의 이상적 대립물로서 보살핌의 부성적 형상(그는 아내가 없는 것처럼 묘사된다)을 맡고 있다. 의미심장하게도 그는 기자 회견에서 그녀에게 첫번째로 질문할 권리를 준다. 부성적 권위의 어둡고 외설적인 이면과 혜성과의 연관성은 여자 주인공이 대통령과 접촉하는 방식에서 분명해진다. 그녀가 조사한 바에 따르면 폭로 직전의 재정적 스캔들(거대한 불법적 지출)은 '그녀'Elle와 연관되어 있다. 물론, 그녀의 처음 생각은 이 '그녀'가 대통령의 연인을 암시한다는 것이었다. 하지만 그녀는 이내 진실을 알아낸다. 'E.L.E'란 인류의 생존을 위태롭게 할 재난이 일어날 때 취할 응급조치의 암호명이었던 것이다. 정부는 백만 명의 미국인이 재난을 피해 살아남을 수 있는 거대한 지하 대피소를 건설하기 위한 비밀 재정을 형성하고 있었던 것이다.

그래서 지구로 돌진하는 혜성은 아버지의 불성실함을 대체한 은유, 즉 아버지가 자기보다 어린 여자를 선택했다는 외설적인 사실과 대면한 딸의 리비도적 재앙의 대체물이다. 그래서 지구적 재앙의 메커니즘은 아버지의 젊은 연인이 그를 포기하여 아버지가 (아버지의 아내, 여자 주인공의 어머니가 아니라) 딸에게 되돌아오게 만든다. 영화의 절정부분에서 여자 주인공은 화려한 해변 주택에서 임박한 파도를 기다리고 있는 아버지와 화해한다. 그녀는 해안선을 홀로 걷는 아버지를 발견한다. 그들은 아무 말 없이 포옹하며 파도를 기다린다. 거대한 파도가 밀려와 그들을 덮치기 직전에 그녀는 아버지의 보호를 기대하듯 조용히 흐느끼며 "아빠!"라고 말한다. 어린 시절 아버지의 자애로운 품 안에서 보호받는 어린 여자아이의 모습을 재현하는 것이다. 몇 초 후, 두 사람은 거대한 파도에 휩쓸린다. 우리는 이 장면에서 여자 주인공의 무력하고 상처받기 쉬운 모습에 현혹되어서는 안 된다. 영화 근저의 리비도 메커니즘에서 그녀는 악마적인 영혼의 소유자로서 재앙의 실을 잡아당겨 아버지의 품 안에서 죽음으로써 자신의 근원적 소망을 성취하고 있는 것이다. 여기서 우리는 「금지된 행성」The Forbidden Planet의 정반대 편에 서 있다. 두 영화 모두 아버지와 딸 간의 근친상간적 관계를 다루고 있다. 하지만 「금지된 행성」에서 폭력적인 괴물이 **아버지**의 근친상간적 죽음 소망을 구현한다면 「딥 임팩트」에서 그것은 **딸**의 근친상간적 죽음 소망을 물질화한다. 포옹하고 있는 딸과 아버지를 쓸어버리는 거대한 파도의 장면은 (진네만F. Zinnemann의 「지상에서 영원으로」From Here to Eternity의 유명한 장면처럼) 사랑을 나누는 연인을(버트 랭커스터와 데보라 카) 어루만지는 해변의 물결이라는 상투적인 모티프를 배경으로 독해되어야 한다. 여기서 두 사람은 진정으로 근친상간적인 커플이다. 그래서 여기서의 물결은 거대하고 파괴적인 파도이지 어루만지는 잔물결이 아니다.

거대한 혜성의 지구충돌이라는 주제를 다룬 흥미진진한 블록버스터 「아마겟돈」Armageddon(1998) 역시 아버지와 딸의 근친상간적 관계를 그리고 있다. 하지만 여기서 부녀 관계에 과도하게 집착하는 쪽은 아버지(브루스 윌리스)이다. 혜성의 파괴적인 힘은 자기 또래의 다른 남자들과 연애에 빠진 딸에 대한 **아버지**의 분노를 구현한다. 이 영화의 대단원 역시 자기 파괴적이지 않고 '긍정적'이다. 아버지는 지구를 구하기 위해, 보다 실질적으로는—근본적인 리비도 경제 차원에서—딸과 젊은 연인의 결혼을 축복하기 위해 자신을 희생한다.

……과 바깥에서의 커플 생산

할리우드 외부의 예술 영화들에서도 이와 같은 가족 신화의 변주를 자주 볼 수 있다는 사실은 분명 흥미롭다. 도너스마르크Henckel von Donnersmarck 의 「타인의 삶」Das Leben der Anderen(2006)은 자주 볼프강 베커Wolfgang Becker 감독의 「굿바이 레닌」Good Bye Lenin!과 비교된다. 보통 이 작품은 동유럽의 비밀경찰이 사생활의 핵심을 꿰뚫고 있다는 통찰을 통해 「굿바이 레닌」의 감상적 향수에 꼭 필요한 교정을 가하고 있다고 평가된다. 하지만 정말 그럴까?

좀더 꼼꼼히 보면 거의 정반대의 이미지가 나타난다. 「타인의 삶」은 공산주의 체제의 가혹함에 대한 묘사 속에서 오히려 그 상황의 진정한 공포를 놓치고 있다. 어떻게? 우선 이 영화에서 발단이 된 사건은 구동독의 타락한 문화부 장관이 동독의 최고 극작가인 게오르그 드라이만의 아내이자 유명한 여배우인 크리스타-마리아를 차지하기 위해 드라이만을 제거하려 하는 것이다. 이렇게 해서 시스템의 구조 자체가 지닌 공포는 한 개인의 일시적인 정념으로 희석되어 버린다. 여기서 빠뜨린 요점은 그 장관의 개인적 타락이 없더라도, 헌신적이고 충성심 강한 관료들만으로도 그 시스템은 충분히 공포스럽다는 점이다.

반대로 이 영화에서 장관이 빼앗으려고 하는 여자의 남편인 작가는 긍정적으로 이상화되어 있다. 만약 그가 그토록 공산주의 시스템에 헌신하는, 정직하고 착할 뿐 아니라 개인적으로 고위층 인사들과 사적인 친분이 있는 작가라면(당 지도자 부인인 마고 호네커가 일반인에게는 금지된 솔제니친의 작품을 그에게 선물로 주었다) 왜 좀더 일찍 체제와 투쟁하지 않았던 걸까? 어째서 그는 체제에 대해 문제제기할 생각을 조금도 하지 않았던 걸까? 그의 과도한 관용은 베르톨트 브레히트부터 하이너 뮐러Heiner Müller와 크리스타 볼프Christa Wolf까지 국제적인 독일 극작가의 대열에 끼게 될 자신의 국제적 명성 때문이 아닐까? 여기서 우리는 엄혹한 공산주의 체제하의 삶에 대한 재치 있는 공식을 상기하지 않을 수 없다. 개인적인 정직함, 충실한 체제 옹호, 지성적인 삶이라는 세 가지 양식이 있다. 세 가지 모두를 갖출 순 없고 오직 둘씩 결합하는 것만 가능하다. 공산주의 체제에서 정직하게 체제를 옹호하는 사람은 지성적이지 않다. 또한, 명민한 체제 옹호자는 결코 정직하지 않으며, 정직하면서도 영리한 사람은 체제를 옹호할 수 없다. 드라이만의 문제는 세 가지를 모두 결합하려는 데 있다.

그 다음, 영화 초반부의 리셉션 장면에서 한 반체제 인사가 노골적이고 공격적인 태도로 문화부 장관과 맞서는데, 그 다음에 어떻게 되었다는 얘기가 없다. 만약 그런 일이 가능하다면 그 체제가 그렇게 끔찍했다고 할 수 있을까? 마지막으로, 크리스타-마리아는 유혹에 넘어가 남편을 배반한 후 아파트에서 뛰어나가다가 트럭에 치여 죽는데, 실제로 부부관계에서 배우자를 배신하고 감시하면서 비밀경찰의 'IM', 즉 '비공식적 동

료'informelle Mitarbeiter가 되는 것은 압도적으로 남자들이다.⁸

냉전 시대의 가장 특이한 러브 스토리 중 하나는 구동독에서 결혼하여 두 아이를 얻은 베라 렝그펠트Vera Lengsfeld와 크누트 볼렌베르거Knud Wollenberger 사이의 사랑 이야기이다. 독일장벽이 무너진 후 동독의 반체제 인사인 베라가 그녀의 비밀경찰 파일을 열어 보았을 때, 그녀는 크누트가 실은 도날드라는 암호명을 가진 비밀경찰의 정보원으로 그녀의 활동 내용을 캐내기 위해 결혼한 것이라는 사실을 알아낸다. 이것을 안 그녀는 즉각 크누트와 이혼하고 연락을 끊었다. 나중에 크누트는 그녀에게 편지를 보내 자신은 그녀를 보호하고 싶었으며 자신의 배신은 사랑 때문이었음을 밝힌다. 현재 그는 파킨슨병 말기로 죽어 가고 있으며, 베라는 이미 그를 용서했다고 고백한다. 할리우드가 베라 역을 메릴 스트립에게 맡긴 것은 이상할 게 없다.⁹ 사랑의 행위로서의 배신을 한다는 설정은 이미 존 르 카레John Le Carré걸작『완벽한 스파이』A Perfect Spy에서 정식화되었기 때문이다.

「타인의 삶」에 나타난 변화를 이해하기 위해서는 영화의 저변에 깔린 기이한 스토리 라인을 환기시켜야 한다. 영화 저변에 흐르는 동성애 이야기가 표면적인 현실을 기괴하게 비틀고 있지 않나? 커플을 감시하는 과정에서 비즐러는 드라이만에 대해 리비도적으로 강박된다. 드라이만을 돕게 된 것은 바로 이 동성애적 감정 때문이다. 통일 이후 드라이만

---

8 아이러니하게도, 도청장치를 장착하여 연인의 일거수일투족을 감시하는 의무를 진 슈타지 요원 게르트 비즐러 역할을 맡았던 배우는 동독 체제하에서 자신의 아내가 그를 감시했다는 사실을 발견했다.

9 Roger Boyes, "Final Forgiveness for Spy Who Betrayed his Wife to the Stasi" *The Times*, January 6, 2007. 베라가 동독 당국에 체포된 것에는 오늘날에는 쉽게 설명되는 미스터리가 있다. "지문 날인은 천 조각 위에 앉아서 해야 합니다. 그 천 조각은 체취가 날아가지 않게 밀봉된 상자에 보관됩니다. 왜 그렇게 하는지 말해 줄 수 있습니까?" 오늘날 우리는 그 이유를 안다. 슈타지의 포위망을 빠져나가려는 반체제자의 행적을 추적하기 위해 슈타지는 개를 사용하는데, 그 개에게 천 조각의 냄새를 맡게 해서 추적하게 한 것이다.

은 자신에 관한 비밀 파일을 통해 무슨 일이 있었는지 알게 된다. 이후 드라이만은 마치 그 사랑에 보답하기라도 하듯이 우체부가 된 비즐러를 미행한다. 상황이 완전히 역전된 것이다. 이전의 관찰 대상이 관찰자가 된다. 영화 결말부분에서 비즐러는 서점(스탈린가의 전설적인 서점, 칼-맑스-서점)에 가서 드라이만의 신작 『착한 사람을 위한 소나타』를 산다. 그리고 그는 그 소설책이 자신에게(그의 비밀경찰 때 암호명으로 명기된) 헌사된 것임을 발견한다. 그래서 「타인의 삶」은 얼마간 잔혹한 아이러니를 통해 「카사블랑카」의 유명한 엔딩을 떠올리게 한다. 드라이만과 비즐러 사이의 '처음의 아름다운 우정'은 여성 장애물의 관습적인 제거를 통해─진실로 그리스도적인 희생의 제스처(그녀의 이름은 크리스타-마리아이다)─해피 엔딩으로 완결된다.

이런 목가적인 해법과 대조적으로, 표면적으로는 낙천적인 향수를 자아내는 「굿바이 레닌」은 훨씬 더 엄혹한 기저 현실(시작부분에서 서구로 망명한 남편 때문에 비밀경찰이 집으로 들이닥치는 장면을 상기하자)과 대결한다. 이 영화의 교훈은 「타인의 삶」보다 훨씬 더 절망적이다. 동독 체제에 대한 어떤 영웅적 저항도 유지될 수 없으며, 유일한 생존의 길은 현실과의 관계를 단절하고 광기 속으로 탈출하는 것밖에 없다는 교훈 말이다.

물론 그렇다고 「굿바이 레닌」에 결함이 없다는 건 아니다. 최근의 정치 스릴러물인 존 말코비치의 「위층의 댄서」The Dancer Upstairs와 비교해 보는 게 유익할 것 같다. 두 영화 모두 사랑, 구체적으로 어머니와의 사랑(「굿바이 레닌」)이나 여성과의 사랑(「위층의 댄서」)에 의해 폭력이 틀 지워진다. 두 영화에서 사랑의 기능은 엄밀한 의미에서 이데올로기적이다. 사랑은 급작스럽고 외상적인 폭력의 실재─동독 체제의 폭력, 체제 붕괴와 서구화, '영광의 길'Sendero Luminoso; 페루의 마오주의 게릴라 조직의 무자비한 혁명적 테러―와의 대면을 신비화하여 견딜 만한 것으로 길들인다. 「굿바이 레닌」과 「위층의 댄서」는 모두 최근의 '급진적' 정치 현실과 대결하고 있지만, 전자는 빅 히트를 쳤고, 후자는 상업적으로 실패했다.

「굿바이 레닌」은 정직한 동독 옹호자인 어머니를 둔 아들의 이야기로, 어머니는 건국 40주년 기념행사에서의 [베를린 장벽 제거를 주장하는] 시위에 충격을 받아 심장마비를 일으킨다. 다행이 살아나긴 했지만 의사는 자그마한 외상적 충격도 그녀를 죽게 할 수 있다고 경고한다. 아들은 친구의 도움으로 아파트에 고립된 어머니를 위해 매일 밤 [이미 사라진] 동독의 뉴스를 녹화해서 방영하는 등 동독의 모습을 계속 보여 주었다. 영화 결말부분에서 주인공은 이 게임이 너무 멀리 나갔다고 말한다. 죽어 가는 어머니를 위해 상연된 허구는 마땅히 있었어야 할 대안적인 동독을 상연했다. 바로 여기에 따분한 노스탤지어를 뛰어넘는 정치적 질문이 있다. 이런 '대안적 동독'을 향한 꿈이 동독 자체 안에 있었던가? (그 가짜 방송은 동독을 향한 실재적 열망이 아니라, 일종의 거리두기와 탈-외상화를 통해 동독으로부터의 실재적 분리를 상연한 것이다.) 마지막 가상 TV 뉴스에서 동독 지도자(동독의 최초 우주비행사)가 장벽을 열어 서독의 시민들이 소비자 테러리즘, 인종주의, 희망 없는 생존투쟁을 벗어나 넘어오도록 허용할 때 그런 유토피아적 탈출에의 욕구가 실재적이라는 것은 명백하다. 좀더 거칠게 말하면, 오늘날 독일에서는 아무런 윤리적 문제 없이 광범위하게 노스탤지어가 실천되고 있지만 우리는 (적어도 당분간은) 나치-노스탤지어―'굿바이 레닌' 대신 '굿바이 히틀러'―가 공개적으로 현실화되는 장면은 상상할 수 없다. 이것은 우리가 여전히 왜곡되고 가로막혀 온 코뮤니즘의 해방적 잠재성(파시즘에서는 완전히 상실된)을 인식하고 있음을 증명하는 게 아닌가? 그래서 영화 후반부에서의 유사-형이상학적인 계시(어머니가 처음으로 집 밖으로 나왔을 때 그녀는 두 팔을 벌리고 헬리콥터에 의해 운반되고 있는 레닌의 동상이 자기를 부르고 있다고 여긴다)는 겉으로 보이는 것보다 훨씬 진지하게 읽혀야 한다.

이 영화의 약점은 (로베르토 베니니Roberto Benigni의 「인생은 아름다워」La vita è bella와 마찬가지로) 타인의 환상을 보호하자는 윤리적 명제를 간직하고 있다는 점이다. 영화는 타인의 환상을 보호하는 것을 윤리적 지상 명령으로 받아들이도록 두번째 심장마비라는 협박을 제시한다. 그래서 이 영화는 예기치 않게 레오 스트라우스Leo Strauss의 '고귀한 거짓말'이라는 명제를 받아들이고 있다. 하지만 공산주의의 해방적 잠재성이란 게 단지 순진한 신자들을 위한 '고귀한 거짓말'이고 실제로는 공산주의 통치의 폭력성을 은폐할 뿐이라는 것은 진실일까? 여기서 어머니는 '믿는다고 가정된 주체'이다. 그녀를 통해 **다른 사람들은** 자신의 믿음을 지탱한다. (아이러니한 점은 보통 보살핌의 주체, 즉 아이들을 잔인한 현실로부터 보호해 주는 주체는 어머니라는 점이다.) 그런데 「굿바이 레닌」에서는 (부재하는) 아버지를 대신해서 법을 부과하는 주체가 어머니가 아닌가? 그래서 — 라캉에 따르면 여기서 여성적 동성애가 발생하는데 — 진정으로 던져질 질문은 이런 거다. 왜 주인공은 당연히 그래야 함에도 게이가 아닌가?

「굿바이 레닌」과 대조적으로 「위층의 댄서」는 기이한 매혹을 내뿜는 악의 형상 속에서 아무런 잠재성도 발견하지 않는다. 이 영화는 '영광의 길' 운동의 과도한 잔인함과 무자비함으로 요약된 '암흑의 핵심'을 향한 콘라드J. Conrad적 여행의 또 다른 판본으로 읽혀야 한다. '영광의 길'은 이데올로기적 기획에 의한 여론 장악에는 아무런 흥미도 보이지 않으면서 오직 자신의 무시무시한 캠페인만을 강요했다고 전해진다. '정직한 자유주의적' 경찰 조사관인 주인공 레자는 권력자의 부패와 혁명의 절대적 악마성 사이에서 분열되어 있다. 레자는 현존하는 민주주의 질서의 **형식**을 지지한다. 그는 민주주의 질서의 현재적 내용(부패한 강간범 대통령 등)을 비판하지만 혁명적인 형식 '위반', 즉 비인간적 차원을 향한 '믿음의 비약'은 거부한다.

하지만 이 영화가 던지는 수수께끼는 이중적이다. 그것은 무엇보다 '영광의 길' 테러리즘의 '급진적 악마성'에 대한 수수께끼가 아니라 레자의 애정-대상에 대한 수수께끼이다. 어떻게 교양 있고 아름다운 중간계급의 댄서가 '광신적인' '영광의 길' 멤버가 될 수 있다는 말인가? 왜 욜란다는 마지막에 레자를 완전히 거부한 것일까? 마지막 순간에 폭발한, 광신적이고 무자비한 혁명가와 관능적이고 아름다운 여성을 분리시키는 간극을 어떻게 설명할 것인가? 여기에 이 영화의(영화의 기반이 된 소설의) 구성적 어리석음이라고 부르고 싶은 것이 있다. '영광의 길' 현상을 '이해'하고자 하는 시도로 출판되었지만 그것은 정확히 그런 이해에 대한 저항, 즉 자기가 대면한 '수수께끼'를 영속화하려는 시도가 된다. 결국 「위층의 댄서」가—안티-할리우드를 자랑하지만—근본적으로 '커플 생산'의 할리우드식 공식에 의존하는 것은 놀랄 일이 아니다.

실재적인 할리우드 좌파

이처럼 비-할리우드 비주류 영화조차 가족 모티프에 의해 구조화된다면 어디에서 그 문법의 진짜 예외를 찾을 수 있을까?

2005년 3월 바티칸은 댄 브라운의 『다빈치 코드』에 대해 잘못된 교훈(가령, 예수는 막달라 마리아와 결혼하여 자손을 낳았으며, 성배는 막달라 마리아의 질을 의미한다는 따위)을 퍼뜨리는, 거짓에 근거한 책이라며 그 어느 때보다 강력한 항의 성명을 발표하였다. 특히 이 책이 영적 지도를 원하는 젊은 세대에게 인기가 많다는 점에 유감을 표시했다. 바티칸의 이런 개입이 지닌 부조리함은 악명 높은 금서 목록이 횡행하던 지난날에 대한 노골적인 향수에 의해 지지되는데, 우리는 그 형식은 잘못되었지만(바티칸과 출판업자가 공모하여 책의 판매부수를 더 높이려는 음모를 꾸몄다는 거의 확실한 의심이 든다) 그 내용은 기본적으로 옳다는 점을 놓쳐서는 안 된다.『다빈치 코드』는 남성적 원리와 여성적 원리의 균형이라는 뉴에이지적 틀로 기독교를 재해석한다. 즉 이 소설의 기본 구도는 기독교를 이교적인 성 존재론으로 재기입하는 것이다. 그 속에서 여성적 원리는 신성화되고, 남성 원리와 여성 원리의 조화로운 결합 속에서 완전함이 성취된다. 여기서 모든 페미니스트가 교회를 지지해야 한다는 역설이 발생한다. 폭넓게 '페미니즘'의 특징이라고 할 수 있는 것, 즉 여성적 주체성의 출현을 위한 공간은 **오직** 여성적 기표의 '유일신적' 중지를 통해서, 남성과 여성의 양극적 대립의 중지를 통해서만 열린다. 우주적인 '여성적 원리'의 주장 속에서 확인되는 여성성은 언제나 능동적인 '남성적 원리'에 대립되는 종속적(수동적·수용적) 상관항일 뿐이다.

이것이『다빈치 코드』와 같은 스릴러물이 오늘날 이데올로기적 변화의 주된 지시자인 까닭이다. 주인공은 (제도화된) 기독교의 토대를 위협하는 흩어진 비밀 사본을 찾아다닌다. 이 사본을 숨기려는 교회(의 강경파)의 필사적이고 무자비한 시도 속에서 '범죄적인' 사건이 발생한다. 이런 비밀은 신성의 여성적 측면에 대한 '억압'과 연관된다. 그리스도가 막달라 마리아와 결혼했다거나 성배는 실제로 여성의 몸이라는 식의 폭로는 정말 그렇게 충격적인가? 예수가 막달라 마리아와 섹스를 했다는 관념은 기독교의 공식적 비밀이 아닌가? 정말 놀랄 일은 내친 김에 마리아가 실제로는 복장도착자라는 것, 그래서 예수의 연인은 아름다운 청년이라는 것이 될 것이다.

이 소설에서 흥미로운 점은(영화가 성급히 회피한 것에 반해 소설은 영화보다 더 잘 간직한) 놀랍게도 「X파일」을 떠올리게 하는 특질이다. 너무나 많은 일이 '저기 바깥'에서 일어나고 있고 거기에 (외계인의 침입과 같은) 진실이 숨겨져 있다는 사실은 멀더와 스컬리 사이에는 아무 일도 (어떤 성관계도) 없었다는 공허의 진실을 가린다. 『다빈치 코드』에서 예수와 막달라 마리아의 성생활은 예수의 마지막 후손이자 여주인공인 소피의 성생활이 존재하지 않는다는 사실을 뒤집는(은폐하는) '잉여'이다. **그녀**는 오늘날의 마리아, 순수하게 무성적인 처녀와 같다. 그녀와 로버트 랭던 사이의 섹스에 관해서는 일말의 힌트도 제시되지 않는다.

그녀의 외상은 원초적인 환상이라 할 수 있는 아버지의 성교 장면을 목격한 것이다. 그 환상 장면은 그녀의 섹슈얼리티를 완전히 '중화시켜' 버린 향락$_{jouissance}$의 과잉이다. 마치 시간 이동을 통해 그녀 자신의 수태 순간에 현존하는 듯이. 그렇기 때문에 그녀에게 **모든** 섹스는 근친상간적이며, 따라서 금지되어 있다. 여기에서 로버트가 등장한다. 그는 그녀의 연인이라기보다는 마치 '야매 분석가'처럼 행동한다. 그의 임무는 그녀가 이런 환상에서 벗어날 수 있게 해줄 신화적인 서사들을 구성하는 것으로, 그것은 '정상적' 이성애를 회복함으로써가 **아니라** 그녀의 무성적 특질을 받아들이고 그것을 새로운 신화적 서사의 일부로 '정상화'함으로써 이뤄진다. 이런 의미에서 『다빈치 코드』는 앞에서 분석해 온 모티프와 동일한 계열에 속한다. 그것은 기독교의 '억압된' 비밀에 관한 종교영화가 아니라, 무감각하고 외상적인 젊은 여자가 자신의 외상을 떨쳐 버리고 신화적 틀을 공급받음으로써 자신의 비성애적 특질을 온전히 받아들인다는 이야기이다.

이런 해결책의 신화적 성격은 '오푸스 데이'$_{Opus\ Dei}$ 회원인 로버트를 그와 정반대편에 있는 티빙과 대조할 때 선명해진다. 그는 마리아의 비밀을 폭로하여 공식적 기독교의 압박으로부터 인간성을 구하고자 한다. 영화는 이런 급진적 해법을 거부하고 허구적인 타협안을 선택한다. 중요한 것은 사실(그녀와 마리아와 예수 사이의 혈통 관계를 증명할 DNA)이 아니라 그녀(소피)의 믿음이다. 영화는 혈통적 사실에 대항한 상징적 허구 쪽을 선택한다. 예수의 후손이라는 신화는 소피를 위한 새로운 상징적 정체성을 창조한다. 마지막에 그녀는 신성 공동체의 지도자로 태어난다. 이런 세속적 삶의 차원에서 『다빈치 코드』는 여전히 기독교적이다. 소피라는 인물 속에서 그것은 성적인 사랑으로부터 탈성화된 아가페, 즉 집합적 결속을 위한 정치적 사랑으로의 이행으로 제시된다. 이런 해법에 '전-프로이트적'pre-Freudian인 것은 전혀 없다. 전-프로이트적 차원은 여성에게 '정상적' 이성애 욕망을 제외한 모든 성은 병리적이라고 하는 주장의 정신분석적 판본을 받아들일 때만 나타난다. 이와 반대로 진정한 프로이트적 주장은 "성관계란 것은 없다"는 것, 정상성의 기준이란 없으며 오직 피할 수 없는 곤경만이 있다는 것이다. 그리고 남녀 간 교접으로부터 퇴각한 무성애적 입장이 다른 어떤 입장보다 이 곤경을 잘 함축한 **징환**sinthom(주체를 통합하는 증상적 '매듭')이라는 것이다.[10]

표준적인 할리우드 공식의 이와 같은 흥미로운 전치에도 불구하고 『다빈치 코드』가 할리우드 좌파에 속한다고 주장하면 분명 이상하게 들

---

10 헤겔의 『안티고네』(Antigone) 독해에서 자주 비판받는 지점은 안티고네가 오라비만을 예외적으로 숨긴 원인이 그녀의 잠재적인 근친상간 경향 때문이라는 사실을 무시했다는 것이다. (오라비를 위해서 한 일 ― 정당한 장례를 위해 목숨까지 건 일 ― 을 부모나 자식에 대해서는 하지 않았다는, 너무나 추문적이라서 어리둥절하기까지 한 구절들에 대해 괴테부터 시작해서 많은 주석가들은 그것이 나중에 보삽된 것이라고 치부하곤 했다.) 그런 근친상간적 애착 혐의는 정상적인 가족에서라면 얼토당토않겠지만 헤겔은 안티고네의 가족이 근친상간의 전범이라는 사실을 기억해야 했다는 것이다. 하지만 이런 비판에 대해 우리는 라캉의 『안티고네』 분석에서도 헤겔과 같은 무시가 이뤄지고 있음을 상기해야 한다. 라캉은 안티고네의 '형제애의 예외성'이 지닌 중요성을 지적하지만 그것의 근친상간적 경향에 대해서는 성찰하지 않는다. 어떻게 된 걸까? 레비-스트로스는 어디선가 모든 꿈이 성적인 의미를 가진다고 믿는 부족에 대해 언급한 적이 있다. 단, 명시적으로 성적인 내용을 지닌 꿈은 예외로 하고. 『안티고네』도 마찬가지다. 프로이트주의자라면 마땅히 오라비에 대한 그토록 강렬한 친밀감은 근친상간 욕망의 징후라고 읽어야 한다. 물론, 안티고네의 경우는 예외로 하고. 그녀의 가족은 이미 근친상간으로 표식된 가족이기 때문이다.

릴 것이다. 분명 할리우드 좌파는 다른 데서 찾아야 할 듯하다. 하지만 어디서? 잭 스나이더Zack Snyder의 「300」을 보자. 이 영화는 크세르크세스가 이끄는 페르시아군의 침략을 저지하기 위해 테르모필레에서 장렬히 전사한 300명의 스파르타 전사들의 무용담을 그린 영화로, 이라크 전쟁과 이란과의 정치적 긴장을 환기시키면서 최악의 애국적 군국주의를 전파한다고 공격받았다. 하지만 그렇게 단순할까? 오히려 이 영화는 이런 비난에 정면으로 배치된다.

두 가지 점을 지적할 필요가 있다. 첫째는 영화의 스토리와 관련된다. 이 영화는 경제적으로나 군사적으로 월등한 나라(페르시아)—페르시아의 거대한 불화살과 코끼리 그리고 거인은 고대의 첨단 무기가 아닌가?—에 의해 약소국(그리스)이 침략당하는 이야기다. 스파르타의 전사들과 그들의 왕 레오니다스가 수천 개의 화살에 맞아 죽을 때 그들은 어떤 의미에서 첨단 무기를 조작하는 첨단 기술-병사들에 의해 원거리 폭력을 당한 게 아닌가? 마치 오늘날 미국의 병사들이 페르시아만에서 수백 마일 떨어진 군함에서 로켓 발사 버튼을 누르듯이. 또한 크세르크세스가 레오니다스에게 페르시아의 패권을 주장할 때 그의 말은 확실히 광신적인 이슬람 근본주의자의 말과는 다르다. 그는 레오니다스에게 만약 페르시아 제국에 복속되기만 하면 평화와 감각적 향락을 약속한다고 유혹한다. 그가 요구한 것은 페르시아의 패권에 승복하는 형식적인 제스처뿐이다. 만약 스파르타가 이것을 받아들인다면 그들은 그리스 영토에 대한 지배권을 행사할 수 있을 것이다. 이것은 레이건 대통령이 니카라과의 산디니스타 정부에게 요구한 것과 비슷하지 않은가? 그들이 해야 하는 것은 단지 미국에게 "형님!" 하고 부르는 것뿐이다.

또한 영화 속에서 크세르크세스의 궁전은 제각기 다른 라이프 스타일이 공존하는 다문화주의의 천국처럼 묘사되어 있다. 다양한 인종과 레즈비언, 게이, 불구자 등이 페르시아의 향연에 참여한다. 오히려 희생의 규율로 무장한 스파르타는 미국 점령자들에 맞선 아프카니스탄의 탈레반(혹은 미국의 침공에 맞서 자신을 희생할 준비가 되어 있는 이란 혁명 수호대의 엘리트들)과 좀 유사하지 않은가? 명민한 역사가들은 이미 이 점을 지적한 바 있다. 다음은 톰 홀랜드의 『페르시아 전쟁』 표지 문구에서 따온 것이다.

> 기원전 5세기의 초강대국은 두 테러리스트 국가에 대해 자신의 진리와 위엄을 보여 줘야 했다. 당시 초강대국은 페르시아였다. 그들은 다른 어떤 나라와도 비교할 수 없을 만큼 강건한 야심과 남자들과 황금을 보유하고 있었다. 당시의 테러리스트 국가는 옹벽한 산악지대의 가난하고 침체된 아테네와 스파르타, 즉 그리스였다.[11]

테르모필레 전쟁에 대한 서구의 인종주의적 투여는 명확하다. 일반적으로 그 전쟁은 동양의 전제정치에 맞선 서방 자유주의가 거둔 최초의 결정적 승리로 해석되었다. 히틀러와 괴링이 1943년 스탈린그라드 전투에서의 패배를 레오니다스의 테르모필레에서의 영웅적인 죽음에 비교한 것은 놀랄 일이 아니다. 하지만 우리는 바로 이 때문에 관점을 뒤집어야 한다. 서구의 문화적 인종주의자들은 만약 페르시아가 그리스를 정복했다면 오늘날 유럽은 이슬람 사원으로 가득 찼을 거라고 주장한다. 이런 바보 같은 주장은 이중으로 틀렸다. 만약 그리스가 패했다면 이슬람은 존재하지 않았을 것이고(왜냐하면 그럴 경우 이슬람의 역사적 전제조건인 그

---

11 Tom Holland, *Persian Fire*, London: Little, Brown, 2005. [『페르시아 전쟁』, 이순호 옮김, 책과함께, 2006~2007.]

리스적 사유와 기독교 자체가 존재하지 않았을 것이기 때문이다), 더 결정적으로 그리스가 승리한 오늘날 유럽의 도시에는 수많은 이슬람 사원이 판치고 **있다**. 이런 다문화주의적 관용은 그리스가 페르시아에 이겼기 때문에 가능한 것이다.

크세르크세스의 압도적인 군사적 우세에 대항한 그리스의 주된 무기는 규율과 희생정신이었다. 알랭 바디우의 다음과 같은 말을 인용해 보도록 하자.

> 우리는 대중적 규율discipline을 필요로 한다. 심지어 "아무것도 갖지 못한 자들은 오직 자신의 규율만 가지고 있다"라고 말할 수도 있다. 가난한 사람들, 아무런 재정적·군사적 수단도, 아무런 권력도 갖지 못한 사람들, 그들이 지닌 것은 규율과 단결력뿐이다. 이런 규율은 이미 하나의 조직화 형식이다.[12]

쾌락주의적 관용이 지배적 이데올로기로 기능하는 오늘날 좌파의 과제는 규율과 희생정신을 (재)전유하는 것이다. 이런 가치들에 본질적으로 '파시스트적'인 것은 전혀 없다.

하지만 스파르타의 근본주의적인 정체성은 지극히 모호하다. 영화 끝부분의 다분히 정치적인 의도가 깔린 진술에 따르면 그리스의 대의는 "전제적이고 신비주의적인 통치에 맞서 보다 밝은 미래", 자유와 이성의 통치를 실현하는 것이다. 이것은 계몽주의적 기획처럼 들리며 심지어 공산주의적 전망으로까지 느껴진다. 영화 도입부에서 레오니다스가, 페르

---

12 Filippo Del Lucchese and Jason Smith, "We Need a Popular Discipline: Contemporary Politics and the Crisis of the Negative", interview with Alain Badiou, *Critical Inquiry* 34, Summer 2008.

시아 군대를 막기 위한 파병에 반대한다는 신의 신탁을 전하는 부패한 '예언자'에게 명백히 반대 의사를 밝히는 장면을 떠올려 보자. 나중에 알려진 사실이지만 엑스터시 속에서 신의 메시지를 듣는다는 그 '예언자'는 실은 페르시아의 뇌물에 넘어간 자이다. 마치 1959년 달라이 라마에게 티베트를 떠나라는 메시지를 전달한 티베트의 '선지자'가 나중에 CIA에 매수된 자였음이 밝혀진 것처럼.

하지만 존엄, 자유, 그리고 이성의 관념이 병든 아이를 버리는 행위와 같은 극단적인 군사적 규율에 의해 지탱된다는 '부조리'는 어쩔 텐가? 이 '부조리'는 바로 자유의 대가이다. 이 영화가 보여 주는 것처럼 자유는 자유롭지 않다. 자유는 주어진 것이 아니라 목숨을 건 투쟁을 통해 쟁취되는 것이다. 스파르타의 무자비한 군사적 규율은 단순히 아테네의 '자유 민주주의'에 외재적으로 대립하는 게 아니라 바로 그것을 근거 짓는 내재적 조건이다. 자유로운 이성의 주체는 무자비한 자기-규율을 통해서만 출현할 수 있다. 진정한 자유는 안전한 거리에서 딸기 케이크와 초코 케이크 중 하나를 고르는 것과 같은 선택의 자유가 아니다. 진정한 자유는 필연과 중첩된다. 우리의 선택이 우리의 존재 자체를 거는 것일 때 — '달리 어쩔 수 없기' 때문에 행할 때 — 우리는 진정으로 자유로운 선택을 했다고 할 수 있다. 우리나라가 이민족에게 점령당해서 저항군 지도자가 그들과 맞서 싸우라고 요구할 때 그 근거는 "당신은 선택할 자유가 있다"가 아니라 "당신의 존엄을 되찾고자 한다면 당신이 할 수 있는 유일한 일은 이것밖에 없다는 걸 모르겠는가?"의 형태로 주어진다. 루소부터 자코뱅까지 18세기의 급진적 평등주의자들이 프랑스 공화국을 근대적 스파르타로 상상한 것은 놀랄 일이 아니다. 스파르타의 군사적 규율 정신 안에는 해방적인 고갱이가 있다. 그것은 스파르타의 계급 통치, 노예에 대한 무자비한 착취와 테러 같은 역사적 세부사항을 모두 뺐을 때 남게 되는 것이다. 그래서 트로츠키가 '전시공산주의'의 어려운 시기 소비에트 연합을 '프롤레타리아 스파르타'라고 부른 것도 이상할 게 없다.

이 영화에서 더욱 중요한 점은 아마 형식적 측면일 것이다. 이 영화의 전체 장면은 몬트리올에 있는 창고에서 촬영되었고, 배경과 상당수 인물들과 사물들은 디지털 기술로 창조된 것이다. 이런 배경의 인공적인 성격이 '실재' 배우들 자신에게 영향을 미친 걸까? 영화 속의 인물들은 마치 만화영화에서 튀어나온 것 같다(이 영화의 원작은 프랭크 밀러Frank Miller의 만화『300』이다). 또한 배경의 인공적인(디지털) 성격은 일종의 밀실공포증적 환경을 창조한다. 이야기는 무한히 열린 '실재' 현실의 지평에서 일어나는 게 아니라 마치 '폐쇄된 세계'의 안전지대에서 일어나는 것처럼 느껴진다. 여기서 우리는 미학적으로 「스타워즈」와 「반지의 제왕」 계열의 한 단계 발전된 지점에 서 있다. 이런 영화들도 상당수의 인물들과 사물들과 배경이 디지털로 창조되었지만 여기서 (실재 배우들과 사물과 함께) **디지털 배우들과 사물들**(코끼리, 요다, 우르크Urkhs, 궁전 등)은 **'실재' 열린 세계 안에 있다**는 느낌을 준다. 반대로 「300」의 주요 등장인물들은 **인공적인 배경 속에 던져진 '실재' 배우**들이라는 느낌을 준다. 이런 조합은 인공적인 세계와 실재 인물들 간의 '사이보그적' 혼합이라는 훨씬 더 기괴한 '닫힌' 세계를 창조한다. 오직 「300」만이 '실재' 연기자들과 디지털 배경을 조합하여 진정으로 새로운 독립적인 미학 공간을 만드는 데 근접했다.

하나의 예술이 다른 장르의 형식을 참조하거나 다양한 예술 장르를 혼합하는 실천은 오랜 전통을 가지고 있으며, 영화에 대해서는 특히 그렇다. 열린 창문 앞에 선 여성을 그린 호퍼Edward Hopper의 초상화들은 확실히 영화적 체험에 영향을 받은 것이다(이 초상화들은 대응-숏counter-shot 없는 시각적 숏을 보여 준다). 영화 「300」에서 흥미로운 점은 기법적으로 더 발달된 예술(디지털 영화)이 덜 발달된 예술(만화)을 참조했다는 데 있다(물론 이런 시도는 워런 비티의 「딕 트레이시」Dick Tracy 같은 영화에서도 있었지만 「300」은 그보다 훨씬 더 흥미로운 실험을 보여 준다). 그런 실험을 통해 생산된 효과는 '진짜 리얼리티'가 그 순수함을 잃고 폐쇄적인 인공 세계의 일부처럼 보이는 것이다. 이것은 우리의 사회-이데올로기적 곤경을 완벽하게 도상한다.

그래서 「300」이 시도한 두 예술 장르의 합성synthesis은 실패했다는 비평가들의 말은 맞기 때문에 틀렸다. 물론, 이 '합성'은 실패했다. 스크린 위에 펼쳐진 세계는 심각한 모순과 불일치로 일관하고 있다. 하지만 바로 이런 적대야말로 진실을 드러내는 지표이다.

프랑켄슈타인의 역사와 가족

하지만 가족 신화를 해석 도구로 삼는 것과 관련해서 제기되어야 할 보다 근본적인 질문은 따로 있다. 물론, 이데올로기 비판의 첫번째 임무는 분명 가족 서사를 이데올로기적 신화로 취급하여 꿈의 외현적 텍스트를 다룰 때처럼 가족 서사에 의해 은폐된 진정한 갈등을 해석해 내는 것이다. 하지만 프로이트의 꿈 해석과의 상동성을 끝까지 밀어붙일 때 우리는 꿈 해석의 진정한 초점, 즉 꿈의 '무의식적 욕망'이란 꿈-사유가 아니라 역설적으로 꿈-사유가 꿈-텍스트로 전송되는 메커니즘을 통해 꿈-텍스트 속으로 기입되는 어떤 것이라는 사실을 깨닫는다면 어쩌겠는가? 다시 말해서, 꿈에서의 무의식적 욕망은 단순히 직접적으로 드러나지 않는 꿈의 알맹이, 혹은 현시적인 꿈-텍스트로 전송됨으로써 왜곡되는 어떤 내용이 아니라, 이런 왜곡의 원리 자체이다. 다음은 이런 역설에 대한 프로이트의 탁월한 정식화이다.

잠재적 꿈-사고란 재료입니다. 꿈-작업은 그것을 외현적 꿈으로 바꿔 놓는 일을 합니다. (……) 꿈에서 유일하게 본질적인 것은 사고-재료에 영향을 미치는 꿈-작업뿐입니다. 혹시 실제 상황에서는 꿈-작업을 태만히 다룰 수 있더라도 이론에서도 그것을 무시할 수는 없습니다. 정신분석적 관찰 사례에서 밝혀진 바에 의하면 꿈-작업은 결코 여러분에게 익숙한 태고적이고 퇴행적인 표현 양태로 꿈-사고를 변형시키는 것에 국한되지 않는다는 점을 보여 줍니다. 꿈은 전날의 잠재적 사고의 일부분으로 볼 수 없는 것에다가 무언가를 항상 덧붙이는데, 그것이야말로 꿈 형성의 고유한 동력이라고 할 수 있습니다. 이렇게 필수 불가결하게 덧붙여지는 것이 바로 무의식적 소망이며 그것을 충족시키기 위해서 꿈-내용에 새로운 형식이 부여되는 것입니다. 그래서 꿈은 그것이 재현하는 사고들만을 고려할 때 생각할 수 있는 것들, 가령 경고나 계획, 준비 등이 될 수 있습니다. 하지만 꿈은 항상 무의식적 소망 충족이기도 합니다. 만약 무의식적 소망 충족을 꿈-작업의 생산물로 여긴다면 꿈은 오직 꿈-작업의 생산물입니다. 따라서 꿈은 단지 어떤 의도나 경고가 아니라, 항상 무의식적 소망의 도움으로 태고적인 표현 방법으로 번역되고 또 이러한 소망의 성취를 위해 변형되는 계획이나 그밖의 것들을 뜻합니다. 소망 충족이라는 성격은 불변의 것이고 그밖의 다른 성격은 가변적인 것입니다. 꿈이 무의식적 소망의 도움으로 낮 동안의 잠재적 소망을 충족된 것으로 재현할 수 있도록 만들어 준다는 점에서도 꿈은 소망 충족입니다.[13]

---

13 Sigmund Freud, *Introductory Lectures on Psychoanalysis*, Harmondsworth: Penguin, 1973, pp.261~262.[『정신분석 강의』 상·하, 임홍빈·홍혜경 옮김, 열린책들, 2003(개정판).]

이 놀라운 구절에는 "실천에 충분한 것—꿈의 의미를 찾는 것—이 이론에도 충분한 것은 아니다"라는 기본 전제부터 소망의 재배가redoubling라는 그 결론까지 세부적으로 분석할 만한 가치가 있다. 물론 이것의 핵심적 통찰은 잠재적 꿈-사고, 외현적 꿈-내용, 무의식적 소망이라는 '삼항구조'이다. 이런 삼항구조는 해석학적인 해석 모델의 전망(외현적 꿈-내용으로부터 숨겨진 의미, 즉 잠재적 꿈-사고를 향하는 경로)을 제약하거나 뒤집으면서 꿈 형성의 경로(꿈-작업을 통한 잠재적 꿈-사고의 외현적 꿈-내용으로의 전송)로 거슬러 간다. 역설적이게도 꿈-작업은 단순히 꿈의 '진정한 메시지'를 은폐하는 과정이 아니다. 꿈의 진정한 핵심은 은폐 과정 자체, 혹은 그것을 통해 기입되는 무의식적 소망이다. 그래서 꿈-내용에서 그 안에 표현된 꿈-사고로 거슬러가는 번역의 순간 우리는 꿈의 '진정한 동력', 즉 꿈속에 그 진정한 비밀을 기입하는 은폐 과정 자체를 상실하게 된다. 그래서 우리는 꿈의 심층적 핵심을 뚫고 들어간다는 표준적인 관념을 뒤집어야 한다. 꿈 해석이란 외현적 꿈-내용에서 시작하여 첫 번째 층위의 비밀인 외현적 꿈-사고로 들어가고, 다음 단계에서는 더 깊은 무의식적 핵심인 무의식적 소망으로 들어가는 게 아니다. 그 '보다 깊은' 소망은 잠재적 꿈-사고와 외현적 꿈-내용 사이의 간극 바로 거기에 있다.[14]

이런 논리의 문학적 사례는 메리 셸리Mary Shelley의 『프랑켄슈타인』Frankenstein이다. 이 소설에 대한 표준적인 맑스주의적 비판은 그것이 진정한 역사적 지시대상을 지우기(혹은 억압하기) 위해 불투명한 가족-섹슈

---

14 일상생활의 은유적 표현에서도 이와 같은 작업이 이뤄진다. 자기에게 온 원고 초안을 비난하고 싶은 편집자가 잔인하게 "이 원고는 다시 쓰든지 최소한 가장 멍청한 부분만이라도 빼 버려야 할 것 같은데요"라고 말하는 대신 아이러니하게 "이 원고는 김 좀 쐬는 게 좋을 것 같군요"라고 말할 때 이런 은유적 대체는 훨씬 더 기분 나쁜 세균이나 벌레를 환기시키지 않는가? 없애 버려야 할 벌레 같은 원고라는…….

얼리티 네트워크에 초점을 맞춘다는 것이다. 즉, 역사는 가족 드라마로 외현화되고, 보다 큰 사회-역사적 경향(혁명적 테러의 '괴물성'으로부터 과학기술 혁명의 충격을 향한 경향)은 빅터 프랑켄슈타인이 아버지, 약혼자, 괴물 자식과 겪는 갈등으로 왜곡되면서 반영/상연된다는 것이다. 이것은 모두 사실이기는 하지만, 간단한 사고 실험만으로도 그 한계가 드러난다. 똑같은 이야기(프랑켄슈타인 박사와 그의 괴물)가 가족 드라마(결혼이라는 성적 결합의 모호한 장애물로서의 괴물. "나는 당신의 결혼식 날 밤 거기 있을 것이다")를 동반하지 않고, 과학자의 실험에 관한 서사로 전해지는 것을 상상해 보라. 결국 우리가 얻게 되는 것은 비상식적인 리비도적 충격이 제거된 시시껄렁한 이야기이다. 프로이트의 용어로 표현하면, 외현적 서사는 특정한 등록 방법을 통해 그것의 진정한 참조점, 즉 그것의 '꿈-사고'(보다 큰 사회-역사적 차원)를 지시하는, 혹은 일정한 왜곡 방식으로 그것을 반영하는 꿈-텍스트와 같다. 하지만 텍스트의 '무의식적 소망'(성애화된 환상)이 기입되는 것은 바로 이런 왜곡과 전치를 통해서이다.

괴물성에 대한 공상적 관념은 콜리지S. T. Coleridge에 의해 정교해진 상상Imagination과 공상Fancy 사이의 구분을 배경으로 이해되어야 한다. 상상력은 유기적이고 조화로운 신체를 발생시키는 창조적 힘인 반면에 공상은 서로 어긋나는 파편들의 기계적 조합을 표현한다. 그래서 공상의 생산물은 아무런 조화로운 통일성도 없는 괴물 같은 조합이다. 괴물 이야기로서의 『프랑켄슈타인』에서 이와 같은 괴물성의 주제는 서사 내용의 층위에만 국한되지 않는다. 그것은 어떤 방식으로든 다른 층위로 흘러넘쳐 전체를 물들인다. 괴물성/공상에는 세 가지 차원이 있다.

1. 첫번째 차원에서 빅터에 의해 생명을 부여받은 괴물은 조화로운 유기

체가 아니라 부분 기관들의 기계적 구성물이다.
2. 다음 차원은 소설의 사회적 배경으로, 사회의 괴물적 해체는 사회적 불안과 혁명으로 나타난다. 괴물성의 출현과 함께 조화로운 전통사회는 산업화된 사회로 바뀐다. 그 속에서 사람들은 이기적 이해관계에 따라 기계적으로 상호작용하는 개인들로 해체되어, 보다 큰 단위의 '전체'를 느끼지 못할뿐더러 가끔씩 폭력적 반란에도 참여한다. 근대 사회는 압제와 무정부 상태를 왔다갔다 한다. 근대 사회에서 일어날 수 있는 유일한 통일성은 난폭한 권력에 의해 강제된 인공적인 통일성이다.
3. 마지막 층위로, 이질적인 파편들과 서사 양식들과 성분들로 구성된, 흉물스런 괴물처럼 비일관적인 소설 자체가 있다.

이 세 가지 차원에 네번째 괴물성의 차원, 즉 소설에 의해 환기된 해석의 차원을 추가해야 한다. 괴물이 의미하는 것, 괴물이 상징하는 것은 무엇인가? 그것은 사회적 혁명의 괴물성, 아버지에 항거하는 아들의 괴물성, 근대 산업의 괴물성, 비성애적 재생산의 괴물성, 과학 지식의 괴물성을 의미할 수 있다. 그래서 우리는 조화로운 전체를 이루지 않고 단지 나란히 병치되는 복수의 의미를 갖게 된다. 즉, 괴물성의 해석은 해석의 괴물성(공상)으로 귀결된다.

이런 괴물성 속에서 어떻게 우리의 길을 찾을까? 『프랑켄슈타인』의 진정한 초점은 프랑스 혁명의 '괴물성', 즉 테러와 독재로의 타락이다. 메리 셸리와 퍼시 셸리Percy Shelley는 프랑스 혁명에 관한 문학작품과 정치적 논쟁에 대해 열정적인 학생이었다. 빅터가 자신의 괴물을 창조한 장소는 혁명에 대한 보수주의적 역사가 바루엘A. Barruel―메리는 그의 책을 몇 번씩 읽었다―이 프랑스 혁명의 시발점으로 지목한 잉골슈타트Ingolstadt(광명파Illuminati; 1776년에 결성된 계몽주의자들의 비밀 결사가 혁명을 계획한 장소가 잉골슈타트였다)였다. 에드먼드 버크는 프랑스 혁명의 괴물성을 정확히, 되살아난 괴물의 상태로 묘사했다.

> 살해당한 프랑스 군주정의 무덤으로부터 거대하고 무시무시한 무정형의 유령이 나왔다. 그것은 인간의 상상력을 압도하며 인간의 용기를 굴복시켜 온 그 어떤 형상보다 끔찍한 모습으로 나타났다. 그 끔찍한 유령은 어떤 위험도 아랑곳 않고, 아무런 양심의 가책도 없이 일체의 상식적 규범과 수단들을 경멸하면서 그런 것이 있을 수 있다고는 상상도 못했던 자들을 압도했다.[15]

또한 『프랑켄슈타인』은 인류의 재생에 대한 유토피아적 관념으로 유명한 메리의 아버지, 윌리엄 고드윈William Godwin에게 헌사되었다. 그는 『정치적 정의에 관한 연구』*An Enquiry Concerning the Principles of Political Justice* (1793)에서 새로운 세기의 기대감에 들떠 완전히 새로운 종의 인류가 출현할 것이라고 확신했다. 과학적 수단에 의해 인구 과잉이 통제된 이후 출현할 이 새로운 인종은 성적 교합이 아니라 사회적 공학에 의해 생산되어야 한다는 것이다. 소설에서 빅터는 이렇게 말한다.

> 새로운 인종은 자신의 창조자이자 원천인 나를 찬미할 것이다. 행복하고 우수한 그들은 자신의 존재에 대해 나에게 감사할 것이다. 어떤 아버지도 내가 그들에게 받을 최고의 감사와 완벽한 보은을 아들에게 주장할 수는 없을 것이다.

---

15 Edmund Burke, Letters on the Proposals for Peace with the Regicide Directory of France, Letter I (1796) in *The Works and Correspondence of the Right Honorable Edmund Burke*, vol. V, London, 1852(new edition), p.256.

고드원과 괴물 간의 상징적 연관성은 그에 대한 보수주의자들의 반발이 극에 달한 1796~1802년 사이에 확고해진다. 이 기간 동안 고드원의 인간 개종에 대한 유토피아적 이상을 깎아내리기 위해 그로테스크한 악마 형상이 자주 사용되었다. 보수주의자들은 고드원과 그의 저서를 이제 막 출현하고 있는 괴물로 간주하여 그것을 초기 진압하지 않으면 영국은 프랑스 혁명과 같은 길로 빠질 것이라고 경고했다. 호러스 월폴Horace Walpole은 고드원을 "역사상 가장 위대한 괴물들 중 하나"라고 불렀다. 1800년 메리 울스턴크래프트Mary Wollstonecraft와 윌리엄 고드윈 공격에 앞장선 『안티 자코뱅 리뷰』Anti-Jacobin Review는 이 커플의 제자들을 '괴물의 씨앗'이라 불렀다.

『프랑켄슈타인』은 자신의 진정한 초점을 직접 다루지 않았다. 대신 그것을 탈정치화된 가족 드라마 내지 가족 신화로 표현했다. 이 소설의 인물들은 개인 심리의 차원에서 이전의 정치적 논쟁을 보여 준다. 1790년대 에드먼드 버크 같은 작가들은 집단적인 부친 살해 괴물―프랑스의 혁명적 정치체제―에 대해 경고한 바 있다. 혁명의 여파 속에서 메리 셸리는 혁명과 아버지 살해의 상징적 등가를 홈드라마로 축소시켰다. 그녀의 소설은 괴물의 비유를 재활성화했지만 그것을 자신들만의 부친 살해적 투쟁에 고착된 고립되고 주관적인 화자의 관점에서 그렸다. 이 소설은 이렇게 거리를 둔 비가시적 방법으로 자신의 진정한 주제를 함축하고 있다. 이미 지적한 것처럼 이것은 『프랑켄슈타인』에 대한 표준적인 맑스주의적 비평이다. 그에 따르면 이 소설은 자신의 진정한 역사적 참조점을 지우기(혹은 억압하기) 위해 내밀한 가족-성적 네트워크에 초점을 맞추고 있다.

하지만 『프랑켄슈타인』은 왜 자신의 진정한 역사적 지시대상을 모호하게 표현해야 했을까? 왜냐하면 그 진정한 초점/주제(프랑스 혁명)와의 관련성 자체가 참으로 모호하고 모순적이기 때문에, 가족 신화의 형식 자체가 이런 모순을 중화시켜서 한 가지 이야기 속에 양립 불가능한 관점들을 동시에 환기시킬 수 있기 때문이다. 『프랑켄슈타인』은 레비-스트로스적 의미에서의 신화, 즉 실재적 모순의 상상적 해소이다. 또한 우리는 프로이트의 오이디푸스 분석은 오이디푸스 신화의 또 다른 판본으로 원래 신화와 동일한 방식으로 다뤄져야 한다는 레비-스트로스의 주장을 따라야 한다. 신화의 다양한 이형태들은 원래 신화가 해결하고자 한 모순을 이동시키거나 또 다른 방식으로 해결한다. 그래서 우리는 『프랑켄슈타인』의 경우 그것의 (50여 개의) 영화적 판본들과 그 변형 방식들을 동일한 신화의 일부분들로, 그것의 변주들로 취급해야 한다. 주된 형태는 다음과 같다.

1. 「프랑켄슈타인」(가장 유명한 프랑켄슈타인 영화로 1931년 제임스 웨일즈 감독, 보리스 카를로프의 괴물 연기가 유명하다). 이 영화의 주된 특징은 괴물의 주체화를 없앴다는 점이다(여기서 괴물은 일인칭으로 이야기하지 않는다. 그것은 알 수 없는 기괴한 타자로 남아 있다).
2. 「프랑켄슈타인: 그 진짜 이야기」Frankenstein: The True Story(1973)에서 프랑켄슈타인은 잘생긴 청년을 창조한 후 사회화 교육을 시켰지만 피조물의 육체가 점차 퇴화하면서 창조자에게 등을 돌린다.
3. 「신부」The Bride(1985)에서 프랑켄슈타인이 자신의 피조물을 실패작이라고 버린 후 그는 아름다운 여자를 만들어 그의 연인으로 교육시킨다. 하지만 그녀 역시 그의 통제를 벗어나게 된다.
4. 케네스 브래너의 「메리 셸리의 프랑켄슈타인」. 괴물이 빅터의 약혼녀를 살해한 후 빅터는 절망적으로 그녀를 주워 모아 다시 살려낸다(이 영화의 클라이맥스는 빅터가 다시 태어난 약혼녀와 춤을 추는 장면이다).

5. 마지막 판본으로, 리들리 스콧의 「블레이드 러너」Blade Runner(1982)는 직접적으로 「프랑켄슈타인」을 참조한 것은 아니다. 거기서 데커드 형사는 유전공학적으로 창조된 슈퍼인간 '리플리컨트'replicants를 색출하여 제거하는 임무를 띠고 있다. 노예 노동을 위해 창조된 그 인조인간들은 반란을 일으켜 로스앤젤레스에 잠입한다. 리플리컨트의 지도자 '로이 베티'와 데커드의 마지막 일전은 명확히 프랑켄슈타인과 괴물의 싸움을 연상시킨다. 여기서 로이 베티는 마지막 화해의 몸짓으로 데커드를 죽음에서 구해 준다.

이들 영화는 공통적으로 원래 소설의 금기를 재생산한다. 어떤 것도 노골적으로 정치적 주제(사회적 반역의 '괴물성')를 다루지 않는 것이다. 그 영화들은 모두 가족/애정 관계의 틀 안에서 서사를 전개한다. 그렇다면 자신의 핵심 주제에 대한 소설의 모순적 태도는 어디에 있을까?

혁명의 괴물성이라는 모티프는 보수주의적인 요소이며, 이 소설의 형식(중심인물이 죽는 순간에 고백을 하는 형식)은 셸리의 시대에 일반화된 보수적인 장르 문법이다. 보편적 자유와 형제애를 향한 꿈의 파국적 결과를 대면한 그들은 자신들의 개혁 방법이 지닌 과도한 급진성에 대한 회한의 감정을 그와 같은 형식으로 담아냈다. 하지만 셸리는 여기서 보수주의자는 결코 할 수 없는 어떤 것을 하고 있다. 이 책의 중심부에서 그녀는 한 걸음 나아가 괴물에게 직접 말하게 한다. 그로 인해 괴물은 자신의 관점에서, 자신의 목소리로 이야기할 수 있게 된다. 이것은 표현의 자유를 가장 극단적으로 밀고 나간 자유주의적 태도—모든 이의 관점이 표현되어야 한다—이다. 『프랑켄슈타인』에서 괴물은 어떤 사람도 감히 정면으로 대면할 수 없는 대상 혹은 사물이 아니다. 그는 완전히 **주체화된다.** 메리 셸리는 괴물의 마음 안쪽에서 무엇이 사회에 의해 명명되고 규정되고 억압되고 소통으로부터 배제되고 신체적으로 왜곡되어도 좋은지 질문한다. 그래서 최후의 범죄자가 자기 자신을 최후의 희생자로 표현할 수 있게 된다. 그 살인자 괴물은 자신을 우정과 애정을 갈망했지만 상처받고 절망한 개인으로 표현한다.

그래서 **무엇이** 괴물 자신의 이야기를 구성하는지 살펴볼 필요가 있다. 괴물은 우리에게 자신의 반역과 살인은 타고난 것이 아니라 학습된 것이라고 말한다. 버크처럼 괴물을 악의 화신으로 보는 것과 달리 이 피조물은 프랑켄슈타인에게 "나는 자비롭고 선하게 태어났습니다. 불행이 나를 악마로 만들었습니다"라고 말한다. 놀랍게도 괴물은 철학자의 말로 항변한다. 그는 전통적인 공화주의자의 논리로 자신의 행위를 변호한다. 그는 지배질서의 결함으로 인해 반역을 할 수밖에 없었다고 주장한다. 그의 상관과 보호자들은 자신을 반역으로 몰고 감으로써 그 실패의 책임을 회피했다. 괴물들은 급진적인 무신론 철학이라는 악마에 오염되어 반역한 게 아니라 지배질서에 의해 학대받고 억압받았기 때문에 반역한 것이다. 메리 셸리의 원천은 그녀의 어머니 메리 울스턴크래프트의 『프랑스혁명의 기원과 과정에 대한 역사적이고 도덕적인 관점』*An Historical and Moral View of the Origin and Progress of the French Revolution*(1794)이다. 거기서 메리 울스턴크래프트는 버크가 주장한 모반의 괴물성에 동의하면서, 결정적으로 이런 괴물들은 사회적 산물이라고 주장한다. 괴물들은 살아 있는 시체도 아니고 살해당한 군주의 무덤에서 나온 유령도 아니다. 오히려 그들은 구체제의 압제와 실정과 독재의 산물이다. 하층계급은 모반에 이끌려 부친살해적 형태로 압제자에 항거할 수밖에 없었던 것이다. 이 소설이 정치와 가장 가까워지는 지점이 여기이다. 괴물은 압제와 불평등에 대한 급진적인 비판을 개진한다. "나는 사유재산의 분배에 따라 엄청난 부자와 비참한 빈자로 나뉘는 것에 대해 들었습니다. 나는 신분에 따라 고귀한 혈통과 하찮은 혈통으로 나뉜다는 얘기를 들었습니다." 그는 급진적인 혁명가의 태도로 말한다.

나는 당신의 동료 창조자들이 가장 높이 평가하는 소유가 부와 결합된 고귀한 혈통이라는 것을 배웠습니다. 이것들 중 하나만 가지고 있어도 그 사람은 존경받을 것이지만 아무것도 없는 사람은 극히 드문 경우를 제외하면 선택받은 소수를 위해 자신의 힘을 고갈시킬 운명인 부랑자와 노예가 되고 마는 것입니다.

여기서 메리 셸리는 실제로 아도르노와 호르크하이머보다 150년이나 빨리 '계몽의 변증법'을 전개하고 있다. 그녀는 과학과 정치의 진보가 악몽과 혼란과 폭력으로 변질되는 것을 경고하면서 인간은 창조의 신비에 대해 겸손해야 하며 생명의 주인이 되려는 시도를 하지 말고 신의 특권을 남겨 둬야 한다는 통상적인 보수주의보다 앞서 나간다.

괴물은 순수한 계몽의 주체이다. 죽은 몸으로부터 다시 태어난 괴물은 '자연인'으로서, 그의 정신은 순수한 '백지 상태'이다. 자신의 창조자로부터 버림받아 홀로 남겨진 그는 계몽주의가 말하는 발달이론을 증명해야 한다. 처음 몇 달 동안 그는 일종의 철학적 실험을 하게 된다. 그가 도덕적으로 실패한 것, 그래서 원한에 사로잡힌 살인귀가 된 것은 그의 탓이 아니라 사랑하고 사랑받으려는 의도로 접근했지만 외면당한 사회 탓이다. 그의 슬픈 운명은 루소의 이론을 완벽하게 증명한다. 즉, 인간은 천성적으로 선하다. 인간을 타락시킨 것은 사회이다.

진보에 대한 공포 자체가 꼭 보수주의적 주제인 것은 아니다. 메리 셸리의 나라 영국에서의 '러다이트'를 상기하자. 절망에 빠진 이 노동자 무리는 일자리의 상실과 더 많은 착취를 의미하는 산업 기계를 파괴했다.

또한 페미니스트들은 『프랑켄슈타인』을 진보에 대한 보수주의적 경고로 읽지 않고 세계를 정복하고 인간의 생명 자체를 통제하려는 남성적 지식과 기술공학에 대한 원-페미니즘적proto-feminist 비판으로 독해한다. 과학이 새로운 형태의 생명체나 인공지능을 창조할 것이라는 공포, 그것들이 우리의 통제를 벗어나 우리 인간에게 대항할 것이라는 공포는 오늘날에도 여전하다.

마지막으로, 괴물 아들의 반역이라는 모티프에는 근본적인 모호함이 있다. 이 소설에서 그 반역은 누구의 것인가? 반역은 이중적이다. 부성적 질서에 대한 첫번째 반역은 빅터 자신에 의해 이뤄지며, 괴물은 그 반역의 아들에 대해 반역한다. 빅터는 부권적 질서 자체에 반역한다. 그의 창조 행위는 가족 내에서의 정상적인 자손 생산이 아니라 무성 생식에 의한 재생산이다.

이것은 우리를 프로이트의 기괴함Unheimliche이라는 개념으로 인도한다. 우리에게 가장 친근한 동시에 가장 두렵고 역겨운 대상, 가장 '기괴한' 사물은 무엇인가? 그것은 '근친상간'이다. 근친상간적 주체는 문자 그대로 집에 머물러 있다. 그는 성적 파트너를 바깥에서 찾을 필요도 없다. **그리고** 그는 우리 모두에게 두려움과 수치심을 불러일으키는 은밀한 행위를 한다. 그래서 『프랑켄슈타인』에서 두 번에 걸쳐 근친상간이 암시되는 것은 당연하다. 월턴은 아내가 아니라 자기 누이에게 (소설 말미에서는 돌아가겠다고) 편지를 쓴다. 소설 첫번째 판본에서 빅터의 신부는 그의 유사-누이이다. (그래서 괴물이 '결혼식 밤에 거기 있어서' 신부를 살해할 때 그는 근친상간적 결합의 마지막 순간을 저지한 것이다.)

그래서 월턴과 빅터가 집을 떠나 위험한 위반 행위를 하는 것은 겉으로 보이는 것보다 훨씬 모호하다. 그들의 행위는 어떤 정념적이고 신성모독적인 야망 때문이 아니라 질식할 것 같은 근친상간적 가족으로부터 탈출하기 위해서이다. 집에는 뭔가 잘못된 것이 있다. 메리의 남편 퍼시는 그의 유명한 소네트 「1819년 영국」에서 그것을 다음과 같이 묘사했다.

멍청한 왕족들 중 찌꺼기이며,
대중의 멸시 속에서 떠다니는, 진흙탕에서 나온 진흙 같은 것.
보지도 못하고 느끼지도 못하고 알지도 못하지만
거머리같이 그들의 기진맥진한 국가에 들러붙어
피에 눈이 멀어 한방 치지도 못한 채 떨어지는 법관들.
굶주리고 경작되지 않은 들판에서 칼에 찔리는 백성.
군대들, 자유를 말살하고 약탈하는 자.
휘두를 수 있는 양날의 검으로서 만들어지는,
살육을 유발시키는, 금과 피로 이루어진 법전.
예수도 없고 신도 없는 종교인, 책에 도장이 찍혀진,
상원의원, 시대 최악의 의원이자 아직 철회되지 않은 이 자는
영광스러운 귀신들이
타오르며, 우리의 질풍노도와 같은 날을 밝히는 무덤들이다.

물론 보수주의자는 "우리의 질풍노도와 같은 날을 밝히기" 위해 무덤에서 튀어나온 이런 유령이 전혀 영광스럽지 않으며 오히려 프랑켄슈타인의 괴물처럼 원한에 사로잡힌 살인귀라고 대응할 것이다. 이는 우리를 메리 셸리의 모순으로 인도한다. '압제와 무정부' 사이의 모순, 질식할 것처럼 압제적인 집과 그걸 파괴하려는 시도의 살인적 결과 사이의 모순 말이다. 그녀는 이 모순을 해소할 수도 없었으며 정면으로 응시할 의지도 없었다. 그녀는 오직 그것을 가족 신화로 이야기할 수 있을 뿐이다.

이 모든 곤경의 교훈은 가족 신화를 회피하고 직접 사회 현실로 접근

해야 한다는 게 아니다. 우리가 해야 할 일은 그보다 훨씬 더 어렵다. 가족 신화를 그 **내부로부터** 붕괴시키는 것. 카프카가 아버지에게 보낸 편지 속에는 이것을 달성하기 위한 투쟁의 증거가 있다.

자기 목적지에 도달한 편지

2001년 가장 멍청한 행위에 수여된 다윈상은 자기 장례식 중에 깨어난 루마니아의 시골 여자에게 돌아갔다. 관에서 기어 나온 그녀는 사태를 파악하곤 미친 듯이 날뛰다가 곧바로 도로를 질주하던 트럭에 치여 죽었다. 그래서 그녀는 다시 관 속으로 들어갔고 중단되었던 장례식은 마저 치러졌다. 이것은 우리가―자신의 목적지에 도달한 편지의―운명이라고 부르는 것의 완벽한 사례가 아닌가?

편지는 그 수신자가 수신을 거부함으로써 자기 목적지에 도달할 수도 있다. 셰익스피어의 덜 유명한 작품 『트로일로스와 크레시다』의 마지막 장면에서 트로일로스는 크레시다가 자신을 기만하고 디오메데스와 농탕질친 것을 해명하고자 쓴 편지를 찢어 버린다. 물론 우리의 멜로 드라마적 문법대로 그 편지 내용은 알려지지 않는다. 크레시다는 잘못을 회개하고 '모든 걸 해명한' 걸까?

이런 예측의 힘이 18세기 동안 드라이든의 1679년 개정판이 주로 상연된 이유를 설명해 준다. 거기서 크레시다는 완벽하게 회개했다. 우리는 그녀가 자기 아버지와 함께 트로이의 트로일로스에게로 탈출하기로 계획했다는 것, 그녀가 디오메데스에게 굴복한 것은 연기에 불과하다는 것을 알게 된다. 그래서 셰익스피어가 편지 내용을 폭로하지 않을 때 셰익스피어는―단지 우리의 호기심을 붙들어 두기 위해서가 아니라―핵심을 지적하고자 한 것이라면 어떨까? 편지는 거절되도록 **의도된** 것이었다면? 이 편지가 언급하는 장면은 앞서 크레시다와 트로일로스가 그들의 첫날(유일한) 밤을 보낸 후 그녀가 아버지의 계획대로 그리스에 잡힌 트로이의 전사들과 교환되기 위해 그리스로 보내지는 장면이다. 그리스 진영에서 그녀는 디오메데스의 전리품으로 주어진다. 그의 텐트에서 그녀는 그와 농탕치고 아무런 부끄러움도 없는 자신을, 오디세우스에 의해 텐트로 인도된 트로일로스의 응시하에 둔다. 디오메데스가 텐트를 떠난 후 그녀는 큰 소리로 반성한다.

> 트로일로스 왕자님, 안녕히! 한쪽 눈은 왕자님을 보고 있지만
> 제 심장과 함께 다른 쪽 눈은 다른 사람을 보고 있사옵니다.
> 아, 여자라는 가여운 존재! 이제 보니 우리 여자들에게는 이런
> 결점이 있으니, 이는 잘못된 눈이 마음을 인도하기 때문이다.
> 잘못된 것이 인도하니 잘못될 수밖에, 아, 그러니 결론적으로
> 내 눈의 지배를 받는 마음은 파렴치한 생각으로 가득 차 있구나.
>
> ―5막 2장

여기서 제기되어야 할 핵심적인 질문은 이런 거다. 크레시다는 자신이 트로일로스에게 항상 관찰되어 왔다는 것을 알고 있었던 게 아닐까? 단지 혼자 생각하면서 중얼거리는 척했던 게 아닐까? 그래서 그녀가 부끄럼 없이 디오메데스의 욕망을 불러일으키려 유혹하는 장면은 **트로일로스의 응시를 위해 상연된** 것이 아닐까? 크레시다는 이미 연인과의 불안한 첫 만남 때부터 자신의 분열된 성격을 공표했다는 사실을 잊지 말자. 그녀는 트로일로스에게 다음과 같이 불길한 경고를 한다.

> 제게는 왕자님과 함께 있는 또 하나의 저 자신이 있사오니

그것은 매정한 자기라 저를 떠나

다른 사람의 노리갯감이 되려는 것이옵니다.

—3막 2장

　　그래서 이 경고는 그녀와 디오메데스의 농탕질을 목격한 후 그가 한 진술, 그녀 속에는 아무런 '자기 통일성의 지배'도 없다는 진술을 예고한다. 그녀의 일부는 그를 사랑하지만 다른 측면은 극히 '매정하다'. 그리고 그녀를 트로일로스와 연결하는 것과 동일한 필연성으로 그녀는 필연적으로 다른 남자에게 넘어간다. 이것의 일반적 교훈은 어떤 장면이나 발화를 해석하기 위해서는 때로는 그것의 **진정한 수신자에게 보낼** 필요가 있다는 것이다. 페리 매이슨(Perry Mason; 가드너(E. S. Gardner)가 쓴 탐정소설 속 주인공 소설 시리즈 중 하나에서 변호사는 경찰 심문을 받고 있는 커플을 목격하는데, 예상치 않게도 남편은 순순히 경찰관에게 무슨 일이 일어났는지, 무엇을 보았는지, 그에 대해 자기는 어떤 생각을 했는지 말해 준다. 왜 그는 이렇게 과도하게 정보를 제공한 걸까? 해답은 이렇다. 이 커플은 살인에 가담했고 남편은 자신과 아내가 살인 용의자로 체포되어 분리될 것을 알고 있었다. 그래서 그는 이 기회를 틈타 그의 아내에게 그들이 공유해야 할 (거짓) 이야기를 말해 준 것이다. 그래서 그의 끊임없는 이야기의 진정한 수신자는 경찰이 아니라 그의 아내이다.[16]

16　1937년에서 38년 모스크바의 루뱐카 감옥에서 사형을 기다리는 동안 부하린은 엄청난 생산성을 발휘하여 네 개의 중요한 원고를 집필했다(맑스 철학에 관한 원고, 사회주의와 문화에 관한 원고, 소설, 시—이 원고는 이상한 방식으로 살아남아 앞의 세 원고는 영어로 읽을 수 있다). 이 비범한 저술의 특이점은 그것의 집필 배경과 그 수신자에 있다. 부하린은 자신이 조만간 처형될 것이고 자신의 원고는 출판되지 못할 것을 알고 있었다. 그래서 그는 자기 원고를 간수에게 주면서 (마땅히 받을 자격이 있는) 스탈린에게 보내도록 했다. 이 원고는 익명의 공중을 위해 쓰여진 것이지만 그것의 진정한 수신자는 오직 한 사람 스탈린으로, 부하린은 최후의 절망적인 몸짓으로 스탈린의 지적 탁월함에 호소하려 한 것이다.
　*　한국어판 『아버지에게 드리는 편지』, 이재황 옮김, 문학과지성사, 1999.

그래서 우리는 카프카가 그의 아버지에게 보낸 편지*로 접근한다. 거기에서 카프카는 지극히 모호한 방식으로 부성적 권위의 붕괴를 진술한다. 카프카의 편지를 읽고 나서 첫번째로 받는 느낌이 거기에는 뭔가 빠져 있다는 느낌인 것은 이상할 게 없다. 이를테면 '법정 문'의 우화와 같은 마지막 역전("이 문은 오직 당신을 위해 존재한다"), 그러니까 아버지의 폭력적인 격분은 카프카 당신만을 위한 것으로 그것은 오직 당신 자신이 지탱하면서 만들어 온 이미지이다, 같은 것이 생략되어 있는 듯한 느낌 말이다. 우리는 자비롭고 친절한 신사인 실재 헤르만 카프카가 자기 아들의 상상 속에서 자기가 맡아 온 역할에 진심으로 놀라는 장면을 쉽게 상상해 볼 수 있다.[17]

캘리포니아식으로, 카프카는 그의 아버지에 관해 심각한 태도상의 문제를 지니고 있었다. 카프카가 어머니의 이름을 받아들여 자신을 "뢰비"Löwy라고 지칭할 때 그는 히틀러(홀어머니 밑에서 자랐던 히틀러의 아버지는 어머니의 성을 따랐다)에서부터 아도르노(비젠그룬트라는 아버지의 이름 대신 어머니의 성을 땄다)까지 아버지의 이름의 담지자 역할에 불편함을 느끼는 자들의 계열 속에 위치한다. 이것이 카프카가 아버지에게 보낸 편지에서 만약 아버지가 친구이고, 형제이고, 상관이고, 장인이었다면, 아버지만 아니라면 자신은 그(한 인간으로서의 아버지)를 받아들여 그와 외상적이지 않은 관계를 맺었을 것이라고 말한 이유이다.

카프카를 힘들게 한 것은 아버지의 과도한 현존이다. 그는 너무나 활동적이고 외설적으로 간섭한다. 하지만 이런 과도한 현존은 사실 자체가 아니다. 아버지의 상징적 기능의 중지를 배경으로 해서만 아버지의 현존

---

[17] 카프카에 대한 이런 독법은 아비탈 로넬(Avital Ronell)이 2006년 8월 10일 사스페(Sass Fee)에서 한 강연에서 착상했다. 카프카가 친구에게 보낸 편지는 http://www.kafka-franz.com/KAFKA-letter.htm에서 볼 수 있다.

은 과도하다. 이 아버지의 (에릭 샌트너Eric Santner라면 이렇게 말했을 텐데) '너무-많음'은 결국 그의 권위를 무화시키는 활력의 과도함, 아버지의 과도한 활력이 지닌 치욕적인 특성이다. 카프카가 아버지의 취향에 대해 언급하는 대목을 보자.

상스러운 표현 방식에 대해 말하자면 아버지께선 자신이 특별하게 뛰어난 걸 말하기라도 한 것처럼 가능한 큰 소리로 웃곤 했습니다. 사실대로 말하면, 그것은 단지 유치하고 외설적인 것에 지나지 않았습니다(동시에 이것은 저를 굴욕적이게 하는 당신의 활력의 표현이기도 했습니다).

우리는 또다시 인과율의 고유한 질서를 명심해야 한다. 아버지의 과도한 활력이 그의 상징적 권위를 무너뜨린 것은 아니다. 반대로 카프카가 아버지의 과도한 활력에 진저리친다는 사실 자체가 이미 부성적 권위의 결핍을 전제하는 것이다.

아버지-의-이름Name-of-the-Father의 진짜 기능은 무엇인가? 그것은 정확히 주체로 하여금 아버지를 '상징적으로 살해'하도록 하는 것, 그의 아버지를(그리고 폐쇄적인 가족적 회로를) **단념하여** 자유롭게 자기 삶의 길을 마련할 수 있도록 하는 것이다. 그래서 카프카가 아버지의 이름을 받아들이지 않은 것은 아버지로부터 벗어나지 못했다는 것을 지시한다. 아버지에게 보낸 편지는 주체가 영원히 아버지의 그늘을 벗어날 수 없다는 것, 그를 리비도적 곤경에 빠뜨린 것은 주체 자신이라는 것을 증명한다. 카프카가 아버지의 이름을 거부한 것은 아버지의 포획을 벗어나는 것이 아니라 그 포획의 가장 명백한 징표이다.

카프카는 아버지의 테러에 수동적으로 희생된 것이 아니다. 오히려 그는 게임을 이끌고 있다. (카프카의 『소송』Der Prozeß에서 법정 문 우화에 나오는 시골 농부는 우월한 위치에 있으며 문지기는 실질적으로 그에게 종속되어 있다고 주장하는 성직자와 시골에서 올라온 남자 사이의 긴 논쟁을 떠올려 보라.) 증거? 만약 은폐 기억이라 할 것이 있다면 그것은 카프카가 생후 두 달 무렵에 겪은 사건에 관한 것인데, 카프카는 그것이 자신의 유아기에 겪은 일 중 '즉각 기억나는' 유일한 것이라고 말한다. (그러면서 아버지 역시 그것을 기억해야 한다고 주장한다.) 그것은 아마 부모님이 프란츠에게 한 말을 가지고 나중에 (재)구성한 것이겠지만 우리는 그 기억이 무엇을 은폐하고 있는지 물을 수 있다. 늑대인간의 원초적 장면과 유사하게 그것은 소급적 환상이다.

제가 즉각 떠올릴 수 있는 유일한 유년기의 기억이 있습니다. 당신 역시 기억하실 겁니다. 어느 날 저는 한밤중에 물을 달라고 칭얼거렸습니다. 목이 마르긴 했지만 얼마만큼은 그냥 불쾌해서이기도 했고, 또 얼마만큼은 그냥 즐기려고 그랬던 것 같습니다. 당신은 한동안 저를 나무랐지만 별 소득이 없자 저를 침대 밖으로 꺼내서 파플라치pavlatche(체코어로 프라하의 전통 가옥의 안뜰에 있는 긴 발코니)에 내어놓았지요. 나는 잠옷을 입은 채 닫힌 문 밖에 서 있었습니다. 저는 지금 그게 잘못이라고 말하려는 게 아닙니다. 아마 그날 밤의 고요한 평화를 지키기 위해서는 다른 방법이 없었을 겁니다. 제가 말하려고 하는 것은 당신이 아이를 기르는 그 전형적인 방법과 그것이 저에게 미친 영향입니다. 저는 그때 이후 매우 순종적인 아이가 되었지만 그 일은 내면적으로 매우 안 좋은 영향을 미쳤다고 감히 말하고자 합니다. 저에게 문제가 된 것은 제 본성에서 비롯된 그 아무 뜻 없는 물의 요구와 그러고 나서 받은 문 밖으로의 비정상적인 추방을 도저히 연결시킬 수 없었다는 겁니다. 몇 년이 지나서까지도 저는, 거인의 모습을 한 아버지가 최후 심판관처럼 아무 이유 없이 한밤중에 저를 침대에서 꺼내 파블라치로 옮길 것 같은, 결국 저는 아버지에게 아무것도 아닌 존재가 되는 끔찍한 공상에 시달려야 했습니다.

아버지를 자극하는 아이의 꿀깍거리는 의미화 연쇄는 성에서 걸려온 외설적인 전화 벨 소리나 미 해군의 행진곡 노랫소리를 닮았다. 그래서 아이의 '전복적인' 전-상징적 칭얼거림과 카프카의 주인공을 두렵게 만드는 접근 불가능한 권력 사이, 초자아와 이드 사이에는 숨겨진 연관 고리가 있다.

아버지에 대한 근본적인 불만은 그의 권력이나 거들먹거리는 권위의 과시 때문이 아니라, 반대로 그의 **무능함**impotence, 상징적 권위의 **결핍**lack 때문이다. 아버지의 격분wüen은 그의 근본적인 무능함의 징표, 그의 냉정하고 실질적인 권위가 실패했다는 징후가 아닌가? 아버지 본인은 자신의 '오만한 기질'이 '(그의) 과민한 심장 탓'이라고 설명하는데, 그것은 명백히 권력의 기호가 아니라, 카프카 자신이 말한 것처럼 값싼 방법으로 약자를 조정하는 방법이다. "과민한 심장 상태는 당신의 지배를 더욱 강력하게 만드는 수단입니다. 왜냐하면 그것을 생각하기만 하면 나는 다른 사람에 대한 최소한의 반대의사도 표현할 수 없었기 때문입니다." 이것이 아버지의 권위를 의례적으로 과시하는 또 다른 방식이다. "끔찍했던 것 중 하나는 당신이 식탁 주위를 돌면서 소리치고 누군가를 잡아채려고 하는데, 실제로 잡으려는 것 같지는 않고 그러는 척하는 것입니다." 그것은 권력의 우스꽝스럽고 자기-전복적인 과시이다. 게다가 두 달밖에 안 된 아들에게 위협을 느껴서 침대에서 꺼내 베란다로 내다 놓는 과도하고 어처구니없는 방법을 사용해야 하는 아버지는 어떤 종류의 아버지일까? 정말 권위적인 아버지라면 그런 문제는 냉정한 시선으로 처리했을 것이다. (카프카의 가족이 그런 것처럼 표준적인 가부장적 가정에서 권위의 부재를 드러내는 아이를 응대하는 것이 어머니가 아니라 아버지라는 사실에 있지 않은가?) 아버지의 '지적인 지배'에 대한 다음의 묘사는 이런 기만적인 권위의 가장이 결국 아버지의 어리석음이 드러남으로써 풍선처럼 터져 버릴지도 모른다는 노골적인 공포에 의해 지탱된다는 것을 잘 보여 준다.

당신은 안락의자에 앉아서 세상을 지배했습니다. 당신의 의견은 올바르고 다른 모든 의견은 미쳤거나 투박하거나 정신 나갔거나 비정상이었습니다. 당신의 자기-확신은 너무나 커서 끝까지 고집할 필요가 없을 때도 항상 끝내 당신이 옳음을 주장했습니다. 가끔씩 당신은 어떤 문제에 대해 아무런 견해도 표명하지 않았는데, 그로 인해 그에 대한 다른 이들의 견해는 모두 예외 없이 틀린 것이 되고 맙니다. 이를테면 당신은 체코인을 비난하다 독일인도 비난하고 유대인도 비난합니다. 게다가 그런 불만은 선별적인 것이 아니라 모든 측면에 걸쳐 있어서 결국 아무도 당신의 비판에서 벗어날 수 없습니다. 나에게 당신은 모든 전제군주가 그랬던 것처럼 수수께끼 같은 특질을 지니고 있어서 그 올바름은 합리적 근거가 아니라 그 지위 자체에 의거한 것처럼 받아들여집니다.

카프카의 '과도한 죄의식'이 '당신과 나, 우리의 무력함에 대한 통찰'로 대체되어 온 것은 당연하다.

그래서 부성적 권위를 다룰 때 우리는 매우 엄밀해야 한다. 권위는 압제적이거나 난폭하게 침범하는 태도와 혼동되어서는 안 된다. 다시 말해서, 아버지에 관한 카프카의 당혹감을 독해하는 한 가지 방법은 그것을 그의 아버지의 실제 모습인 우스꽝스럽고 기만적이며 무력한 형상과 그럼에도 그가 실행하고 있는 거대한 권력 사이의 간극과 대비의 경험으로 해석하는 것이다. "어떻게 그토록 애처로운 인물이 그토록 강력한 권력을 행사하는가?" 그 해답은 경험적 인물에 권력을 투여하는 사회-상징적 네트워크가 될 것이며, 그 간극은 상징적 거세의 간극이 될 것이다. 우리는 전통적인 서임식에서 권력을 '상징'할 뿐만 아니라 그것을 가진 사람을 실제적으로 권력을 **행사하는** 위치에 두는 대상을 발견한다. 만약 왕이 손에 왕홀scepter을 잡고 왕관을 쓰고 있다면 그의 말은 곧 왕의 말로 받아들여질 것이다. 그런 표장標章은 본성의 일부가 아니라 본성에 대해 외재적이다. 나는 그것을 입는다. 나는 권력을 행사하기 위해 그것들을 착용한다. 그렇게 해서 그 표장들은 나를 '거세'한다. 그것들은 나의 즉자적 존재와 내가 실행하는 기능 사이에 간극을 도입한다. (즉, 나는 결코 내가 하는 기능의 차원에 온전히 존재할 수 없다.) 하지만 이것이 카프카가 그의 아버지를 경험하는 방식은 아니다. 카프카에게 문제는 그 아버지의 육체적 현존이 아버지의 상징 기능을 방해한다는 점이다. 달리 말해서 그 아버지의 과도하고 거의 유령 같은 강력한 현존은 그의 인격적 실존을 초과하는 효력을 가지는데 그것은 현실의 직접성을 넘어서는 상징적 권위의 과잉성이 아니다. 그것은 실재Real의 과도한 환상적 외설성이다. 프로이트의 용어로 하면, 카프카 아버지의 문제는 프란츠의 눈에 그가 상징적 법의 행위자로부터 '원초적 아버지'로 '퇴행'해 버렸다는 점이다.

주인에는 두 가지 양태가 있다. 공중적인 상징적 주인과 실제로 모든 것을 조정하면서 어두운 밤에 자기 일을 하는 비밀스러운 악마적 마법사가 그것이다. 주체가 상징적 권위를 부여받을 때 그는 자기가 지닌 상징적 타이틀의 부속물처럼 행동한다. 즉 그를 통해 활동하는 것은 대타자, 상징적 제도이다. 개인적으로는 비루하고 타락한 사람이지만 법복과 기타 표장을 착용했을 때는 그의 말이 곧 법 자체의 말이 되는 법관을 떠올리면 충분할 것이다. 다른 한편 '비가시적인' 주인은(그 사례는 공중의 눈에는 보이지 않지만 사회적 삶을 뒤에서 조종하는 반유대주의의 '유대인' 형상이다) 공적 권위의 기괴한 분신이다. 그는 어둠 속에서 활동해야 하며 마치 유령처럼 전능한 분광을 발산해야 한다. 아버지-의-이름, 즉 가부장적인 상징 권위의 해체는 새로운 주인형상의 출현을 예고한다. 그는 우리의 평범한 동료, '이웃'과 같은 상상적 분신인 동시에 바로 그 때문에 환상적으로 또 다른 차원인 악마적 특질을 부여받는다. 라캉의 용어로, 상징적 동일화의 특질이나 자아 이상이 중지될 때, 주인이 상상적 이상으로 축소되어 버릴 때, 그것의 괴물 같은 이면 형상으로 우리의 삶을 조종하는 전능한 악신의 초자아 형상이 출현한다. 이런 형상 속에서 상징적 권위의 고유한 효력은 중지되고, 그로 인해 상상계(외양)와 (편집증의) 실재가 중첩된다.

카프카의 법은 금지하지도 않고 강제하거나 침범하지도 않는다. 그 법이 주체에게 반복해서 던지는 메시지는 "네가 원하는 것은 무엇이든 할 자유가 있다. 질서를 위해 나를 요구하지 말라!"이다. 물론 이것은 완벽하게 초자아적 공식이다. 카프카의 아버지가 아들에게 던진 메시지가 "네가 원하는 것은 무엇이든 해라. 나와 관련해서라면 너는 자유롭다. 너는 성인이다. 나는 네게 충고할 게 아무것도 없다"인 것은 당연하다. 아버지가 카프카에게 사용하는 일련의 '수사적 방법'—'남용, 위협, 아이러니, 악의적인 웃음, 그리고 기묘한 자기 연민'들은 초자아적 모호성의 간명한 목록이라고 할 수 있다. 카프카의 아버지는 지금까지 존재했던 가짜 왕 중 최고의 가짜 왕으로 그로부터 '악의 향연과 악한 즐거움'이 뿜어 나오는 인물이다. (여기서 카프카와 데이비드 린치 사이의 연관을 찾을 수 있다. 「블루 벨벳」Blue Velvet, 「광란의 사랑」Wild at Heart, 「사구」Dune, 「로스트 하이웨이」Lost Highway에서의 과도하게 익살적인 테러리즘적 권위의 인물들 말이다.)

초자아의 기본 계략은 주체가 자신의 높은 기대치를 충족시키지 못하는 걸 비난하면서 그와 동시에 주체의 노력을 방해하는 데 있다(혹은 주체의 능력을 비아냥거리거나 주체의 실패를 조롱하는 것). 카프카는 그의 아버지가 자기에게 자율적인 인간이 되라고 요구하는 것의 역설을 간파한다.

> 하지만 그것은 결코 당신이 원하는 게 아니었습니다. 당신의 모든 노력에도 불구하고 상황은 전혀 다르게 돌아갔습니다. 그리고 당신처럼 두드러질 기회도 없었습니다. 그런 기회는 우선 폭력과 혁명에 의해 창조되었어야 했습니다. 그것은 곧 집을 떠나는 것을 의미합니다(집을 떠날 결심도, 능력도 있었습니다. 그리고 어머니도 반대하지는 않았을 것입니다). 하지만 그것은 당신이 원하는 바가 아니었습니다. 그것은 당신이 배운 망덕, 방종, 불복종, 배반, 광기라고 부르는 것이었습니다. 그렇게 해서 한편으로 당신은 여러 가지 사례와 이야기를 들려주고 창피를 줌으로써 그렇게 하라고 유혹했지만 다른 한편으로 당신은 지독한 엄격성으로 그것을 금지했습니다.

이것이 아버지-의-이름과 대조되는 외설적 초자아이다. "자율적이 돼라"라는 명령은 그 명령을 내리는 형식 속에서 그 목표 달성을 방해한다. "자유로워라!"는 바로 그 명령이 주체를 영원한 의존의 악순환vicious circle에 빠뜨린다.

우리는 이런 초자아 개념을 통해 1930년대 모스크바의 공개재판 피고인에 대해 했다는 브레히트의 지적을 다시 생각해 볼 수 있다. "만약 그들이 무고하다면 그들은 더욱더 총살당해야 한다." 이 진술은 극히 모호하다. 그것은 통상적인 스탈린주의적 진술로 읽힐 수 있다. (당신의 개인적 무고함에 대한 주장, 대의를 위한 희생의 거절, 바로 그것이 보다 큰 당의 이익보다 개인적 이익을 우선시하는 당신의 죄를 증명한다.) 또한 그것은 정반대로 급진적인 반-스탈린주의적 진술로 읽을 수 있다. 만약 그들이 스탈린과 측근 세력의 처형을 계획하고 실행하는 위치에 있었는데, '무죄'라면 (즉, 그들이 기회를 잡지 않았다면) 그들은 스탈린을 제거하는 데 실패했다는 점에서 죽어 마땅하다. 그래서 진정으로 고발되어야 하는 죄는 스탈린의 이데올로기적 틀 자체를 거절하고 스탈린에 맞서 행동하는 대신 자신의 희생에 나르시즘적으로 매혹되어 자신의 무고함을 주장하거나, 하지도 않은 범행을 자백함으로써 당을 위해 희생하는 것에 매혹되는 것이다. 이런 두 가지 의미화를 변증법적으로 포착하기 위해서는 우선 첫번째 해석에서 출발하여 브레히트에 대한 통상적인 도덕적 반응을 따라가야 한다. "어떻게 당신은 그토록 무자비한 주장을 할 수 있다는 말인가? 지도자의 사악한 변덕을 위해 맹목적인 자기-희생을 요구하는 그런 논리는 끔찍하고 범죄적인 전체주의에서나 가능한 게 아닌가? 윤리적인 주체라면 이런 규칙을 따르는 대신 전체주의 지도자의 물리적 제거(살해)까지 포함하여 가능한 모든 수단을 동원하여 전체주의에 맞서 싸워야 하지 않나?" "그렇게 해서 당신은 만약 피고가 무고하다면 왜 그들은 더욱더 총살당해야 하는지 알게 된다. 그들은 실질적으로 스탈린과 측근들을 제거하는 계획을 꾸밀 위치에 **있었다**. 하지만 그들은 그 끔찍한 범죄로부터 자신의 인간성을 지키기 위해 그 유일한 기회를 놓쳐 버렸다." 이것은 또다시 초자아의 비틀기 논법을 순수하게 보여 준다. 당신이 무고하면 할수록 당신은 죄를 진 거다. 왜냐하면 당신의 무고함 자체(누구의 눈에, 무엇에 대해 무고한 걸까?)가 당신의 (이 권력과 공모하고 있다는) 죄를 증명하기 때문이다.

프로이트는 주체를 윤리적으로 행동하게 몰아대는 세 가지 작인을 제시했다. 이상적 자아$_{\text{Idealich}}$, 자아 이상$_{\text{Ich-Ideal}}$ 그리고 초자아$_{\text{Üerich}}$가 그것이다. 보통 프로이트는 이 세 가지 용어를 혼용해서 사용하고(그는 자주 '자아 이상 혹은 이상적 자아'라는 표현을 사용한다), 또한 「자아와 이드」 3장 제목은 '자아와 초자아(자아 이상)'이다. 하지만 라캉은 이 세 항을 엄격히 구별한다. '이상적 자아'는 주체의 이상화된 자기 이미지(내가 되고 싶거나 타인이 나를 이렇게 봐 줬으면 하는 상)를 의미한다. 자아 이상은 그 응시로 나의 자아 이미지를 각인시키려는 작인, 나를 지켜보며 내가 최선을 다하도록 독려하는 대타자, 내가 따르고 실현하고 싶어 하는 이상적 '나'이다. 그리고 초자아는 그 작인의 집요하고 가학적이며 징벌하는 측면이다. 이 세 항의 구조화 원리는 명백히 라캉의 상상계-상징계-실재로 이뤄진 삼항구조이다. 이상적 자아는 상상적인 것으로, 라캉이 '작은 타자'라고 불렀던 내 자아의 이상화된 분신 이미지이다. 자아 이상은 상징적인 것으로, 내가 상징적으로 동일시하는 지점, 내가 대타자 속에서 나 자신을 관찰하는(판정하는) 지점이다. 초자아는 실재적인 것으로, 나에게 불가능한 요구를 퍼붓고 그것에 부응하지 못하는 나의 실패를 조롱하는 잔인하고 탐욕스러운 작인, 그 시선 속에서 나의 '나쁜' 갈망을 억누르고 그 명령에 따를수록 점점 유죄가 되는 작인이다.

이런 엄밀한 구분으로부터 도출되는 결론은 라캉에게 초자아는 "그 강제적 요구와 관련하여 도덕적 양심과 아무 상관이 없다"[18]는 것이다. 반대로 초자아는 반-윤리적인 작인, 우리의 윤리적 배반의 상흔과 같은 것이다. 그렇다면 나머지 둘 중 어느 쪽이 정말 윤리적인 작인일까? 몇몇 미국 정신분석가들이 제안하는 것처럼 우리는 '나쁜'(불합리하게 과도하고, 잔인하며, 불안을 야기하는) 초자아에 맞서 '좋은'(합리적으로-온건하고, 돌봐 주는) 자아 이상을 수립하여 따라야 할까? 라캉은 이런 손쉬운 방법에 반대한다. 그에게 유일하게 정당한 작인은 네번째, 프로이트의 삼항

---

18 Jacques Lacan, *The Ethics of Psychoanalysis*, London: Routledge, 1992, p.310.

체계가 빠뜨린 것이자 라캉이 가끔씩 '욕망의 법'이라 부른 것으로, 우리의 욕망에 부응하는 행동을 요구하는 작인이다. 이 '욕망의 법'과 자아 이상(사회-상징적 규범과 교육을 통해 주체가 내면화하는 이상들의 네트워크) 사이의 간극이 여기서 중요하다. 라캉에게 우리를 성장과 성숙으로 이끄는 자비로워 보이는 자아 이상은 우리로 하여금 기존의 사회-상징적 질서의 '합리적' 요구를 받아들이면서 '욕망의 법'을 배반하게 만든다. 초자아는 그 과도한 죄의식 속에서 자아 이상의 필연적 이면일 뿐이다. 초자아는 '욕망의 법'에 대한 우리 자신의 배반에 관하여 참을 수 없는 압박을 가한다. 간단히 말해서, 라캉에게 초자아의 압박 속에서 경험하는 죄의식은 환영이 아니라 실제적이다. "우리의 죄는 오직 우리의 욕망에 의해 주어진 토대와 관련해서이다." 그래서 초자아의 압박은 우리의 욕망에 대해 우리가 실제로 죄를 지었다는 사실을 증명한다.

카프카로 되돌아와서, 그는 결혼하고자 하는 자신에 대한 아버지의 반응과 관련하여 이와 같은 통찰을 정식화했다.

결혼을 위한 시도 뒤에 있는 보다 근본적인 생각은 꽤 건전한 것이었습니다. 가정을 꾸리고 독립을 하려는 것이었습니다. 현실 속에서 당신에게 간청한 생각은 언제나 한 아이가 다른 아이의 팔을 꽉 붙들고는 "야, 도망가, 도망가, 왜 도망가지 않는 거야?"라고 소리치는 아이들의 장난과 비슷한 것으로 판명되었습니다.

그래서 아버지가 막은 것은 카프카의 결혼이다. 카프카에게 아버지는 상징적 권위의 대행자처럼(라캉의 명제에서 조화로운 성관계는 오직 아버지-의-이름의 보호 아래서만 가능하다) 결혼 지지자로 행동하지 않는다. 대신 프로이트가 호프만E. T. A. Hoffmann의 『모래 사나이』*Der Sandman*를 분석하면서 사랑의 관계를 방해하는 장애물이라고 불렀던 초자아적 존재로 기능한다. 여기서 우리는 가장 순수한 모습으로 초자아의 역설을 만난다. 사랑의 관계를 방해하는 아버지는 정확히 "그것을 해!"라고, 아무 제한 없이 성관계를 누리라고 명령하는 외설적인 아버지이다. 반대로 사랑의 관계를 위한 공간을 마련해 주는 아버지는 상징적 법, 그 금기의 작인인 아버지다. 다시 말해서 카프카의 아버지를 향한 욕망은 권위에 굴복하는 피학적인 욕망이 아니라 반대로 자유와 독립을 향한 욕망이다. 그래서 역설적이게도 아버지**로부터의 자유**는 그를 아버지와 같은 차원으로 밀어 넣는 것, 즉 **아버지-의-이름을 받아들이는 것**을 의미한다. "결혼은 명백히 자기-해방과 독립의 가장 뚜렷한 형태의 서약입니다. 나는 가족을 가질 것입니다. 내가 생각할 수 있는 최고의 가정, 당신이 이룬 것만큼 훌륭한 가정을 가질 것입니다." 카프카는 아버지로부터 탈출하는 두 가지 방법, 두 가지 독립 방법 사이의 기로에 있다. 결혼이냐 글쓰기냐, 아버지냐 더 나쁜 것이냐le père ou pire, 자기 아버지냐 '거의 아무것도 아닌' 글쓰기냐.

저는 글을 쓰면서, 또 글쓰기와 관련된 모든 일 속에서 탈출과 독립을 위한 시도 같은 걸 해왔고, 아주 작은 성공을 거두기도 했습니다. 그러나 그것들이 저를 더 멀리 이끌지는 않을 것입니다. 많은 점에서 그럴 것 같습니다. 그럼에도 글쓰기는 제 의무입니다. 그 일을 위협할 수 있는 어떤 위험도 접근할 수 없도록 면밀히 감시하는 것이 제 삶의 본질입니다. 확실히 결혼은 그런 위험의 가능성을 품고 있습니다.

계속해서 그는 말한다.

최종적인 결과는 확실합니다. 저는 포기해야 합니다. 내 손의 새 한 마리가 덤불의 새 두 마리보다 낫다는 말은 여기서는 적용되지 않습니다. 제 손에는 아무것도 없고 덤불에는 모든 것이 있습니다. 전쟁과 삶의 절박함이라는 조건 속에서 저는 아무것도 없는 쪽을 선택할 수밖에 없습니다.[19]

그래서 배설물과의 동일시까지 포함한("그래서 만약 세계가 오직 나와 당신으로만 이뤄져 있다면, 이 세계의 순수함은 당신에게 귀결되고, 더러운 오물은 내게서 시작된다는 생각을 하곤 했습니다.") 카프카의 자기-모멸은 심히 기만적이다. 자신은 "당신의 양육과 나의 복종의 결과"라는 카프카의 주장에서 자신의 슬픈 운명에 리비도적 참여를 하겠다는 전략을 읽어 내는 것은 쉽다. 여기서 전략은 분명하다. **내 아버지가 순수하게 남아 있도록 나는 기꺼이 나의 더러움을 받아들이겠다.** 이것은 이와 같은 오물과의 자기-동일시가 일어날 때, 그것이 마음속에 떠오를 때 특히 분명해진다. 편지의 결정적인(가장 외상적인) 지점에서 카프카는 아버지가 그에게 섹스에 대해 '현실적인'/외상적인 충고를 했던 순간을 기록한다(신중하게 해라. 즐기되 너무 심각하게 하지는 마라. 너에게 헌신하는 첫번째 여자에게는 빠지지 마라. 여자들은 모두 창녀라는 걸 기억해라. 여자들은 단지 이용하고 버려라⋯⋯). 가령, 카프카는 다음의 '짧은 논쟁'을 떠올린다.

---

19 그렇다면 베케트의 후기 작품 「이름 붙일 수 없는 것」과 같은 선상에 있는 부분대상인 '오드라덱'(odradek) 즉 '아버지의 수치'이기도 한 인물 형상은 어떤가? 카프카는 자기 친구에게 보낸 편지의 삽입구에서 자신을 『소송』의 요제프 K와 동일시한다. "나는 더 이상 자네가 어떤 점을 염려하는지, 그리고 어떤 이유로 한없는 죄책감을 가졌는지 확신할 수 없네." (이 한없음을 생각하니 한때 어떤 사람에 대해 썼던 기억이 나네. 정확히 나는 '그는 자신의 수치가 그보다 오래 살까 두려워했다'고 썼지.) 하지만 '오드라덱' 안에서 수치는 아버지의 것으로, 아버지의 객관화된 수치로서, 아버지보다 더 오래 살아남는 것은 오드라덱 자신이다.

최근의 결혼 계획을 알렸을 때 당신은 이렇게 말했습니다. "아마 그녀는 화려한 블라우스를 입고 있을 것이다. 그런 프라하 유대인 여자들에게도 장점이 있기는 하겠지. 그래, 물론, 너는 그녀와 결혼하기로 결심한 것이겠지. 그것도 가능한 빨리, 일주일 후? 내일? 어쩌면 오늘일지도. 나는 너를 이해할 수가 없구나. 결국 너는 성인이고 도시 사람인데, 너를 따라온 첫번째 여자와 결혼하는 거 말고는 할 줄 아는 게 없지. 그것 말고 네가 할 수 있는 게 뭐가 있니? 만약 네가 두렵다면 내가 같이 있어 주마." 당신은 이보다 훨씬 구체적이고 분명하게 말했지만 저는 더 이상 자세히 기억할 수 없습니다. 그때 제 눈앞이 흐려지는 것 같았고, 당신에게 전적으로 동의하면서 테이블에서 뭔가를 가져다가 방을 나가는 어머니에게 모든 신경을 집중했습니다. 그때보다 더 심하게 내게 모욕의 말을 쏟아내고 당신의 경멸을 분명하게 내보인 적은 없었을 겁니다.

이 충고의 '실재 의미'는 카프카에게 명백했다. "당신이 내게 충고한 일은 당신의 관점에서나 나의 관점에서 최고로 더러운 일이었습니다." 카프카에 의하면, 이처럼 아들에게 '더러움'을 이전시키는 것은 자신의 순수함을 유지하려는 아버지의 전략 중 일부였다. 그리고 바로 이 지점에서 카프카와 그 '더러움'의 동일시가 발생한다.

그래서 당신은 더 순수하고 더 고귀해졌습니다. 당신도 결혼 전에 그와 같은 충고를 들었을 것이라고는 전혀 생각할 수 없습니다. 그래서 당신에게는 어떤 세속적인 더러움도 없습니다. 그리고 나를 이 오물 속으로 밀어 넣은 것은 당신이었습니다. 솔직히 말하자면 그것은 나에게 운명처럼 느껴졌습니다. 그래서 세상이 오직 나와 당신으로만 이루어져 있다면(이런 생각을 즐겨하곤 했는데) 당신의 충고 덕분에 세상의 순수함은 모두 당신에게 속하게 되고 모든 더러움은 나의 것이 되었습니다.

여기서 카프카는 또다시 속이고 있다. 아버지의 순수성을 유지하려고 애쓰는 것은 아버지가 아니라 **카프카 자신**이다. 유사한 충고를 따르는 (그 결과 '더러움' 속에 사는) 아버지라는 생각은 "전혀 생각할 수 없는" 것이었다. 그것은 그의 세계에서 배제된 재앙과도 같은 것이다.

이로부터 아버지의 의인화라는 기묘하지만 중요한 결론이 도출된다. 카프카가 상상하는 아버지의 대답 속에서 아버지는 자기가 어떻게 하든(즉, 카프카의 결혼 계획의 지지나 반대) 그것은 카프카에 의해 좌절되거나 왜곡될 것이라고 몰아붙인다. 여기서 아버지는 (부성적) 금기와 그것의 위반이라는 표준적인 논리를 환기시킨다.

나의 혐오가 네 결혼을 막지는 못했을 것이다. 오히려 그것은 네게 그 여자와의 결혼을 더욱 부추겼을 것이다. 왜냐하면 네 말처럼 그것은 '탈출의 시도'를 완벽하게 만들 것이기 때문이다.

여기서 우리는 정확성을 기해서 법과 위반의 결합(위반에 대한 은밀한 요구에 의해 지탱되는 법)을 (거의) 대칭적으로 대립된 초자아와 혼동해서는 안 된다. 한편으로 그것은 명시적인 금지 속에서 반향되는 "즐겨라! 법을 위반하라"는 (말해지지 않은) 숨겨진 명령이고, 다른 (보다 흥미롭고 난해한) 측면에서 그것은 명시적인 관용적 요구 "마음대로 해라! 즐겨라" 속에서 반향되는 숨겨진 (말해지지 않은) 실패에의 명령이다.

마지막 구절은 상호 비난의 악순환을 중지하고 조심스럽게 '낙관적'인 휴전 협정과 상징적 협약을 위한 최소 공간을 열어 둔다.

이에 대한 저의 대답은 결국 이 모든 반론은—얼마간 당신에게 맞서는 것일 수도 있지만—당신 때문이 아니라 나 때문에 하는 것입니다. 타인에 대한 당신의 불신은 결코 당신이 내게 심어 준 나 자신에 대한 불신보다 결코 크지 않습니다. 저는 이런 반론이 어떤 정당함을 지니고 있음을 부인하지 않습니다. 오히려 그 반론이 우리의 관계를 분명하게 해줄 재료로 사용될 겁니다. 물론 현실은 제 편지에서 제시된 것과 일치하는 방식으로 진행될 수는 없습니다. 삶은 중국식 퍼즐보다 더 복잡한 것입니다. 그러나 제 생각에는 이런 반론이 교정의 역할을 하였고—저로서는 더 구체적으로 진행시킬 수도 없고 그러지도 않을 것이지만—덕분에 진실에 꽤 가까워질 수 있어서, 우리 둘을 안심시켜 우리의 삶과 죽음이 더 편안해질 수 있을 것 같습니다.

여기서 우리는 결론을 도출하는 아버지(분석가)의 상상적 개입에 의해 종결된 일종의 (자기) 분석을 만나게 된다. 마치 카프카의 오래된 산만한 흐름이 최종적으로 분석가의 개입을 요청한 것처럼. 그 개입에 대한 반응으로 카프카(분석자)는 자신의 주체적 위치를 바꾼다. 이런 이동은 "이 모든 반론은—얼마간 당신에게 맞서는 것일 수도 있지만—당신 때문이 아니라 나 때문에 하는 것입니다"라는, 명확하지만 확실히 기이한 주장 속에서 드러난다. 이것은 법정 문의 우화 결말부분에서 시골 농부가 "이 문은 오직 당신을 위해 여기에 있었던 것입니다"라는 말을 들을 때와 매우 유사하다. 카프카는 아버지의 격분과 같은 장면들은 "오직 그를 위해서만 존재했던 것"임을 깨닫는다. 그래서 아버지에게 보낸 편지는 그 수신인에게 **정확히 도착**한다. 그 진정한 수신자는 바로 발신인 자신이기 때문이다.

이런 식으로 카프카의 주체적인 동일시는 (아버지의) 치욕인 '거의 아무것도 아님'으로부터 '전혀 아무것도 아님'으로—미세하게, 하지만 모든 것을 바꾸면서—옮겨진다. 만약 그 모든 것이 '나 때문이라면' 나의 무가치함은 더 이상 (타인의) 치욕일 수 없다. 그래서 편지 결말의 변화는 죽음으로부터 승화로의 이동이다. 자신을 무nothing의 자리에 놓는 카프카의 선택, 말라르메식으로, '장소 말고는 아무것도 일어나지 않는' 최소 존재로의 환원은 창조적인 승화(문학)를 위한 공간을 창조한다. 다시 브레히트의 『서푼짜리 오페라』*Die Dreigoschenoper*에 나오는 모토를 바꿔 말하자면, (라캉의 말장난에 따라) 대지의 표면을 더럽히는 오물litter인 '문학' litturaterre, 그 글쓰기의 더러운 순수함에 비하면 자그마한 성적 위반의 더러움이란 얼마나 하찮은 것인가?

3장 급진적 지식인들, 혹은 왜 하이데거는 1933년 (비록 잘못된 방향일지라도) 올바른 발걸음을 내디딘 걸까

숲속에 나무 감추기

체스터턴의 「부러진 칼의 의미」[1](『브라운 신부의 결백』*The Innocence of Father Brown*에 나온 이야기)에서 브라운 신부가 자신의 동료 플랑보에게 신비로움에 대해 설명할 때 그는 '모두가 아는 것'에서 시작한다.

> 아서 클레어는 위대하고 성공적인 영국의 장군이다. (모두가) 알듯이 인도와 아프리카에서의 빛나지만 신중했던 작전 이후, 브라질의 애국자 올리비에가 선전포고를 했을 때 그는 브라질 군대를 저지하라는 명령을 받았다. (모두가) 알듯이 그 전투에서 클레어는 약한 군사력으로 강력한 올리비에의 군대를 공격했고 결국 영웅적인 저항 끝에 사로잡혔다. 그리고 (모두가) 알듯이 그는 포로가 된 후 문명 사회가 혐오하는 방식으로 인근 나무에 목매달렸다. 브라질 군대가 퇴각한 후 그는 부러진 칼을 목

---

[1] http://books.eserver.org/fiction/innocence/brokensword.html에서 볼 수 있다. [이 단편의 국역본 제목은 「부러진 검의 의미」로, 『결백』, 홍희정 옮김, 북하우스, 2002에 실려 있다.]

에 매단 채 나무에 매달린 모습으로 발견되었다.

하지만 브라운 신부는 모두가 알고 있는 이 이야기 속에 뭔가 어울리지 않는 점이 있다는 사실을 발견했다. 매우 신중한 성격에 무모함보다는 자기 임무에 충실했던 클레어가 어리석게도 질 게 뻔한 공격을 감행한 것이다. 또한 의로운 자에게는 관대했고 포로들은 항상 풀어 주었던 올리비에가 클레어를 잔혹하게 살해한 점도 이상하다. 이 미스터리를 풀기 위해 브라운 신부는 한 가지 은유를 떠올린다.

"현명한 사람은 어디에 나뭇잎을 숨길까? 바로 숲속이다. 하지만 숲이 없을 때는 어떻게 할까? 나뭇잎을 감추기 위해 숲을 가꾸는 거다"라고 신부가 모호한 어조로 말했다. "끔찍한 범죄가 일어나서 (……) 그리고 만약 어떤 사람이 시체를 숨겨야 한다면 그는 그것을 감추기 위해 시체들의 벌판을 만들 것이다."

결말은 영국의 영웅 클레어의 어둡고 타락한 측면에 대한 가정에 따른다.

그는 자신의 성경을 읽는 사람이었다. 그것이 그의 문제였다. 언제쯤이면 사람들은 다른 사람들의 성경을 읽지 않으면서 자신의 성경만 읽는 것은 아무 소용없다는 사실을 이해하게 될까? 인쇄공은 오탈자를 찾기 위해 성경을 읽는다. 모르몬교도는 자신의 성경을 읽고서 일부다처제를 발견한다. 기독교 과학자는 자신의 성경을 읽고 우리에게는 팔과 다리가 없음을 발견한다. 클레어는 늙은 앵글로-인디언 프로테스탄트 군인이었다. (……) 물론 그는 구약에서 그가 원하는 것, 즉 탐욕과 전제정치와 배반을 발견했다. 아, 나는 당신이 생각하는 것처럼 그가 정직했다고 말할 수 있다. 하지만 거짓을 숭배하는 정직한 인간의 선함이란 도대체 무엇이란 말인가?

브라질 정글에서 최후의 일전 직전에 클레어 장군은 예상치 못한 문제에 직면했다. 그의 수하에 있던 젊은 장교 머레이가 자신에 관한 끔찍한 진실을 눈치챈 것이다. 천천히 정글을 걸어가고 있을 때 클레어는 기병도로 머레이를 살해했다. 하지만 그는 자신이 해명해야 할 이 시체를 어떻게 처리할 수 있을까? "그는 이 시체에 대한 해명 책임을 덜 수 있었다. 그는 이 시체를 감추기 위해 시체들의 언덕을 만들 수 있었던 것이다. 20분 후 800명의 영국 군인들은 죽음을 향해 행진했다." 그러나 사태는 장군의 의도대로 되지 않았다. 살아남은 영국 군인들이 클레어의 행위를 눈치챈 것이다. 클레어를 죽인 것은 그들이지 올리비에가 아니다. (생존자들을 포위한) 올리비에는 자비롭게도 그들을 풀어 주었고 자신의 군대를 철수시켰다. 그래서 생존자들은 클레어에게 죄를 물어 그를 목매달았고 영국 군대의 명예를 지키기 위해 올리비에가 그를 죽였다는 이야기로 자신들의 행위를 숨겼다.

이 이야기는 진실보다 영웅적 전설을 선호하는 존 포드John Ford의 (「아파치의 요새」Fort Apache에서 존 웨인이 헨리 폰다가 연기한 잔인한 장군에 대해 기자에게 한 마지막 대사를 떠올려 보라) 서부영화의 정신으로 끝맺는다. "그를 모르는 수만 명은 그를 아버지처럼 사랑할 것이다. 그를 아는 이 최후의 사람은 그를 똥처럼 여길 것이다. 그는 성자가 될 수 없다. 그리고 그에 관한 진실은 결코 말해지지 않을 것이다. 왜냐하면 내가 그렇게 마음먹었기 때문이다."

여기서 얻을 수 있는 헤겔적 교훈은 무엇인가? 그것은 단지 냉소적으로 비난하는 독해는 거부되어야 한다는 것인가? 클레어의 타락을 그의 인격적 진실로 환원하는 시선 자체가 비열하고 천박하다는 것인가? 헤겔은 오래전에 이런 계략을 '아름다운 영혼'의 계략으로 묘사했다. 아름다운 영혼의 시선 속에서 모든 영웅적 행위는 개인적 동기로 환원된다.

> 어떤 영웅도 자기 시종 앞에서는 영웅이 아니다. 그가 영웅이 아니어서가 아니라 시종이 시종이기 때문에, 시종에게 영웅은 영웅으로서가 아니라 먹고 마시고 입는 사람으로서, 다시 말해서 개인적인 욕구와 생각을 가진 사적인 개인으로 나타나기 때문이다. 이와 같은 방식으로, 모든 행위 속에서의 판단 과정은 개인의 사적 측면을 행위의 보편적 측면과 대립시킬 수 있으며 행위자에 대해 '도덕적' 시종의 역할을 할 수 있는 것이다.[2]

그렇다면 브라운 신부야말로 클레어 장군에 대한 일종의 '도덕적 시종', 적어도 공공의 이익을 위해선 불편한 진실이 은폐되어야 한다는 것을 아는 냉소적인 존재가 아니겠는가? 체스터턴의 신학적 깊이는 장군의 점진적인 몰락의 책임 소재를 밝히는 방식에서 확인된다. 그 책임은 기독교적 신념을 배반하고 도덕적으로 타락하여 결국 비천한 물질적 동기의 지배를 받게 된 장군에게 있지 않다. 체스터턴은 참으로 현명하게도 장군의 도덕적 타락의 원인을 기독교 자체에 내재한 것으로 본다. 클레어 장군은 "자신의 성경을 읽는 사람이었다." 그 책임은 바로 이 특별한—이 경우 프로테스탄트적—독해에 있다. 그리고 우리는 20세기의 윤리-정치

---

2 G. W. F. Hegel, *Phenomenology of Spirit*, Oxford: Oxford University Press, 1977, p.404.[『정신현상학』 1·2권, 임석진 옮김, 한길사, 2005.]

적 파국에 대한 책임을, 도구적 이성에 의해 '플라톤부터 나토'(굴락까지)까지 직선적으로 이어져 온 '서구 형이상학'의 전통 전체에 묻는 하이데거(아도르노와 호르크하이머, 그리고 아감벤 역시)에 대해서도 똑같이 말할 수 있지 않을까? 슬로터다이크는 '서구 문명'에 대한 좌파의 총체적인 문제제기와 관련하여 다음과 같이 말한 바 있다.

> 한계 없는 문화 비판을 통해─즉 아우슈비츠를 루터와 플라톤, 혹은 서구 문명 총체의 잘못으로 소급하는 비판 형식을 통해─우리는 그것이 얼마나 우리가 서 있는 계급-말살적 시스템과 가까운지 드러내는 흔적을 지우려 애쓴다.[3]

여기에 한 가지 덧붙이자면, 동일한 논리가 하이데거를 비롯한 파시즘의 선구자들에게도 적용된다는 것이다. 그들 역시 자신들의 나치 시체들을 서구 형이상학이라는 시체들의 산속에 감추었다. 이런 논리를 과도하게 일반화하여 정치에 개입하는 철학은 언제나 파국으로 귀결된다는 상투적인 자유주의적 교훈을 거부하지 말아야 할까? 이런 관점에 따르면 플라톤부터 시작하는 그런 유類의 철학자들은 실패하거나 성공하더라도 전제專制주의를 지지하는 것으로 귀결된다. 그 이유는 자신의 철학적 개념을 폭력적으로 현실에 부여했기 때문이라는 식으로 이야기는 진행된다. 그래서 플라톤부터 하이데거까지 (몇몇 경험주의자와 실용주의자들은 제외하고) 그런 유의 철학자들이 명백한 반-민주주의자들로 '인민'people을 한갓 소피스트들의 복수적 우연성에 현혹된 자들로 치부했다고 묘사되는 것은 당연하다. 그래서 이런 통상적인 교훈을 견지하는 사람들은 맑

---

3 Peter Sloterdijk, *Zorn und Zeit*, Frankfurt: Suhrkamp, 2006, p.260.

스주의자들이 맑스를 옹호하면서 맑스의 사상은 스탈린주의에 의해 충실히 대변되지 못했다고 주장할 때 이렇게 대답한다. "신이여 감사합니다. 그들이 맑스의 사상을 충실히 실현했다면 사태는 더 끔찍했을 텐데!" 하이데거는 적어도 자신의 파국적 경험으로부터 의식적인 결론을 도출하려고 노력했으며 존재론적으로 사고하는 사람들은 존재적으로 오류를 범할 수밖에 없음을, 그 간극은 해소 불가능하며 '철학적 정치학'이라는 것은 존재하지 않음을 인정한 자로 평가받는다. 그래서 체스터턴이 아이러니하게 "철학자이면서 경찰인 특수경찰 부대"를 설치하자고 제안할 때 그는 정당해 보인다.

> 단순한 범죄적 의미가 아니라 논쟁적 의미에서의 음모가 발생하는 순간을 포착하는 것이 그들의 임무이다. (……) 철학 경찰의 임무는 (……) 통상적인 형사의 작업보다 훨씬 대담하면서도 미묘하다. 보통 형사는 도둑놈들을 잡기 위해 선술집에 가고 염세주의자들을 탐문하러 예술가들의 모임을 기웃거린다. 보통 형사는 숙박부나 일기장을 뒤져서 이미 발생한 범죄를 찾아낸다. 우리는 소네트 모음집을 뒤져서 앞으로 발생할 범죄를 찾아낸다. 우리는 사람들을 지성적 광기와 지적 범죄로 이끌 끔찍한 사유의 근원을 찾아내야 한다.[4]

칼 포퍼나 아도르노, 그리고 레비나스 같은 사상가들 역시 별반 다르지 않은 생각에 동의하고 있지 않은가? 그들에 의해 정치적인 범죄는 '전체주의'로 언명되고 철학적인 범죄는 '총체성'이라는 개념에 응축되어 있다. 이들 '철학 경찰'은 총체성이라는 철학 개념으로부터 정치적 전체

---

4 G. K. Chesterton, *The Man Who Was Thursday*, Harmondsworth: Penguin, 1986, pp.44~45.

주의로 향하는 직접적인 경로를 전제하면서 플라톤의 대화록이나 루소의 사회계약론에서 어떻게 정치적 범죄가 발생할지 밝혀내는 것을 자신의 임무로 삼는다. 보통의 정치 경찰은 혁명가들을 찾아내기 위해서 비밀결사조직을 들이닥치지만 철학 경찰은 총체성의 지지자들을 찾아내기 위해서 철학 심포지엄에 간다. 통상적인 반反-테러리스트 경찰은 빌딩이나 교량을 폭파하려는 계획을 꾸미는 자들을 발본색원 하지만 철학 경찰은 우리 사회의 종교와 도덕적인 토대를 파괴하려는 자들을 체포하려고 노력한다.[5]

이런 위치가 '지혜'의 위치이다. 현명한 사람이라면 현실을 '강요하지' 말아야 하며, 약간의 오염은 큰 오염을 막는 최선의 수단임을 안다. 이런 의미에서 기독교는 지혜에 반대한다. 기독교는 궁극적으로 지혜에 의존하는 이교도("모든 것은 티끌로 돌아간다. 삶의 수레바퀴는 끝없이 굴러간다……")에 반대하면서 진리 쪽에 미친 내기를 건다. 이런 지혜의 위치가 지닌 치명적인 한계는 극단을 피하고 균형에 의존하는 형식주의에서 찾을 수 있다. "우리는 전면적인 통제 상태를 필요로 하는 것도 아니고 전면적인 혼란 속의 자유주의/개인주의를 원하는 것도 아니다. 우리는 두 극단 사이의 정확한 척도를 필요로 한다"라는 말을 들을 때 즉각 던져져야 할 물음은 이 **척도의 척도성**이다. 균형점은 언제나 은밀하게 미리 전제되어 있다. 어떤 사람이 "우리는 유대인을 과도하게 존중하기를 원하지도 않고, 나치의 홀로코스트를 원하지도 않는다. 우리는 단지 둘 사이

---

5 이와 같은 통찰은 이미 하이네(H. Heine)의 1834년『독일의 종교와 철학의 역사』(Zur Geschichte der Philosophie und Religion in Deutschland)에서 긍정적이고 존경할 만한 사실로 정식화된 바 있다. "마르크, 당신은 행동하는 인간을 자랑스러워했다. 당신은 가장 비루한 은둔 속에서 당신의 행동을 계획하는 지식인들의 무의식적 똘마니에 불과하다"(Dan Hind, *The Threat to Reason*, London: Verso, 2007, p.1에서 재인용).

의 정확한 균형점, 이를테면 유대인이 과도한 영향력을 행사하지 않게 할 얼마간의 입학 할당 내지 공직 사회에서의 적당한 제한을 원하는 것이다"라고 말할 때 우리는 순수하게 형식적인 차원에서 대답할 수 없다. 여기서 우리는 지혜의 형식주의를 만나게 된다. 우리의 임무는 양극단의 척도 사이에서 왔다 갔다 하는 것이 아니라 척도 자체를 바꾸는 것이다.

다른 면에서는 훌륭한 『성스러운 테러』에서 테리 이글턴이 신성함의 과도함, 즉 존중되고 충족되어야 하지만 거리를 둬야 하는 실재Real의 과도함으로서의 신성한 폭력에 대해 파르마코스pharmakos적 변증법을 전개할 때 그 역시 이와 같은 함정에 빠진 듯 보인다. 실재는 생성적인 동시에 파괴적이다. 실재의 굴레가 벗겨질 때만 파괴적인 게 아니라 실재가 부정될 때도 파괴적이다. 왜냐하면 그런 부정 자체가 그것을 모방하는 분노를 풀어놓기 때문이다. 이 경우에도 대립물은 일치한다. 여기서 이글턴은 자유를 파르마코스와 같은 것으로, 즉 그것이 해방될 때는 파괴적인 것으로 본다. 이것은 지혜의 보수주의와 너무 가까운 게 아닐까? 이글턴이 포스트모더니즘에 대하여 날카롭고 명료한 비판을 가하는 지점에서 적절한 거리 유지가 필요한 실재 사물이라는 대표적인 포스트모던 모티프를 사용하면서 자신의 숨겨진 포스트모더니즘적 성향을 드러내는 것은 참으로 아이러니하지 않은가? 이글턴이 버크와 그의 프랑스 혁명에 대한 비판에 공감을 표하는 것은 놀랄 일이 아니다. 그에 따르면 프랑스 혁명은 그것이 정당하지 않아서 문제가 아니라 법적 질서의 정초적 과잉 폭력을 노출시켰기 때문에, 어떤 일이 있더라도 숨겨져야 할 것—그것이 전통적 신화의 기능이다—을 환히 드러내고 재연했기 때문에 나쁘다. 이런 신화들을 거부하고, 순수한 이성으로 전통을 비판할 때 그것은 필연적으로 광기와 파괴적인 비이성의 난무로 끝나고 만다.[6]

'지식인의 사회적 역할'이라는 지루하고 아둔한 용어로 지시되는 이런 주제에 관해 라캉은 어떤 입장을 가지고 있을까? 물론, 라캉의 이론은 다양한 정치-이데올로기적 현상들을 지탱하는 감춰진 리비도 경제를 드러내면서 새로운 관점으로 분석하는 데 이용될 수 있다. 하지만 여기서 우리가 던지는 것은 보다 기본적이고 순진한 질문이다. 라캉의 이론은 명확한 정치적 입장을 함축하고 있는가? 스타브라카키스Y. Stavrakakis 같은 몇몇 라캉주의자(라캉주의자들뿐만 아니라)에 따르면 라캉의 이론은 명확히 민주주의 정치학의 근거를 제공한다고 논증하려 애쓴다. "대타자란 것은 없다"는 유명한 명제는 사회-상징적 질서는 비일관적이며 어떤 궁극적 보증자도 없다는 것을 의미하고, 민주주의는 이런 궁극적 근거의 결여를 권력 체제로 통합하는 방법이라고 한다. 조화로운 사회적 총체에 대한 유기체적 관점이 환상에 의존해 있다면 민주주의는 '환상을 가로질러' 비-모순적 사회라는 불가능한 이상을 부정하는 정치적 입장을 제공한다는 것이다.

이런 주장의 핵심 참조점으로 기능하는 정치이론가는 클로드 르포르로, 그는 라캉에 영향을 받아 라캉의 용어를 이용해 민주주의를 정의한다. 그에 따르면, 민주주의는 상징계(권력의 텅 빈 자리)와 실재(그 텅 빈 자리를 차지하는 행위자) 사이의 간극을 받아들여 어떤 경험적 행위자도 '자연적으로' 권력의 텅 빈 자리와 일치하지 않는다는 것을 전제한다. 다른 시스템들은 불완전하다. 그것들은 자신의 작동을 위해 끊임없이 타협하고 때때로 격동에 직면해야 하기 때문이다. 이에 반해 민주주의는 그 불완전성을 자기 원리로 고양시키며, 선거 제도를 통해 그 격동을 정규화한다. 즉, S(빗금친 대타자 A)는 민주주의의 기표이다. 여기서 민주주의는

---

6 Terry Eagleton, *Holy Terror*, Oxford: Oxford University Press, 2005, pp.50~51. [『성스러운 테러』, 서정은 옮김, 생각의나무, 2007.]

어떤 정치적 비전을 실천하기 위해서는 미리 알 수 없는 구체적 조건들을 고려해야 하며 항상 그런 조건들과 타협할 준비가 되어 있어야 한다는, 이를테면 인민의 악덕이나 불완전성 같은 것을 위한 공간을 남겨 둬야 한다는 정치적 교훈보다 한발 더 나아간다. 민주주의는 그 불완전성 자체를 자신의 핵심 개념으로 가져온다. 하지만 우리는 각각의 특수한 뿌리와 규정성들을 폭력적으로 추상했을 때 출현하는 민주주의적 주체는 라캉이 말한 빗금친 주체, 향락과 양립할 수 없는 주체라는 것을 명심해야 한다.

민주주의는 텅 빈 장소로서 우리에게 의미를 가진다. 민주주의의 주체는 빗금친 주체이다. 우리의 작은 대수학$_{algebra}$은 그 주체가 소문자 (a)를 결여하고 있음을 즉각적으로 파악하게 해준다. 향락의 특수성에 결부된 모든 것 말이다. 민주주의의 텅 빈 빗금친 주체는 우리가 적절하게 소문자 (a)로 지칭하는 것 속에서 조바심치며 구성되는 모든 것에 연결되는 것이 어렵다는 것을 발견한다. 우리는 일단 텅 빈 공간이 존재하면 모두가—만약 그가 법을 존중하기만 한다면—자신의 전통과 가치들을 창조할 수 있다고 들어 왔다. (……) 하지만 우리는 민주주의가 텅 빌수록 실제로 그것은 점점 더 향락의 사막이 되며 그에 따라 향락은 어떤 요소들 속에 응축된다는 것을 알고 있다. (……) 기표가 '탈-정서화'$_{disaffected}$될수록, 달리 말해, 기표가 순수해질수록 그것은 순수한 법의 형식, 평등주의적 민주주의의 형식, 세계화된 시장의 형식을 스스로에게 부과한다. (……) 열정이 스스로를 주장할수록 증오가 강해지고 근본주의가 증식하고 파괴가 확산되고 미증유의 학살이 자행되고 전대미문의 재앙이 발생한다.[7]

---

[7] Jacques-Alain Miller, *Le Neveau de Lacan*, Paris: Verdier, 2003, pp.146~147.

이것이 의미하는 것은 민주주의의 텅 빈 장소와 전체주의의 충만한 담론은 동전의 양면처럼 상관적이라는 것이다. 이 둘을 대립시켜 놓고 후자의 불쾌한 보충물을 피할 '급진적' 민주주의를 옹호하는 것은 헛된 짓이다. 그래서 좌파들이 오늘날에는 우파만이 열정을 가지고 새로운 운동을 제안할 수 있다고, 좌파는 행정에만 몰두한다고 한탄할 때 그들이 보지 않는 것은 그들이 좌파의 전술적 결함으로 인식하는 것의 구조적 필연성이다. 오늘날 폭넓게 모색되고 있는 유럽 통합의 기획이 열정을 불러일으키는 데 실패한 것은 놀랄 일이 아니다. 그것은 결국 행정적 기획이지 이데올로기적 참여가 아니다. 오늘날 열정은 유럽 통합에 반대하는 우파들의 열정밖에 없다. 유럽 통합에 정치적 열정을 불어넣고자 하는 좌파의 시도(가령, 2003년 여름 하버마스-데리다의 발의)는 여론의 지지를 얻는 데 실패했다. 이런 실패는 **향락**jouissance에 대한 근본주의적 애착이 **민주주의 자체의 이면, 즉 민주주의의 환상적 보충물**이기 때문이다.

그럼 이런 민주주의 속의 '불만'Unbehagen 요소들을 도출하고 난 후 우리가 할 일은 무엇일까? 몇몇 라캉주의자는(라캉주의자뿐만 아니라) 라캉에게 민주주의의 내부 비판자의 위치를 부여하려고 애쓴다. 즉, 라캉은 독자적인 실증적 정치 기획은 제안하지 않고 그저 민주주의의 한계에 관한 불쾌한 질문만 던지는 선동가라는 것이다. 여기서 정치Politics는 상상적이고 상징적인 동일시의 영역으로, 정의상 오인과 자기-맹목의 형식을 포함하는 것으로 가치 절하된다. 그래서 라캉은 소크라테스로부터 키르케고르로 이어지는 전통 속에 있는 선동가로서 민주주의의 환영과 숨겨진 형이상학적 전제를 발견하는 자로 인식된다. 이 두번째 입장의 대변자가 웬디 브라운Wendy Brown으로, 그는 라캉주의자는 아니지만 상처 속에서 자기 정체성을 찾는 '정치적으로 올바른' 희생의 정치에 대해 명석한 니체적 비판을 개진했다.

니체 길들이기

웬디 브라운은 특수집단들(성-젠더-인종 삼인조)에게 자행된 잘못에 근거한 탈근대적인 정체성 정치에서 인권이라는 자유-민주주의적 평등 개념과의 모호한 연관성을 읽어 낸다. 우리는 그것에 대해 배신감을 느낀다. (여성, 흑인, 게이에 대한…… 보편주의적 수사학은 더 이상 없지만 은밀한 착취와 배제는 지속된다.) 그럼에도 우리는 그런 관념들에 집착한다. 브라운의 정교한 분석은 어떻게 일군의 모순적이고 대립적인 태도들(사디즘과 마조히즘, 애착과 거부, 타자 비난과 자책감) 사이의 불안정한 타협이 도덕적인 분노를 통해 이뤄지는지 보여 준다. 그녀는 정치의 도덕화를 "진리를 무능과 일치시키려는 집착의 징후나 상처 입은 의지의 행위적 표출일 뿐 아니라 아무 대안 없이 파괴된 역사적 서사의 증상"[8]으로 본다. "선을 향한 목적론은 사라졌지만 선에 대한 열망은 지속될 때 도덕성은 정치적 도덕주의로 전환된다."[9] 전부를 포괄하는 진보를 향한 좌파의 거대서사가 해체된 이후, 정치활동이 다양한 정체성 문제로 해체될 때 이런 특수한 투쟁들의 과잉은 단지 무력한 도덕주의적 분노 속에서만 출구를 발견한다.

하지만 브라운은 여기서 샹탈 무페Chantal Mouffe가 '민주주의의 역설'이라는 개념으로 했던 것보다 훨씬 급진적으로 민주주의 역설을 밀고 나간다. 스피노자와 토크빌이 지적한 것처럼 민주주의는 자체적으로 불완전하기―텅 비어 있고 확고한 원칙이 없다―때문에 민주주의적 형식에 반反-민주주의적 내용을 채울 필요가 있다. 민주주의는 구성적으로 '형

---

8 Wendy Brown, *Politics out of History*, Princeton, NJ: Princeton University Press, 2001, pp.22~23.
9 Ibid., p.28.

식적'인바 그것을 채울 반-민주주의적 내용은 철학, 이데올로기, 이론에 의해 제공된다. 플라톤부터 하이데거까지 가장 위대한 철학자들이 직접적으로 반-민주주의적이지는 않을지라도 민주주의에 신뢰를 보내지 않은 것은 이상할 게 없다.

모든 정치 형식 중 가장 비이론적인 민주주의 정치가 자유롭고 평등한 질서를 생산하겠다는 자신의 야망을 실현하기 위해서는 역설적으로 이론을 요구하는 게 아닐까? 결국 민주주의는 이론의 형식과 실체 양 측면에서 자신의 반명제를 요구한다.[10]

브라운은 "민주주의는 자신의 건강을 위해 비민주주의적인 요소를 요구한다"는 사실로부터 일련의 역설들을 제시한다. 민주주의는 **살아 있는 민주주의로 남기 위해** 영속적으로 반-민주주의적인 자기반성을 필요로 한다. 민주주의적 질병 치료법은 형식상 동종요법homoeopathic이다.

스피노자와 토크빌의 성찰이 암시하는 것처럼 민주주의가 민주주의와 반대되는 원리에 이끌리는 경향이 있다면 이런 원리들과 그에 따른 정치 구성체에 대한 비판적 검토는 민주주의의 재발견 내지 재수립에 있어서 매우 중요하다.[11]

브라운은 정치와 이론 사이의 긴장을 의미 확정의 정치적 필요성, 즉 우리를 행위로 이끌 수 있는 유일한 형식적 원리 속에서 텍스트의 표류를

---

10 Ibid., p.122.
11 Ibid., p.128.

'봉합'하는 것과 어떤 새로운 실정적 프로그램으로도 재건될 수 없는 이론의 영속적 '해체' 사이의 긴장으로 규정한다.

인간의 실천들 중 정치는 특히 비이론적인 실천이다. 왜냐하면 그것을 구성하는 권력에 참여하는 것은 어쩔 수 없이 이론적인 의미 개방, 스튜어트 홀Stuart Hall의 말로 하자면 "의미를 미끄러지게 만드는" 이론적 기획과 어울릴 수 없기 때문이다. 담론적 권력은 자신의 구성 조건을 은폐하고 자신의 유동성과 우연성을 감추면서 작동한다. 담론은 자신을 자연화시킴으로써, 그렇지 않았다면 담론 속에서 미끄러질 의미를 고정시킨다. 이런 의미 확정 내지 자연화는 정치가 발생하는 필연적인 영역이다. 해체적인 전치의 정치조차 일시적일지라도 그와 같은 규범을 함축한다.[12]

모든 규범적 구성과 정치적 기획의 우연성과 근본토대의 결핍을 폭로하는 이론적 분석들은 "그것들이 아무런 대안적 규약이나 제도도 제안하지 않고 그저 의미를 부유하게 하는 한, 반-정치적인 시도들이다. 또한 그런 이론적 분석들은 현존하는 민주주의 체제에 활력을 불어넣음으로써 그 체제를 지탱하는 데 중요한 역할을 할 수도 있다."[13] 그래서 브라운은 해체적 이성의 합법적 사용과 불법적 사용을 구분하면서 일종의 칸트적인 '해체적(반-민주주의적) 이성 비판'을 제안하고 있다. 그것을 부정적·규제적 교정 내지 자극제로 사용할 때 그것은 정당한 사용이며, 그것을 현실에 직접 적용되는 정치적 프로그램이나 구성원리로 사용할 때 그

---

12 Brown, *Politics out of History*, pp.122~123.
13 Ibid., p.128.

것은 불법적 사용이다. 브라운은 국가와 인민의 관계에서도 이 같은 양면성을 발견한다. 민주주의가 다시 활력을 얻기 위해서 반민주주의를 필요로 하는 것처럼 국가는 자신의 활력을 얻기 위해 인민의 저항을 필요로 한다.

> 오직 국가를 통해서만 인민은 인민으로 구성된다. 인민은 오직 국가에 저항함으로써만 인민으로 남아 있다. 그래서 민주주의가 민주적으로 남아 있기 위해서는 반민주주의적인 비판을 필요로 하는 것처럼, 민주주의 국가가 민주주의의 죽음을 원하지 않는다면 충성스러운 복종 대신 민주주의적인 저항을 필요로 할 것이다. 마찬가지로 민주주의는 실행 불가능한 이론적 비판과 도달 불가능한 이상을 향한 이론적 자극을 필요로 할 것이다.[14]

하지만 민주주의 대 반-민주주의와 국가 대 인민의 상동성을 주장할 때 브라운은 기이한 증상적 전도의 역학에 사로잡힌다. 민주주의는 자신의 생존을 위해 자신의 잘못된 확정성을 뒤흔들 반-민주주의적 비판을 필요로 하는 반면에 민주주의 국가는 반-민주주의적 저항이 아니라, 인민의 민주주의적 저항을 필요로 한다. 이때 브라운은 민주주의 국가에 대한 두 가지(혹은 일련의) 저항을 혼동하고 있지 않은가? 반민주주의적이고 '엘리트주의적' 이론가들의 저항(플라톤-니체-하이데거)과 국가의 불충분한 민주주의에 맞선 대중-민주주의적 저항 말이다. 또한 이 두 종류의 저항은 각각 자기만의 어두운 이면을 수반한다. 권력자를 옹호하는 극단적으로 냉소적인 엘리트주의와 무도한 대중의 폭력적인 난동이라는

14 Ibid., p.137.

이면 말이다. 그리고 이 둘이 손을 잡는다면 어쩔 것인가? 그때 우리는 **인민 자신의 반-민주주의적인 저항**('권위주의적 포퓰리즘')을 갖게 된다.

게다가 브라운은 니체와 같은 반-민주주의적인 이론가들을 너무 쉽게 '실행 불가능한' 이론적 비판가들이라고 무시하지 않는가? 그들의 이론을 '실행시키고자' 하는 체제, 가령 나치즘과 같은 체제의 도래에 대해 우리는 어떻게 대답할 것인가? 나치즘은 니체의 사유를 왜곡했다고 주장하면서 니체의 책임을 면제해 주는 것은 너무 쉽지 않은가? 물론 나치즘은 니체를 왜곡했다. 맑스가 스탈린주의에 의해 왜곡된 꼭 그만큼. 모든 이론은 자신의 정치-실천적 적용 속에서 변하기('배신당하기') 때문이다. 여기서 떠오르는 헤겔적 관점은 그 경우 '진실'은 단순히 이론의 측면에 있지 않다는 것이다. 이론을 현실화하려는 시도가 이론가들 자신에 의해 은폐된 이론의 객관적 내용을 가시화한다면 어쩌겠는가?

브라운의 약점은 그녀가 민주주의를 지속 가능케 만드는 비민주의적 성분을 오직 '실행 불가능한' 전제로부터 민주주의의 토대를 질문하는 '미친' 이론가들 안에서만 찾고 있다는 점이다. 하지만 민주주의를 지탱하는 것이 **실재적인** 비민주주의적 요소 자체라면 어쩔 것인가? 거기에 푸코의 근대 권력 분석의 핵심 전제(브라운의 주된 참조점)가 있지 않은가? 민주주의 권력은 복잡한 통제, 규제 네트워크들의 메커니즘에 의해 지탱되어야 한다는 전제 말이다. 전형적인 '귀족적 보수주의자'인 엘리엇 T. S. Eliot은 『문화의 정의에 대한 노트』Notes Towards a Definition of Culture에서 허약한 민주주의의 필수구성 요소로서 강력한 귀족계급이 필요하다고 단언했다. 고귀한 문화적 가치는 복잡하고 연속적인 가문과 집단적 배경 속에서 전승될 때만 번성할 수 있는 것이다. 그래서 브라운이 "민주주의가 민주적으로 남아 있기 위해서는 반민주주의적 비판이 필요하다"고 주장할 때 "더 많은 민주주의"deMOREcracy에 위협감을 느끼는 자유주의적 보수주의자들은 그 의견에 전적으로 찬성할 것이다. 국가와 민주주의 사이에는 긴장이 존재해야 하며, 국가는 민주주의로 해소되어서는 안 되고, 자신의 해체를 막기 위해서는 확고한 법의 지배나 인민 위에서 절대적으로 군림하는 잉여권력을 보유해야 한다. 만약 민주주의자들이 생각하듯이 국가가 절대권력의 실행이라는 이와 같은 유령적 측면에 의존하지 않는다면 국가권력은 더 이상 작동하지 않을 것이다. 권력은 정의상 잉여적이다. 그렇지 않으면 그것은 더 이상 권력이 아니다.

문제는 여기에 있다. 누가 누구를 보충하는가? 민주주의가 근본적으로 비민주적인 국가권력의 보충물인가, 아니면 비민주적인 이론이 민주주의의 보충물인가? 어느 지점에서 술어가 주어로 전도되는가? 또 '부유하는 의미의 고정'과 관련하여 비-민주주의적인 이론은 민주주의를 (플라톤에게 그렇듯이) 너무나 '소피스트적'인 체제로 느끼기 때문에, 너무나 부유하는 의미에 말려들기 때문에, 두려워하는 게 아닌가? 그래서 그 이론들은 의미 확정 때문이 아니라 사회적 삶이 안정된 질서를 갖기를 간절히 원하기 때문에 민주주의를 비난하는 게 아닌가? 게다가 이 '끊임없는 의미의 미끄러짐'은 현대 자본주의의 경제적 동력으로서, 일체의 고정된 정체성을 해체하는 권력이라는 맑스의 오래된 기술에 새로운 조명을 가하는 것이 아닌가?

그래서 브라운이 제기한 '동종요법'의 논리는 모호하다. 한편으로 형해화된 민주주의에 대한 치료법은 이론적인 반-민주주의적 비판으로, 민주주의의 고정성을 흩트리고 그것에 활력을 불어넣는 것이다. 하지만 이와 동시에 정반대의 동종요법도 있다. 흔히 얘기하듯이 민주주의적 질병의 가장 좋은 치료법은 더 많은 민주주의이다. 이와 같은 민주주의 옹호방법은 민주주의는 모든 시스템 중에서 가장 나쁘지만 구체적인 현실에서 그보다 나은 시스템은 없다는 처칠의 경구에서 정식화된 것이다. 민주주의 기획은 개념상 '완성되지 않은 기획'이라는 점에서 모순적이지만 바로 이 '역설'이 민주주의의 강점이며 전체주의적 유혹에 맞서는 지탱점이다. 민주주의는 자신의 불완전함을 자신의 개념 안에 내포하고 있다. 이렇기 때문에 민주주의의 결함을 치료하는 유일한 방법은 더 많은 민주주의이다.

그래서 민주주의에 내재한 모든 위험은 민주주의 기획의 이런 구성적 모순에 토대를 둔 것으로 이해될 수 있다. 이런 모순을 치료한답시고 민주주의의 불완전성, 그 비민주주의적 구성요소를 제거하려고 하면 민주주의 자체를 상실한다. 이것은 인민의 **일반의지**의 직접적 표현에 호소하는 포퓰리즘이 어떻게 모든 이해관계들과 특수한 갈등들을 무시함으로써 결국 민주주의적인 삶 자체를 질식시키고 마는지 생각해 보기만 해도 알 수 있다. 그래서 우리는 헤겔식으로 브라운의 주장을 '민주주의의 역설'이 직접적인 자기-모순의 지점으로까지 악화된 사례로 분류하고픈 유혹을 느낀다. 그렇다면 '명제'(민주주의 이론가로서의 라캉)와 '반명제'(민주주의에 대한 내적 비판으로서의 라캉) 사이의 이와 같은 대립의 (재)해소는 무엇이 될까? 그것은 '민주주의'라는 개념 자체를 문제화함으로써 다른 곳으로 움직이는 것, '민주주의를 넘어서' 어떤 실현 가능한 기획을 발전시킬 용기를 갖는 대단히 위험하지만 필수적인 제스처라고 할 수 있다.

브라운이 '니체'를 과장된 몸짓으로 민주주의적 기획의 모순과 결함을 가시화함으로써 민주주의를 선동적으로 교정하는 이론가라고 할 때 그는 또한 너무나 비-니체적이지 않은가? 니체에 함축된(명시적이기도 한) 반-민주주의적 기획을 '실현 불가능한' 것이라 단언할 때 그녀는 또한 나치처럼 니체를 참조한 정치적 기획이 있었다는 사실과 니체 스스로 끊임없이 자기 주변의 정치적 사건에 대해 언급했다는 사실—가령, 니체는 '노예 반란'으로서의 파리 코뮨에 충격을 받았다—을 슬그머니 간과하고 있는 게 아닌가?[15] 그래서 브라운은 니체의 이론을 '내재적인 위반'의 실행으로, 즉 실제적인 것으로 '심각하게 생각할' 필요는 없고 단지 그 '선동성'을 통해 우리를 독선적-민주주의의 잠에서 깨어나게 해주고 민주주의 자체에 다시 활력을 불어넣는 자극제로 변형시킴으로써 니체 **길들이기**domestication를 완수하고 있다. 이것이 제도권이 자신에게 '위험한' 이론가들을 좋아하는 방식이다. 민주주의적 기획의 모순과 불완전함을 일깨우도록 우리를 자극하는 무해한 쇠파리들로서 말이다. 신은 그들이 그 기획을 진지하게 받아들여 그것을 실행하는 것을 금지한다.

미셸 푸코와 이란 사건

반-전체주의의 상투어 중 하나는 스탈린의 유명한 똘마니들(브레히트와 사르트르……)은 물론이고 플라톤과 루소, 하이데거로 이어지는 계보를 자랑하는 (악명 높은 폴 존슨Paul Johnson의 언어 감각으로) '지식인들'에 대한 것으로, 그들은 자신의 여성스러움을 보충하기 위해 무자비한 권력 행사와 사랑에 빠져 폭력적인 스펙터클이나 열정의 분출과의 '진정한' 만남을 추구했다는 것이다. 이런 공격으로부터 라캉을 보호하는 손쉬운 방법은 라캉 정신분석학이 그와 같은 '전체주의적 유혹'에 넘어가지 않게 해주었다고 대답하는 것이다. 어떤 라캉주의자도 전체주의적 혁명의 망상에 매혹되는 정치적 실수를 범하지 않았다.

---

15 이상하게도 니체는 라캉이나 다른 사상가들에 대해서는 지독히도 맥락화/역사화하여 그들의 형이상학적이고 억압적인 성향을 증명하려 애쓰는 자들에 의해 탈맥락화/탈역사화된다. 들뢰즈의 전형적인 니체 독해에서 이 같은 차원은 완전히 사라진다. (이와 대조적으로 그들은 니체의 위대한 반대자인 바그너의 반유대주의에 대해서는 역사적 맥락 속에서 엄청난 세부 조사에 뛰어든다.)

하지만 이런 손쉬운 탈출구 대신 그 '백색 지식인의 짐'을 영웅적으로 받아안아야 할 것이다. 가장 논쟁적인 지점에서 접근해 보자. 하이데거의 나치 가담이 지닌 성격에 대한 논쟁은 (그것은 단지 아무런 이론적 함의도 없는 일시적인 실수인가? 아니면 그의 사상 자체에 근거한 참여인가? 그것은 하이데거의 사유를 전환시키는 데 기여했는가?) 기이하게도 미셸 푸코의 이란 혁명에 대한 짧은 개입을 생각나게 한다.[16] 다음의 인용구는 하이데거와의 충격적인 유사성을 환기시킨다.

수많은 푸코 연구자들은 이란에 대한 글들이 정도를 벗어났거나 정치적 실수의 결과라고 본다. 우리는 푸코의 이란 관련 글들이 권력 담론과 근대성의 모험에 대한 그의 이론적 글들과 긴밀하게 연관되어 있다고 본다. 또한 우리는 푸코의 이란에서의 경험은 이후의 저작들에 지속적인 영향을 미쳤으며 1980년대 푸코의 글에 나타난 갑작스러운 전환은 이란 사건의 중요성과 근동 지방에 대한 그의 증가하는 관점을 고려하지 않고서는 이해할 수 없다고 생각한다.[17]

두 경우 모두에서 우리는 잘못된 정치적 개입은 사상가로 하여금 이전의 이론적 입장에 내재한 한계를 일깨워 자신의 사유를 급진화하도록 몰아붙이고 다시는 그런 실수를 하지 않게 할 '전회'轉回(하이데거의 '내맡김'Gelassenheit으로의 전회, 푸코의 자기의 미학으로의 전회)를 가져온다는

---

16 물론 이런 비교는 한계가 있다. 푸코의 이란 혁명에 대한 개입이 지배적인 자유-민주주의적 합의와는 무관한 순전히 개인적인 몸짓으로 인식된 데 반해 하이데거의 나치 참여는 독일의 급진적-보수주의 지식인들 사이의 지배적인 조류로 이어졌다.
17 Janet Afary and Kevin B. Anderson, *Foucault and the Iranian Revolution*, Chicago: The University of Chicago Press, 2005, pp.3~4.

표준적인 이야기를 뒤집어야 한다. 푸코의 이란 개입은 하이데거의 나치 개입과 마찬가지로 그 자체로(자신의 형식 안에서) 그가 했던 것 중 가장 충실한 제스처였으며, 한 가지 문제가 있다면 그것은 (그 내용에 있어서) 잘못된 방향의 참여였다는 점이다.

우리는 푸코의 '실수'를 비난하기보다 2년 후 그의 '칸트'로의 전회를 이와 같은 잘못된 참여에 대한 그의 반응으로 독해해야 한다. 푸코는 칸트가 프랑스 혁명에 대해 전개했던 것처럼(1장에서 얘기했던『학부 간의 논쟁』) '도취'enthusiasm라는 개념에 관심을 집중한다. 앞에서 지적한 것처럼 칸트에게 진정으로 중요한 것은 실제 파리에서 일어난 것—살기 어린 열정의 폭발과 끔찍한 일들이 일어났다—이 아니라 전 유럽의 동정적 관찰자들의 눈에 파리에서 일어난 일들이 일으킨 도취적인 반응에 있다. 그렇다면 푸코는 1978~79년의 이란 혁명에 대한 그 자신의 도취에 대한 일종의 메타 이론을 제공한 게 아닌가? 문제가 되는 것은 봉기 이후의 끔찍한 현실, 피 튀기는 대결, 새로운 폭압적 법령 따위들이 아니라 이란 사태가 외부의(서구의) 관찰자들에게 일으킨 열광, 즉 새로운 형태의 영적인 정치집단의 가능성에 대한 희망을 확신하는 도취에 있다.

그래서 푸코에게 이란은 '상호수동적 진정성'의 대상, 서구의 지성들이 끊임없이 갈구해 온바, 진정한 것이 일어나는 신비로운 '다른 장소' Other Place—오늘날의 쿠바, 니카라과, 볼리비아—가 아닌가? 또한 우리는 1930~40년대 스탈린의 소련에 대한 서구 지식인들과 예술가들 사이에서의 열광뿐만 아니라 스탈린주의는 지독하게 비판하면서 마오쩌둥의 문화혁명에 대해서는 열광한 사람들에게서도 유사한 점을 발견할 수 있다. 중요한 것은 중국에서 일어난 무자비한 폭력이 아니라 그 광경이 서구의 관찰자들 사이에서 불러일으킨 도취이다. (왜 아니겠는가? 우리는 히틀러 통치 초반의 4년 동안 극심한 실업에 직면한 서구의 관찰자들이 나치 독일에 매료된 데서도 똑같이 주장할 수 있다.)

그러나 이런 독법의 문제점은 이란 사건에 대한 해석 안에서 푸코는 이런 관점을 되돌려 사건에 참여한 자들의 열광을 외부 관찰자들의 냉철한 관점, 즉 계급들 간의 상호작용이나 그들의 이해관계라는 보다 큰 인과적 맥락을 파악하는 외부적 관점과 대립시킨다는 데 있다. 외부 관찰자에게 야기된 도취로부터 사건 안에 포획된 자들의 도취로의 이런 전환이 중요하다. 우리는 어떻게 직접적인 참여자의 도취와 외부적이고 비관여적인(이해관계에 연루되지 않은 자) 관찰자의 도취라는 이 두 도취 지점 사이의 연결고리를 생각해야 하는가? 유일한 해답은 직접 참여자들의 산 경험에 내재한 직접성 자체의 '해체'이다. 이런 직접성 자체가 이미 관찰자를 위한 상연이라면, 상상된 대타자의 응시를 위한 상연이라면 어쩌겠는가? 그들의 내밀한 산 경험 안에서 그들은 이미 자신이 관찰되고 있음을 상상하고 있었다면? 이와 같은 맥락에서, 푸코는 이란에 관한 자신의 마지막 텍스트(1979년 5월, 「반란은 불필요한가?」Inutile de se soulever?)에서 역사적 현실의 사회적·문화적·경제적·정치적 변형과 복합 과정을 그것으로 환원할 수 없는, 역사적 인과의 네트워크를 얼마간 중단시키는 폭동의 마술적 사건과 대립시킨다.

폭동의 외중에 있는 인간은 궁극적으로 설명 불가능하다. 거기에는 왜 한 인간이 확실한 복종의 근거 대신 '실제적인' 죽음의 위험을 선택했는지에 대한 일련의 설명과 역사의 전개를 교란시키는 어떤 뿌리 뽑힘이 반드시 존재한다.[18]

---

18 Afary and Anderson, *Foucault and the Iranian Revolution*, p.263에서 인용.

우리는 이 주장에서 칸트적 함의를 발견해야 한다. 폭동은 역사적 인과율을 일시적으로 중지시키는 자유의 행위이다. 즉, 폭동 속에는 본체계noumenal의 차원이 분출한다. 물론, 역설적이게도 이런 본체적 차원은 자신의 대립물, 즉 현상계phenomenon의 순수한 표면과 일치한다. 본체계는 단지 나타날 뿐만 아니라, 현상계 안에서 이 현상계를 발생시키면서도 인과적 현실의 네트워크로 환원되지 않는 것이다. 즉, **본체계는 현상계로서의 현상계이다.** 거기에 이 현상계의 환원 불가능한 성격과 들뢰즈의 생성의 흐름으로서의 사건 개념, 즉 '신체적' 원인들로 환원할 수 없는 표면 현상 사이의 명백한 연관성이 있다. 비참하다 못해 끔찍한 혁명적 봉기의 실제 효과를 비난하는 보수주의적 비평가들에 대해 그들은 생성의 차원에 대해 여전히 눈감고 있다는 것이 그의 응답이다.

혁명의 공포를 비난하는 것이 요즘의 유행이다. 아무것도 새로운 게 없다. 영국 낭만주의는 오늘날의 스탈린에 대한 반성과 유사한 크롬웰에 대한 반성 속에서 확산되었다. 그들은 혁명이 끔찍하게 변질되었다고 말한다. 하지만 그들은 서로 다른 두 가지를 끊임없이 혼동한다. 혁명이 역사적으로 종결되는 방식과 인민들의 혁명적 생성 말이다. 이것은 두 가지 서로 다른 인민의 집합과 관련된다. 인간의 유일한 희망은 혁명적 생성에 있다. 이것이 그들의 부끄러움을 떨쳐 버리는 유일한 방법, 혹은 참을 수 없는 것에 대응하는 유일한 방법이다.[19]

여기서 들뢰즈는 정확히 푸코와 유사한 방식으로 혁명적 폭발을 언

---

19 Gilles Deleuze, *Negotiations,* New York: Columbia University Press, 1995, p.171.[『대담 1972~1990』, 김종호 옮김, 솔, 1993.]

급하고 있다.

> 이란 운동은 몇몇 사람이 말하듯이 대중 속에 내재해 있던 폭군이 대중의 맹목적 도취 아래 다시 나타나는 혁명의 '법칙'을 체험하지 않았다. 봉기의 가장 내밀하고 강렬하게 살아 있는 부분을 구성하고 있던 것이 비매개적인 형태로, 이미 초만원이 된 정치적 체스판 위에서 감지됐다. 그러나 그런 접촉은 동일성이 아니다. 자신의 죽음을 향해 돌진했던 자들의 영혼은 근본주의적 성직자의 피에 굶주린 정부와는 아무런 유사성도 없다. 이란의 성직자들은 봉기가 지녔던 의미를 통해 그들의 체제를 입증하길 원한다. 그것은 오늘날 회교 정부가 존재한다는 것을 근거로 봉기 사실을 불신하는 것과 다름없다. 양자의 경우에는 '공포'가 숨어 있다. 방금 일어난 것에 대한 공포, 이란에서 마지막으로 일어난 것, 오랫동안 역사 속에서 그 사례를 찾기 힘들었던 어떤 것에 대한 공포.[20]

여기서 푸코는 실로 들뢰즈적이다. 그의 관심은 실제로 일어난 사회적 현실과 그 인과적인 상호작용 차원에서의 이란 사태가 아니라 사건적 표면, 오직 사건의 특이성을 증명할 뿐인 순수하게 잠재적인 '삶의 불꽃'에 있다. 두 사회 현실 사이의 틈새에 있는 이란에서 일어난 것은 일련의 속성들을 지닌 실체적 존재로서의 인민의 봉기가 아니라 인민-되기의 사건이다. 그래서 요점은 권력 관계나, 실제 사회-정치적 행위자들 사이의 지배에서 일어난 변동이나, 사회적인 통제의 재분배가 아니라 그런 장 자체의 넘어섬—혹은, 오히려 찰나적인 말소—혹은 모든 차이들이 지워지고 작동하지 않게 되는 순수한 의미-사건으로서 '집합적 의지'의 전혀

---

20 Afary and Anderson, *Foucault and the Iranian Revolution*, p.265에서 인용.

다른 차원의 출현이다. 그러한 사건은 이전에 일어난 것과 비교해서 새로울 뿐만 아니라 '그 자체로' 새로우며, 영원히 새로운 것으로 남아 있다.[21]

하지만 여기, 가장 숭고한 지점에서 사태는 복잡해진다. 푸코는 이런 분열이 혁명에 참여한 개인들 자체에 내재적이었다는 사실을 시인해야 한다.

몇몇 정치적 그룹들의 활동가를 보자. 그가 시위대 속의 일원으로 참여할 때 그는 이중화된다. 그는 이런저런 정치적 계산을 한다. 그와 동시에 그는 그 혁명적인 운동 안에 사로잡힌 개인, 정확히, 군주에 대항해서 봉기한 이란인이기도 하다. 이 두 사태는 일치하지 않는다. 그는 자기 정파가 이런저런 계산을 했기 때문에 군주에 맞서서 봉기한 것이 아니다.[22]

동일한 분열이 사회적 신체 전체를 가로지른다. 물론 현실의 차원에서 다양한 행위자들, 복잡한 계급 간 상호작용, 통약通約 불가능한 투쟁들의 중층결정이 존재했다. 하지만 혁명적 사건 고유의 차원에서 이 모든 것들은 군주와 그 도당들에 맞서 사회적 신체를 통합하는 '절대적으로 집합적인 의지' 안으로 '지양'된다. 사회적 신체 안에는 어떤 분열도 없으며 어떤 '계급투쟁'도 없었다. 모두가—가난한 농부에서부터 학생까지, 성직자들부터 몰락한 자본가들까지—똑같은 것을 원했다.

집단의지는 법학자들과 철학자들이 제도를 분석하거나 정당화하기 위

---

21 하지만 이 집단적 열광과 신비한 통일의 순간은 라캉이 상상적 동일시라고 부른 것의 전형적인 사례가 아닐까? 이와 관련해서 우리는 라캉의 가르침 안에 일어난 변화를 정확히 언급할 수 있다. 1950년대의 라캉이라면 틀림없이 이와 같은 열광적 통일성을 상징적 과잉결정에 의한 상상적 오인이라고 치부했을 테지만 후기 라캉은 거기서 실재의 분출을 읽어 냈을 것이다.
22 Ibid., p.256.

해 이용하는 정치적 신화이다. 그것은 하나의 이론적 도구이다. 아무도 '집단의지'를 본 적이 없다. 개인적으로 나는 집단의지는 신이나 영혼과 같은 것일 거라고, 결코 만날 수 없는 어떤 것일 거라고 생각했다. 나는 당신이 내 생각에 동의하는지 어떤지 알 수 없다. 하지만 우리는 테헤란에서, 이란 전역에서 인민의 집단의지를 만났다.[23]

여기서 푸코는 폭동과 혁명을 대립시킨다. '혁명'(현대 유럽에서)은 폭동을 전략적-정치적 계산 과정에 재기입하는 것을 가리킨다. 혁명은 그를 통해 폭동이 '현실정치로 식민화되는' 것이다.

'혁명'은 이런 봉기들의 좋은 점과 나쁜 점을 가려내고 봉기의 발전 법칙을 규정함으로써 봉기에 합법성을 부여했다. (……) 심지어 혁명의 동업자도 정해졌다. 하지만 그렇게 폭동을 혁명의 담론으로 송환함으로써 봉기는 자신의 진실을 온전히 드러내고 진정한 결론에 도달하게 된다고 말해졌다.[24]

푸코가 집단의지의 출현을 칸트의 두 가지 본체적 사물(신, 영혼)과 비교한 것은 당연하다. 본체적 사물이 나타날 때 그것은 극단적인 공포의 모습을 한다. 푸코는 그걸 알고 있었다.

이 무대에서 가장 중요하고 가장 끔찍한 것이 뒤섞이고 있다. 이슬람을 위대한 현대 문명으로 개조하려는 비상한 희망과 지구적인 차원에서뿐

---

23 Afary and Anderson, *Foucault and the Iranian Revolution*, p.253.
24 Ibid., p.264.

만 아니라 지역적 경쟁국들 안에서 일어나는 다양한 형태의 전염병적 인종혐오, 제국주의 문제와 여성 압제라는 문제까지.[25]

이란의 운동에 강세를 부여해 온 것은 이중적으로 등록된다. 한편으로 그것은 정치적으로 강력히 표현된 집단의지이고, 다른 한편으로 평범한 삶에서의 급진적 변화에 대한 욕망이다. 하지만 이 이중적 확신은 오직 개인들을 강력하게 매혹해 온 쇼비니즘과 민족주의와 배타주의에 책임이 있는 전통과 제도에만 기반할 수 있다. 그토록 무시무시하게 무장한 권력과 대면하기 위해서는 혼자 있다고 느끼거나 무에서 시작한다고 느끼지 말아야 한다.[26]

그래서 사태는 모호해진다. 우선 푸코는 (유럽적 근대성과 그 한계 공간으로부터 탈출한 전혀 다른 사회가 출현할 것이라는 희망에 근거하여) 이란 폭동을 전면적으로 지지하는 입장에서 한발 물러나서 오직 폭동 자체의 열광적인 순간만을 평가한다. 이란 사건이 결국에는 폭압적인 신정정치의 방향으로 귀결되었기 때문에 불신하고자 하는 유럽의 자유주의자들과, 자신의 지배를 정당화하기 위해서 폭동을 이용해 온 성직자들은 결국 동일한 차원에 있다. 그 둘은 공히 '사건'을 전략적 이해관계를 둘러싼 정치적인 투쟁의 변수로 축소하고자 한다. 그래서 보다 미묘하고 놀라운 방법으로 푸코는 순수한 폭동의 차원과 다양한 사회·정치적 상호작용 차원 간의 차이만으로는 환원될 수 없는 **또 다른** 모호함을 변별해 낸다. '쇼비니즘', '전염병적인 인종혐오', '여성 압제' 등은 사회·정치적 현

---

25 Ibid., p.265.
26 Ibid., p.260.

실에 의한 '사건'의 타락을 드러내는 징표가 아니라 사건 자체에 내속한 힘이며, 그 힘의 동원이 압제적인 정치 체제에 반대하고 정치적 계산의 게임에 포획되지 않도록 '사건'에 힘을 부여한다는 것이다. 바로 이와 같은 '끔찍한' 인종주의와 반-여성주의 등의 모티프에 의존함으로써 이란 혁명은 실용적인 권력 투쟁의 차원을 넘어서는 힘을 얻게 된다. 바디우의 용어로 말하자면, 그래서 진정한 사건은 유사-사건과 구별 불가능하게 된다.

여기서 우리는 외재적 대립이 점차 내재화되는, 즉 자기로 반영되는 헤겔적 삼각구도와 같은 것을 만나게 되지 않는가? 이란 혁명 자체(유일무이한 사건)와 그것이 유럽인들에게 나타나는 방식 사이의 외재적 대립은 사건 자체의 두 측면 안으로 내재화된다. 권력을 향한 실용적인 갈등의 측면과 특이한 정치적-영적 '사건'의 측면으로. 마지막으로 이 두 측면은 동일한 사건의 형식과 내용으로 규정된다. 여성혐오주의나 반-유대주의 같은 압제적인 이데올로기들은 정당하게 형이상학적인 사건의 고양을 지탱할 수 있는 이란인들의 처분에 맡겨진 이데올로기적 재료에 불과하다. '사건'은 그 특수한 역사적 내용과는 무관하게 순수하게 형식적인 특질로 전환된다. 달리 말해, 푸코는 통상적으로 바디우에게 던져진 질문을 실질적으로 제기해야 하는 지점에 도달한다. 그렇다면, 히틀러의 '나치' 혁명은 왜 사건이 아닌가? 거기에도 이해관계에 의해 분리된 특수한 하위집단들로 분할되지 않은 인민의 영적 통합이 있었고, 그 통합을 위해 개인들은 스스로를 희생할 준비가 되어 있지 않았는가? 그리고 이란의 경우와 마찬가지로 통합의 정신은 '끔찍한' 전통적 요소(인종주의 같은)에 의해 지탱되지 않았는가?

이 지점에서 남아 있는 유일한 해법은 그 형식 자체를 버리는 것이다. 그래서 이란 체험 이후 푸코가 자기에의 배려나 존재의 미학이라는 주제로 물러난 것은 놀랄 일이 아니다. (정치적으로, 서로 다른 인권 발의들을 지지함으로써 그는 프랑스에서 신자유주의-인도주의적 '신 철학자'의 총아가 되었다.) 여기서 우리는 푸코의 곤경에 내재한 개념적 뿌리가 그의 주요 개념인 '배치'dispositif에 있다는 가설을 세울 수 있다. 첫눈에 봐도 라캉의 대타자가 사회적 분석에 훨씬 더 생산적인 푸코의 '배치' 개념의 이웃사촌과 같은 개념임을 알 수 있다. 하지만 '배치'라는 개념에는 주체의 위상과 관련한 곤경이 있다. 우선 (광기의 역사에서) 푸코는 주체성의 저항적 핵심을 배제하는 경향이 있다. 그 다음에 그는 반대 방향으로 이동하여 저항하는 주체성을 '배치' 안에 극단적으로 포함시킨다. (『감시와 처벌』Surveiller et punir에서 논해진 것처럼 권력 자체는 저항을 발생시킨다.) 마지막으로 그는 '자기에의 배려'를 위한 공간을 그리려고 노력한다. 주체는 특정한 '배치' 속에서 자기 '삶의 양식'을 스스로 돌봄으로써 배치와의 미세한 거리를 확보할 수 있게 된다. 여기서 주체는 항상 '배치'의 교란, 만곡과 같은 것으로 이를테면 배치의 부드러운 작동을 교란하는 모래알 같은 것이다. 라캉의 '대타자'에서는 관점이 완전히 뒤집힌다. '대타자'의 '정립' 자체가 주체적 제스처이다. 즉, '대타자'는 오직 주체의 전제를 통해서만 존재하는 가상적 실체entity이다. (알튀세르의 '이데올로기적 국가장치' 안에는 이 계기가 없다. 알튀세르의 강조점은 대타자의 '물질성', 이데올로기적 제도들과 관습적 실천들에서의 물질적 실존에 있다. 반대로, 라캉의 대타자는 궁극적으로 가상적인 것으로, 가장 근본적인 차원에서 '비물질적'이다.)

다시 이란으로 돌아가자. 푸코의 실수는 결코 이란 혁명이 나치 '혁명'과 비견될 수 있는 유사-사건(바디우적 의미에서)이었다는 데 있지 않다. 그것은 진정한 사건이었다. 그것은 전례가 없는 사회적 변형의 힘들을 풀어놓은 찰나적인 '열림'이었으며 '모든 것이 가능해 보이는' 순간이었다. 이와 같은 차원을 탐색하기 위해서는 이란 사건의 변천과 역전 과정, 즉 새로운 이슬람 성직자들이 정치권력을 장악함으로써 다양한 군중들의 자기 조직화 양태가 점차 폐쇄되어 가는 과정을 면밀히 따라가는 것으로도 충분하다. 독일의 나치 점령기에는 군주Shah의 몰락 이후 첫 달 동안의 도취에 비견될 수 있는 어떤 것도 없었다(물론 10월 혁명 이후 첫 해 동안에는 그에 비견될 만한 어떤 게 **있었다**). 우리는 이와 같은 질적 차이를 사건의 형식적 층위에만 관련되는 것으로 여겨서는 안 된다(혹은 더 나쁘게, 이란 혁명이 나치 혁명보다 더 '진지했다'는 식으로 집단 심리학적 차원으로 받아들여서는 안 된다). 그것의 중요한 특질은 사회-정치적 내용의 층위에 있다. 이란 혁명을 사건으로 만드는 것은 자유민주주의냐 전-근대적 전통이냐 사이의 선택지를 넘어서는 대안적 형식을 향한 투쟁 속에 있는 어떤 새로운 것의 일시적 출현이었다. 나치 '혁명'은 결코 진정한 의미에서의 '열림'이 **아니었다**.

푸코가 시아Shia 이슬람이 민주적-평등주의 운동을 위한 이데올로기적 매개로 기능할 잠재성을 강조한 것은 참으로 정당하다. 수니파와 시아파의 대립은 정치적 차원에서 위계적인 국가 조직 대 평등주의적 사건의 개방 간의 대립이다. 유대교와 기독교라는 다른 성서의 종교들과는 대조적으로 이슬람은 신을 부권적 논리로부터 배제시킨다. 알라는 아버지가 아니며, 상징적 아버지도 아니다. '일자'로서의 신은 태어난 것도 아니고 피조물들을 태어나게 한 것도 아니다. **이슬람에는 신성가족**Holy Family**을 위한 자리가 없다.** 이것이 이슬람에서 모하메드가 고아였다는 사실을 그토록 강조하는 이유이다. 이것이 이슬람에서 신은 정확히 부권 기능의 중지, 철회, 실패, '정지' 순간에(생물학적 아버지에 의해 어머니나 아이가 버려지거나 무시되는 순간) 개입하는 이유이다. 이것은 신이 철저하게 불가능한-실재 차원에 남아 있다는 의미이다. 그는 아버지 너머의 불가능한-

실재로서, "인간과 신 사이에는 혈통적 사막"[27]이 존재한다. (이것이 이슬람에 대한 프로이트의 문제의식이다. 그의 종교이론 전체는 신과 아버지 사이의 유비에 근거한다.) 훨씬 더 중요하게 이것은 이슬람의 핵심에 정치를 기입한다. '혈통적 사막'은 혈연적 결속이나 가부장적 체계의 공동체를 근저에서 무너뜨리기 때문이다. "신과 아버지 사이의 사막은 정치적인 것이 수립되는 장소이다."[28] 이슬람에서는 더 이상 『토템과 터부』에서 묘사된 것처럼 부친 살해와 그 죄의식으로 형제들을 결속시키는 것과 같은 형태의 공동체가 불가능하다. 이런 것이 이슬람의 예상치 못한 현실이다. 이 문제가 (악)명성 높은 이슬람 '신앙 공동체', 움마umma의 핵심에 자리 잡고 있다. 이것은 종교와 정치의 중첩을 보여 줄(공동체는 직접 신의 말에 기반해 있다) 뿐 아니라, 이슬람이 '최고 수준'에 도달하는 것은 그것이 '장소 없음으로부터', 혈통적 사막 안에서, 평등주의적 혁명의 형제애로서 공동체 형성에 기반이 될 때임을 말해 준다. 젊은 남성들이 자기가 전통적 가족 같은 안전한 네트워크로부터 이탈되었음을 발견할 때 이슬람이 성공한다는 것은 놀랄 일이 아니다.

이것은 또한 푸코의 이란 참여와 하이데거의 나치 연루 사이의 상동성을 제한하도록 한다. 푸코가 스스로를 연루시킨 것은 **옳다**. 그는 **올바르게도** 사건들의 해방적 잠재력을 탐색한다. 그것은 서구의 급진적 지식인들의 슬픈 연가 중 하나로서 자신들의 해방적 욕망과 **동시에** 거친 훈육과 압제에 대한 '마조히즘적' 열망을 은밀히 만족시켜 준 외국의 이국적인 반란에 자신들의 환상을 투사한 것이라는 자유주의적 비판가들의 비아냥거림은 핵심을 놓친 것이다. 그렇다면 그의 실수는 어디에 있을까?

---

27 Fethi Benslama, La Psychanalyse à l'épreuve de l'Islam, Paris: Aubier, 2002, p.320.
28 Ibid.

그는 잘못된 이유로 올바른 것을 행했다고 말할 수 있다. 그가 자신의 참여를 이론화하고 정당화한 방식은 틀렸다. 이란 상황 분석에서 푸코가 사용한 틀은 혁명적 사건, 즉 모든 내적 차이가 일시적으로 사라지고 인민들을 통합시킨 숭고한 도취와 정치적 이해관계의 실용적 차원이나 전략적 권력 쟁투 사이의 대립관계이다. 앞에서 언급한 것처럼 본체적인 것(보다 정확히, 본체적 차원을 야기하는 숭고)과 현상적인 것 사이의 칸트적 구분을 즉각 환기시키는 대립 말이다. 여기서 우리의 명제는 매우 엄밀한 것이다. 이런 일반적 틀은 집합적 도취의 서로 다른 양태를 설명하기에는, 가령 유대인 청소(그 효과는 의심할 바 없이 실재적이다) 안에서 통합된 인민의 나치즘적 도취와 공산주의 체제의 타락에 맞선 인민의 도취나 고유하게 혁명적인 도취를 구분하기에는 너무 '추상적'이다. 그 차이는 간단하다. 앞의 두 도취는 사건이 아니라 유사-사건일 뿐이다. 왜냐하면 그것들은 진정으로 유토피아적인 열림의 순간이 결핍되어 있기 때문이다. 이 차이는 엄격히 도취적인 통합에 내재한다. 오직 마지막 경우에만 통합의 공통분모가 사회 안에 자기 자리가 없이 사회에 포함된 자들, '몫 없는 자들'part of no-part이고, '보편적 단독성'으로 기능하면서 보편적 차원을 직접적으로 체현하고 있는 '짓밟힌 자들'이다.

이것은 또한 본체적 도취와 특정한 전략적 이해관계들 사이의 대립이 전체 장을 포괄하지 못하는 이유이기도 하다. 만약 그렇기만 하다면, 우리는 영원히 실용적이고 정상적인 생활로 되돌아간 이후의 '낮의 잔재'와 해방적인 폭발 사이의 대립에서 벗어나지 못한다. 이런 제한된 관점에서 보면 정상적이고 멀쩡한 생활로의 회귀를 회피하거나/회피하고 지연시키려는 모든 시도들은 테러, 즉 괴물성에 대한 도착적 열광으로 간주되고 만다. 하지만 바로 **이것이** 진정으로 해방적인 과정에서 문제가 되는 것이라면? 자크 랑시에르Jacques Rancière의 용어로 어떻게 정치적인 것the political과 치안police을 결합할 것인가? 어떻게 정치적인 해방의 에너지를 구체적인 정치 행위로 이전시킬 것인가? 기존 질서로의 포획을 빠져나가는 존재로 이뤄진 실정적 질서의 창조, 즉 새로운 '자유의 영토'를 창조하는 것보다 더 숭고한 것이 어디 있을까?

바디우가 정당하게도 공산주의 체제 붕괴 이후의 도취를 사건으로 인정하지 않은 것은 이 때문이다. 2001년 연말 세르비아의 밀로셰비치가 권좌에서 물러났을 때 서구의 많은 맑스주의자들은 다음과 같은 의문을 제기했다. "석탄 광부의 파업이 전기공급을 중단시켰고, 결국 밀로셰비치의 몰락을 초래한 것이 아닌가? 그것은 진실로 민족주의 정치인들에 의해서 조종되거나 CIA에 매수된 노동자들의 운동이 아니었는가?" 모든 사회적인 격변의 순간에는 이와 같은 증상적 지점이 출현한다. 각각의 경우에 그런 인민은 진정한 혁명적 잠재력이나 최소한 사회주의적 잠재력을 표현한다고 여겨지는 어떤 노동운동에서 출현하는데, 그 운동은 친-자본주의자와/이거나 민족주의적 세력에 의해 이용당한 후 배신당한다. 이런 식으로 혁명이 반환점을 돌아 임박했다는 꿈을 계속 꿀 수 있는 것이다.

필요한 것은 노동자들의 혁명적인 잠재력을 조직할 수 있는 진정한 지도력뿐이다. 그것에 대한 믿음을 지속시키려면 자유노조Solidarność 운동은 원래 노동자들의 민주-사회주의적 운동이었지만 이후에 교회와 CIA 등에 의해 매수된 지도자들에 의해서 '배신'당한 것이라고 생각해야 한다. 물론 이런 식의 접근에는 일말의 진실이 있다. 공산주의 체제 붕괴의 궁극적인 아이러니는 그 반란이 원래는 노동자들의 봉기였으며 나중에야 통상적인 반공주의 운동으로 귀속되었다는 점이다. 공산주의 체제는 '외부의' 적에게 굴복하기 이전에 이 '노동자 농민의 국가들'이 자기 자신의 사회적 기반이라고 주장해 온 사람들로부터 자신의 오류에 대한 메시지를 돌려받는다. 하지만 이 같은 사실은 노동자들의 반란에는 어떠한 실체적인 사회주의적 기획도 없었음을 증명하는 것이기도 하다. 이 모든 경우에서 운동이 폭발하고 나면 그것은 부드럽게 표준적인 '부르주아' 이데올로기의 헤게모니(정치적 자유, 사유재산, 민족 주권 등)에 복속되었다.

하이데거의 문제

그럼 하이데거의 참여에서 사태는 어떻게 되었나? 푸코와는 대조적으로 그것은 단지 실수, 그의 철학에 근거한 실수가 아니었나? 자유-민주주의자들의 하이데거 비판에는 심오하게 증상적인 점이 있다. 그들은 하이데거의 나치 가입은 단지 일시적인 실수가 아니라 그의 사상과 근본적으로 공명하고 있다고 주장한다. 마치 이런 공명이 하이데거의 이론은 타당성이 없으며 그래서 하이데거와 함께, 하이데거를 통해서 사유하려는 노력은 불필요하고, '휴머니즘', '민주주의', '진보' 같은 근대성의 기본 교의에 맞서 그가 제기한 불편한 질문도 대면할 필요가 없다는 듯이 말이다. 일단, 하이데거가 전망에서 사라지자 우리는 안심하고 유전공학이 제기한 윤리적 문제나 자본주의의 세계화와 의미 있는 공공의 삶을 조화시키는 방법 등 공통의 관심사에 집중할 수 있게 되었다. 간단히 말해서 우리는 세계화와 유전공학적 발견에서 실제로 새로운 것이 무엇인지 묻지 않아도 되고 오래된 척도로 이런 현상들을 평가하면서 두 세계에서 가장 좋은 것을 종합할 수 있다는 거친 희망을 견지할 수 있다.

하지만 이것이 하이데거의 나치 연루에 대한 표준적인 옹호를 복원해야 함을 뜻하는 것은 아니다. 그런 옹호는 놀랄 것도 없이 [프로이트의] 빌려 온 항아리borrowed-kettle 비유*를 따른다. ①하이데거는 진정한 나치가 아니다. 그는 단지 대학의 자율성을 구해 내기 위해 표면적으로 타협했을 뿐이다. 그가 이 전략이 먹히지 않는다는 것을 깨달았을 때 그는 공직 생활에서 은퇴했다. ②한시적인 기간 동안 하이데거는 진심으로 나치에 협력했다. 하지만 자신의 잘못을 깨달은 후에는 물러났을 뿐만 아니라, 나치 권력과의 인연은 그로 하여금 근대 테크놀로지의 니힐리즘이 무조건적인 권력의지를 표출한다는 통찰을 얻게 했다. ③하이데거는 나치였다. 그리고 그의 선택을 비난할 근거는 없다. 1930년대 초반 그것은 완벽하게 정당했고 이해할 만한 선택이었다. 이 입장은 에른스트 놀테Ernst Nolte의 것으로, 하이데거에 관한 그의 책은 '하이데거와 정치'에 관한 끝없는 논쟁의 돛에 신선한 바람을 불어넣었다. 그는 1930년대 초반 하이데거의 악명 높은 정치적 선택에 대해 변명하는 게 아니라 그것을 정당화하거나 최소한 그것을 탈-악마시하여, 그것을 활력 있고 의미 있는 선택으로 바꿔 놓는다. 하이데거의 나치 연루는 그의 사상과 어떤 근본적인 관계도 없는 개인적 실수였다는 하이데거 옹호자들의 상투적인 주장에 맞서 놀테는 하이데거의 선택은 그의 사상에서 기인한다는 하이데거 비판자들의 주장을 받아들인다. 그러면서도 그는 그 주장을 비튼다. 하이데거의 사상을 문제화하는 대신 놀테는 그의 정치적 선택이 경제적 혼란과 공산주의의 위험이 심각한 1920년대와 30년대 상황에서 정당한 선택이었다고 주장한다.

> (공산주의적) 해법에의 유혹에 맞섰다는 점에서 하이데거는 무수히 많은 다른 사람들처럼 역사적으로 옳았다……. 스스로 (민족 사회주의적) 해법에 참여함으로써 아마도 그는 '파시스트'가 되었을 것이다. 하지만

---

* 프로이트는 꿈이 갖는 논리를 '빌려 온 항아리'에 비유한 바 있다. 항아리를 빌렸는데 깨졌을 때, 빌려 온 사람은 빌려 준 사람의 항의에 다음과 같이 말할 수 있다. ① 나는 항아리를 빌려 간 적이 없다. ② 내가 돌려줄 때는 항아리가 멀쩡했다. ③ 항아리는 빌릴 때부터 깨져 있었다.

이것이 처음부터 그로 하여금 역사적 오류를 범하게 하지는 않았다.[29]

다음은 마크 래톨Mark Wrathall의 두번째 입장의 기본 내용이다.

전쟁 후 하이데거의 저작은 그를 끔찍한 민족 사회주의로의 함몰로 이끌었던 정치적 순진함을 극복하기 위한 모색이었다. 그는 우선 근대 세계의 위험에 대해 이전보다 훨씬 더 명증하게 탐색했다. 그로 하여금 새로운 세계의 탈은폐가 필요하다고 생각하게 만들었던 위험 말이다. 테크놀로지라는 개념으로 근대성의 위험을 설명하게 되자 민족 사회주의는 단지 또 다른 근대 기술주의 운동이라는 것이(비록 인종주의적 목표를 위해 테크놀로지를 사용했을지라도) 명백히 드러났다.[30]

이 구절은 겉으로 드러나는 것보다 훨씬 많은 것을 말하고 있다. 여기서 핵심적인 구절은 무심결에 뱉어진 "단지 또 다른"이다. 이 주장의 근본 전제는 "허무주의에 대항하는 가장 급진적인 최상의 정치적 기획조차도 기술주의에 사로잡힌 또 다른 허무주의적 운동으로 남는다"는 것이 아닌가? 나치즘에는 어떤 공포도 없다. 나치즘은 다른 것들 중 '하나일 뿐'이다. 차이는 존재론적으로 중요하지 않다(이런 이유로 하이데거에게 2차 세계대전 때 연합군의 승리는 진정한 승부가 아니었다). 여기서 횔덜린 F. Höderlin의 유명한 시구에 대한 하이데거의 참조가 개입한다. "위험이 발

---

29 Ernst Nolte, *Martin Heidegger: Politik und Geschichte im Leben und Denken,* Berlin: Propyläen, 1992, p.296. 하이데거의 나치 참여에 대한 이 같은 방식의 옹호는 이미 보프레(Jean Beaufret)의 1963년에 출판된 편지에서 제시된 것이다(Emmanuel Faye, *Heidegger: L'introduction du nazisme dans la philosophie,* Paris: Albin Michel, 2005, p.502를 보라).
30 Mark Wrathall, *How to Read Heidegger*, London: Granta, 2005, p.87.[『HOW TO READ 하이데거』, 권순홍 옮김, 웅진지식하우스, 2008.]

생하는 곳에서 우리를 구해줄 것das Rettende도 커 가리라." 즉, 위험을 극복하기 위해서는 그 위험을 극단으로 밀고 나가야 한다. 다시 말해 존재론적 진리에 도달하기 위해 하이데거는 존재적으로 실수를 범해야 했다. 그래서 래톨이 하이데거의 나치 참여에 대해 "세계사의 운동에 대한 독특한 통찰을 지니고 있다는 하이데거가 자신의 눈앞에서 전개되는 사건의 의미에 대해 그토록 맹목적이었다는 것은 참으로 이해하기 어렵다"[31]라고 쓸 때 하이데거주의자는 이런 주장을 쉽게 뒤집을 수 있다. 나치 체제의 진실에 대한 '존재적' 맹목이 그의 '존재론적' 통찰의 긍정적 조건이었다고. 하지만 하이데거 옹호자들이 나치의 권력 행사에 대한 하이데거의 동조 자체가 그로 하여금 근대 테크놀로지가 무조건적인 권력의지의 니힐리즘적 표명이라는 통찰을 갖게 했다고 주장할 때 이런 방어선은 개종 이후 열정적으로 육체적 죄악을 공격하는 매춘부 출신의 설교자가 육체적 죄의 파괴성에 대한 깨달음은 자신의 경험에서 비롯된 것이라는 주장과 얼마간 닮지 않았는가? 스티브 풀러는 다음과 같이 쓴다.

> 아이러니하게도 하이데거의 지적 명성은 승리자가 전투 후 '적으로부터 배우는 것'에 몰두하는 유서 깊은 전통의 **도움으로** 얻어졌다고 할 수 있다. 이런 측면에서 하이데거의 정치적 '천재성'은 너무나 오랫동안 나치에 집착해 있음으로써 탈-나치화 기간 동안 미국인들이 그를 발견했음에도 불구하고, 그를 파렴치한 전범으로 평가하지 못하게 한 데 있다. 반-나치 작가들이 연합국으로 망명해서 은신함에 따라 하이데거의 실존주의 경쟁자들은 그토록 강력한 조사를 받지도 않았지만, 동시에 그토록 깊이 있고도 두려운 신비를 획득하지도 못했다.[32]

---

31 Ibid., p.86.

이 구절에는 진실이 있다. 하지만 그것은 자신의 깊숙한 나치 참여 안에서 올바른 균형을 이룬 하이데거의 행운보다 훨씬 더 복잡하다. 받아들이기 어려운 진실은 하이데거의 '위대함'은 나치에 **참여했음에도 불구하고**가 아니라, 바로 **그 때문**이라는 점, 그 참여가 하이데거의 '위대함'을 구성하는 핵심이라는 점이다. 이러한 이행이 없는 하이데거를 상상해 보라. 2차 세계대전 이후 수많은 동료가 그에게 기대한 것, 즉 나치 참여를 공개적으로 부인하고 변명을 하는 하이데거를 상상해 보라. 이것은 얼마간 그의 통찰의 급진성을 말소시키지 않겠는가? 이것은 그가 그토록 경멸한 휴머니즘 정치에 그를 가두는 것이 아니겠는가? 미구엘 드 베스테귀는 나치즘에 대한 하이데거의 환멸에 내재한 근본적 모호성을 정확하게 지적했다. 그것은 "나치의 잠재성이 그가 '운동'movement이라 불렀던 것으로 발전하는 모습을 보지 못해 평생 후회하면서 환멸을 느끼고 사임하게 만든"[33] 것이었다. 하지만 이것은 정치적 참여로부터 하이데거의 뒤늦은 철회 역시 단지 현대 정치의 니힐리즘에 대한 통찰로만 파악될 수 없는 이유가 아닌가? 드 베스테귀는 그의 책에서 다음과 같이 결론짓는다.

> 하이데거는 (정치적 참여의 구원적 힘에 대한 믿음에) 두 번 사로잡히지는 않을 것이다. 정치에 손가락을 데었던 그는 나치의 존재-운명적 의미 기획의 실패 속에서 자신의 환영을 상실했고, 그의 희망은 정치보다 훨씬 큰 역사적·운명적 힘을 전달할 사유, 예술, 시의 숨겨진 원천으로 되돌아갈 것이다.[34]

---

32 Steve Fuller, *Kuhn vs. Popper*, Cambridge: Icon Books, 2006, p.191. [『쿤/포퍼 논쟁』, 나현영 옮김, 생각의나무, 2007.] 참조.
33 Miguel de Beistegui, *The New Heidegger*, London : Continuum, 2005, p.7.
34 Ibid., pp.175~176.

그러나 정치적인 참여 행위에 두번째 사로잡혀서 또다시 자기 손가락을 데는 것에 대한 하이데거의 거부는 나치 '운동'에 대한 그의 지속적인 우울증적 집착의 부정태가 아닌가? (또다시 정치에 참여하지 않겠다는 하이데거의 태도는 성관계의 실패에 실망한 사람이 사랑 자체를 거부하며 일체의 새로운 성관계를 회피함으로써 부정적 방식으로 여전히 실패한 성관계에 집착하고 있음을 드러내는 태도와 닮았다.) 이 거부의 전제는 하이데거에게 나치즘은 평생토록 유일하게 올바른 문제 제기의 시도였던 정치적 개입으로 남아 있다는 것, 그래서 나치즘의 실패는 정치적인 것 자체의 실패로 남아 있다는 것이 아닌가? 하이데거에게는 결코—자유주의적으로—나치 운동의 실패는 단지 정치의 임무를 '존재-운명적 의미 기획'의 실행으로 간주하는 특정한 종류의 정치적 참여 방식의 실패라는 생각, 그래서 나치의 대안은 보다 더 **온건한** 종류의 정치적인 참여라는 생각이 없다.

달리 말해서, 하이데거의 실패한 정치적 경험으로부터 도출할 결론이 정치적 참여가 존재론적으로 운명적인 결과를 가져올 것이라는 기대를 거부해야 한다는 것, 그래서 심오한 존재론적 반성의 필요를 모호하게 만들지 말고 정확히 그 필요의 공간을 여는 '단지 존재적인' 정치에 참여해야 한다는 것이라면 어쩌겠는가? 심지어 전후의 하이데거가 민주주의가 근대 테크놀로지의 본질에 가장 적합한 정치질서인지에 대해 의심을 표명할 때 그는 여전히 근대 테크놀로지의 존재론적 기획에(의 차원에) 적합한 (존재적) 정치 참여를 발견하고자 하는 희망을 가짐으로써 나치 시기에서 근본적인 교훈을 배우지 못했다면 어쩌겠는가? (물론, 우리의 전제는 자유주의적 참여가 유일한 대안이라는 것이 아니다. 하이데거가 자유민주주의에 대해 의심을 품을 때 그는 옳다. 그가 고려 대상으로 넣지 않은 것은 급진 좌파의 기획이었다.)

거기에 하이데거와 아렌트 사이의 중요한 연관성이 있다. 하이데거와 아렌트 사이의 난해한 관계에서 제기되는 문제는 자유주의와 (자유)민주주의에 대한 하이데거의 집요한 비난으로, 그는 죽을 때까지 자유민주주의를 인격들 간의 특이한 결합관계가 아닌 것으로, '비본연적인 것'으로 보고 거부했다. 아렌트는 여성 대 남성의 대립축과 '세계적' 유대인 대 '지방적' 독일인이라는 이중적 대립축에서 하이데거와 대립될 뿐 아니라, (이 점이 훨씬 더 중요한데) **최초의 자유주의적 하이데거주의자**로서, 하이데거의 통찰을 자유-민주주의적 세계에 재결합하고자 시도한 최초의 사람이다. 물론 세밀한 독해를 통해서 아렌트가 하이데거의 통찰에 기본적으로 충실하면서도 자유주의를 지지할 수 있게 한 것을 파악하는 것은 어렵지 않다. 그녀의 반-부르주아적 입장, 경쟁적이고 탐욕적인 부르주아 사회의 표현으로서 정치를 '이해-집단'의 정치로 간주하는 입장에 대한 비판적 경멸 말이다. 그녀는 부르주아 사회의 실용적 공리주의와 영웅주의의 결핍에 대한 불만의 측면에서 대가 보수주의자들과 입장을 공유한다.

> 전전prewar 시대에 대한 이와 같은 급진적 불만과 재건의 시도(니체로부터 소렐에서 파레토까지, 랭보와 T. E 로렌스로부터 윙거·브레히트·말로까지, 바쿠닌과 네차예프로부터 알렉산드르 블로크까지)를 단지 니힐리즘의 폭발로 명명하는 것은 어떻게 한 사회 안에서 정당화된 경멸이 부르주아지들의 이데올로기적 전망과 도덕적 기준들 속에서 전면적으로 확장될 수 있는지를 간과한다.[35]

---

35 Hannah Arendt, *The Origins of Totalitarianism*, New York: Harcourt Brace Jovanovich, 1973, p.328.[『전체주의의 기원』(전 2권), 박미애·홍원표 옮김, 한길사, 2006.]

여기서 아렌트가 동원하는 대립은 시민citoyen과 부르주아bourgeois 사이의 대립이다. 시민은 공동선을 위한 공적 참여, 즉 공적 사업에 대한 참여의 정치 세계에 살고 있으며 이에 반해 부르주아는 자기중심적 공리주의로 생산과정에 완전히 침잠하여 다른 모든 삶의 영역을 생산과정의 매끄러운 작동을 위한 기능적 역할로 환원한다. 아리스토텔레스적 용어로, 이런 대립은 프락시스praxis와 포에시스poiesis 사이의 대립, 공적 삶에서 자신의 '고귀한' 덕을 실천하는 것과 '천한' 노동 기구로서의 삶 사이의 대립이다. 이런 대립은 하버마스의 의사소통 행위와 도구적 활동 사이의 대립뿐만 아니라 바디우의 사건 개념(과 사건은 생산의 영역 안에서 발생할 수 있다는 생각에 대한 그의 부정)에서도 반향된다. 어떻게 아렌트가 바디우적 용어로 시간성의 중지를 존재적 정치 행위의 존재론적 성격으로 정의하는지 떠올려 보라. 새로운 것을 시작할 수 있는 인간의 역량으로서의 행위, 주어진 상황에 대한 계산된 전략적 반응으로 환원될 수 없는, '무로부터'의 행위, 과거와 미래 사이의 비-시간적 **간극**에서, 역사가 정확히 혁명의 순간에 던져지는, 낡은 질서의 종말과 새로운 질서의 시작 사이의 틈에서 발생하는 행위 말이다.[36] 그런 대립은 물론 로버트 피핀이 정식화한 근본적인 질문을 제기한다.

어떻게 아렌트는 부르주아 문화 속에서 그녀가 존중하는 것을 분리해 낼 수 있는가? 그것의 구성주의, 근본적 인권의 확신, 법 이전의 평등성, 정치적인 것으로부터 면제된 인간 삶의 사적 지대에 대한 고집, 종교적 관용 등을 그녀가 동의하지 않는 것, 그것의 세속주의, 자기-이익의 보

---

36 Hannah Arendt, *On Revolution*, London: Penguin, 1990, p.205.[『혁명론』, 홍원표 옮김, 한길사, 2004.]

편성에 대한 냉소주의적 확신, 인간의 가치에 대한 화폐 가치의 도착된 영향, 탈정치화하는 경향, 전통과 장소 감각에 대한 위협으로부터 분리해 낼 수 있는가?[37]

달리 말해서 이것들은 동일한 현상의 두 측면이 아닌가? 그래서 아렌트가 어떠한 공리주의적인 이해관계의 계산에도 오염되지 않을 정치적인 실천의 윤곽을 진정한 '세계의 돌봄'으로 주장했을 때 그녀가 환기할 수 있는 것들은 모든 시민들이 공회당에서 회합했던 초기 미국의 전통에서 독일 혁명에서의 혁명적 평의회까지 혁명적 상황에서 자기-조직화의 형식들인 것은 너무 당연하다. 이러한 사례들을 환기할 때 그녀가 정치적으로 정당하지 않다는 것이 아니다. 문제는 그것들이 '유토피아적'이라는 것, 그것들은 그녀가 여전히 신뢰하고 있는 자유-민주주의적 정치 질서와 결코 화해할 수 없다는 것이다. 달리 말해서 아렌트는 자유민주주의와 관련해서 '현실에 존재하는 사회주의' 안에서 그것의 민주주의적인 진정성을 위하여 분투하는 민주주의적 공산주의자들과 동일한 환영의 희생자가 아닌가? 아렌트가 (암묵적으로 헤겔에 반대하며) 파시즘은 부르주아적 진부함에 대한 반작용임에도 불구하고 여전히 그것의 내재적 부정에 머물러 있다고, 즉 부르주아 사회의 지평 안에 머물러 있다고 비판할 때 그녀는 분명히 옳다. 나치즘의 진짜 문제는 그것이 전체적 권력 사용에 있어서 주체-니힐리즘적 오만함 속에서 '너무 멀리 나간' 데 있는 것이 아니라, 오히려 **충분히 나아가지 못한 데에 있다.** 즉 나치의 폭력은 궁극적으로 자신이 경멸하는 질서에 의존한 무력한 행위표출에 지나지

---

37 Robert Pippin, *The Persistence of Sujectivity*, Cambridge: Cambridge University Press, 2005, p.165.

않는다. (하지만 하이데거가 아렌트의 아리스토텔레스적 정치학은 유럽 근대성의 니힐리즘적 우주를 파괴하기에 충분히 급진적이지 않다고 거부한 것 역시 옳다.)

그래서 아렌트가 피핀의 너무나 손쉬운 정치적 헤겔주의에 대해 비판할 때 그녀는 옳다. 피핀의 주장에 따르면 오늘날의 관점에서 헤겔의 이성적 국가라는 개념은 더 이상 실효성이 없으며, 그것의 한계는 명확하고, 이런 한계는 헤겔적 방식으로 언명되어야 한다는 것이다.

구체적이고 명백한 감각과 역사적 참조들 속에서 그는 자기 자신의 철학에 걸맞게 자신이 틀렸음을 인정해야 했을 것이다. 이런 제도적 실현들 중 어떤 것도 지금은 확고하고 합리적인 것으로, 심지어 헤겔이 주장한 것처럼 자유로운 주체들의 주장에 대한 반응으로 보이지 않는다. 비록 그런 비판들 자체가 빈번하게 자유의 이름들로 형성된다 할지라도. 그러나 내가 주장한 그런 오류의 성격 역시 헤겔적이다. 즉, 그것은 사리에 맞지 않는 게 아니라 불완전한 것이다.[38]

간략히 그것은 이런 해결들의 지양 Aufhebung의 문제, 내재적인 자기-비판과 자기-극복의 문제이지, 그것들의 전면적 거부의 문제가 아니다……. 하지만, 주목해야 할 것은 피핀의 공식이 지닌 '형식주의적' 성격이다. 그는 자신의 공식에 현실성을 부여할 아무런 구체적 사례도 제공하지 않는다. 물론 문제는 헤겔이 기획한 자유의 합리적 국가를 오늘날의 조건 속에 불러들여야 한다면 이 지양 안에서 얼마나 더 멀리 나아가야 하는가? 하는 것이다. 불합리성이 부르주아 사회 안에 얼마나 '깊숙이' 각

---

38 Ibid., p.22.

인되어 있어서 그것의 비판이 여전히 부르주아 사회의 옹호로 정식화될 수 있는가? 우리는 자본주의 안에 머물러야 하는가? 아니면 그것을 넘어서는 위험을 감행해야 하는가? 그러나 이런 것들은 하이데거의 관심 사항이 아니다. 우리의 비판적인 역사적 계기와 관련하여 그의 근본적 내기는 우리 앞에 놓인 (이데올로기적·정치적·경제적) 선택들의 근본적 동일성을 강조하는 것이다.

존재-역사적 근원이라는 관점에서 보면 기독교적 교의와 볼셰비즘, 나치즘의 생물학주의나 제국주의와 (오늘날 모든 삶의 영역에 스며든) 자본의 힘들, 생기론과 영성주의 사이에는 어떤 **실재적**이거나 **근본적인** 차이도 없다. 내가 생각하기에 이것이 하이데거의 관점이 지닌 한계나 예외적인 약함인 동시에 강력함이다. 한편으로 그것은 우리로 하여금 통약 불가능하다고 여긴 것들에서 연속성과 공모관계를 수립하게 하고 다름의 무게로부터 다른 지대들(존재의 '의미'나 '진리'의 지대)로 옮겨가게 해준다. 그러나 다른 한편 그는 그렇게 다른 것들의 유사-차이를 폭로하고 그 다른 결정과 선택들을 중화시킴으로써 정치와 윤리의 전통적 공간을 지워 버린다.[39]

불행하게도 이런 곤경에 대한 드 베스테귀의 해법은 두 차원의 정당한 요구를 모두 고려하는 균형 잡힌 접근이라는 지극히 상식적인 수준에 머물러 있다.

형이상학을 해체하고 그 너머나 경계 지점에서 새로운 사유와 행위의

---

39 De Beistegui, *The New Heidegger*, p.182.

가능성을 위해 모색하는 일체의 참여들 속에서 우리는 계속해서 형이상학적이고 기술적인 틀 안에서 살고 있으며 여전히 역사적·정치적·종교적·예술적 층위에서 직면하는 많은 차이들과 선택적 상황들을 심각하게 받아들이고 구분하는 데 머물러 있다. (……) 하이데거가 주장하는 테크놀로지로부터 자유로운 관계는 결국 형이상학 내부 과정의 본질을 매개할 뿐 아니라 그 과정에의 적극적 참여를 포함한다. 테크놀로지 안에는 중요하고도 간과할 수 없는—간과해서는 안 되는—차이들이 존재하기 때문이다. 한 쪽의 비판적 눈과 다른 쪽의 해체적인 눈을 가진 우리는 삶이라는 한순간도 방심할 수 없는 바다를 항해하기 위해 더 좋은 장비를 갖춰야 한다.[40]

하지만 하이데거가 지적한 것처럼 존재론적인 것the ontological과 존재적인 것the ontic 사이의 근본적 불일치가 존재한다면 어쩌겠는가? 그래서 존재론적 진리에 도달한 사람들은 존재적으로 실수를 범해야만 한다면? 존재론적인 눈으로 보고자 할 때 우리의 존재적 눈은 맹목 상태여야 한다면 어쩌겠는가?

존재론적 차이

하이데거가 진리-사건 자체의 내적 속성으로서의 비진리-은폐-철회에 대해 이야기할 때 그는 두 가지 서로 다른 차원을 염두에 두고 있다.

1. 한 측면에서, 인간이 내부-세계의 사건에 참여할 때 그가 있는 의미-

---

40 Ibid.

지평을 망각하는 방식으로, 심지어 그는 이 망각 자체를 망각한다. (그 사례로 소피스트들의 발흥과 함께 나타난 그리스적 사유의 '후퇴'가 있다. 우리 존재 기반과의 대면이었던 그리스적 사유가 소피스트들로 인해 진리와의 내속적 관계는 전혀 없는 서로 다른 논증 경로에 대한 하찮은 게임으로 전락했다.)

2. 다른 측면에서, 이 의미 지평이 전적으로 새로운 사건인 한, 그것 자체가 불가해한 출현의 신비를 배경으로 해서—그 결과 은폐되면서—일어나는 방식. 마치 숲 한가운데의 벌목이 나무들의 두꺼운 밀도에 의해 둘러쳐지는 것처럼.

이러한 모호함이 저항하는 대지, 영원하게 모호하고 불가해한 것으로 남아 있는 대지와 관련해서도 반복된다. "우리의 실천을 지탱하면서 저항하는 어떤 것, 매우 실재적인 어떤 것이 항상 존재한다."[41] 그래서 한편으로 그 대지는 역사 세계에서 의미 충만한 전체성에 대한 저항을 지칭한다.

하나의 세계가 이 대지로 되돌아가고자 분투할수록 그것은 저항에 직면한다. 그 과정에서 대지는 그 세계가 저항과 대면하는 특정한 방식 속에서 나타난다. 대성당을 지을 때 우리는 우리의 실천이 제한되고 구속되는 특정한 방식을 발견한다. (……) 우리의 세계와 그에 따른 사물과의 의미 있는 관계는 항상 세계에 대한 지배적인 지적 체계의 언어로는 설명되지 않는 어떤 것에 기반한다.[42]

---

41 Wrathall, *How To Read Heidegger*, p.82.
42 Ibid., pp.79~80.

하지만 다른 한편 가장 불가해한 것은 **세계 자체의 근본 구조**이다. 가령, 누군가 일본의 근대화가 높은 국민총생산과 1인당 국민소득을 가져왔기 때문에 훌륭하다고 주장할 때 우리는 보다 근본적인 질문을 제기해야 한다.

그러나 왜 우리가 정확히 그런 선호를 가져야 하는가가 문제이다. 만약 사람들이 1인당 국민소득의 증가보다 일본의 전 근대적 삶의 속도와 스타일을 선호한다면 국민소득을 증가시키기 위해 일본이 현대화되어야 한다는 주장은 확산되지 않을 것이다. (……) 그래서 낡은 세계를 파괴하고 새로운 세계를 수립하고자 하는 충동의 힘은 시야$_{view}$로부터 벗어나는 어떤 것에 의존하는 것처럼 보인다. 더 이상 질문이 필요 없어질 때 그것은 스스로 자명해진다. 새로운 세계 자체의 바람직함만 남는다. 이 바람직함이 대지적인$_{earthly}$ 것이다. 그것은 그것이 지탱하는 세계를 보호하면서 그로부터 사라진다. (……) 우리의 세계는 시야로부터 전면적으로 사라지는 기본적인 선호―효율성과 유연성의 취향―에 의해 지탱된다.[43]

그래서 대지는 존재론적 탈은폐로부터 철회된 존재의 불가해한 심연이거나 자신의 과도한 자기-명증성 때문에 비가시적인 탈은폐의 지평 자체이다. 그것은 그것을 통해 우리가 모든 것을 보게 되는 매개 자체이기 때문에 우리는 결코 그것 자체를 볼 수 없다. 우리는 너머의 것$_{the\ Beyond}$과 너머로의 접근을 방해하는 스크린 장벽이라는 두 차원을 동일화하는 고유하게 헤겔적인 관점을 가져야 한다. 그래서 이것은 단순히 하이데거

---

43 Ibid., pp.81~82.

의 실수나 혼동이 아니다. (또 다른 개념적 구분을 도입함으로써 해결되거나 교정될 수 있는 게 아니다. 한 측면에서 탈은폐에 저항하는 캄캄한 것으로서의 대지와 다른 측면에서 탈은폐의 지평 자체의 비가시성을 가리키는 대지) 두 차원 사이의 왕복이 바로 대지를 정의하는 것이다.

이것이 의미하는 바는, 존재론적 차이는 모든 존재자들 사이에서 '최대한의' 고차원적인 유類나 또 다른/그 이상의/그 너머의 어떤 것이 아니라, '최소한'의 벌거벗은 극소 차이, 존재자들 사이의 차이가 아니라, 어떤 존재와 공허 내지 무 사이의 최소 차이이다. 인간의 유한성에 근거한 이상 존재론적 차이는 '모든 존재자들'의 총체화를 불가능하게 만드는 것이다. 존재론적 차이가 의미하는 것은 현실적 장의 유한성이다. 존재론적 차이란 정확한 의미에서 '실재적인/불가능한' 것이다. 에르네스토 라클라우Ernesto Laclau가 규정한 적대antagonism의 개념을 인용하면, **그 안에서 외재적 차이는 내재적 차이로 중첩된다.** 존재자들beings과 그것들의 존재 사이의 차이는 동시에 존재자들 내부의 차이이다. 다시 말해서, 존재자들/실존체들과 그것들의 개방Opening, 그것들의 의미 지평은 언제나 또한 존재자들 자체의 장 속에 각인되어 그 장에 불완전성/유한성을 부여한다. 거기에 역설이 있다. **존재자들 전체와 그것들의 존재Being 사이의 차이는 '차이를 놓치고' 존재를 또 다른 '고차원적' 실존체로 환원시킨다.** 칸트의 이율배반과 하이데거의 존재론적 차이 사이의 상동성은 양자 모두에서 간극(현상적/본체적; 존재적/존재론적)이 현상적-존재적 영역 자체의 비-전체성으로 돌려져야 한다는 데 있다. 하지만 칸트의 한계는 존재론적 지평의 구성요소인 이런 유한성의 역설을 온전히 받아들일 수 없었다는 데 있다. 결국 그는 선험적transcendental 지평을 현실이 유한한 존재(인간)에게 나타나는 방식으로 한정하고, 그것들 모두를 보다 포괄적인 본체적 현실의 영역 속에 위치 지었다.

여기에는 라캉의 실재Real와의 명백한 연관이 있다. 가장 근본적인 차원에서 실재는 우리의 현실적 시야가 기형적으로 왜곡되도록 하는 부인된 X로서, 그것은 직접적인 접근이 불가능한 사물**이면서** 동시에 그런 직접적 접근을 방해하는 사물이며, 우리의 파악을 벗어나는 사물**이면서** 동시에 우리가 사물을 놓치게 만드는 왜곡된 스크린이다. 보다 정확히, 실재는 결국 첫번째 입각점과 두번째 입각점 사이의 관점 이동 자체이다. 사회라는 개념의 모순적 성격에 대한 유명한 아도르노의 분석을 상기해보자. 첫번째 접근법 속에서 사회의 두 가지 개념들 사이의 분열(앵글로-색슨적인 개인주의적-명목론적 사회관 대 개인에 앞선 전체로서의 유기체적 사회라는 뒤르켐적 사회관)은 해소 불가능한 것처럼 보인다. 그것은 고차원적인 '변증법적 종합'을 통해 해소될 수 없으며 사회를 접근 불가능한 물자체로 고양시키는 진실로 칸트적인 이율배반처럼 여겨진다. 하지만 두번째 접근법 속에서 우리는 사물로의 접근을 방해하는 것처럼 보이는 이런 극단적인 이율배반이 어떻게 **이미 사물 자체인지**—현대 사회의 근본적 특질이 전체와 개인 사이의 환원 불가능한 적대에 있는지—간파하는 것으로 충분하다. 이것이 의미하는 바는 궁극적으로 실재의 위상은 순수하게 시차적視差的, parallactic이지 결코 실체적이지 않다는 것이다. 실재 자체는 어떤 실체적 밀도도 갖지 않는다. 그것은 단지 두 개의 관점 사이의 간극으로, 그 간극은 하나의 관점에서 다른 관점으로 이동할 때만 감지된다. 시차적 실재는 그래서 "언제나 자기 자리로 되돌아오며, 모든 가능한(상징적) 우주들 속에서 동일하게 남아 있는 것"으로서의 실재라는 표준적인 (라캉적) 개념에 대립된다. 시차적 실재는 오히려 동일한 실재의 외관이 지닌 **복수성**multiplicity을 설명해 주는 것이다. 동일한 것으로 남아 있는 단단한 중핵이 아니라 동일한 것을 복수적 외관들로 분열시키는 견고한 쟁인爭因이다. 첫번째 관점에서 실재는 우리가 직접적으로 대면할 수 없고 오직 다양한 상징적 허구의 렌즈를 통해서만, 가상적 구성체를 통해서만 접할 수 있는 견고하게 불가능한 중핵이다. 두번째 관점에서 바로 이 견고한 중핵이 순수하게 가상적인 것으로, 그것은 현실적으로 존재하지 않는 X, 오직 소급적으로만, '현실적으로 존재하는 모든 것'인 여러 가지 상징적 구성을 통해서만 재구성될 수 있는 X이다.

하이데거는 이와 같은 '무은폐성'unconcealedness의 이중적인 의미로부터 어떤 결론을 도출할—거칠게 말해서 '존재론적 차이'는 궁극적으로 존재적 질서 내부의 갈라진 틈에 다름 아니라는 것을 받아들일—준비가 되지 않은 듯하다. (바디우의 경우로 말하면, 사건은 결국 존재의 질서 안에 있는 뒤틀림에 다름 아니라는 결론) 하이데거 사유의 이런 한계는 일련의 철학적이고 윤리-정치적 결과로 이어진다. 철학적으로 그것은 존재의 각기 다른 현현 지평을 실어 나를 뿐 결코 존재적 사태들에 의존하거나 그것에 의해 작용받을 수도 없고 작용받아서도 안 되는 역사적 운명이라는 개념으로 이어진다. 윤리-정치적으로 그것은 하이데거의 홀로코스트에 대한 (윤리적일 뿐만 아니라 고유하게 존재론적인) 무관심으로 이어진다. 하이데거는 홀로코스트를 (기술적 협의로부터의 악명 높은 이행 속에서) 삶의 기술주의적 처분의 여러 형태 중 하나로 치부했다. 홀로코스트의 비정상적인/예외적인 지위에 대한 승인은 홀로코스트에서 존재의 존재론적 좌표들 자체를 해체시키는 외상trauma을 인정하는 것과 같을 것이다. 이런 무관심이 그를 나치로 만드는가?

하이데거의 연기나는 총?

대학의 자치권을 지키기 위하여 나치 체제에 외면적으로 동조했을 뿐이라는 하이데거 옹호론의 공식적 이미지를 교란하는 하이데거의 두 세미나가 있다. 「자연, 역사, 그리고 국가의 개념과 본질에 대하여」Über Wesen und Begriff von Natur, Geschichte und Staat(1933~34년 겨울, 원본은 마르바흐 암 네카어Marbach am Neckar의 독일문헌보관소Deutsches Literaturarchiv에 보관)와 「헤겔, 국가에 대하여」Hegel, über den Staat(1934~35년 겨울, 역시 독일문헌보관소에 보관)가 그것이다. 의미심장하게도 첫번째 것은 클로스테만Klostermann 출판사의 하이데거 '전집'에 포함되지 **않았다.** 이 사실은 그것을 '완편'으로 지칭하는 데 문제가 있음을 말해 준다. 이 두 세미나는 소위 얻을 수 있는 결정적 증거에 가장 가까운 것이다. 왜냐하면 그것은 공식적인 하이데거 교리에 따르면 결코 있어서도 안 되고, 있을 수도 없고, 있지도 않았던 강연이기 때문이다. 두 세미나는 하이데거의 가장 핵심적인 철학적 기획에 근거해 나치즘에 대한 충실한 지지를 공식화하고 있다. (그럼에도 불구하고 철학자가 하이데거의 연기 나는 총을 찾는 데 너무 많은 노력을 투자해서는 안 된다. 그것들은 단지 공식적 사유 체계 속에 이미 있었던 것을 확인할 뿐이기 때문이다.) 하지만 여기서 너무 빨리 긴장을 놓고 표준적인 자유주의적 비난에 돌입해서는 안 된다. 하이데거의 실패는 겉으로 보이는 것처럼 그렇게 쉽게 위치 지을 수 있는 게 아니다. 1930년대 이후 그의 저서들과 강의들 속에 나타난 하이데거의 정치적 참조점들(그가 사용하는 사례들)의 분위기는 예상하듯 매우 불길한 것이었다. 국가의 존재에 대해 묻는 첫 구절을 인용해 보자. "그것은, 국가, 그것이다. 국가의 존재를 구성하는 것은 무엇인가? 그 안에서 경찰이 용의자를 체포하는 것은 (……)?"[44] 그가 합리적인 것과 현실적인 것의 사변적 동일성을 주장하면서 헤겔이 말하고자 한 것을 설명하기 위해 거론하는 사례 또한 불길하

---

44 Martin Heidegger, *Introduction to Metaphysics*, New Haven, CT: Yale University Press, 2000, p.27.

다. "베르사유 조약은 현실적이다. 하지만 합리적이지는 않다."⁴⁵

하이데거의 출발점은 1933년 히틀러가 등극할 때 헤겔은 죽었다고 선언한 칼 슈미트로부터 헤겔을 옹호하는 것이다. "헤겔은 1933년에 죽었다고 한다. 그러나 사태는 정반대이다. 바로 그때 헤겔은 처음으로 살기 시작했다."⁴⁶ 왜? 하이데거는 국가를 최고의 사회적 존재 형식으로 언명한 헤겔을 승인한다. "인간 존재의 가장 높은 실현은 국가 안에서 발생한다."⁴⁷ 심지어 그는 직접 국가를 '존재론화'하여 인민과 국가 사이의 관계를 존재론적 차이에 준거하여 정의한다. "인민이라는 존재자는 자기 존재와의 관계를 국가와의 관계 속에서 완전하게 규정한다."⁴⁸

하지만 이어지는 구절에서 확실해진 것처럼 하이데거가 헤겔을 끌어들이는 것은 오직 신생 나치가 자유주의적 국가—시민사회의 상호작용을 규제하는 수단으로서의 국가—개념에 대항하는 '전체적 국가'임을 주장하기 위해서이다. 그는 적절하게도 '외재적' 국가 external state , '필요의 국가' state of necessity, '이해의 국가' state of Understanding, 즉 시민사회의 시스템으로서의 국가가 지닌 한계에 대한 헤겔의 논의를 언급한다.⁴⁹ "(······) 자유를 단독적 '나'의 본질 규정으로서 받아들인다면 우리는 결코 헤겔의 자유를 이해할 수 없다. 자유는 오직 '나'들의, 주체들의 공동체가 존재할 때만 현실적이다."⁵⁰ 그러나 헤겔의 '자유'는 이런 **것이기도** 하다. 그는 개인들의 '무한한 권리'라는 '현대적' 원칙을 주장한다. 헤겔에게 시민사회는 위대한 현대적 성취이자 현실적 자유의 조건이며 상호인정의 '물질

---

45 Faye, *Heidegger, L'Introduction du nazisme dans la philosophie*, p.358.
46 Ibid., p.333.
47 Ibid., p.247.
48 Ibid., p.217.
49 Ibid., p.382.
50 Ibid., p.367.

적 기반'으로서, 그가 대결한 문제는 정확히 어떻게 국가의 통일성과 시민사회의 역학적 매개를 시민사회의 권리들을 축소하지 않고 **통합할** 것인가 하는 것이다. 젊은 헤겔은 특히 『인륜성의 체계』System der Sittlichkeit에서 여전히 개인과 사회의 유기적 통합으로서의 그리스적 '정치'polis에 매혹되어 있었다. 여기에서 사회적 실체는 아직 외부로부터 강제되는 냉혹하고 추상적이고 객관적인 법질서의 모습으로 개인들과 대립하고 있지 않지만 '관습'과 집단의 윤리적 삶이라는 생동적 통일성으로 존재하며 그 속에서 개인들은 '고향에서'처럼 그것을 자기 자신의 실체로 인식하고 있다. 이런 관점에서 냉혹한 보편적 법질서는 관습의 유기적 통합성으로부터의 퇴보, 그리스로부터 로마 제국으로의 퇴보이다. 헤겔은 곧바로 근대성의 주관적 자유를 받아들여야 한다고, '폴리스'의 유기적 통일은 영원히 상실되었다고 인정하지만, 그럼에도 불구하고 그는 부활한 유기적 통일로 회귀할 필요를 주장한다. 그 새로운 '폴리스'는 개인들의 상관자로서 시민사회의 '기계적' 상호작용과, 개인주의적 경쟁보다 고차원적인 사회적 연대와 유기적 통합이라는 보다 깊은 의미를 제공할 것이다.

성숙을 향한 헤겔의 중요한 진보는 시민사회의 역할을 다시 개념화함으로써 "폴리스의 패러다임을 포기"[51] 할 때 일어난다. 처음에 헤겔은 시민사회를 '이해의 국가', 즉 각자 자신의 이해관계만을 추구하는 개인들의 무질서한 상호작용을 통제하는 경찰 기제로 환원된 국가로 파악했다. 자유에 대한 개인주의적-원자론적 개념과 그 자유에 대한 외적 제한으로서 개인들에게 강제되는 법적 질서라는 개념은 엄격히 상관적이다. 그래서 이런 '이해의 국가'로부터 진정한 '이성의 국가'state of Reason로 넘

---

51 Jean-François Kervégan, "La vie éthique perdue dans ses extrêmes……", *Lectures de Hegel,* sous la direction de Olivier Tinland, Paris: Livre de Poche, 2005, p.283.

어갈 필요가 발생한다. 이성의 국가 속에서 개인의 주관적 성향은 사회적 총체Whole와 조화를 이루며 개인들은 사회적 실체를 자기 자신의 것으로 인식한다. 시민사회의 매개적 역할을 온전히 발전시킬 때 헤겔은 다음 단계인 '다변적 의존 시스템'으로 나아간다. 그것의 현대적 형식은 시장경제이다. 그 시스템 속에서 특수성과 보편성은 분리·대립되고, 유기적인 사회적 통합은 외재적인 기계적 상호작용으로 분해된다. 그 속에서 특수성과 보편성은 시장의 '보이지 않는 손'의 형상 속에서 이미 화해되고, 타인을 이용하여 사적인 이익을 추구하는 모든 개인들은 전체의 복리에 기여한다. 이것은 단지 고차원적인 유기적 통일성을 위해 시민사회의 외재적/기계적 상호작용을 '극복해야' 한다는 게 아니다. 시민사회와 그것의 해체는 중요한 매개 작용을 한다. 그래서 진정한 화해는 (근대의 주관적 자유를 말소하는 게 아니라) 어떻게 해체 자체가 이미 자신의 대립항인 통합의 힘인지 깨닫는 것이다.

화해는 근본적으로 **내재적**immanent이다. 그것은 처음에 해체로 보였던 것에 대한 관점의 이동을 함축한다. 달리 말해, 시민사회가 소외를 포함한 영역, 즉 추상적 개별성에 집착한 주관성과 그것에 대립하여 개인의 자유를 억제하는 객관적 사회질서 사이의 분리 위에서 세워진 세계인 한, 화해의 원천은 다른 어떤 '고차원적' 영역이 그 소외의 영역(**거기서 이 세계는 "첫눈에는 정신성이 거의 없는 가장 소외된, 욕구의 시스템처럼" 나타난다**[52]) 안에서 발견되어야 한다. 성숙한 헤겔 안에서 이 화해의 구조는 라비노비치Rabinovich에 관한 농담에 나타난 화해와도 같다. "현대 사회가 자기 자신과 화해하는 두 가지 이유가 있죠. 첫번째는 시민사회 안에서의 상호작용입니다……." "하지만 그 상호작용은 끊임없는 쟁투이며 해체의

---

52 Kervégan, "La vie éthique perdue dans ses extrêmes……", p.291.

메커니즘이며 무자비한 경쟁 체제입니다!" "그러니까요. 그것이 두번째 이유죠. 이런 쟁투와 경쟁 자체가 개인들을 전적으로 상호의존적으로 만들고 궁극적인 사회적 결속을 발생시키잖아요……."

이렇게 해서 전체적 관점이 바뀐다. 더 이상 폴리스의 유기적 인륜성은 다양한 형태로(시장경제, 프로테스탄티즘 등) 전파되는 현대의 추상적 개성에 의해 해체되는 것도 아니며, 이런 유기적 통일성이 얼마간 고차원적 수준에서 회복되어야 하는 것도 아니다. 『안티고네』에 대한 반복된 독해에서 나타나듯이 헤겔의 고대 그리스에 대한 분석의 요점은 그리스적 정치는 그 자체로 이미 자신의 유기적 통일성을 배반하는 내적 모순(공적-사적, 남성-여성, 인간-신성, 자유-노예 등)으로 각인되어 있다는 것이다. 추상적이고 보편적인 개인주의(기독교)는 그리스적 통일성을 해체한 원인이 아니라 반대로 진정한 화해를 위해 필수적인 첫번째 진보이다. 가령, 시장은 단지 오염의 원인이 아니라 오히려 보편성과 특수성의 진정한 화해 기반을 형성하는 매개과정이다. 유기적 질서가 사람들을 분리시키는 것에 반해 시장경쟁이야말로 사람들 사이의 공동성을 야기한다.

성숙한 헤겔에서 일어난 이런 변화를 가장 잘 보여 주는 것은 관습과 법의 대립에 관련해서이다. 초기 헤겔에게 관습이 제도화된 법으로 변형되는 것은 유기적 통일의 소외(규범은 더 이상 나의 실체적·윤리적 본성의 일부로 경험되지 않고 나의 자유를 제약하는 외재적 힘으로 나타난다)와 퇴화로 제시된다. 이에 반해 성숙한 헤겔에게 이런 변형은 현대의 주관적 자유의 공간을 개방하고 지탱하는 중요한 진보다.[53] 하이데거가 자신의

---

[53] 여기서 당연히 제기되는 문제는 시장 역학이 실제로 자기가 약속한 것을 제공할 수 있는가 하는 것이다. 그것은 특히 증가하는 계급 차별과 삶의 기본조건도 갖지 못한 '부랑자 무리'의 발생을 통해 사회적 체제의 영속적인 불안정화를 야기하지 않는가? 이에 대한 헤겔의 해법은 매우 실용적이다. 그는 식민지 팽창을 통한 부차적인 해결책이나 신분질서(Stande)의 중재기능 쪽을 선택한다. 이와 같은 헤겔의 딜레마는

'총체적 국가' 개념을 전개한 것은 이런 헤겔적 통찰에 완전히 배치된다.

> 우리는 총체적 국가에 대해 말하고 있다. 이 국가는 (다른 것들 가운데 하나인) 특수한 영역이 아니며 (국가 자체로부터) 사회를 기획하는 하나의 기제도 아니며 오직 몇몇 사람들이 조종해야 하는 영역도 아니다.[54] (……) 그래서 인민은 인민되기의 방법과 태도로서 국가를 의지하고 사랑한다. 인민은 국가를 위해 열망과 에로스에 지배된다.[55]

이 에로스는 당연히 인격화를 함축한다. 사랑은 언제나 한 명, 영도자에 대한 사랑이다.

> 영도자-국가—우리가 소유한 하나—는 영도자 속에서 인민의 현실화라는 역사적 발전의 완성을 의미한다.[56]

> 다른 사람들을 자기 추종자로 만드는 것은 영도자의 의지뿐이며, 이런 추종자와의 관계를 통해 공동체가 발생한다. 추종자들의 희생과 헌신은 이런 생동적 연관 속에서 비롯되는 것이지 강제적 제도에 대한 복종에서 말미암은 게 아니다.[57]

200년이 지난 오늘날 우리 자신의 것이다. 헤겔의 역사적 한계를 가장 잘 보여 주는 것은 윤리(Sitten, 관습, 사회·윤리적 질서)의 이중적 의미이다. 그것은 과거로 남겨져야 하는 (고대 그리스적 이상) 직접적인 유기적 통일성을 의미하면서 동시에 근대 국가에 실현되어야 하는 고차원적 유기적 통일성을 의미한다.
54 Faye, *Heidegger, L' Introduction du nazisme dans la philosophie*, p.376.
55 Ibid., p.221.
56 Ibid., p.247.
57 Ibid., p.240.

영도자는 인민의 의지와 관련된 어떤 것을 갖고 있다. 이 의지는 개별적 의지의 산술적 총합이 아니라 원초적인 진정성의 총체whole이다. 공동체의 의지-의식에 대한 의문이 모든 민주주의에 내재한 의문으로, 그 의문은 영도자의 의지와 자기 본질 속에 있는 인민의 의지를 인식할 때만 실질적으로 해소된다. 오늘날 우리의 임무는 이 인민의 현실성을 향한 공동 존재와 영도자 사이의 초석적 관계를 형성하는 것으로, 그 속에서 인민의 공동 존재와 영도자는 실질적으로 분리될 수 없다. 이런 기본 구도가 본질적인 측면과 실제적 적용에서 확인될 때만 진정한 리더십이 가능하다.[58]

물론, 이것은 이성적 국가의 우두머리는 영도자가 아니라 군주여야 한다는 헤겔과 정면으로 대립한다. 왜? 세습 군주의 합리적 필연성을 추론하는 헤겔의 (악)명성 높은 논리를 살펴보자. 지식의 관료제적 연쇄는 "완벽하게 구체적인 의지의 객관성"인 군주의 최종결정으로 보충되어야만 한다. 그것이 "모든 특수자를 유일한 자기self로 재통합하여 지금은 이렇게 다음엔 저렇게 끊임없이 움직이는 척도의 찬반양론을 끝내고 '나는 의지한다'I will라고 말하는 최종 결정 속에서 모든 행위와 활동이 개시되도록 만든다."[59] 이것이 "군주의 잉태"conception가 "'이해'를 통한 반성으로 추론하기에는 지극히 어려운" 이유이다.[60] 다음 구절에서 헤겔은 군주의 사변적 필연성을 정교화한다.

---

58 Ibid., p.238.
59 G. W. F. Hegel, *Elements of the Philosophy of Right,* Cambridge: Cambridge University Press, 1991, para.279.
60 Ibid., para.279.

국가의 의지가 집중된 이 궁극적 자기ultimate self는 그런 추상작용abstraction 속에서 유일한 자기가 되며, 그 결과 직접적 개인성으로 나타난다. 그것의 '자연적' 성격은 잉태 자체에 함축된다. 그러므로 군주는 본질적으로 이와 같은 개인으로 정의된다. 나머지 다른 특성들의 추상 속에서 그 개인은 자연의 과정 속에 있는 그의 탄생을 통해 직접적 자연의 형태를 지닌 군주의 위엄을 갖게 된다.[61]

이해Understanding로는 파악할 수 없는 사변적 계기는 "순수한 자기-결정이라는 개념의 존재의 직접성 속으로의 이행, 자연적 영역으로의 이행"이다.[62] 달리 말해 이해는 생동적 전체성의 보편적 매개 작용은 잘 포착하지만, **이 전체성이 스스로를 실현하기 위해 직접적으로 '자연적'인 단독성의 형식으로 현실적 존재를 획득해야 한다**[63]는 사실은 파악할 수 없다. 여기서 '자연적'이라는 단어는 온전한 무게를 지녀야 한다. 『논리학』Wissenschaft der Logik 말미에서 관념의 완전한 자기-매개는 자연으로부터 자기를 해방하여 자연의 외재적 직접성 속으로 빨려 들어간다고 말한 것과 동일한 논리로 국가의 합리적 자기-매개는 직접적으로 자연적인, 매개되지 않은, 엄격히 말해서 '불합리한' 것으로 규정되는 의지 속에서 현실적 존재를 획득해야 한다.

헤겔은 1807년 전쟁 이후 예나 거리에서 말 위에 있는 나폴레옹을 보았을 때 마치 말 위에 있는 세계정신을 본 것 같았다고 쓴다. 이런 표현

---

61 Hegel, *Elements of the Philosophy of Right*, para.280.
62 Ibid.
63 이 지점에서 헤겔을 부주의하게 모방하여 단지 "나는……"이라고 점찍는 것인 합리적 총체의 직접 구현이 아니라 모든 앎의 체현자로서 합리적 총체성을 직접 구현한 영도자 형상을 제시함으로써 맑스주의자들은 비싼 대가를 치르지 않았는가? 달리 말해서, 스탈린주의적 영도자는 군주가 **아니다**. 이것이 그를 군주보다 더 나쁘게 만들었다.

의 기독교적 함의는 명백하다. 전체 우주의 창조자인 신 자신이 한 명의 평범한 개인으로 걸어 다니고 있었던 것이다. 이와 같은 신비한 육체적 구현incarnation은 자식을 바라보면서 "저기 바깥에 우리의 사랑이 걸어 다니고 있군!"이라고 말하는 아버지처럼 다른 차원들에서도 발견할 수 있다. 이에 대해 헤겔은 규정적 반성이 반성적 규정으로 뒤집어졌다고 표현한다. 신민들은 어슬렁거리는 왕을 보고 "저기 바깥에 우리의 국가가 걸어 다니고 있다"고 말한다. 반성적 규정에 대한 맑스의 (『자본』 1장에 나온 유명한 구절) 용법 역시 여기에는 미치지 못한다. 사람들이 어떤 사람을 왕으로 취급하는 것은 그 자신이 왕이라서가 아니다. 오히려 그가 왕인 이유는 오직 사람들이 그를 왕으로 취급하기 때문이다. 하지만 요점은 이런 사회적 관계의 개인적 '구현'reification이 단순한 '물신주의적 오인'으로 치부될 수 없다는 것이다. 그런 단순한 치부 자체는 '헤겔적 수행문'이라고 부를 수 있는 어떤 것을 놓친다. 물론 왕은 '즉자적으로'는 별 볼일 없는 개인이고 그가 왕인 것은 오직 그의 신민들이 그를 왕으로 대우해 주기 때문이다. 하지만 요점은 왕에 대한 숭배를 지탱하는 이런 '물신주의적 환영' 자체가 수행문적 성격을 지닌다는 것이다. **왕이 육체적으로 '구현'하고 있는 국가의 통합성은 오직 왕이라는 개인 속에서만 실현된다.** 이 때문에 '물신주의의 함정'을 피하고 왕의 우연적 인격과 왕이 상징하는 것을 구별해야 한다는 주장은 불충분하다. 왕이 상징하는 것은 (특정한 전통적 관점에서) 마치 자식 속에서만 현실화되는 커플의 사랑처럼, 오직 그의 인격 안에서만 존재할 수 있다.

지금까지만 본다면 헤겔은 하이데거와 같은 얘기를 하고 있는 것처럼 보인다. 하지만 280단락의 부기에서 명확해진 것처럼 그 둘 사이에는 결정적인 차이가 있다.

부기: 보통 군주제에 반대하는 논리는 군주제가 국가의 복리를 우연에 맡긴다는 것이다. 이에 따르면 군주는 교양이 없을 수도 있고 국가의 최고 지위에 부적합한 인물일 수도 있다. 그럼에도 그런 사태가 합리적일 것이라는 가정 때문에 존재해야 한다는 것은 어리석다는 것이다. 하지만 이런 주장은 모든 것이 군주의 특수한 성격에 의존한다는 근거 없는 전제에 의존하고 있다. 완벽하게 조직화된 국가에서 그것은 오직 형식적 결정의 최종 지점의 문제일 뿐이다. (그리고 정념에 대항하는 자연적 보루의 문제일 뿐이다. 그러므로 군주에게 객관적인 특질들을 요구하는 것은 잘못이다.) 그는 오직 "그렇다"와 "나는……"이라고만 말해야 한다. 왜냐하면 왕좌란 것은 그것의 점유자에게 중요한 것이 그의 특수한 기질이 아닌 그런 것이다. (……) 잘 조직된 군주제에서 객관적 측면은 오직 법에만 속해 있고 군주의 역할은 오직 법에 주체적 "나는 의지한다……"를 장착하는 것뿐이다.[64]

하이데거에서 빠진 것은 이와 같은 군주의 기능이다. 그것은 '나'라는 글자를 새기는 순수하게 형식적인 기능으로, 현대적인 용어로 '진술적' 측면과 '수행적' 측면(라캉의 용어로는 지식의 연쇄와 주인-기표) — 국가를 통치하는 '객관적 측면', 즉 법 및 제도의 내용과 그것의 주관적 변형으로 국가가 실행하는 '주체적' 결정 — 의 분리 기능이라고 부를 수 있다. 하이데거의 영도자 개념은 헤겔이 집요하게 분리하고자 하는 두 가지 차원을 뒤섞는다. 헤겔의 군주 개념이 지니고 있는 또 다른 역설은 군주란 그 자체로 다른 모든 주체들의 법적·보편적 동등성을 보증하는 구성적 예외라는 것이다. 그래서 헤겔과 대조적으로 하이데거가 영도자에 의해

---

64 Hegel, *Elements of the Philosophy of Right*, para.280, 부기.

강요되는 '등급의 위계'를 지지하고 동등성을 거부한 것은 놀랄 일이 아니다.

> 지배한다는 것은 등급의 위계를 창조하는 권력으로 귀속된다. 지배하는 일자가 현실적으로 권력을 갖고 있는 한, 다른 사람들을 자신의 지배하에 두는 한, 그는 자신의 의지를 통해 등급의 위계를 창조한다.[65]

하이데거는―고대 그리스의 삶이 지닌 '잔인한' 측면(노예제 따위)에 대한 고려를 간과하고 있다며 그를 비난하는 자들에게는 실례지만―드러내 놓고 '신분과 권세'가 어떻게 직접적으로 존재의 탈은폐에 근거하여 사회적 지배관계를 위한 존재론적 토대를 제공하는지 주목한다.

> 만약 오늘날의 사람들이 때때로 너무나도 간절히 그리스인들의 폴리스에 몰두하고 있다면 그들은 이 측면을 억누르지 말아야 한다. 그렇지 않으면 폴리스라는 개념은 아무런 자극도 없는 감상적인 게 된다. 신분상의 높은 것은 보다 강한 것이다. 그래서 존재와 로고스는 조화로운 것으로서 모든 사람이 얻을 수 있는 게 아니다. 오히려 긴장을 제거한 채 동등화하고 평준화하는 그런 조화에 대립된 것으로서 은폐되어 있다.[66]

그렇다면 그런 위계적 질서의 적은 누구인가? 부르주아-자유주의적 개인주의와 공산주의적 평등주의라는 비-위계적인 평등주의의 두 얼굴은 현대 정치의 상반된 두 흐름 양편에 공동된 원천과 토대가 되는 '유

---

65 Faye, *Heidegger, L'Introduction du nazisme dans la philosophie*, p.239.
66 Heidegger, *Introduction to Metaphysics*, p.102.

대-기독교' 영성에 기반해 있다.

> 유대-기독교적 지배는 그 양상에 따라 '프롤레타리아 독재'와 동시에 자유-민주주의의 문화적 분투라는 이중 플레이를 하고 있다. 가끔 이 이중 플레이는 본질적 결정에 대한 무능과 현실적인 근거 상실을 지속적으로 은폐할 것이다.[67]

여기에서 하이데거는 자유-민주주의적 독견에 대항하여 한 걸음 더 내딛는다. 공산주의와 자유주의를 번갈아 시행하는 '영국식' 민주자유주의는 훨씬 더 위험하다. "영국식 '볼셰비즘'의 부르주아-기독교 형태는 가장 위험하다. 그로 인하여 근대 역사는 소멸되지 않고 계속 지속될 것이다."[68]

하이데거의 사유에 있어서 민주주의에 대한 불신은 전향 이후에도 변함없이 지속되는 특질이다. 민주주의는 근대 기술주의에 가장 적합한 정치 형태라는 의구심을 표명한 『슈피겔』*Der Spiegel* 지와의 유고 인터뷰에서뿐만 아니라 1936~37년 니체 강의에서도(여기서 그는 "유럽은 언제나 '민주주의'에 집착하고 있으며 이것이 유럽의 치명적인 죽음을 가져올 것이라는 사실을 보지 않으려 한다"[69]고 말한다) 우리는 이런 특질을 확인할 수 있다.

---

67 Faye, *Heidegger, L'Introduction du nazisme dans la philosophie*, p.457.
68 Ibid., p. 467.
69 Martin Heidegger, *Nietzsche: Der Wille zur Macht als Kunst,* Gesamtausgabe, vol.43. Frankfurt: Klostermann, 1985, p.193.

반복과 새로움

그래서 우리는 시체 더미 속에 시체를 숨긴다는 체스터턴의 아이디어로 돌아오게 된다. 하이데거의 철학 전 체계를 '파시즘적'이라고 비난할 때 그것은 '하이데거의 파시즘적 사유'라는 시체 **더미**를 구성함으로써 어떤 (하나의) 시체―다른 모든 것들에 부여될 파시즘의 이데올로기적 특질―를 발견하지 못하는 무능력을 숨긴다. 이렇게 해서 우리는 적에게 너무 많이 양보한다. 결정, 반복, 운명의 승인 (혹은 좀더 근접해서 '일상적인' 정치, 집단 훈련, 집단을 위한 개인의 희생) 같은 개념에는 어떤 '고유하게 파시즘적' 것도 없다. 즉, 우리는 우리의 적이 전쟁 지역과 근거를 규정하도록 허용해서 우리는 단지 추상적으로만 반대하여 결국 그들이 원하는 것을 부정적으로 복제하도록 하는 것을 허용해서는 안 된다. 우리는 1940년대 초반, 한 유명한 유대인의 강제 이송을 막은 이유에 대해 헤르만 괴링Herman Göing이 광신적인 나치에게 했던 대답에서 분명하고 가혹한 교훈을 도출할 수 있다. "이 도시에서 누가 유대인인지는 내가 결정한다"(이 대답은 또한 비스마르크부터 칼 뤼거Karl Lüger까지 예외적인 유대인들을 보호했던 많은 독일 인물들의 것이기도 하다.) 이 도시에서 무엇이 남게 될지 결정하는 것은 바로 우리이다. 그래서 우리는 '비일관성'에 대한 자유주의자들의 비난을 간단히 무시해야 한다. 가령 체 게바라의 삶을 그린 「모터사이클 다이어리」The Motorcycle Diaries에 대한 리뷰에서 폴 베르먼Paul Berman은 다음과 같은 비판적 주장을 한다.

> 영화 전체는 주제와 어조에 있어서 기독교적인 순교의 문화와 죽음 앞에 담담한 영적으로 우월한 인간에 대한 찬미―수세기 동안 참담한 결과를 빚으며 라틴아메리카의 가톨릭교회가 조장한 종류의 숭배―의 태

도를 배제한다. 반동적 가톨릭 문화에 대한 이 영화의 모반은 그 자체로 반동적 가톨릭 정신의 한 가지 표현이다. 라틴아메리카의 전통적인 교회들은 피 흘리며 끔찍하게 죽어 간 성자들의 조각상들을 세워 왔다. 이 영화에서 그런 조각상들의 피학증적 유혹은 젊은 체 게바라가 천식으로 밭은 기침을 하거나 차가운 강물에서 수영을 하며 시련을 감내하는 장면들 속에서 보게 되는 것이다.[70]

이에 대해 우리는 "맞다. 하지만, 그래서 뭐?"라고 대답해야 한다. 왜 혁명적인 정치는 가톨릭의 순교정신을 취해서는 안 된다는 말인가? 그리고 우리는 (수많은 자유주의자들과 달리) 끝까지 밀어붙여서 레니 리펜슈탈Leni Riefenstahl에 대해서도 똑같이 말하는 것을 두려워해서는 안 된다. 그녀의 영화는 암울한 결론을 향한 점진적인 운동 속에서 목적론적인 독해에 내맡겨진 것처럼 보인다. 처음의 산악영화Bergfilme에서 그녀는 극한적인 산악 등반에서의 육체적 노력과 영웅주의를 찬미한다. 이후 두 편의 나치 다큐멘터리는 육체적 훈련과 집중된 의지의 힘에 대한 정치학과 스포츠 형식들을 예찬한다. 2차 세계대전 이후 그녀의 포토 앨범들에서 그녀는 아프리카 누비Nubi 부족에서 육체적 아름다움과 품위 있는 자기 규율이라는 자신의 이상을 재발견한다. 마지막 십 년 동안 그녀는 심해 잠수의 힘겨운 기술을 연마하여 어두운 심해에서의 낯선 삶에 대한 다큐멘터리를 찍기 시작한다.

그녀의 영화에서 우리는 산꼭대기에서 심해 바닥으로의 궤적을 보게 된다. 산 정상에서의 개별적 사투에서 점점 하강하여 바다 밑바닥에서 이뤄지는 삶의 무정형적 번성함에 도달한다. 그 바닥에서 그녀가 직면한

---

70 http://www.slate.com/id/2107100에서 볼 수 있다.

것은 그녀의 궁극적 대상, 외설적이고 저항할 수 없는 영원한 삶 자체, 그녀가 평생토록 찾아 헤맨 것이 아닌가? 이것은 그녀의 인격에도 적용되지 않는가? 사실 레니에 매혹되었던 사람들의 두려움은 더 이상 '그녀가 언제 죽게 될까?'가 아니라 '그녀가 죽기는 할까?'라는 것으로 보인다. 이성적으로는 그녀 역시 곧 죽을 거라는 사실을 알지만 어떤 측면에서 우리는 그 사실을 믿지 않았으며, 그녀는 영원히 살 것이라고 은밀히 확신한 채 그녀의 죽음에 진정으로 놀랐던 것이다.

이런 연속성은 리펜슈탈에 대한 에세이에서 수전 손택Susan Sontag이 "매혹적인 파시즘"이라고 지적한 것처럼 보통 '원-파시즘'proto-fascist이라는 말로 설명된다. 이에 따르면 그녀의 나치 이전 및 나치 이후의 영화 역시 '원-파시즘적'인 삶의 전망을 그리고 있다는 것이다. 리펜슈탈의 파시즘은 그녀의 직접적인 나치 정치 예찬보다 훨씬 더 깊은 층위에 있어서 그녀의 정치-이전의 삶의 미학과 훈련된 운동 속에 있는 아름다운 육체에 대한 그녀의 매혹 속에 있다는 것이다. 아마 이런 상용적 틀을 문제 삼아야 할 시점인 것 같다. 「푸른 빛」Das blaue Licht를 떠올려 보자. 이 영화를 정확히 반대 방식으로 독해하는 것도 가능하지 않을까? 고독하고 야생적인 산골 소녀 욘타는 반-유대주의적 대학살을 연상시키는 마을사람들의 추방 프로그램에 의해 희생된 존재가 아닌가? 리펜슈탈의 연인이자 그녀와 함께 시나리오를 썼던 벨라 발라츠Béla Balázs가 맑스주의자였던 것도 우연은 아닐 것이다.

여기서 문제는 리펜슈탈에 국한되지 않는 훨씬 일반적인 것이다. 리펜슈탈과 정반대편에 있는 아놀드 쇤베르크Arnold Schönberg를 예로 들어 보자. 1911년 자신의 이론적 선언인 『하모니 이론』Harmonielebre 2부에서 쇤베르크는 화성tonal 음악에 대한 자신의 반대 입장을 발전시키는데, 그것은 명백히 이후의 나치 반-유대주의적 궤도를 환기시킨다. 화성 음악은 깨끗하게 청소할 필요가 있는 '병들고' '타락한' 세계가 되어 버렸다. 화성 체계는 '근친상간적인 교배'로 이루어져 있다. 감칠화음diminished seventh과 같은 낭만적 화음은 '양성구유적'이고 '방랑적'이며 '코스모폴리탄'적이다. 그런 메시아 계시록적인 태도가 나치의 '최종 해결책'을 낳은 '정신적 상황'의 일부라고 주장하는 것만큼 쉬운 것은 없다. 이것은 우리가 명확히 **피해야** 할 결론이다. 나치즘을 혐오스럽게 만드는 것은 최후의 해결책에 대한 수사학 자체가 아니라 그것에 부여한 구체적인 비틂twist이다.

이런 종류의 대중적 분석 주제 중 리펜슈탈에 보다 가까운 것은 수천 명의 육체로 훈련된 움직임을 상연하는 집단 안무(퍼레이드, 대형 경기장에서의 집단 공연 등)의 '원-파시즘적' 성격이다. 그와 동일한 현상을 사회주의에서 발견한다면 아마 두 '전체주의' 간의 '깊은 연대성'에 대한 결론을 도출할 수도 있을 것이다. 그런 자유주의 이데올로기의 전형적 분석은 핵심을 놓친다. 그런 집단 공연은 파시즘에 고유한 게 아닐 뿐 아니라, 좌파나 우파에 의해 전유되기를 기다리는 '중립적'인 것도 아니다. 파시즘은 그것의 원래 창조자인 노동자들의 운동으로부터 그것을 훔쳐서 자기화한 것이다. '원-파시즘적'인 요소들 중 어느 것도 그 자체로 파시즘적인 것은 없다. 그것들을 '파시즘적'으로 만든 것은 단지 그것들의 특수한 분절이다. 스티븐 제이 굴드Stephen Jay Gould의 용어로, 이 모든 요소들은 파시즘에 의해 '탈-적응된'ex-apted 것이다. 다시 말해서, '문자에 앞선 파시즘'fascism avant la lettre이란 것은 없다. 왜냐하면 **일련의 요소 다발로부터 파시즘을 만든 것은 문자 자체(명명)이기 때문이다.**

동일한 방식으로 우리는 훈육(자기 통제부터 신체 훈련까지)이 '원-파시즘적' 특질이라는 생각에 단호히 반대해야 한다. '원-파시즘적'이라는 술어 자체가 폐기되어야 한다. 그것은 그 기능이 개념적 분석을 봉쇄하는 유사-개념의 전형적 사례이다. 수천 명의 육체들로 조직된 스펙터클이 (혹은 강도 높은 훈련을 요하는 스포츠나 산악 등반과 같은 자기-통제에 대한 예찬이) '유사-파시즘적'이라고 말할 때 사실 그것은 아무것도 말한 게 아니라 단지 무지를 은폐하는 모호한 연상만을 표현할 뿐이다. 30여 년 전 (이소룡 영화를 비롯한) 쿵푸 영화가 홍행했을 때 그것은 자기 육체 말고는 아무것도 소유한 게 없는 노동자계급의 이데올로기를 표현한 게 아닌가? 과도한 자유에 몰두하는 자발성이나 "꼴리는 대로 한다"는 태도는 그것을 감당할 수 있는 자들—자신들의 훈련 말고는 아무것도 갖지 않은 자들—에게 속한 것이다. 육체적 훈육의 '나쁜' 형태가 있다면 그것은 집단적 훈련이 아니라 자신의 내적 잠재성의 실현이라는 뉴에이지 풍의 신화 중 일부인 조깅이나 보디빌딩 같은 것이다. 자기 육체에 대한 강박이 급진 구좌파가 실용주의 정치로 '성숙'하는 이행 과정의 필수 성분인 것도 이상할 게 없다. 제인 폰다부터 요슈카 피셔까지 두 국면 사이의 '잠복기'에는 자기 신체에 대한 관심이 집중된다.

다시 리펜슈탈로 돌아가면 이것은 그녀의 나치 참여를 제한적이고 불행한 경험으로 치부해야 한다는 게 아니다. 진정한 문제는 그녀의 작품을 관통하는 긴장을 유지하는 것이다. 서로 '공-진화'co-opted하는 그녀의 절차상의 예술적 완성과 그녀의 이데올로기적 기획 사이의 긴장 말이다. 왜 오랫동안 예술적 정전canon으로 취급된 에즈라 파운드, 예이츠 같은 모더니스트의 파시즘적 경향과 그녀의 경우를 구별해야 한다는 말인가? 리펜슈탈의 '진정한 이데올로기적 정체성'에 대한 탐색은 우리를 잘못 인도할 것이다. 그런 정체성이란 건 없다. 그녀는 진정으로 비일관적이며 갈등하는 힘의 장에 포획되며 이리저리 부유할 뿐이다.

하이데거로 돌아가자. 나치 참여 속에서 그는 결코 '전적으로 틀린' 것이 아니다. 오히려 비극은 혁명적 행위의 구조를 전개하고 그것에 파시즘적 비틂을 부여해 왜곡시킴으로써 그가 **거의 맞았다**는 데 있다. 1920

년대부터 30년대 중반까지 저작 속에서 그가 가장 틀렸을 때 그는 가장 진실에 근접했다. 그래서 우리의 임무는 하이데거를 **반복하여** 그의 사유에서 이 상실된 차원/잠재성을 구해 내는 것이다. 1937~38년에 그는 다음과 같이 쓴다.

> 보수적인 것은 사료편찬 안에 멈칫거리며 주저앉아 있다. 혁명적인 것은 오직 역사의 깊이를 획득하는 것이다. 여기서 혁명은 단지 뒤집고 파괴하는 것이 아니라 관습적인 것을 붕괴시키고 재창조하는 것으로, 그럴 때 시작함은 재구성될 것이다. 또한 기원적인 것은 시작함에 속하기 때문에 시작함의 재구성은 결코 이미 있었던 것의 빈곤한 모방이 아니라 전적으로 다른 것이며 그럼에도 똑같은 것이다.[71]

이것은 그 자체로 벤야민의 관점에 따른 혁명의 적확한 기술이 아닌가? 발터 벤야민이 제시한 10월 혁명의 사례를 상기해 보자. 10월 혁명은 프랑스 혁명을 반복함으로써 그 실패를 되살리고 동일한 충동을 드러내고 반복한다. 키르케고르가 이미 지적한 것처럼 반복은 '역전된 기억'이자 앞으로 향한 운동이며 새로움의 창조이지 낡은 것의 재생산이 아니다. "하늘 아래 새로운 것은 없다"라는 말은 반복에 대한 가장 강력한 대조어법이다. 그래서 반복은 단지 새로운 것이 출현(그 한 가지 양태)일 뿐만 아니라, **새로운 것은 오직 반복을 통해서만 출현한다.** 이 역설의 핵심은 물론 들뢰즈가 잠재적인 것과 현실적인 것의 차이로 지칭한 것이다. (우리는 당연히 이 차이를 정신Spirit과 문자Letter의 차이로 규정할 수 있다.) 칸트

---

71 Martin Heidegger, *Grundprobleme der Philosophie*, Gesamtausgabe, vol.45, Frankfurt: Klostermann, 1984, p.41.

와 같은 위대한 철학자의 경우를 들어 보자. 칸트를 반복하는 방법은 두 가지이다. 하나는 칸트의 자구적 의미에 집중하다가 신-칸트주의(하버마스부터 뤽 페리Luc Ferry까지)의 정신 속에서 그의 체계를 정교화하고 바꾸는 것이다. 다른 하나는 칸트가 자신의 체계를 현실화하면서 배반했던 창조적 충동을 다시 획득하는 것이다. (즉, 이미 '칸트 속에 있는 칸트 이상의 것', 그 명시적 체계 이상의 것, 그 체계의 잉여적 중핵과 접속하는 것이다.)

따라서 과거를 배반하는 방법은 두 가지이다. 진정한 배반은 최고의 충실성 속에서 일어나는 윤리-이론적 행위이다. 즉, 우리는 칸트적 사유의 '정신'에 충실하기(그것을 반복하기) 위해 칸트의 문자를 배반해야 한다. 칸트의 문자에 충실한 것은 진실로 그 사유의 핵심, 그 근저의 창조적 충동을 배반하는 것이다. 이러한 역설로부터 끄집어내야 하는 결론은 어떤 작가(그 사유의 현실적 문자)를 배신할 때 진정으로 그에게 충실할 수 있다는 것만이 아니다. 근본적인 차원의 진실은 거꾸로다. 어떤 작가를 반복함으로써, 그 사유의 핵심에 충실함으로써 우리는 진실로 그를 배반할 수 있다. 만약 어떤 작가를 반복하지 않고 단지 그를 '비판'하기만 한다면 그래서 그를 에둘러 다른 곳으로 가고자 한다면 이것은 자신도 모르는 새 그의 지평과 개념 장 속에 남아 있는 것을 의미한다.[72] 체스터턴은 자

---

[72] 진정한 충실성은 공허 자체에 대한 충실, 상실의 행위 자체, 대상의 포기/말소 행위 자체에 대한 충실이다. 어째서 무엇보다 죽은 자가 애착의 대상이 되어야 하는가? 이런 충실성의 이름이 죽음충동이다. 죽은 자와 관계하여 우리는 — 애도의 행위나 유령이 되어 돌아오는 죽은 자에 대한 우울증적 애착에 반대하여 — 예수의 모토 "죽은 자의 시체는 죽은 자들이 묻게 하라"를 실천해야 할지 모른다. 이 모토에 대해 죽은 자가 죽은 상태로 있지 않고 계속 유령적 현존으로 들러붙어 우리 속에서 살아남아 있을 때 우리는 어떻게 해야 하는가? 라고 반박할 수 있다. 여기서 우리는 프로이트가 말한 죽음충동의 가장 근본적인 속성이 예수의 "죽은 자의 시체는 죽은 자들이 묻게 하라"를 해석하는 열쇠를 제공할지도 모른다고 주장하고 싶다. 죽음충동이 말살하려고 애쓰는 것은 생물학적 생명이 아니라 사후의 삶이다. 그것은 상실한 대상을 한 번 더 죽이려고 한다. 애도 행위로서가(상징화를 통해 상실을 받아들임으로써) 아니라, 보다 근본적인 차원에서 상징적 텍스트 자체의 말살, 즉 죽은 자의 영혼이 거주하는 문자 그 자체를 말살시킴으로써.

신의 기독교 개종에 대해 자신은 "진리보다 몇십 분 앞서고자 노력했다. 그리고 나는 진리보다 18년 뒤처진 나를 발견했다"[73]고 주장한다. 오늘날 일련의 '포스트-' 유행에 따라 새로운 것을 획득하고자 애쓰지만 결국 진짜 새로운 것보다 영원히 18년 뒤처진 사람들도 이와 같지 않은가?

맑스는 프랑스 혁명에 대한 아이러니한 논평 속에서 혁명의 열광과 냉정한 '숙취' 효과를 대립시킨다. 숭고한 혁명의 폭발 결과, 자유·평등·형제애의 사건$_{Event}$ 결과는 공리주의적/이기적 시장 조사의 세계이다. (또한 10월 혁명의 경우 이런 간극은 훨씬 더 크지 않은가?) 하지만 우리는 맑스를 단순화시켜서는 안 된다. 그의 요점은 어떻게 속물적인 상업적 현실이 혁명적 도취의 '진실한' 무대인지에 대한 뻔한 통찰이 아니다. 하나의 사건으로서 혁명적 봉기 안에서 또 다른 유토피아적 차원, '한낮의 잔재'를 장악한 시장 현실에 의해 배반당한 과잉인 보편적 해방의 차원이 발현된다는 것이다. 이 과잉$_{excess}$ 자체는 무가치한 것으로 소멸되는 것이 아니라 **잠재적 상태로 이전**되어 끊임없이 현실화되기를 기다리는 꿈으로서의 해방적 상상력에 달라붙는다. 그래서 '현실적인 사회적 기반'이나 실체에 대한 혁명적 열광의 이와 같은 과잉은 문자 그대로 자신의 실체적 원인에 대한 속성-효과의 과잉이며 자신의 물질적 구현을 기다리는 유령적 사건이다.

오직 반복만이 순수한 차이를 발생시킨다. 하이데거는 『존재와 시간』$_{Sein\ und\ Zeit}$의 유명한 분석에서 현존재$_{Dasein}$의 시간성이 갖는 탈-존$_{ex\text{-}static}$ 구조를 미래로부터 과거를 통해 현재로 진행되는 순환운동으로 기술했다. 이것을 미래에서(나에게, 나의 기획에 개방된 가능성들에서) 출발

---

[73] G. K. Chesterton, *Orthodoxy,* San Francisco: Ignatius Press, 1995, p.16.[『오소독시』, 윤미연 옮김, 이끌리오, 2003.]

한 내가 과거로 되돌아가(내가 '던져진' 역사적 상황의 결들을 분석하고 그 속에서 나 자신을 발견하여) 거기로부터 나의 기투企投를 실현하기 위해 현재에 참여하는 것으로 이해하는 것으로는 충분하지 않다. 하이데거가 미래 자체를 '존재해 온 것'having-been으로 규정할 때, 혹은 보다 정확히 '존재해 온 것으로 존재하는'is as having-been 어떤 것으로 규정할 때 그는 미래 자체를 과거 속에 자리매김한다. 물론 이것은 모든 미래적 가능성이 이미 과거 속에 포함되어 있어서 우리는 오직 과거로부터 상속된 구조로 현재화된 것만을 반복하고 실현할 수 있을 뿐인 닫힌 세계에 살고 있다는 뜻이 아니라, 과거 자체의 '개방성'이라는 보다 급진적인 의미를 담고 있다. 과거 자체는 단순히 '거기 있었던 것'이 아니다. 과거는 비현실화된 잠재성들을 포함하고 있으며 진정한 미래란 바로 이 과거의 반복/부활이다. 이 반복은 이미 있었던 것으로서의 과거를 반복하는 게 아니라 과거의 현실 속에서 실현에 실패하고, 배신당하고, 억눌려진 그런 요소들의 반복이다. 오늘날 우리가 '레닌을 반복'해야 한다는 것은 이런 의미이다. (하이데거의 말을 차용하여) 레닌을 우리의 영웅으로 선택하는 것은 그를 따라서 똑같이 하는 것이 아니라 레닌주의에서 실현되지 않은 잠재성을 불러낸다는 의미에서 그를 반복/부활시키는 것이다.

이런 관점에서 하이데거의 나치즘에 대한 관계라는 민감한 주제를 이해하는 것을 두려워하지 말아야 한다. 물론 '현실적으로 존재하는 사회주의'와는 대조적으로 '현실적으로 존재하는 파시즘'에 대해서는 말하지 않는 게 사실일지라도(왜냐하면 우리는 '현실적인' 파시즘을 그것에 내재하는 해방적 잠재성의 배반으로 경험하지 않았기 때문에) 그럼에도 '현실적으로 존재하는 나치즘'을 그 진정한 잠재성(그것의 '내적 위대함')에 근거하여, 그것이 인종-기술주의적 니힐리즘에 의해 배반당한 점을 비판했던 철학자―물론 하이데거―가 존재한다. 1934년 나치 체제의 현실에 대해 심사숙고한 이후, 1930년대 하이데거는 일관되게 이 배반당한 '내적 위대함', 나치 운동의 세계사적 잠재성을 구원하고자 노력했다. 거기에 횔덜린과 독일의 운명에 대한 하이데거의 끝없는 변주가 지닌 정치적 함의가 있다.[74]

1960년대 독일 학생운동 지도자 중 한 명의 회고[75]에 의하면 68년 학생 대표가 하이데거를 방문했을 때 하이데거는 자신은 학생들의 의견에 전적으로 공감하며 그들이 하고 있는 일은 비록 정치적 입장은 다르지만 1933년 프라이부르크 대학 총장으로 있을 때 하이데거 자신이 하고자 했던 것이라고 말했다. 우리는 이 주장을 하이데거의 위선적 환영이라고 치부해서는 안 된다. 하이데거가 (오해를 피하자면, 그의 개인적인 판단에서의 실수 때문만이 아니라 그 이론적인 체제 자체의 결함 때문에) 나치즘 속에서 찾으려 했던 것은 혁명적 사건으로, 짧은 재임 기간 동안 그가 프라이부르크에서 시행했던 몇 가지 조치들은(학생들과 노동자들과 군인들을 함께 결합시키려는 조치들, 이것은 그 자체로 파시즘적인 조처가 아니라 마오쩌둥이 문화혁명기 동안 하고자 했던 것이다) 그가 일종의 '문화혁명'과 같은 것을 의도하고 있었음을 증명한다. 그래서 앙드레 지드André Gide가 테오필 고티에Théphile Gautier에게 했던 신랄한 코멘트를 하이데거에게도 적용하고 싶은 유혹을 느낀다. 1933년에 그는 독일 정치학계에서 중

---

74 그럼, 자신의 윤리적 근원들에 대한 하이데거의 주장은 어떤가? 그는 항상 독일 언어의 특이한 역할과 함께 자기 자신의 독일성을 강조했지만 어떤 의미에서 그는 자신의 근원을 배반해야 했다. 그의 사유 전체는 그리스인과 독일인 사이의 긴장으로 점철되어 있다. 그리스적 근원들은 그리스적 기원들로 회부되어야 한다. 이 둘은 단순히 서구 형이상학의 선형적 발전사 속으로 통합될 수 없다. 독일적 근원들은 그리스적 기원으로 소급될 수 없는 독일 고유의 내용을 갖고 있다. (가령, 『언어에의 도정』Unterwegs zur Sprache에서 그는 정신Geist을 '스스로 불붙는 불길'로 분석하면서 스스로를-정립하는 주체성이라는 독일 관념론 고유의 개념을 향해 나아간다. 하이데거는 그리스어에서는 이와 같은 정신의 관념을 발견할 수 **없다**고 지적한다.) 그럼에도, 그리스어는 해독되어야 할 낯선 언어로 남아 있다.
75 뉴욕 폴리테크닉 대학(Polytechnic University of New York)과 유럽 대학원(European Graduate School)의 볼프강 쉬마허(Wolfgang Schirmacher) 교수로부터 개인적으로 들은 바다.

요한 역할을 수행했다. 단지 그 역할이 그에게 전혀 어울리지 않는 것이었을 뿐.

하이데거부터 충동까지

도덕에 대한 하이데거의 거의 공포증적인 과민함이 자기 자신의 윤리적으로 삐딱한 행위나 기본적인 윤리적 태도의 결핍에 대한 암묵적 용인으로 쉽게 설명될 수 있음에도 불구하고 인간 하이데거의 성격에 대한 반대론자들의 주장은 역시 오류이다. 그들은 마치 하이데거의 윤리적 결함을 밝힘으로써 그의 사유가 던진 이슈와 대결하는 고된 임무를 회피할 수 있으리라고 여기는 듯하다. 그럼에도 불구하고 도덕적 성찰에 대한 하이데거의 알레르기적 반응에는 불온한 어떤 게 있다. 1931~32년 플라톤 독해 세미나에서 그는 일상생활에서 "좋아!"라는 외침의 용법을 세밀하게 참조하면서 플라톤적 선함_{to agathon}과 도덕적 선함_{goodness}과의 연관성을 끊으려 했다. "'좋아!'라는 말은 '그렇게 될 거야', '결정되었어'를 뜻하지, **도덕적** 선함과는 관련이 없다. 윤리학은 이 말의 근본 의미를 파괴해 왔다." 그래서 우리는 반제 회의_{Wannsee Conference} 결과에 하이드리히가 외친 "좋아!"가 '진정으로' 플라톤적 의미로("그렇게 될 거야! 결정되었어!") 사용되었다고 생각할 수 있다. 여기에 실재적으로 철학적인 문제가 있다는 사실을 밝히기 위해서는 셸링의 『인간적 자유의 본질』*Philosophische Untersuchungen über das Wesen der menschlichen Freiheit*에 대한 하이데거의 세미나를 꼼꼼히 읽으면 된다. 거기서 하이데거는 결코 역사화할 수 없는, 근대 테크놀로지의 니힐리즘으로 귀결된 극단적 악의 차원을 인정해야 했다. 브렛 데이비스는 하이데거 사유의 이런 곤경을 탁월하게 분석한다.

데리다는 하이데거를 꼼꼼하게 읽으면서 어떻게 '정신'_{Geist}이 하이데거의 철학 체계에서 해체되지 않은 증상적 지점인지 증명하려고 했다.[76] 데이비스는 '의지'라는 개념이 그와 같은 역할을 했음을 증명해 보인다.[77] 하이데거 연구자들은 점점 하이데거의 사유는 둘이 아니라 세 시기로 구별되어야 한다는 것에 합의하고 있다. 초기의 현존재 분석(『존재와 시간』), 중기의 영웅적인 역사에 대한 주장("형이상학이란 무엇인가" 강연부터 「사건에 대하여」$_{\text{Vom Ereignis}}$ 원고까지, 『형이상학 입문』$_{\textit{Einführung in die Metaphysik}}$으로 출판된 주요 텍스트), 마지막 기술주의적 니힐리즘으로부터 '내맡김'$_{\text{Gelassenheit}}$의 징표 아래 시와 사유로 후퇴한 시기. 첫번째 시기에 하이데거는 의지의 현상을 무시했다. 두번째 시기 그것은 하이데거의 나치 참여 훨씬 이후까지 강력하게 주장된다. (보통 후기 하이데거의 시작점으로 이해되는 「사건에 대하여」에서 하이데거는 여전히 '사건에의 의지'에 대해 말한다.) 마지막 시기 니체와의 대면 결과 의지는 이전과는 반대로 현대적 주체성의 핵심으로 자리매김되고, 그래서 인류가 자신의 본질을 위협하는 니힐리즘으로부터 벗어나고자 한다면 극복되어야 하는 것으로 파악된다. 섬세하고 예리한 분석을 통해 데이비스는 어떻게 이러한 세 시기로의 구분이 자명하지 않은지 보여 준다. 명시적으로 주제화되지는 않았지만 의지는 첫번째 시기부터 이미 잠재되어 있을 뿐만 아니라 보다 중요하게는 끝까지 지속되어 예기치 못한 방식으로 불쑥 현현한다.

데이비스에게 동의할 수 없는 부분은 심지어 의지의 극복이 사유의 중심 대상이 될 때조차 의지에 대한 관심이 지속된 것을 해석하는 방법이다. 명백히 일본의 선불교에 대한 심오한 지식에 기인하여 데이비스는 이

---

76 Jacques Derrida, *Of Spirit: Heidegger and the Question*, Chicago: The Univ. of Chicago Press, 1991.[『정신에 대하여』, 박찬국 옮김, 동문선, 2005.] 참조.
77 Bret W. Davis, *Heidegger and the Will*, Evanston, IL: Northwestern University Press, 2007를 참조.

런 지속을 '끝나지 않는 기획으로서의 내맡김'에 대한 징표로 해석한다. 그것은 근본적으로 하이데거가 철저하게 의지를 '탈구성'하는 데 성공하지 못했으며, 그래서 그의 길을 따라 그 내맡김으로부터의 결과를 도출하는 임무는 우리에게까지 이어진다는 것을 암시한다. 하지만 우리의 주장은 데이비스가 그토록 명확히 인지한 후기 하이데거로까지 지속된 의지는 근대적 주체에 대한 하이데거의 비판적 분석이 지닌 불충분성을 드러낸다는 쪽이다. "하이데거의 기획이 충분하지 못해서 스스로 주체성에 의해 표지된 채 남아 있다"는 의미에서 불충분하다는 게 아니라, 그가 현대적 주체성 자체의 비-형이상학적 중핵을 간과하고 있다는 의미에서 불충분하다는 것이다. 주체성의 심연에 내재한 가장 근본적인 차원은 기술주의적 지배 태도로서의 주체성이란 개념틀로는 결코 포착될 수 없다.[78] 달리 말해, 그것은 내맡김의 잠재성을 완전히 계발하지 못한 우리의 실패일 뿐 아니라 내맡김의 증상, 그 개념 자체의 한계 표식이다.[79]

데이비스는 다음의 둘을 구분한다.

① 하이데거가 주체성의 '의지'라 부른 것, 즉 구체적인 형이상학의 역사 속에 떠올라 확산된 근본적 (탈)조화와 ② 우리가 (하이데거에 대한 해석학적 보충으로서) '원-의지'ur-willing라고 불러 왔던 것, 즉 의지하지-않음 non-willing의 고유한 본질에 달라붙어 있는 비역사적인 부조화의 과잉.[80]

---

78 Slavoj Žižek, *The Ticklish Subject*, London: Verso, 1999, ch.1. 참조.[『까다로운 주체: 정치적 존재론의 부재하는 중심』, 이성민 옮김, 도서출판b, 2005.]
79 '의지'라는 개념이 기술주의적 통제와 지배를 지탱할 뿐 아니라 군사적인 투쟁과 희생정신 역시 고취한다는 점을 간과하고 있다는 인상을 피하기 위해 '초연한 내맡김'은 결코 끔찍한 파괴로 이어진 기술주의적이고 군사적인 참여로부터 우리를 보호해 주지 못한다는 사실을 상기하자. 일본 선불교의 운명이 이것을 증명한다.
80 Davis, *Heidegger and the Will*, p.303.

하이데거는 질서와 무질서에 대한 아낙시만드로스Anaximander의 단편들의 독해 속에서 이 지점에 직접 접근한다. 거기서 그는 존재자의 다음과 같은 가능성을 고려한다.

(존재자는) 훨씬 더 현존하기 위해서만 견딤Beständigen이라는 의미에서 자신의 무위while를 고집할bestehen 것이다. 그것은 자신의 현존에 고집스레 머물러 있는 것이다. 이런 식으로 그것은 자신의 찰나적 무위로부터 탈출한다. 그것은 현존하는 것 외에 다른 어떤 것에 대한 관심도 갖지 않으면서 고집스런 지속의 의지를 구축한다. 마치 이것만이 머물러 있는 유일한 방법인 양 그것은 가만히 굳어진 채 오직 지속적 생존만을 목적으로 한다.[81]

데이비스의 테제는 이런 '반항적인 머무름'이 비-역사적인 원-의지, 즉 현대적 주체성의 권력의지에 제한되지 않고 존재 자체의 핵심에 귀속하는 의지함을 가리킨다는 것이다. 이것은 또한 데이비스가 '지속에의 갈망'에 대한 한나 아렌트의 독해를 전통적인 목적론적 개념으로 즉, "창조 자체의 '질서'에 대항한 의지적인 반항"[82]으로 보는 것이라고 비난할 때 그의 생각이 정당한 이유이다. 이 원-의지는 특정한 창조물이 이기적으로 총체적인 질서로부터 자기 자신으로 후퇴하는 것이 아니라 그 질서 자체에 기입된 '도착'perversion이다.

인간의 불가피한 유한성의 측면인 '의지함'의 문제가 있지 않은가? '의

---

81 Martin Heidegger, *Holzwege*, Gesamtausgabe, vol.5, Frankfurt: Klostermann, 1977, p. 355.
82 Hannah Arendt, *The Life of the Mind,* New York: Harcourt Brace Jovanovich, 1978, p.194.[『정신의 삶 1 : 사유』, 홍원표 옮김, 푸른숲, 2004.]

지함'의 문제는—형이상학의 시기들마다 그것의 특수한 역사적 결정들/약화들의 문제가 아니더라도—또 다른 시작함 속에도 남아 있지 않은가?[83]

하이데거가 명확히 본 것은 위대한 라인란트 신비주의자들(에크하르트, 뵈메J. Böhme)이 본 것이기도 하다. 악evil을 신적인 선goodness으로부터의 거리나 타락으로 이해하는 것은 충분치 않다. 던져야 할 질문은 어떻게 이런 거리가 발생하느냐 하는 것이다. 유일하게 일관된 대답은 신 자체 안에 '전도'inversion가 있어야 한다는 것, 즉 신성한 기원의 핵심에 이미 투쟁과 불협화음이 존재해야 한다는 것이다. 이 같은 방식으로 하이데거는 주체성의 과잉, 존재의 허무주의적 망각을 존재 자체의 핵심에 있는 투쟁과 불일치 안에 정초한다. 데이비스는 셸링의 『인간적 자유의 본질』 독해에서 하이데거에 나타난 동요로부터 동일한 결론을 도출한다. 근본적인 악이 분출하는 것은,

> 대학살 수용소에서의 얼굴 없는 익명의 테크놀로지에서가 아니다. 오히려 악은 타인의 얼굴을 마주보고 인간이 내면의 철회를 선명하게 감각하면서 의지에 따라 가스실의 작동 버튼을 누르는 것이 가능하다는 사실에서 분출한다. 이런 면 대 면의 탈면face to face defacement의 사악함은—이 사악한 권력의지는 타인의 살해에 대한 의지로, 그것은 그/그녀의 타자성을 소멸시키는 데서 악마적인 쾌락을 얻기 위해 타자에 대한 인식을 견지하는 의지이다—근본적으로 테크놀로지의 계획적 음모가 지닌 악을 넘어선다. (……) 아무런 사유 없이 타자를 기술주의적 계획의

---

83 Davis, *Heidegger and the Will*, p.282.

톱니바퀴로 환원하는 것은 아직 타자의 저항을 정복하고 그녀의 고통을 목격하는 것에서 쾌락을 얻기 위해 타자의 타자성을 명확히 인식하는 사악한 권력의지가 아니다. 이 끔찍한 악의 사실성은 기술주의적으로는 설명될 수 없다.

기술주의적 의지에의 의지에서 정점을 이루는 하이데거의 형이상학 역사는 (……) 이와 같은 사악한 권력에의 의지의 심연을 간과한다. 따라서 하이데거 이후의 우리는 단지 익명적인 탈면의 기술주의적 의지에의 의지가 아니라 면 대 면의 탈면적 권력의지의 근원적 잠재성으로서의 원-의지의 근원적인 과잉을 다시 사유해야 한다. 게다가 인간의 자유가 이와 같은 비-기술주의적 권력의지에 관한 책임성으로부터 분리될 수 없는 한 악에 대한 하이데거의 사유가 지닌 한계는 그의 인간의 자유에 대한 사유에 내재한 한계를 드러내는 것이기도 하다.[84]

그래서 이것은 하이데거가 홀로코스트를 자연에 대한 농업적 착취와 동일한 연쇄 속에 기입할 때 범한 오류이다.

여기서 '어처구니없는 부적합'은 하이데거의 사유로서는 식료품 생산과 소비를 위해 야채를 정돈하는 일과 처형시키기 위해 사람들을 정렬시키는 것 간의 본질적 차이를 파악하지 못한다는 데 있다.[85]

그럼 야채와 인간을 똑같이 이용/처분 가능한 대상의 차원으로 환원시키는 것은 하이데거가 아니라 근대적 테크놀로지 자체라는, 하이데거

---

84 Davis, *Heidegger and the Will*, pp.297~298.
85 Ibid., p.297.

의 방어 속에 있는 대항-논변은 어떤가? 대답은 간명하다. 하이데거에게 **잘못**된 점이 있다면 그것은 단지(그리고 중요하게) 홀로코스트를 기술주의적 물체corpse 생산으로 환원시켰다는 점이다. 홀로코스트와 같은 사건 안에는 타인을 모욕하고 파괴하고자 하는 중요한 의지적 요소가 있다. 여기서 희생자는 반성적 사유 속에서, 즉 좀더 그를 모욕하기 위해서 대상 취급을 받는다. 이것은 파괴의 의도가 없는 산업적으로 생산된 식물과는 선명하게 대조된다. 산업화된 농업에서 식물은 그저 기술적 조작의 대상으로 환원된다.

이것은 그의 세계에 외상이란 개념이 자리 잡을 수 없는 이유이기도 하다. 하이데거의 개념체계에서 외상이나 외상적 대면과 같은 개념은 정확히 사유할 수 없는 지점, 즉 존재적인 침입이 너무나 강력해서 우리에게 현실적 좌표를 제공하는 존재론적 지평 자체를 파괴하는 지점을 가리키는 게 아닌가? 이것이 외상적 대면이 존재론적 지평의 상실이라는 심오하게 철학적인 의미로 이해되어야 하는 '현실의 상실'을 가져오는 이유이다. 외상 속에서 우리는 일순간 존재론적 지평에 의해 포함/은폐되지 않은 '날것'의 존재적 사물에 노출된다. 물론, 이것은 우리가 홀로코스트와 같은 것을 목격할 때 일어나는 세계 자체의 일시적 소멸과 같은 것이다. 우리는 이런 진술을 최대한 문자 그대로 읽어야 한다. 악을 통한 행위는 바로 세계-계시 자체를 위협한다.

데이비스의 해법은—"존재론적으로 필연적인 오류와 비정상적으로 과도한 '타락으로의 이끌림' 사이의 명백한 구분"[86]—필연적인 악의 '정상적' 차원과 이 '정상적' 차원의 존재적 '과잉' 사이의 너무나 단순한 구분('필수적'인 리비도 억압과 불필요한 과잉적 억압이라는 마르쿠제의 오래

---

86 Ibid., p.299.

된 구분과 유사한 것)에 위험스럽게 근접한다. 이런 해법의 문제는 그것이 이중적으로 요점을 놓친다는 데 있다. 먼저 그것은 명백히 하이데거의 요점을 놓친다. 즉, 하이데거의 요점은 진정한 과잉은 기술주의적 니힐리즘의 존재론적 '악'에 있다는 것이다. 그에 비해 '존재적' 과잉은 부차적인 불운이다. 그래서 우리는 감히 브레히트적으로 물을 수 있다. "인간을 기술적 조작의 대상으로 환원시키는 행위와 비교할 때 수천 명의 살인이란 얼마나 하찮은가?" 두번째 그것은 에크하르트 이후 독일 신비주의자들에 의해 이미 규명된 차원을 놓친다. 바로 비-역사적인 '과도하게' 근본적인 인간적 악(타인을 모욕하고 해치려는 의도)은 단순히 인간의 존재론적 본질로부터의 탈각이 아니라, 바로 이 존재론적 본질 안에 근거해야 한다.

여기서 두 가지 (서로 연관된) 질문이 던져져야 한다. 첫번째 질문은 순진하지만 필수적인 것이다. 악이 존재 자체의 심연에 근거한다면 그것은 궁극적으로 구체적 악에 대한 인간의 책임을 면해 주는 것이 아닌가? 달리 말해 "하이데거는 악의 기원을 존재 자체의 부정성에 귀속시킴으로써 암묵적으로 악을 존재론적으로 필요한 오류로 정당화하는 것"[87]은 아닌가? 두번째 질문은 보다 근본적-존재론적인 것이다. 존재의 심부에 있는 이런 갈등은 존재라는 것이 갈등하는 극들의 숨겨진 일치라는 의미에서 조화Harmony 자체의 일부인가? 아니면 보다 근본적인 부조화로서 존재의 조화 자체를 탈선시키는 어떤 것인가? 데이비스의 말로 하면, "존재는 모든 불협화음이 필연적인 조화를 이루게 되는 푸가fugue인가? 아니면 지양할 수 없는 부조화의 과잉으로서 악이 존재 증여에 달라붙어 있는 것인

---

87 Davis, *Heidegger and the Will*, p.289.

가?"[88] 하지만 첫번째 선택지가 "하이데거의 사유를 관념론적 체계화로 되돌아가게 만든다"[89]는 데이비스의 주장과 반대로 우리는 그것이 그 궁극적 지평이 투쟁하는 힘들의 고차원적 조화에 있는 전-근대적(전-관념론적) '이교주의'paganism이며, '주체성'이란 근본적인 차원에서 실체적인 존재 질서의 고차원적 조화로 공-진화하지co-opted 않는 '부조화의 과잉'을 지칭한다고 주장해야 한다.

이런 질문들에 답하기 위해서는 '하이데거로 하이데거에 맞서' 사고하는 것, 즉 '끝나지 않는 하이데거의 기획'을 끝까지 밀어붙이는 내재적 비판으로는 불충분하다. 우리는 '존재의 푸가'에 대한 악마적인 전도라는 하이데거의 기본 전제를 포기해야 한다. 하이데거의 아낙시만드로스 독해로 되돌아가자. 프로이트와 라캉에 약간이라도 교양이 있는 사람이라면 아낙시만드로스의 '무질서'disorder에 대한 하이데거의 독해에서 프로이트의 '충동'drive을 떠올리게 된다. 그의 공식은 '반복 강박'에 따른 순환 내부의 어떤 불가능한 지점에 충동이 '붙박힌' 상태를 표현한다. 기본적으로 충동은 '자연적인' 흐름을 탈선시키는 '전복적인 의지함'이다. 그렇다면 엄밀한 의미에서 이런 '붙박힘' 이전의 세계, 그 이전의 존재 계시란 없는 게 아닌가? 의지의 과잉에 의해 교란되는 내맡김이란 것이 없다면, 내맡김을 위한 공간을 여는 것은 바로 이 과잉-붙박힘이라면 어쩌겠는가? 단지 죽을 뿐인 동물과 달리, 인간 존재가 그/녀 자신을 유한한/필멸의 존재로 경험할 수 있는 것은 바로 이런 붙박힘을 배경으로 해서가 아닌가?

그래서 근원적인 사실은 원-의지의 출현에 의해 교란/전도될 수 있

---

88 Ibid., p.294.
89 Ibid.

는 존재의 푸가(혹은 내맡김의 내적 평화)가 아니라 이 원-의지 자체, '자연적' 푸가의 이런 교란 자체이다. 다른 식으로 말해서, 인간 존재가 일상적인 생활세계에의 침잠으로부터 내맡김의 내적 평화로 철회하기 위해서는 우선 충동의 과도한 '붙박힘'에 의해 이 침잠이 파괴되어야 한다.

이로부터 또 다른 결론이 도출되어야 한다. 첫째, 인간의 유한성은 정확히 무한성과 등가이다. '삶과 죽음을 넘어' 지속되는 충동의 외설적 '불멸성/무한성' 말이다. 둘째, 존재의 질서를 '전도시키는' 악마적인 의지의 과잉에 붙여진 이름은 바로 주체이다. 그래서 주체는 존재의 신기원으로, 기술주의적 지배에 얽매인 근대적 주체로 환원될 수 없다. 보다 근저에 '비-역사적인' 주체가 존재한다.

하이데거의 '신성한 폭력'

우리의 독해가 전체적으로 반대하는 명제가 있다면 그것은 "보다 온순하고 수용 가능한 대지와 천상, 필멸과 신성으로의 개방 형식을 위해 하이데거가 투쟁과 신화적인 정치 행위와 희생에 대한 낭만적 매혹을 포기했다"[90]는 것이다. 이에 걸맞는 제목은 아마 "온순한 개방성을 조심하라!" 정도가 될 것이다.

하이데거 사유의 세 시기와 관련하여 이것이 의미하는 바는 두번째 시기에는 세번째 시기에서 상실된, 다른 차원으로의 잠재적 돌파가 있다는 것이다. 즉, 하이데거가 가장 많이 틀릴 때(그의 나치 참여) 그는 가장 진실에 근접했다. 두번째 시기와 세번째 시기의 불일치를 해소하는 게 아니라 그런 불일치를 비가시화시키는 새로운 패러다임을 제안하는 것이

---

90 Wrathall, *How to Read Heidegger*, p.87.

다. 후기 하이데거의 녹색-내맡김에 대한 주장과 반대로 우리는 폭력과 정치적 행위와 희생의 하이데거라는 새로운 열림을 탐색해야 한다. 이미 그레고리 프라이드[91]는 텍스트 분석의 차원에서 하이데거의 전체 저작에 대한 깊고도 면밀한 독해를 통해 이에 대한 기초 작업을 해놓았다. 그는 헤라클레이토스의 전쟁$_{polemos}$(투쟁, 독일어로는 전투$_{Krieg}$, 전쟁$_{Kampf}$)에 대한 단편 53번 "투쟁은 모든 것의 아버지이자 모든 것의 왕이다. 그것은 한편으로는 신을, 다른 한편으로는 인간을 드러내고, 한편으로 노예를, 다른 편으로는 자유인을 만든다"[92]에 대한 하이데거의 참조(특히 『대화』 $Auseinandersetzung$에서)를 해석 렌즈로 삼았다.

모든 헤라클레이토스 해석가들이 알고 있듯이 이 구절은 우주가 신성한 힘에 의해 생성되고 지배된다는 종교적 관점을 전도시킨 것이다. 헤시오도스$_{Hesiod}$ 같은 몇몇 사람들에게 신(제우스)은 '모든 것의 아버지이자 왕'이다. 만약 제우스의 자리에 투쟁(전쟁)을 놓으면 우리는 세계에 대한 전혀 다른 그림을 갖게 된다. 국지적인 긴장과 투쟁이 전능한 신적 일자의 부권적 힘에 의해 조절되는 위계적 총체로서의 우주가 아니라, 최종적인 현실인 투쟁 자체의 지속적 과정으로서의 우주, 그로부터 (일시적인) 질서뿐 아니라 존재자들 자체가 출현하는 과정으로서의 우주 말이다. 그것은 각 존재자들의 안정된 동일성이 일시적이라는 것뿐만 아니라, 그것들 전체가 조만간 사라지고 해체되고 원초적인 카오스로 되돌아온다는 것이다. 존재자들의 (일시적) 동일성 자체는 투쟁을 통해 출현한다. 즉

---

91 Gregory Fried, *Heidegger? Polemos: From Being to Politics,* New Haven, CT: Yale University Press, 2000. 참조.
92 (그리스어 스타일로) 동사로 끝맺는 이 시작부분은 오늘날 대중문화 속의 모든 연인들이 「스타워즈」에서 헤라클레이토스적 금언을 따라 동사로 끝나는 금언을 말하는 요다의 어투를 기묘하게 환기시킨다. 그래서 그 시작부분(polemos panton men pater esti)은 요다식으로 "War father of all is……"로 번역되어야 한다.

안정된 동일성이란 것은 고된 투쟁을 통해서만, 다른 것(들)과의 대면 속에서만 획득되는 어떤 것이다. 이것은 언젠가 들어 본 이야기 같지 않은가? 하이데거가 이 구절을 독해하면서 "여기서 말하는 투쟁은 기원적인 투쟁으로, 그것은 처음으로 기원 자체를 위해 투쟁하는 자들에게 허락된 것이기 때문"[93]이라고 주장할 때 우리는 통상적인 '히틀러와 함께 하이데거를'이 아니라 예기치 않게도 '스탈린과 함께 하이데거를' 만나게 되지 않는가? 스탈린에게도 자연과 역사는 위대하고도 영원한 '대립물의 투쟁' 과정이다.

형이상학과 달리 변증법은 내재적 모순이 모든 사물과 자연 현상에 함유되어 있다고 주장한다. 모든 것들은 자신의 부정적 측면과 긍정적 측면, 과거와 미래, 사라져 없어지는 것과 발전되어 나오는 것을 갖고 있기 때문이다. 이런 대립물의 투쟁, 낡은 것과 새로운 것의 투쟁, 소멸하는 것과 태어나는 것의 투쟁, 사라지는 것과 발전하는 것의 투쟁이 발전 과정의 내적인 내용, 즉 양적 변화의 질적 변화라는 전환의 내재적 내용을 구성한다.

따라서 변증법적 방법은 낮은 수준에서 높은 수준으로의 발전 과정이 조화로운 현상의 전개로서 발생하는 게 아니라, 사물과 현상에 내재하는 모순들의 계시로서, 이 모순들에 근거하여 작동하는 대립적 긴장의 '투쟁'으로서 일어난다.[94]

헤라클레이토스의 구절 안에는 "한편의 노예와 다른 한편의 자유인

---

93 Heidegger, *Introduction to Metaphysics*, p.47.
94 Joseph Stalin, "Dialectical and Historical Materialism (September 1938)" http://www.marxists.org/reference/ archive/stalin/works/1938/09.htm에서 볼 수 있다.

을 만드는" 투쟁이라는 형태로 '계급투쟁'까지 들어 있다. 몇몇 자료에 의하면 2차 세계대전 마지막 해에 하이데거를 방문한 사람이 그의 책상에 맑스 철학에 관한 책 몇 권이 놓여 있는 것을 보고 놀랐다고 한다. 이에 대해 하이데거는 소비에트 연방이 전쟁에서 승리해 감에 따라 새로운 사회에서 그의 역할에 대하여 생각하고 있었다고 대답했다. 출처의 정확성 여부와 상관없이 우리는 이 일화의 내적 논리 속에서 간명하고도 단순한 아름다움과 정확성을 지닌 헤라클레이토스의 그리스적 지혜와 스탈린의 변증법적 유물론의 '세계관' 사이의 예상치 못한 공명을 발견할 수 있다.

하이데거가 반복적으로 참조하는 또 다른 그리스적 지혜는 『안티고네』의 코러스에서 인간의 '기괴한/악마적인' 성격에 대한 언급이다. 『형이상학 입문』에서 그는 이 구절을 독해하면서 '존재론적' 폭력이라는 개념을 제시하는데, 그것은 새로운 인민의 공동세계를 창조하는 근본적인 몸짓에 항상 내재하는 것으로, 시인과 사상가와 정치인에 의해 수행되는 것이다.

> 폭력은 보통 타협과 상호원조가 현존재의 표준을 마련하는 장에서 발견되고, 그래서 모든 폭력은 반드시 교란과 위반으로만 간주된다. (……) 폭력적인 존재는 말해지지 않은 것을 말하기 시작하는 존재이며, 사유되지 않은 것을 사유하고, 한번도 일어나지 않은 것을 일으키고, 비가시적인 것을 보이게 하는 창조적인 존재이다. 이런 폭력적 존재는 언제나 대담한 용기를 가진 존재이다. (……) 따라서 폭력-행위자는 어떤 (일상적인 의미에서) 친절함도, 어떤 화해도 알지 못하며, 어떤 성공과 명성과 비준에 의한 위안이나 안심도 알지 못한다. (……) 그런 존재에게 재난은 압도하기 위한 가장 깊고 넓은 '예'Yes이다. (……) 본질적인 결-정de-cision은 그것이 수행될 때, 그것이 끊임없는 일상과 관습에의 유혹에 저항할

때 언제나 폭력을 사용해야 한다. 이런 폭력의 행위, 이런 존재자들의 존재를 향한 길의 개척은 가장 손에 닿기 쉽고 가장 일상적인 것의 안락함으로부터 인간성을 탈출시킨다.[95]

즉, 창조자는 "장소 위에서 장소를 상실한다"*hupsipolis apolis*(『안티고네』, 370행). 그는 장소(국가)polis와 그 윤리ethos 바깥에 선다. 그는 어떤 (윤리가 타락한 형식일 뿐인) '도덕'morality의 규칙들에도 구속받지 않는다. 그는 오직 스스로 새로운 윤리의 형식을 수립하고 장소(국가)의 공동적 존재 형식을 창조한다. 물론 여기서 공명하는 것은 법 자체의 규칙을 정초하는 '불법적' 폭력이라는 주제로 그것은 동시에 발터 벤야민과 칼 슈미트에 의해 각기 다른 방식으로 제시된 것이다.[96] 이 구절의 냉혹성은 여기서 하이데거가 단지 새로운 형태의 전복적 형상을 제시한 것만은 아니라는 데 있다. ("폭력의 본질은 고통, 전쟁, 파괴 따위의 존재적 폭력과는 아무 관련이 없다. 폭력의 본질은 새로운 본질적 양태—공동적 존재의 계시—의 강제/초석적 성격 자체에 있다.") 여기서 하이데거는 (암시적이지만 분명하게) 이런 본질적 폭력을 존재적 폭력 자체의 분출을 정초하는—적어도 그 공간을 여는—어떤 것으로 독해한다. 하이데거에 대한 자유주의적 비판자들은 이런 구절에 근거해 어떻게 하이데거가 최소한의 도덕적 기준들조차 무시하면서 정치인-창조자의 난폭한 '존재적' 폭력을 정당화하는지, 그래서 히틀러를 쇠약한 바이마르 공화국이라는 공동의 장소를 초월해

---

95 Heidegger, *Introduction to Metaphysics*, pp.115~128.
96 물론, 하이데거는 표준적인 방식으로 이런 폭력의 첫번째 희생자가 폭력의 창조자 자신이라는 것, 새로운 질서의 도래와 함께 사라져야 할 첫번째 희생자는 바로 그 질서에 근거하고 있는 창조자 자신이라는 사실을 재빨리 덧붙인다. 이런 사라짐은 육체적으로 파괴되는 것에서부터—모세와 율리우스 카이사르 등 새로운 세계를 세운 자는 살해당해야 한다는 것을 우리는 알고 있다—횔덜린의 경우처럼 광기로 몰입하는 것까지 다양한 형태를 취할 수 있다.

그 좌표들을 해체하고 민족 사회주의 혁명으로 새로 깨어난 독일이라는 새로운 공동 존재를 폭력적으로 정초한 정치인-창조자로 치켜세우면서 자신의 나치 참여의 길을 트고 있는지 강조하곤 한다.

하지만 여기에 덧붙이고 싶은 것은 나치즘(일반적으로 파시즘)의 경우 폭력의 배치가 반대라는 것이다. 미친 주장처럼 보일지도 모르겠지만 히틀러의 문제는 **충분히 폭력적이지 않았다**는 데 있다. 히틀러의 폭력은 '본질적으로' 충분하지 않았다. 나치즘은 충분히 극단적이지 않아서 현대 자본주의 사회 공간의 근본 구조를 파괴하는 용기를 감행하지 않았다. (이 때문에 나치즘은 유대인이라는 창조된 외부의 적을 파괴하는 데 몰두한 것이다.)

이런 이유로 우리는 히틀러의 매혹에 반대해야 한다. 물론 그는 사악한 인간이고 수백만의 죽음에 책임이 있는 인간이지만 그럼에도 그는 결정적인 용기를 가지고 불굴의 의지로 자신이 추구한 것을 실행한 인간이라는 매혹 말이다. 요점은 이것이 윤리적으로 비난받을 만한 매혹이라는 것이 아니라 단순히 그런 매혹이 **틀렸다**는 것이다. 히틀러는 실제적으로 사태를 변화시킬 '용기를 갖고 있지' **않았다**. 그는 실제로 행동하지 **않았으며**, 그의 모든 행위는 아무런 실재적 변화도 일어나지 않게 하기 위한 **반동**reactions 행위이고, 그가 상연한 거대한 혁명의 스펙터클은 자본주의 질서가 지속될 수 있게 하기 위해 마련된 것뿐이다. 만약 진실로 과감한 행위, 즉 불가능한 것을 하려는 '용기에 의한' 행위, 그러면서도 이해 불가능한 고통을 야기하는 끔찍한 행위를 만나고 싶다면 1920년대 말 소련에서 스탈린이 강요한 집단화를 상기하면 된다. 그러나 여기서도 동일한 비판이 적용된다. 1928년 '스탈린주의적 혁명'의 역설은 그 혁명의 극단적 난폭함에도 불구하고 그것은 사회적 실체를 실질적으로 변형시키기에 **충분할 만큼 근본적이지 않았다**는 데 있다. 그것의 난폭한 폭력성은 전적으로 무능한 행위로의 이행passage à l'ate으로 읽어야 한다. 스탈린의 '전체주의'는 진실을 위해 명명 불가능한 실재의 전면적 강제와는 거리가 면, 오히려 권력 유지를 위해 모든 '원칙들'을 조작하고 희생하는 무지막지한 '실용주의'pragmatism의 태도를 함축한다.

이런 관점에서 히틀러의 아이러니는 부르주아적 자기만족을 경멸하는 그의 위대한 제스처가 결국에는 그것의 자기만족적 지속에 기여한다는 것이다. 나치즘은 '타락한' 부르주아적 질서의 실질적인 파괴나 그런 타락에의 침잠으로부터 독일을 깨우는 것이 아니라 오히려 그런 각성을 지연시키고 계속 그 타락에 몰두하도록 해주는 꿈이다. 독일은 1945년의 패전을 통해서 비로소 그 꿈에서 깨어난다. 바디우의 (사건에의 충실을 실천하기 위해 필요한) '용기'라는 개념이 자유주의적 정신에 불러일으키는 걱정은 어떻게 우리가 '좋은'(고유하게 사건적인) 용기와 '나쁜' 용기를 구분하느냐 하는 것이다. 이를테면, 1944~45년 겨울 베를린을 사수했던 나치와 자살 공격을 통해 자신을 불사른 무슬림 테러리스트 역시 진정으로 용감하지 않은가? 그럼에도 '나쁜' 용기란 것은 없다고 주장해야 한다. 나쁜 용기는 항상 비겁의 형태로 나타난다. 나치의 '용기'는 그들 사회의 핵심 특질인 자본주의적 생산관계를 공격하지 않은 비겁함에 의해 지탱되었다. 또한 테러리스트들의 '용기'는 자기 자신을 그 도구로 지각하는 '대타자'에 의존해 있다. 진정한 행위의 용기는 항상 대타자의 비존재를 받아들이는 용기, 현존하는 질서의 증상적 매듭을 공격하는 용기이다.

다시 하이데거로 돌아와서, 이것이 의미하는 것은 히틀러의 폭력은 가장 끔찍한 순간에서조차 여전히 '존재적'인 것으로, 나치 운동이 부르주아적 공동 존재의 근본 좌표와 대결-의문시-해체 하는 실제적인 '비장소'apolis가 되지 못한 무능을 폭로하는 무력한 행위로의 이행이었다. 그렇다면 하이데거 자신의 나치 참여 역시 일종의 행위로의 이행으로 볼 수 있다. 그것은 자기 안에서 발견한 이론적 곤경을 해소하지 못한 무능을 증명하는 파괴적인 분출이 아니었을까? 그래서 어떻게 하이데거의 나치 참여를 그의 철학과 연관시킬 것인가 하는 질문은 다시 던져져야 한다. 그것은 더 이상 하이데거의 사유와 그의 정치적 행동 사이의 적합성(대응)의 문제가 아니라 (그 자체로는 나치즘과 아무 상관이 없는) 내속적인 이론적 곤경과 그로부터 탈출하기 위한 유일한 방법으로서의 폭력적인 이행passage의 문제이다.

이것은 또한 태초에 말이 있었는지 행위가 있었는지에 대한 오랜 딜레마를 재구성하는 방법이기도 하다. 논리적으로 태초에는 말이 있었고, 그에 잇따른 행위는 말의 곤경을 드러내는 타격의 분출이었다. 가장 탁월한 행위인 신적 창조의 행위 역시 마찬가지다. 그것은 신의 합리화의 곤경을 드러내는 것이다. 즉, 여기서도 존재론적 증거의 부정적 측면이 관철된다. 신이 세계를 창조했다는 사실은 그의 전능성과 선함의 과잉을 드러내는 것이 아니라, 그의 쇠약함과 한계를 드러내는 것이다.

2부
과거로부터의 교훈

4장
로베스피에르부터 마오까지의 혁명적 테러

5장
다시 방문한 스탈린주의, 혹은
어떻게 스탈린은 인간의 인간성을 구원했는가

6장
포퓰리즘이 실천에서는 (가끔씩) 옳지만,
이론에서는 옳지 않은 이유

4장 로베스피에르부터 마오까지의 혁명적 테러

"무엇을 원하는가?"

『세계들의 논리』에서 알랭 바디우[1]는 고대 중국 '법가'法家부터 자코뱅을 거쳐 레닌과 마오까지 작동하는 혁명적 정의의 정치라는 영원한 이데아를 정교하게 검토한다. 그것은 네 계기로 구성된다. **의지주의**voluntarism('객관적인' 법과 장애물에 구애받지 않고 '산을 옮길' 수 있다는 믿음), **테러**terror(인민의 적을 타도하겠다는 무자비한 의지), **평등한 정의**egalitarian justice(우리로 하여금 조금씩 점차적으로 나아가도록 강요하는 '복잡한 상황들'에 대한 이해에 근거하지 않은 채 평등한 정의를 향한 즉각적이고 과격한 몰아붙임), 그리고 가장 중요한 마지막 요소로 **인민에 대한 신뢰**trust in the people가 있다. 이 인민에 대한 신뢰에 해당하는 두 사례를 들어 보자. 첫째, 로베스피에르 자신의 '위대한 진리'(대중 정부의 특징은 인민에 대한 신뢰와 자신에 대한 냉혹함에 있다). 둘째, 마오쩌둥의 스탈린 비판. 그는 스탈린의 「소련 사회주의의 경제적 문제들」Economic Problems of Socialism in the

---

1 Alain Badiou, "Introduction", *Logiques des mondes*, Paris: Éditions du Seuil, 2006. 참조.

USSR을 비판하며, 스탈린의 관점은 "거의 모든 점에서 틀렸다. 가장 근본적으로 오류를 범하는 점은 농민을 불신하는 데 있다"²라고 규정한다.

근대 유럽사에서 혁명적 정의의 정치를 완벽하게 구현한 최초의 사례는 프랑스 혁명 과정에서의 자코뱅이었다.³ 1953년 중국의 총리 저우언라이周恩來가 한국전쟁 휴전 협정을 위해 제네바에 갔을 때, 한 프랑스 기자가 프랑스 혁명에 대해 어떻게 생각하느냐고 질문했다. 그러자 그는 "그것에 답하기에는 너무 빠르다"라고 대답했다. 어떤 측면에서 그가 옳다. 1990년대 후반 '인민민주주의'의 붕괴와 함께 프랑스 혁명의 역사적 의미를 둘러싼 논쟁이 다시 분출했다. 자유주의 수정주의자들은 1989년 공산당의 붕괴는 정확한 순간에 일어났다고, 그것은 1789년에 시작된 역사의 종언을 표지한다고, 자코뱅과 함께 출현한 국가주의적 혁명 모델의 최종적 실패를 표지한다고 주장했다.

프랑스 혁명의 경우보다 "모든 역사는 현재의 역사다"라는 명제가 잘 맞는 경우는 없다. 그것의 역사학적 수용은 항상 정치투쟁의 왜곡과 해석에 정확히 반영되어 왔다. 보수주의의 특징적 표지는 그것에 대한 단순 명료한 거부에 있다. 그에 따르면 프랑스 혁명은 출발점에서부터 무신론적인 근대정신에서 비롯된 재앙이며, 인간성의 사악한 진화에 대한 신의 징벌로 해석되어야 하기에 그것의 흔적은 가능한 한 완벽하게 말소되어야 한다. 자유주의의 전형적 태도는 좀 다르다. 그것의 공식은 '1793년 없는 1789년'이다. 즉, 감성적인 자유주의자들이 원하는 것은 디카페인

---

2 물론, 문제는 '인민'(the people)이라는 단어의 모호함에 있다. 인민이란 '경험적인' 개인들로 구성된 신뢰의 대상인가? 아니면 우리는 대문자 인민(the People)에 의거하여 '그 인민'을 대신해서 인민의 적에 대한 테러를 개별적인 인민 자신에 대한 테러로 전환할 수 있는 것인가?
3 물론, 그 기본 요소는 훨씬 이전의 '천년왕국' 혁명론(체코의 후스Hussites파에서부터 토마스 뮌처Thomas Münzer파까지)과 크롬웰(O. Cromwell)의 공화주의(Commonwealth) 안에서 발견할 수 있다.

혁명decaffeinated revolution, 혹은 혁명의 냄새가 나지 않는 혁명이다. 프랑수아 퓌레François Furet와 그 외 다른 이들은 프랑스 혁명에서 근대 민주주의의 정초적 사건으로서의 지위를 박탈하여 그것을 역사적 돌연변이로 취급한다. 개인의 자유에 대한 근대적 원칙들을 주장할 역사적 필요는 있지만 영국의 사례가 보여 주듯이 그것은 보다 더 평화로운 방법으로 성취될 수 있었다는 것이다. 이와 반대로 근본주의자들은 알랭 바디우가 '실재의 열정'이라고 부른 것에 매혹된다. 만약에 당신이 A ― 평등, 인권, 자유 ―를 말한다면 당신은 그것의 결과들을 회피해서는 안 되며, B ― 실질적으로 A를 옹호하고 실현하기 위해 필요한 테러 ―를 말하는 용기를 가져야 한다.[4]

1968년 5월 혁명의 기억도 이와 같다. 2007년 5월 대통령선거 결선투표 전날 사르코지Nicolas Sarkozy는 유권자가 직면한 진정한 선택을 68년 5월의 유령을 몰아내는 것으로 정식화했다. "이번 선거에서 우리는 68혁명의 계승이 지속되어야 하는 것인지, 바야흐로 이제는 종식되어야 하는지 배워야 한다. 나는 이제 68년 5월의 페이지를 넘기고자 한다." 68년 5월의 기억을 옹호하려면 우리는 그 기억의 내용이 이데올로기 투쟁의 무대라는 것 또한 염두에 두어야 한다. 다니엘 벤사이드Daniel Bensaïd와 알랭 크리빈Alain Krivine이 최근 지적한 것처럼 "그들의 5월이 있고 우리의 5월이 있다".[5] 지배적인 자유주의 담론은 68년 5월 사건을 전통적인 좌파의 종말, 젊고 창조적인 에너지의 분출, "프랑스가 뒤늦게 쾌락주의적인 근대로 진입한" 출발점으로 전유했다. 이와 반대로 좌파에게 68년 5월은 프랑스를 마비시키고 권력의 해체라는 유령을 불러낸 총파업의 특이한 순

---

4 테러에 대한 균형 있는 역사적 기술은 David Andress, *The Terror: Civil War in the French Revolution*, London: Little, Brown, 2005. 참조.
5 "De quoi Mai est-il coupable?", *Libération*, May 3, 2007. 참조.

간이며, 학생 시위와 노동자 데모가 결합한 순간이고, 미국·독일·이탈리아 등지에서의 학생운동을 포괄하는 보다 큰 운동의 일부였다.

하지만 오늘날의 좌파가 이와 같은 길로 가야 한다고 말하는 것은 너무나 쉽다. 일종의 역사적 단절이라고 할 수 있는 어떤 것이 1990년에 일어났다. '급진 좌파'까지 포함하여 오늘날 대다수 사람들은 국가-중심적 폭력 혁명이라는 자코뱅의 유산에 대해 얼마간 부끄러워하며, 좌파가 정치적 실효성을 거두려면 철저하게 다시 태어나 소위 '자코뱅적 패러다임'을 포기해야 한다는 새로운 공리를 믿고 있다. '창발성'과 다양한 주체성들의 카오스적 상호작용의 시대, 중심적 위계 대신 자유로운 상호작용의 시대, 하나의 진리 대신 다양한 의견들의 탈-근대적 공존의 시대에 자코뱅적 독재는 근본적으로 "우리의 취향taste이 아니다". ('취향'이라는 단어는 근본적으로 이데올로기적인 특질을 획득한 단어로 그 역사적 무게를 온전히 평가받아야 한다.) 의견의 자유, 시장경쟁의 자유, 유목적이고 다원적인 상호작용의 자유가 지배하는 오늘날 '자유의 운명을 진리의 손에 되돌리는' 것이 목적인 로베스피에르의 '진리Truth의 정치'(물론, 대문자 진리이다)보다 더 낯선 것은 없다.

평상시에 인민정부를 움직이는 동인이 덕virtue이라면 혁명의 시기에 그 동인은 덕과 공포terror 양쪽 모두이다. 덕이 없는 공포는 재난을 부르고, 공포가 없는 덕은 무력하다. 공포는 신속하고 엄격하며 강직한 정의에 지나지 않는다. 그러므로 공포는 덕의 발현이다. 공포는 하나의 특수한 원칙이라기보다는 민주주의의 일반원칙이 조국의 절박한 필요에 응답한 결과라고 할 수 있다.[6]

---

[6] Maximilien Robespierre, *Virtue and Terror*, London: Verso, 2007, p.115.[『덕치와 공포정치』, 배기

이 주장은 대립물의 역설적 동일성에서 절정에 이른다. 혁명적 폭력은 처벌과 관용 사이의 대립을 '지양한다'. 적들을 향한 정당하고 엄중한 처벌은 가장 높은 수준의 관용이며 그래서 엄격함과 자비로움은 폭력 속에서 일치한다.

인간성의 압제자를 처벌하는 것은 자비이다. 그를 용서하는 것은 잔인한 짓이다. 압제자들의 가혹함은 한 가지 원리를 위한 가혹함만을 갖지만 공화국의 가혹함은 자비로부터 온다.[7]

우리는 여전히 그런 혁명적 '대립물의 일치'—처벌과 자비, 폭력과 자유의 일치—를 이해할 수 있는가? 로베스피에르에 대한 대중적 이미지는 일종의 전도된 엘리펀트 맨Elephant Man의 이미지이다. 엘리펀트 맨이 온화하고 지적인 영혼을 끔찍하게 뒤틀린 신체 속에 숨기고 있다면, 로베스피에르는 그의 푸른 눈이 보여 주듯이 얼음처럼 냉혹하고 잔인한 특질을 숨기고 있는 점잖고 관대한 사람이었다. 로베스피에르는 19세기 반동주의자들처럼 그를 악마적인 미소를 가진 잔혹한 괴물로 형상화할 필요가 없는 오늘날 반-전체주의자들에게 완벽히 봉사한다. 모든 사람들이 그의 도덕적 신실함과 혁명적 대의에의 헌신을 인정할 준비가 되어 있다. 로베스피에르에 대한 가장 최근 전기인 루스 스쿠어의 『치명적 순수』[8]라는 제목이 말해 주는 것처럼, 이런 순수성 자체가 모든 문제의 근원이기 때문이다. 그래서 오늘날 모든 사람이 안토니아 프레이저Antonia Fraser가 자신의 리뷰에서 "오늘날 우리에게 주는 냉혹한 교훈"이라고 지적한 내용

현 옮김, 프레시안북, 2009.]
7 Ibid., p.117.
8 Ruth Scurr, *Fatal Purity*, London: Chatto and Windus, 2006.

의 요점을 알고 있다. 즉, 로베스피에르는 개인적으로는 정직하고 신실한 사람이다. 하지만 "이런 '신실한' 사람에 의해 자행된 유혈사태는 다른 의견을 전적으로 배제하는 자기 정당성의 믿음이야말로 신중한 압제자의 냉소적 의도보다 훨씬 더 위험할 수 있음을 경고한다"[9]라는 것이다. 언제든 자신의 기획에 헌신할 준비가 되어 있는 신실한 무슬림 근본주의자가 아니라, 공적 견해의 냉소적 조정자들에게 지배받는 우리는 행복하지 않은가? 최종적인 행위 동기가 덕에 대한 불신인 것만큼 오늘날 우리 시대의 윤리-정치적 불행을 잘 말해 주는 증거가 어디 있을까?

그럼 이런 상황에서 급진 좌파의 유산을 물려받은 사람들이 해야 하는 일은 무엇인가? 최소한 두 가지가 있다. 첫째, 폭력적인 과거에 대해 비록 그것이 비판적으로 거부될지라도—혹은, 바로 그 때문에—우리는 그것을 **우리 자신**의 것으로 받아들여야 한다. 자유주의자나 우파 비판자들에 대해 자책감을 느끼는 미지근한 옹호 입장의 유일한 대안은 그들보다 훨씬 더 잘 비판적 임무를 수행하는 것이다. 하지만 이것이 전부가 아니다. 우리는 또한 우리의 반대자들이 투쟁의 기준과 주제를 결정하지 못하게 해야 한다. 이것은 무자비한 자기비판은, 헤겔 변증법에 대한 맑스의 비판을 차용하면, 자코뱅 테러의 '합리적 핵심'이라고 부르고 싶은 것의 과감한 수용을 동반해야 함을 의미한다.

변증법적 유물론자는 지금까지 어떤 정치적 주체도 폭력의 계기 없이 전개된 진리의 항구성에 도달하지 못했다는 사실을 담담하게 받아들인다. 그 때문에 생-쥐스트는 "덕도, 폭력도 원하지 않는 자는 무엇을 원하는가?"라고 물었던 것이다. 생-쥐스트의 대답은 잘 알려진 것처럼, 그들

---

9 Antonia Fraser, "Head of the Revolution" *The Times*, April 22, 2006, Books, p.9.

이 원하는 것은 타락, 즉 주체의 패배에 다름 아니라는 것이다.[10]

혹은 생-쥐스트가 다른 곳에서 명확하게 지적한 것처럼 "보편적인 선을 생산하는 것은 항상 소름 끼치는 것이다".[11] 이런 구절들은 폭력적으로 사회에 보편적인 선을 강제하고 싶은 유혹을 극복하라는 것으로 해석되어서는 안 된다. 반대로 그것을 전적으로 인정하라는 쓰라린 진실의 말이다.

염두에 두어야 할 또 다른 요점은 로베스피에르에게 혁명적 폭력은 정확히 전쟁과 대립한다는 것이다. 로베스피에르는 평화주의자로서 위선이나 휴머니즘적 감수성 때문이 아니라, 국가 **간** 전쟁은 보통 개별 국가 **내부의** 혁명적 투쟁을 봉쇄하는 수단으로 이용되기 때문에 전쟁을 반대한다. '전쟁에 대한' 로베스피에르의 발언은 오늘날 특히 중요하다. 그의 발언은 그가 진정으로 평화를 사랑하고 있음을 보여 준다. 비록 전쟁이 혁명의 방어로 처방될지라도, 그것은 '혁명 없는 혁명'을 원하는 자들이 혁명적 과정의 급진화를 완화하기 위해 기획한 것이기 때문에 그는 전쟁에 대한 애국적 호소를 단호히 거부했다. 그래서 그의 입장은 사회생활을 군사화하여 독재적인 통제를 수행하기 위해 전쟁을 필요로 하는 자들과 정확히 반대된다.[12] 이 때문에 로베스피에르는 다른 나라를 무력으로 '자유롭게' 하기 위해 혁명을 수출하고자 하는 유혹을 거부했다.

---

10 Badiou, *Logiques des mondes*, p.98.
11 Louis-Antoine-Leon Saint-Just, *Œuvres choisies*, Paris: Gallimard, 1968, p.330.
12 그가 옳았다. 오늘날 우리가 알고 있듯이 루이 16세는 체포되기 며칠 전 외국 군대를 끌어들여 프랑스와 유럽 국가들 간의 대전을 일으킬 계획을 꾸미고 있었다. 그 전쟁에서 왕은 애국자연하며 프랑스 군대를 이끌다가 프랑스를 위한 명예로운 평화 협정을 체결할 테고 그러면 그의 권력은 다시 온전히 복원될 것이었다. 즉, '평화로운' 루이 16세는 자신의 권좌를 지키기 위해 유럽을 전쟁의 소용돌이에 빠뜨릴 준비가 되어 있었던 것이다.

프랑스는 어떤 나라든 자기 의지와 상관없이 행복하고 자유롭게 해야 한다는 조급증을 갖지 않는다. 만약 모든 군주들이 프랑스 인민들의 독립성을 존중할 수 있었더라면 그들은 자신의 유혈이 낭자한 왕좌에 대한 처벌 없이 죽거나 번창할 수 있었을 것이다.[13]

자코뱅의 혁명적 폭력은 때때로 시민들이 평화롭게 자기 이익을 추구할 수 있는 부르주아적 법과 질서의 '초석적 범죄'로 (절반은) 정당화되곤 한다. 하지만 우리는 두 가지 이유로 이것을 거부해야 한다. 일단 이런 정당화는 사실의 측면에서 틀렸다(많은 보수주의자들이 부르주아의 법과 질서는 영국의 사례처럼—크롬웰의 기억에도 불구하고—과잉적인 폭력 없이도 수립될 수 있다고 지적할 때 그 말이 맞다). 하지만 보다 중요한 오류는 1792~94년 사이의 혁명적 폭력은 발터 벤야민과 같은 사람들이 국가-초석적 폭력이라고 부른 것이 아니라 '신적 폭력'divine violence[14]이라는 사실이다. 벤야민의 해설가들은 '신적 폭력'이 실질적으로 무엇을 의미하는 것인지 의아해하는데, 그것은 결코 실제로 일어나지 않은 '순수한' 사건에 대한 또 다른 좌파적 꿈이 아닐까? 우리는 프리드리히 엥겔스가 파리 코뮌을 프롤레타리아 독재의 사례로 언급한 것을 상기해야 한다.

최근 들어 속물적인 사회민주주의자들이 또다시 프롤레타리아 독재란 단어에서 건전한 폭력을 떠올리고 있다. 좋다. 신사 양반들, 프롤레타리아 독재가 어떤 것인지 알고 싶은가? 파리 코뮌을 보라. 그것이 바로 프

---

13 Robespierre, *Virtue and Terror*, p.94.
14 Walter Benjamin, "Critique of Violence", *Selected Writings, vol.1, 1913~1926*, Cambridge, MA: Harvard University Press, 1996.[「폭력비판을 위하여」, 『역사의 개념에 대하여/폭력비판을 위하여/초현실주의 외』, 최성만 옮김, 길, 2008.]

롤레타리아 독재였다.¹⁵

우리는 신적 폭력에 대해 엥겔스의 말을 반복해야 한다. "좋다. 점잖은 비판이론가 양반들, 이 신적 폭력이 무엇과 같은지 알고 싶은가? 그렇다면 1792~94년 사이의 혁명적 폭력을 보라"(이런 연쇄는 계속될 수 있다. 1919년의 적색 테러Red Terror를 보라……). 다시 말해서 우리는 신적 폭력을 가차 없이 실증적으로 존재하는 역사적 현상과 일치시킴으로써 그것에 대한 신비주의적 해석을 피해야 한다. 구조화된 사회적 장 외부의 그런 '맹목적인' 스트라이크가 일어날 때, 그 속에서 즉각적인 정의/복수의 요구**와 함께** 그 요구의 실행이 일어날 때 그것이 '신적 폭력'이다. 10여 년 전 리우데자네이루의 빈민들이 도시의 부자 동네로 몰려가 슈퍼마켓을 약탈하고 불태웠을 때 **이것이 바로** '신적 폭력'이다. 성서에 나오는 메뚜기 떼처럼 사악한 인간들에 대한 신의 징벌은 익명의 장소로부터 맹목적으로 분출한다. 혹은, 로베스피에르가 루이 16세의 처형을 요구하는 연설에서 지적한 것처럼.

인민들은 법정과 같은 방식으로 판결하지 않는다. 그들은 차근차근 판결문을 읽어 가지 않는다. 그들은 청천벽력처럼 내리친다. 그들은 군주를 나무라지 않는다. 그들은 군주를 허공 속에 던져 버린다. 그리고 이런 재판은 법정에서의 판결만큼이나 가치 있다.¹⁶

---

15 Friedrich Engels, "Introduction"(1891) to Karl Marx, *The Civil War in France, in Marx/Engels/Lenin On Historical Materialism,* New York: International Publishers, 1974, p.242.[『프랑스 내전』, 안효상 옮김, 박종철출판사, 2003의 「독일어 제3판 서설」.]
16 Robespierre, *Virtue and Terror,* p.59.

그래서 '프롤레타리아 독재'는 벤야민의 '신적 폭력'의 다른 이름으로, 그것은 법 외부에서 이뤄지는 맹렬한 보복/판결의 폭력이다. 그럼 왜 그것은 '신적'인가? '신적'이라는 말은 '비인간적'inhuman 차원을 지칭한다. 그래서 우리는 이중적인 등가를 수립해야 한다. 신적 폭력＝비인간적 폭력＝프롤레타리아 독재. 벤야민의 '신적 폭력'은 정확히 고대 로마의 격언 '백성의 소리는 신의 소리'vox populi, vox dei라는 의미에서 신적인 폭력으로 이해되어야 한다. "우리는 인민의 의지를 수행하는 도구로서 행위하고 있다"라는 도착적인 의미에서가 아니라, 고독한 주권적 결정의 영웅적 수임受任이라는 의미에서 말이다. 그것은 절대적인 고독 속에서 이뤄진 (자신의 삶을 상실할 위험을 무릅쓴, 살인의) 결정, 대타자에 근거하거나 그것에 보호받지 않는 결정이다. 만약 그것이 도덕을 초월해 있다면 그것은 '부도덕'한 게 아니며, 그 실행자에게 천사의 무고함과 같은 살인 면허장이 따로 주어지는 것도 아니다. 신적 폭력의 모토는 '세상이 망하더라도 정의는 세우라'fiat iustitia pereat mundus이다. '인민'people(익명의 '몫 없는 자들'part of no-part)이 테러를 부과하고 다른 몫 있는 자들에게 대가를 치르게 하는 것—기나긴 압제와 착취와 고통스런 역사에 대한 심판의 날—은 **정의**justice를 통해서, 정의와 복수 사이의 구분 불가능한 지점을 통해서이다. 혹은 로베스피에르 자신이 통렬하게 지적한 것처럼

당신은 무엇을 원하는가? 프랑스 인민 대표자들이 권력 없는 진리만을 말하길 원하는 당신이 원하는 것은 무엇인가? 진리는 의심할 여지없이 자신의 권력을 가진다. 그것은 자신의 분노와 자기만의 독재를 지닌다. 그것은 감각적인 강세, 죄의식에서처럼 순수한 심장의 박동으로 전해지는 소름 끼치는 강세를 지닌다. 살로메가 천상의 청천벽력을 모방할 수 없는 것처럼 허위는 그 강세를 흉내 낼 수 없다. 오직 그것의 본성을 고

발할 뿐이다. 그것은 진리의 강세를 원하고, 또 사랑하는 인민을 고발하는 것이다.[17]

그리고 이것이 로베스피에르가 온건주의자들에 대해 그들이 원하는 것은 '혁명 없는 혁명'일 뿐이라고 비난하면서 지적하고자 했던 것이다. 그들은 민주주의와 테러가 일치하는 과잉의 지점이 제거된 혁명, 사회적 규칙들을 존중하는 혁명, 기존의 규준에 종속된 혁명, 폭력의 신적인 차원이 제거되고 오직 엄격하게 제한된 목표를 향한 전략적 개입으로 축소된 혁명을 원하는 것이다.

시민들이여, 그대들은 혁명 없는 혁명을 원했는가? 우리의 연대를 파괴하면서 되살아나는 이 박해의 정신이란 무엇인가? 하지만 이 거대한 폭동들에 잇따를 수 있는 결과들에 대해 누가 명확한 판단을 내릴 수 있단 말인가? 누가 이 사건들 이후에 대중적 봉기의 물결이 분출할 정확한 지점을 알아낼 수 있는가? 어떤 인민이 그런 희생을 치르고 이처럼 독재의 속박을 뒤흔들 수 있단 말인가? 위대한 국가는 동시발생적인 운동 속에서 탄생할 수 없으며, 독재는 오직 그것과 가장 가까운 시민들의 일부에 의해 타격받을 수 있다는 것은 사실이지만, 이런 과감한 공격이 성공한다고 하더라도 어떻게 멀리 떨어진 부분들의 대표자들이 고국을 지켜준 정치적 고통의 폭력과 그 지속의 책임을 그들에게 지울 수 있을까? 그들은 전체 사회의 전략적 대표자로서 정당한 것으로 간주되어야 한다. 지난 8월 파리에서 모인 자유의 친구, 프랑스는 모든 부분들의 이름으로 그 역할을 수행했다. 그들은 전적으로 옳거나 전적으로 틀릴 수 있

---

17 Robespierre, *Virtue and Terror*, p.130.

다. 그들에게 얼마간 명백하고 실제적인 무질서, 너무나 위대한 충격과 분리될 수 없는 그런 무질서의 책임을 지우는 것은 그들의 헌신에 대해 처벌하는 것이 될 것이다."[18]

이 진정으로 혁명적인 논리는 수사적인 비유의 차원에서도 확인할 수 있다. 거기서 로베스피에르는 처음에는 외관상 '현실주의적인' 입장을 환기시키는 표준적 절차를 따르다가 곧이어 그것의 환영적 성격을 드러낸다. 그는 자주 어떤 상황의 묘사나 입장을 부조리한 과장과 허구처럼 제시하는 것으로 시작하다가 곧이어 처음에는 허구처럼 보일 수밖에 없는 것들이 실제적인 진실 자체임을 상기시킨다. "하지만 내가 지금 말한 것은 무엇인가? 내가 부조리한 가설처럼 제시했던 것은 실제로 분명한 현실 자체이다." 이런 극단적인 혁명적 입장이 로베스피에르로 하여금 혁명적인 '신적 폭력'의 희생자들에 대한 '휴머니즘적' 동정을 비난하게 했다. "거의 배타적으로 자유의 적들을 향한 애절한 감수성은 나의 의심을 불러일으킨다. 내 눈앞에서 독재자의 피 묻은 옷을 그만 흔들어라. 아니면, 나는 당신이 로마를 다시 속박시키기를 원한다고 믿을 것이다."[19]

비인간적인 것을 주장하기

자코뱅의 역사적 유산에 대한 비판적 분석과 수용은 현실적인 문제와 중첩된다. 혁명적 폭력의 (자주 탄식할 만한) 현실은 우리로 하여금 폭력의 이상 자체를 거부하도록 하는가, 아니면 그것을 오늘날의 전혀 다른 역사

18 Robespierre, *Virtue and Terror*, p.43.
19 Ibid., p.47.

적 조건 속에서 **반복**하여 그 현실화로부터 그것의 잠재적 내용을 부활시킬 방법이 있는가? 여기서 우리는 그것은 **가능하며** 또한 **그래야 한다고** 주장한다. 그리고 '로베스피에르'라는 이름으로 지칭되는 사건을 반복하는 가장 정확한 방식은 (로베스피에르의) 휴머니즘적 폭력으로부터 반-휴머니즘적(오히려, 비인간적) 폭력으로 이행하는 것이다.

『세기』Le Sièle에서 바디우는 20세기 말에 나타난 정치적 후퇴를 '휴머니즘과 폭력'에서 '휴머니즘이나 폭력'으로의 전환 속에서 탐구한다.[20] 1946년 메를로-퐁티는『휴머니즘과 폭력』*Humanisme et terreur, essai sur le problème communiste*을 썼다. 거기서 그는 소비에트 연방은 베르나르 윌리엄즈Bernard Williams가 나중에 '도덕적 행운'moral luck이라고 수사적으로 표현한 파스칼적인 내기를 수행하고 있다며 옹호했다. 즉, 현재의 테러는 만약 그로부터 출현한 사회가 진실로 인간적이라면 소급적으로 정당화될 것이다. 오늘날 그렇게 폭력과 휴머니즘을 결합하는 것은 결코 생각할 수 없으며, 지배적인 자유주의적 관점은 휴머니즘'과' 폭력을 휴머니즘'이나' 폭력으로 대체한다. 보다 정확히 이 휴머니즘과 폭력, 휴머니즘이나 폭력의 대립항 각각에 '긍정적'positive 의미와 '부정적'negative 의미를 부여해서 네 가지 형태를 추론할 수 있다. '휴머니즘과 폭력'의 긍정적 의미는 메를로-퐁티가 기술한 것이다. 그것은 스탈린주의를 지지하는 (강력한—'폭력적인'—신인류New Man의 출산) 논리로, 프랑스 혁명에서 로베스피에르의 덕과 폭력의 결합으로 이미 나타난 바 있다. 이런 결합은 두 가지 방식으로 부정될 수 있다. 그것은 "휴머니즘이냐 폭력이냐"라는 자유주의적 휴머니즘의 기획 속에 함축된 것으로, 반-스탈린주의적 휴머니즘으로부터 오늘날 신-하버마스주의(프랑스의 뤽 페리Luc Ferry와 알랭 르노

---

20 Alain Badiou, *The Century*, Cambridge: Polity, 2007.

Alain Renaut)와 (전체주의적·근본주의적) 폭력에 대항한 인권의 옹호자들로 이어진다. 또 그것은 '휴머니즘과 폭력'의 부정적 양태로 나타날 수도 있다. 하이데거와 보수 기독교주의 같은 모든 철학적이고 관념적인 지향들로부터 동양적 영성과 생태주의 주창자들처럼 폭력을 인간주의적 기획 자체와 그 오만의 진실(궁극적 결과)로 인식하는 자들을 포함한다.

이 외에도 통상적으로는 고려되지 않는 네번째 형태가 있다. "휴머니즘이냐 폭력이냐"의 선택에서 휴머니즘이 아니라 **폭력**을 긍정적으로 선택하는 것이다. 이것은 지지하기 힘든 급진적 입장이지만 우리의 유일한 희망이기도 하다. 그것은 '폭력적이고 비인간적인 정치'를 드러내 놓고 추구하는 외설적 광기와 같은 게 아니라 훨씬 더 사고하기 힘든 어떤 것이다. 오늘날의 (자기 패러디처럼 보일 수밖에 없는 기괴한 지칭의 위험을 무릅쓰고) '포스트-해체주의적' 사유에서 '비인간적'inhuman이라는 단어는 특히 바디우와 아감벤의 저작 속에서 새로운 무게를 얻는다. 그것을 이해하는 가장 좋은 방법은 "네 이웃을 사랑하라"는 명령에 대한 프로이트의 거부 논리를 따라가는 것이다. 여기서 벗어나야 할 유혹은 레비나스가 이미 지적한 이웃에 대한 윤리적 미화이다. 변증법적 역설 속에서 레비나스가 타자성을 예찬하면서 빠뜨리고 있는 것은 모든 인간 속에 있는 어떤 근저의 동일성이 아니라 근본적으로 '비인간적인' 타자성 자체이다. 비인간성으로 환원된 인간의 타자성, 나치 수용소의 '산 죽음'living dead, 그 끔찍한 무젤만*의 형상으로 예시되는 타자성 말이다. 이와 다른 차원에서 스탈린 공산주의에서도 동일한 논리가 적용된다. 표준적인 스탈린주의적 서사에서는 집단 수용소조차 파시즘과 맞서 싸운 전쟁터로, 포로로 잡힌 공산주의자들은 그곳에서 영웅적인 저항의 네트워크를 조직했다. 물론 그 서사의 세계에는 인간적 참여 능력을 박탈당한 무젤만의 산 죽음의 한계 체험을 위한 자리는 없다. 스탈린 공산주의가 나치 수용소에서 투쟁을 지속하기에는 너무나 약한 자들로서의 무젤만의 형상을 지우고 반파시즘 전투의 또 다른 공간으로 '정상화'하려고 애쓴 것은 이상할 게 없다.

이런 배경 속에서 우리는 라캉이 이웃의 **비인간적** 핵심에 대해 말한 것을 이해할 수 있다. 1960년대 구조주의의 시대에 루이 알튀세르는 '이론적 반反-휴머니즘'이라는 명제를 제시하는데, 이는 **실천적 휴머니즘**의 보충을 허용 내지 요구한다. 즉, 우리는 실천 속에서 타인을 존중하고 타인을 자기만의 존엄성을 지닌 자유로운 개인이자 자기 세계의 창조자로 대우하는 휴머니스트로서 행동해야 한다. 하지만 이론 속에서 우리는 휴머니즘은 우리의 곤경을 자연발생적으로 체험하는 방식인 이데올로기로, 인간과 역사에 대한 과학적인 지식은 개인들을 자율적 주체가 아니라 구조적 법칙을 따르는 구조 내부의 원소들로 취급해야 한다는 것을 염두에 두어야 한다. 알튀세르와 대조적으로 라캉은 이론적 반-휴머니즘으로부터 **실천적 반-휴머니즘**으로의 이행을 성취한다. 즉 니체가 "인간적인, 너무나 인간적인"이라고 부른 것의 차원을 넘어 인간성의 비인간적 중핵과 대면하는 윤리학 말이다. 이것은 단지 인간 존재의 잠재적 괴물성, 즉 통상적으로는 '아우슈비츠'라는 개념적 명칭으로 포괄된 현상들 속에서 분출하는 악마적인 차원을 부정하지 않을 뿐만 아니라 그것을 적극적으로 수용하는 윤리학이다. 아도르노식으로 말하면 아우슈비츠 이후에도 여전히 가능할 그런 윤리학 말이다. 라캉에게 이런 비인간적 차원은 동시에 윤리학의 궁극적 토대이기도 하다.

철학적 용어로 이 '비인간적' 차원은 모든 형태의 인간적 '개인성' 내

---

* 무젤만(Muselmann)은 나치 수용소에서 극단적 무기력과 무감각 상태에 빠진 사람들을 일컫던 말이다. 이들은 이해도 접근도 불가능한 타자로, '걸어다니는 시신', '살아 있는 죽음' 등으로도 불렸다.

지 '인격성'이 제거된 주체의 차원으로 정의될 수 있다. (이것이 오늘날의 대중문화에서 순수한 주체의 예시적 형상이 비-인간인 '에일리언'이나 '사이보그'인 까닭이다. 「블레이드 러너」의 안드로이드 룻거 하우어로부터 「터미네이터」의 슈워제네거 역할까지 비인간적 존재들은 인간 상대자들보다 훨씬 더 자기 임무에 충실하고 훨씬 더 존엄하며 자유롭다.) 이와 같은 죽음의 주권적 수용이라는 주제를 배경으로 우리는 로베스피에르가 추종자들에 대해 '전체주의적' 통제를 했다는 증거로 자주 언급되는 수사적 표현을 재독해해야 한다.²¹ 이 표현은 로베스피에르의 혁명력 2년 11일(1794년 3월 31일) 국회 연설 가운데 발견된다. 전날 밤 당통G. Danton과 카미유 데물랭Camille Desmoulins을 비롯한 몇몇 사람들이 체포되었다. 당연히 수많은 국회의원들은 자신의 차례가 오지 않을까 두려워했다. 로베스피에르는 즉각 이 순간을 틀어쥐었다. "시민들이여, 진실을 말할 순간이 왔다." 그리고 그는 국회 회의장을 부유하는 공포를 환기시켰다.

> 그들은 당신들이 권력의 남용을 두려워하도록 만들었다. 당신들이 행사한 국가권력의 남용 말이다. (……) 그들은 우리로 하여금 사람들이 위원회들에 희생될까 두려워하길 바란다. (……) 우리는 죄인들이 억압받을까 두려워한다.²²

여기서 비인칭 대명사 '그들'one(두려움의 선동자들은 인격화되지 않는다)과 집합 대명사 사이의 대립은 억눌려 2인칭 복수 대명사 '당신들'로부터 1인칭 대명사 '우리'(로베스피에르는 씩씩하게 자신을 그 집단 속

---

21 Claude Lefort, "The Revolutionary Terror" *Democracy and Political Theory,* Minneapolis, MN: University of Minnesota Press, 1988, pp.50~88에 세부적으로 분석되어 있다.
22 Ibid., p.63에서 인용.

에 포함시킨다)로 순간적인 전환이 일어난다. 하지만 마지막 언명에서 불길한 뒤틀림이 도입된다. 더 이상 "그들은 당신들/우리가 두려워하기를 원한다"가 아니라 "그들은 두려워한다"로 진술된다. 이것은 두려움을 불러일으키는 적이 더 이상 '당신들/우리', 즉 국회의원들의 외부에 있는 게 아니라 여기, 우리 속에, 로베스피에르에게 '당신들'이라고 불린 자들 가운데, 내부로부터 우리의 통일성을 좀먹고 있다는 것을 의미한다. 바로 이 순간 로베스피에르는 진정한 주인의 일격을 가하여 완전한 주체화를 받아들인다. 잠시 자기 말의 효과를 기다린 후 그는 계속해서 1인칭 단수로 말한다.

나는 이 순간 떨고 있는 자들은 누구든지 죄인이라고 말하는 것이다. 무고한 자들은 결코 공적인 조사를 두려워하지 않는다.[23]

"자신이 죄인이 되지 않을까 하는 두려움 자체가 당신을 죄인으로 만든다"—"두려워해야 할 것은 두려움 자체이다"라는 유명한 모토의 초자아적 판본—라는 이 닫힌 고리보다 더 '전체주의적인' 것이 있을까? 그럼에도 우리는 로베스피에르의 수사적 전략을 '테러리즘적 죄인 만들기'의 전략으로 치부하는 것을 넘어 그것에 내재한 진실의 계기를 포착해야 한다. 혁명적 결정의 중요한 순간에는 결코 어떤 방관자도 있을 수 없다. 왜냐하면 그 순간에는 무고함innocence 자체가—자신을 결정행위에서 면제시키고 자기가 목격하고 있는 투쟁은 자신과 무관하다는 듯이 행동하는 것이야말로—가장 큰 **반역이기** 때문이다. 다시 말해서, 반역으로 고발될지도 모른다는 두려움이 자신의 반역이다. 왜냐하면 비록 나는 "혁

---

23 Ibid., p.65에서 인용.

명에 반하는 행동을 하지 않았을지라도" 그 두려움 자체, 그것이 내 속에서 일어나고 있다는 사실 자체가 나의 주체적 위치는 혁명의 외부라는 것, '혁명'을 내 바깥에서 나를 위협하는 힘으로 경험하고 있음을 증명하기 때문이다.

그러나 이런 특이한 발화 속에서 연이어 일어나는 것은 훨씬 더 놀라운 것이다. 로베스피에르는 청중들 마음에서 일어나야 할 뼈아픈 질문을 직접 던진다. 어떻게 자신은 다음에 고발될 사람이 아니라고 확신할 수 있는가? 그는 집단 대명사 '우리'로부터 면제된 주인, '나'가 아니다. 결국 로베스피에르가 지금은 체포된 당통이라는 최고 권력자에 아주 가까워진 이상, 내일에는 당통과의 그 근접성이 그에게 반해서 사용된다면 어쩌겠는가? 즉, 어떻게 로베스피에르는 그가 전개시킨 소송이 그를 삼켜 버리지 않을 것이라고 확신할 수 있는가? 로베스피에르의 위치가 성취하고 있는 숭고한 위대함은 바로 이 지점에서 발생한다. 그는 지금은 당통을 삼켜 버린 위험이 내일은 그를 삼켜 버릴 거라는 사실을 온전히 받아들인다. 그가 자신의 운명을 두려워하지 않고 담대함을 유지했던 이유는 당통은 배신자이고 자신은 인민의 의지를 직접 체현한 순수한 존재라서가 아니다. 그것은 그, 로베스피에르는 **죽음을 두려워하지 않기** 때문이다. 그의 죽음은 그저 아무런 의미도 없는 사건으로서의 죽음일 것이다.

> 나에게 위험한 일이란 어떤 것인가? 나의 생명은 조국에 속한 것이다. 나의 심장에 두려움이란 없다. 내가 죽어야 한다면 나는 아무런 비난도, 아무런 치욕도 없이 죽을 것이다.[24]

---

24 Lefort, "The Revolutionary Terror" p.64에서 인용.

결국 '우리'로부터 '나'로의 전환은 민주주의적 가면이 떨어져 나가는 순간으로 이해할 수 있다. 로베스피에르가 드러내 놓고 자기 자신을 주인이라고 주장할 때 (이 지점에서 우리는 르포르의 분석을 따른다) '주인'이라는 단어는 온전히 헤겔적인 의미로 읽어야 한다. 주인은 주권자의 형상으로, 죽음을 두려워하지 않는 자, 모든 위험을 무릅쓰는 자이다. 달리 말해서, 로베스피에르의 1인칭 단수 대명사('나')의 궁극적 의미는 나는 죽음을 두려워하지 않는다는 것이다. 그에게 권위를 주는 것은 바로 이것이지, 대타자에 대한 직접적인 접근권이 아니다. 즉, 그는 그 자신을 통해 말하고 있는 인민의 의지에 즉각 도달한다고 주장하지 않는다. 이런 배경 속에서 우리는 마오쩌둥이 수천만의 피억압자에게 던진 메시지, 용기를 가져라, 거대한 권력자를 두려워 마라는 단순하고도 감동적인 메시지를 상기해야 한다. "거대한 자에 대해 두려워할 건 전혀 없다. 거대한 자는 작은 자들에 의해 전복될 것이다. 작은 자가 거대해질 것이다." 새로운 핵전쟁의 전망에 대해 마오쩌둥이 취한 (악)유명한(in)famous 입장에도 이와 같은 용기의 메시지가 담겨 있다.

우리는 확고히 평화를 원하고 전쟁을 반대하는 입장을 취한다. 하지만 만약 제국주의자들이 또다시 전쟁을 개시한다면 우리는 그것을 두려워하지 않을 것이다. 이 문제에 대한 우리의 태도는 모든 소요에 대한 태도와 같다. 첫째, 우리는 그것에 반대한다. 둘째, 우리는 그것을 두려워하지 않는다. 1차 세계대전은 2억 인구의 소비에트 연방을 탄생시킨 결과를 가져왔다. 2차 세계대전은 9억 인구의 국제 사회주의 진영의 출현을 초래했다. 만약 제국주의자들이 3차 세계대전에 돌입하고자 한다면 그것은 수억의 인구가 사회주의로 전환되는 결과를 가져올 것이며 지구상에 제국주의자가 설 땅은 별로 없게 될 것이다.[25]

이 구절을 자신의 정치적 목적을 위해 수백만 명을 희생시킬 준비가 된 (1950년대 후반 수천만 명을 죽게 한 마오쩌둥의 무자비한 결정을 귀납적으로 적용하여) 지도자의 공허한 과장으로 치부해 버리는 것은 너무 쉽다. 이런 비난의 태도 이면에 있는 메시지는 "우리는 두려워해서는 안 된다"이다. 이것은 전쟁에 대한 **유일하게** 정확한 태도가 아닌가? "첫째, 우리는 그것에 반대한다. 둘째, 우리는 그것을 두려워하지 않는다." (마오쩌둥의 논리는 정확히 여기에 있다. 그의 "우리는 전쟁에 반대하지만 우리는 그것을 두려워하지 않는다"라는 주장은 정확히 "우리는 전쟁을 원하지만, 우리는 그것을 두려워한다"라는 '제국주의자'의 진정한 태도와 정반대이다. 제국주의자들은 니체적 의미에서 노예이다. 그들은 전쟁을 필요로 한다. 하지만 그들이 공격하는 자들에게 자신이 소유한 것을 빼앗길까 두려워한다. 반면에 프롤레타리아는 전쟁을 원하지는 않지만―그들은 전쟁이 필요하지 않다―전쟁을 두려워하지 않는 귀족적인 주인이다. 왜냐하면 그들은 아무것도 잃을 게 없기 때문이다.) 마오쩌둥의 주장은 놀라운 결론으로 치닫는다.

> 미연방은 자신들의 핵폭탄 쪼가리로 중국을 괴멸시킬 수 없다. 비록 미국의 핵폭탄이 그토록 강력해서 그들이 중국을 폭격했을 때 지구 전체에 미치는 권리를 갖게 되거나 지구 전체를 폭파시켜 버릴지라도 그것은 전체 우주에 대해서는 거의 아무런 의미도 갖지 못할 것이다. 비록 그것이 태양계의 중요한 사건이 될지라도 말이다.[26]

이 주장에는 확실히 '비인간적인 광기'가 있다. 지구의 파괴가 "전

---

25 Mao Zedong, *On Practice and Contradiction,* London: Verso, 2007, p.109.
26 Ibid., p.87.

체 우주에 대해서는 거의 아무런 의미도 갖지 못할 것이다"라는 사실은 인간 소멸에 대한 빈약한 위안이 아닌가? 그 논리는 오직 칸트적인 방식으로만 작동할 수 있다. 우리는 이런 재앙에도 영향받지 않는 순수하게 초월론적인 주체를 가정한다. 이 주체는 현실에서는 비-존재하지만 잠재적인 준거점으로 작동하고 **있다**. 후설의 『데카르트적 성찰』*Méiations cartésiennes*에서 초월론적 코기토가 전 인류를 소멸시킬 전염병에도 아랑곳없이 남아 있게 되는 음울한 꿈을 떠올려 보라. 이런 사례에 대해 그것은 초월론적 주체의 자기-파괴적 배경이라며 평가절하 하는 것은 쉽다. 그리고 어떻게 후설이 푸코가 『말과 사물』에서 '초월론적-경험적 쌍'이라고 부른 것의 역설을 놓치고 있는지, 초월론적 자아를 영원히 경험적 자아에 결부시키는 둘 사이의 연관성을 간과하고 있는지, 경험적 자아의 소멸은 정의상 초월론적 자아의 소멸로 이어지게 된다는 사실을 놓치고 있는지 지적하는 것은 쉽다. 하지만 이런 의존성을 완전한 사실로(날것의 존재 사실, 그 이상은 아닌 것으로서) 인정한다고 할지라도, 그럼에도 그 부정의 진실, 즉 산 존재로서의 경험적 개인에 대한 주체의 독립성이 여전히 진실을 내포한다면 어쩌겠는가? 체 게바라는 참을 수 없는 긴장의 와중에 쿠바 미사일 위기에 대해 이와 같은 사유를 전개했다. 그는 (최소한) 쿠바 인민 전체의 소멸을 가져올 새로운 세계대전의 임박한 위험에 대해 두려움 없는 태도를 주장했다. 자신의 소멸을 가져올 수도 있는 쿠바 인민의 영웅적인 준비태세를 찬미했던 것이다.

역시 이런 태도에는 어떤 끔찍함이 존재한다. 하지만 이런 테러야말로 자유의 조건이다. 이것은 일본 선불교의 스승인 야마모토 쓰네모토山本常朝가 전사의 고유한 태도로 묘사한 것이다. "일상생활 속에서 그는 한 치의 오차도 없이 자신을 죽은 자로 간주할 것이다. 다음과 같은 스승들의 말이 있다. '처마에서 벗어날 때 너는 죽은 사람이다. 문을 나설 때 적이

기다리고 있다.' 이것은 조심하라는 얘기가 아니다. 이 말은 자신을 이미 죽은 사람으로 간주하라는 것이다."[27] 힐리스 로리Hillis Lory에 따르면 수많은 일본 군인들이 2차 세계대전 때 전장에 나가기 전에 자신의 장례식을 치른 이유이다.

전쟁에 참여한 많은 군인들은 전장에서의 죽음을 확신했기 때문에 전선으로 떠나기 전에 공개적인 장례식을 치렀다. 이것은 일본인들의 어리석음을 보여 주는 것이 아니다. 이것은 전장에 나설 때는 결코 살아서 돌아오지 않겠다는 진정한 사무라이 정신으로 찬미된다.[28]

이렇게 자신을 살아 있는 존재로부터 미리 배제시키는 행위는 물론 군인들을 숭고한 존재로 바꾼다. 우리는 이것을 파시즘적 군사주의의 일환으로 비난하는 대신 근본적으로 혁명적인 입장의 구성요소로 간주해야 한다. 오래전 세네카가 자신의 『오이디푸스』에서 지적한 것처럼 이것은 "죽은 자들과 뒤섞이지 않고, 하지만 산 자들로부터는 떠나서 유랑하는 방법을 찾는"[29] 주체의 요구이다.

브라이언 싱어Bryan Singer의 「유주얼 서스펙트」의 회상장면에서 신비로운 카이저 소제는 집으로 돌아와 자기 아내와 작은 딸 이마에 권총을 대고 협박하는 라이벌 갱들을 보고는 즉각 자기 아내와 딸을 쏜다. 그리고 그는 라이벌 갱단 한 놈 한 놈과 그들의 부모, 자식, 친구들을 기필코 찾아내서 죽여 버리겠다고 선포한다. 강요된 선택의 상황에서 카이저 소

---

27 Brian Daizen Victoria, *Zen War Stories*, London: Routledge, 2003, p.132.
28 Ibid., pp.106~107.
29 라틴어로 "quaeratur via qua nec sepultis mixtus et vivis tamen exemptus erres"(Seneca, Oedipus, 949~951).

제는 자기 자신에게 가장 소중한 것을 죽임으로써 어떤 의미에서 자기 자신을 죽이는 미치거나 불가능한 선택을 한다. 이런 행동은 무력한 자기공격이 아니라, 그 속에서 주체가 자신을 발견하게 되는 상황의 좌표 전체를 바꾸는 행동이다. 적이 인질로 삼고 자신을 구속하는 가장 소중한 대상으로부터 자기 자신을 절단시킴으로써 그는 자유로운 행동의 공간을 획득한다. 이 자유의 대가는 물론 끔찍하다. 주체가 자신의 가장 소중한 대상(들)을 희생시킨 죄책감을 없애는 유일한 방법은 자신을 '산 죽음' living dead의 왕으로 던져 놓는 것, 모든 인격적 개별성과 쾌락을 포기하고 자기를 그런 희생행위로 몰고 간 자들을 파괴하는 데 자신의 삶 전체를 바치는 것뿐이다. 절대적인 임무(내 삶의 유일한 목적은 복수를 행하는 것이다)에의 종속과 일치된 그런 절대적 자유의 '비인간적' 위치(절대적인 고독 속에서 나는 내가 원하는 것을 할 자유가 있다. 아무것도 나를 구속하지 않는다)는 가장 본질적인 측면에서 혁명적 주체를 특징짓는 것이다.

로베스피에르에 의해 촉발된 덕-폭력 쌍의 또 다른 '비인간적' 차원은 (현실적 타협의 작인이라는 의미에서) 관습의 거부이다. 모든 법적 질서(혹은 모든 명시적 규범의 질서)는 우리가 명시적 규범을 어떻게 대해야 할지, 우리가 그 규범을 어떻게 적용해야 할지—얼마만큼 그 규범을 문자 그대로 따라야 할지, 어떻게, 언제 규범을 승인하고 간청하고 혹은 무시해야 할지—알려 주는 비공식적 규칙들의 복합적인 '반성적' reflexive 네트워크에 의존해야 한다. 이런 것이 관습의 영역이다. 한 사회의 관습을 안다는 것은 그 **명시적 규범을 어떻게 적용할지에 대한 메타-규칙을 아는 것**이다. 언제 그것을 사용하고 언제 그것을 사용하지 않을지, 언제 그것을 어길지, 언제 그것이 요구한 것을 선택하지 않을지, 언제 강요된 의무를 마치 자유로운 선택처럼 행해야 할지(포틀래치의 경우처럼) 알려 주는 규칙들 말이다. 거절되어야 할, 정중한 요청을 생각해 보라. 그런 요청을 거절하는 것이 '관습'habit이고, 그것을 문자 그대로 받아들이는 것은 저속한 실례이다. **올바른 선택을 할 거라는 조건**에서 선택을 제안하는 정치적 상황도 마찬가지다. 우리는 아주 엄숙하게 '아니오'라고 말할 수도 있다는 얘기를 듣는다. 하지만 우리는 이런 제의는 거절하고 열광적으로 '예'라고 대답하기를 요구받는다. 대부분의 성적 금기에서 상황은 정반대이다. 명시적인 "안 돼!"는 실제로는 "해라. 하지만 점잖은 방법으로"라는 암묵적인 명령으로 작용한다. 이런 배경 속에서 로베스피에르부터 존 브라운John Brown까지 혁명적-평등주의적 인물들은 (적어도 잠재적으로) **관습이 없는 인물**들이다. 그들은 보편적 규칙의 기능을 특징짓는 관습을 고려하지 않는다.

우리가 가장 자의적인 합의이자 때로는 가장 불완전한 제도를 진실과 허위, 정의와 불의의 절대적 척도로 간주하게 만드는 것이 관습의 본성이다. 그 대부분이 독재자가 우리에게 주입한 편견과 연관되어 있다는 사실은 우리에게 알려지지 않는다. 우리는 너무나 오랫동안 우리 스스로 이성의 영원한 원칙 속에서 떨쳐 일어나는 것을 어렵게 만드는 관습의 굴레 속에서 살아왔다. 모든 법의 신성한 원천이라고 말해진 것들이 우리에게는 불법적인 것으로 보이고, 자연의 질서 자체로 말해진 것들이 우리에게는 무질서로 보인다. 위대한 인민의 담대한 운동과 숭고한 덕의 열기는 자주 우리의 소심한 눈에는 활화산이나 정치 사회의 붕괴와 같은 것으로 보인다. 이것은 적잖이 우리를 괴롭히는 문제로, 그것은 우리의 허약한 도덕, 우리의 병든 정신과 우리의 염원인 자유로운 정부에서 요구되는 순수한 원칙, 에너지 넘치는 성격 사이의 모순이다.[30]

---

30 Robespierre, *Virtue and Terror*, p.103.

관습의 굴레를 깬다는 것은 이런 것이다. 만약 모든 사람들이 동등하다면 모든 사람들은 실질적으로 동등하게 대우받아야 한다. 혹은, 만약 흑인 역시 인간이라면 즉각적으로 그들은 인간으로 대우받아야 한다. 남북전쟁이라는 물리적 갈등으로 치닫기 훨씬 전, 노예제도를 둘러싼 자유주의자들의 동정적인 점진주의와 존 브라운이라는 특이한 인물 사이의 갈등을 상기해 보자.

아프리카계 미국인들은 인민의 초상이다. 그들은 어릿광대와 순회극단으로 그려졌고 미국 사회의 조소의 대상으로 치부되었다. 심지어 대다수의 노예제도 폐지론자들조차 아프리카계 미국인을 자신과 동등한 존재로 보지 않았다. 그들 대부분은 아프리카계 미국인들의 비통함을 알고 있었고, 또 남부에서의 노예제도 폐지를 위해 일해 왔다. 하지만 그들은 북부에서의 차별 철폐를 위해 일하지는 않았다. (……) 존 브라운은 그들과 달랐다. 그에게 평등주의를 실천하는 것은 노예제도를 종식시키는 출발점이다. 그리고 그와 접촉해 본 아프리카계 미국인들은 즉각적으로 그가 어떤 차이도 보지 않는다는 것을 알게 된다. 그는 말로 한 게 아니라, 행동으로 했다.[31]

이런 이유로 존 브라운은 미국의 역사에서 가장 중요한 정치인이다. 그는 자신의 열렬한 기독교 '급진 폐지론' 속에서 자코뱅적 논리를 가장 근접하게 미국의 정치적 장에 도입했다.

---

31 Margaret Washington, on http://www.pbs.org/wgbh/amex/brown/filmmore/reference/interview/washington05.html.

존 브라운은 자신을 완벽한 평등주의자로 간주했다. 그리고 그가 모든 차원에서 평등주의를 실천했다는 것은 매우 중요하다. (……) 그는 자신이 어떤 차이도 보지 않는다는 것을 명확하게 만들었다. 그는 이것을 말로 한 게 아니라, 행동으로 했다.³²

노예제도가 폐지된 지 오랜 시간이 지난 오늘날까지도 브라운은 미국의 집단적 기억 속에서 양극화되는 인물이다. 브라운을 지지하는 백인들은 극히 드물다. 그 중에는 놀랍게도 헨리 데이비드 소로라는 위대한 폭력 반대론자도 포함되는데, 그는 브라운을 피에 굶주린 바보나 미치광이로 보는 통상적인 관점에 반대하여 지금까지 한번도 볼 수 없었던 전대미문의 대의 수용자로 그린다. 심지어 그는 브라운의 처형을 (그는 브라운이 실제로 죽기 전에 이미 죽었다고 진술한다) 그리스도의 처형과 비교한다.³³ 소로는 존 브라운에 대한 경멸적인 가치절하에 대해 격분한다. 그들은 굳어 버린 편견과 '죽은' 존재 때문에 브라운을 이해할 수 없다는 것이다. 그들은 진정으로 살아 있지 않으며, 오직 한 줌의 사람들만이 살아 있었다고 말할 수 있다.

하지만 자코뱅 정치의 한계를 형성하는 것 역시 바로 이 일관된 평등주의이다. 평등에 대한 '부르주아' 논리의 한계에 대한 맑스의 근본적인 통찰을 상기하자. 자본주의적 불평등('착취')은 '평등 원칙의 무원칙한 위반'이 아니라, 전적으로 평등의 논리에 속해 있다. 그 불평등은 자본주의적 평등의 일관된 실현의 역설적 결과물이다. 여기서 우리의 머리에 떠오

---

32 Margaret Washington, on http://www.pbs.org/wgbh/amex/brown/filmmore/reference/interview/ washington05.html.
33 Henry David Thoreau, *Civil Disobedience and Other Essays*, New York: Dover, 1993. [『시민의 불복종』, 강승영 옮김, 이레, 1999.]

르는 것은 단지 어떻게 시장 교환이 형식적으로/합법적으로 시장에서 만나 상호작용하는 평등한 주체들을 가정하느냐에 대한 지겨운 교설이 아니다. '부르주아' 사회주의자에 대한 맑스의 비판에서 핵심적인 지점은 자본주의적 착취는 노동자와 자본가 사이의 어떤 종류의 '불평등한' 교환도 포함하지 않는다는 것이다. 이런 교환은 전적으로 평등하다. 노동자는 '단지' 관념적으로(원칙적으로), 그가 판매한 상품(노동력)의 가치를 완전히 돌려받는다. 급진적인 부르주아 혁명가들은 이런 한계를 잘 알고 있다. 하지만 그들이 이것에 대응하는 방법은 점점 더 실제적인 평등(평등한 임금, 평등한 건강 서비스의 획득……)의 직접적으로 '폭력적인' 강제이다. 하지만 이것은 오직 새로운 형태의 불평등한 형식(사회적 약자에 대한 차별적인 대우들)을 통해서만 부과될 수 있다. 즉, '평등'의 공리는 불충분하거나(현실적으로 불평등한 추상적 형식으로 남는다) 혹은 과하거나('폭력적인' 평등의 강요) 둘 중 하나이다. 이것은 엄격히 변증법적인 의미에서 형식주의적인 관념이다. 즉, 그것의 한계는 정확히 그 형식이 충분히 구체적이지 않다는 것, 이 형식을 벗어난 몇몇 내용의 중성적 그릇일 뿐이라는 데 있다.

여기서 문제는 테러 자체가 아니다. 오늘날 우리의 임무는 정확히 해방적인 테러를 재창안하는 것이기 때문이다. 문제는 다른 데 있다. 평등주의자의 정치적 '극단론'이나 '과도한 급진주의'는 언제나 정치-이데올로기적 **전치**displacement 현상으로 독해되어야 한다. 즉, 우리는 그런 현상을 자기 대립물의 지표로, 실제적으로 '끝까지 밀어붙이는' 것을 거부하는 자기 한계의 지표로 읽어야 한다. 자코뱅의 극단적 '테러'에 대한 의존이란 근본적인 경제 질서(사적 소유 등) 자체를 바꿀 수 없는 자신의 무능력을 증명하는 일종의 히스테리적인 행위-표출acting-out이 아니라면 무엇이겠는가? 정치적 올바름의 '과도함'도 마찬가지다. 그들은 인종주의와 성차별주의의 실제적(경제적이거나 다른) 원인을 제거하는 것의 회피를 드러내는 것이 아닌가? 그렇다면 이제 모든 '포스트모던' 좌파들이 공유하는 표준적인 수사학에 대해서도 문제시해야 할 듯하다. 그에 따르면 정치적 '전체주의'는 상호주관적 소통 그리고/혹은 상징적 실천에 대한 물질적 생산 기술의 우위에서 비롯된 것이라고 본다. 정치적 테러의 근원은 도구적 이성의 '원칙', 즉 자연에 대한 기술적 착취의 원칙을 사회에 확대 적용하여 인민을 신인간New Men으로 변형될 재료로 취급한 데 있다는 것이다. 하지만 사실은 그와 **정반대**라면 어쩌겠는가? 정치적 '테러'는 정확히 (물질적) 생산의 독립성이 **부인되고** 정치적 논리에 **종속되었다는** 것을 암시한다면 어쩔 텐가? 자코뱅에서부터 마오의 문화혁명까지 정치적 '테러'는 생산의 고유성에 대한 배제, 생산의 정치적 갈등 영역으로의 환원을 전제로 하는 게 아닌가? 달리 말해서 그런 포스트모던한 관점이 실제적으로 의미하는 것은 정치 투쟁은 경제의 영역으로 재해독되어야 하는 스펙터클이라는 맑스의 통찰을 포기하는 것이라면 어쩌겠는가? ("만약 맑스주의가 정치이론에 대한 분석적 가치를 갖는다면 그것은 자유주의 담론 안에서 자유의 문제는 '비정치적인' 것으로 중립화된 사회적 관계 안에 포함된다는 주장에서 찾을 수 있다"[34]).

우리는 바로 이 차원에서 혁명적 과정의 정확한 순간을 찾아야 한다. 가령, 10월 혁명의 경우 그 순간은 1917~18년의 봉기도 아니고, 이어진 내전 상황도 아닌, 1920년대 초반 새로운 일상생활의 의례들을 창안하려는 (절망적이고, 때로는 우스꽝스러운) 강력한 실험에서 찾아야 한다. 어떻게 혁명 이전의 결혼 의례나 장례 의례를 바꿀 것인가? 어떻게 공장과 집단 거주지에서 공산주의적 교류를 조직할 것인가? 바로 이 차원에서 우

---

34 Wendy Brown, *States of Injury,* Princeton, NJ: Princeton University Press, 1995, p.14.

리는 '추상적 테러', '거대한' 정치적 혁명에 대립된 '구체적 테러', 즉 자코뱅과 소비에트, 그리고 문화혁명이 결국은 실패한—분명히 이런 시도가 없었기 때문은 아닙니다—새로운 일상의 강제적인 부여를 발견해야 한다. 자코뱅의 위대함은 테러의 연출이 아니라 일상의 재조직에 관한 정치적 상상력의 유토피아적 분출에 있다. 여성의 자기-조직화에서부터 모든 늙은이가 평화와 존엄 속에서 말년을 보내는 공동체 가족까지, 불과 2~3년 사이에 응축된 열광적인 활동 말이다.[35] 여기서 도출해야 하는 가혹한 결론은 민주주의적 절차보다 상위에 있는 이런 과잉의 평등-민주주의는 오직 자기 대립물로서 혁명적-민주주의적 **테러**의 형태로만 '제도화될' 수 있다는 것이다.

맑스주의의 실체변환

근대사에서 혁명적 테러의 정치는 로베스피에르에서부터 마오쩌둥, 보다 넓게는 1990년 공산주의 블록의 해체에 이르는 기간에 걸쳐 자신의 그림자를 드리우고 있으며, 그 마지막 실험은 마오쩌둥의 문화혁명일 것이다.

확실히 프랑스 혁명과 문화혁명 사이에 사회-역사적 조건은 급격히 바뀌었다. 플라톤의 용어로 말하면, 이 둘을 통합하는 것은 정확히 혁명적 정의라는 '영원한' 이데아뿐이다. 마오에 대해 우리는 여전히 그를 맑

---

[35] 우월한 존재(Supreme Being)를 찬미하는 새로운 시민 종교를 수립하고자 했던 로베스피에르의 보다 우스꽝스러운 시도는 어떤가? 로베스피에르는 무신론에 대한 명확한 반대 근거를 이렇게 정식화했다. "무신론은 귀족주의적이다"(Maximilien Robespierre, *Œuvres Complètes*, Paris: Ernest Leroux, 1910~67, vol.10, p.195). 그에게 무신론은 이미 역사적 의미를 상실한 냉소적-쾌락주의적 귀족들의 이데올로기이다

스주의자의 명부에 올릴 수 있을까 하는 의문을 가질 수밖에 없다. 왜냐하면 마오 혁명의 사회적 기반은 노동계급이 아니기 때문이다.

맑스주의 이론가들에게 잠복해 있는 가장 교묘한 덫은 타락Fall의 순간을 찾는 것이다. 즉 어느 시점에 맑스주의의 역사가 잘못된 길로 들어섰는가 하는 질문이다. 그것은 후기의 엥겔스가 역사유물론의 실증주의-진화론적 해석을 심화시킨 순간인가? 제2인터내셔널의 수정주의적 교리가 확립된 순간인가? 레닌에서인가?[36] 아니면, (10여 년 전 몇몇 '휴머니즘적 맑스주의자들'이 주장한 것처럼) 청년 시절의 휴머니즘을 포기한 맑스의 후기 저작에서인가? 우리는 이런 탐색 자체를 거절해야 한다. 맑스주의에는 어떤 대립도 없다. 타락은 이미 기원 속에 기입되어 있다. (좀더 신랄하게 말하면, 기원적 모델을 오염시켜 타락을 초래한 방해꾼을 찾는 것은 반-유대주의의 논리를 재생산하는 것과 다를 바 없다.) 이것이 의미하는 것은 맑스주의의 과거를 무자비한 비판의 도마 위에 올려놓을 때조차, 혹은 특히 그럴 때, 우선 그 과거를 '자기 자신의 것'으로, 그것에 대해 자신이 전적인 책임을 지고 있음을 인정해야지, 그러지 않고 편안히 물러앉아서 ("맑스의 변증법을 이해하기에는 너무 멍청했던 '나쁜' 엥겔스, 맑스의 이론적 핵심을 포착하지 못했던 '나쁜' 레닌, '좋은' 레닌의 고귀한 계획을 망쳐 놓은 '나쁜' 스탈린 식으로) 사태의 나쁜 측면을 이질적인 요소라며 거부하는 짓을 하지 말아야 한다는 것이다.

우선적으로 해야 할 일은 맑스에서 레닌으로, 레닌에서 마오로의 이행이라는 맑스주의 역사 속에서 일어난 두 개의 거대한 전환(혹은, 폭력

---

36 같은 선상에서 서구의 몇몇 맑스주의자들은 스탈린주의를 '아시아적 생산양식'에 기반한 새로운 형태의 '동양적 독재'로 규정한다. 아이러니하게도 러시아 전통을 보면 정반대이다. "레닌과 스탈린을 '동양적' 독재자로 보는 것은 서구의 공상에 불과하다. 18세기와 20세기의 러시아 전제군주들은 서구론자들이었다"(Lesley Chamberlain, *The Philosophy Steamer*, London: Atlantic Books, 2006, p.270).

적 단절)에 집중된 전치를 전적으로 승인하는 것이다. 각각의 경우 기원적인 좌표들의 위치이동이 발생했다. (맑스가 예상한) 가장 발전된 나라로부터 상대적으로 후진적인 나라로의 위치이동 속에서 혁명은 "잘못된 나라에서 일어났다". 또한, 혁명의 행위자가 노동자로부터 (가난한) 농민으로 이동했다. 기독교가 보편적 교회로 출현하기 위해 그리스도가 바울의 '배반'을 필요로 했듯이(열두 제자들 중 바울이 배반자 유다를 대신하여 그의 자리를 차지했다는 것을 상기하자) 맑스는 최초의 맑스주의적 혁명을 실행하기 위해 레닌의 '배반'을 필요로 했다. 이런 '배반'을 겪고 견디는 것이 '기원적인' 가르침의 내적 필연성이다. 자신의 기원적 문맥으로부터 뜯겨져 나오는 이 폭력적 행동을 견디는 것, 그래서 새롭고 낯선 조건들 속에 던져져서 자신을 재창안하는 것, **오직 이런 방식으로만 보편적인 것은 탄생한다.**

그래서 마오에 의해 이뤄진 두번째 폭력적인 전환과 관련하여 마오의 맑스주의 재창조를 이론적으로 '부적절'하다거나 맑스의 표준에 역행하는 것이라고 비난하는 것은 너무 쉽다(농민들은 실체 없는 프롤레타리아적 주체성을 결여하고 있다고 말하는 것은 너무 쉽다). 마찬가지로, 마오의 폭력적 단절을 무시하고 마오의 재정식화를 맑스주의의 논리적 연속이나 확대 '적용'으로 (보통 계급투쟁의 비유적 확장에 근거하여 "오늘날의 지배적인 계급투쟁은 더 이상 각 국가 내부의 자본가와 프롤레타리아 사이에서 일어나는 게 아니라 제1세계 부르주아 국가 대 제3세계 프롤레타리아 국가 사이의 투쟁으로 이동한다") 받아들이는 것도 너무 쉽다. 여기서 마오의 성취는 무시무시한 것이다. 그의 이름은 자신의 노동으로 역사 발전의 '실체'와 배경을 제공하는 수억 명의 이름 없는 제3세계 인민의 정치적 동원을 대변한다. 심지어 레비나스와 같은 '타자성'의 시인조차 소비에트와 중국의 갈등에 대한 자신의 논쟁적인 텍스트 「러시아-중국 논쟁과 변증법』Le débat russo-chinois et la dialectique(1960)에서 '위험한 황색인종'yellow peril이라고 치부한 자들의 동원 말이다.

> 위험한 황색인종! 그것은 하나의 인종이 아니라 하나의 정신이다. 그것은 열등한 가치를 내포하지 않는다. 그것은 근본적인 이질성, 자신의 과거, 달과 화성의 과거, 어떤 친숙한 목소리나 억양도 여과되지 않는 과거의 가치에 대한 전적인 이방인을 함축한다.[37]

이것은 1930년대 하이데거의 주장을 생각나게 하지 않는가? 오늘날 서구적 사유의 주된 임무는 그리스적 돌파를 옹호하는 것, '서양'의 초석적 제스처, 철학 이전의 신비로운 '아시아적' 우주의 극복, 부활하는 '아시아적' 위협에 대항한 투쟁의 옹호에 대한 주장―서양의 가장 큰 적은 "일반적으로는 신비주의이고, 특수하게는 아시아적인 것이다"[38]―말이다. 마오쩌둥의 공산주의 운동에 의해 정치적으로 동원된 것은 **바로 이런** 아시아의 '극단적 이질성'이다. 헤겔은 여성성womankind을 『정신현상학』에서 "공동체의 항구적인 아이러니"로 규정했다. 여성성은 "은밀하게 통치의 보편적 목적을 사적인 목표로 전환시키고, 통치의 보편적 활동을 특수한 개인들의 행위로 변형시키고, 국가의 보편적 특질을 가족의 소유와 장식으로 타락시킨다".[39] 남성적 야망과 대조적으로 여성은 국가 통치의 보편적 차원을 인식하지 못하고 그녀 자신의 협소한 가족적 이익의 증진을 위해, 혹은 더 나쁘게는 그녀 자신의 변덕을 위해 권력을 욕망한다. 이것

---

37 Emmanuel Levinas, *Les Imprévus de l'histoire,* Paris: Fata Morgana, 1994, p.172.
38 Martin Heidegger, *Schelling's Treatise on Human Freedom,* Athens, OH: Ohio University Press, 1985, p.146.
39 G. W. F. Hegel, *Phenomenology of Spirit,* Oxford: Oxford University Press, 1977, p.288.[『정신현상학』 1·2권, 임석진 옮김, 한길사, 2005.]

은 셸링의 "동일한 원칙이 우리를 소모시키고 파괴해 버리는 효력의 무익함 속에서 우리에게 작용한다"[40]라는 주장을 떠올리게 하지 않는가? 어떤 권력이 자기 고유의 장소에 있을 때는 평화를 주다가도 그것이 가장 높은 차원, 더 이상 자신의 것이 아닌 차원에 개입하는 순간에는 극단적 대립물, 가장 파괴적인 열광으로 바뀌고 마는 것이다. 동일한 가족성이라도 그것이 가족적 삶의 폐쇄적 회로 속에 있을 때는 보호해 주는 사랑의 권력이지만, 그것이 공적이고 국가적인 사업의 차원에서 전개될 때는 외설적인 광포함으로 바뀐다. 간단히 말해서, 가족과 친족의 권리를 위해 공적인 국가권력에 대항하여 자신을 주장하는 여성은 허용될 수 있지만 자신의 나약한 남자 파트너를 조정하거나 그들을 실제로 무력화시켜 버림으로써 국가적 사업에 직접 관여하는 여성은 사회에 위협이 된다. 이름 없는 아시아 대중의 각성이라는 전망 속에서 촉발된 테러도 이와 비슷하지 않은가? 그들이 자신의 운명을 기획하고 우리로 하여금 그들을 돕게 한다면(광범위한 휴머니즘적 활동을 통해) 괜찮다. 하지만 오래전부터 동정적인 태도로 소외되고 가난한 자들을 지지해 오던 자유주의자들에게는 참으로 두렵게도, 그들 스스로 '권한을 가지고' 항시적으로 소외된 인민의 폭동을 지도하고자 한다면 괜찮지 않다.

델루귀안의 『코카서스에 있는 부르디외의 은밀한 추종자』는 아브하즈Abkhazia 출신의 무사 샤닙Musa Shanib에 대한 범상치 않은 이야기를 들려준다. 이 혼란한 지역의 지적 지도자인 그는, 소련의 반체제 인사였다가 민주주의 정치 개혁자였다가 무슬림 근본주의 전쟁 지도자였다가 최근에는 존경받는 철학 교수라는 믿기 힘든 경력을 가졌으며, 이 전체 경력

---

40 F. W. J. Schelling, *Die Weltalter, Fragmente, In den Urfassungen von 1811 und 1813*, ed. Manfred Schroeter, Munich: Biederstein, 1979, p.13.

의 특이성은 피에르 부르디외의 사유에 대한 예사롭지 않은 찬미에서 두드러진다.[41] 이에 대해 두 가지 접근법이 있다. 첫번째 반응은 그것을 지역적 주변성에 기인한 운 좋은 아이러니로 취급하는 것이다. "부르디외라니, 그 선택은 얼마나 기이한가? 이 촌놈이 부르디외 안에서 뭘 봤는지 누가 알겠는가?" 두번째 반응은 직접적으로 이론의 보편적 전망을 주장하는 것이다. "보편적인 이론이 어떤 건지 보라. 파리에서 체첸과 아브하즈에 이르기까지 모든 지식인들이 부르디외의 개념을 토론할 수 있다." 물론, 우리의 진정한 임무는 이 두 방법을 피하고 이론의 보편성은 고된 이론적 작업과 결코 이론 바깥에 있지 않는 투쟁의 결과라고 주장하는 것이다. 여기서 요점은 샤닙이 자신의 지역적 한계를 극복하고 부르디외를 파악하기 위해 열심히 노력해야 했다는 것(뿐만)이 아니다. 아브하즈 지식인에 의한 이런 부르디외 이론의 전유 역시 이론 자체의 실체에 영향을 준다는 것, 그것을 전혀 다른 세계로 옮겨 놓는다는 것이다. 레닌이 맑스에 대해 한 것도 이런 게 아닌가? 레닌과 스탈린에 대해 마오가 이룬 전환은 노동자계급과 농부에 관한 것이다. 레닌과 스탈린은 둘 다 농부에 대해 심한 불신을 갖고 있었다. 그들은 소비에트 권력의 핵심 임무 중 하나로 농부의 타성을 깨는 것을 들었다. 즉, 그들의 대지에 대한 실체적인 애착을 뿌리 뽑고 그들을 '프롤레타리아화'하여 현대화의 역학 속에서 던져 놓는 것이다. 이와 정반대로 마오는 앞서 언급했듯이 스탈린의 「소련 사회주의의 경제적 문제들」(1958)에 대한 비판적 노트에서 "스탈린의 관점은 (……) 거의 모든 점에서 틀렸다. 가장 근본적인 오류는 농민에 대한 불신에 있다"라고 지적했다. 이런 전환의 이론적이고 정치적인 결과는

---

41 Georgi M. Derluguian, *Bourdieu's Secret Admirer in the Caucasus,* Chicago: The University of Chicago Press, 2005.

놀라운 것이다. 그것들은 프롤레타리아의 위치에 대한 맑스의 헤겔적 개념, 즉 프롤레타리아를 '실체 없는 주체성'의 위치로, 자신의 주체성의 심연으로 환원된 자들로 규정한 것의 완벽한 재가공에 다름 아니다.

여전히 그들의 맑스주의를 기억하는 사람들에게는 잘 알려진 것처럼 맑스주의의 이론적 구조에서 모호한 중심점은 자본주의 자체가 프롤레타리아 혁명을 통한 자본주의 초월의 조건을 창조한다는 전제와 관련된다. 이 명제를 어떻게 읽어야 할까? 선조적線條的인 진화론의 방식으로, 혁명은 자본주의가 자신의 잠재력을 완전히 발전시켜 자신의 모든 가능성들을 소진했을 때, 그래서 자본주의의 중심 적대('모순')가 가장 순수하게 벌거벗은 형태로 발생하는 신비로운 순간에 일어난다는 의미일까? 아니면 여기에 '주체적' 측면을 추가하여 노동자계급은 단지 가만히 앉아서 '열매가 익는 순간'을 기다리기만 해서는 안 되며 오랜 투쟁을 통해 자기 자신을 '교육'해야 하는 것일까? 역시 잘 알려진 것처럼, 레닌의 '약한 고리' 이론은 일종의 타협적인 해결책이다. 최초의 혁명은 가장 발전한 국가에서가 아니라, 비록 덜 발달되었더라도 자본주의적 발전의 모순이 가장 심각하게 집중된 나라(농업을 배경으로 마치 섬처럼 집중된 현대 자본주의 산업과 전근대적인 권위주의 정부가 결합되어 있는 러시아)에서 일어난다는 것을 인정함에도 불구하고 레닌은 여전히 10월 혁명을 서유럽에서의 광범위한 혁명이 수반되지 않으면 결코 성공할 수 없는 위험한 돌파로 인식했다.

이 모델의 극단적 폐기는 오직 마오에 의해 발생했다. 그에 따르면 프롤레타리아 혁명은 세계에서 가장 지체된 곳, 자본주의 세계화의 여파에 노출되어 자신의 분노와 절망을 조직하는 제3세계 국가의 빈농, 노동자 그리고 '애국적 부르주아'로 이뤄진 광범위한 대중들 속에서 발생한다. 맑스의 모델을 (거의 도착이라고 할 정도로) 전적으로 뒤집으면서 마오의 계급투쟁은 제1세계 '부르주아 국가'와 제3세계 '프롤레타리아 국가' 간의 투쟁으로 재정식화된다. 여기서 역설은 고유하게 변증법적인 것으로, 모순에 대한 마오의 가르침을 극단적으로 적용할 때, 과소발달(그래서 혁명을 위한 '미성숙') 자체가 혁명을 위해 '성숙한' 나라를 만든다. 그러나 그런 '미성숙한' 경제적 조건은 고유하게 탈-자본주의적인 사회주의의 형성을 허락하지 않기 때문에 그 필연적 상관항으로 '경제에 대한 정치의 우위성'이 주장된다. 승리를 향한 혁명적 주체는 자본주의적 제약 때문에 그 이상의 발달이 가로막힌 자신의 잠재력을 해방시킴으로써 경제적 필연성의 도구처럼 행동하지 않는다. '자생적인' 경제적 필연성에 **대항하여** 혁명적 테러로 현실에 자신의 전망을 강제하는 것은 오히려 의지주의적 행위자이다.

여기서 우리는 헤겔의 '구체적 보편성'에 대한 근본적인 교훈을 염두에 둬야 한다. 보편적 필연은 처음부터 작동하여 과정을 조정하고 행복한 결과를 보증하는 목적론적 힘이 아니다. 반대로 보편적 필연은 언제나 소급적이다. 그것은 과정상의 극단적 우연으로부터 출현하며 우연성들의 자기-지양self-Aufhebung의 순간을 신호로 나타낸다. 그래서 우리는 레닌주의로부터 마오주의로의 전환이 일어나고 나면 그것은 '필연적인' 것으로 나타날 수밖에 없다고, 즉 우리는 마오주의의 '내적 필연성'을 맑스주의의 다음 발전 '단계'로 (재)구성할 수 있다고 말해야 한다. 이처럼 우연성의 보편성으로의 전도를 파악하기 위해 가능성의 실현으로 구조화된 선조적인 역사의 시간이라는 관념(특정한 시간 X에는 다양한 방향의 역사적 가능성들이 존재하며, 현실적으로 발생한 것은 그 가능성들 중 하나의 실현이다)으로부터 벗어나야 한다. 이런 선조적 시간관은 소급적으로 자기 자신의 가능성을 창조하는 우연적 행위의 출현이라는 역설을 포착할 수 없다. 어떤 사태가 발생했을 때만 우리는 어떻게 그것이 가능했는지 '알' 수 있다. 마오주의(혹은 스탈린주의)의 기원에 관한 지루한 논쟁은 세 가지 관점 주위를 맴돈다. ①'확고한' 반-공산주의자들과 '확고한' 스탈린주의자들은 맑스에서 레닌으로, 레닌에서 스탈린으로(그리고 스탈린에서 마오로) 이어지는 직접적으로 내적인 논리가 존재한다고 주장한다. ② '유연한' 비판자들은 스탈린주의적(혹은 그보다 앞서, 레닌주의적) 전환은 맑스의 이론 체계 안에 현존하는 역사적 가능성들 중 하나로, 다르게 일어날 수도 있었지만 그럼에도 스탈린주의적 재앙은 기원적인 이론 자체 안에 있는 선택지 중 하나로 기입된다고 주장한다. ③마지막으로, 순수한 '맑스의 기원적 가르침'을 옹호하는 자들은 스탈린주의(혹은 레닌주의까지)는 단지 왜곡과 배반일 뿐이라고 주장한다. 이에 따르면 맑스와 스탈린 사이에는 근본적인 단절이 있으며, 레닌 그리고/또는 스탈린은 맑스의 이론을 '유괴하여' 그것을 맑스와는 전혀 어울리지 않는 방식으로 유용했다. 우리는 공통적으로 선조적-역사주의적 시간관에 기대고 있는 이 세 가지 관점 모두를 거부하고, "맑스는 얼마만큼 스탈린적 재앙에 책임이 있을까?"라는 잘못된 질문을 넘어 네번째 관점을 선택해야 한다. 맑스는 그것에 대해 전적으로 책임이 **있다**. 단, **소급적으로**. 즉 그들은 둘 다 자기 자신의 선조先祖를 창조했다는 보르헤스의 유명한 명제 속의 카프카와 동일한 지위를 스탈린에게도 부여할 수 있다.

이것이 '구체적 보편성'의 운동, 즉 기원적 이론이 전적으로 새로운 문맥 속에서 자신을 재창조하는 '실체변환'transubstantiation의 운동이다. 이런 실체변환을 관통함으로써만 그것은 실효적인 차원에서 보편성을 획득한다. 여기서 우리가 다루고 있는 것은 기원적인 이론이 '소외'되었다가 낯선 문맥에 통합되고 그 문맥을 재전유하여 자기 속에 복속시켜야 한다는 유사-헤겔적인 '소외'와 '탈-소외'dis-alienation의 과정을 다루고 있는 게 아니다. 그런 유사-헤겔적 관념이 놓치고 있는 것은 이와 같이 새로운 문맥으로의 폭력적 이식은 근본적으로 기원적인 이론 자체에 영향을 미친다는 것, 그래서 이론이 '자신의 타자otherness 속에서 자기 자신으로 되돌아올 때'(낯선 문맥 속에서 자신을 재창조할 때) 이론의 실체 자체가 변화한다는 것이다. 또한 이 전환은 단지 외부적 충격에 대한 반응이 아니다. 그것은 **동일한** 자본주의 극복 이론에 내속적인 실체변환으로 남아 있다. 이것이 자본주의가 '구체적 보편성'이 되는 방법이다. 그것은 모든 특수한 자본주의 형식이 공통적으로 지닌 속성을 추출해 내는 문제가 아니라, 그 모태matrix를 자기 내속적인 실정적 힘으로, 현실적으로 특수한 모든 형태들이 지우려고 노력하는 어떤 것으로, 그것들이 억제하려고 애쓰는 파괴적인 효과들로 포착하는 문제이다.

마오 변증법의 한계

자본주의의 이데올로기적 승리를 확인할 수 있는 가장 좋은 징후는 최근 20~30년 동안 자본주의라는 용어 자체가 실질적으로 사라졌다는 점이다. 1980년대 "몇몇 고루한 맑스주의자들('멸종위기의 종족')을 제외하고는 실질적으로 아무도 더 이상 자본주의에 대해 언급하지 않는다. 그 용어는 그것을 역사적 망각 속에 던져 버린 사회과학자들은 논외로 치고, 단지 정치인들, 무역 통합주의자들, 작가들, 언론인들의 어휘에서만 사용될 뿐이다".[42] 그럼 지난 수년 동안 폭발한 반-세계화 운동은 어떤가? 그것은 이런 진단의 명백한 반증이 되지 않는가? 전혀 그렇지 않다. 자세히 보면 곧 반-세계화 운동 역시 "자본주의 자체의 비판(노동의 조직과 이윤 창출의 형식 등 경제적 메커니즘에 집중된 비판)을 '제국주의' 비판으로 전

---

42 Luc Boltanski and Eve Chiapello, *The New Spirit of Capitalism*, London: Verso, 2005, p.ix.

환하고픈 유혹"⁴³에 굴복한다. 이와 마찬가지로 '세계화와 그 대행자들'에 대해 이야기할 때 우리의 적은 (자주 통속적인 반미주의의 형태로) 외재화된다. 이런 관점에서 오늘날 우리의 주된 임무는 '미 제국'과 맞서 싸우는 것이며, 미국에 반대하기만 하면 어떤 동맹이든 좋다는 것이다. 그래서 고삐 풀린 중국 '공산주의적' 자본주의나 폭력적인 이슬람 반-근대주의자, 벨라루스의 외설적인 루카셴코A. Lukashenko 체제까지(2006년 7월 차베스의 벨라루스 방문을 보라) 진보적인 반-세계화 군사 동맹처럼 보일 것이다. 자본주의 자체를 비판하는 대신, 자본주의의 근본 메커니즘과 대결하는 대신 그것과는 다른 보다 '진보적인' 프레임 속에서 자본주의 메커니즘을 동원해야 한다는 (암묵적) 관념 속에서 단지 제국주의적 '과도함'을 비판하기만 하면 된다는 것이다.

이런 배경 속에서 우리는 맑스 철학에 대한 마오의 주된 공로라 할 수 있는 모순에 대한 개념의 정교화에 접근해야 한다. 그것을 무가치한 철학적 후퇴라고 (흔히 지적하듯이 '대립하는 경향들의 갈등'을 뜻하는 통상적 '모순' 개념에 의존하는 것으로) 치부해서는 안 된다. 그의 위대한 텍스트 「모순론」의 주된 명제에서 모순은 두 가지 양상을 가진다. "하나의 과정 속에 있는 기본적 모순과 비-기본적 모순, 하나의 모순 속에 있는 기본적 측면과 비-기본적 측면"에 대한 마오의 명제는 상세하게 분석할 가치가 있다. '교조적 맑스주의자들'에 대해 마오가 비난한 점은 "모순의 보편성이 내재하는 곳은 정확히 모순의 특수성 속에서라는 사실을 그들은 이해하지 못한다"라는 사실이다.

가령 자본주의 사회에서는 프롤레타리아와 부르주아라는 모순적인 두

---

43 Ibid., p.xvii.

힘이 기본 모순을 형성한다. 다른 모순들, 가령 잔존하는 봉건계급과 부르주아 간의 모순, 프티 부르주아 농부와 부르주아 간의 모순, 프롤레타리아와 프티 부르주아 농부 간의 모순, 비-독점 자본가들과 독점 자본가들 간의 모순, 부르주아 민주주의와 부르주아 파시즘 간의 모순, 자본주의 국가들 사이의 모순, 제국주의와 식민지 사이의 모순은 이 기본 모순에 의해 결정되고 영향받는다.

제국주의가 이와 같은 나라들에 대한 침략전쟁에 돌입할 때 몇몇 배신자들을 제외한 피-침략 국가의 다양한 계급들은 일시적으로 제국주의에 대항하는 민족주의적 전쟁 속에서 통합될 수 있다. 그 시기 동안에는 제국주의와 피-침략 국가 사이의 모순이 기본 모순이 되고 그 국가 내부의 다양한 계급들 사이의 모순이 (봉건적 체계와 거대한 인민 대중 사이의 기본 모순이었던 것까지 포함하여) 일시적으로 부차적이고 종속적인 위치로 옮겨진다.[44]

이것이 마오의 핵심 주장이다. 기본적(보편적) 모순은 특수한 상황에서 주요한 것으로 취급되어야 할 모순과 중첩되지 않는다. 보편적 차원은 문자 그대로 이와 같은 특수한 모순 속에 **존재한다**. 구체적인 상황마다 다른 '특수한' 모순이 주요 모순이 된다. 정확한 의미에서 기본 모순의 해소를 위한 전쟁에서 승리하기 위해 우리는 하나의 특수한 모순을 다른 모든 투쟁들이 통합되어야 하는 주요 모순으로 취급해야 한다. 일본의 지배하에 있는 중국에서 일본에 대항하는 애국적 단결이야말로 공산주의자가 계급투쟁에서 승리하고자 한다면 집중해야 할 주요 과제이다. **이런 조건 속에서는 계급투쟁에 대한 어떤 직접적인 집중도 계급투쟁 자체에**

---

44 Mao Zedong, *On Practice and Contradiction*, p.87.

해롭다. (아마 거기에 잘못된 순간에 기본 모순의 중심성을 주장하는 '교조적인 기회주의'의 주된 특질이 있을 것이다.)

또 다른 요점은 하나의 모순 속에 있는 기본적 측면에 관련된 것이다. 가령, 생산력과 생산관계 사이의 모순에 대해 다음과 같이 말한다.

> 생산력과 실천, 그리고 경제적 토대는 일반적으로 기본적이고 결정적인 역할을 한다. 유물론자라면 누가 이것을 부정하겠는가? 하지만 특정한 조건들 속에서는 생산관계와 이론, 그리고 상부구조와 같은 측면들이 거꾸로 기본적이고 결정적인 역할을 하는 것으로 나타난다. 생산관계에서의 변화 없이 생산력의 발전은 불가능하다. 그래서 생산관계에서의 변화가 기본적이고 결정적인 역할을 맡는다.[45]

이 주장의 정치적 함의는 매우 중요하다. 마오가 겨냥하는 것은 정치 투쟁에서 맑스주의 전통이 보통 '주체적 요인'으로 지적한 것들의—이론, 상부구조—중심 역할을 천명하는 것이다. 마오에 따르면, 스탈린이 간과한 것이 바로 이 점이다.

> 스탈린의 「소련 사회주의의 경제적 문제들」은 처음부터 끝까지 상부구조에 대해서는 아무 말도 하지 않는다. 그것은 인민에 대해서는 관심이 없다. 그것은 사물만 취급하지, 인민을 다루지는 않는다. (……) 그것은 오직 생산관계에 대해서만 말할 뿐 상부구조에 대해서나 정치에 대해서, 혹은 인민의 역할에 대해서는 아무것도 말하지 않는다. 공산주의 운

---

45 Ibid., p.92.

동이 존재하지 않다면 공산주의는 결코 도달되지 않는다.[46]

진정한 마오주의자, 알랭 바디우는 이것을 현대적인 배치 속에 적용하여, 반-자본주의 투쟁에 집중하는 것을 회피하고, 심지어 오늘날의 투쟁 형식(반-세계화 운동)을 조소하면서, 해방적 투쟁을 엄격히 정치적인 관점에서 (자유)민주주의에 대항하는 투쟁, 오늘날 지배적인 이데올로기 형식인 민주주의에 대항하는 투쟁으로 정의한다. "오늘날의 적은 제국이나 자본이라고 불리는 것이 아니다. 그것은 민주주의라고 불린다."[47] 오늘날 자본주의 자체에 대한 근본적인 문제제기를 가로막는 것은 정확히, **자본주의에 대항하는 투쟁으로 간주된 민주주의적 형식에 대한 믿음**이다. 레닌이 '순수한' 정치와 함께 '경제주의'에 대해서도 반대할 때 그의 입장은 경제에 대한 좌파(로 남아 있는 자들) 내부의 분열적 태도와 관련하여 매우 중요한 의미를 지닌다. 한편으로 '순수 정치인들'은 투쟁과 개입의 장소로서의 경제를 포기한다. 다른 한편, 오늘날 세계 경제의 작동에 매혹된 '경제주의자들'은 정치적 개입 본연의 가능성을 배제한다. 과거 어느 때보다 심해진 이런 분열에 대해 우리는 레닌으로 되돌아가야 한다. 맞다. 경제는 핵심적인 영역으로, 전쟁은 거기서 결정되어야 하며, 거기서 우리는 전 지구적 자본주의의 주문을 깨뜨려야 한다. **하지만** 그런 개입은 경제적인 것이 아니라 고유한 의미에서 **정치적**인 것이어야 한다. 오늘날 적은 무자비한 이윤추구에 몰두하는 대기업이라고 말하는 할리우드 '사회-비판적' 음모 영화(「에너미 오브 스테이트」부터 「인사이더」까지)에 이르기까지 모든 이들이 '반-자본주의적'일 때 '반-자본주의적'이

---

46 Mao Zedong, *On Practice and Contradiction*, pp.117~118.
47 Alain Badiou, "Prefazione all'edizione italiana", in *Metapolitica*, Naples: Cronopio, 2002, p.14.

라는 기표는 그 전복적인 날카로움을 잃어버렸다. 우리가 문제시해야 하는 것은 이 '반-자본주의'의 자명한 대립물이다. 대기업의 음모를 무너뜨리는 정직한 미국인의 민주주의에 대한 신뢰, **이것**이 오늘날 전 지구적 자본주의 세계의 견고한 중핵, 그것의 진정한 주인-기표이다. 민주주의 자체 말이다.[48]

「인민들 사이의 모순들의 올바른 조절에 대하여」(1957)에서 마오는 모순 개념에 대해 좀더 상세히 다루는데, 이것 역시 적대적 모순과 비-적대적 모순 사이의 구분이라는 통상적인 교훈으로 그 내용이 축소되어서는 안 된다.

> 우리와 적 간의 모순은 적대적 모순이다. 피착취계급과 착취계급 사이의 모순이 적대적인 측면뿐만 아니라 비-적대적인 측면도 가지는 것에 반해 각 층위의 인민들 간의 모순, 노동 대중들 사이의 모순은 비-적대적이다. (……) 인민민주주의 독재의 두 가지 방식인 독재적 형태와 민주주의적 형태는 우리와 적 간의 모순과 인민들 간의 모순이라는 본성상 다른 두 가지 유형의 모순을 해소하기 위하여 각기 다르게 사용되어야만 한다.[49]

우리는 이런 구분에 대해 이 두 측면은 겹쳐질 수 있다는 '불길한' 경고를 보충하면서 읽어야 한다. "일반적인 상황에서 인민들 사이의 모순

---

[48] 네그리와 하트의 최근 진술은 예기치 않게 이와 같은 바디우의 통찰을 증명하지 않는가? 역설적인 필연성 속에서 그들의 반-자본주의(에 대한 집중 자체)가 그들을 자본주의의 혁명적 힘에 대한 인식으로 이끈다. 그들의 주장에 따르자면 자본주의는 이미 그 자체로 코뮨주의적 잠재성을 생성하고 있기 때문에—들뢰즈적으로 말해서 '자본주의의 코뮨주의-되기' 속에서—우리는 더 이상 자본주의와 싸울 필요가 없다.

[49] Mao Zedong, *On Practice and Contradiction*, pp.131, 137.

은 적대적이지 않다. 하지만 그것들이 적절하게 조절되지 않거나 우리가 경계를 늦추고 가드를 내리게 되면 그들 사이에 적대가 발생할 수도 있다." 노동계급 내부의 민주적 대화나 서로 다른 지향점들 간의 평화로운 공존은 저절로 주어지는 자연적 상태가 아니라, 경계에 의해 지속되고 투쟁에 의해 획득되는 것이다. 여기서도 투쟁이 통합에 우선한다. 통합의 공간 자체가 투쟁에 의해 획득되는 것이다.

그렇다면 이런 정교한 검토 속에서 우리는 무엇을 해야 하는가? 우리는 이론의 추상적 수준 자체에서 마오가 어느 지점에서 맞고 어디서 틀렸는지를 정확히 진단해야 한다. '변증법적 종합'을 '대립물 간의 투쟁을 포괄하는 고차원적 통합' 내지 대립물의 '화해'로 보는 통상적인 관점을 거부할 때 마오는 옳다. 하지만 그가 이 거부를 정식화하여, '대립물의 영원한 투쟁'에 대한 일반적인 우주론-존재론에 따라 일체의 종합이나 통합에 대해 갈등과 분열의 선차성을 주장할 때 그는 틀렸다. 그가 투쟁의 '악순환'bad infinity이라는 소박하고 **비변증법적**인 관념에 사로잡힌 이유이다. 마오는 여기서 어떻게 모든 창조물과 생명의 결정 형식이 늦거나 이르거나 자신의 목표에 도달하게 될 것인가에 대한 명백히 원시적인 이교도적 '지혜'로 후퇴한다. "하나의 사물은 다른 사물을 파괴한다. 사물들은 태어나고, 발전하고, 소멸된다. 모든 곳에서 이와 같은 일이 일어난다. 만약 사물이 다른 사물에 의해 파괴되지 않으면, 그것들은 스스로 파괴된다." 이 차원에서 우리는 마오를 있는 그대로 정당하게 대우해야 한다. 그는 이 방향을 끝까지 밀고 나가 이 원칙을 공산주의 자체에까지 적용한다. 다음의 인용구절에서 마오는 원자핵이 양성자와 반-양성자 등으로 분열되는 것으로부터 공산주의가 여러 단계들로 분열되는 것의 불가피성에 대해 거대한 존재론적 '비약'을 감행한다.

나는 공산주의는 단계들로 분리되지 않고, 공산주의에서는 어떤 질적 변화도 일어나지 않을 것이라고 믿지 않는다. 레닌은 모든 사물은 분리될 수 있다고 말했다. 그는 원자의 예를 들어 원자뿐만 아니라 전자 역시 나눠질 수 있다고 말했다. 원자나 전자는 이전에는 나눠질 수 없다고 여겨졌던 것들이다. 원자핵을 쪼개려고 헌신해 온 과학 분야는 아직 매우 젊고 겨우 2, 30년의 역사밖에 되지 않는다. 최근 10년간 과학자들은 원자핵을 그 구성요소인 양성자, 반-양성자, 중성자, 반-중성자, 중간자, 반-중간자들로 쪼개는 데 성공했다.[50]

그는 더 나아가 인간성 자체를 넘는 발걸음 속에서 원시-니체적 방식으로 인간의 '극복'까지 예견한다.

변증법의 삶은 대립을 향한 연속적인 운동이다. 인류 역시 종국에는 자신의 종말에 도달할 것이다. 신학자들이 종말의 날에 대해 말할 때 그들은 사람들을 염세적인 두려움에 빠지게 만든다. 우리는 인류의 종말을 인간보다 훨씬 진보된 존재를 생산하는 것이라고 말한다. 인류는 여전히 유아기 상태에 있다.[51]

또한 그는 (몇몇) 동물들은 스스로 의식성(오늘날 우리가 배타적으로 인간에게만 부여하는 속성)의 수준으로 고양될 거라고 전망한다.

미래에는 동물들도 계속 진화할 것이다. 나는 인간들만 두 개의 손을 가

---

50 Mao Zedong, *On Practice and Contradiction*, p.183.
51 Ibid., p.182.

질 수 있다고 믿지 않는다. 말, 소, 양도 진화할 수 없겠는가? 오직 유인원만 진화할 수 있는가? 유인원 중 오직 한 종만 진화할 수 있고 다른 종들은 진화할 수 없을까? 백만 년, 천만 년 후에도 말이나 소나 양들이 오늘날과 같은 존재로 남아 있을까? 나는 동물들 역시 계속해서 변화할 거라고 생각한다. 말, 소, 양, 그리고 곤충들 역시 변화할 것이다.[52]

이 '우주적 전망'에 두 가지가 보충되어야 한다. 첫째, 여기서 마오는 당 내부의 측근 이념가들에게 이야기하고 있다는 것을 기억해야 한다. 대중 모르게 비밀을 공유하는 듯한 어조로 마오는 지금 자신의 '비밀 교시'를 폭로하고 있는 것이다. 사실, 마오의 성찰은 소비에트 맑스주의의 신비주의적인 이데올로기와 외설적인 비밀 교시를 형성한 속류 유물론과 영지주의적Gnostic 정신이 기묘하게 결합된 소위 '생명우주론'biocosmism을 환기시킨다. 소비에트 국가의 전성기에는 공중의 시야에서 감춰져 있던 생명우주론은 소비에트 통치 초기와 말기의 10년 동안에만 공개적으로 전파되었다. 그것의 주된 명제는 종교의 목표들은(집단적인 천국, 모든 고통으로부터의 초월, 개인의 불멸성, 죽은 자의 부활, 시간성과 죽음의 초극, 태양계를 넘어선 공간의 정복) 현대 과학기술의 발전을 통해 지상의 생명체 안에서 실현될 수 있다는 것이다. 미래에는 생명 재생산 기술을 통해 스스로를 재생산하는 고결한 포스트-휴먼이 출현함으로써 성적 차이 역시 사라질 것이다. 또한 모든 죽은 자들의 과거를 복원하는 것도 가능해질 것이며(그들의 시체에서 생명 공식을 수립하여 다시 살게 하는 것도 가능할 것이다. 당시에는 DNA가 알려지지도 않았다), 그래서 과거의 모든 부정을 지우거나 과거의 수난과 파괴를 '해소'시키는 것도 가능할 것이다. 이

---

52 Mao Zedong, *On Practice and Contradiction*, p.176.

런 밝은 생정치적 공산주의 미래 안에서 인간뿐만 아니라 동물이나 모든 살아 있는 것들은 우주의 직접적인 집단 지성에 참여하게 될 것이다. 인간의 직접적 신격화라는 막심 고리키의 '창신주의'God-building에 대한 레닌의 무자비한 비판에 반대하고 싶겠지만, 우리는 고리키의 작업이 생명우주론자들과 동일한 것임을 염두에 두어야 한다. 흥미로운 점은 이 '생명우주론'과 오늘날의 기술영지주의techno-gnosis가 매우 유사하다는 점이다.

둘째, 마오에게 이 '우주적 관점'은 단지 엉뚱한 철학적 경고가 아니다. 그것은 정확히 윤리-정치적 결과를 내포한다. 마오가 고압적인 자세로 핵폭탄의 위협을 무시했을 때 그는 그 위험의 전망을 경시한 게 아니다. 그는 그런 전쟁이 인류를 소멸시킬 수도 있다는 것을 잘 알고 있다. 그래서 그는 자신의 무시를 정당화하기 위해 지구 생명체의 종말은 "우주 전체의 관점에서는 거의 아무것도 아니다"라는 '우주적 관점'을 적용해야 했다. 이 '우주적 관점'은 또한 경제적·정치적 분투라는 인간적 비용을 경시하는 마오의 태도에 전제가 되기도 한다. 마오에 대한 최근의 전기[53]를 믿는다면, 그는 소련의 핵무기나 다른 대량살상무기를 사들이기 위해 소련에 곡물을 수출함으로써 역사상 가장 큰 기근을 야기했다. 1958~61년 사이에 3,800만의 인민이 노예처럼 굶주리다 죽어갔다. 아마도 마오는 무슨 일이 일어나고 있는지 알고 있었을 것이다. "중국 인민의 절반이 죽어야 할지도 모른다." 이것은 가장 극단적인 형태의 도구주의적 태도이다. 목표 달성을 위한 무자비한 노력의 일부로 인민을 죽일 수도 있는 도구로 삼는 것이다. 여기서 염두에 두어야 하는 것은 나치의

---

53 Jung Chang and Jon Halliday, *Mao: The Unknown Story,* New York: Knopf, 2005. [『마오: 알려지지 않은 이야기들』상·하, 황의방·이상근·오성환 옮김, 까치글방, 2006.] 물론 이 저작은 지극히 편향적이라고 비난받아 왔다. 특히 Andrew Nathan, "Jade and Plastic", *London Review of Books,* November 17, 2005를 참조하시오.

홀로코스트는 이것과 같지 **않다**는 사실이다. 유대인 살해는 합리적 전술의 일부가 아니라 자기 목적적인 것으로 정교하게 계획된 '불합리한' 과잉이었다. (1944년 독일의 후퇴 직전 그리스 섬에서의 마지막 유대인 강제 추방과 1944년 전쟁물자 대신 유대인을 이송하기 위한 대규모 기차 동원을 상기해 보라.) 하이데거가 홀로코스트를 시체들의 산업적 생산으로 환원한 것이 틀린 이유가 여기에 있다. 홀로코스트는 그렇지 않았다. 오히려 스탈린 공산주의가 이런 경우에 더 잘 들어맞는다.[54]

속류 진화론에 속하는 이 '악순환'의 개념적 결과로 마오는 일관되게 '부정의 부정'을 보편적인 변증법적 법칙으로 보지 않았다. 그래서 그는 엥겔스에 명확히 반대했다. (이 지점에서 그는 「변증적 유물론과 역사적 유물론에 관하여」On Dialectical and Historical Materialism에서 "맑스의 변증법의 네 가지 주된 요소들" 중에서 '부정의 부정'에 대해서는 언급하지 않았던 스탈린을 따른다.)

엥겔스는 세 가지 범주들에 대해 이야기한다. 하지만 나는 그 범주들 중 두 가지는 믿지 않는다. (대립물의 통일이 가장 기본적인 법칙이다. 양질 전화는 양과 질이라는 대립물의 통일이며, 부정의 부정은 전혀 존재하지 않는다.) (……) 부정의 부정이란 것은 없다. 긍정, 부정, 긍정, 부정…… 사물의 발전 속에서, 사건들의 연쇄 속의 모든 연관은 긍정인 동시에 부정이다. 노예제 사회는 원시사회를 부정한다. 하지만 봉건사회와 관련해서는 거꾸로 긍정을 구성했다. 봉건사회는 노예제 사회와 관련해서는 부정을 형성하지만 자본주의 사회와 관련해서는 긍정을 구성했다. 자본주의 사

---

54 하이데거가 마르쿠제에게 보낸 편지에서 홀로코스트를 1946~47년 동안 독일인들을 동유럽으로 추방시킨 것과 비교할 때 그는 틀렸다. 헤르베르트 마르쿠제는 답신에서 정확히 지적했다. 그 순간 유대인의 운명과 동유럽 독일인들의 운명의 차이는 야만과 문명의 미세한 차이이다.

회는 봉건사회에 대해서는 부정을 형성했지만 사회주의 사회와 관련해서는 긍정을 구성했다.[55]

이런 방식으로 마오는 '부정의 부정' 형태로 촉진되는 대립물의 '변증법적 종합'이라는 범주 역시 명확하게 거부했다. 마오에게 모든 종합은 궁극적으로 아도르노가 자신의 루카치 비판에서 '강요된 화해'erpresste Versöhnung라고 불렀던 것으로, 진행 중인 투쟁 속의 지극히 찰나적인 정지, 대립물이 통일될 때는 나타나지 않다가 한 측이 다른 측을 이겼을 때만 나타나는 찰나적인 휴지이다.

종합이란 무엇인가? 당신은 어떻게 국민당과 공산당이라는 두 대립물이 본토 대륙에서 종합되었는지 분명하게 목격했다. 종합은 이런 식으로 일어난다. 그들의 군대가 왔고, 우리는 그들을 삼켜 버렸다. 우리는 그들을 조금씩 먹어 치웠다. (……) 하나의 사물이 다른 사물을 먹어 치우는 것, 큰 물고기가 작은 물고기를 삼키는 것, 이것이 종합이다. 책에는 이렇게 쓰여 있지 않다. 나는 내 책에서조차 이런 식으로 기술하지 않았다. 양시엔치엔은 두 개가 결합하여 하나가 되며, 종합은 두 대립물 사이의 분리 불가능한 결합이라고 믿었다. 분리 불가능한 결합이라는 것이 세상에 어디 있는가? 사물은 결합될 수 있지만 결국은 절단된다. 절단될 수 없는 것은 아무것도 없다.[56]

(다시, 대중 모르게 비밀을 공유하는 듯한 어조로 그는 대중의 행복한 낙

---

55 Mao Zedong, *On Practice and Contradiction*, p.181.
56 Ibid., pp.179~180.

관론을 무너뜨리는 잔인한-현실주의적 교설을 전달한다.) 이것이 1950년대 후반 하나와 둘에 대한 유명한 논쟁의 핵심이다. (둘은 하나로 통합되는가? 아니면 하나가 둘로 나눠지는가?) "어떤 사물에서든 대립물의 통일은 잠정적·일시적·과도적·상대적이고, 대립물의 투쟁은 절대적이다." 이것이 마오의 윤리-정치적 명령이라고 부르고픈 것으로 우리를 데려간다. 베케트의 「이름 붙일 수 없는 것」L'innomable의 마지막 구절을 빌려 말하면 "침묵 속에서 당신은 알지 못한다. 당신은 계속해서 절단해야 한다. 나는 계속 갈 수 없다. 나는 계속 절단할 것이다".[57] 결코 최종적인 평화의 지점에는 도달할 수 없고 영원한 분열만 있는 마오의 정치가 안고 있는 역설은 그것이 결국 자신의 대립물과 결합한다는 것이다. 수정주의의 창시자 베른슈타인의 유명한 공식 "목적은 아무것도 아니다. 운동이 모든 것이다"의 우파 사회-민주주의적 적용 말이다.

그렇다면 여기서 마오의 결함은 어디 있는가? 그가 자신의 절단과 분리의 명령을 변증법적 종합에 대립시키는 방식 속에 있다.

마오가 조롱 섞인 어조로 '종합하기'란 적의 파괴나 적의 예속이라고 말할 때 그의 실수는 바로 이 조롱 섞인 태도에 있다. 그는 **이것이** 진정으로 헤겔적인 종합이라는 것을 보지 못한다. 결국 헤겔의 '부정의 부정'이란 것은 무엇인가? 먼저, 낡은 질서는 자신의 이데올로기-정치적 형식 안에서 부정된다. 그 다음, 이 형식 자체가 부정되어야 한다. 망설이는 자들, 이 형식 자체를 극복하는 두번째 발걸음을 두려워하는 자들은 (로베스피에르의 말을 반복하면) '혁명 없는 혁명을 원하는' 자들이다. 레닌 역시 이런 후퇴의 서로 다른 형태들을 판별하기 위해 전력을 다해 '의심의 해석학'을 가동한다. 진정한 승리(진정한 '부정의 부정')는 적이 당신의 언어로

---

57 Samuel Beckett, *Trilogy*, London: Calder, 2003, p.418.

말할 때 일어난다. 이런 의미에서 진정한 승리는 실패 속의 승리이다. 그것은 어떤 특정한 메시지가 보편적 틀로 받아들여질 때, 심지어 적의 인식틀로까지 받아들여질 때 발생한다. 가령, 합리적 과학 대 종교적 믿음의 대립에서 과학의 진정한 승리는 교회가 자신의 정당성을 과학의 언어로 주장하기 시작할 때 일어난다. 혹은 오늘날 명민한 비평가들이 포착한 것처럼, 영국의 정치사에서 대처의 혁명은 그 자체로는 혼란스럽고 충동적이며 예측 불가능한 우연성을 갖고 있었다. 대처의 혁명이 새로운 제도적 형식으로 굳어진 것, 헤겔의 말로 그것의 역사적 우연성(처음에는 우연적으로 보인 것)이 필연성으로 고양될 수 있었던 것은 오직 블레어 정부의 '제3의 길'에서이다. 이런 의미에서 블레어는 대처리즘을 반복한다. 즉 그것을 하나의 개념으로 반복한다. 동일한 방식으로 헤겔의 눈에 아우구스투스는 카이사르를 반복한다. 즉, (우연적인) 개인의 이름을 하나의 개념, 하나의 타이틀로 변형-지양한다. 대처는 대처적이지 않다. 그녀는 단지 그녀 자신일 뿐이다. 하나의 개념으로서 대처리즘을 형성한 것은 오직 (존 메이어보다 더) 블레어이다. 역사의 변증법적 아이러니는 오직 (이름뿐인) 이데올로기-정치적 적이 당신을 위해 이것을 할 수 있다는 것, 당신을 하나의 개념으로 고양시킬 수 있다는 데 있다. 경험적 촉발자는 끝장나야 한다. (율리우스 카이사르는 살해되어야 하고, 대처는 불명예스럽게 면직되어야 한다.)

이것이 지난 10여 년간 서유럽 제3의 길 사회-민주주의의 놀라운 교훈이자, 인류 역사상 가장 폭발적인 자본주의적 발전을 일으킨 중국 공산주의의 교훈이다. **우리는 그것을 더 잘할 수 있다**는 교훈 말이다. 자본주의 극복에 대한 고전 맑스주의적 설명을 상기해 보자. 자본주의는 놀랄 만한 자기-고양적 생산 동력을 풀어 놓았다. 자본주의에서 "모든 것은 대기 속으로 녹아 들어간다". 자본주의는 인류 역사상 가장 거대한 혁명 인

자이다. 다른 한편, 이런 자본주의 역학은 자기 내적 장애물이나 적대에 의해 추진된다. 자본주의의 궁극적 한계(자본주의적 자가-동력적 생산성의 한계)는 자본 자체이다. 즉 자본주의의 끝없는 발달과 자기 물적 조건의 혁명은 궁극적으로 자신의 쇠약해져 가는 내재적 모순으로부터의 탈주에 **앞선 필사적 탈주**에 다름 아니다. 맑스의 근본적인 실수는 바로 여기, 새로운 고차원적인 사회질서(공산주의)가 가능했다는 통찰로부터 도출되어야 한다. 나선운동 하는 생산력의 잠재력을 견지할 뿐만 아니라 파괴적인 사회적 공황에 의해 가로막히지 않고 완전하게 자기 잠재력을 해방시킬 사회적 질서가 가능했다는 통찰 말이다. 즉, 맑스가 간과한 것은 표준적인 데리다적 용어로, 생산력의 완전한 발전의 '불가능 조건'으로서의 이런 내재적 장애물/적대는 동시에 그것의 '가능 조건'이기도 하다는 사실이다. 만약 그 장애물, 자본주의 내부의 조건을 없애 버린다면 우리는 자신을 옥죄던 족쇄로부터 풀려난 자유로운 생산 충동을 갖게 되지 않는다. 오히려 우리는 자본주의에 의해 산출되는 동시에 낭비해 버리기 때문에 가로막힌 것처럼 보이는 생산성 자체를 잃게 된다. 그리고 이제 자본주의 극복을 위한 사회주의자들의 노력을 실패로 돌아가게 한 이 '긍정적 조건으로서의 장애물'의 논리가 자본주의 자체에 복수하듯 되돌아오고 있는 것처럼 보인다. 자본주의는 무제한적 시장의 지배에서가 아니라 오직 자신의 장애물이(복지-국가의 개입에서 중국처럼 공산당의 직접적인 정치적 지배까지) 자본주의의 고삐 풀린 광란을 억제할 때만 온전히 번창할 수 있다.

그래서 아이러니하게도 **이것이** 마오적 의미에서 자본주의와 공산주의의 '종합'이다. 역사의 장에서 일어난 일종의 시적 정의 속에서 마오의 공산주의를 '종합'한 것은 자본주의였다. 지난 몇 년간 중국에서 나타난 새로운 현상은 노동조건에 항의하는 노동자 운동이 거대한 규모로 발생하고 있다는 점이다. 잔혹하게 억압된 그 노동자 운동은 가장 빠른 시간에 세계 최고의 제조업 생산력을 갖게 된 중국이 치러야 하는 대가이자, 오늘날 중국이야말로 가장 이상적인 자본주의 국가라는—아직도 그게 더 필요하다면—새로운 증거이다. 노동자들을 통제하는 '더러운 임무'를 수행하는 국가와 자본의 완벽한 자유 말이다. 그래서 21세기의 세계적 권력으로 대두되고 있는 중국은 새로운 종류의 자본주의를 구현한 듯 보인다. 생태적 결과에 대한 전적인 무관심, 노동자의 권리에 대한 경멸 속에서 모든 것은 무조건적인 발전과 새로운 세계적 권력을 향한 충동에 복속된다. 앞으로 던져질 질문은 이런 거다. 유전 생물학적 혁명과 관련하여 중국은 무슨 일을 할까? '서구'의 도덕적 편견과 제한 따위는 아랑곳하지 않고 아무런 제약 없이 식물, 동물, 그리고 인간에 대한 유전자 조작에 돌입하리라는 것을 쉽게 예상할 수 있지 않을까?

　　이것이 '부정의 부정'을 거부함으로써, 어떻게 '부정의 부정'은 어떤 입장과 그것의 배타적인 부정 사이의 타협이 아니라, 반대로, 오직 진정한 부정일 뿐인지에 대한 파악에 실패함으로써 마오의 이론적 실수가 지불해야 하는 최종적 대가이다.[58] 그리고 마오가 끝없는 부정, 둘로의 분열, 하위 분할의 '악순환'에 사로잡힌 것은 그가 형식 자체의 자기-지시적 부정을 이론적으로 정식화할 수 없었기 때문이다. 헤겔적으로 말해서, 마오의 변증법은 이해의 차원, 고정된 개념적 대립의 차원에 머물러 있다. 그것은 개념적 결정들의 고유하게 변증법적인 자기-지시를 정식화할 수 없다. 마오가 전적으로 자기 입장에서 모든 결론을 도출할 만큼 충분

---

58 그래서 마오가 "인민들 사이의 모순을 해소하는 민주주의적 방법"에 대해 기술할 때 그만의 '부정의 부정'인 '통일-비판-통일'을 환기시켜야 했던 것은 이상할 게 없다. "통일에 대한 욕망에서 시작하여 비판과 투쟁을 통해 모순을 해소하여 최종적으로 새로운 기반 속에서 새로운 통일에 도달하는 것. 우리의 경험에서 이것이야말로 인민들 사이의 모순을 해결하는 적절한 방법이다."

히 용감했을 때 계급투쟁을 활성화하기 위해서는 적의 장을 활짝 열어 놓아야 한다는 참으로 이상한 결론을 도출한 것은 (스탈린의 용어로) 바로 이 '심각한 결함' 때문이다.

> 그들로 하여금 자본주의로 가게 하라. 사회는 매우 복잡하다. 만약 누군가 오직 사회주의로만 가고자 하고 자본주의로는 가지 않는다면 그것은 너무 단순하지 않은가? 그렇게 되면 우리는 대립물의 통일을 잃고 단지 한 측면으로만 가게 되지 않겠는가? 그들을 내버려 둬라. 그들이 우리를 미친 듯이 공격하고 거리에서 시위를 하고 반역의 무기를 들게 내버려 둬라. 나는 이 모든 것들을 승인한다. 사회는 매우 복잡하다. 둘로 쪼갤 수 없는 단일한 코뮨, 단일한 경로, 단일한 중앙위원회 같은 것은 없다.[59]

이와 같은 변증법의 개념이 '자유주의적' 개방과 '강경 노선'에 따른 숙청 사이를 반복적으로 왕복하는 마오 정치학의 기본틀을 구성한다. 처음에는 소위 '백일천하' 하도록 내버려 두는 것, 적들이 자신의 숨겨진 반동적 경향을 온전히 실현하도록 내버려 두는 것이다. 그 다음, 일단 모든 이의 진실한 입장이 분명하게 드러나면 무자비한 투쟁에 돌입하는 것이다. 여기서 또다시 마오가 하지 못하는 것은 고유하게 헤겔적인 '대립물의 동일성'을 진행하여 혁명을 통해 소멸시키려 하는 세력 속에서 **자기 자신**의 본질을 인식하는 것이다. G. K. 체스터턴의 『목요일이었던 사나이』*The Man Who Was Thursday*에서 아나키스트 지도자 색출을 조직한 비밀경찰의 우두머리와 그 신비로운 지도자가 결국은 동일 인물(말하자면, 신 자체)이었다는 것처럼. 마오 역시 이와 같은 역할, 자기 자신에 대항하는 위

---

59 Mao Zedong, *On Practice and Contradiction*, pp.172~173.

대한 반역자이기도 한 세속 신의 역할을 하지 않는가? 선한 군주와 아나키스트 반역자 사이의 이런 체스터턴적 동일성이 상연하는 것은 극단적인 자기-반성self-reflexion을 초래하는 사회적 카니발의 논리이다. 아나키스트적 반란은 법과 질서의 위반이 아니다. 우리 사회에서 아나키즘은 이미 법과 질서의 가면을 쓴 권력 자체 **안에 있다**. 우리의 정의는 정의의 배반이며, 법과 질서의 장애물은 외설적인 카니발이다. 영국의 가장 위대한 정치적 시인인 셸리P. B. Shelley의 「아나키의 가면」The Mask of Anarchy은 이 점을 명확히 표현하고 있다. 이 시는 권력 형상들의 외설적인 퍼레이드를 묘사한다.

> 그리고 이 소름끼치는 가면들 속에서
> 훨씬 더 많은 파괴가 발생한다.
> 마치 주교나 판사나 귀족이나 스파이처럼
> 모든 것을 가리고 있다. 심지어 눈까지
> 마지막으로 아나키가 들어온다. 그는
> 피 튀기는 흰 말을 타고 있다
> 그는 입술조차 창백하다
> 마치 묵시록의 죽음처럼.
>
> 그리고 그는 왕관을 쓰고 있다
> 그의 손에는 광채 나는 홀이 들려 있다
> 그의 이마에 이렇게 쓰여 있는 것을 나는 보았다
> "나는 신이고, 왕이고, 법이다!"

이런 동일성은 영화에서도 상연되기 힘들다. 「브이 포 벤데타」V For

Vendetta는 그 '극단적' 원-테러리즘적 특성으로 인해 찬사받기도 하고(다름 아니라 안토니오 네그리에게) 또 그 이상으로 비판받기도 했는데, 이 논리를 끝까지 밀고 나가지는 않는다. 그것은 셔틀러와 브이, 전체주의 독재자와 아나키스트-테러리스트 반역자 사이의 상동성으로부터 발생하는 결과들을 회피한다. '노스파이어'Norsefire 당이 자신에 맞서는 테러의 촉발자라는 것은 알려지는데, 브이와 셔틀러 사이의 더 많은 동일성에 대해서는 알려지지 않는다. 우리는 그들의 실제 얼굴을 볼 수 없다(죽기 직전 겁먹은 셔틀러의 얼굴을 제외하고는). 셔틀러는 오직 TV 화면에서만 보여지고, 브이는 TV 화면을 조작하는 데 있어서는 전문가다. 게다가 브이의 시체는 폭탄이 장착된 기차를 통해 옮겨지는데, 바이킹 장례식과 같은 이 장면은 기이하게도 노스파이어(북쪽의 불)이라는 전체주의 당의 이름을 환기시킨다. 그래서 브이에 의해 에비가 사로잡혀 두려움을 극복하고 자유로워지는 법을 배우기 위해 고문을 당할 때 이것은 셔틀러가 영국 인민들에게 행한 것, 그들을 억압함으로써 자유로워지고 반역하도록 한 것과 유사하지 않는가? 그러나 영화는 브이와 셔틀러 사이의 이와 같은 체스터턴적 동일성의 교훈을 도출하는 데 실패한다.[60]

문화혁명과 권력

법과 질서의 범죄적 위반에서 가장 고차원의 범죄적 위반인 법과 질서로의 이와 같은 헤겔적-체스터턴적 전환은 마오에게서 직접 상연되지 않는가? 이것이 자기-파괴적 카니발을 촉발하고 뒤에서 조정했음에도 불구하고 마오 자신은 그 과정으로부터 제외된 채 남아 있는 이유이다. 마

---

60 이런 교훈의 힌트가 영화 중반부분에 있긴 하지만 구체적으로 탐색되지는 않는다.

오 자신이 의례적으로 면직되어 '어제는 왕, 오늘은 거지' 취급받을 위험은 단 한순간도 발생하지 않았다. 그는 전통적 주인이 아니라, '가짜 왕' Lord of Misrule이었다.

중세 유럽에는 귀족 집안에서 '가짜 왕'을 뽑는 관습이 있었다. 선출된 사람은 일시적으로 사회적 관습과 경제적 위계를 역전하거나 패러디하는 모반을 관장하도록 되었다. (……) 가짜 왕의 지배가 끝나면 관습적 질서는 다시 회복되었다. 가짜 왕은 원래 직분으로 되돌아갈 것이고 원래 지배자가 자신의 지위를 회복하게 된다. (……) 때때로 가짜 왕의 아이디어는 정치적 모반의 영역 너머에서 실행되기도 했다. (……) 수련생이 자신의 길드 주인장을 대신해서 하루 이틀 마음대로 주인 노릇을 했으며 (……) 하루나 이틀 젠더 역할이 역전되어 여자들이 남장을 한 채 남자들만의 전유물이었던 임무를 수행했다.
중국의 철학자들 역시 위트나 모욕이 가식을 없애고 순간적인 깨달음을 가져오는 지위 역전의 패러독스를 사랑했다. (……) 마오가 이룩한 끔찍한 성취는 중국 철학자들의 그런 통찰을 포착하여 그것을 서양의 사회학적 사유에서 온 요소들과 결합한 후 가짜 왕의 제한적인 관념을 오랜 기간의 봉기 모험으로 연장한 데 있다. 마오에게 있어서 이전의 군주나 지배자들이 복권되는 일은 결코 없을 것이다. 그는 그들이 자기보다 뛰어나다고 느끼지 않았으며, 그들이 물러남으로써 사회는 훨씬 더 자유로워졌다고 여겼다. 또한 그는 관습적 질서가 회복되어서는 결코 안 된다고 생각했다.[61]

---

61 Jonathan Spence, Mao, London: Weidenfeld and Nicolson, 1999, pp.xii~xiv.[『무질서의 지배자 마오쩌둥』, 남경태 옮김, 푸른숲, 2003.]

하지만 그런 '끔찍한 성취'야말로 모든 진정한 혁명의 기본적인 제스처가 아닌가? "관습적 질서가 회복되어서는 결코 안 된다"라고 생각하지 않는다면 도대체 혁명은 왜 하겠는가? 마오가 수행한 것은 이런 위반에서 의례적이고 익살스런 성격을 제거하고 그것을 진지하게 취급한 것이다. 혁명은 원래 상태로 되돌아올 운명에 있는 일시적인 안전판이나 카니발적인 폭발이 아니다. 마오의 문제는 '부정의 부정'이 없었다는 사실, 혁명적 부정성을 진정으로 새로운 긍정적 질서로 이동시키려는 시도의 실패에 있다. 모든 혁명의 일시적인 안정화는 결국 낡은 질서의 복권으로 귀착되고 말았다. 그래서 혁명의 생명력을 유지하는 유일한 방법은 끊임없이 반복되는 부정이라는 '가짜 무한성'으로, 이것은 결국 거대한 문화혁명에서 정점에 도달했다. 바디우는 『세계들의 논리』에서 사건에 대처하는 두 가지 주체적 태도로 '반동적 주체'reactive subject와 '신비한 주체' obscure subject를 제시했다.⁶² 만약 중국에서 자본주의의 재도입을 일종의 사건으로 지칭하는 외설적인 위험을 감수한다면, 문화혁명과 '덩샤오핑'이라는 이름으로 대변되는 수정주의는 각각 신비한 주체와 반동적 주체라고 할 수 있다. 덩샤오핑이 공산주의 중국에서 자본주의의 부활을 지휘했다면 문화혁명은 바디우가 '신비한 재앙'désastre obscur이라고 불렀던바 공산주의 중국의 절멸을 목표로 했다. 바디우는 스스로 문화혁명의 최종 결과가 부정적이었음을 시인했다.

모든 것은 1966년과 1968년 사이에 시작되었다. 이전의 가설들을 **실재 차원**에서 삼투시키면서 홍위병이라 불리는 중고등학생들과 상하이 노동자들은 10여 년간 그 시작의 **확고한 현실화**affirmative realization에 돌입

---

62 Badiou, *Logiques des mondes*, pp.62~70.

했다. 그 속에서 그들 자신은 오직 순수한 부정의 얼굴만을 탐사했는데, 그것은 그들의 분노가 여전히 그들이 거부했던 것에 사로잡혀 있었기 때문이다.[63]

여기서 우리는 한 걸음 더 나아가야 한다. 문화혁명은 새로운 시작을 위한 길과 공간의 청소라는 의미에서 부정적일 뿐만 아니라, 새로운 생성에 대한 무능의 지표라는 의미에서 그 **자체로 부정적**이었다면 어쩌겠는가? 이것은 마오의 사유와 정치학의 핵심적인 약점으로 되돌아가게 한다. 많은 주석가들이 소련의 저서들과 논문 제목은 동일한 단어를 반복적으로 사용함으로써 동어반복이라는 무미건조한 스타일을 지닌다고 지적해 왔다(가령 "러시아 혁명의 초기 단계에서의 혁명 역학" 혹은 "소비에트 경제 발전에서의 경제적 모순"). 하지만 이런 동어반복이야말로 로베스피에르가 당통파 기회주의자들에게 "당신들이 원하는 것은 혁명 없는 혁명이다"라고 비난한 배반의 논리에 대한 정확한 인식을 향하고 있다. 그래서 동어반복적 반복은 부정의 반복을 추동하여 부정을 부정 자체로 연결시키는 것을 표현해 준다. 진정한 혁명이란 '혁명과 함께하는 혁명', 혁명 과정에서 자신의 출발점이었던 전제 자체를 혁명하는 혁명이다. 헤겔이 "종교의 변화 없이 이전의 타락한 윤리 체계와 제도와 법률들을 바꾸는 것, 개혁 없이 혁명을 하는 것, 그것이 현대적 오류이다"[64]라고 쓸 때 그는 성공적인 사회 혁명의 조건으로서 이와 같은 문화혁명의 필요를 제시했던 것이다. 그래서 로베스피에르의 반박은 "당신이 원하는 것은 개혁 없는 혁명이다"로 바꿀 수 있는 것이다. 이전까지 혁명적 시도의 문제는 그

---

63 Ibid., pp.543~544.
64 G. W. F. Hegel, *Enzyklopädie der philosophischen Wissenschaften,* Hamburg: Franz Heiner, 1959, p.436.[『철학 강요』 서동익 옮김, 을유문화사, 1998.]

것이 '너무 극단적'이라는 데 있는 게 아니라 **충분히 극단적이지 못해서** 그런 혁명적 시도 자체의 전제를 문제 삼지 않았다는 데 있다. 1927년과 28년에 쓰여진 플라토노프A. Platonov의 위대한 농민 유토피아 『체벤구르』 Chevengur에 대한 훌륭한 에세이에서 프레드릭 제임슨은 혁명적 과정의 두 계기를 기술했다. 우선 혁명은 극단적인 부정의 제스처로 시작된다.

> 폭력과 고통 속에서 우상을 파괴하고 낡은 세계를 일소하는 세계-변형의 첫번째 계기는 그 자체로 다른 어떤 것의 재구성을 위한 전제조건이다. 절대적 내재성의 첫번째 계기, 농부의 절대적 내재성이나 무지의 일소가 필요하다. 꿈에서도 생각지 못한 새로운 감각과 느낌이 도래할 수 있기 위해.[65]

그 다음 두번째 단계는 새로운 삶을 창안하는 것이다. 유토피아적 꿈이 실현될 새로운 사회적 현실을 구성하는 것뿐 아니라, 그런 꿈 자체를 (재)구성하는 단계.

> 그렇지 않은 과정은 너무 단순해져서 재구성 내지 유토피아적 구성을 요청하는 길로 빠지고 말 것이다. 그래서 실제적으로 혁명적 과정은 도래할 유토피아를 상상하기 시작하는 방법을 찾는 노력을 포함한다. 그것은 서구적인 정신분석 언어에서 잘 표현될 것이다. (……) 우리는 새로운 유토피아적 과정의 도입을 일종의 욕망을 욕망하기라고 생각할 수 있다. 욕망을 배우는 것, 무엇보다 유토피아를 요구하는 욕망을 창안하는 것, 그런 것들에 대한 환상과 백일몽을 꿈꾸기 위해 새로운 규칙들을

---

[65] Fredric Jameson, *The Seeds of Time,* New York: Columbia University Press, 1994, p.89.

배우는 것—이전의 문학 제도에서는 선례를 찾을 수 없는 서사적 원본을 마련하는 것.[66]

여기서 정신분석에 대한 참조는 중요하고도 정확하다. 근본적인 혁명 속에서 사람들은 단지 "그들의 오래된 (해방을 향한) 꿈을 실현할" 뿐만 아니라 그것을 꿈꾸는 방식 자체를 다시 창안해야 한다. 이것은 죽음충동과 승화의 연관에 대한 정확한 공식화가 아닌가? 거기에 마오가 명확히 포착한 문화혁명의 필연성이 있다. 같은 시기에 헤르베르트 마르쿠제는 이에 대하여 "**자유**freedom(이데올로기적 제약으로부터, 지배적인 꿈꾸는 양식으로부터의 자유)**가 자유**liberation**의 조건이다**"라는 놀라운 공식을 제시했다. 요컨대 우리의 꿈을 위해 현실을 변화시키기만 하고 이런 꿈들 자체를 변화시키지 않는다면, 조만간 우리는 과거의 현실로 다시 돌아가고 만다. 여기서 작동하는 것이 헤겔의 '전제 설정'positing of presuppositions의 논리다. 즉 해방의 철저한 작동은 소급적으로 자기 자신의 전제들을 구성한다.

혁명 **이후,** '다음날 아침에 일어나는 것'morning after에 대한 참조 속에서만 우리는 감상적인 자유의지론적 폭동과 진정한 혁명적 봉기를 구별할 수 있다. 전자의 경우에는 사회적 재구성이라는 산문적인 과업을 시작해야 하는 순간 자신의 에너지를 잃고 만다. 그 순간 그들은 무기력해진다. 반대로, 몰락 직전의 자코뱅은 엄청난 창조성으로 늙은이들의 존엄성을 지켜 줄 방법과 같은 새로운 시민 종교에 대해 다양한 제안을 내놓았다. 또한 이런 맥락에서 1920년대 초반 소련에서 새로운 일상의 규칙을 창안하려는 열정으로 새로운 연애 규칙은 어떠해야 하며, 생일 축하는 어

---

66 Ibid., p.90.

떤 식으로 해야 하는지와 같은 소소한 일상생활에 관한 보고서가 작성된 것의 의미를 평가해야 한다.[67]

이런 점에서 문화혁명은 불행히도 실패했다. 부정으로서의 행위 개념을 완강히 반대하는 바디우가 마오의 문화혁명이 갖는 역사적 의미를 정확히 "혁명적인 정치 활동의 중심적 생산으로서의 당-국가의 종말"을 알리는 부정적 제스처 속에 위치시키는 것의 아이러니를 놓치기는 어렵다. 바로 여기서 그는 일관성을 유지하여 문화혁명의 사건적 위상을 부정했어야 했다. 그것은 사건이 되기는커녕 바디우가 "병적인 죽음충동"이라고 부르기 좋아했던 것의 숭고한 전시였다. 낡은 유물들을 파괴하는 것은 진정한 과거의 부정이 아니었다. 그것은 과거를 떨쳐 버리는 데 실패했음을 드러내는 무능한 **행위로의 이행**이었다.

그래서 어떤 의미에서 마오 문화혁명의 최종 결과가 오늘날 중국에서 일어나고 있는 전대미문의 자본주의적 동력의 분출이라는 사실에는 일종의 시적 타당성이 있다. 다시 말해서 자본주의의 완전한 전개와 함께 특히 오늘날 '후기 자본주의' 속에서, 끊임없는 자기-혁명, 역전, 붕괴와 재창안 속에서 '카니발화'되는 것은 지배적인 '규범적' 생활 방식이다. 브라이언 마수미Brian Massumi는 현대 자본주의가 이미 총체화하는 규범의 논리를 극복했으며 유동적인 과잉의 논리에 적용했다는 사실에 기반한 이런 곤경을 명확히 정식화했다.

더 다양하고 변칙적일수록 좋다. 정상성은 자신의 지주를 상실하기 시

---

[67] 1965년에는 쿠바 시민권도 포기하고 오직 세계 혁명에 헌신하기 위해 모든 공식적 활동을 포기한 체 게바라의 행위—제도화된 세계와의 연관 고리를 절단한 이 자살적 몸짓—는 진정한 **행위(act)**였나? 아니면, 그것은 사회주의의 실정적 구성이라는 불가능한 임무로부터의 도피였을까? 다시 말해서 그 행위는 혁명의 **결과들**에 대한 지속적인 충실성을 회피하고 혁명의 실패를 암묵적으로 승인했던 행위가 아니었을까?

작했다. 통제성은 느슨해지기 시작했다. 이런 정상성의 약화가 자본주의 역학의 부분을 이룬다. 그것은 단지 해방이 아니다. 그것은 자본주의 자체의 권력 형태이다. 모든 것을 규정하는 것은 더 이상 규율적인 제도 권력이 아니다. 다양성을 생산하는 것은—시장에 삼투된—자본주의의 권력이다. 다양성을 생산하라. 그리고 황금 시장을 생산하라. 정서적 성향이 특이한 것은 괜찮다. 그것이 팔리기만 하면. 자본주의는 정서를 강렬하게 하고 다채롭게 한다. 하지만 오직 잉여가치를 뽑아내기 위해서만 그렇게 한다. 그것은 문자 그대로 정서를 다양화한다. 잉여가치 생산이라는 자본주의 논리가 정치적 생태학의 영역이기도 한 관련 장을, 동일성과 예언적 경로들에 대한 저항의 윤리적 장을 점령하기 시작했다. 그것은 문제적이고 당황스럽다. 왜냐하면 그것은 내게 자본주의적 권력 동학과 저항 동학 사이에 특정한 종류의 수렴이 발생했다는 것을 의미하기 때문이다.[68]

그래서 마오의 영원한 자기-혁명, 즉 국가 체계들의 형해화에 맞선 연속적 투쟁과 자본주의에 고유한 역학 사이에는 값싼 조소나 피상적인 유비를 넘어 심오한 구조적 상동성이 **있다**. 우리는 여기서 브레히트의 "새로 은행을 만드는 것에 비하면 은행털이는 아무것도 아니다"를 적용하고픈 유혹을 느낀다. 자본주의적 재생산을 위해 모든 생활-형식을 영속적으로 해체하는 진정한 문화혁명에 비하면 문화혁명의 폭력적 분출, 혹은 문화혁명에 사로잡힌 홍위병의 파괴적이고 폭력적인 파열은 아무것도 아니다. 오늘날 자기를 향한 위대한 도약의 비극은 현대화를 향한

---

68 Brian Massumi, "Navigating Movements", ed. Mary Zournazi, *Hope,* New York: Routledge, 2002, p.224.

자본주의적 도약의 희극으로 반복되고 있다. '마을마다 제철소'라는 오랜 슬로건이 '거리마다 마천루'로 다시 나타나면서.

진정한 가짜 왕은 오늘날 전 지구적 자본주의의 지배이다. 그래서 중국의 공직자들이 자본주의적 착취에 의해 야기될 수 있는 과도한 사회적 해체를 억제하기 위해 문화혁명의 공격 대상이었던 이데올로기들, 즉 사회적 안정을 위한 불교나 유교 같은 전통 이데올로기와 종교를 찬미하는 것은 전혀 놀랄 일이 아니다. 2006년 4월 중국의 최고 종교 지도자 예샤오원曄小文은 신화통신사에서 "종교는 중국이 사용할 수 있는 가장 중요한 힘 가운데 하나다"라고 말했다. 특히 그는 불교야말로 "조화로운 사회和偕社會를 발전시키는 그 탁월한 성격"으로 인해 경제적 확장을 사회적 발전 및 안정과 결합시키는 공적 이념을 도출하기에 좋은 자료라고 지적했다. 같은 주에 중국은 세계 불교도 포럼을 개최했다.[69] 그래서 자본주의적 소용돌이에 맞서는 안정화의 힘으로서 종교가 지닌 역할은 공식적으로만 조사된다. 파룬궁의 경우 중국 당국자들을 난처하게 하는 것은 단지 그들이 국가 통제로부터 독립해 있다는 점뿐이다. (문화혁명은 인민들 사이의 사회주의적 태도를 공고히 했으며 따라서 오늘날 자본주의적 발전의 과도한 해체적 힘을 억제하는 데 도움을 주었다는 통상적인 주장을 거부해야 하는 이유가 여기에 있다. 오히려 문화혁명은 유교와 같은 전통적인 안정 이데올로기를 해체시켜 버림으로써 인민들이 자본주의의 현기증 나는 결과들에 훨씬 더 상처받게 했다.)

이런 배경 속에서 우리는 최근 중국에서 맑스주의를 효과적인 국가 이데올로기로 부흥시키자는 캠페인을 읽어야 한다(실제로, 수억의 미국 달러가 이 사업에 투자되었다). 이런 맑스주의 부흥 속에서 강경파들이 자

---

69 "Renewed Faith", *Time*, May 8, 2006, pp.34~35의 기사 참조.

신의 헤게모니를 부활시키고 자본주의 자유화를 위협하고 있는 징후를 보는 자들은 전적으로 요점을 놓친 것이다. 역설적으로 들리겠지만 이런 맑스주의로의 회귀는 자본주의의 최종적 승리, 자본주의의 전일적 **제도화**의 징후이다. (최근 서구에 의해 법적 안정성을 향한 중요한 진전이라고 찬사받고 있는 사적 소유의 법제화도 같은 맥락에서 이해된다.) 오늘날 중국은 어떤 종류의 맑스주의를 전유하고 있는 것인가? 강조점은 맑스주의와 '좌파'의 구분에 놓여진다. 맑스주의는 '좌파', 즉, 노동자의 자유무역으로부터의 해방과 자본주의의 극복에 관한 일련의 담론과 같지 않다는 것이다. 사회적 진보의 핵심 요인으로 생산력의 발전을 꼽은 맑스의 테제에 근거하여 생산력의 발전이 지속적이고 빠른 '근대화'의 전제조건으로 정의된다. 그를 위해서는 우파(다당제 민주주의에 대한 캠페인 등)에 의한 것이든 좌파에 의한 것이든 혼란을 초래하고 근대화의 발전을 방해하는 어떤 종류의 불안정도 막아야 한다는 것이다. 결론은 명백하다. 오늘날 중국에서 공산당의 지도적 역할만이 사회적 안정을 위한 조건들의 급속한 변혁을 지속시킬 수 있다. 공식적(유교적) 용어로 말하면, 중국은 '조화로운 사회'가 되어야 한다.

결국, 낡은 마오의 관점에서는 주적이 '부르주아들'의 위협으로 보일지라도, 지배 엘리트의 눈에 '기본 모순'은 현재의 '조화로운' 질서(공산당 지배에 의해 지속되는 고삐 풀린 자본주의 발전)와 노동자 농민들의 폭동 위협 사이의 모순이다. 이것이 최근 억압 기구의 강화(대중적 소요를 분쇄할 대對폭동 특수경찰 부서의 설립)가 이데올로기적으로는 맑스주의의 부활로 나타난 것의 현실적 표현인 이유이다. 이런 맑스주의 부흥의 문제는 칸트적 용어로 말하면 맑스주의를 전적으로 '이성의 사적인 사용'에 복속시키는 것이다. 칸트에게 '세계시민사회'라는 공적 공간은 보편적 단독자의 역설, 즉 특수성의 매개 없는 단락으로, 보편성에 직접 참여하는 단독적 주체의 역설을 지칭한다. 이것이 칸트가 「계몽이란 무엇인가」Was ist Aufklärung?라는 유명한 글에서 '공적'인 것을 '사적'인 것과 대립시키면서 말하고자 했던 것이다. '사적'인 것은 공통적 연대에 대립되는 개인적인 것이 아니라, 특수한 동일시의 공통적-제도적 질서이다. 반대로 '공적'인 것은 이성을 실천하는 초국가적인 보편성이다.

> 이성의 공적인 사용은 언제나 자유로워야 한다. 그리고 그것만이 인간들 사이에 계몽을 불러일으킬 수 있다. 반대로, 이성의 사적인 사용은 특별히 계몽의 진전을 방해하지 않는 한 때때로 제한될 수 있다. 나는 이성의 공적인 사용을 어떤 이가 학자로서 독서 대중 앞에서 이성을 사용하는 경우로 이해한다. 어떤 시민이 자신에게 부여된 특수한 직책이나 공무 안에서 이성을 사용할 때에는 나는 그것을 사적인 사용이라 부른다.[70]

그래서 칸트의 "자유롭게 사고하라. 하지만 복종하라!"라는 역설적인 공식은 우리는 어떤 실체적인 공적 동일시로부터 자유롭거나 심지어 그것과 대립된 단독적 개인으로서만 '공적' 영역의 보편적 장에 참여한다는 뜻이다. 즉 근본적인 단독자로서, 공적 동일성들의 틈새 안에서만 우리는 진실로 보편적으로 된다. 오늘날 중국에서 전략적으로 부활한 맑스주의의 형태는 이성의 **사적** 사용의 전형적인 사례이다. 맑스주의는 그것에 고유한 보편적 진리에 입각해서 동원된 게 아니라, 현재 중국 국가의 이해관계 아래서 공산당 권력을 유지하고, 급속한 경제 발전 속에서 안정을 유지하기 위해 동원된 것이다. 맑스주의의 그와 같은 사용은 어떤 인

---

70 Immanuel Kant, "What Is Enlightenment?", ed. Isaac Kramnick, *The Portable Enlightenment Reader,* New York: Penguin, 1995, p.5.[「계몽이란 무엇인가에 대한 답변」, 『칸트의 역사철학』, 이한구 옮김, 서광사, 2009.]

식론적 가치도 없는 '객관적으로 냉소적인' 것이다. 여기서 비극은 중국 국가가 조만간 '유교적 가치 속의 자본주의'라는 공식의 한계에 직면할 것이라는 것, 그리고 그 지점에서 제약받지 않는 '이성의 공적 사용'만이 새로운 해법을 창안하는 임무를 수행할 것이라는 데 있다. 오늘날 중국에서 공직자들의 눈에 '공적 지식인'과 '시민사회'라는 용어가 부정적으로 보이는 것은 놀랄 일이 아니다. 그것들은 명시적으로 금지되지는 않지만 모든 지식인들이 권력과 좋은 관계를 유지하려면 그것들을 피하는 게 낫다는 것을 잘 알고 있다. 그것이 폐쇄된 학술 논쟁이라면, 즉 일반 공중을 향한 게 아니라면, (거의) 모든 것이 허용된다.

오늘날 중국의 맑스주의의 역설적인 지위는 21세기 중국은 더 이상 전체주의 국가가 아니라 권위주의 국가라고 불러야 한다는 사실에 의해 조건 지어진다. 열정적인 공적 논쟁이 있고 주요 이슈에 대한 서로 다른 견해도 공개적으로 허용된다. 하지만 그것은 매우 엄격한 제한 속에서만 이뤄진다(공산당의 정치적 독점을 직접적으로 문제 삼을 수는 없다). 생태학적인 문제에 대해서는 관심을 기울일 수 있지만, 그 거대한 황하 댐과 같은 뜨거운 이슈에 대해서는 엄격한 제한이 따른다. 미숙련 노동자들의 끔찍한 작업 여건에 대해서는 쓸 수 있지만 그것은 예외적인 상황으로만 다루어질 뿐 독립적인 노동조합과 같은 어떤 노동자 옹호 조직의 형성도 제안할 수 없다. 또한 사회주의에 대한 비판은 자주 하나의 사회주의적 경향을 다른 경향과 대조하면서 옹호하는 방식으로만 이루어지도록 강제된다.

그럼 지도적인 공산주의 이론가들은 너무나 명백한 모순에 직면할 때 어떻게 반응하는가? 여전히 자신을 맑스주의적 용어로 정당화하는 공산당이 노동자의 자기-조직화는 자본주의 극복을 위한 혁명적 동력이라는 맑스주의의 기본전제를 거부하는 것과 같은 모순 말이다. 중국식 정중함politeness의 놀라운 형식적 자원이 여기에 동원된다는 인상을 피하기 어렵다. 직접적으로 이런 문제들을 제기(혹은 주장)하는 것은 정중하지 못한 것으로 간주된다. 이런 정중함에의 호소는 결합될 수 없는 것을 결합하는 유일한 방법이기 때문에 필요하다. 맑스주의의 핵심공리들을 공개적으로 금지하면서도 맑스주의를 공식 이데올로기로 강화하는 것은 이데올로기 체제 전체를 무의미하게 만들어 붕괴시키는 원인이 될 것이다. 따라서 어떤 것이 명백히 금지되는 한편, 이 금지는 공적으로 진술될 수 없는, 즉 그것의 진술 자체가 금지된다. 맑스주의의 핵심 교의로서 자본주의적 착취에 대항하는 노동자들의 자기-조직화 문제를 제기하는 것은 단지 금지될 뿐만 아니라, 이런 문제 제기가 금지되었다고 공적으로 주장하는 것 자체가 금지된다. (이론가들에게 보통 듣게 되는 것은 사적인 허용으로, 물론 그것은 모순이다. 그럼에도 그 모순적인 이데올로기 체계는 아주 스펙터클하게 **작동한다**. 이것이 중국의 빠른 경제성장과 안정을 보장하는 유일한 방법이다. 이것이 가장 순수한 형태의 '이성의 사적 사용'이라는 것을 덧붙일 필요가 있을까?)

이런 역설은 최근의 중국에 관한 보고서 제목, 「무엇이 비밀인지조차 비밀인 중국」[71]에서 잘 나타나 있다. 정치적 억압, 생태학적 재앙, 지방의 빈곤 등에 대해 보고하는 골치 아픈 지식인들(가령, 중국의 지방신문에서 스크랩한 기사를 외국에 사는 남편에게 보낸 중국 여성)은 국가 기밀을 누설했다는 죄목으로 몇 년간 감옥에 갇힌다. 하지만 "국가-기밀 체제를 구성하는 많은 법률과 규제들 자체가 기밀목록으로 분류되어 개인들은 언제, 어떻게 자신들이 그것들을 위반하는지조차 알기 어렵다". 이 금지 자체의 비밀은 혼동되어서는 안 되는 두 가지 서로 다른 목적에 종사한다.

71 "Even What? Secret Is a Secret in China", *The Japan Times*, June 16, 2007, p.17.

그것의 공통된 외적 기능은 죄책감과 두려움을 보편화하는 것이다. 만약 무엇이 금지된 것인지 알지 못한다면 언제 자기가 그런 금지를 위반하고 있는지조차 알 수 없다. 그것이 사람들을 항상 잠재적 죄인으로 만든다.

물론 여기서 사태는 훨씬 치밀하다. 모든 사람들이 죄인으로 판결될 수 있었던 스탈린주의적 숙청의 최고 절정기를 제외하면 사람들은 자신이 언제 권력자를 화나게 할 행동을 하고 있는지 알고 있었다. 그래서 금지들을 금지하는 기능은 '불합리한' 두려움을 불러일으키는 게 아니라 잠정적 반체제자들(자신은 법을 위반한 게 아니라 법이 보장한 것—사상의 자유—을 했을 뿐이기 때문에 자신들의 비판 활동은 처벌받을 이유가 없다고 생각하는 자들)로 하여금 만약 그들이 권력자를 너무 많이 화나게 한다면 그들은 권력자들의 변덕에 의해 벌 받을 수 있다는 사실을 알게 한다. "우리를 화나게 하지 마라. 우리는 네게 어떤 것이든 할 수 있다. 어떤 법도 너를 지켜 주지 않아!" 구유고슬라비아의 악명 높은 형법 133조는 언제든 작가들과 언론인들을 기소하는 데 이용될 수 있었다. 그것은 사회주의적 혁명의 성과들을 잘못 전달하거나 정치적, 사회적, 또는 기타 주요 이슈들을 다루는 방법 때문에 **공중들 사이에 긴장과 불만을 불러일으킬 수 있는** 어떤 문서에 대해서도 죄를 물을 수 있었다. 이 마지막 조항은 확실히 단지 무제한적으로 확대 적용될 가능성만을 가지는 게 아니라 편리하게 자기-지시적이다. 당신이 권력자에게 고발되었다는 사실 자체가 당신이 **공중들 사이에 긴장과 불만을 불러일으켰다**는 것을 의미하지 않는가? 그 기간 동안 나는 슬로베니아 정치인에게 어떻게 이 법을 정당화할 수 있는지 물었던 기억이 난다. 그는 단지 살짝 윙크를 하며 내게 말했다. "글쎄요, 우리는 우리가 원할 때 우리를 성가시게 하는 자들을 규율할 얼마간의 도구를 가져야 합니다."

그러나 금지들의 금지에는 이에 못지않게 중요한 다른 기능이 있다.

외관을 유지하는 기능이 그것이다. 우리는 스탈린주의에서 외관이 얼마나 중요한지를 잘 알고 있다. 스탈린 체제는 자신의 외관이 교란될 위험(가령, 체제의 실패를 드러내는 사건이 공중 미디어에 보고될지도 모르는 상황. 그래서 소련의 미디어에는 노동자들의 항의나 여타 공적 항의는 말할 것도 없고 범죄나 매춘에 대한 어떤 표지나 보고도 없었다)에 대해 거의 패닉 상태로 반응했다. 이것이 금지의 금지가 공산주의 체제에만 제한되는 것이 아닌 이유이다. 이것은 또한 오늘날의 '관용적' 자본주의에서도 작동한다. '탈근대적인' 주인은 자신이 주인이 아니라, 단지 우리의 공통된 창조적 노력의 조정자일 뿐이고, 동등한 자들 중 첫번째 가는 자라고 주장한다. 그와 우리 사이에는 어떤 격식도 없고, 우리는 그의 애칭을 부르고, 그는 우리와 음담패설을 나눈다. 하지만 그러는 동안 **그는 우리의 주인으로 남아 있다.** 이와 같은 사회적 관계에서 지배관계는 그들의 부인에 의해 작동한다. 즉, 그것들이 작동하기 위해서는 그것이 무시되어야 한다. 우리는 우리의 주인들에게 복종해야 할 뿐 아니라 우리가 자유롭고 평등하다는 듯이, 마치 어떤 지배도 없다는 듯이 행동해야 한다. 물론, 이것은 상황을 더욱 굴욕적으로 만든다. 역설적으로 그런 상황에서 벗어나는 첫번째 행위는 주인이 주인처럼 행동하길 요구하는 것이다. 즉, 주인의 거짓 동료의식을 거부하고 그가 주인으로서 냉정한 거리를 두고 우리를 대하기를 요구하는 것이다(여성에 대한 가부장적 지배에 대해서도 마찬가지다. 현대 사회에서 이런 지배는 더 이상 허용되지 않는다. 이것이 여성적 저항의 전복적 전략들 중 하나가 마치 종속된 것처럼 조롱하듯 행동하는 것인 이유이다).

여기서 사태는 좀더 심각해진다. 이런 역설의 궁극적 토대는 자본주의 발전 자체에서 일어나는 사회적 관계의 변화이다. 여기서 우리는 사람들 사이의 관계가 사물들 사이의 관계처럼 나타난다는 맑스의 상품 물신주의 공식을 적용해야 한다. 이것이 자본주의에서 우리는 **사람으로서는** 동등한 존엄성과 자유를 소유한 존재인 까닭이다. 이전 사회에서 사람들 사이의 직접적으로 위계적인 관계들로 나타났던 지배관계는 이제 '사물들'(상품들) 사이의 관계로 이동한다. 지배 자체가 부인되는 지배의 논리가 자본주의 관계의 핵심으로 기입되는 것이다.

여기서 염두에 두어야 하는 것은 모든 사회적 체계가 특정한 배제와 금지에 의존하지만 이런 배제의 논리는 항상 재배가$_{redouble}$된다는 것이다. 그것은 종속된 타자(동성애자, 유색인종들······)가 배제되고/억압될 뿐 아니라, 배제하고 억압하는 권력 자체가 자신의 배제되고/억압된 '외설적' 내용에 의존한다. (가령, 자신은 합법적이고 관용적이고 기독교적이라고 합법화하는 권력의 행사는 공적으로 부인된 외설적 의례들, 종속된 자들에 대한 폭력적인 모욕의 의례들에 의존한다.) 보다 일반적으로 우리는 지금 탈동일시$_{disidentification}$의 이데올로기적 실천이라 부르고픈 것을 다루고 있다. 다시 말해서, 우리는 이데올로기를 주체들에게 확고한 동일시를 제공하고 그들을 자신의 '사회적 역할들'로 제약하는 것으로 보는 통상적인 관점을 뒤집어야 한다. 전혀 다른 차원에서—하지만 구조적으로 필연적이고 결정적인 차원에서—이데올로기는 거짓 탈동일시의 공간, 주체의 사회적 실존 좌표들과의 거짓 거리 두기를 구성함으로써만 실질적으로 작동한다면 어쩌겠는가? 이 탈동일시의 논리는 "나는 미국인(남편, 노동자, 민주당원, 게이······)일 뿐만 아니라 그 모든 역할들과 가면들 너머에서 한 명의 인간 존재며, 복합적이고도 특이한 인격체이다"(나의 사회적 지위를 규정하는 상징적 특질과의 거리 두기 자체가 이런 지위 규정의 효력을 보장한다)라는 기본적인 형태에서부터 좀더 복잡한 경우로 자기 자신의 다면적인 정체성들을 연기하는 사이버스페이스에서도 확인할 수 있다. 사이버스페이스의 도착적인 '역할 놀이'에서 작동하는 기만은 이중적이다. 우리가 몰두하고 있는 역할 놀이는 보통 생각하는 것보다 훨씬 더 진지할 뿐 아니라(허구의 가면 속에서, "이건 단지 게임이야"라는 가면 속에서 주체는 가학적이고 '도착적인' 특질들, 다시 말해서 '실재적인' 상호주관적 접촉에서는 결코 허용될 수 없었던 주체 자신의 상징적 정체성을 상연하고 무대화할 수 있다) 반대로, 다양하게 변화하는 역할들(자유롭게 구성된 정체성들)의 연기는 우리의 실존이 놓여진 사회적인 공간의 제약들을 (그런 제약들로부터 거짓으로 자유로워져서) 모호하게 하는 경향이 있다.

이런 긴 우회는 다시 현대 중국의 맑스주의의 역설로 되돌아가게 한다. 서구의 자유의지적libertarian 맑스주의의 관점에서 마오의 맑스주의는 맑스주의의 핵심적인 해방적 전제를 결여하고 있다(디카페인된 맑스주의, 전복적인 핵심이 제거된 맑스주의)고 조롱하는 것은 쉽다. 하지만 이 새로운 중국적 국가 이데올로기에 대한 직접적인 냉소적 비판은 우리가 목격하는 것이 맑스주의의 단순한 배반이 아니라, 맑스주의의 비일관성을 해소하는 하나의 공식, 문자 그대로 맑스주의의 하나의 증상이라는 요점을 놓치고 만다. '기원적' 맑스주의 자체 안에는 잠재적으로 '진보'(생산력의 급속한 발전)를 위한 노동자들의 예속이라는 차원이 분명히 있었다. 스탈린주의에서 이런 '진보'는 중앙집중적 국가 경제의 틀 안에서 조직되었던 반면에 오늘날의 중국은 가장 효과적인 발전 동력이 자본주의적 생산관계라는 논리적 결론을 도출한다. 맑스주의의 고전적 전제(안토니오 네그리의 전제이기도 하다)는 "역사는 우리 편이다"라는 것이었다. 자본주의에 대한 노동자들의 저항은 생산력의 빠른 발전에 '객관적'으로 봉사한다. 노동자들의 저항은 자본주의가 더 이상 생산력의 발전 동력이 아니라 장애물임을 드러내는 징후이다. 그럼, 자본주의가 사실상 사회적 관계의 가장 실질적 동력으로 스스로를 제공할 때 우리는 무엇을 해야 하는가? 그 답은 중국식의 해결이다. 세계사의 이 국면에서 우리는 자본주의를 완전하게 채택해야 한다는 것을 정직하게 받아들이는 것이다. 맑스주의가 개입하는 지점은 공산당의 지도적 역할만이 그런 근대화를 지속하는 동시에 '조화로운 사회'를 지탱할 수 있다는 주장, 즉 서구의 자유주의적 자본주의를 특징짓는 사회적 해체를 억제할 수 있다는 주장에서이다.

이와 같은 혁명 역학의 자본주의적 재-전유는 자신의 희극적 효과를 피해 갈 수 없다. 팔레스타인과 싸우는 이스라엘 군대의 도시 전투를 개념화하기 위해 이스라엘 군 학술기관이 들뢰즈와 가타리의 『천의 고원』을 체계적인 '군사이론'으로 전유했다는 사실이 최근에 드러났다. 여기서 사용된 핵심어는 '무형식적인 적들'Formless Rival Entities, '프랙탈 기동', '속력 대 리듬', '와하비 전쟁 기계', '포스트모던 아나키스트', '유목적 테러리스트' 같은 것이다. 그들이 의존하고 있는 핵심적인 구분은 '전쟁 기계'와 '국가 기구'의 조직화 개념을 반영하는 '매끄러운' 공간과 '홈 패인' 공간이다. 이스라엘 국방부는 마치 아무런 경계선도 없는 듯한 공간 운용을 지칭하고 싶을 때 자주 '공간을 매끄럽게 비우기'라는 단어를 사용한다. 팔레스타인 지역은 울타리나 담, 개천, 방책 따위로 경계선들이 지어졌다는 의미에서 '홈 패인' 공간으로 간주된다.

2002년 4월 이스라엘 국방부의 나블루스 도시 공격은 아비브 코카비Aviv Kokhavi 사령관에 의해 '역함수 기하학'inverse geometry으로 묘사되었다. 그는 그것을 "일련의 미시전략적 행동을 통해 도시 문법을 재조직하는 것"으로 설명한다. 전투 중의 대원들은 밀집되고 인접한 도시 구조에 의해 수백 미터의 홈 패인 지상 터널들을 관통하여 이동한다. 수천 명의 군사들과 팔레스타인 게릴라들도 동시에 기동하고 있지만 그들은 도시 구조물에 너무나 '침윤되어' 있어서 대기 중에 노출되는 법이 거의 없다. 게다가 그들은 도시의 거리, 도로, 뒷골목, 안뜰, 현관문, 계단, 창문은 전혀 이용하지 않고 오직 벽을 따라 수평 이동하고, 천장과 바닥의 구멍을 통해 수직 이동할 뿐이다. 군사 용어로 '벌레 출몰'이라 부르는 이런 이동 형식은 내부를 외부로 재규정하고 가정 공간을 도로로 바꾸는 듯하다. 이스라엘 국방부의 "벽 위의 걷기" 전략은 도시를 단순한 거주지가 아니라 전쟁 매체로, "우발적이고 흐름 속에 있는 유연한 유체적 매체로 인식하는 개념을 함축한다".[72]

이 모든 것으로부터 어떤 결론이 나올까? 물론, 들뢰즈와 가타리를 군사주의적 식민이론가들로 고발하는 어처구니없는 결론이 아니라, 들뢰즈와 가타리에 의해 제시된 개념 기계들은 단순히 '전복적'일 뿐만 아니라 현대 자본주의의 (군사적·경제적·이데올로기-정치적) 작동 양상에도 적합하다는 것이다. 그럼, 어떻게 우리는 자신의 원리 자체를 끊임없이 자가-혁명하는 질서를 혁명할 수 있을까?

실패에도 불구하고 프롤레타리아 문화대혁명無産階級文化大革命은 핵심을 겨냥하고 있었다. 단순히 국가권력의 전복만이 아니라, 새로운 경제적 조직과 일상생활의 재조직 말이다. 그것의 실패는 정확히 새로운 일상생활의 형식을 창조하는 것의 실패였다. 그것은 일상생활의 재생산과 생산의 지속을 보증하는 (저우언라이의 통제하에 있는) 국가기구들과 함께 한 카니발적 과잉으로 남아 있다. 사회적 현실의 차원에서 문화혁명은 마오가 자신의 권력을 재-수립하기 위해(마오의 권력은 1960년대 초반 심각하게 위협받고 있었다. 대약진 운동이 실패하자 그 후유증으로 대다수 당 관료들은 그에 맞서는 당내 비밀조직을 형성했다) 촉발한 것이었다는 주장에는

---

72 Eyal Weizman, "Israeli Military Using Post-Structuralism as 'Operational Theory'", http://www.frieze.com과 *Hollow Land,* London: Verso, 2007, ch.7. 참조.

확실히 얼마간의 진실이 있다. 문화혁명이 말할 수 없는 고통을 가져왔고 사회조직 안에 깊은 상처를 남겼으며, 그 역사는 슬로건을 암송하는 광신적 군중의 역사였다는 것은 사실이다. 하지만 이것이 전부는 아니다. 그 모든 끔찍함에도 불구하고(오히려, 바로 **그 때문에**) 문화혁명은 의심할 여지없이 유토피아 실행의 요소를 포함하고 있었다.

문화혁명의 마지막 순간, 마오 자신에 의해 소요사태가 봉쇄되기 전(이렇게 함으로써 그는 자신의 영향력을 회복하고 핵심적인 당 관료 경쟁자들을 제거했다) '상하이 코뮌'이 있었다. 당의 공식 슬로건을 문자 그대로 받아들여 백만 명의 노동자들이 국가의 소멸과 심지어 당 자체의 소멸을 요구했고, 직접적으로 코뮌적인 사회를 조직하고자 했다. 바로 이 지점에서 마오가 군대를 개입시켜 질서를 회복한 것은 의미심장하다. 역설적이게도 통제되지 않은 봉기의 지도자가 완전히 개인적인 권력을 행사하려 했던 것이다. 극단적인 독재와 극단적인 대중 해방이 중첩되었다. 문화혁명이 당 내부 경쟁자들을 제거하고 자신의 권위를 재확인하기 위해 촉발되었으며, 군대가 개입함으로써 통제를 벗어날 뻔했던 혁명이 길들여졌다고 주장하는 것은 비록 사실일지라도 부적절하다. 그것은 정확히 사건이 자기 자신의 운동 역학을 획득했다는 사실을 증명할 뿐이다. 문화혁명의 이처럼 진정으로 혁명적인 측면은 때때로 인민들이 "스스로 생각하고 행동하라"라고, '전체주의적 지배' 기구들 자체를 파괴하라고 가르치는 '전체주의' 지도자의 '역설'을 지적할 수밖에 없는 보수주의 비판자들에게조차 인정된다. 최근에 고든 창이 보수주의 신문 『코멘터리』에서 쓴 내용이 이것이다.

역설적으로 자기만의 방식으로 중국 인민에게 스스로 생각하고 행동하는 법을 가르쳐 준 사람은 마오 자신, 가장 위대한 주인이었다. 문화혁명

동안 그는 수천만 명의 급진적인 젊은이들을 추동해 나라 구석을 돌아다니며 고대 사원을 불태우고 유물을 파괴하고 자기 전 세대, 즉 어머니나 아버지뿐만 아니라 정부 당국자나 심지어 공산당원들까지 부정하도록 했다. (……) 문화혁명은 자기 적을 괴멸시키려는 마오의 계획으로 일어났지만, 사회조직들을 파괴하는 광분이 되었다. 정부가 붕괴되고 혁명위원회와 '인민 코뮌'이 그 기능을 대신함에 따라 국가의 억압적 메커니즘과 엄격한 제한들이 해소되었다. 인민은 더 이상 누군가가 자신들의 할 일을 가르쳐 주길 기다릴 필요가 없었다. 마오는 인민에게 그들이 '반란의 권리'를 가지고 있다고 가르쳤다. 급진적인 젊은이들에게 문화혁명은 본질적으로 제약 없는 열정의 시간이었다. 장대한 파도 속에서 위대한 키잡이는 거의 모든 형태의 권위를 무너뜨렸다.[73]

이것은 우리가 문화혁명을 두 가지 다른 차원에서 독해할 수 있음을 의미한다. 만약 그것을 역사적 현실(존재)의 일부로 읽는다면 우리는 쉽게 역사적 과정의 최종결과를 그것의 '진실'로 인식하는 '변증법적 분석'을 부과할 수 있다. 즉, 문화혁명의 최종적 실패는 문화혁명의 기획(개념)에 내재한 비일관성을 증명한다. 그 실패가 문화혁명의 비일관성의 설명-전개-현실화이다. (동일한 방식으로, 맑스에게 속물적이고 비-영웅적인 자본주의적 이윤추구의 현실은 자코뱅의 혁명적 영웅주의의 '진실'이다.) 하지만 문화혁명을 하나의 사건으로, 평등한 정의라는 영원한 이데아의 실행으로 분석한다면, 문화혁명의 현실적 결과, 즉 그것의 재앙적인 실패와 자본주의적 변형으로의 반전은 문화혁명의 실재를 완전히 소진시

---

[73] Gordon G. Chang, "China in Revolt", *Commentary,* December 2006, http://www.commentarymagazine.com/ cm/main/printArticle.html?article=com.commentarymagazine.content.Article::10798. 참조.

키는 것이 아니다. 문화혁명의 영원한 이데아는 사회-역사적 현실의 패배 속에서도 살아남는다. 그것은 다음의 재기를 끈기 있게 기다리는 미래 세대에 달라붙어 있는 실패한 유토피아의 유령 같은 생명으로 지속한다. 이것이 모든 패배 속에서도 지속하는 영원한 자유의 이데아를 향한 로베스피에르의 신념으로 우리를 데려다 준다. 로베스피에르에게는 그런 신념이 없는 혁명은 "단지 다른 범죄를 분쇄하는 떠들썩한 범죄일 뿐"이다. 그 신념은 체포되어 처형되기 전날인 1794년 혁명력 11월 8일의 로베스피에르의 마지막 연설에서 가장 통렬하게 표현된다.

> 그러나 분명히 있습니다. 나는 여러분의 순수한 감정과 느낌을 확신합니다. 부드럽고 오만하며 억누를 수 없는 열정, 고귀한 심장의 들끓음과 고통이 있습니다. 독재자의 공포, 억압받는 자들을 위한 자비로운 열정, 조국에 대한 헌신적인 사랑, 인간성에 대한 더 숭고하고 신성한 사랑, 그런 것들이 없는 거대한 혁명은 다른 범죄들을 분쇄하는 떠들썩한 범죄에 불과합니다. 여기 세계 최초의 공화국을 수립하려는 넓은 야망이 있습니다.[74]

그 이데아의 삶에서 마지막 대회전이었던 마오의 문화혁명도 마찬가지가 아닐까? 혁명적 열광을 지탱하는 이데아가 없는 문화혁명은 한층 큰 정도로 '다른 범죄를 분쇄하는 떠들썩한 혁명'일 뿐이지 않은가? 여기서 우리는 『역사철학강의』 Vorlesungen über die Philosophie der Weltgeschichte에서 헤겔이 사용한 프랑스 혁명에 대한 언설을 상기해야만 한다.

---

74 Robespierre, *Virtue and Terror*, p.129.

프랑스 혁명은 철학으로부터 비롯되었다고 말해져 왔으며, 철학은 세계 지혜Weltweisheit로 불려 왔다는 것은 이유가 없지 않다. 그것은 즉자적으로만 진실일 뿐 아니라 사물의 순수한 본질로서 대자적으로도 진실이다. 또한 그것은 세계사의 사건들 속에 드러난 그 생동적인 형식에서도 진실이다. 그러므로 혁명은 자신의 처음 충동을 철학에서 얻는다는 주장을 부정해서는 안 된다. (……) 태양이 천공에 떠 있고 행성들이 태양 주위를 돌아온 이래 결코 한번도 인간의 존재가 자신의 머리, 즉 그가 건설한 현실 세계에 의해 반영된 사유 안에서 중심에 있다고 지각된 적은 없다. (……) 지금까지 인간은 사유가 정신적 현실을 지배해야 한다는 원칙의 인식으로까지 발전하지 않았었다. 따라서 이것은 영광스러운 정신적 여명이다. 모든 사유하는 존재가 이 시기를 축복하는 데 동참했다. 그 시간에는 고귀한 성격의 감정이 인간의 정신을 휘젓는다. 마치 처음으로 신적인 것과 세속적인 것의 화해가 성취된 것처럼 정신적 열광이 세계 전체를 전율케 했다.[75]

물론, 이것이 헤겔로 하여금 이런 추상적 자유의 폭발이 자기 대립물로, 즉 자기-파괴적인 혁명적 테러로 역전된 것의 내적 필연성을 냉철하게 분석하는 것을 막지는 못했다. 하지만 우리는 헤겔의 비판이 프랑스 혁명(그리고 그것의 핵심 보충인 아이티 혁명Haitian Revolution)의 기본 원칙들을 받아들인 상태의 내재적 비판임을 잊지 말아야 한다. 그리고 우리는 정확히 이런 방식으로 10월 혁명으로(그리고 이후의 중국 혁명으로) 나아가야 한다. 바디우가 지적한 것처럼 10월 혁명은 인류 역사상 착취받는

---

75 G. W. F. Hegel, *Lectures on the Philosophy of World History,* Cambridge: Cambridge University Press, 1980, p.263.

가난한 자들의 첫번째 성공한 반란이었다. 그들은 새로운 사회의 제로-등급의 구성원이었다. 즉 그들은 표준을 수립한 것이다. 혁명은 새로운 사회적 질서로 안정화되었다. 새로운 세계가 창조되었고 그 세계는 상상할 수 없는 경제적·군사적 압력과 고립 속에서 놀랍게도 수십 년간 지속되었다. 이것은 실제적으로 "영광스러운 정신적 여명이며, 모든 사고하는 존재가 이 시기를 축복하는 데 동참했다". 모든 위계적 질서들에 맞서 평등주의적 보편성이 직접 권력을 장악했다.

이런 대안의 근저에는 근본적인 철학적 딜레마가 있다. 어떻게 보면 헤겔의 일관된 관점은 개념을 그 현실화의 성패 여부에 따라 평가하는 것처럼 보인다. 그래서 본질은 전적으로 외관에 의해 매개된다는 관점에서 자신의 현실화를 초월하는 관념에 대해 불신하는 것처럼 보인다. 이런 관점에 의하면, 만약 우리가 자신의 역사적 패배 속에서도 살아남아 있는 영원한 관념을 주장한다면 이것은 필연적으로—헤겔의 관점에서—본질과 외관의 완전한 현실적 통일로서의 개념 층위에서 자기 외관을 초월하는 것 같은 본질의 층위로 퇴행하는 것이다. 하지만 정말 그럴까? 우리는 역사적 패배 속에서 지속되는 유토피아적 이데아의 과잉성이 이데아와 그 외관의 총체적 매개와 모순되지 않는다고 주장할 수도 있다. 헤겔의 기본적인 통찰에 따르면 어떤 관념의 총체적 현실화의 실패는 동시에 관념 자체의 실패(한계)라고 할 수 있다. 여기에 덧붙여야 할 것은 관념과 그것의 현실화를 분리시키는 간극은 관념 자체 내부의 간극을 나타낸다는 것이다. 이것이 역사적 현실에 계속 달라붙어 있는 유령 같은 이데아가 **새로운 역사적 현실 자체의 오류, 그 현실의 자기 개념과의 부적합성**을 나타내는 이유이다. 즉, 자코뱅적 유토피아의 실패, 즉 그것의 공리주의적 부르주아 현실로의 현실화는 동시에 이 현실 자체의 한계이다.

그 결과 우리는 라캉의 「사드와 함께 칸트를」Kant avec Sade에 대해 사드의 도착이 칸트의 '진실'이자 칸트보다 더 '급진적'인 칸트라고, 결국 칸트는 자기 스스로 대면하기 두려운 결론을 도출한 것이라고 읽는 통상적인 독법을 뒤집어야 한다. 반대로 우리는 사드적 도착은 칸트적 타협, 다시 말해 칸트가 자신의 돌파 결과를 회피한 데서 비롯된 것이라고 주장할 수 있다. 즉, 사드는 칸트의 **증상**symptom이다. 칸트는 자신의 윤리적 혁명으로부터 전적인 결론을 도출하는 데서 물러났지만 바로 이 칸트의 타협에 의해, 자기 논리를 끝까지 밀어붙이지 못함에 의해, 그의 철학적 돌파에 전적으로 충실한 사드라는 인물을 위한 공간이 열린 것이다. 사드는 직접적으로 '칸트의 진실'이 아니라, 자기가 발견한 진실을 배반한 칸트의 증상이다. 외설적인 사드적 향락자jouisseur는 칸트의 윤리적 타협을 증명하는 오점이다. 즉, 사드적 인물의 외관적 '급진성'(향락에의-의지Will-to-Enjoy를 끝까지 밀어붙인 사드적 영웅의 의지성)은 자기 대립물의 마스크이다. 달리 말해서, 진실로 끔찍한 것은 사드적 광란이 아니라, 칸트적 윤리 자체의 실재적 중핵이다. 다시 브레히트적 표현을 빌리면, 순수한 윤리적 행위에 내재하는 '악마적 악'diabolical evil에 비교하면 사드적 집단 난교의 비참한 악은 아무것도 아니다. 중국의 문화혁명과 그것의 '진실'로서 오늘날 폭발적인 자본주의적 발전 사이의 관계도 마찬가지가 아닌가? 이런 자본주의적 폭발은 마오가 문화혁명으로부터 도출된 온전한 결론 앞에서 후퇴했다는 것의 징표이다. 바로 이 타협에 의해, 마오가 자기 논리를 끝까지 밀어붙이지 못한 것, 문화혁명의 이데아에 온전히 충실하지 못한 것이 자본주의적 폭발을 위한 공간을 연 것이다. 우리는 칸트와 마오의 사례에서 베케트의 「최악의 방향을 향하여」Worstward Ho의 "다시 시작하라, 다시 실패하라. 더 잘 실패하라"[76]라는 교훈을 얻게 된다.

---

76 Samuel Beckett, *Nohow On,* London: Calder 1992, p.101.

5장 다시 방문한 스탈린주의, 혹은 어떻게 스탈린은 인간의 인간성을 구원했는가

스탈린주의의 문화적 반-혁명

보수주의자의 입장에서 보면 스탈린주의는 러시아가 경험한 것 중 가장 큰 재앙이 아니라, 인간의 인간성이라고 이해되는 것들을 구원했다. 이와 관련하여 1930년대 초중반에 일어난 프롤레타리아적 평등주의로부터 러시아적 유산에 대한 확고한 승인으로의 거대한 변화가 중요하다. 문화 영역에서 푸시킨과 차이콥스키 같은 인물들이 모더니즘보다 우위의 예술가로 찬미되었다. 아름다움에 대한 전통 미학의 규준들이 다시 주창되었다. 동성애가 불법화되고 성적 타락이 범죄시되고 결혼이 새로운 사회의 기본세포로 공표되었다. 소비에트 권력과 과학, 예술 분야의 모더니스트 사이의 짧은 정략 결혼이 끝났다. 영화에서 이러한 변화는 에이젠슈타인의 '어트랙션'atrraction 몽타주로 이뤄진 무성 영화로부터 '유기체주의적'organicist 유성 영화로의 이동에서 나타난다. 음악에서는 쇼스타코비치의 서커스와 재즈의 요소를 도발적으로 패러디한 1920년대 음악으로부터 1930년대 후반의 보다 전통적인 형식으로의 회귀에서 이런 변화를 읽을 수 있다.

표준적인 독해에 따르면 이런 이동은 진정한 혁명을 배반한 '문화적 테르미도르'이다. 그러나 이런 표면적 가치 판단을 받아들이기 전에 급진적 평등주의를 지탱하는 이데올로기적 전망에 대해 꼼꼼히 따져 봐야 한다. 여기서 또다시 소위 '생명우주론'[1]을 참조하자. 트로츠키의 글에서 적절한 사례를 찾을 수 있다.

인간이란 무엇인가? 그는 결코 완결되거나 조화로운 존재가 아니다. 그는 아직도 너무나 어설픈 피조물이다. 동물로서의 인간은 계획적으로 진화한 게 아니라 자연발생적으로 진화했으며 수많은 모순들을 축적해 왔다. 어떻게 인간을 교육하고 통제할 것인가의 문제, 어떻게 인간의 육체적·정신적 구성을 개선하고 완전하게 할 것인가의 문제는 사회주의에 기초해서 이해될 수 있는 거대한 문제이다. (……) 새롭고 '개선된 인간 변이형'을 생산하는 것, 그것이 미래의 공산주의 과업이다. 이를 위해 우리가 해야 할 첫번째 일은 인간에 관한 모든 것, 인간의 해부학, 인간의 생리학, 그리고 생리학의 일부분인 인간의 심리학을 찾아내는 것이다. 인간은 자기 자신을 관찰해야 하며 자기 자신을 날것의 질료나 잘 쳐서 유사-제조된 생산품으로 봐야 한다. 그리고 다음과 같이 말해야 한다. "친애하는 호모 사피엔스 씨, 마지막으로 나는 당신에 대해 연구할 것입니다."[2]

이것은 괴상한 이론적 원리가 아니라 예술, 건축학, 심리학, 교육학,

---

1 4장 참조.
2 Orlando Figes, *Natasha's Dance*, London: Allen Lane, 2001, p.447.

그리고 조직학에서 수만 명의 사람들에 의해 실제로 일어난 대중적 운동의 표현이다. 공식적으로 지지된 테일러리즘 문화의 가장 급진적 주창자였던 볼셰비키 엔지니어이자 시인 알렉세이 가스체프Aleksei Gastev는 1922년 초반에 이미 '생체물리학'biomechanics의 개념을 사용하여 인간과 기계가 혼합된 사회의 전망을 그렸다. 가스체프는 철도 노동자들이 마치 기계처럼 움직이는 실험을 수행한 중앙노동연구소Central Institute of Labor를 운영했다. 그는 인간의 기계화를 진화 선상의 다음 단계로 보았다.

> 그 유토피아에서 '사람들'은 'A, B, C 혹은 325, 075, 0 등'과 같은 부호로 표시되는 '프롤레타리아적 단위들'로 대체될 것이다. (……) '기계화된 집단주의'가 '프롤레타리아의 심리학 속에서 개별적 인간의 자리를 대신할' 것이다. 더 이상 감정을 고려할 필요가 없어질 것이다. 인간의 영혼은 더 이상 '외침이나 미소에 의해서가 아니라 압력 계기나 속도 계측기에 의해서 측정될 것이다'.[3]

이런 꿈은 오늘날 생정치biopolitics라 불리는 것의 극단적 공식이 아닌가? 직관에 반하는 말로 들리겠지만, 우리는 이런 전망이 실제로 구현되었다면 그것은 역사적 스탈린주의보다 훨씬 더 끔찍했을 것이라고 주장할 수 있다. 스탈린의 문화정치는 이런 모더니즘적 기계주의의 전면화에 대항해서 이뤄졌다. 그것은 거대한 군중들을 매료시킨 예술적 형식으로의 회귀를 요구했을 뿐만 아니라—냉소적으로 들리겠지만—도덕에 대한 전통적 기본 형식으로의 회귀를 요구했다. 스탈린주의적 공개 재판의 희생자는 자기 행위에 대한 책임 고백을 강요받았다. 외설적으로 보이지

---

3 Figes, *Natasha's Dance*, p.464.

만(실제로 그랬다) 그들은 생정치의 대상이 아니라 자율적인 윤리적 주체로 대우받았다. '기계화된 집단주의'의 유토피아에 맞서서 1930년대의 스탈린주의는 가장 폭력적인 윤리학의 회귀로 대변된다. 그것은 전통적인 도덕 범주들이 무의미해져서 위반 행위가 주체의 죄를 함축하는 게 아니라 특별한 압력 기계나 속도 계측기에 의해 평가되는 위험에 대한 방어책이었다.

이것이 또한 '사회주의 리얼리즘'의 부과가 수많은 인민들에 의해 진정으로 환영받은 이유이다.

그 체제는 과거의 문화와 구별될 수 있는 '프롤레타리아' 문화 내지 '소비에트' 문화 형식을 수립한다는 혁명적 관념의 실행을 완전히 포기했다. (……) 아흐마토바Anna Akhmatova와 같은 동시대 작가들은 출판사를 찾을 수 없었지만 푸시킨이나 투르게네프, 체호프, 톨스토이(도스토옙스키는 빼고)의 전집은 새로운 독서문화가 도입되면서 엄청난 관심 속에서 출판되었다.[4]

이와 같은 고전 문화의 회귀는 푸시킨 사망 100주년이 되는 1937년에 절정에 달했다.

나라 전체가 축제에 휩싸였다. 지방의 소극장도 푸시킨의 연극을 공연했고, 학교는 특별 행사를 열었으며, 청년 공산주의자들은 시인의 삶과 연관된 장소로 순례 여행을 떠났다. 공장들은 스터디 그룹이나 '푸시킨주의' 클럽을 조직했다. 집단 농장은 푸시킨의 민담에 나오는 인물 복장

---

4 Ibid., pp.480~481.

을 하고 푸시킨 카니발을 열었다.⁵

이런 사실들은 또 다른 역설을 불러일으키기에 언급할 가치가 있다. 스탈린주의에 대한 억압되고 주변화된 저항 자체가 이와 같은 문화 경향을 따랐던 것이다. 다시 말해서, 이런 고전 러시아 문화유산의 대대적인 부흥은 비록 위선적이고 검열된 형태이긴 하지만, 단순히 문맹상태인 대중들의 계몽수단 이상이었다. 푸시킨이나 톨스토이 같은 고전 작가들의 세계는 독재자에게 억압받는 자들의 연대와 사회적 책임에 대한 윤리와 문화적 전망을 내포하고 있다.

소련 내부의 반체제 문학은 사회주의 리얼리즘의 환상적 현실과 전통적 도덕을 부정하는 소비에트 공식 담론의 도착적 허위에 맞서서 진실하고 검열되지 않은 현실과 윤리적 가치(실제로 이것이 소비에트 체제의 '혁명적 발전'의 촉진을 위한 근본적인 구성요소이다)를 재현했다.⁶

이런 의미에서 솔제니친 자신이 1930년대 스탈린주의 문화정치의 아들이다. 이것이 쇼스타코비치의 우울과 절망과 개인적 고뇌로 가능한 '사적인' 작품들(그의 현악 4중주로 대표되는)이 그의 위대한 '공적인' 작품들(공식적으로 공인받은 교향곡 5, 7번과 11번으로 대표되는) 못지않게 스탈린주의 문화의 유기적 일부인 이유이다.

이것이 우리를 세번째 역설로 데려다 준다. 빌헬름 푸르트벵글러는 스트라빈스키의 「봄의 제전」Rite of Spring에 대해 그것은 러시아 정신의 한

---

5 Figes, *Natasha's Dance*, p.482.
6 Ian MacDonald, *The New Shostakovich*, London: Pimlico, 2006, p.299.

계를 보여 준다고 지적했다. 그것은 현란한 기계적 리듬의 폭발을 찬미하지만 독일 정신에 특징적인 유기적 생명의 통일성 차원으로까지는 도달하지 못했다. 첫번째 아이러니는 푸르트벵글러가 지적한 동일한 작곡가들이 러시아 전통주의자들에 의해 러시아의 유기적 유산을 위태롭게 하는 모더니스트들로 인식되었다는 것이다. 하지만 어떤 의미에서 푸르트벵글러는 옳았다. 18, 19세기에 많은 서구 여행자들이 법의 외재적 압력에 의해 통합된 서양의 개인주의 사회와는 달리 유기적 사회, 살아 있는 사회적 총체를 찾아 러시아를 찾아왔다. 얼마 지나지 않아서 그들은 러시아에는 실제로 어떤 내부의 유기적 형식도 없으며 난폭한 전제 군주의 철권에 의해 통치되는 무질서한 제국밖에 없음을 발견했다. 달리 말해, 서구적 근대화에 의해 파괴된 조화로운 균형을 가진 '오래된 러시아'라는 개념은 신화였다. 그래서 무질서한 사회적 생활 조직들에 중앙 집중적 질서를 강요하는 폭력적 '모더니즘'이 전통적 러시아 사회의 정체성을 구성하는 핵심 요소인 것이다. 스탈린이 이반 4세를 자신의 선구자로 찬미한 것은 옳았다.

그럼 이에 따라 스탈린주의는 그보다 훨씬 더 나쁜 위협에 대항한 방어라고 인정해야 하는가? 여기서 라캉의 테제 "아버지이거나 혹은 더 나쁘거나"le père ou le pire를 적용하여 **더 나쁜 쪽을 선택하는 위험**을 감행해야 한다면 어떨까? 생-정치적 꿈을 끝까지 추구하는 쪽의 선택 결과가 예기치 않게 이런 꿈의 좌표 자체를 뒤흔드는 것이 되었을 것이라면?

(어쩌면 세상을 구할지도 모를) 자기 목적지에 도착하지 않은 편지

1930년대 스탈린주의적 테러는 휴머니즘적 테러였다. 그것의 '휴머니즘적' 핵심은 그 테러의 공포를 약화시키는 게 아니라 그 공포를 지탱하는 가능성의 조건이었다. 절정기 스탈린주의에 의해 부활된 휴머니즘 전통이 반체제 저항을 위한 이데올로기적 전제를 창조했을 뿐만 아니라 문자 그대로 '세상을 구했다'면, 즉 쿠바 미사일 위기 때 전면적인 핵전쟁을 막았다면 어쩔 텐가?

오늘날 최대한 재구성해 보면 두 가지 사건이 행복한 결말을 도왔다. 첫번째는 모르는 척하는 세련된 전략, 즉 예의 바른 의례였다. 최근의 관련 자료를 신뢰한다면, 쿠바 미사일 위기를 해결하는 데 중요한 역할을 한 것은 핵심 편지가 도착하지 않은 듯이, 마치 그 편지가 존재하지 **않은 듯이** 행동한 케네디의 천재성이었다. 물론 이 전략은 편지 발송인(흐루시초프)이 참여했기 때문에 성공할 수 있었다. 1962년 10월 26일에 흐루시초프가 케네디에게 보낸 편지에는 이전의 협의를 통해 마련된 내용을 확인하는 내용이 담겨 있었다. 만약 미국이 쿠바를 침공하지 않는다는 협약을 공표하면 미사일을 철수시킨다는 것이다. 10월 27일 토요일, 미국이 답신을 보내기 전에 또 하나의 편지가 흐루시초프로부터 발송되었는데, 미국이 터키로부터 미사일을 철수시키라는 조건을 추가하면서 동시에 소련 안에서 정치적 모반이 일어날 가능성을 암시하는 것이었다. 같은 날 오후 8시 5분에 케네디는 흐루시초프에게 답신을 보냈는데, 자신은 10월 26일의 제안을 수락한다는 것을 고지한 편지였다. 그는 마치 **10월 27일의 편지가 존재하지 않는 듯**이 행동한 것이다. 10월 28일, 일요일 케네디는 흐루시초프로부터 거래를 받아들인다는 내용의 편지를 받는다. 여기서 얻을 수 있는 교훈은 모든 것의 운명이 불안정한 상태에 있는 위기의 순간에는 외관을 보호하는 것, 예의 바름, 상대가 '게임을 하고 있다'는 것에 대한 인식이 다른 무엇보다 실효를 거둔다는 것이다.

우리는 위기 유발 요인이 이와 대칭적인 사태, 즉 수신자에게 도착하지 않은 편지, 하지만 이번에는 그것이 발송되지 않았기 때문에 도착하지 않은 편이라고 주장할 수도 있다. 소련은 쿠바와의 상호 비밀 협정 결과로 쿠바에 미사일을 설치했는데, 많은 관찰자들(특히 테드 소렌슨Ted Sorensen)은 만약 그 상호 비밀 협정이 사전에 언론에 공개되었다면(카스트로도 이것을 원했다) 미국의 대응은 훨씬 덜 공격적이었을 것이라고 주장했다. 소련이 고집한 그 비밀이 미국으로 하여금 미사일 설치의 의도는 미국 공격 말고는 없다고 믿게 만들었다. 만약 소련이 협정을 고지하고 미사일 설치를 투명하게 공개했다면 그것은 훨씬 덜 위협적인 것이 되었을 것이다. 그것은 실제 공격을 준비한 게 아니라 단순히 어떤 실제 군사적 위협도 없는 시위용 제스처로 받아들여졌을 것이다.

미국은 이런 교훈을 배우지 못했고, 위기 해결 방법을 전혀 다르게 해석했다.[7] 당시 미국 국무부의 정보 분석가 레이먼드 가소프Raymond Garthoff의 견해에 따르면,

> 만약 우리가 이 경험에서 뭔가 배웠다면, 그것은 연약함, 심지어 연약해 보이는 것조차 소련을 협정 파기로 이끈다는 것이다. 결국, 강경함이 소련의 분별없는 도발을 저지할 것이다.[8]

그래서 위기는 경쟁자가 서로 마주 보며 달려오는 일종의 '치킨 게임'으로 인식되고, 거기서는 더 깡다구가 있는 놈이 이기게 되어 있다. 물론 이 견해는 현실에 맞지 않았다. 일련의 세부적인 과정은 케네디의 유연함과 소련의 체면을 세워 준 양보가 위기 상황에서 어떤 긍정적인 것을 구해 냈음을 증명했다. 케네디는 시간을 벌고 직접적인 충돌을 피하기 위

---

7 James G. Blight and Philip Brenner, *Sad and Luminous Days: Cuba's Secret Struggles with the Superpowers after the Cuban Missile Crisis,* New York: Rowman and Littlefield, 2002.
8 Ibid., p.23에서 인용.

해 10월 25일에 소련 선단의 해상봉쇄구역 통과를 허용했다. 10월 28일, 그는 승리를 주장하는 어떤 인터뷰나 발표도 하지 못하도록 명령했다. 게다가 그는 미국이 쿠바를 침공하지 않는다는 보증이자 소련의 미사일 철수에 대한 대가로 터키의 미국 미사일 기지 철수를 명령했다.

    위기에 대한 소련의 인식은 달랐다. 그들에게 위기를 끝내는 것은 힘의 위협이 아니다. 소련의 지도자들은 소련과 미국의 당국자들이 자신들은 벼랑 끝에 서 있고 이 위기는 인류의 파멸로 이어지리라는 것을 깨달았기 때문에 위기가 종식되었다고 믿었다. 그들은 자신의 직접적인 안전만을 두려워한 것도 아니고 쿠바 전쟁에서의 패배만을 걱정한 것도 아니다. 그들의 공포는 수백만 명의 운명을 결정하는 것에 대한 두려움, 문명 자체의 운명에 대한 두려움이었다. 미국과 소련이 평화로운 해결을 이끌어 낸 것은 바로 이 두려움, 위기의 정점에 있는 두 편이 느낀 두려움이었다. 이 두려움이 흐루시초프와 카스트로 사이의 편지에 담겨 있는 핵심이다.[9] 10월 26일 카스트로는 흐루시초프에게 보낸 편지에서 다음과 같이 말했다.

    만약 제국주의자들이 쿠바 점령을 목적으로 침공해 온다면 그 공격 정책이 인류에게 가하는 위험은 너무나 클 것이다. 그렇게 된다면 소비에트 연합은 제국주의자들이 최초로 핵공격에 돌입할 수 있는 상황을 결코 허용하지 않을 것이다. 나는 제국주의자들의 공격성이 너무나 위험하다고 믿기에 당신에게 이런 말을 하는 것이다. 만약 그들이 국제법과 도덕을 위반하고 실제로 쿠바를 침공하는 무도한 짓을 한다면 그것은 명백한 정당방위 행동을 통해 영원히 그런 위험을 제거할 순간이 될 것

---

[9] 이 편지는 http://www.cubanet.org/ref/dis/10110201.htm에서 볼 수 있다.

이다. 하지만 그 해결은 다른 어떤 것도 남지 않기에 너무나 가혹하고 끔찍할 것이다.

10월 30일 흐루시초프는 카스트로에게 다음과 같이 답신한다.

10월 27일 전신에서 당신은 우리가 적의 영토를 향한 최초의 핵공격에 착수할 것이라고 제안했다. 물론 당신은 그것이 어떻게 진행될지 알고 있다. 그것은 단순한 공격이 아니라 세계적인 핵전쟁의 시작일 것이다. 친애하는 피델 카스트로 동지, 비록 나는 당신의 동기는 이해하지만 당신의 제안이 부적절하다고 생각한다. 우리는 핵전쟁이 발발할 수도 있는 가장 위험한 순간을 살고 있다. 확실히 그 경우 미국은 엄청난 시련을 겪을 것이다. 하지만 소련과 다른 사회주의 진영 역시 막대한 고통을 겪을 것이다. 쿠바가 문제인 한, 이것이 어떤 의미를 지닐지 일반적인 차원에서 말하기는 어렵다. 우선, 쿠바는 전쟁의 불길에 휩싸이게 될 것이다. 의심할 여지없이 쿠바 인민들은 용감하게 싸울 것이며 영웅적으로 죽을 것이다. 하지만 우리는 죽기 위해서 제국주의와 투쟁하는 게 아니라, 우리의 모든 가능성들을 향상시키기 위해, 투쟁 속에서 좀 덜 상실하고 극복 속에서 좀더 많이 얻어서 공산주의의 승리를 쟁취하기 위해서 투쟁하는 것이다.

흐루시초프의 주장에 담긴 본질은 영국 노동당 당수인 닐 키녹Neil Kinnock의 일방적 무장해제 논리로 요약된다. "나는 나의 조국을 위해 죽을 준비가 되어 있다. 하지만 나는 조국이 나를 위해 죽게 할 준비는 되어 있지 않다." 소비에트 체제의 '전체주의적' 성격에도 불구하고 **이런** 두려움이 미국보다 소련의 지도자들에게 훨씬 더 지배적이었다는 것은 중요하다. 그래서 아마 쿠바 미사일 위기의 실제 영웅은 케네디가 아니라 흐루시초프였다고 정정할 필요가 있을 것이다. 10월 31일 카스트로는 흐루시초프에게 다음과 같이 답신했다.

당신에게 편지를 보낸 후 나는 내 편지의 말들이 당신에게 오해를 샀다는 것을 깨달았다. 아마, 그것은 당신이 내 편지를 주의 깊게 읽지 않았거나 내가 너무 말을 아꼈기 때문일 것이다. 하지만 나는 지체할 수 없었다. 친애하는 흐루시초프 동지, 당신은 우리가 우리 자신에 대해 자애적으로 생각하고 있다는 것을 믿는가? 무의식적 태도가 아니라 자신의 위험에 대해 전적으로 확신하면서도 자기 희생의 의지를 지닌 고결한 인민에 대해서 말이다. 아니, 흐루시초프 동지, 당신은 그걸 믿지 않는다. 지금과 같은 순간은 역사 속에서 한번도 없었다. 어떤 인민도 이런 무시무시한 위험에 직면한 적이 없었으므로 이토록 보편적인 의무감으로 기꺼이 싸워 죽고자 하는 인민은 존재한 적이 없었다. (……) 당신이 편지에서 지적한 것처럼 우리는 핵전쟁 속에서 절멸될 수 있다는 것을 잘 알고 있고, 우리가 그것을 무시한다고 생각하지도 않는다. 하지만 그것이 우리를 당신에게 미사일을 철수시키라고, 그 위협에 굴복하라고 요구하도록 하지는 못한다. 당신은 우리가 그 전쟁을 원한다고 생각하는가? 하지만 미국이 침공해 들어온다면 어떻게 그것을 막을 수 있는가? (……) 그리고 만약 전쟁이 발발한다면, 전쟁을 일으킨 미친 놈들에 대해 우리는 무엇을 할 수 있는가?
당신은 스스로 작금의 조건하에서 그런 전쟁은 불가피하게 급속히 핵전쟁으로 발전할 것이라고 말했다. 나는 일단 적들의 침략이 개시되면 우리는 침략자들에게 핵폭탄 사용 시점을 결정할 권리를 양보해서는 안 된다고 생각한다. 이 (핵)무기의 파괴력과 전파 속도는 너무나 커서 침략

자들은 아주 큰 초기 이점을 획득할 것이다. 그리고 흐루시초프 동지, 나는 당신에게 소련이 공격자가 되어야 한다고 주장하지 않았다. 그것은 단순히 옳지 않다는 차원을 넘어 우리 입장에서도 부도덕하고 경멸스러운 행위이기 때문이다. 그러나 소련의 군대가 외국의 침략 시 우리를 지키기 위해 쿠바에 주둔한 상황에서 미치광이 제국주의자들이 쿠바를 공격한다면 그것은 쿠바와 소련 양편에 대한 침략 행위이며, 그때 우리는 그들을 절멸시킬 공격으로 응답할 것이다. (……) 흐루시초프 동지, 나는 이런 위기의 한가운데서 당신이 걱정하는 것처럼 소련이 공격해야 한다고 주장하는 게 아니다. 그게 아니라, 일단 제국주의자들이 침공해 오면 소련은 한 치의 망설임도 없이, 소련을 향해 적들이 최초의 핵공격을 가하는 상황을 허용하는 실수를 범하지 말라는 것이다. 그리고 이런 의미에서, 흐루시초프 동지, 이것이 이 특수한 상황의 진실이자 정확한 진단이라고 생각하기에 나는 나의 입장을 고수하는 바다. 당신은 내가 틀렸다고 확신시킬 수는 있지만, 나를 확신시키지 않은 채 내가 틀렸다고 말할 수는 없다.

여기서 흐루시초프를 (의도적으로) 오해한 것은 카스트로 본인임이 분명하다. 흐루시초프는 카스트로가 소련에 원하는 것을 잘 알고 있었다. 그가 원한 것은 '뜬금없이' 먼저 미국을 공격하라는 것이 아니라, 미국이 쿠바를 공격할 때(아직 **전통적인** 전쟁 행위, 제한된 전쟁으로서 소련의 최근 동맹국을 공격하는 것이지 소련 자체를 공격하는 것은 아닌 행위) **전면적인 핵 대응공격**을 감행하라는 것이다. "소련을 향해 적들이 최초의 핵공격을 가하는 상황을 허용하는 실수를 범하지 말라"는 경고는 소련이 결정적인 핵공격 결정을 내리는 첫 국가가 되어야 한다—"일단 적들의 침략이 개시되면 우리는 침략자들에게 핵폭탄 사용 시점을 결정할 권리를 양보해서는 안 된다"—는 것을 의미한다. 거칠게 말해서 카스트로는 흐루시초프에게 쿠바를 잃느니 지구상의 문명 생명체의 절멸 쪽을 선택하라고 요구하는 것이다.[10] 그래서 또다시 목격하게 되는 것은 흐루시초프의 휴머니즘적 판단(궁극적으로, 절정기 스탈린주의에 의해 부활된 전통문화의 유산)과 마오쩌둥의 인류 절멸 가능성에 대한 반성을 환기시키는 카스트로의 무자비한 전면적 내기 사이의 대결이다. 앞서 언급한 것처럼, 체 게바라가 자기 소멸의 위험을 두려워하지 않는 쿠바 인민의 영웅적 준비태세를 찬미할 때 그 역시 같은 선상에 있다.

크렘린학

'인간의 인간성'을 구원하는 스탈린주의의 역할은 언어라는 가장 기본적인 층위에서 포착된다. 만약 새로운 포스트-휴먼 존재의 언어가 더 이상 주체를 재현하지 않는 신호적signal 언어여야 한다면, 스탈린주의적 언어가 이것과 가장 극단적으로 대립되는 언어라고 해서 놀랄 이유는 없다. 꿀벌의 복잡한 신호체계와 대조적으로 인간적 언어를 특징짓는 것은 라캉이 '텅 빈 발화'라고 부른 것, 즉 발화자와 수신자 사이의 상호주관적 관계의 지표로 기능하기 위해 자신의 지시적denotative 가치(현시적 내용)를 중지시키는 발화이다. 이런 중지가 '크렘린학'Kremlinology의 대상이었던 스

---

10 여기서 카스트로의 전제—'이 (핵)무기의 파괴력과 전파 속도는 너무나 커서 침략자들은 아주 큰 초기 이점을 획득할 것이다'—는 문제가 있다. 오히려 핵 강대국 중 하나의 핵공격은 상대국의 모든 핵무기를 파괴하는 데 실패할 것이고, 상대국 역시 반격을 가할 만큼 충분한 핵무기를 보유하고 있다는 전제—너 죽고 나 죽자 식 논리의 전제—가 보다 정확할 것이다. 하지만 그럼에도 카스트로의 요구를 '합리적인' 전략적 계산에 따른 것으로 읽을 여지는 있다. 그것은 미국이 우선 재래식 무기로 쿠바를 침공하고 그 다음에 미국과 소련이 핵무기로 서로를 파괴하는 상황이 되면 (유럽도 개입할 테고) 미국의 쿠바 점령은 무의미하게 되어 쿠바는 (대부분의 제3세계 국가와 함께) 살아남아 승리를 거둘 것이라는 시나리오에 근거한 무자비하고 냉혹한 전략이 아니었을까?

탈린주의적 방언의 핵심 특질이다.

구소련 시대의 문서보관소가 광범위하게 개방되기 전, 외국의 학자들은 소련에서 무슨 일이 일어나고 어떤 일이 생길지 파악하기 위해 입소문에 의존하는 경향이 있었다. 아무개가 아무개에게 들은 것에 따르면……. 그 아무개는 신뢰할 만한 내부 소식통에게 전해 들은 것(여기서 환상적인 세부가 만들어진다)을 전한 것이다. 그런 풍문학에 대한 비판은 일리가 있다. 그러나 최근까지도 극소수의 사람들만 깨닫고 있는 것은 스탈린 치하 소련에서 대두되는 이슈는 입에서 나온 말이나 정치적 예견이 아니라, 그것의 대중적 확산을 통해서 신뢰성을 얻는다는 사실이다. 크렘린학은 하버드에서가 아니라 크렘린 안에서, 크렘린 주위에서 발생한다. (……) 이것이 체제 전체가 작동하는 방식이고, 소련 안의 모든 사람들이, 일정 정도 고위층일수록 더한 행동 방식이다. 국내 권력 암투와 뫼비우스-띠 음모들 속에서 스탈린주의자들의 삶과 죽음은 그들이 어디에 서 있든, 누구를 알고 있든 불투명했다. 그것은 공식적인 동시에 불확정적이었다.

1939년 4월 (그루지아 코민테른의 명목상 지도자) 디미트로프는 『프라우다』*Pravda* 명예 최고간부 명단에도 『이즈베스티야』*Izvestiya*의 명단에도 자기 이름이 갑자기 빠진 것에 안절부절못했다. 그의 흥분은 메이데이 퍼레이드에 자기 초상화 판넬이 있는 것을 확인하고서야 진정되었다. 그 초상화 전시로 인해 그에 관한 불길한 소문은 잠잠해졌던 것이다. 그러나 그런 일이 또 일어났다. "처음으로 국제 여성의 날 명예 최고간부 명단에 내 이름이 **빠진 것**이다." 1941년 3월 8일 그는 이렇게 썼다. "물론, 그것은 아무 일도 아니다." 아, 하지만 그것은 무엇을 의미했을까? 디미트로프는—아무도 그보다 더 크렘린에 가까울 수는 없었다—는 뼛속까지 크렘린학자였다. 그는 영묘 안무Mausoleum choreography를 연구하고, 점을 치고, 풍문에 빠졌다.[11]

이와 같은 선상에 있는 또 다른 희극적 사례가 있다. '트로츠키-지노비예프 연합 센터'United Trotskyite-Zinovievite Center에 대한 공개 재판에서 기소자는 이 '센터'가 계획한 암살자의 명단 목록(스탈린, 키로프, 주다노프 등)을 공개했다. 이 명단은 "기이한 명예를 얻었는데 왜냐하면 그것이 스탈린과의 친밀성을 증명하고 있기 때문이다".[12] 몰로토프V. Molotov는 스탈린과 개인적으로 좋은 관계를 유지하고 있었지만 그 명단에 자기 이름이 빠진 것을 발견하곤 충격을 받았다. 이것은 무엇을 의미하는 걸까? 단순히 스탈린의 경고일 뿐일까, 아니면 그의 체포 순서가 가까워졌음을 의미하는 걸까? 여기서 참으로, 이집트인들에 대한 비밀은 이집트인 본인들에게도 비밀이다. 진정한 '기호의 제국'은 바로 스탈린의 소련이었다.

소비에트 언어학자 에릭 한-피라Eric Han-Pira가 들려준 이야기는 이런 '기호의 제국'의 전면적인 의미론적 포화상태saturation, 정확히, 직접적인 지시적 의미의 공백화에 의존하는 포화상태의 완벽한 사례를 제공한다. 오랫동안 소비에트 미디어는 연로한 당 관료들의 장례식을 보도할 때 "크렘린 담장 옆 붉은 광장에 묻히다"라는 상투어구를 사용했다. 하지만 1960년대에는 공간이 부족해서 새로 사망한 고위관료들은 화장 후 크렘린 담장 안 납골당에 안치되었다. 하지만 언론에서는 이전과 같은 상투어구를 사용했다. 이런 불일치는 소비에트 과학 아카데미의 러시아 언어학회 15명 회원들로 하여금 공산당 중앙위원회에 현실에 걸맞은 문구 "납

---

11 Stephen Kotkin, "A Conspiracy So Immense" *The New Republic Online,* February 13, 2006.
12 Simon Montefiore, *Stalin: The Court of the Red Terror,* London: Weidenfeld and Nicolson, 2003, p.168.

골함이 크렘린 담장에 안치되다"로 변경하자는 편지를 쓰게 만들었다. 몇 주 후 중앙위원회 대표가 학회에 전화를 걸어 중앙위원회는 학회의 주장을 논의한 끝에 이전의 문구를 유지하기로 결정했다고 통보했다. 그는 어떤 결정 이유도 제시하지 않았다.[13] 소비에트 '기호의 제국'을 지배하는 규칙에 따르면 중앙위원회가 옳았다. 그런 표현상의 변화는 단순히 고위관료들을 화장한 재가 이제는 담장 자체에 납골되는 사실에 대한 등록으로 인식되지 않는다. 아무런 사소한 공식적 표현의 변경도 격렬한 해석 활동을 촉발하는 기호로 해석되어야 한다. 그렇다면 아무런 메시지도 전달할 게 없는데 왜 바꾸어야 한단 말인가? 어떤 이는 이런 결론을 투명한 '합리적인' 해결 가능성과 대립시킬 것이다. 왜 공식적 표현을 바꾸고 나서 그것은 아무 의미도 없다고, 그저 새로운 현실을 반영한 것일 뿐이라고 덧붙여 설명하면 안 되는가? 그런 '합리적' 접근은 소비에트 '기호의 제국'의 논리를 완전히 놓친 것이다. 왜냐하면 그 안에서는 **모든 것**이 어떤 의미를 가지고 있으며, 심지어 **특히** 의미의 부인denial은 더 그렇다. 그런 부인은 훨씬 더 격렬한 해석 활동을 촉발할 것이다. 즉, 그것은 이미 형성되어 있는 기호학적 공간 속의 의미 기호로 해석되는 게 아니라, 이런 기호학적 공간의 기본 규칙 자체가 변화하고 있음을 드러내어 어쩌면 총체적인 혼란이나 패닉상태까지 초래할 수 있는 훨씬 강력한 메타-기호적 지시로 해석되어야 한다. 몇몇 소비에트 지도자들은 이와 같은, 사실의 전적인 가소성可塑性과 관련된 아이러니와 우울한 유머 감각을 드러냈다. 1965년 초반 아나스타스 미코얀Anastas Mikoyan은 헝가리의 일급 스탈린주의 지도자 라코시Mátyás Rákosi에게 모스코바의 처분 결정을 전해 주기

---

13 Alexei Yurchak, *Everything Was Forever, Until It Was No More,* Princeton, NJ: Princeton University Press, 2006, p.52. 참조.

위해 부다페스트로 날아갔다. "소비에트 지도자는 당신이 병에 걸렸다고 결정했다. 당신은 모스크바에서 치료받을 필요가 있다."[14]

이런 관점에서 2차 세계대전 후 변증법적 유물론에 대한 소비에트 교과서 모델을 재독해하는 것은 흥미로울 것이다. 마르크 로젠탈Mark Rozental의 『맑스의 변증법적 방법』The Marxist Dialectical Method 초판은 1951년 모스크바에서 간행되었는데, 나중에 재판을 찍을 때 많은 분량이 생략되거나 다시 쓰여졌다. 하지만 이런 변화는 철학적 문제에 관한 작가의 발전된 성찰과는 아무 상관없는 것이었다. 그런 변화들은 엄격히 크렘린학적 관점에서 이데올로기-정치 노선의 변화 징표로 읽어야 한다. 물론 그 책은 변증법적 방법의 네 가지 '주된 특질'에 대한 스탈린의 '체계화'(모든 현상들의 통일성, 현실의 역동적 성격, 현실의 영속적인 발전, 점차적인 연속적 변화뿐만 아니라 비약적인 도약을 통한 발전의 '혁명적' 성격)에 의존하고 있다. 이 변증법의 체계에는 중요하게 '부정의 부정' 법칙이 빠져 있다(스탈린의 「변증법적 유물론과 역사적 유물론에 관하여」On Dialectical and Historical Materialism를 보라). 로젠탈의 이후 개정판에서 이 네 '주된 특질'에 대한 기술은 미묘하게 바뀐다. 몇몇 지점에서 '부정의 부정'이 은밀하게 다시 들어오는 것도 그 중 하나다. 이런 변화들은 이데올로기-정치적 좌표의 변화, 즉 탈-스탈린주의로의 변화에 대한 크렘린학적 징후들이다. 이런 변화는 역설적으로 스탈린 자신이 촉발했다(언어학과 경제학에 대한 스탈린의 후기 에세이에서 그는 과학과 같은 몇몇 요소가 계급투쟁에 대해 갖는 상대적 독립성과 자율성을 인정하는 길을 열어 놓았다). '부정의 부정'이 현실의 근본적·존재론적 특질로 자리매김되었다는 사실은 그래서 세계에 대한 인식과는 아무 관련도 없다. 그 모든 것은 이데올로기-정치

---

14 Victor Sebestyen, *Twelve Days,* New York: Pantheon, 2006에서 인용.

적 좌표의 변화와 관계한다. 그렇다면 크렘린학은 일종의 소비에트학의 외설적 분신이 아닌가? 후자가 객관적으로, 사회학적 데이터·통계학·권력 이동 등을 통해 소비에트 체제를 연구하는 데 반해, 전자는 그것을 불명료한 기호학적 체계로 연구하는 게 아닌가?[15]

객관적 유죄로부터 주관적 유죄로

그 세계는 어떤 종류의 주체적 입장을 포함하는가? 브레히트의 '학습극'*「조처」Die Massnahme를 출발점으로 삼아 보자. 거기서 중국의 혁명운동을 촉발하기 위해 파견된 공산주의 선전가 그룹의 일원인 젊은 혁명가가 동료 공산주의자들에게 살해당하는데, 왜냐하면 그들은 그를 위험인물로 여겼기 때문이다(그리고 그는 자신의 처형에 진심으로 동의한다). 이 연극은 자주 스탈린주의적 공개재판을 정당화하는 것으로 제시되지만, 둘 사이에는 중요한 차이가 있다.

> 브레히트의 허구적 선전가들과 스탈린의 실제 고발자인 비신스키A. Vyshinsky와 비밀경찰 베리아L. Beria를 구별시켜 주는 점은 후자의 진부한 주장에 있다. 그들에 따르면 피고인들은 실제로 이러저러한 사악하고 피비린내 나는 음모 행위를 했다는 것이다. 실제 사건을 초월하는 역설

---

15 최근까지도 그렇게 기호학적으로 포화된 공간이 중국의 공식 담론 안에 남아 있다. 철학 담론에서 그것은 철학 연구의 '조직화'되고 계획된 성격을 드러내는 다른 특징들과 우스꽝스럽게 결합하곤 한다. (우리 유럽인에게는) 익명의 2~4백만 중국 도시들 중 하나의 철학 학회를 방문했던 친구에게 들은 얘기에 의하면, 학회장 현관 입구에 커다랗게 5개년으로 설계된 연구 현황을 보고하는—존재론, 인식론, 미학 등 연구 분야별로 분류된—판넬이 전시되어 있더라는 것이다. 내 친구가 협회 회원 중 한 사람과 대화를 나누다가 그 앞에 그의 마음과 독립해서 존재하는 테이블의 존재성에 대해 물었더니, 그 연구자는 능청스럽게 "죄송합니다. 정확한 답을 드릴 수가 없군요. 우리의 5개년 계획에 의하면 이 주제는 2008년에야 다루게 될 주제거든요"라고 대답하더라는 것이다.

적인 '객관적' 유죄라는 관념을 추구하는 대신. (……) 브레히트는 우리 관객이 처형된 영웅을 끌어안을 수밖에 없는 그런 이상한 방식으로 극을 전개한다. (브레히트의 비판적 해석가) 허버트 뤼티$_{\text{Hebert Lüthy}}$는 어떤 공산주의 국가나 조직도 그 희극을 상연한 적이 없다는 것을 인정했지만[16]—"당은 그렇게 솔직한 것을 좋아하지 않는다"—브레히트의 '솔직함', 즉 당의 무자비한 노선을 드러내는 것과 그것에 복종하는 것은 상충된다는 것을 깨닫지는 못했다. 진정으로 믿는 자들은 언제나 자신의 지식으로 자신을 구속한다.[17]

이런 독법의 문제는 그것이 두 가지 방식으로 브레히트의 입장을 왜곡한다는 데 있다. ① 브레히트는 젊은 동지의 살해를 '객관적 유죄'의 견지에서가 **아니라** 실용적$_{\text{pragmatic}}$ 이익의 견지에서 정당화한다(젊은 동지는 가면을 벗고 자신의 얼굴을 드러냈다. 그래서 그들 모두의 명예를 더럽혔다). 즉, 그의 살해는 징벌이 아니다. ② 브레히트에게 이런 메커니즘의 공개적 폭로는 그것에 복종하는 것과 상충되지 **않는다.** 이 부분의 위대한 드라마적 긴장은 '취해진 초치'의 가혹함, 즉 불행한 젊은 동지의 생명을

---

* 학습극(Lehrstück)이란 1920년대 말부터 1930년대 초에 브레히트가 쓴 짧은 극작품들을 일컫는 말로, 「린드버그들의 비행」, 「긍정자」, 「동의에 관한 바덴의 학습극」, 「조처」 등이 여기에 속한다. 전통적 의미의 학습극은 관객에게 교훈을 전달하기 위해 쓰여지지만, 브레히트의 학습극은 극에 참여하는 사람이 '스스로를 가르치기 위해 연기'하는 것을 목표로 쓰여졌다. 연기자, 즉 학습자는 이론 주입이 아닌 연기를 통해 배우게 되는 것이다.
16 이것은 진실이 아니다. 「조처」는 1930년대 독일 공산당의 선전 문화 활동의 일환으로 거대한 오케스트라와 한스 아이슬러가 작곡한 노래를 부르는 코러스와 함께 대규모 노동계급 관객들 앞에서 여러 차례 상연되었다. 그 연극이 당의 공식 기관지에 의해 많은 비판을 받은 것은 사실이다. 그 비판 기사는 물론 최근까지도 공산당에 대해 지지 의사를 표명한 저명한 작가인 브레히트를 화나게 하지 않기 위해 조심스럽긴 했지만 그럼에도 연극의 '옳지 못한 정치 노선'에 대한 불편함을 드러냈다. 이후 이 연극은 반세기 넘게 무대에서 사라졌다. 1950년대 초반 베를린 앙상블에 의해 잠깐 부활한 것과는 별도로 그것의 첫번째 공개적인 상연은 (다시 베를린 앙상블에 의해) 1990년대 후반에 와서야 이뤄졌다. 브레히트 본인과 그의 문학적 상속인들(아내, 헬렌 바이겔과 그의 딸 바바라)은 모든 상연 요구를 거절했다.
17 David Caute, *The Dancer Defects,* Oxford: Oxford University Press, 2003, p. 295.

무자비하게 희생하는 방식을 온전히 드러내는 동시에 여전히 그것을 용서하는 데 있다.[18] 진정한 문제는 다음과 같다. 왜 '객관적 유죄'의 논리는 명시적으로 주장될 수 없는가? 왜 그것은 오직 유사-사적인 장소에서만 허용된 채 외설적 비밀로 남아 있어야 하는가? 왜 그것의 공적 주장은 자기-파괴적인가? 여기서 우리는 외관의 논리를 가장 순수한 형태로 만난다. '객관적 유죄'―"당신이 (사실 고발의 견지에서) 주관적으로 무죄일수록 당신은 (객관적으로) 유죄이다"―는 그 자체로는 나타날 수 없다.

그래서 질문은 다음과 같다. 어떠한 종류의 윤리가 우리로 하여금 '객관적 유죄'에 대해서 말할 수 있도록 하는가? 분명 그것은 부도덕한 윤리이다. 부도덕한 윤리의 진정한 철학자는 프리드리히 니체로, 우리는 그의 대표작 제목이 '윤리의 계보학'이 아니라 『도덕의 계보학』이라는 것을 기억해야 한다. 도덕성은 다른 인간 존재와 나의 대칭적 관계에 관한 것이다. 그것의 기준 공리는 "당신이 내게서 원하지 않는 행동을 나에게 하지 말라"[19]이다. 반대로 윤리학은 내 자신의 일관성, 내 자신의 욕망에 대한 충실성에 관련된다. 레닌의 『유물론과 경험비판론』*Materialism and Empirico-Criticism* 1939년 판 뒤표지에 스탈린은 붉은 잉크로 다음과 같이 적었다.

① 연약함

---

18 브레히트는 단지 정치적으로 정당화된 살인을 요구하는 메커니즘을 승인하는 척만 한 것이라고, 기저에 깔린 변증법적 전략은 관객들로 하여금 자율적으로 생각하게 해서 연극의 명시적인 테제를 거부하고 희생자에게 감정이입하게 하는 것이라고 주장할 수 있다. 하지만 이런 독해를 끝까지 밀고 나가면 우리는 수십 년 동안 브레히트는 스탈린주의자인 척함으로써 대중들 속에서 스탈린주의에 대한 반감이 형성되도록 했다는 어처구니없는 결론에 도달하게 된다.
19 이와 같은 도덕적 준칙에 대한 가장 좋은 정신분석적 대답은 우리와의 관계 안에서 그 준칙을 고수하겠다고 약속하는 **마조히스트**를 상상해 보라는 것이다.

② 나태함

③ 어리석음

이것은 악이라 불릴 수 있는 유일의 것이다. 이런 것들이 없는 다른 모든 것들은 의심할 여지없이 **덕**이다.

주의하라! 만약 인간이 ①강하다면(정신적으로), ②능동적이라면, ③영리하다면(혹은 유능하다면) 그는 다른 어떤 '악행'과도 무관하게 선하다. ① 더하기 ③은 ②이다.[20]

이것은 그 어떤 공식보다 **부도덕한 윤리**를 정확히 표현해 준다. 이와 반대로, 도덕적인 규칙에 복종하고 자신의 유죄를 걱정하는 약자들은 비**윤리적인 도덕**을 대변하며, 이들이 니체의 **원한**ressentiment 비판의 타깃이 된다.

하지만 스탈린주의에는 한계가 있다. 그것이 너무 부도덕하다는 것이 아니라 그것이 은밀하게 **너무 도덕적**이라는 것, 여전히 대타자의 형상에 의존하고 있는 점이다. 앞에서 살펴본 것처럼 스탈린주의적 테러의 가장 지적인 정당화라 할 메를로-퐁티의 『휴머니즘과 폭력』(1976)에서 테러는 일종의 미래에의 내기로서, 우리로 하여금 신에게 배팅하도록 명령하는 파스칼의 신학적 양태와 거의 같은 논리로 정당화된다. 만약 현재의 결과로 공산주의의 밝은 미래가 열린다면, 그 결과가 혁명가가 지금 해야 할 끔찍한 일을 소급적으로 용서해 줄 것이다. 같은 식으로 몇몇 스탈린주의자들 역시 ― 많은 경우 숙청된 희생자들은 무고하지만 "당이 자신의 통일성을 강화하기 위해 그들의 피를 필요로 했기 때문에" 고발되고 살

---

20 『프라우다』(*Pravda*, December 21, 1994)에 최초로 발표되었다. 이런 제목 밑에 스탈린은 푸른 색연필로 "아, 우리는 무엇을 본 걸까? 우리는 무엇을 본 걸까?"라고 덧붙였다. 번역은 Donald Rayfield, *Stalin and His Hangmen*, London: Penguin, 2004, p.22. 인용.

해된 것임을 (보통은 거의 사적으로) 인정할 때―모든 희생자들이 결국에는 응분의 보상을 받고 그들의 무고함과 대의를 위한 고결한 희생이 인정받을 마지막 승리의 순간을 예견할 것이다. 이것이 라캉이 '정신분석의 윤리'에 관한 세미나에서 '최후 심판의 관점'이라고 불렀던 것으로, '객관적 유죄'와 행위의 '객관적 의미'에 관한 스탈린주의적 담화의 문구들에서 훨씬 더 선명하게 확인할 수 있는 관점이다. 당신은 분명 진실한 의도를 가지고 행동하는 정직한 사람일 수 있다. 하지만 그럼에도 불구하고 당신은 '객관적으로 유죄'다. 혹은, 당신의 행위가 혁명적 힘에 봉사한다면, 무엇이 당신의 행위를 '객관적으로 의미 있게' 하는지 아는 것은 물론, 당이다. 여기서 우리는 최후의 심판이라는 (당신의 행위의 '객관적 의미'를 정식화하는) 관점뿐만 아니라, 이런 관점에서 현재의 사건과 행위를 판정할 수 있는 특이한 능력의 소유자도 갖게 된다.[21]

이제 우리는 왜 라캉의 모토 "대타자는 없다"가 윤리적 문제의 핵심을 건드리는지 알 수 있다. 여기서 배제된 것은 정확히 '최후의 심판이라는 관점',―비록 그것이 가상적인 참조점일 뿐이라 할지라도, 비록 그것의 장소를 점유한 채 실제 판정으로 이행할 수 없다는 사실을 인정하더라도―우리로 하여금 우리의 행위를 평가하고 그 행위의 '진정한 의미', 그것의 진정한 윤리적 위상을 언명하도록 해주는 척도가 존재해야 한다는 관념이다. 심지어 자크 데리다의 "정의로서의 해체"라는 개념조차 우리 행위의 궁극적 지평으로서 영원히 지연되지만, 언제나 여기에 도래하는 희망, '무한한 정당성'의 환영을 지탱하는 유토피아적 희망에 의존하는

---

21 동일한 논리가 급진적인 쾌락주의 무신론자인 마르키 드 사드에게도 적용된다. 그의 작품에 대해 (피에르 클로소프스키 같은) 명석한 독자들은 일찍이 사드의 방탕을 추동한 향락에의 강박은 어떤 숨겨진 신성에의 의존을 함축한다고 정확히 지적했다. 라캉이 "우월한-악-의-존재"라고 부른 것, 무고한 고통을 즐기라고 요구하는 모호한 신 말이다.

것처럼 보인다.

라캉 윤리학의 가혹함은 이런 참조점을 철저하게 포기하라고 요구하는 데 있다. 또한 라캉 윤리학은 이런 포기가 우리를 윤리적 불확실성이나 상대주의를 받아들이거나 심지어 윤리적 행위의 토대 자체를 무너뜨리도록 하는 쪽으로 나아가도록 하지 않을 뿐 아니라, 어떤 대타자의 보증도 포기하는 것이야말로 진정으로 자율적인 윤리의 조건이라는 주장으로 나아간다. 자신의 꿈 분석 과정을 예시하기 위해 프로이트가 제시한 이르마의 주사에 관한 꿈이 책임(이르마 치료의 실패에 대한 프로이트 자신의 책임)에 관한 꿈이라는 것을 상기하자. 이것은 책임성이 아주 중요한 프로이트적 개념임을 알려 줄 뿐이다. 하지만 어떻게 그것을 이해할 수 있을까? 우리는 어떻게 정신분석의 기본적인 윤리적 메시지가 자기 책임으로부터 벗어나라는 것, 타자에게 책임을 돌리라는 것이라는 통상적인 오해를 피할 수 있을까? "무의식은 타자의 담론이기 때문에 나는 나의 무의식적 형성물에 대해 책임이 없다. 나를 통해 말하고 있는 것은 타자이며, 나는 단지 타자의 도구에 불과하다"라는 잘못된 메시지 말이다. 라캉 자신은 칸트의 철학을 정신분석적 윤리의 중요한 선례로 참조하면서 이와 같은 곤경을 벗어나는 길을 마련했다.

표준적인 비판에 따르면 칸트의 '정언 명령'이라는 보편주의적 윤리학(의무를 행하라는 무조건적 명령)의 한계는 그 형식적 불확정성에 있다. 도덕적 법칙은 나의 의무가 **무엇인지** 말해 주지 않으며, 단지 의무를 다해야 한다는 **것만을** 말해 준다. 그래서 그것은 우리를 텅 빈 의지주의의 공간 속에 던져 놓는다는 것이다. 하지만 이런 특질은 한계이기는커녕 칸트의 자율적 윤리학의 핵심으로 우리를 데려다 준다. 도덕 법 자체로부터 어떤 특수한 상황에서 내가 따라야 할 구체적인 규범을 도출하는 것은 불가능하다. 이것이 의미하는 바는 도덕 법의 추상적 명령을 일련의 구체적 책임으로 번역할 책임은 바로 주체 자신에게 있다는 것이다. 이런 역설의 온전한 수용은 우리로 하여금 어떤 의무에의 참조도 변명거리로 삼지 못하도록 만든다. "나는 이것이 고되고 고통스러울 수 있다는 것을 안다. 하지만 내가 할 수 있는 것, 그것이 바로 나의 의무이다……" 칸트의 무조건적 의무의 윤리학은 자주 그런 태도의 정당화 근거로 여겨진다. 아돌프 아이히만$_{Adolf\ Eichmann}$이 홀로코스트 계획과 실행에 관한 자기 역할을 정당화하기 위해 칸트의 윤리학을 참조한 것은 놀랄 일이 아니다. 자신은 단지 총통의 명령에 따라 자신의 의무를 행한 것뿐이다. 하지만 주체의 도덕적 자율성과 책임에 대한 칸트의 강조는 어떤 대타자 형상에 책임을 전가하는 그와 같은 태도를 막기 위한 것이다.

스탈린으로 돌아가자. 스탈린에 대한 상식적인 비난은 두 가지를 전제한다. ①그는 사태의 진상(공개 재판의 피고인은 실제로는 무고하다는 것)을 잘 알고 있는 냉소주의자였다. ②그는 자기가 한 일을 잘 알고 있었다. 즉 사태를 위에서 굽어보며 통제했다. 하지만 최근 공개된 비밀 장부는 정반대였음을 알려 준다. 스탈린은 (공식적 이데올로기, 정직한 지도자로서의 자기 역할, 피고인들의 유죄를) 진정으로 믿었고, 사태를 통제하지 못했다. (그 자신의 계산과 개입의 실제 결과는 자주 그를 놀라게 했다.[22]) 라스 T. 리히$_{Lars\ T.\ Lih}$는 쓰라린 결론을 제시했다. "만약 스탈린이 실제보다 더 냉소적이었다면 소련 인민들의 살림은 더 좋아졌을 것이다."[23] 하지만 스탈린의 '믿음'을 독해하는 또 다른 방법이 있다. 그는 '개인적으로' 믿은 것이 아니라, **대타자가 믿기를 원한 것이었다.** 리히가 로버트 터커$_{Robert\ Tucher}$의 경악을 인정할 때 그는 이런 해석에 따른 것이다.

---

22 Joseph Stalin et al., *Stalin's Letters to Molotov,* New Haven, CT: Yale University Press, 1995, pp.60~64에 실린 Lars T. Lih의 탁월한 「서문」(Introduction)을 보라.
23 Ibid., p.48.

1937년 동안의 대중적 고백 생산에 얼마나 많은 고통과 시련이 뒤따랐던가? 이런 실토는 어떤 지상적 목적에도 종사하지 않았다. 무수한 고백이 열거되었고 곧 잊혀졌다. 터커는 이런 대중적 고백에 대한 스탈린의 고집이 적들로 가득 찬 세계에 대한 스탈린 자신의 전망이 옳았음을 후세에 증명하기 위한 것이라고 추측했다.[24]

하지만 이런 강요된 고백은 "어떤 지상적 목적에도 종사하지 않았다"라는 진술을 훨씬 더 축자적으로 읽어야 한다면 어쩌겠는가? 그것들은 현실의 인민들이 아니라 가상의 '대타자', 베리아 사망 직후 1954년에 발생한 소비에트 백과사전에 관련된 유명한 사건을 설명해 줄 바로 그 대타자를 수신자로 삼았기 때문에 현실적 인민에 의해 '열거되고 곧 잊혀진 것'이라고 읽어야 한다. 소비에트의 신청자들이 백과사전을 받았을 때 알파벳 B 항목 속에는 당연히 소련의 위대한 영웅으로 기록된 '베리아'Beria가 포함되어 있었다. 그런데, 그의 사망과 탄핵 이후 백과사전 구매자들은 출판사로부터 두 쪽 분량의 베리아 항목을 찢어서 보내라는 편지를 받았다. 출판사는 그 대신 신속하게 '베링'Bering 해협에 관한 (사진이 포함된) 두 면을 보냈다. 그들이 두 면을 백과사전에 끼워 넣었을 때 총체성이 다시 확립되었다. 돌연한 역사 다시쓰기를 증명할 어떤 공백도 존재하지 않게 된 것이다. 여기서 제기되는 의문은 모든 구독자들이 그 조작을 **알고 있었다면**(왜냐하면 **그들 자신**이 조작에 참여했기 때문에) 이 총체성(의 외관)은 **누구를 향한** 것인가?라는 것이다. 물론, 유일한 해답은 대타자의 순진무구한 응시를 위해서라는 것이다.

이것이 스탈린주의 체계가 고유하게 신학적인 까닭이며, 또한 스탈

24 Stalin et al., *Stalin's Letters to Molotov*, p.48.

린주의가 그토록 적절한 외관을 유지하고자 발버둥 친 이유이다. 이런 해석법은 또한 "스탈린은 진정한 신자인가, 아니면 냉소주의자인가?"라는 딜레마가 잘못된 것임을 깨닫게 해준다. 그는 신자인 동시에 냉소주의자이다. 물론, 개인적으로 그는 공식적 담화에 거짓이 빈번함을 알고 있었다. 그런 의미에서 그는 냉소주의자다. 그러나 '대타자'의 순진무구함과 신실함을 지키려는 노력 속에서 그는 진정으로 신실하기도 했다. 우리를 대신하여 '안다고 가정된' 이 타자의 현대적 이름은 '사람들'이다. 누군가 골다 메이어Golda Meir에게 신을 믿는지 아닌지 물었을 때 그녀는 이렇게 대답했다. "나는 유대 사람들을 믿는다. 그리고 유대 사람들은 신을 믿는다." 이 진술을 엄밀하게 해석해야 한다. 이것은 단지 대다수의 유대인들이 신을 믿는다는 것을 의미하지 않는다(사실, 이스라엘은 세계에서 가장 무신론적인 나라, 압도적으로 많은 국민들이 신을 믿지 않는 거의 유일한 나라이다). 이 진술은 일종의 '사람들'의 물신화를 함축한다. 비록—극단적으로—이스라엘 국민 중 한 사람의 유대 시민도 신을 안 믿는다 할지라도 그들 개개인은 '사람들'이 신을 믿는다고 가정하며, 이런 가정이 그들로 하여금 신을 믿는 것처럼 행동하게 하는 데 충분한 이유가 된다.

스탈린주의자들은 실제 개인들을 대변하여 행동하는 것이 아니라 이 '사람들'을 위하여, 한 명의 경험적 개인도 믿지 않더라도 신을 믿는 이 가상의 대타자를 위해서 행동한다. 이런 식으로 그는 자신의 개인적 냉소를 자신의 '객관적' 신실함과 결합할 수 있다. 그는 대의에 대한 믿음을 가질 필요가 없다. 그는 단지 믿는다고 가정된 '사람들'을 믿을 뿐이다. 이것이 스탈린 공산주의의 기저에 있는 주체적 입장, 즉 도착증적인 위치로 데려다 준다. 진정한 스탈린주의 정치인은 인류를 사랑한다. 하지만 그럼에도 끔찍한 숙청과 처형을 수행한다. 그러는 동안 그의 마음은 찢어질 듯 아프지만, 그럼에도 그는 어쩔 수 없다. 그것이 인류의 진보를 위한 그의 의무인 것이다. 이것이 대타자 의지의 순수한 도구로서의 위치를 받아들인 도착증적 태도이다. 그것은 나의 책임이 아니다. 실제로 그것을 행한 것은 내가 아니다. 나는 단지 보다 높은 역사적 필연성의 도구일 뿐이다. 이런 도착증적 주체 위치의 발생과 관련하여 어떻게 볼셰비키 운동이 의학과 관계 맺는지, 어떻게 지도자들의 건강을 돌보는 의사들과 관계 맺는지를 살펴보는 것은 의미가 있다. 이와 관련하여 세 가지 자료가 있다.

첫번째 자료는 1913년 가을 레닌이 고리키에게 보낸 편지이다.[25] 거기서 레닌은 '창신주의'God-building라는 휴머니즘적 이데올로기에 대한 고리키의 지지에 대해 심각한 유감을 표시했다. 그는 고리키가 이런 일탈에 굴복한 것은 심각한 신경과민 때문이라고 암시를 준 뒤 스위스에 가서 최고의 치료를 받기를 바란다고 충고한다. 그 중 한 편지에서 레닌은 고리키의 생각에 충격을 받았다는 것을 분명히 밝힌 후 이렇게 썼다.

> 친애하는 알렉세이 막시모비치, 그래서 당신은 지금 무엇을 하고 계십니까? 정말이지 그것은 끔찍합니다. 정말 끔찍해요. 왜 그러고 계십니까? 애처롭기 그지없습니다. ─ 당신의 V.I.

레닌은 야릇한 추신을 덧붙인다.

> P.S. 좀더 심각하게 **자신을 돌보십시오**. 그래야 **감기에 걸리지 않고**(겨울에는 정말 위험합니다) 여행할 수 있을 겁니다.

다음 편지에서(이전 것과 함께 보내졌다) 분명히 드러난 것처럼, 레닌

---

25 http://www.marxists.org/archive/lenin/works/cw/volume35. 참조.

은 감기와는 무관하게 고리키가 훨씬 더 심각한 이데올로기 병에 걸릴 것을 염려한다.

아마도 내가 당신을 잘 이해하지 못한 걸까요? **'잠시 동안'**이라고 쓰셨을 때 **농담하신 거죠?** '창신주의'에 관해 진지하게 생각하고 계신 건 아니시죠? 하느님 맙소사. 조금만 더 자신을 돌보세요. 당신의 레닌.

우리를 놀라게 하는 것은 이데올로기적 일탈의 근본 원인이 의학적 치료가 필요한 신체상태(과도하게 흥분한 신경)에 있다는 것이다. 1935년 트로츠키의 꿈에서 죽은 레닌이 나타났을 때 레닌이 트로츠키에게 똑같은 충고를 했다는 것은 최고의 아이러니가 아닌가?

그는 나의 병에 대해 걱정스럽게 물었다. "당신은 너무 오랫동안 신경을 괴롭혀 왔습니다. 당신은 쉬어야 합니다……." 나는 특유의 관성력 덕분에 언제나 신속히 회복되었는데, 이번에는 좀더 심각한 문제가 있는 것 같다고 대답했다. "그럼 당신은 **진지하게**(강조는 트로츠키의 것이다) 의사들(몇몇 이름들)에게 자문을 구해야 합니다……."[26]

우리는 이 논리로부터 귀결되는 결론으로 레닌과 스탈린 사이의 유사한 장면을 상상하고픈 유혹을 느낀다. 레닌이 죽기 전 해, 마지막 일격과 붕괴 후 마지막 힘을 다해 스탈린을 공격할 때 스탈린이 이렇게 대답하는 것이다. "하느님 맙소사. 레닌 동지, 당신은 너무 오랫동안 신경을

---

26 Leon Trotsky, *Diary in Exile 1935*, Cambridge, MA: Harvard University Press, 1976, pp.145~146.

괴롭혀 왔습니다. 당신은 쉬어야 합니다. 당신은 좀더 진지하게 의사들의 자문을 구해야 합니다"라고. 여기서 레닌은 자기 자신의 메시지를 뒤집힌-진실한 형식으로—그의 실수에 대한 가장 적합한 처벌을—되돌려 받게 될 것이다.

두번째 자료는 1924년 1월 26일의 레닌 장례식에서 스탈린이 했던 연설이다(「레닌의 죽음에 대하여」On the Death of Lenin). 그것은 이렇게 시작한다.

> 동지들, 우리 공산주의자들은 특수하게 주형된 사람들입니다. 우리는 특수한 재질로 만들어졌습니다. 우리는 위대한 프롤레타리아 전략가, 레닌 동지의 조직체를 형성하는 사람들입니다. 이 조직체에 속하는 것보다 더 높은 명예는 없습니다. 레닌 동지가 건설하고 이끌었던 당원이라는 타이틀보다 더 고귀한 것은 없습니다. 아무나 당의 구성원이 되는 것은 아닙니다. 아무나 그런 당원에게 따르는 시련과 고통에 맞서는 게 아닙니다.[27]

레닌에게는 단지 특이한 성격이었던 혁명가의 신체에 대한 레닌의 강박은 여기서 그 자체로 하나의 개념으로 고양된다. 볼셰비키 '조직체'는 다른 일반인들과는 다른 특수한 신체로 인식된다. 이것이 그 신체에 특별한 주의를 기울여야 하는 이유이다(결국 그 신체는 영묘mausoleum에 보존되어야 마땅하다).

세번째 자료는 말년의 스탈린이 보인 '의사의 음모'에 대한 편집증적 강박이다. 스탈린과 소비에트 최고 지도자들을 치료했던 의사들은 모두

---

27 http://www.marxists.org/reference/archive/stalin/works/1924/01/30.htm. 참조.

체포되어 호된 고문을 통해 자신들은 소비에트 지도자들을 살해하려는 국제 미국-유대인 음모 조직의 일원임을 고백해야 했다.[28] 앞의 두 논리와 이것의 연속성은 명백하다. 의사들의 범죄는 단순히 그들의 환자들을 죽게 한 것이 아니라, 혁명적 조직원의 신성한 신체를 죽게 한 것이다.

그럼 '조직체'cadre란 무엇인가? 잠시 하이데거식 어원 찾기 놀이를 해보자. 우리는 이 조직체에서 기원전 5세기 시모니데스Simonides의 시 첫 구절에서 사용된 그리스어 테트라고노스tetragonos를 식별해 낼 수 있다. "유능한, 진정으로 유능한 인간이 된다는 것은 참으로 힘든 일이다. 손과 다리는 물론이고 정신의 틀square(tetragonos)에서 아무 결점 없는 인간……" (이 그리스의 개념과 공산주의적 개념 사이의 매개 고리는 바로 카지미르 말레비치Kazimir Malevich의 "흰 표면의 검은 사각형", 구별되지 않는 배경 속의 사각틀이다) 하이데거식으로 말해서 조직체의 본질은 그 본질 자체에 틀cadre(사각 프레임)을 부여하는 것이다.

이 조직체의 특별한 신체라는 개념은 단순한 '비유'가 아니라, 레닌과 스탈린이 공유하고 있는 '객관적 의미'의 논리에 근거해 있다. 일반적인 개인은 그들을 넘어서는 역사적 사건들 안에 포획되어 그것들의 진정한 의미를 알지 못한다. 그래서 그들의 의식은 '오류'를 범하지만, 혁명적 조직체는 역사적 사건들의 진정한('객관적') 의미를 포착할 수 있다. 즉 그들의 의식은 역사적 필연 자체의 자기-의식이다. (그들이 다른 사람들을 비판하면서 "당신의 의도는 선할 수 있고, 인민을 돕고자 하는 당신의 욕망은 진정일 수 있다. 하지만 그럼에도, 객관적으로 당신이 주장하는 것은 이런 투쟁의 계기 속에서 정확히 반동적인 힘에 기여한다……"라고 말할 수 있도록 하는 것은 이런 특수한 입장 속에서이다. 헤겔적으로 말해서, 이런 입장

---

28 Jonathan Brent and Vladimir P. Naumov, *Stalin's Last Crime,* New York: HarperCollins, 2003.

이 간과하는 것은 어떻게 이런 '객관적' 의미가 이미 주체적으로 매개되어 있는가 하는 점이다. 가령, 당이 자신의 노선 변경을 결정할 때만 똑같은 정치행위라도 그것의 '객관적' 의미가 완전히 바뀔 수 있다. 1939년 히틀러-스탈린 협정 이전까지 파시즘은 주적이었다. 그런데 만일 협정 이후에도 누군가 계속 반-파시즘 투쟁에 초점을 맞춘다면 그는 '객관적으로' 제국주의적 반동세력에 봉사하는 것이 된다.) 그리고 조직체의 숭고한 신체는 절대적인 역사적 주체의 직접적 자기-의식의 에테르적인 지지물이다.

그럼에도 레닌과 스탈린 사이에는 중요한 단절이 있다. 레닌이 사건의 '객관적 의미'를 담지하는 이 차원에 머물러 있다면, 스탈린은 결정적인 한 걸음을 더 내디뎌 이 객관적 의미를 **재-주체화**한다. 스탈린주의의 세계에서는 역설적으로 속는 자가 아무도 없다. 모든 사람이 자기 행위의 '객관적 의미'를 알고 있다. 그래서 우리는 현혹된 의식 대신 직접적인 위선행위와 기만적 책략을 얻게 된다. 어떤 행위의 '객관적 의미'는 행위자가 실제로 원한 것이며, 그의 선한 의도는 위선적인 가면에 불과하다. 또한 레닌은 결코 '객관적 의미'에 접근할 수 있는 특권적인 주체적 위치로 환원될 수 없다. 레닌의 저작들 안에는 더 '열려 있는' 또 다른 주체적 위치, 역사적 우연성이 전면적으로 노출되는 위치가 작동하고 있다. 이런 위치로부터는 나중에 발견되기를 기다리는 어떤 '진실한' 당 노선도 없고, 그것을 결정하는 어떤 '객관적' 기준도 없다. 당은 '일어날 수 있는 모든 실수를 행하며' '진실한' 당 노선은 이리저리 왔다 갔다 하는 지그재그 운동으로부터 발생한다. 즉, '필연성'은 실천 속에서 구성되며, 주체적 결정과의 상호작용을 통해 출현한다.

레닌의 정치와 스탈린주의 간의 연속성을 증명하려고 노력하는 역사가들은 체카Cheka(GPU, NKVD, KGB의 전신)의 설립자이자 볼셰비키 비밀경찰이었던 펠릭스 제르진스키Felix Dzerzhinsky에 주목하기를 좋아한다. 일반적으로 그는 들뢰즈가 스탈린주의의 "어두운 선구자"라고 부르곤 했던 형상으로 묘사된다. 이언 뷰캐넌의 정확한 기술에 따르면 "어두운 선구자들은 원인을 효과로 혼동하지 않으려면 거꾸로 읽어야 하는 텍스트 안에 있는 그런 계기들이다."[29] 10월 혁명 이후 10여 년 동안 소련의 전前-스탈린주의적 발전의 맥락에서, 제르진스키는 '거꾸로', 즉 스탈린주의적 미래로부터 10여 년 앞으로 시간 여행한 사람으로 읽어야 한다. 그런 독해는 인간적 온기나 동정심이라고는 전혀 없는 제르진스키의 무자비한 마음의 신체적 표현이라 할 수 있는 차갑고 휑한 눈을 강조하는 그런 역사가들의 경우처럼 환상 본연의 차원을 획득한다. 그래서 러시아의 푸틴 정부가 악명 높은 루뱐카 궁 앞 광장, 끔찍한 KGB 자리에 제르진스키 동상을 복원하기로 결정했을 때 서구인들이 소름끼치게 놀란 것은 이상할 게 없다. 레슬리 체임벌린의 『철학 여행』—1921년부터 소련에서 진행된 대표적인 비-맑스주의 지식인 집단의 추방을 기록하면서 레닌주의와 스탈린주의 사이의 (직접적인 연속성은 아니더라도) 직선적 경로에 대해 주장하는 책—은 언급된 모든 인물의 전기를 간략히 부기하고 있다. 거기서 제르진스키는 이렇게 묘사된다.

> 펠릭스 제르진스키(1877~1926) : 폴란드 출생, GPU의 전신인 체카의 우두머리, 대추방을 감독했다. 제르진스키는 일생의 1/4을—11년—차르의 감옥과 3년의 강제 노동이 포함된 시베리아 추방으로 보냈다. 그의 "아무 권리도 없는 자의 옹호와 억압받는 자들과의 동일시"(레게트G. Leggett[30])는 의심할 여지가 없다. 제르진스키는 수수께끼 같은 인물로 남

---

29 Ian Buchanan, Deleuzism, Durham, NC, Duke University Press, 2000, p.5.
30 George Leggett, *The Cheka: Lenin's Political Police,* Oxford: Oxford University Press, 1981.

아 있다.³¹

이 수수께끼 같은 인물에 예기치 못한 조명을 가하는 디테일은 더 있다. 하지만 요점은 초기의 볼셰비키들이 얼마나 '부드럽고' '인간적'이었는지를 강조하는 게 아니다. 요점은 다른 데 있다. 정확히 그들이 테러에 의존했을 때 (실제로 그들은 자주 테러를 했고, 야수적인 행위를 '적색 테러'라고 명명하곤 했다) 이 테러는 스탈린의 것과는 다른 것이다. 물론, 많은 역사가들도 이 점을 인정하는 듯이 말한다. 그럼에도 그들은 처음의 테러에서 스탈린적 테러로 넘어가게 만든 심오한 필연성이 있음을 강조한다. 혁명의 역사에서 혁명적 순수함의 무자비성으로부터 타락한 테러로의 변화는 진부한 이야기가 아닌가? 의심할 여지없이 초창기 볼셰비키들은 이와 같은 1930년대 소련으로의 전환에 충격을 받았다(또한 그들 중 많은 이들이 무자비한 숙청에 의해 사라지기도 했다). 하지만 그들의 비극은 스탈린의 테러에서 자기 행위의 궁극적 결과를 인식하지 못한 데 있다. 그들에게 필요한 것은 "네가 그것이다"tatvam asi라는 고대 동양의 지혜를 자기화하는 것이었다. 그럼에도 우리는 이 지혜의 수락—분명히 말하건대 이런 지혜를 싸구려 반공주의로 치부해서는 안 된다. 그 지혜는 자기만의 일관된 논리가 있으며 그것은 늙은 볼셰비키 파수꾼 속에 있는 비극적 위대함을 알려 준다—을 문제 삼아야 한다. 여기서 좌파는 최근 우파들의 역사 '가정법'에 대한 자기만의 대안을 내놓아야 한다. "만약 레닌이 10년 정도 더 건강하게 살아서 스탈린을 제거하는 데 성공했다면 어떤 일이 일어났을까?"라는 좌파들의 영원한 의문은 그럴 만한 훌륭한 논의(1918년에 로자 룩셈부르크는 관료주의적 스탈린주의의 발흥을 예견하지 않았는

---

31 Lesley Chamberlain, *The Philosophy Steamer*, London: Atlantic Books, 2006, pp.315~316.

가?)에도 불구하고 겉으로 보이는 것보다 분명하지 않다(자유주의자들은 기본적으로 아무 변화도 **없다**고 대답할 것이다. 즉, 아무것도 달라진 것은 없었을 것이고, 똑같은 스탈린주의가 발생했을 것이라고, 단지 스탈린의 과도함은 없었을 것이라고).

 10월 혁명과 그 직접적 여파의 초기 조건으로부터 스탈린주의가 발생한 것은 분명함에도 불구하고 우리는 레닌이 한 2년 정도만 건강을 유지해서 스탈린을 제거했다면 전혀 다른 사태가 전개될 가능성을 미리 차단하지 말아야 한다. 물론 그 가능성은 '민주주의적 사회주의'의 유토피아는 아니다. 그럼에도 그것은 스탈린주의적 '일국 사회주의'와는 실질적으로 다른 어떤 것, 자신의 한계를 명확히 아는 상태에서 내리는 보다 '실용적이고' 즉흥적인 일련의 정치적·경제적 결정들로부터 발생할 어떤 사회이다. 러시아 민족주의의 부활에 맞선 레닌의 필사적인 마지막 투쟁, 그루지아 '민족주의'에 대한 그의 지지, 훨씬 더 탈중심화된 연방에 대한 전망 등은 단순한 전략적 타협이 아니다. 그것들은 스탈린주의적 관점과는 양립 불가능한 국가와 사회에 대한 전망을 함축하고 있다.

 거기에 트로츠키의 중요성이 있다. 트로츠키주의는 오늘날 좌파에게 요구되는 철저한 자기-비판적 분석을 가로막는 정치-이론적 장애물로 작용하곤 하지만, 그럼에도 "(사회-)민주주의적 사회주의냐 아니면 스탈린주의적 전체주의냐"라는 양자택일을 교란하는 요소를 대변한다는 점에서 중요하다. 트로츠키의 글과 소련 초기 그의 혁명적 실천에서 발견하게 되는 것은 스탈린과는 **전혀 다른 양상의** 혁명적 테러, 당 규약이다. 그래서 우리는 트로츠키의 실제 성취에 충실하기 위해 정신분석가들과 친했고 초현실주의 예술가들과 어울렸으며 프리다 칼로_{Frida Kahlo}와 연애 사건을 일으켰던 열정적인 민주주의자 트로츠키라는 신화를 일소해야 한다. 그래서 또다시 "설사 트로츠키가 승리했다고 하더라도 최종적인 결과는 기본적으로 같았을 것이다"라는 결론(심지어, 트로츠키는 스탈린주의의 원천으로, 1920년대 후반의 스탈린은 단지 '전시 공산주의' 동안 트로츠키가 그려 놓은 제도적 틀을 발전적으로 적용했을 뿐이라는 주장[32])은 잘못이다. 역사는 열려 있다. 우리는 만약 트로츠키가 이겼다면 어떤 일이 일어났을지 말할 수 없다. 문제는 다른 데 있다. 무엇보다 트로츠키의 태도가 국가권력을 향한 투쟁에서 **그의 방침이 승리하는 것을 불가능하게** 만들었다는 사실 말이다.

1920년대 레닌으로부터 1930년대 스탈린주의로의 전환은 당 내부 논쟁에서의 유머 차원에서도 뚜렷이 발견된다.[33] 볼셰비키 논쟁에서는 일정한 종류의 유머가 항상 포함되어 있다. 레닌 자신은 1922년 11차 당대회에서 "농담은 매우 좋은 것입니다. 우리는 곳곳에서 농담을 지껄이지 않고는 말을 할 수가 없습니다……"[34]라고 말했다. 이 유머는 때로는 거칠고 풍자적인 것과 차디 찬 아이러니를 내포하고 있지만 아직까지는 당원들 간의 대화에 섞여 있었다. 햄릿이 3막에서 어머니에게 했던 말을 인용하면 "나는 그녀를 말로 찔렀습니다. 다른 건 사용하지도 않았죠". 또한 논쟁적 대화에서 유머와 풍자는 엄격히 대칭적이었다. 가령, 1921년 레닌주의 다수파와 노동자 반대파 간의 논쟁에서 양편은 풍자적이고 아이러니한 비판을 가할 뿐 아니라 상대방의 말에 똑같은 방식으로 응대하여 그들의 말을 우스꽝스러운 맥락 속에 외삽(外揷)시켰다. 그러나 1930년대에는 소비에트 언론이 "승자의 웃음"이라고 불렀던 훨씬 더 잔혹한 형

---

32 잘 알려진 것처럼 스탈린 사후 트로츠키의 『테러리즘과 공산주의』(Terrorism and Communism)는 스탈린의 서가에서 발견되었다. 그 책 안에는 스탈린의 공감이 표시된 메모가 잔뜩 쓰여 있었다.
33 Igal Halfin, "The Bolsheviks' Gallows Laughter", *Journal of Political Ideologies,* October 2006, pp. 247~268.
34 Ibid., p.247.

식의 풍자가 지배적이었다. 그것은 주로 자신의 정직성을 다른 이에게 확신시키려 발버둥 치는 무력하고 모멸적인 희생자의 우스꽝스러운 변명을 비웃고 조롱하는 웃음이다. 그런 예는 풍부하다.

공적인 고발자 비신스키는 유명한 공개재판에서 카메네프L. Kamenev와 지노비예프G. Zinoviev에게 "이 어릿광대짓을 당장 그만두시오!"라고 소리쳤다. 같은 재판의 피고인 스미르노프가 자신은 테러리스트가 아니라고 부인했을 때 비신스키는 이렇게 말했다. "애처롭게 발버둥 치는 꼴이 참 우습군!" 같은 선상에서 1937년 2월 23일 중앙위원회 단상에서 부하린의 최종진술이 이루어지는 동안 청중들 사이에서 터져 나온 섬뜩한 웃음은 카프카의 소설에 나올 법한 것인데, 그 웃음은 화자의 진지하기 이를 데 없는 태도(부하린은 자신이 자살을 할 수도 있지만 그렇게 할 경우 당에 해를 입히는 일이 될 수 있기 때문에 하지 않을 것이며, 그보다는 차라리 단식 투쟁을 계속해 굶어 죽는 쪽을 택하겠다고 말한다)와 이에 대한 당 중앙위원들의 반응 사이의 근본적인 불일치에 의해 발생한다.

부하린: 나는 내 머리에 총을 쏘지는 않겠소. 그러면 사람들은 내가 당을 음해하기 위해 자살을 했다고 떠들 테니까. 그러나 내가 죽는다면, 이를테면 병에 걸려 죽는다면, 그렇다고 당신들이 잃을 게 뭐가 있겠소? (웃음)

여럿이: 이런 공갈쟁이 같으니!

보로실로프: 이 악당! 그 교활한 주둥이를 닥쳐라! 비열하기 짝이 없군! 어떻게 감히 그런 말을 입에 담을 수가 있어!

부하린: 당신은 이걸 알아야 해. 난 요즘 하루하루 살아가는 게 너무나 어렵단 말이야.

스탈린: 우리라고 쉬운 줄 알아?!

보로실로프: 당신도 저 소리 들었어? "나는 나를 쏘지는 않을 거야, 하지만 난 죽을 거야"래?!

부하린: 나에 대해 뭐라고 떠들어 대는 게 당신들에겐 쉬운 일이겠지. 그런다고 결국 잃을 게 뭐가 있겠나? 보시오, 내가 당의 파괴자고, 개새끼라고 칩시다. 그럼 왜 날 살려 두는 거요? 난 아무것도 요구한 게 없소. 단지 내가 무슨 마음을 품고 있는지 이야기하고 그걸 이해시키려는 것뿐이오. 만약 내 생각이 당신들에게 어떤 정치적 손실을 가져온다면, 그게 아무리 작은 것이라도 말이지, 걱정 마시오. 그땐 당신들이 뭐라고 하든 내 따를 테니까. (웃음) 왜들 웃는 거요? 내가 한 말에는 눈곱만치도 우스울 게 없소······.[35]

똑같은 섬뜩한 웃음이 다른 곳에서도 들려 온다.

부하린: 그들이 나에 대해 뭐라고 검증하든 그것은 진실이 아니오. (웃음, 장내 소란) 왜 웃으시오? 여기에는 눈곱만치도 우스울 게 없소.[36]

여기서 우리는 『소송』에서 요제프 K에 대한 첫번째 심문이 이루어질 때의 그 기괴한 논리가 실제의 삶에서 실연되는 것을 보고 있는 것이 아닐까?

"자, 그럼." 예심판사는 이렇게 말하고는 문서를 뒤적이면서 권위적인 어조로 K를 향해 말을 걸어 왔다. "당신은 도장공이지요?" "아닙니다." K

---

35 J. Arch Getty and Oleg V. Naumov, *The Road to Terror: Stalin and Self-Destruction of the Bolsheviks, 1932~1939*, New Haven and London: Yale University Press, 1999, p.370.
36 Ibid., p.394.

가 말했다. "나는 어떤 큰 은행의 부지배인입니다." 이 대답이 방청객 오른편에서 너무나 활기찬 웃음을 불러일으켰기 때문에 K 또한 덩달아 웃지 않을 수 없었다. 사람들은 손으로 무릎을 잡고는 마치 발작적인 기침이라도 난 것처럼 몸을 흔들며 웃어 댔다.[37]

물론, 이런 세계에는 부하린이 끊임없이 간청하고 있는 주관성의 자리가 가장 형식적이고 공허한 권리의 형태로서조차도 주어지지 않는다.

부하린: …… 나는 1930~32년 사이에 많은 정치적 죄악들을 저질렀다고 고백했소. 나는 이제야 그걸 이해하게 되었소. 그러나 나는 내가 실제로 범한 과오들을 고백한 것과 똑같은 힘으로 나에게 떠넘겨진 과오들을 부정하오. 나는 그것을 영원히 부정할 거요. 그것이 단지 나 개인에게 중요한 문제이기 때문이 아니라, 누구도 스스로를 쓸모없는 여분의 것으로 여겨야 하는 그런 끔찍한 상황에 놓여서는 안 된다고 믿기 때문이오. 특히 당이 그것을 필요로 하지 않을 때, 나라가 그것을 필요로 하지 않을 때, 내가 그것을 필요로 하지 않을 때 말이오. (장내 소란, 웃음) …… 내가 처한 상황의 모든 비극성이 바로 여기에 있소. 이 자리에 앉아 있는 저 퍄타코프나 그와 다를 바 없는 다른 자들은 모두 어떤 지독한 분위기에 중독되어 있는데, 그건 아무도 인간의 감정을 믿지 않는 그런 분위기오. 감정도, 가슴에서 우러나온 충동들도, 눈물조차도 믿지 않소. (웃음) 이전에는 어떤 이의 진실을 보여 주는 일종의 증거로 여겨졌던 다양한 인간적 감정의 표명들이, 그것은 하나도 부끄러울 게 없는 일이었소, 이

---

37 Franz Kafka, *The Trial*, Harmonsworth: Penguin Books, 1985, p.48. [『소송』, 이재황 옮김, 을유문화사, 2008.]

제는 그 진실성과 힘을 모두 잃어버리고 말았단 말이오.

카가노비치: 당신은 표리부동한 짓을 너무 많이 저질렀어!

부하린: 동무들, 내가 다음 이야기를 좀 할 수 있게 해주시오.

홀로플리안킨: 이제야말로 당신을 감옥에 처넣어야 할 때야!

부하린: 뭐라고?

홀로플리안킨: 당신은 이미 오래전에 감옥에 처넣어져야 했어!

부하린: 좋아, 어디 해보시지. 날 감옥에 처넣어 보란 말이야. "감옥에 처넣어!"라고 호통을 친다고 내가 말을 바꿀 거라고 생각하시나? 천만에, 그런 일은 없을 거요.[38]

이와 같은 유머의 변화가 어떻게 행위의 '객관적 의미'에 대한 레닌주의적 관념으로부터 그것의 스탈린주의적 재주체화로의 이행에 의존해 있는지 파악하는 것은 쉽다. 스탈린주의적 세계에서는 결국 아무도 속는 자가 없기 때문이다. 모든 사람들이 자기 행위의 '객관적 의미'를 알고 있으며, 공식적인 당 노선과의 불일치는 곧바로 직접적인 위선과 책략의 결과라는 것을 알기 때문이다. 더 놀라운 것은 이런 위선을 피고인의 진실한 심리학적 사실로 지각하는 서구 공산주의 관찰자들의 감식력이다. 1938년 벤야민에게 보낸 편지에서 아도르노는 뉴욕에서 한스 아이슬러 Hanns Eisler와 나눴던 대화를 보고한다.

나는 적지 않은 인내심을 가지고 모스크바 공개재판에 대한 그의 설득력 없는 변호를 들어야 했습니다. 부하린의 죽음에 대한 그의 농담에 대해서는 혐오감마저 느꼈습니다. 그는 모스크바 안에서 부하린이 어떤

---

38 Getty and Naumov, *The Road to Terror*, p.322.

상태에 있었는지 안다면서, 그의 양심은 이미 너무나 오염되어서 아이슬러 자신을 똑바로 쳐다보지도 못하더라고 말하는 것이었습니다.[39]

여기서 아이슬러의 심리학적 맹목성은 경이롭다. 그는 부하린의 공포, 외국인과의 접촉에 대한 두려움, 자신은 감시당하고 있고 곧 체포될 것 같다는 그의 생각을 그의 내면적인 죄책감으로 오역한다.

「카사블랑카」 속의 쇼스타코비치

물론 노멘클라투라 구성원들에게는 대타자의 도구화라는 도착증적 위치가 마련되어 있었지만 평범한 소비에트 시민들은 믿느냐 안 믿느냐의 단순한 양자택일을 강요받지 않았다. 그들의 지배적인 주체적 입장을 특징 짓는 분열은 다른 성질의 분열이다. 최근까지도 음악학자들 사이에서 논란이 되어 온 쇼스타코비치 작품의 진정한 메시지를 둘러싼 논쟁을 상기해 보자. 공산주의와 그의 (확실히 고통스러운) 관계에 대한 쇼스타코비치의 진정한 입장은 어느 쪽인가? 두 가지 대립적인 입장이 있다. 그의 (명백히 드러난) 의심과 망설임에도 불구하고 쇼스타코비치는 충실한 소비에트 작곡가라는 입장과 쇼스타코비치는 반체제 인사에 가장 근접한 인물로 그의 음악은 "자신이 수락한 척한 정치 체계에 대한 변장되고 암호화된 도전"을 표현한다는 입장이다. 두번째 경우 우리는 모든 특징은 그 대립물의 징후로 해석될 수 있다는 해석적 광기에 사로잡히게 된다. "레닌그라드 교향곡의 '승리에 도취된' 결말이 진부하다고 불평하면 당

---

39 Theodor W. Adorno and Walter Benjamin, *The Complete Correspondence 1928~1940*, Cambridge, MA: Harvard University Press, 1999, p.252.

신은 이런 대답을 듣게 될 것이다. '아, 그래요. 하지만 그건 진부하게 받아들이게 **의도된** 겁니다.' 전달된 메시지가 전하려는 메시지다."⁴⁰

여기서 두 가지 독해를 가르는 것은 오직 미세한 반성성reflexivity의 선뿐이다. 만약 진부함이 자기-표명적이라면, 만약 그것이 그렇게 의도된 것이라면, 그것은 자신을 취소하고 아이러니로 전도되는 것이다……. 그럼 진실은 어디에 있는가? 내가 제안하는 것은 이 두 대립된 견해의 헤겔적 '종합'으로, 그것은 예상치 못한 비틀림을 동반한다. 쇼스타코비치의 음악을 '스탈린주의적'으로 만드는 것, 그것을 스탈린주의적 세계의 일부로 만드는 것이 그 세계에 대한 바로 **그의 거리두기 자체**라면 어쩌겠는가? 공식적 이데올로기 세계에 대한 거리가 그것을 전복시키기는커녕 **그 이데올로기적 기능의 핵심 구성요소였다**면? 정치에 대한 쇼스타코비치의 내밀한 태도는 자기 친구에게 한 언급에서 가장 잘 나타난다. "당신은 역사가 진실로 썩어 빠졌다고 생각하지 않는지요?"⁴¹ 정치에 대한 이 일반적인 혐오(이 때문에 그는 솔제니친 같은 반체제 인사들과 거리를 둔다)가 그의 생존을 보다 쉽게 했다.⁴² 이런 중요한 통찰은 우리로 하여금 쇼스타코비치의 '반체제성'에 대한 표준적인 주장을 비딱하게 해석하도록 한다.

가장 '공식적인' 작가들조차 대개는 사적으로 소비에트 체제를 거부하고 반체제적인 문화 속에 있었다고 알려졌다. 사실 소비에트 지배하의

---

40 Stephen Johnson, "The Eighth Wonder", *The Gramophone,* July 2006, p.28.
41 Ian McDonald, *The New Shostakovich,* London: Pimlico, 2006, p.1에서 인용.
42 정반대 결과로, 그런 거리의 결핍이 가장 재능 있는 소비에트 맑스주의 철학자 에발드 일리엔코프(Evald Ilyenkov)의 비극을 설명해 준다. 그는 맑스주의를 진정으로, 일종의 사적인 서약으로 여겼고 그 대가로 1979년 절망 속에서 자살했다. 그는 맑스의 『자본』을 「니벨룽겐의 반지」처럼 연주한 열정적인 바그너주의자였던 것이다.

러시아 작가들 중에서 '소비에트 현실'에 대해 한번쯤 비판적 견해를 표명하지 않고, 공식적으로 재가받거나 표면상 체제 순응적인 작가들은 드물다. (⋯⋯) (쇼스타코비치) 역시 (⋯⋯) 자기 작품에서 반체제적인 가치들을 촉진하는 데 놀라운 활동력을 보였다. (그 기획은 실질적으로 비-언어적 반체제에 고유한 사실 관련 부인권deniability에 의해 보호된 것이다.) 하지만 사적으로는 소비에트 생활에 대한 이의를 주장하는 동시에 공적으로는 체제 순응적인 인상을 주는 경우가 쇼스타코비치에게만 해당하는 것은 아니다.[43]

그렇다면 왜 스탈린은 쇼스타코비치를(그리고 '투명하게' 반체제적인 견해를 표명했던 아흐마토바A. Akhmatova, 파스테르나크B. Pasternak 같은 다른 많은 지도자급 예술가들을) 제거하지 않았을까? "시인들의 경우 스탈린의 미신이 한몫한 듯하다. 하지만 주된 이유는 예술가들을 '청소해 버리면' 외국에서의 항의가 골치 아프기 때문이었다."[44] 스탈린의 미신까지 들먹이는 추론은 정말이지 후져 보인다. **'공적' 복종과 '사적' 이의 사이의 간극이야말로 스탈린주의적 주체의 동일성을 구성하는 요소였다**는 것이 훨씬 더 쉽고 논리적이지 않을까? 스탈린주의적 이데올로기의 작용으로부터 배울 수 있는 교훈이 있다면, 그것은 '반체제'라는 범주가 필요한 것은 오직 (공적인) **외관과 관련**해서, 오직 **배타적으로** 공적인 담론을 위해서라는 것이다. '반체제자들'은 공적 담론의 매끄러운 작동을 교란시

---

43 MacDonald, *The New Shostakovich*, p.300. '비-언어적 반체제'라는 기묘한 범주를 주목하자. 그것은 음악의 어조 속에 함축되어 있어서 언어적으로는 부인될 수 있는 반체제, 그래서 쇼스타코비치의 교향곡 5번과 7번처럼 공식적으로는 사회주의를 찬미하지만 '실제로'는 그것의 거부인 그러한 반체제이다.
44 Ibid., p.304.

키는 **유일한** 자들, 사적으로는 모두가 알고 있는 것을—이런저런 방식으로—공개적으로 천명하는 자들이었다.

하지만 그런 주체적 입장만이 (물론, 생존을 원한다면) 유일하게 가능한 생존방법이었을까? 또 다른 위대한 소비에트 작곡가 세르게이 프로코피예프Sergei Prokofiev의 운명은 전혀 다른 경로를 보여 준다. 드미트리 쇼스타코비치 자신의 (의문스러운) 기억 속에서 자신의 가장 강력한 경쟁자였던 세르게이 프로코피예프는 역사적 공포를 진지하게 받아들이길 거부하고 항상 '현명한 친구' 역할만 한 인물로 치부되었다. 하지만 프로코피예프의 첫번째 바이올린 소나타(작품번호 80번)와 같은 적절한 하나의 사례만으로도 프로코피예프의 (악)명성 높은 '아이러니'의 이면을 확인할 수 있다.

> 4번 악장 동안 (……) 우리는 투쟁의 한 가지 반대 흐름을 강력하게 느끼게 된다. 하지만 그것은 작품 외부의 어떤 것에 대항하는 투쟁이 아니라, 작품 내부에 있는 어떤 표명되지 않은 것이 작품의 언어와 형식 바깥으로 탈출해 나오려고 몸부림치는 투쟁이다. 이 '내부의 어떤 것'을 봉쇄하는 것은 (……) 지복至福의 상태를 향한 카타르시스적 해방 욕망의 좌절과 관련되어야 한다. 바로 그 영역이 (음악적이면서 초-음악적인) 의미가 투명해져, 아무것도 아이러니화할 수 없는 지점, 즉 영적 '순수함'의 영역이다.[45]

여기에서 프로코피예프는 자신의 아이러니한 입장에 대한 대가를

---

[45] 마르타 아르헤리치(Martha Argerich)와 기돈 크레머(Gidon Kremer)가 연주한 음반(Deutsche Grammophon 431 803-2)에 첨부된 로널드 우들리(Ronald Woodley)의 글.

치르며, 이와 같은 이행이 그의 예술적 충실성을 증명한다. 이런 아이러니한 입장은 단지 지적 우월성과 같은 것의 표시가 아니라 **'내부 공간으로부터 사물'**('내부의 어떤 것')을 불러내려는 프로코피예프의 **끊임없는 투쟁의 실패**를 함축한, 거짓으로 밝은 표면이다. 프로코피예프의 (그의 대중적인 첫번째 교향곡 같은) 몇몇 작품에 나타난 표면적인 '쾌활함'은 단지 부정적인 방식으로, 그가 결국은 반-모차르트적임을, 재앙으로 끝난 '거대한 투쟁'의 측면에서 베토벤적임을 암시한다. 최고의 음악적 천재였던 모차르트가 음악적 사물이 그의 음표 속에서 저절로 투명하게 드러나는 마지막 작곡가였다면, 그리고 베토벤의 작품이 음악적 질료와의 길고도 영웅적인 투쟁 이후에야 자신의 결정적 형식을 획득한다면, 프로코피예프의 걸작들은 이런 투쟁에서의 패배를 기념하는 작품이다.[46]

쇼스타코비치는 그런 내재적 실패의 차원에 도달하지 못했다. 그 예외적인 주관적 몰입의 강도에 있어서 프로코피예프의 첫번째 바이올린 소나타와 비견될 수 있는 작품은 그의 현악 4중주 8번으로, 두 작품의 차이는 매우 뚜렷하다. 그 4중주 저변에서 찾아낼 수 있는 주관적 고뇌가 어떤 것이든 그것의 음악적 표현은 방해받지 않고 흘러나오며 뚜렷이 인지할 수 있는 정서적 감흥을 불러일으킨다. 쇼스타코비치의 삶과 주관적 경험은 의기소침과 두려움과 굴욕적인 타협으로 점철되어 있다. 하지만 이런 봉쇄는 그의 음악적 표현에 영향을 미치지 않았다. 이와 반대로 프로

---

[46] 여기서 쇼스타코비치는 프로코피예프보다 훨씬 전통적이다. 그의 작품에 전형적인 '사물의 분출'은 의심할 여지없이 교향곡 10번 2악장이다. 이 악장은 맹렬한 현악기를 동반한 짧지만 파괴적인 스케르초 형식으로, 보통 '스탈린의 초상'(Stalin Portrait)이라 불린다. (왜? 왜, 단지 과도한 활력의 분출이 아닌가? 라고 자문할 수밖에 없지만) 이 교향곡에서 가장 짧은 악장(1악장이 23분이고 3, 4악장이 12분인 것과 비교할 때 4분을 약간 넘는 2악장은 굉장히 짧은 편이다)은 그럼에도 전체 교향곡의 강력한 중심으로 기능한다. 그것의 야생적인 모티프는 다른 악장들 속으로 반향되어 그 과도한 에너지의 잔여를 남긴다. 마치 우리는 이 2악장 속에서 '태양에 불타는' 위험에 직면하는 듯하다.

코피예프의 바이올린 소나타에는 음악적 표현 자체의 내재적 봉쇄가 나타난다. 여기서 나타난 비극적 실패는 형식 자체의 실패로서 이런 실패가 쇼스타코비치에는 빠져 있는 내적 진실을 보여 준다.

그의 생애 마지막 15년 동안 프로코피예프는 가장 순수한 형태로 스탈린의 초자아에 사로잡혔다. 그가 무엇을 하든 그것은 잘못된 것이었다. 그가 자신의 모더니스트적 원천에 충실할 때 그는 '반-인민적 형식주의'이자 부르주아 데카당스décadence로 고발되었고, 이후 외적 압력에 굴복하는 최선의 몸짓으로 악명 높은 '10월 혁명 20주년을 위한 칸타타'에서 맑스, 레닌, 스탈린의 텍스트들을 이용했을 때 그 칸타타는 또다시 (즉, 맑스와 레닌을 뜬금없이 끌어들였다는 점에서) '좌파적 일탈과 비속함'으로 비난받았다. 20주년에 어떤 식으로―아무 식이든―기여해야겠다는 생각으로 프로코피예프는 민속적인 음조와 파티용 노래를 아무렇게나 뒤섞어 「우리 시대의 노래」Songs of Our Days라는 제목을 붙였다. 이 작품은 또다시 "힘 매가리가 없고 개성이 결여"되었다고 비난받았다. 물론 그건 사실이다.

> 프로코피예프는 지금까지 혼란 그 자체였다. 만약 그가 멍청이로서 작곡했다면 그는 개성 없는 좌파 일탈주의자이다. 만약 그가 프로코피예프로서 작곡했다면 그는 상업적인 형식주의자이다. 개인적이든, 비개인적이든…… 어떤 운율이나 이성도 없는 게 틀림없다. 그리고 물론, 거기엔 아무것도 없다.[47]

---

47 Ian MacDonald, "Prokofiev, Prisoner of the State" (http://www.siue.edu/~aho/musov/proko/prokofiev2.html). 참조.

그러나 거기에는 명백히 '운율과 이성'이 **있다**. 그 눈 속에서 모든 자를 유죄로 만드는 스탈린주의적 초자아의 운율과 이성이 있다. 하지만 문제는 좀더 심각하다. 프로코피예프의 후기 스타일의 역설은 표현주의적 영감으로부터 '새로운 소박성'을 향한 그의 음악적 발전이 기이하게도 평범한 소비에트 인민들도 쉽게 접근할 수 있는 듣기 쉬운 음악에 대한 당의 공식적 요구와 이상하게 공명한다는 점이다.

쇼스타코비치와 마찬가지로 비평가들이 프로코피예프에게서 숨겨진 반체제성의 증거를 찾으려고 발버둥 치는 이유는 고도로 혼란스러운 진실을 피하기 위해서다. 오늘날 서구에서 가장 대중적인 작품들은 (대중적일 뿐 아니라) 공산당 체제로부터 공식적으로 가장 큰 지지를 받은 작품들과 놀라울 정도로 중첩된다. 쇼스타코비치의 교향곡 5번, 7번, 11번, 프로코피예프의 「피터와 늑대」, 「로미오와 줄리엣」 발레 등 말이다. 심지어 쇼스타코비치의 실내 음악 중에서 1940년 스탈린상을 받은 피아노 5중주는 가장 대중적인 작품이다. 어떻게 이럴 수 있을까? 여기서 탈출구를 보여 주는 반체제의 해석학으로 들어가 보자. 20세기 서구에서 가장 자주 연주된 교향곡인 쇼스타코비치의 교향곡 5번의 마지막 악장의 의기양양함은 아이러니하게도 실제로는 스탈린 승리주의의 공허함을 조롱하는 의도를 내포한 것이 틀림없다! 교향곡 7번 「레닌그라드」의 지속적인 인기? 그 1악장에 묘사된 잔혹하고 사나운 행진은 1941년 독일 군대가 아니라, 공산주의의 러시아 정복을 지시함에 틀림없다! 쇼스타코비치의 교향곡 11번 「1905년」의 히트? 1905년 혁명은 순전히 구실에 불과하고 '실제로는' 1956년 헝가리인들의 봉기를 묘사한 것이 틀림없다. 그러나 쇼스타코비치의 교향곡 중 실제로 권력자들에게 받아들여질 수 없었던 작품들, 가령 교향곡 13번 「Babi-Yar」과 마지막 15번은 어떤가? 답은 분명하다. 아이러니한 전도 속에서 교향곡 13번 초연은 정확히 그와 같은 소동을 야기했는데, 그것은 예술적 힘 때문이 아니라 순전히 정치적 환경 때문이었다. 그것은 정치적 도전의 제스처로 작용했다. 이 작품들은 오늘날 존중받고 찬미되지만 실제로 즐겨지지는 않는다.

쇼스타코비치의 첫번째 바이올린 협주곡을 새로 녹음하면서 레일라 조세포비치Leila Josefowicz가 쓴 선전 문구에는 "스탈린 체제와 대결했던 쇼스타코비치의 투쟁에 경의를 표한다"라고 쓰여 있다. 이런 주장에 고유한 부조리함은 마이클 태너Michael Tanner의 "다른 어떤 작곡가도 그만큼 자신의 삶-과-작품의 혼합으로 그 같은 권위적 위상을 획득하지 못했다"[48]라는 명제를 확인시킨다. 태너가 어떤 교향곡 악장은 진지한 파토스로 읽어야 하고 어떤 것은 아이러니한 전복으로 읽어야 하는지, 승리에 도취된 마지막 악장은 승리의 맹목적 잔인성을 드러내는 것인지 아닌지에 관해 끝없이 논쟁해야 한다는 것은 "사실, 나에게는 그 음악 자체가 무엇을 성취하는 데 실패했는지" 말해 줄 뿐이라고 지적할 때 그는 전적으로 옳다. 쇼스타코비치의 내밀한 반공주의적 입장을 확증할 어떤 사적인(예술 외적인) 문서를 집요하게 추적하는 행위보다 더 크게 그 예술적 실패를 기념하는 유적은 없다. 이처럼 정치적으로 각인된 배경이 더 이상 반향되지 않는 모호함들 속에서 쇼스타코비치의 음악이 지닌 '시시한 수수께끼'는 그저 마지막 교향곡에서 로시니와 바그너의 인용에 관한 것뿐이다. 거기에는 어떤 심오한 의미도 없다. 그 '수수께끼'는 음악적으로 단순하다. 여기서 아이러니한 것은 음악 외적인 '결정적 증거'에 대한 탐색 자체가 쇼스타코비치의 음악이 지닌 '형식주의적' 성격에 대한 스탈린적 고발의 진실성을 증명한다는 점이다. 물론, 즈다노프와 그 일당들이 해석한 의미에서가 아니라, 그의 음악이 사회적 참여와 무관하다는 의미에서 말이다(그

---

48 Michael Tanner, "A Dissenting View" *The Gramophone,* July 2006, p.23.

것을 확정하기 위해서 예술 외적인 기호들을 탐색해야 하는 이유가 여기에 있다).

그래서 쇼스타코비치의 대중적인 교향곡은 할리우드 고전 중 하나와 동일한 방식으로 읽어야 하는 건 아닐까? 「카사블랑카」[49]의 후반부에서 일사(잉그리드 버그먼)는 릭(험프리 보가트)의 방으로 찾아가 통행증을 얻으려 하는데, 그것은 그녀와 레지스탕스 지도자이자 그녀의 남편인 빅터 라즐로가 카사블랑카에서 빠져나와 포르투갈을 거쳐 미국으로 도피할 수 있게 해줄 것이다. 릭이 통행증을 건네려 하지 않자 그녀는 총을 들어 그를 위협한다. 릭은 일사에게 "자, 쏴. 그게 나에 대한 호의야"라고 말한다. 하지만 그녀는 주저앉아 울면서 왜 파리에서 자기가 그를 떠났는지 얘기한다. 그녀가 "내가 당신을 얼마나 사랑했는지, 아직까지 내가 당신을 얼마나 사랑하는지 안다면……"이라고 말할 때 그들은 클로즈업된 화면에서 포옹을 하고 있다. 이어서 화면은 디졸브되면서 3초 반 숏으로 서치라이트가 비치는 한밤의 공항 관제탑을 보여 준다. 그러고 나서 다시 디졸브되면서 릭의 방을 바깥에서 잡은 화면이 나오고 거기서 릭은 바깥을 바라보며 선 채로 담배를 피우고 있다. 이윽고 그는 뒤돌아서 "그리고?"라고 말하고, 그녀는 자신의 이야기를 이어간다.

여기서 즉각적으로 떠오르는 의문은 물론 3초 반의 공항 **숏 사이**에 무슨 일이 있었는가 하는 점이다. 그들은 그 짓을 했을까? 하지 않았을까? 이에 대해 몰트비R. Maltby가 이 영화는 단순히 모호하지만은 않다고 강조한 것은 옳다. 영화는 서로 배타적인 두 가지 의미, 즉 그들은 그것을 했다는 쪽과 하지 않았다는 쪽의 의미를 동시에 발생시킨다. 다시 말해,

---

49 Richard Maltby, "'A Brief Romantic Interlude' : Dick and Jane Go to 3 1/2 Seconds of the Classic Hollywood Cinema", eds. David Bordwell and Noel Carroll, *Post-Theory*, Madison, WI: University of Wisconsin Press, 1996, pp.434~459.

영화는 그들이 그 짓을 했다는 명백한 신호를 줌과 동시에 그들은 그 짓을 했을 리 없다는 명백한 신호도 준다. 한 측면에서 그 장면의 암호화된 연쇄는 둘의 행위를 암시한다. 즉 3초 반 동안의 숏은 그들이 성행위를 할 만큼의 시간이 있었음을 암시한다(두 사람이 열정적으로 포옹하는 장면의 디졸브는 보통 페이드아웃 이후의 행위를 암시한다. 다음 장면의 담배 역시 성행위 이후의 긴장 이완을 암시하는 전형적인 장면이다. 공항 관제탑의 통속적인 남근적 암시 역시 빠뜨릴 수 없다). 또 다른 측면에서 장면의 선형적 연쇄는 그들이 그 짓을 하지 않았음을 암시한다. 즉, 3초 반 동안의 공항 숏은 영화 내적 시간에 대응한다(배경의 침대는 흩트러져 있지 않다. 또한, 동일한 대화의 연속은 그 사이에 아무런 중단도 없었음을 말해 준다). 다음 날 릭과 라즐로가 공항에서 전날 밤에 대해 나누는 대화 역시 두 가지 방식으로 읽을 수 있다.

릭: 당신은 일사와 나에 대해 알고 있다고 말했죠?

빅터: 네.

릭: 당신은 지난밤 내 방에서 일사와 있었던 일을 모릅니다. 당신…… .음, 그녀는 통행증 때문에 온 겁니다. 그렇지, 일사?

일사: 네.

릭: 일사는 통행증을 위해 모든 노력을 다했습니다. 하지만 아무 소용도 없었죠. 그녀는 여전히 나를 사랑한다는 걸 확신시키기 위해 최선을 다했습니다. 아주 오래전의 일이죠. 당신을 위해 그녀는 그렇지 않은 척한 겁니다. 나 역시 그렇게 하도록 내버려 두었고.

빅터: 이해합니다.

글쎄, 나는 정말 이해하지 **못하겠다**. 그들은 그 짓을 한 걸까, 안 한 걸까? 몰트비의 해법에 따르면 이 장면은 어떻게 「카사블랑카」가 "동일한 영화를 나란히 앉아 관람하는 두 사람에게 서로 다른 쾌락의 원천을 제공하는 방식으로 짜여 있는지"[50] 보여 주는 전형적인 사례다. 표면적인 서사 라인에서 영화는 엄격하게 도덕적 규약에 따르는 것처럼 보일 수 있다. 그와 동시에 영화는 또 다른 서사, 즉 성적으로 훨씬 과감한 서사를 구성할 실마리를 제공한다. 이런 전략은 겉으로 보이는 것보다 훨씬 복잡하다. 공식적인 스토리 라인에 의해 당신은 자기가 '음탕한 충동들로부터 자유로운지' '포함되어 있는지'[51] 잘 안다. 그런데 **바로 그 때문에** 당신은 더러운 환상에 몰입할 수 있다. 당신은 이런 환상들이 '진지하지' 않다는 것, 즉 대타자의 눈에 포착되지 않는다는 것을 안다……. 그래서 몰트비의 말에서 바로잡아야 할 점은 단지 **두 명**의 관객을 상정할 필요도 없다는 점뿐이다. **동일한 한 명의 관객**, 둘로 분열된 한 명의 관객만으로도 충분한 것이다.

이것을 라캉의 용어로 말하면, 3초 반 동안 일사와 릭은 대타자, 즉 공중적인 외관의 질서를 위해 그 짓을 안 했고, 우리의 더러운 환상적 상상을 위해서는 그 짓을 했다. 이것은 위반의 구조를 가장 순수한 형태로 보여 준다. 할리우드 시스템이 작동하기 위해서는 **두 차원** 모두가 필요하다. 오스왈드 뒤크로Oswald Ducrot에 의해 정교해진 담화이론으로 말하면, 여기서 우리는 가정presupposition과 추측surmise 사이의 대립을 목격한다. 어떤 진술의 가정은 직접적으로 대타자에 의해 승인된다. 우리는 그것에 책임이 없다. 반면에 진술의 추측에 대한 책임은 독자의(관객의) 어깨에 남아 있다. 텍스트의 저자는 항상 "만약 영화 텍스트로부터 더러운 결론을

---

50 Maltby, "'A Brief Romantic Interlude' : Dick and Jane Go to 3 1/2 Seconds of the Classic Hollywood Cinema", p.443.
51 Ibid., p.441.

도출한다면 그것은 내 책임이 아니다"라고 주장할 수 있다. 이것을 정신분석적 개념과 연결하면, 이런 대립은 물론 상징적 법(자아 이상)과 외설적 초자아 사이의 대립이다. 공적인 상징적 법의 차원에서는 아무 일도 일어나지 않았다. 텍스트는 깨끗하다. 반면에 다른 차원에서 그것은 관객에게 초자아의 "즐겨라!"라는 명령, 당신의 더러운 상상에 굴복하라는 명령을 퍼붓는다. 또 다른 방식으로 말하면, 여기서 우리는 물신주의적 분열의 명증한 사례, "나는 잘 알아. 그럼에도 불구하고……"라는 부인의 구조를 목격하게 된다. 그들은 그 짓을 하지 않았다는 명확한 지각이 더러운 상상을 옭아맨 고삐를 풀어 준다. 대타자에게는 확실히 그 짓을 하지 **않았기** 때문에 죄책감으로부터 면제된 당신은 이제 그것에 몰입할 수 있다. 이런 이중적 독해는 단지 법의 측면과 타협한다는 것, 즉 상징적 법은 오직 외관을 유지하는 데만 관심이 있기에 우리가 공적 영역을 침범하지 않는 한, 대타자의 외관을 지키는 한 자유롭게 우리의 환상을 즐기도록 내버려 둔다는 것을 의미하는 게 아니다. 이것은 법 자체가 자신의 외설적 보충물을 필요로 한다는 것을 의미한다. 법은 그 보충물에 의해 지탱되기 때문에 자기 스스로 그것을 양산한다.

그래서 몰트비가 1930~40년대의 악명 높은 할리우드 프로덕션 코드는 단순히 부정적인 검열 규약이 아니라, 직접적으로는 언급되지 말아야 할 과잉을 발생시키는 긍정적(푸코식으로 말하면, 생산적) 조약이자 규제다. 이에 대한 직접적인 증거 자료는 몰트비에 의해 기록된 스턴버그와 브린 사이의 대화이다. 스턴버그가 "이 지점에서 두 주인공은 잠시 로맨틱한 막간극을 연기합니다"라고 말했을 때 브린이 끼어들어 "당신이 말하는 것은 그래서 두 사람이 건초 더미로 뛰어들어 섹스를 한다는 거죠?" 그러자 스턴버그가 분개하면서 말한다. "브린 씨, 당신은 나를 불쾌하게 하는군요." 브린이 말한다. "아, 제발, 허풍은 그만 떨고 사실대로 말합시다. 당신이 원한다면 우리는 간통에 관한 이야기를 만들어 줄 수 있소. 하지만 당신이 계속 '로맨틱한 막간극'에 어울리는 착한 '그 짓'을 주장한다면 못 하겠소. 자, 이 두 사람은 무슨 짓을 해야 하는 거요? 키스하고 집에 갈까요?" "아니오!" 스턴버그가 말한다. "그들은 섹스를 합니다." "그렇지!" 브린이 책상을 내리치면서 소리친다. "이제야 당신 이야기를 이해할 수 있을 것 같소." 감독은 아우트라인을 완성했다. 그리고 브린은 그것이 어떻게 검열 규칙에 걸리지 않게 만들지 말해 주었다.[52] 그래서 금지 자체는 그것이 잘 기능하기 위해서 금지된 서사 라인 층위에서 실제로 무슨 일이 일어나는지에 대한 명확한 인식에 의거해야 한다. 할리우드 프로덕션 코드는 단지 어떤 내용을 금지하는 게 아니라 그것의 암호화된 표현 방법을 성문화한다.

다시 쇼스타코비치로 돌아와서, 그의 대중적인 교향곡도 마찬가지가 아닐까? 그것들 역시 두 가지 차원에서 동시적으로 작용한다면? 지배 이데올로기의 응시를 위해 의도된 공적 차원과 공적 규칙을 위반하는 다른 차원, 공적 규칙을 위반하지만 그 자체로 규칙 자체의 보충물로 남아 있는 차원 말이다. 그래서 우린 이 두 라인의 모호성을 식별할 수 있다.

1936년 그의 음악에 대한 스탈린주의적 공격 이후 쇼스타코비치는 자신의 음악 언어에서 한편으로는 크렘린의 주인들을 만족시키는 언어를, 다른 한편으로는 시민이자 예술가로서 그 자신의 도덕적 양심을 만족시키는 언어를 사용하는 일종의 이중 발화 수법을 발전시켰다. 겉으로 드러난 그의 목소리는 승리에 도취된 언어다. 그러나 소비에트에 대한 환

---

52 Maltby, "'A Brief Romantic Interlude' : Dick and Jane Go to 3 1/2 Seconds of the Classic Hollywood Cinema", p.445. 참조.

회에 찬 의례적 사운드 밑에는 좀더 부드럽고 우울한 목소리가 깔려 있다. 그것은 그의 음악에 표현된 시련을 느끼는 자들만 들을 수 있는 조심스럽게 감추어진 풍자와 이의의 목소리이다. 이 두 목소리는 쇼스타코비치의 교향곡 5번에서 분명하게 감지된다. (……) 이 작품이 초연되었을 때 감전된 듯한 감동의 박수가 30여 분 동안 쏟아졌다. (……) 마지막 악장에서 소비에트 국가의 승리를 축하하는 끝없는 팡파르가 울려 퍼질 때 (……) 청중들은 틀림없이 그것의 슬픔을 느꼈을 것이다. (……) 그리고 그들은 그 음악을 정신적 해방으로 받아들였다.[53]

'조심스럽게 감추어진 목소리'인데도 수천 명의 청중에게 분명히 이해되었다니, 실로 이상한 해석학이 아닌가? 공식적인 검열관들은 정말 그것을 알아채지 못할 정도로 바보였을까? 이 부서질 듯한 두 목소리의 공존을 「카사블랑카」의 밤 장면에 각인된 것과 같은 모호성의 경로를 따라 읽는다면 어떨까? 프로코피예프의 선전물과 사적인 작품 양편에 대한 스탈린주의자들의 거부가 그 자체로 옳다면? 그에게서 원한 것이 바로 선전적인 차원과 사적인 차원의 공존이었다면, 그는 그것들을 순서대로 제공한 것이라면? 2차 세계대전 이후 프로코피예프는 점차 자신의 개인적인 슬픔을 표현할 실내음악의 영역으로 들어갔다. 이것은 쇼스타코비치라면 '서랍용' 음악이라고 불렀을 소리 없는 도전이었을까? '묘지를 떠도는 바람 같은' 도입 악장의 사운드로 유명한 그의 바이올린 소나타 D장조가 1947년 스탈린상을 받은 것은 얼마나 감동적이고 절망적인가? 올랜도 피지스 Orlando Figes는 이 수상의 의미가 참으로 "아이러니하다"라

---

53 Figes, *Natasha's Dance*, pp.492~493.

고 말하지만, 그것은 어떤 종류의 아이러니일까?[54]

쇼스타코비치로 돌아가자. 우리는 공적으로 과대평가된 음악은 아이러니하게 받아들여지고 개인적으로 고백적인 분위기는 진지하게 받아들여진다는 것에 대해 정말 그렇게 확신할 수 있을까? 그 아이러니가 객관적이라면 어쩔 것인가? 그래서 우리는 이 음악을 맑스가 1848년 혁명 이후 프랑스 의회에서 질서당parti de l'Ordre의 태도를 독해한 것과 동일한 방식으로 읽어야 한다면? '익명의 공화주의 왕국' 안에서 이 보수주의적-공화주의 당이 두 갈래 왕당파(오를레앙파와 정통파) 사이의 합작으로 작용한 방식에 대한 맑스의 놀라운 분석을 상기해 보자.[55] 질서당 국회의원들은 그들의 공화주의를 놀림감으로 인식했다. 의회 내 논쟁에서 그들은 의도적으로 왕정주의적 실언을 쏟아 내고 공화국을 조롱함으로써 그들의 진정한 목표는 국왕을 부활시키는 것임을 공공연하게 내비쳤다. 그들이 깨닫지 못한 것은 그들의 지배가 가져온 사회적 충격에 대해 그들 자신이 속고 있다는 사실이다. 그들은 의도하지 않게 그토록 경멸한 부르주아 공화주의 질서(사유재산 제도를 보장하는 것과 같은)의 발생 조건을 확립했다. 그들이 공화주의자의 탈을 쓴 왕정주의자였다는 말이 아니다. 그들은 스스로를 왕당파로 인식하고 있었지만 그들의 '내적인' 왕정주의적 확신, 바로 그것이 그들의 진정한 사회적 역할을 가리는 가면이었던 것이다. 즉, 그들의 진지한 왕정주의는 그들의 공개적인 공화주의의 숨겨진 진실이 아니라, 그들의 실제적인 공화주의의 환상적 지지대였다. 그것이 그들의 활동에 열정을 부여했다. 그렇다면, 질서당의 대표자들은 또한

---

54 Ibid., p.57.
55 Karl Marx, "Class Struggles in France", *Collected Works*, vol.10, London: Lawrence and Wishart, 1978, p.95. 참조.[『1848년에서 1850년까지의 프랑스에서의 계급 투쟁』, 최인호 옮김, 『칼 맑스·프리드리히 엥겔스 저작선집』 2권, 김세균 감수, 박종철출판사, 1993.]

실제로 그들 자신의 본질인 공화주의자**인 척하는 척**한 게 아닌가? 정확히 이와 같은 방식으로 쇼스타코비치는 충실한 공산주의자**인 척하는 척**했던 게 아닌가?

그럼에도 불구하고 여기서 프로코피예프의 주체적 입장은 쇼스타코비치의 것과 전적으로 다르다. 우리는 쇼스타코비치와 대조적으로 프로코피예프는 비록 스탈린과 그 체제를 찬양하는 공식적 칸타타를 더 많이 작곡했음에도 불구하고 실제적으로는 '소비에트 작가'가 아니었다는 명제를 제기할 수 있다. 프로코피예프는 스탈린주의에 대해 원-정신병적인 내적 배제의 입장을 견지했다. 그는 스탈린주의에 대해 내면적으로 영향을 받거나 괴로워하지 않았다. 즉, 그는 스탈린주의를 단지 외재적인 장애물 정도로 취급했다. 프로코피예프 안에는 못된 아이가 사회적 질서 속에 마련된 자리를 받아들이길 거부하는 것과 같은 실로 유아적인 어떤 것이 있었다. 그는 스탈린의 숙청이 한창이던 1936년 소련으로 돌아와 미국에서 수입한 차로 드라이브를 하고 파리에서 실어 온 특이하고 동화적인 의상을 입고 돌아다녔으며 서구에서 책과 음식을 주문하며 그를 둘러싼 광기와 빈곤함 따위는 일절 무시했다. 이것이 그가 쇼스타코비치와 대조적으로 실제로 한번도 스탈린주의적 초자아 속으로 '들어가' 외재적인 적응과 내면적인 비통과 슬픔을 결합한 이중 언어 따위에 아랑곳하지 않은 이유이다. 그의 후기 바이올린 소나타의 우울함과 절망에도 불구하고 그것은 스탈린주의적 압제에 대한 반응이 아니다. 이와 같은 스타일과 분위기는 이미 혁명 이전의 작품세계부터 있었던 것이다. 1946~47년 즈다노프의 공격에 대한 두 작곡가의 전혀 다른 대응은 시사적이다. 프로코피예프는 그냥 어떤 변화가 임박했는지 알지 못했다. 즉, 그는 그 긴장을 내면화하지 않았다. 1947년 그가 작곡가 연맹 회의에 출석하여 그와 다른 소비에트 작곡가들을 공격하는 즈다노프의 연설을 강제로 듣게 되었을 때, 그는 취한 상태로 도착해서 큰 소리로 떠들며 연설에 끼어들었고 그러고는 회의 내내 자기 의자에 파묻혀 곯아떨어졌다. 놀랍게도 아무 일도 일어나지 않았다. 그것은 그의 기행으로만 받아들여졌다.

그럼 쇼스타코비치는? 그의 음악에 대한 공적인 반향과 인기는 기이한 변화를 겪었다. 20여 년 전까지만 해도 대다수의 비평가들은 그를 현대 음악의 고유한 발전과는 관계가 없는 '사회주의 리얼리스트'로 치부했다. 그러나 오늘날 쇤베르크A. Schönberg나 베베른A. Webern 같은 위대한 모더니스트 음악가는 과거 존재로 상대적으로 무시된 반면에 쇼스타코비치는 20세기의 가장 대중적인 '진지한' 작곡가로 대두했다. 그의 음악에 대한 저서뿐만 아니라 그의 숨겨진 반체제성에 대한 상당수의 책이 출판되었다. 하지만 쇼스타코비치의 대중성이 비-사건의 징표라면, 현대 음악의 진정한 사건을 은폐하는 기호라면, 정치적으로는 급진적 해방의 정치로부터의 후퇴, 인권의 재초점화, 고통의 예방으로 나타난 광대한 문화적 반-혁명의 결정적 요소라면 어쩌겠는가?

스탈린주의적 카니발……

1935년의 외상적 충격 (『프라우다』의 기사 「음악 대신 난잡」에 의해 촉발된 「레이디 멕베드」Lady Macbeth에 반대하는 공중 캠페인)은 그의 음악에 어떻게 나타났을까? 아마 가장 분명한 단절의 표시는 1940년대와 50년대 쇼스타코비치의 음악에서 나타난 스케르초scherzo의 기능 변화일 것이다. 1935년 전까지 그의 스케르초는 공격적이고 그로테스크한 활력과 삶의 기쁨의 폭발로 인식될 수 있었다. 거기에는 카니발의 해방적 힘과 같은 것이 있었다. 모든 장애물을 쓸어버리고 모든 기성 규칙과 위계들을 무시해 버리는 창조적 힘의 광기 같은 것이 느껴졌다. 하지만 1935년 이후 그의 스케르초는 확실히 '자신의 순진무구함을 상실했다'. 그 폭발적인 에너지는 거칠고 위협적인 특질을 획득했다. 그 에너지 안에는 마리오네트의 강요된 움직임과 같은 기계적인 어떤 것이 있었다. 그것은 사회적 폭력이나 대량학살과 같은 날것의 에너지를 표현하거나, 만약 '생의 기쁨'을 연주하는 경우라면 틀림없이 풍자적인 의도가 있는 것이거나 무력한 희생자들의 발광적 분출을 표현하는 것으로 느껴졌다. 여기서 '카니발'은 더 이상 해방의 경험이 아니라 가로막히고 억압된 공격성의 발광이다. 즉, 그것은 인종주의적 학살이나 술 취한 채 강간하는 갱들의 '카니발'이다. 눈에 띄는 사례로는 교향곡 8번 2악장과 3악장, 교향곡 10번의 유명한 2악장(「스탈린의 초상」), 현악 4중주 가운데는 3번의 3악장(오늘날 헤르만B. Herrman의 「사이코」 음악과 거의 같은 사운드)과 4중주 10번의 「광란」Furioso 악장 등이 있다.[56]

    이것은 외상적인 스탈린적 재판 경험이 쇼스타코비치에게 쓰라린 성숙을 가져다주었다는 것을 의미할까? 그렇지 않았다면 그는 공격적인 율동적 모더니즘에다가 재즈를 섞은 새로운 형태의 소비에트 「삶의 기쁨」Joie de vivre 작곡가로 남아 있었을 것인가? 우울하고 숨 막히는 드라마와 스케르초의 파괴적인 폭발의 혼합은 스탈린주의적 테러 경험에 대한 유일한 대응 방법일 뿐 아니라 스탈린적 휴머니즘, 낡은 러시아 전통의 스탈린적 부활에 꼭 맞는 대응 방식이라면 어쩔 것인가? 러시아 전통 속에서 윤곽이 형성된 또 다른 방식으로, 고골리N. Gogol로 대변되는 러시아 그로테스크의 변별적인 특징이라 할 공포와 유머의 중첩이 있다면? 고골리의 가장 유명한 단편소설로, 코가 떨어져 나가 독자적인 생명을 얻는다

---

56 Bernd Feuchtner, *Dimitri Schostakowitsch*, Kassel, Stuttgart, and Weimar: Barenreiter/Metzler, 2002, pp.125~126.

는 하급 관료에 관한 이야기인 「코」The Nose가 그로테스크 코미디나 공포소설과 다른 점은 무엇인가? 사실 쇼스타코비치의 초기 '부조리주의적' 짧은 오페라(1930)는 이 소설에 기반한 것이다. 그것은 보통 풍자나 광적인 소극으로 상연되지만 쇼스타코비치는 그것을 '공포소설'이라고 불렀다. "나는 「코」에서 농담을 하고 싶지 않다. (……) 그것은 너무 잔인하다." 그래서 최근에 그것을 상연한 오페라 그룹이 그들의 선전 전단에서 "이것은 역사상 가장 웃기는 오페라로, '몬티 파이톤'Monty Python의 오페라식 버전이다"라고 주장할 때 이런 지칭은 '몬티 파이톤'의 코미디 저변에 깔린 악몽 같은 차원을 상기시켜야 한다. 그런 공포와 유머의 혼합은 집단수용소 세계의 트레이드 마크이다. 이것이 프리모 레비Primo Levi가 『이것이 인간인가』Se Questo è un Uomo에서 묘사한 끔찍한 생존시험의 방식이다.

블록 앨테스터Blockältester(막사 우두머리)는 통로-문은 닫아 놓고 숙소와 외부 대기실로 통하는 다른 두 개의 문만 열어 놓았다. 여기, 두 문 앞에 운명의 심판자, SS소위가 서 있다. 그 오른편에 막사장이 있고 왼편에 숙소장이 있다. 우리 한 명 한 명은 벌거벗은 채 대기실로부터 10월의 차가운 대기 속으로 들어와 몇 걸음을 종종걸음으로 두 문 앞에 와서 SS장교에게 카드를 건네고 숙소 문으로 들어간다. 그 SS장교는 연속적으로 횡선을 긋는 찰나의 순간에 우리의 앞면과 뒷면을 홀낏 살피고는 우리들의 운명을 결정짓는 카드를 오른편이나 왼편 사람에게 건네준다. 이것이 우리의 삶과 죽음을 결정하는 방식이다. 3~4분 동안 2백 명의 막사 인원이 그렇게 '처리'되고, 오후 한나절 동안 1만 2천 명의 수용소 전체 인원이 생사 시험을 당했다.[57]

---

57 Primo Levi, *If This Is a Man and The Truce*, London: Abacus, 1987, pp.133~134.[『이것이 인간

오른쪽은 생존을, 왼쪽은 가스실을 의미한다. 여기에는 모종의 **코믹한** 요소가 있지 않은가? 자신의 삶과 죽음을 관장하는 나치 행정관의 무심한 응시 앞에서 지극히 짧은 시간에 건강하고 튼튼해 보이기 위해 발버둥 치는 우스꽝스러운 광경 말이다. 여기서 코미디와 공포는 동시 발생적이다. 머리를 곧추세우고 가슴을 앞으로 내밀고 활기차게 걷고 덜 헬쑥해 보이려고 입술을 깨무는 등 자신의 외양을 꾸미는 수감자들, SS장교에게 인상적으로 보이는 노하우를 나누는 사람들의 모습을 상상해 보라. 그들의 운명을 결정하는 SS장교의 주의력 결핍이나 짧은 순간의 혼동을 떠올려 보라. 그래서 외설적인 유머가 스탈린주의적 테러의 카니발적 특질을 드러내는 핵심 표시자라는 사실은 전혀 놀랍지 않다. 1937년 쇼스타코비치의 NVKD의 심문 모험을 상기해 보자.

나는 (안전) 통행증을 받고 (NKVD) 사무실로 들어갔다. 내가 도착하자 조사관은 일어나서 나를 맞았다. 그는 매우 친절하게 앉으라고 말했다. 그는 나의 건강, 가족, 내가 하는 일 등 거의 모든 것에 대해 질문했다. 그는 매우 친절한 말투로 예의 바르게 대했다. 그러더니 갑자기 나에게 물었다. "자, 말해 보시오. 투카쳅스키를 아시오?" 나는 안다고 대답했고, 그는 "어떻게?"라고 물었다. 그래서 나는 "콘서트에서 알게 되었소. 콘서트가 끝나고 투카쳅스키가 무대 뒤로 와서 축하해 주었소. 그는 내 음악을 좋아한다고, 내 팬이라고 말했소. 그는 레닌그라드로 올 때 나를 만나 음악에 대해 얘기를 나누고 싶다고 말했소. 나와 음악에 대해 얘기를 나눈다면 큰 기쁨이 될 거라고. 그는 내가 모스크바로 올 일이 있으면 자기를 만나 주면 기쁘겠다고 말했소." "그리고 얼마나 자주 만났죠?" "투카쳅스키가 여기 왔을 때만 만났소. 그는 나를 저녁 식사에 초대하곤 했소." "테이블에는 다른 누가 있었죠?" "그 가족들만 있었소. 가족들하고 친척들." "그리고 어떤 얘기를 나눴소?" "대부분 음악에 대한 얘기오." "정치 얘기는 없었고?" "없었소. 우리는 정치에 대해서는 한마디도 하지 않았소. 나는 잘 알고 있소." "드미트리 드미트리예비치, 이것은 매우 심각하오. 당신은 **기억해 내야 하오**. 오늘이 토요일이오. 나는 당신을 보내 주겠소. 하지만 월요일 정오에 다시 여기에 와야 하오. 잊지 마시오. 이것은 매우 심각하오. 매우 중요하오."

나는 이제 끝이라고 생각했다. 월요일까지 이틀 동안은 악몽이었다. 나는 아내에게 다시 돌아오지 못할 것 같다고 말했다. 그녀는 커다란 가방까지 준비해 주었다. 끌려 간 사람들에게 필요한 준비물이었다. 그녀는 따뜻한 내의를 넣어 주었다. 그녀는 내가 돌아오지 못할 것을 알고 있었다. 나는 월요일 정오에 거기 갔고 입회서류를 기록했다. 군인이 거기 있었다. 나는 그에게 나의 (내국인) 여권을 건넸다. 나는 그에게 소환되어서 왔다고 말했다. 그는 내 이름을 찾기 시작했다. 첫번째, 두번째, 세번째 명단을 훑어보더니 그는 "누가 소환했소?"라고 물었다. "자콥스키 조사관이오." 그는 말했다. "그는 오늘 당신을 만날 수 없을 것이오. 집으로 가시오. 통지해 주겠소." 그는 여권을 되돌려 주었고 나는 집으로 돌아왔다. 그날 저녁에야 나는 그 조사관이 체포되었다는 것을 알게 되었다.[58]

카니발이 오늘은 왕이고 내일은 거지가 되는 것이라면 이것이 바로 카니발이다.[59] 그러나 일반적인 상식에 따른 비난이 제기될 것이다. 본래

---

58 http://www.siue.edu/~aho/musov/basner/basner.html. 참조.
59 Boris Groys, "Totalitarizm karnavala", *Bakhtinskii zbornik* vol.III, Moscow: Labirinth, 1997.

의 카니발과 스탈린주의적 숙청 사이에는 명백하고도 근본적인 차이가 있지 않은가? 카니발의 경우 사회 전체적 위계가 일시적으로 중지되어 높은 사람들이 비천해지고 비천한 사람들이 높은 신분을 갖게 되는 것에 반해, 스탈린주의의 경우에는 예상치 못한 '불합리한' 운명의 전도가 오직 권력에 종속된 사람들에게만 일어난다. 공산주의 노멘클라투라는 자신의 권력이 전복되거나 상징적으로라도 중지되기는커녕 자신의 지배를 강화하기 위해 자의적 폭력의 '불합리한' 변동을 이용한다. 그러나 혁명적 테러가 실제적으로 카니발적 차원으로 고양되어 둘 간의 거리가 무화되는 순간이 있다. 그 순간은 마치 신화 속의 뱀처럼 지배하는 당이 자기 자신을 삼키기 시작하여 자기 꼬리까지 먹어 버리는 순간이다. "가장 위험한 장소일수록 권력의 중심에 가깝다"라는 놀라운 사실이 파시즘적 체제로부터 스탈린체제를 구별시켜 준다. 대숙청Yezhovshchina 2년 동안의 결과는 다음과 같다.

> 다섯 명의 스탈린 정치국 동료들이 살해되었고, 139명의 중앙위원 중에서 98명이 살해되었다. 우크라이나 공화국 중앙위원 200명 중에서 오직 세 명이 살아남았고, 93명의 콤소몰Kosomol 조직 중앙위원 중 72명이 죽었다. 1934년 제17차 대회에서 1,996명의 당 지도자들 중 1,108명이 체포되거나 살해되었다. 385명의 지방 당 비서 중 319명이, 2,750명의 지역 비서들 중 2,210명이 죽었다.[60]

프로이트는 독일의 판사 슈레버의 편집증을 분석하면서 통상적으로 광기라고 여기는 것(주체에 대한 편집증적 음모 시나리오)은 실제로는 이

---

60 Richard Overy, *The Dictators,* London: Penguin, 2004, pp.100~101.

미 회복을 향한 노력이라고 상기시켰다. 완전한 정신병적 붕괴 이후 편집증적 구성은 주체로 하여금 '인지 지도'의 형식을 획득하게 하는 참조틀로서, 자기 세계의 질서를 재확립하려는 주체의 노력에서 비롯된 것이다. 같은 방식으로, 우리는 1937년 후반 스탈린주의적 편집증 담론이 정점에 달해서 사회적 연동 장치로서의 자기 파괴를 작동시켰을 때, 1937년 스탈린의 주된 사형집행자였던 예조프N. Yezhov 자신의 1938년 체포와 숙청은 1937년에 폭발한 일종의 무제한적 자기-파괴의 광분을 진정시키려는 회복을 향한 노력이었다고 주장하고 싶다. 예조프의 숙청은 일종의 메타-숙청, 모든 숙청을 끝내는 숙청이었다(그가 고발된 죄목은 바로 외국의 권력자들을 위해 수많은 무고한 볼셰비키를 살해한 것이었다. 아이러니하게도 그 고발은 문자 그대로 진실이었다. 그는 수많은 무고한 볼셰비키들의 죽음을 조직했다). 하지만 요점은 우리가 사회의 한계 지점, 즉 사회-상징적 결합 자체가 자기-파괴적 해체의 차원에 도달하더라도 이 과잉 자체가 사회적 투쟁의 정확한 역학에 의해 양산된다는 것, 사회체제의 최고 상층부(스탈린과 그의 제한된 동료)에서 조직된 상층 노멘클라투라와 하급 당원들의 자리이동과 재배열에 의해 발생한다는 사실이다.

그래서 1933년과 1935년 스탈린과 공산당 정치국은 무력한 하급 당원들을 체로 치듯 숙청하기 위해 모든 계층의 노멘클라투라를 결합했다. 지역 지도자들은 자기 조직을 강화하고 '불편한' 사람들을 쫓아내는 데 그 숙청을 이용했다. 1936년에는 전혀 다른 배치의 숙청이 이뤄졌다. 스탈린과 모스크바 노멘클라투라는 이번에는 지역 엘리트들의 압제에 불만을 가진 하급 당원들 편을 들었다. 1937년 스탈린은 노멘클라투라 전체에 대항하는 '당 대중'party masses을 동원했다. 이것은 대숙청에서의 엘리트 파괴라는 중요한 측면을 이룬다. 그러나 1938년 공산당 정치국은 다시 배열방식을 바꾸어 지역 노멘클라투라의 권위를 강화함으로써 숙청 기간 무너진 당내 질서의 회복을 꾀했다.[61]

그래서 스탈린이 하급 당원들에게 직접 호소하여 그들로 하여금 지방 당 귀족의 자의적 지배에 대한 불만을 터트리도록 부추기는 위험한 수를 두었을 때 (마오의 문화혁명과 유사하게) 상황은 극단으로 치달았다. 직접적으로 표출될 수 없었던 체제에 대한 분노는 훨씬 잔악하게 개인적 원한으로 대체된 목표물을 향해 폭발했다. 상층 노멘클라투라는 숙청 대상인 동시에 숙청 자체에서 집행권력을 갖게 되었기 때문에 잠재적으로 모든 사람을 위태롭게 만드는 (가령, 82명의 지역 당 비서 중 79명이 총살당했다) 카니발 고유의 자기-파괴적 악순환이 가동되었다. 나선형적 악순환의 다른 측면은 상층 꼭대기로부터 전해진 숙청의 철저함에 대한 지령 자체가 요동치고 있었다는 것이다. 상층 꼭대기는 엄혹한 잣대를 요구했지만 동시에 과도함에 대한 경고도 잊지 않았다. 그래서 집행자는 무엇을 하든 잘못일 수밖에 없는 견딜 수 없는 입장에 던져졌다. 만약 그들이 충분한 수의 배신자들을 체포하지 못하고, 충분한 수의 음모를 발견하지 못한다면 그들은 반혁명에 대해 관대하거나 반혁명을 지지하는 것으로 간주되었다. 이런 압박하에서 할당량을 채우기 위해 그들은 증거를 조작하고 음모를 창작할 수밖에 없었고 그로 인해 그들 자신이 외국을 위해 수많은 정직한 공산주의자들을 살해한 간첩이라는 비난 속으로 걸어 들어갈 수밖에 없었다. 당 대중에게 직접 호소하고 그들의 반-관료주의적 태도를 흡수하려는 스탈린의 전략은 그래서 매우 위험했다.

---

61 Getty and Naumov, *The Road to Terror*, p.14.

이것은 단지 공개된 엘리트 정치인들을 공적 심사로 끌어들일 위험뿐만 아니라 스탈린 자신도 포함된 볼셰비키 체제 전체를 향한 불신임으로 비화될 위험이 있었다. (……) 최종적으로 1937년 스탈린은 모든 게임 규칙을 파괴하고—실로, 완전히 게임을 파괴하고—모두에 대한 모두의 테러를 풀어 놓았다.[62]

우리는 이러한 사건들에서 초자아적 차원을 발견할 수 있다. 공산당에 의해 공산당원들 자신을 향해 가해진 이 폭력은 체제의 극단적 자기-모순을 증명한다. 즉, 그것은 체제의 기원에는 '진정한' 혁명적 기획이 있었다는 사실을 증명한다. 끝없는 숙청은 체제 자체의 기원적 흔적을 지우는 것일 뿐 아니라 일종의 '억압된 것의 귀환' 속에서 체제의 중핵에 있는 근본적인 부정성의 잔여물이기도 하다. 당 고위간부에 대한 스탈린주의적 숙청은 이와 같은 본질적인 배반에 의존해 있다. 피고인들은 실제로 유죄이다. 새로운 노멘클라투라의 구성원인 이상 그들은 혁명을 배반한 것이다. 그래서 스탈린주의적 테러는 진정한 혁명적 과거의 흔적을 지우려는 시도라는 의미에서 혁명의 배반이 아니다. 오히려 그것은 후-혁명적 신질서로 하여금 혁명에 대한 배신을 자기 자신에 (다시) 새겨 넣도록, 노멘클라투라 전 성원을 향한 자의적인 체포와 살해의 형상으로 그것을 '반영' 내지 '재표지'하도록 만드는 일종의 '심술궂은 도깨비'를 증명한다. 정신분석적으로 말해서, 스탈린주의적 유죄 고백은 진정한 죄를 은폐한다. (잘 알려졌다시피 스탈린은 현명하게도 출신성분이 낮은 사람들을 NKVD로 끌어들였다. 그래서 그들은 상부 기관원들을 체포하고 고문하면서 노멘클라투라에 대한 그들의 증오를 표출할 수 있었다.) 새로운 노멘클라투

---

62 Getty and Naumov, *The Road to Terror*, p.14.

라 지배의 안정성과 반복된 노멘클라투라 숙청의 형상을 한 도착된 '억압된 것의 회귀' 사이의 이런 내적 긴장이 스탈린주의적 현상의 핵심에 자리 잡고 있다. 숙청은 그 속에서 배반당한 혁명적 유산이 살아남고 체제에 따라붙는 형식 자체이다……. 마오의 사례에서 이미 지적한 것처럼 우리는 여기서 영도자의 역할을 특정해야 한다. 그는 이런 운명의 변동으로부터 자유롭다. 왜냐하면 그는 전통적 주인이 아니라 '가짜 왕'Lord of Misrule, 카니발적 전복의 대행자이기 때문이다.

이런 카니발적 자기-파괴의 역학 때문에 스탈린주의적 노멘클라투라는 '새로운 계급'으로 대두될 수 없었다. 안제이 발리츠키Andrzej Walicki가 지적했듯이 역설적으로, 노멘클라투라의 새로운 계급으로의 안정화는 진정한 스탈린적 '전체주의'와는 양립할 수 없다. 그것이 일어난 것은 브레주네프 안에서이다.

> 소비에트 노멘클라투라의 화석화는 소비에트 역사상 최초로 "높은 권위에의 예속으로부터 스스로를 해방시키는 데 성공했다". 노멘클라투라는 육체적 안정(그것은 흐루시초프 체제하에 획득되었다)뿐만 아니라 성과와 무관한 직위 안정성까지 누리는 특권층을 형성했다. 사실상 그것은 새로운 지배계급과 유사해졌다. (……) 전체주의의 최고 절정기는 항구적인 숙청의 시기로, 그 숙청은 있을 수 있는 모든 일탈을 완전히 제거할 뿐만 아니라 자신의 존재 자체로 이데올로기적 순수성을 위태롭게 하고 단일한 권력체제를 무너뜨리는 안정된 이해집단의 완전한 제거를 목표로 한 것이었다.[63]

---

63 Andrzej Walicki, *Marxism and the Leap to the Kingdom of Freedom*, Stanford, CA: Stanford University Press, 1995, p.522.

이로부터 두 가지 역설적인 결론이 도출된다. 스탈린체제의 특수한 이데올로기적 성격(평등하고 정의로운 공산주의 사회 건설이라는 목표의 명목적 실행)으로 말미암아 노멘클라투라 숙청과 테러는 바로 자기 자신의 성격으로 등기될 뿐만 아니라(노멘클라투라라는 존재 자체가 공언된 목적을 배신한다) 실제로 '사회주의를 배반한' 죄가 **있었던** 노멘클라투라에 대항하는 이데올로기의 복수이기도 했다. 또한 이것은 노멘클라투라의 새로운 계급으로의 안정화가 그 구성원들이 체제의 이데올로기적 목표를 진지하게 취급하지 않게 될 때만 이뤄질 수 있는 이유이기도 하다. 거기에 브레주네프 시절에 출현한 "현실에 존재하는 사회주의"라는 용어의 역할이 있다. 그것은 체제가 자신의 공산주의적 전망을 포기하고 자신을 실용적인 권력 정치에 제한한다는 징표이다. 또한 이것은 흐루시초프 시절이야말로 소비에트 지배 엘리트가 자신의 역사적 임무에 대한 (혁명적이지는 않지만) 진지한 열정을 갖고 있던 마지막 시절이라는 (자주 언명된) 사실을 확인시켜 준다.

세르게이 에이젠슈테인의 영화에서

오손 웰스Orson Wells의 「위대한 엠버슨가」The Magnificent Ambersons를 제외하고 에이젠슈테인의 「베진 초원」Bezhin Meadow과 「폭군 이반」Ivan the Terrible 3부는 영화사에서 잃어버린 걸작 중 대표작에 속한다.

「베진 초원」의 탁월한 아이러니는 영화의 제목에 있다. 그 제목은 이반 투르게네프Ivan Turgenev의 『어느 사냥꾼의 앨범 스케치』Sketches from a Hunter's Album 중 죽음의 초자연적 징후에 대해 토론하는 농부 소년들에 관한 단편소설에서 따온 것이다. 이 제목이 쿨라크 해체dekulakization;부농富農 해체 시기 집단농장을 지지했다고 반혁명적 아버지에게 살해당한 농촌 출신의 소년, 모로조프의 (악)명성 높은 이야기에 근거한 영화의 이야기와 무슨 상관이 있는가? 우리는 레닌의 아내 크룹스카야가 자기 사무실에서 젊은 콤소몰 당원과 거친 섹스를 하는 장면을 담은 「바르샤바에 있는 레닌」이라는 제목의 그림 앞에서 의아해 하는 관람자의 질문, "레닌은 어디 있죠?"(안내원은 침착하게 대답한다. "레닌은 바르샤바에 있습니다")를 반복하고픈 유혹을 느낀다. 그럼 베진 초원은 어디 있지? 두 이야기 사이의 유사성은 겉으로 드러난 서사 차원에만 한정되지 않는다. 그것들은 모두 기저에 깔린 환상적 '가상' 차원에 관여하고 있다. 영화에서도 초자연적인 것의 지상적 대표자인 교회와 투쟁하는 농부 소년 집단이 있지만, 그들은 카니발적인 광란 속에서 초자연적 징후를 파괴하면서 '죽음의 초자연적 징후들을 논박한다'.[64]

에이젠슈테인의 위대함은 자신의 영화 속에 레닌의 혁명적 열기로부터 스탈린주의적 '테르미도르'로의 리비도 경제적 전환을 표현했다는 데 있다. 혁명적 파괴의 폭발하는 광란을 묘사한 에이젠슈테인의 원형적인 영화 장면(에이젠슈테인 본인이 "진정으로 주신제 같은 파괴"라고 불렀던 것)을 떠올려 보자. 「10월」October에서 승리에 도취된 혁명가들은 겨울 궁전의 와인 저장고로 들어가 값비싼 포도주 수천 병을 박살내는 광란의 축제에 도취된다. 「베진 초원」에서 농촌의 개척자들은 지역 교회로 밀고 들어가 그곳을 모독하고, 유물을 강탈하고, 성상을 뒤죽박죽으로 만들고, 신성을 모독하듯 성직자복을 입어 보고, 성상을 향해 이교도처럼 웃음을 터뜨린다······. 이런 목표 지향적인 도구적 행동의 중단에서 사실 바타유G. Bataille적인 "제한 없는 소모"를 만나게 된다. 혁명에서 이런 과잉을 제

---

64 또 다른 놀라운 아이러니는 영화의 처음 판본이 소비에트 마을을 진정으로 낙관적인 사회주의 리얼리즘 정신으로 묘사하지 않았다고 거부당했다는 사실이다. 스튜디오는 이사크 바벨(Isaac Babel)에게 각본을 고쳐 달라고 부탁했다.

거하려는 경건한 욕망은 혁명 없이 혁명을 얻겠다는 욕망일 뿐이다. 「폭군 이반」 2부에서 에이젠슈테인이 한 것은 이와 사뭇 대조적이다. 거기서 유일한 컬러 장면(끝에서 두번째 권reel)은 커다란 홀에서 벌어지는 카니발적 광란이자 '정상적' 권력관계가 뒤집히는 일종의 바흐친적 환상 공간이다. 여기서 차르는 그가 새로운 차르라고 선포한 바보의 노예가 된다. 이반은 저능아 블라디미르에게 제국의 인장을 주고는 비굴하게 무릎을 꿇어 그 손에 입을 맞춘다. 이 장면은 (이반의 사병조직인) '오프리츠니키'oprichniks의 '비현실주의적' 분위기의 외설적 코러스와 춤으로 시작한다. 할리우드와 일본 연극이 기괴하게 혼합된 듯한 그 장면에서 뮤지컬 배우들은 (적들의 머리를 자르는 도끼를 찬미하는) 섬뜩한 이야기를 전해 준다. 그들의 노래는 처음에는 성찬을 즐기는 특권귀족 집단을 묘사한다. "한가운데 내려놔……. 금으로 된 잔을 서로에게 건네며……." 코러스는 이어서 뭔가 즐길 만한 것에 대한 열렬한 기대감을 표현한다. "이리들 와. 빨리 빨리. 다음엔 뭐지? 자, 계속해. 더 말해 보라고." 그 다음에는 한 명의 '오프리츠니키'가 앞으로 불거져 나와 휘파람을 불며 소리친다. "도끼로 내리치자!"

여기서 우리는 음악적 향락이 정치적 숙청과 만나는 외설적인 장면을 만난다. 이 영화가 1944년에 상연된 점을 고려하면 이것은 스탈린주의적 숙청의 카니발적 성격을 확인시켜 주지 않는가? 「폭군 이반」 3부 시나리오[65](상연되지 않았다)에서 우리는 신성모독적인 외설성이 명확히 드러나는 한밤의 광란과도 같은 것을 만나게 된다. 이반과 그의 오프리츠니키들은 자신들의 평상복 위에 검은 수사복을 입고는 장례식을 하듯 야반의 주신제를 거행한다. 여기에 에이젠슈테인의 진정한 위대성이 있다.

---

65 Sergei Eisenstein, *Ivan the Terrible,* London: Faber and Faber, 1989, pp.225~264.

그는 정치적 폭력의 위상 변화, 즉 '레닌주의'의 해방적 에너지의 폭력적 분출로부터 '스탈린주의'의 외설적 이면으로의 근본적인 변화를 간파(묘사)하고 있는 것이다.

흥미롭게도 「폭군 이반」 1부와 2부 내내 이반과 대립적인 인물은 남자가 아니라 여자, 이반의 숙모 에프로시니야E. Stariskaya이다. 늙었지만 강력한 그녀는 이반을 그녀의 저능아 아들 블라디미르로 대체하여 실제적으로 그녀 자신이 통치하기를 원한다. 완벽한 권력을 원하지만 그것을 '무거운 짐'으로 느끼는 이반과 달리 권력을 어떤 목적(위대하고 강력한 러시아 국가의 창조)의 수단으로 활용하는 에프로시니야는 섬뜩한 열정의 주체이다. 그녀에게 권력은 그 자체로 목적이 아니다. 앞서 언급한 헤겔의 『정신현상학』의 여성에 대한 관념[66]은 정확히 바그너의 「로엔그린」Lohengrin에 나오는 오르트루트Ortrud에 꼭 맞다. 바그너에게는 권력에 대한 욕망에 사로잡혀 정치생활에 개입하는 여성만큼 끔찍하고 혐오스러운 것은 없다. 남성의 야망과 대조적으로 여성은 자신의 협소한 가족적 이해를 증진시키기 위해 권력을 원하며 나아가 국가 통치의 보편적 차원을 인식하지 못한 채 개인적 변덕에 따라 권력을 행사한다. 그렇다면 이것은 「폭군 이반」에게도 똑같이 적용되지 않는가? 에프로시니야는 자기 남편에게 전적으로 헌신하며 복종하는 고상한 여성인, 독에 중독된 이반의 신부의 필연적 대립항이 아닌가?[67]

---

66 G. W. F. Hegel, *Phenomenology of Spirit*, Oxford: Oxford Unieversity Press, 1977, p.288.[『정신현상학』 1·2권, 임석진 옮김, 한길사, 2005.]
67 「폭군 이반」에서 성 정체성의 유동성과 교환 가능성은 자주 지적되어 왔다. 표도르 바스마노프는 이반의 새로운 파트너로서 독에 중독된 아나스타샤의 자리를 차지하고, 블라디미르는 여성적이고, 그의 어머니 에우프로시냐는 남성적이며, 폴란드 궁전은 우스꽝스럽게 여성화되어 있다. 이런 여성화는 3부의 영국 궁전 장면에서 절정에 도달한다. 거기서 엘리자베스 역은 남자가 맡고 있다(미하일 롬Mikhail Romm 감독판).

이반의 전형적인 몸짓은 다음과 같다. 그는 자신이 일으킨 유혈사태에 대해 공포와 후회의 쇼를 펼치고 곧이어 갑작스런 반성적 제스처 속에서 그 이상의 것을 요구하며 자신의 잔인함을 온전히 드러낸다. 2부의 전형적인 장면에서 그는 오프리츠니키에 의해 살해된 귀족들의 몸을 살피면서 겸손하게 자기 가슴에 십자가를 긋는다. 그러다 갑자기 그는 멈춰서 땅을 가리키며 격정적인 눈빛으로 소리친다. "너무 적어!" 이 돌연한 변화는 그의 행위가 지닌 기본적인 특징을 가장 잘 예시해 준다. 우리는 그가 정면을 응시하며 얼굴에는 감동적인 표정을 가득 담아 고귀한 임무에 가슴이 벅찬 듯한 표정을 짓는 것을 자주 보게 된다. 그러다가 돌연히, 마치 편집증적 광기의 경계에 선 듯한 의심의 눈초리로 주위를 두리번거린다. 이런 돌연한 변개變改의 또 다른 형태는 2부에서 그가 병이 들었을 때의 유명한 장례 장면에서 볼 수 있다. 거기서 신부들은 너무 성급하게, 그리고 너무나 열정적으로 장례식을 거행하기 시작한다. 그들은 이반의 머리를 거대한 성서로 덮는다. 이반은 가슴에 화로를 잡고는 기도문을 중얼거리며 의식에 참여한다. 그러다 갑자기, 그는 안간힘을 쓰며 머리를 쳐들고 방 안을 두리번거린다. 마치 그 모든 상황을 눈에 담으려는 듯이, 그러고는 탈진하여 성서 아래 베개에 몸을 뉘인다.

이것은 에이젠슈테인이 3부작 전체의 '소재'donnée(중심이 되는 서사적·정서적 지점)라고 불렀던 것으로 계획된 장면으로 데려다 준다. 3부 중반 무렵 자신의 통치에 맞서 봉기했던 도시 노브고로드를 포위하여 파괴시킨 후, 이반은 내면의 의구심과 불안에 사로잡혀 신부를 불러 회개를 청한다. 화면의 절반에는 클로즈업된 이반의 얼굴이 있고, 나머지 절반은 이반이 조국을 위해 할 수밖에 없었던 끔찍한 행위들을 열거하는 동안 처형된 자들을 추모하는 고해신부의 십자가가 차지하고 있다. 그런데 갑자기 고해신부인 유스테스가 살해된 자들의 이름에 너무나 집중한 나머지

(그의 십자가가 떨리는 것으로 멋지게 암시된 사실) 죽은 자들 가운데 혹시 빠진 이름이 있지는 않은지 간절히 묻는다. "필립? 그리고…… 티모시? …… 그리고 미카엘?" 이반은 그를 안심시킨 후("우리는 그를 붙잡을 거야!") 갑자기 유스테스의 십자가를 움켜잡고는 그의 얼굴을 정면으로 쳐다볼 수 있을 때까지 끌어당긴다. 그리고 사슬을 고해신부의 목구멍에 집어넣으며 위협적으로 말한다. "너 역시 이 저주받은 자들에 속할 수 있다는 걸 알아!" 결국, 그는 폭발한다. "그를 체포하라! 그를 심문하라! 말하게 만들어!"[68]

  3부의 또 다른 절정의 순간에 이반은 이 변증법에 신을 끌어들인다. 교회에서 수도사가 천천히 노브고로드에서 살해된 자들의 이름을 읽고 있는 동안 이반은 커다란 최후의 심판 그림 밑에 굴욕적으로 무릎을 꿇고 있다. 그 천상의 심판관 눈에서 섬광이 번득이고 이반의 찡그린 얼굴은 분노로 가득 차 있다. 이반은 자신의 잔인무도한 행위를 반성하며 용서를 빈다. "그것은 약함도, 분노도, 잔인함도 아니다. 그것은 모반에 대한 징벌이다. 공통의 대의에 대한 모반." 그러고 나서 이반은 번민에 가득 차 신에게 직접 호소한다.

"천상의 차르여, 왜 아무 말도 없습니까?"
그는 기다린다. 아무 대답도 없다. 지상의 차르는 화가 나서, 마치 도전하듯이 위협적으로 천상의 차르에게 호소한다.
"천상의 차르여, 왜 아무 말도 없습니까?"
그러다 갑자기 지상의 차르는 폭력적인 몸짓으로 보석으로 장식된 홀

---

68 Eisenstein, *Ivan the Terrible*, pp.240~241.

을 천상의 차르를 향해 휘둘렀다. 왕홀은 벽면을 강타했다.[69]

정확히 어디에 이와 같은 기이한 비틀림의 리비도 경제가 있는가? 이반은 단지 자신의 개인적 윤리적 염려와 조국을 위해 잔혹한 행위를 해야 하는 통치자의 의무 간의 내면적인 갈등에 빠져 있는 게 아니다. 또한 이반은 단순히 위선적으로 도덕적 고뇌를 하는 척하는 것도 아니다. 그의 후회에의 의지는 **절대적으로 진실**하지만, 주체적으로 그는 그것에 동화되지 않는다. 그는 상징적 질서에 의해 도입된 주체적 분열에 의탁한다. 그는 외재화된 의례로서 회개의 의례를 원한다. 그리고 그는 전적으로 신실한 태도로 회개의 의례에 참여한다. 하지만 그와 동시에 그는 전체 광경을 의심스럽게 관조하는 외부 관찰자의 위치에서 끊임없이 등 뒤의 공격을 주시하고 경계한다. 그가 정말 원하는 것은 그의 말을 들어 주고 용서의 말을 해주는 자가 있어서 자신의 임무를 다하면서도 정치에는 개입하지 않는 것이다. 간단히 말해서, 이반의 편집 망상은 자신의 회개를 들어 줄 자를 믿을 수 없다는 것이다. 그는 이런 자(궁극적으로, 신) 역시 이반 자신에 맞서는 정치적 입장을 숨기고 있다고 의심한다. 이것이 에이젠슈테인과의 유명한 야간 대화에서 스탈린이 너무 성급했던 이유이다. 그는 이반의 신앙심이 그로 하여금 무자비하게 자기 적을 소멸시키는 임무를 하지 못하게 한 장애물이 되었다고 말한다.

폭군 이반은 극단적으로 잔인했소. 왜 그가 그토록 잔인해야 했는지 보여 주는 것은 가능하오. 폭군 이반의 실수 중 하나는 그가 다섯 개의 봉건 가문을 제거하는 임무를 완수하지 않았다는 데 있소. 만약 그가 이 다

---

69 Eisenstein, *Ivan the Terrible*, p.237.

섯 가문을 파괴했다면 시련의 시절도 없었을 것이오. 폭군 이반은 항상 어떤 이를 처형하고 나서는 오랫동안 회개의 기도를 올리오. 신은 이런 태도에 대해 못마땅해했을 것이오. (……) 그는 보다 결정적일 필요가 있었소.[70]

그의 천재성에도 불구하고 스탈린이 포착하지 못한 것은 회개의 스펙터클이 무자비하게 적을 살해하지 못하게 한 장애물이 아니라, 오히려 살인과 회개 사이의 끝없는 자동적 왕복 나선을 구성하는 데 기여했다는 점이다. 이 나선운동은 「폭군 이반」 3부에서 참을 수 없는 절정에 도달한다. 영화 대본을 보면 이반이 자신의 오프리츠니키들 간의 원-스탈린적 숙청을 성취하는 거대한 홀 장면이 나온다. 그는 운집한 오프리츠니키들을 향해 불길하게 "우리 중에 오프리츠니키의 대의와 황금을 맞바꾼 자들이 있다"라고 이름도 밝히지 않고 말한다. 계속해서 그는 "우리들 중에 덕망 있고 최고의 신임을 받은 자가 있다. (……) 그런데 이놈이 나의 신임을 배신했다"라고 말한다. 모든 이의 눈이 이반의 시선을 따라 이반의 충복 알렉세이 바스마노프로 모아진다. 알렉세이의 비탄에 잠긴 아들 표도르의 시선도 포함하여. 그러자 이반은 묻는다. "누가 현명하게도 놈의 머리를 자를 자격이 있을까?" 그의 눈은 머리를 떨구고 있는 표도르에 가서 멈춘다. 표도르는 이반의 시선을 느낀다. 그는 머리를 들어 이반을 정면으로 쳐다본다. 거의 감지할 수 없을 것 같은 움직임으로 이반은 머리를 끄덕인다. 표도르는 테이블에서 나와 아버지에게로 다가간다. 그리고 아버지를 데리고 나간다.

바깥의 어두운 장소에서 알렉세이가 아들에게 자기 죄를 고백하면

---

70 http://www.revolutionarydemocracy.org/rdv3n2/ivant.htm. 참조.

서, 자기가 황금을 긁어모은 건 아들을 위해서, "우리 가문의 대를 잇기 위해서"라고 말한다. 그러고 나서 그는 아들에게 자기를 죽인 다음 황금을 잘 간수하여 후손들에게 물려주겠노라 약속해 달라고 애원한다. 표도르는 맹세를 하고 아버지와 아들은 입을 맞춘다. 그러고 나서 아들은 재빨리 아버지의 목을 벤다. 장면은 다시 궁전 홀로 넘어가고 거기서 이반은 극도의 긴장과 고뇌에 찬 표정으로 문 쪽을 응시한다. 문이 열리고 표도르의 모습이 나타난다. 그의 숙인 이마 위에 머리카락이 달라붙어 있다. 이윽고 그는 머리를 들었다. 이반은 똑바로 그를 쳐다보았다.

하지만 이미 표도르의 시선은 순수하지 않다. 그의 시선은 이반의 시선을 견디지 못한다. 이반의 입술이 실룩거리고 그는 힘없이 말한다. "너는 아버지에게 아무런 동정심도 보여 주지 않았다. 표도르. 왜 너는 나를 동정하거나 옹호해야 했지?" 표도르는 차르가 자신과 아버지 사이의 은밀한 대화를 간파했음을 깨닫는다.

이반은 명령한다. "그를 묶어라." 표도르는 마치 미친 사람처럼 이반에게 몸을 날리지만 슈타덴(독일 오프리츠니키)의 칼에 찔려 죽는다. "한 방울 눈물이 이반 차르의 잿빛 수염에 떨어진다. 그 눈물은 마치 장례식 화환처럼 이반의 수염에 방울져 맺혀 있다. 이반: '나를 동정하시오. 오. 신이여. 동정을……'" 죽어가는 표도르는 마지막 힘을 다해 이반에게 경고한다. "독일인을 믿지 마십시오. 오, 차르여!" 이반은 무거운 눈꺼풀을 들어 올린다. 그의 시선은 슈타덴에게 가서 멈춘다. "외국 손님은 얼마나 재빨리 차르의 오프리츠니키로부터 차르를 구하러 달려들었는가!" 충성심 강한 말류타는 재빨리 자신의 무거운 손으로 슈타덴의 어깨를 움켜잡는다……"[71] 배신과 의심의 사슬이 이어진다. 알렉세이로부터 표도르로,

표도르로부터 슈타덴으로……. 두 경우 모두 이반의 의심은 차르를 옹호하기 위해 살인을 한 사람에게 향한다.

가장 충성심 강한 신하 알렉세이와 그의 아들 표도르 두 사람조차 그를 배신했다면(가문의 부와 권세를 위해 보물을 훔쳐서 쌓아 놓았다) 이반은 누구를 믿을 수 있을까? 그의 가장 충실한 개 말류타가 이반을 처음 만난 것은 그가 이반을 죽이려는 마음으로 무리를 이끌고 이반의 대관식이 진행되던 교회로 뛰어들었을 때였다. 3부 마지막에서 죽어가는 말류타는 자신의 계승자(이반이 절대적으로 신임할 수 있는 사람)를 지목한다. 페터 볼리네츠라는 젊은 남자로, 그는 2부 마지막 장면에서 블라디미르가 이반을 죽였다고 생각하고 블라디미르를 찔러 죽인 자이다. 이반이 진실로 믿을 수 있는 사람은 이전의 배신자들밖에 없다.

최소한의 차이

우리는 공개재판의 피고들이 자기가 당한 불의의 징벌은 이전에 한 정치활동의 필연적 결과임을 인정할 때, 그래서 그 처벌은 아이러니한 정의의 징표임을, 그런 의미에서 그들은 실제로 '객관적으로' **유죄임**을 인정할 때 스탈린주의적 비극은 발생할 것이라고 상상할 수 있다. 그러나 우리는 이와 같은 경험을 하면서도 그를 에워싸는 반혁명 음모의 광기 속에서 그것이 자기 자신의 광기의 결과임을 깨닫는 스탈린을 상상할 수 있을까? 구조적인 이유로 그것은 불가능하다. 우리는 (가령 스탈린 말년에 그들 모두가 스탈린의 반-유대주의 편집증에 의해 위협받았을 때) 스탈린에 대항하는 상층 노멘클라투라에 의해 이뤄진 성공적인 쿠데타를 상상할 수 있

---

71 Eisenstein, *Ivan the Terrible*, pp.249~253.

지만, 스탈린에게 진정한 사회주의를 막는 데 앞장섰다고 고백하게끔 강요하는 공개재판을 조직하는 것은 불가능하다. 그들이 할 수 있는 최고의 것은 한편으로는 스탈린을 만질 수 없는 죽은 주인으로 고양시키면서 조심스럽게 그를 살해하는 것이다. 어떤 의미에서 이런 일은 1930년대 후반에 **일어났다**. 우리는 19세기 후반에 공고해진 교황의 오류 불가능성이라는 관념은 그의 권력을 강화하기 위해서가 아니라 그것을 구속하기 위한 것이었음을 염두에 두어야 한다. 교황은 그의 전임자들의 결정을 무효로 돌릴 수 없다. 왜냐하면 그들은 정의상 오류를 범할 수 없기 때문이다. 이와 동일한 역설이 스탈린에게도 적용된다. 그의 신성화, 접근 불가능한 숭고한 영도자로의 고양은 그의 '실재' 권력의 제한과 일치한다. 대숙청 절정기에 카니발적인 자기-파괴의 나선이 상층 노멘클라투라 자신을 집어삼킬 것 같은 순간에 공산당 정치국은 스탈린에 용감히 대항하여 그로 하여금 그의 권위를 그들과 공유하도록 강요했다.

스탈린체제를 '관료주의적 사회주의'로 보는 통상적인 관점은 전적으로 잘못된 것이며 (자기-)신비화이다. 그것은 스탈린체제 자체가 자신의 문제, 자신의 실패와 문제들의 원인을 지각하는 방식이다. 만약 창고에 충분한 상품이 없다면, 만약 관료들이 인민의 요구에 응답하는 데 실패했다면, 거만하고 무관심한 '관료주의적' 태도를 비난하는 것보다 쉬운 게 또 있을까? 1920년대 후반에 스탈린이 관료들의 관료주의적 태도를 공격하는 글을 썼다는 것은 놀랄 일이 아니다. '관료주의'는 스탈린 체제의 효과에 불과하며, 더욱 역설적인 것은 그 명칭이 잘못되었다는 점이다. 스탈린체제가 실제로 결여한 것은 정확히 효과적인 '관료조직'(탈정치적이고 유능한 행정기구들)이었다.

파시즘이 아니라, 공산주의는 20세기의 진정한 윤리-정치적 재앙이었다고 주장하는 자들의 논거 중 하나는 나치 독일 전 기간 동안 국민을 통제하는 게스타포 비밀경찰의 수는 겨우 25,000명에 불과하지만 자그마한 동독이 더 적은 인구를 통제하기 위해 고용한 비밀경찰 수는 무려 10만 명에 달한다는 것이다. 이것이 공산주의 체제가 훨씬 더 억압적인 성격을 지니고 있다는 명백한 증거라는 것이다. 하지만 이 사실을 전혀 다르게 해석할 수 있지 않을까? 더 적은 수의 게슈타포 요원이 필요했던 것은 동독보다 더 많은 수의 인구가 도덕적으로 타락하여 나치를 지지했기(그래서 체제에 협력했기) 때문이었다면? 왜? 왜 동독의 인구가 훨씬 더 많이 저항했을까? 그 대답은 역설적이다. 그것은 인민들이 윤리적 독립성을 지니고 있었기 때문에, 그래서 체제가 대다수의 '실질적인 윤리적 삶'으로부터 소외되어 있었기 때문이 아니다. 정반대로 저항은 지배 이데올로기의 성공을 증명하는 것이다. 공산주의 체제에 대한 저항 속에서 인민들은 자주 현실과 모순되는 공식 이데올로기 자체에 의거했다. 실제적 자유, 사회적 연대, 진정한 민주주의 따위 말이다. 우리는 반체제적 저항이 얼마간 공식 이데올로기에 빚지고 있음을 잊지 말아야 한다.

 정확히 이런 이유로 우리는 오늘날 북한은 더 이상 스탈린주의적 의미에서조차도 공산주의 국가가 아니라고 주장할 수 있다. 북한은 그 보편성의 개념으로 말미암아 체제가 모든 시민들에게 자신의 공식 이념을 선전할 수밖에 없는 계몽의 유산과도 단절했다. 북한의 '완전 통제 지역'을 탈출하여 중국을 거쳐 남한에 온 신동혁에 따르면 그 통제 지역으로 보내진 죄수들은 결코 살아서 나올 수 없다고 한다. 그들은 채광과 벌목 노역장에 보내져, 죽을 때까지 그곳에서 나올 수 없다. 당국자들은 그들에게 이데올로기 교육을 하는 수고조차 하지 않는다. 통제 지역 부모들에게서 태어난(그래서 평생을 그곳에서 살아야 하는) 자녀들은 채광과 농사에 관한 최소한의 기본 기술교육만 받는다. 그런 신동혁이 살았던 수용소 지역의 2번 마을 학교에는 그들이 읽을 교과서 한 권 없었다고 한다. 북한의 모든 마을은 공산주의 구호와 김정일의 초상으로 장식되어 있지만 2번 마을에는 "우리 모두는 통제에 복종한다"라는 구호만 나무 판넬에 새겨져 있다.[72] 여기서 우리는 어떤 이데올로기적 정당화도 없는 순수한 규율 메커니즘을 만나게 된다. 북한의 전 주민들은 그들의 친애하는 지도자를 만나 보기를 열망한다(서양의 기자들이 장님 환자들에게 왜 볼 수 있게 되기를 원하냐고 물었더니 그들은 전부 자신들을 돌봐 주는 김정일을 눈으로 보고 싶기 때문이라고 대답했다). 오직 그런 죄수들, 문자 그대로 인간 이하의 상황에 처해 있는, 사회 공동체로부터 배제된 그런 죄수들을 제외한 모든 사람들이 그러하다.

여기서 에른스트 놀테의 하이데거에 관한 책으로 되돌아갈 필요가 있다. 그 책은 나치즘을 있을 만한 정치적 기획으로 파악하는 임무, 혹은 "나치가 그들 자신에 관해 그들 자신에게 해왔던 이야기들"을 재창조하는 임무를 진지하게 수행하고 있기 때문이다. 스탈린주의에 대해서도 동일한 작업이 필요하다.[73] 놀테는 또한 파시즘과 공산주의를 "객관적으로 비교하라"라는 구호로 특징지어지는 '수정주의적' 논쟁의 기본 구도와 주제를 정식화했다. 파시즘, 혹은 나치즘조차 궁극적으로는 공산주의적 위협에 대한 반작용이며 공산주의의 최악의 실천들(집단 수용소, 정적政敵에 대한 대량 숙청)의 반복이었다.

민족 사회주의자와 히틀러가 '아시아적' 행위(홀로코스트)를 수행한 것은 오직 그들 자신과 그들 종족을 (볼셰비키의) '아시아적' 행위의 잠재

---

72 Choe Sang-Hun, "Born and Raised in a North Korean Gulag", *International Herald Tribune*, July 9, 2007, http://www.iht.com/articles/2007/07/09/news/korea.php에서도 볼 수 있다.
73 우리는 아도르노(하버마스나 다른 프랑크푸르트 학파 이론가들은 말할 것도 없고)의 중요한 이론적 결함으로 스탈린주의에 대한 분석이 전혀 없다는 사실을 발견할 수 있다. 이것은 나치즘을 하나의 정치적 기획으로 고려하는 것에 대한 거부의 대립 형상이 아닌가?

적·현실적 희생자로 간주했기 때문이라고 말할 수 있지 않을까? '수용소 군도'가 아우슈비츠에 선행하지 않았는가?[74]

나치즘은 비난받아 마땅하기는 하지만 공산주의 이후에 나타났을 뿐 아니라 그 내용으로 보자면 공산주의의 위협에 대한 과도한 **반작용**이기도 했다. 나아가서 나치즘이 저지른 모든 잔혹 행위는 소비에트 공산주의가 이미 저지른 모든 잔학 행위의 복제일 뿐이다. 비밀경찰, 강제 수용소, 대량 학살적 테러 등이 다 그렇다……. 그래서 놀테의 결론은 공산주의와 나치즘은 똑같은 전체주의적 '형식'을 공유하며, 둘 사이의 차이는 오직 동일한 구조적 자리를 채우는 실행의 대리자들뿐이다. ('적대계급' 대신 '유대인'…… 등.) 놀테에 대한 일반적인 자유주의-좌파의 반응은 주로 도덕주의적인 항변이다. 놀테는 나치즘을 상대화하며, 나치즘을 '공산주의라는 악'의 부차적 모방으로 축소시켰다는 것이다. 그러나 어떻게 해방을 향한 좌절된 시도인 공산주의와 나치즘이라는 근본적인 악을 비교라도 할 수 있단 말인가?

우리는 이런 식으로 비난하는 것이 아니라 놀테의 주장의 핵심을 전복적으로 인정해야 한다. 그렇다. 나치즘은 실제로 공산주의의 위협에 대한 반작용이었다. 그것은 계급투쟁을 아리아인과 유대인 사이의 투쟁으로 바꾸어 놓았을 뿐이다. 그러나 문제는 겉보기보다 순수하지 않은 이 '뿐'에 있다. 우리는 지금 프로이트적인 의미의 전치Verschiebung를 다루고 있다. 나치즘은 계급투쟁의 자리에 인종 투쟁을 전치하며, 그럼으로써 그 진정한 자리를 은폐했다. 공산주의에서 나치즘으로 옮겨 갈 때 바뀌는 것

---

74 Ernst Nolte, *Martin Heidegger: Politik und Geschichte im Leben und Denken,* Berlin: Propylaen, 1992, p.277.

은 '형식'이며, 바로 이런 '형식'의 변화 속에 나치의 이데올로기적 신비화가 자리 잡고 있다. 정치 투쟁은 인종 갈등으로 자연화되고, 사회구성체에 내재하는 (계급) 적대는 아리아인 공동체의 조화를 방해하는 이질체(유대인)의 침입으로 환원된다. 파시즘과 공산주의 간의 차이는 그래서 '형식적-존재론적'이다. 이것은 (놀테가 주장하듯이) 우리가 두 경우 모두에서 똑같은 형식적으로 적대적인 구조를 발견할 수 있고, 거기서 적의 자리를 차지하는 실정적 요소(계급, 인종)만이 차이가 난다는 게 아니다. 계급 적대가 사회적 장에 내재해 있는 구성적 요소인 반면에 인종의 경우에는 실정적으로 자연화된 요소이다(사회의 유기적 통합은 낯선 신체에 의해 침범당한다). 그래서 파시즘은 적대를 은폐하고 실정적으로 대립된 항들의 갈등으로 전치한다.[75]

이 지점에서 선택을 해야 한다. 좌파와 우파 '전체주의'에 대한 '순수한' 자유주의적 등거리等距離 입장은(그들 양자는 모두 정치적 불관용과 차이의 배제에 근거하여 민주적이고 인간적인 가치를 거부한다는 점에서 틀렸다) 원천적으로 잘못된 것이다. 우리는 한쪽 입장을 **취해서** 다른 하나는 근본적으로 '틀렸다'고 주장해야 한다. 이러한 이유로 파시즘의 '상대화', 즉 두 가지의 전체주의를 합리적으로 비교해야 한다는 관점은 언제나 항상 파시즘이 공산주의보다 '더 낫다'는, 파시즘은 공산주의적 위협에 대한 이해할 만한 대응이었다는 명제를—명시적이거나 암시적으로—내포한다.[76]

---

75 우연찮게도 제2인터내셔널의 핵심 이론가인 카를 카우츠키는 일찍이 1920년대에 볼셰비키 독재를 반대하는 맥락에서 볼셰비즘이 억압 기술에 대한 파시즘의 학교로 기능했다고 주장하며 파시스트를 '흉내쟁이' 테러리스트, '쌍둥이 적대자'로 파악했다. "파시즘은 볼셰비즘의 짝패에 다름 아니다. 무솔리니는 단지 레닌을 흉내 낸 것뿐이다." Massimo Salvadori, *Karl Kautsky and the Socialist Revolution, 1880~1938*, London: Verso, 1979, p.290에서 인용.
76 나치즘과 공산주의의 유사성을 주장하는 놀테 같은 반-공산주의 작가들은 나치즘 역시 단지 계급을 민

1948년 1월 20일 헤르베르트 마르쿠제에게 보낸 편지에서(3장에서 이미 언급한) 하이데거는 이렇게 쓴다.

당신이 "수백만의 유대인을 학살한 체제에" 부여한 몫을 진지하게 정당화하기 위해 제가 덧붙일 수 있는 것은 만약 당신이 "유대인" 대신 "동부 독일인들"이라고 썼다면 똑같은 이야기가 연합국들 중 하나에도 적용될 수 있다는 것, 차이점이 있다면 1945년 이후 일어난 모든 것은 공개적인 지식이 되었지만, 나치의 유혈 테러는 독일 인민들에게도 비밀에 부쳐져 왔다는 점일 테지요.[77]

마르쿠제가 답장에서 인민들을 잔인하게 국외로 추방한 것과 인민들을 집단 수용소에서 불태워 버린 것 사이의 미세한 차이는 그 순간에 있어서는 문명을 야만과 가르는 선이라고 말할 때 그는 전적으로 옳다. 우리는 한 발 더 나아가는 것을 두려워해서는 안 된다. 스탈린의 집단 수용소와 나치의 절멸 수용소 annihilation camp 사이의 미세한 차이 역시 그 역사적 순간에 있어서 문명과 야만 사이의 차이이다.

스탈린주의의 가장 잔혹한 행위였던, 1930년대 초의 쿨라크 해체에 대해 살펴보자. 스탈린의 슬로건은 "계급으로서의 쿨라크富農는 제거되어야 한다"이다. 이것이 의미하는 것은 무엇인가? 이것은 그들의 재산(토지)을 몰수하는 것에서부터 그들을 강제 이주시키는 것(이를테면, 우크라

족으로 바꾸었을 뿐 스스로를 특수한 사회주의('민족사회주의')로 인식(지칭)했다는 사실을 지적하곤 한다. 하지만 바로 이 지점에서 우리는 사회주의와 공산주의의 차이를 온전히 인식할 수 있다. 우리는 '민족사회주의'를 쉽게 상상할 수 있다. 하지만(차우셰스쿠의 루마니아나 크메르루즈의 캄보디아 같은 역사적 변종은 논외로 하고) '민족공산주의' 같은 것은 존재하지 않는다.
77 Berel Lang, *Heidegger's Silence*, Ithaca, NY: Cornell University Press, 1996, p.21에서 인용.

이나에서부터 시베리아까지), 혹은 그들을 집단 수용소에 보내는 것까지 다양한 것을 의미한다. 그러나 이것은 결코 그들을 죽이라는 의미는 아니다. 목표는 **계급으로서**의 쿨라크를 제거하는 것이지 개인으로서의 그들을 제거하는 것이 아니다. 심지어 농촌 인구가 서서히 굶어죽을 때조차 (우크라이나에서 수백만 명이 죽었다) 목표는 그들을 전부 죽이는 것이 아니라, 그들의 척추를 부러뜨리는 것, 그들의 저항을 깔아 뭉개는 것, 그래서 그들에게 누가 주인인지 보여 주는 것이었다. 이것과 나치의 유대인 해체de-Judaization 사이에는 (미세하지만, 중요한) 차이가 있다. 나치의 유대인 해체에서 궁극적 목표는 개인들로서의 유대인을 절멸시키는 것, 유대 인종을 사라지게 하는 것이다.

이런 의미에서 에른스트 놀테는 옳았다. 나치즘은 볼셰비즘의 반복이자 복제**였다**. 니체의 말로, 그것은 근본적으로 **반동적**re-active인 현상이었다.

6장 포퓰리즘이 실천에서는 (가끔씩) 옳지만, 이론에서는 옳지 않은 이유

아일랜드 전 수상 제럴드 피츠제럴드Gerald Fitzgerald는 한때 "이것은 이론적으로는 옳지만, 실천적으로는 옳지 않다"라는 통상적 교훈에 대해 헤겔적인 전도를 제시한 바 있다. "이것은 실천적으로는 옳지만, 이론적으로는 옳지 않다." 이 전도는 포퓰리즘 정치의 모호한 입장을 가장 잘 요약해 준다. 포퓰리즘은 때때로 단기적인 실용적 타협의 일부로 인정될 수는 있지만 그것의 근본적 개념 차원에 대해서는 비판적으로 거부해야 한다.

포퓰리즘의 긍정적 차원은 민주주의적 규칙들에 대한 잠정적인 중지에 있다. 민주주의는—오늘날의 일반적인 의미에서—무엇보다 형식적 법치주의와 관련된다. 민주주의의 최소 정의는 적대가 논쟁적 게임으로 흡수되는 것을 보증하는 어떤 형식적 규칙들에 대한 무조건적 집착이다. '민주주의'는 어떤 선거조작이 일어나더라도 모든 정치적 행위자들은 무조건 선거 결과를 존중해야 한다는 것을 의미한다. 이런 의미에서 2000년 미국 대통령 선거는 실제적으로 '민주주의적'이었다. 명백한 선거조작에도 불구하고, 200명의 플로리다 주민의 목소리가 차기 대통령을 결정하는 것의 명백한 난센스에도 불구하고 민주당 후보는 자신의 패배를 인정했다. 선거 이후 몇 주 사이의 불확실성 속에서 빌 클린턴은 아주 적절하고 신랄한 논평을 내놓았다. "미국 국민은 말을 했습니다. 단지 우리는 그들이 뭘 말했는지 모를 뿐입니다." 이 논평은 그것이 의도한 것보다 훨씬 더 진지하게 받아들여져야 한다. 지금까지도 우리는 그것을 모른다. 아마 그 이유는 그 결과 뒤에는 아무런 실체적 '메시지'가 존재하지 않기 때문이다. 자크-알랭 밀레는 어떻게 민주주의가 '빗금친' 대타자를 함축하는지 말한 적이 있다.[1] 하지만 플로리다의 예는 그럼에도 민주주의 안에 계속 '대타자'가 존재함을 증명한다. 그 결과가 무엇이든 복종해야 하는 선거 규칙이라는 절차적 '대타자' 말이다. 그리고 포퓰리즘이 중지시키는(위태롭게 하는) 것이 바로 규칙에 대한 그 무조건적 의지, 바로 '대타자'이다. 이것이 포퓰리즘이 언제나 자유주의적 관점에서 파괴적이고 위협적인 이유이다. 만약 선거가 조작되었다면 '인민의 의지'가 강제되기 위해서는 다른 방법을 찾아야 한다는 경고, 그 명시적이거나 암묵적인 압력의 위협 말이다. 심지어 선거를 통한 권력의 정당화가 존중되더라도 선거는 단지 부차적인 역할만 할 뿐이라는 것, 선거는 그 실체적인 가치가 다른 데 있는 정치적 과정을 공고히해 줄 뿐이라는 태도.

이것이 베네수엘라의 우고 차베스가 진정으로 포퓰리스트인 이유이다. 비록 차베스 정권은 선거에 의해 합법화되었지만 그 권력 행사는 전혀 다른 역학에 의존한다(도시빈민의 직접적인 조직화와 다양한 형태의 지방 자치-조직화). 이것이 포퓰리즘 체제에 '스릴'을 부여한다. 민주주의적 규칙들은 결코 완벽하게 인정되지 않는다. 그 규칙들에는 언제나 불확실성이 내재해 있어서, 언제든 재규정될 수 있고 '게임 중간에 부당하게 변경될' 가능성이 있다. 포퓰리즘의 이런 측면은 전적으로 받아들여져야 한

---

[1] Jacques-Alain Miller, Le Neveu de Lacan, Paris: Verdier, 2003, p.270.

다. 문제는 그 '비민주주의적' 성격에 있는 게 아니라, 그것이 '인민'people이라는 실체적 개념에 의존한다는 점이다. 포퓰리즘에서 '대타자'는 비록 절차적 **형식주의의** 형상으로는 (잠정적으로) 중지되지만, 권력을 정당화하는 **실체적** 작인인 인민의 형상으로 되돌아온다.

그래서 민주주의에는 근본적이고 해소 불가능한 두 가지 측면이 있다. 폭력적인 평등주의의 논리로서 '정원 외'의 인간이자 '몫 없는 자들', 즉 형식적으로는 사회 체제 안에 포함되지만 그 안에서 어떠한 한정된 장소도 갖지 않는 자의 논리가 하나이고, 권력을 행사할 자들을 선출하는 (많든 적든) 통제된 일반적 절차가 다른 하나이다. 이 두 측면은 어떻게 서로 연관되는가? 두번째 의미에서의 민주주의('인민의 목소리'를 듣기하는 통제된 절차)가 궁극적으로는 **자기 자신에 대한 방어**, 즉 사회체제의 위계적 작동을 무너뜨리는 평등주의 논리의 폭력적 침입이라는 의미에서의 민주주의에 대항하여, 이런 과잉을 재-작동시켜 사회체제의 정상적 작동의 일부로 만들려는 시도라면 어쩌겠는가?

하지만 여기서 우리가 피해야 하는 함정은 이 두 극을 '좋은' 쪽과 '나쁜' 쪽으로 대립시켜서 제도화된 민주적 절차를 근원적인 민주주의적 경험의 '박제화'로 치부해 버리는 태도이다. 진짜 중요한 것은 민주주의적 폭발이 제도화되는 정도, 그것이 사회적 질서로 이행되는 정도이다. 민주주의적 폭발은 쉽게 권력자에 의해 진정된다. 왜냐하면 '다음날' 인민은 신선한 민주주의 피로 활력을 되찾은 권력관계들의 건전한 현실로 다시 깨어나기 때문이다. (이것이 권력자들이 '창조성의 폭발'을 사랑하는 이유이다. 프랑스의 1968년 5월처럼.) 대다수가 여전히 '죽은 문자'에 집착하는 듯이 얽매여 있는 '박제화된' 민주적 절차는 '전체주의적' 군중의 열정적 공격에 대항하는 유일한 방어수단이 되곤 한다.

그래서 문제는 이것이다. 어떻게 폭력적인 평등주의적·민주주의적 충동을 통제/제도화할 것인가, 어떻게 그것이 두번째 의미의 민주주의(통제된 절차)를 물들이지 않게 막을 것인가? 만약 방법이 없다면 '진정한' 민주주의는 다음날 아침이면 정상화되어야 할 일시적인 유토피아적 폭발로 남게 될 것이다. 여기서 인정해야 할 가혹한 결론은 민주주의적 절차에 대한 이런 평등주의적 민주주의의의 과잉은 대립물의 형태, 즉 혁명적·민주주의적 **테러**의 모습 속에서만 '제도화'될 수 있다는 것이다.

실천적으로는 좋다

2005년 유럽 헌법 제정에 대한 프랑스와 네덜란드의 '아니오'는 '프랑스 이론' 안에서 **떠도는 기표**로 불리는 것의 뚜렷한 사례이다. 혼란스럽고, 비일관적이고, 중층결정된 의미들의 '아니오', 그 안에서 노동자들의 권리 옹호가 인종주의와 공존하고, 감지된 위협에 대한 맹목적 반응이나 변화에 대한 공포가 막연한 유토피아적 희망과 공존하는 일종의 컨테이너로서의 '아니오'. 우리는 프랑스의 '아니오'는 실제로 다른 많은 것들에 대한 '아니오'라는 것을 안다. 앵글로-색슨 신자유주의에 대한 '아니오', 시라크와 그의 정부에 대한 '아니오', 프랑스 노동자들의 임금을 떨어뜨리는 폴란드 이주노동자들의 유입에 대한 '아니오' 등. 실재적인 갈등이 지금까지 진행 중이다. 이 '아니오'의 의미를 둘러싼 갈등 말이다. 누가 그 의미를 전유할 것인가? 누가—누군가 있다면—그것을 일관된 대안 정치의 비전으로 번역할 것인가?

만약 '아니오'에 대한 지배적인 독해가 있다면 그것은 오래전 클린턴의 모토 "바보야, 문제는 경제야"에 대한 새로운 판본이다. '아니오'는 아마 유럽의 경제적 침체, 새롭게 부상하고 있는 경제적 권력 블록에 대한 열등감, 경제적·사회적·이데올로기-정치적 비활동성 등에 대한 반응으로 여겨질 것이다. **그러나** 이것은 **역설적이게도** 특권적인 유럽인들, 오래된 복지-국가의 특권들에 집착하는 이들을 **대신하는** 부적절한 반응이다. 이것은 어떤 실재적 변화에 대한 두려움에서 촉발되고 세계화주의적 근대화의 불확실한 멋진 신세계에 대한 거부로 촉발된 '낡은 유럽'의 반응이었다.[2] '공식적' 유럽의 반응이 그 '아니오'를 지지하는 위험하고 '불합리'하고 인종주의적이고 분리주의적인 열정에 대한, 개방과 자유주의적 다문화주의를 편협하게 거부하는 것에 대한 거의 패닉에 가까운 반응이라는 것은 놀랄 일이 아니다. 우리는 자주 선거에 대한 유권자들의 무관심과 시들해 가는 대중의 정치참여에 대한 불평의 소리를 듣게 된다. 그래서 자유주의자들은 항상 근심스럽게 시민사회가 주도하는 대중 동원과 정치적 과정에 보다 많이 결합해야 한다고 떠든다. 하지만 인민이 정치적 무관심을 떨쳐 내고 깨어날 때, 그것은 보통 우파 포퓰리즘적 반항의 형태를 띤다. 최근에 계몽된 기술관료 자유주의자들이 이전의 '무관심' 형태가 차라리 숨겨진 축복이 아니었을까 의심하는 것은 놀랄 일이 아니다.

우리는 여기서 어떻게 순수한 우파 인종주의처럼 보이는 그런 요소들조차 사실은 전치된 노동-계급의 항의 형태인지 주시해야 한다. 물론, 고용 위기를 야기하는 외국 노동자들의 유입을 중단하라는 요구에는 인종주의적인 측면이 있다. 그러나 우리는 구-공산권 국가들로부터 흘러들어온 이주노동자들은 다문화주의적 관용의 결과가 아니라는 단순한 사실을 명심해야 한다. 이주노동력의 유입은 실은 노동자들의 요구를 억

---

[2] 많은 유럽공동체 지지자들은 동유럽 가맹국들의 호의적인 금융적 희생과 영국, 프랑스, 독일 등 이전 가맹국들의 이기적이고 비타협적인 자세를 대조하곤 한다. 하지만 우리는 슬로베니아와 다른 신규 동유럽 가입국의 위선을 놓쳐서는 안 된다. 그들은 마치 자신들이 배타적인 클럽의 마지막 가입자인 양 더 이상 신입 구성원을 원치 않는다. 그들은 프랑스의 인종주의는 비난하면서도 터키의 가입은 반대한다.

제하기 위한 자본의 전략 중 일부이다. 이것이 미국에서 부시가 노동조합의 압력에 굴복한 민주당보다 멕시코 불법 이주노동자들의 합법화에 더 열심이었던 이유이다. 그래서 아이러니하게도 우파 인종주의 포퓰리즘은 오늘날 '계급투쟁'은 한물 간 퇴물이 아니라는 것을 단적으로 보여 준다. 이로부터 좌파가 배워야 하는 교훈은 포퓰리즘적 인종주의자들이 자신들의 증오를 외국인들에게 전치/신비화시키는 것과 마찬가지의 오류를 범해서는 안 된다는 것이다. 우리는 목욕물과 함께 아이까지 내다버려서는 안 된다. 즉 다문화주의적 개방을 명분으로 포퓰리즘적 반-이민 인종주의에 대해 그 전치된 계급적 내용을 간과하고 반대만 해서는 안 된다. 아무리 선의라 하더라도 단순히 다문화주의적 개방성만을 고집하는 것은 프롤레타리아의 계급투쟁에 반대하는 가장 기만적인 형식이다.

여기서 전형적인 것은 2005년 선거에서 주류 독일 정치인들의 새로운 좌파당Linkspartei 구성, 즉 동독의 민주사회당(PDS)과 사민당(SPD) 내 좌파 이견그룹의 연합에 대한 반응이다. 요슈카 피셔Joschka Fischer가 오스카 라퐁텐Oskar Lafontaine을 "독일의 하이더Jörg Haider"라고 불렀을 때(왜냐하면 라퐁텐이 독일 노동자들의 임금을 인하시키기 위해서는 동유럽의 값싼 노동력을 유입해야 한다고 주장했기 때문에) 그는 자신의 정치 역정에서 최악의 상황에 빠졌다. 라퐁텐이 '외국인 노동자들'을 언급하거나 SPD 당 비서가 금융투자자들을 '메뚜기떼'라고 불렀을 때 주류 정치 세력(문화계조차)이 보인 과장되게 광분하는 반응은 증상적이다. 그들은 그것을 마치 신-나치의 부활처럼 묘사했다. 이런 총체적인 정치적 맹목성, 좌파와 우파도 구별하지 못하는 이 완벽한 무능력은 그 자체로 정치화에 대한 공포이다. 기존의 탈-정치적 좌표 외부의 어떤 사고 실험에 대해서도 '포퓰리즘적 선동'이라고 치부해 버리는 것은 우리가 실질적으로 새로운 '사고통제'Denkverbot의 시대를 살고 있다는 가장 순수한 증거이다.[3]

이것은 단지 오늘날의 정치적 장이 탈-정치적 행정과 포퓰리즘적 정치화로 양극화되었다는 게 아니다. 상황은 베를루스코니S. Berlusconi가 증명해 보인 것처럼 상반된 세력이 동일한 당 안에 공존할 수 있는 형국이다. 베를루스코니의 전진이탈리아당Forza-Italia은 탈-정치적 포퓰리즘, 즉 스스로를 포퓰리즘적 관점에서 정당화하는 매개적-행정 정부의 전형적인 사례가 아닌가? 그리고 이것은 일정 정도 영국의 신노동당과 미국의 부시 행정부에게도 적용되지 않는가? 달리 말해서, 포퓰리즘은 문화다원주의적 관용을 점진적으로 탈-정치적 행정부에 대한 '자발적인' 이데올로기적 보충물로 대체하는 형식, 즉 문화다원주의의 '유사-응결', 혹은 그것을 개인의 직접적 체험에 호소할 수 있는 형식으로 번역하는 것이 아닌가? 여기서 중요한 사실은 순수한 탈-정치(체제의 정당성을 오로지 '기술관료적' 측면에서만 구하는, 자신을 유능한 행정체계로만 제시하는 체제)란 본질적으로 불가능하다는 것이다. 어떤 정치 체제도 보충적으로 '포퓰리즘적' 자기-정당화의 차원을 필요로 한다.

이것이 오늘날의 포퓰리즘을 전통적인 포퓰리즘과 구별시켜 주는 점이다. 그 차이는 인민을 동원하여 반대하는 적대자의 형상에 있다. 오늘날의 포퓰리즘이 반대하는 것은 '탈-정치'의 발흥, 즉 정치 고유의 차원이 합리적인 이해 조정 행정으로 축소되는 것이다. 최소한 미국과 서유럽 같은 선진국들에서 '포퓰리즘'은 제도화된 탈-정치의 어두운 분신으로 출현하고 있다. 그것을 데리다적 의미에서의 **보충물**supplement이라고 말하고픈 유혹을 느낀다. 그 속에서 제도화된 공간에 부적합한 정치적 요구들이 개진될 수 있는 장 말이다. 이런 의미에서 포퓰리즘에는 그것을

---

3 물론 그 비극은 좌파 정당들이 정도의 차이는 있지만 어떤 실행 가능한 총체적인 변화 프로그램도 없이 순전히 항의만 하는 정당이라는 데 있다.

지탱하는 구성적인 '신비화'가 있다. 그것의 기본 제스처는 상황의 복잡성과 대면하는 것을 거절하는 것, 그것을 유사-구체적인 '적'의 형상('브뤼셀의 관료들'에서부터 불법 이주자까지)과의 분명한 투쟁으로 환원시키는 것이다. 그래서 '포퓰리즘'은 정의상 부정적인 현상, 거절에 기반한 현상, 무력함의 암묵적 승인이라고까지 할 수 있다. 우리 모두는 가로등 아래 흘린 열쇠를 찾아다니는 남자에 대한 농담을 알고 있다. 어디서 잃어버렸냐고 묻자 그는 깜깜한 데서 잃어버렸다고 대답했다. 그런데, 왜 여기 불빛 아래서 찾고 있냐고 물었다. 그랬더니 여기가 훨씬 더 잘 보이는 곳이기 때문이라고 대답했다. 포퓰리즘에는 항상 이런 종류의 속임수가 있다. 이것은 포퓰리즘이 오늘날의 해방적 기획이 등록되어야 할 지대가 아니라는 의미가 아니다. 한 발 더 나아가 오늘날의 해방적 정치의 주된 임무, 그것의 생사를 건 임무는 정치적 동원의 형식을 발견하는 것이라고 제안해야 한다. 비록 그 제도권 정치에 대한 (포퓰리즘 같은) 비판이 포퓰리즘적 유혹을 **회피할**지라도 말이다.

그럼 이것들은 유럽의 뒤섞임과 관련하여 우리를 어디로 데려가는가? 프랑스의 유권자들에게는 분명한 대칭적 선택이 주어져 있지 않다. 왜냐하면 선택지들 자체가 '예'를 특권화하기 때문이다. 엘리트는 일반 국민들에게 어떤 선택을 제안한다. 그런데 그것은 사실, 선택이 아니다. 국민들은 불가피한 것, 즉 계몽된 전문가의 감정 결과를 비준하기를 요구받는다. 미디어와 정치 엘리트는 그 선택을 지식과 무지 사이의 선택, 전문지식과 이데올로기 간의 선택, 탈-정치적 행정과 원형적인 좌/우파적 열정 사이의 선택으로 제시한다.[4] 그래서 '아니오'는 자기 자신의 결과

---

4 탈-정치의 한계는 우파 포퓰리즘의 발흥뿐만 아니라 2005년도 영국의 선거에서도 뚜렷이 드러난다. 토니 블레어의 인기가 급속히 떨어지고 있음에도(그는 영국에서 가장 인기 없는 인물로 뽑히곤 한다) 이와 같은 블레어에 대한 불만이 실제적인 정치적 표현으로 나타나는 통로는 없다. 그런 좌절은 위험한 탈-의회주

들에 대한 근시안적인 반응으로 치부된다. 도래하는 새로운 탈산업사회의 전 지구적 질서에 대한 막연한 공포, 삐걱거리는 복지-국가 체계를 지키려는 보수적인 본능, 어떤 대안적 프로그램도 결여된 거절의 제스처로. 그 공식적 입장이 '아니오'인 유일한 정당들은 정치적 스펙트럼상의 양극단에 있다. 오른편에 르 펜의 국민전선과 왼편에 공산주의자 내지 트로츠키주의자들.

하지만 이 모든 것이 사실이라 하더라도, '아니오'는 일관된 정치적 대안에 의해 지탱되지 않는다는 것은 정치적 엘리트나 미디어 엘리트에게서 나올 수 있는 가장 강력한 비난이며, 인민의 열망과 불만을 정치적 전망으로 번역하지 못하는 그들의 무능력 위에 세운 기념물이다. '아니오'에 대한 반응 속에서 그들은 인민을 전문가의 교훈을 배워야 하는 학습지체 아동으로 여긴다. 그들의 자기-비판은 자기 학생들을 적절히 교육시키는 데 실패했다는 것을 인정하는 교사의 자기비판이다. 이 '소통' 이론(프랑스와 네덜란드의 '아니오'는 계몽된 엘리트가 대중들과 적절히 소통하지 못했다는 것을 의미한다)의 옹호자들이 보지 못하는 것은, 문제의 '아니오'야말로 완벽한 소통의 사례였다는 것, 라캉의 용어로 말해서 발화자는 수신자로부터 자기 자신의 메시지를 전도된, 진실한 형태로 돌려받는다는 것이다. 계몽된 유럽의 관료들은 유권자로부터 그들이 보낸 메시지의 피상성을 진실한 형태로 돌려받는다. 프랑스와 네덜란드에 의해 거부된 유럽 연합 기획은 양대 진영의 장점을 결합함으로써 유럽은 다시 부활할 수 있고 경쟁자들을 물리칠 수 있다는 싸구려 술책을 대변한다. 과학-기술적 현대화 속에서도 유럽 고유의 문화적 전통을 되살려 미국, 중국, 일본과의 경쟁에서 이긴다는 전략 말이다. 만약 유럽이 부활한다면

의적인 폭발을 조장할 뿐이다.

우리는 **그 둘 모두를 상실**하는(근본적으로 의문시된다는 의미에서) 위험을 무릅써야 한다. 과학-기술적 진보라는 물신을 쫓아내는 **한편**, 우수한 문화적 유산에 대한 의존을 중지할 위험 말이다.

그래서 선택은 두 가지 정치적 선택지 사이에서의 선택도 아니지만, 새로운 전 지구적 질서에 적합한 계몽된 현대 유럽에 대한 전망과 지리멸렬한 낡은 정치적 열정 사이의 선택도 아니다. 논평자들이 '아니오'를 당혹감과 두려움의 메시지로 기술할 때 그들은 틀렸다. 오히려 여기서 문제가 되는 두려움은 '아니오' 자체가 유럽의 새로운 정치 엘리트에게 불러일으키는 두려움, 인민들이 더 이상 그들의 '탈-정치적' 전망을 받아들이지 않을 것 같은 두려움이다. 그들을 제외한 나머지 우리에게 그 '아니오'는 희망의 표현이자 희망의 메시지이다. **정치**가 여전히 살아 있고 가능하다는 희망, 새로운 유럽은 어떠해야 하며 어떠해야 하는가에 대한 논쟁은 여전히 활짝 열려 있다는 메시지 말이다. 이것이 우리 좌파가 이 '아니오' 속에서 낯선 네오-파시스트 친구들을 발견하게 된다는 자유주의자들의 빈정거리는 메시지를 거부해야 하는 이유이다. 새로운 포퓰리즘적 우파와 좌파가 공유하는 것은 딱 한 가지다. **본래적 의미에서의 정치가 아직도 살아 있다**는 인식 말이다.

이 '아니오' 속에는 긍정적인 선택이 **있다**. 선택 자체의 선택, 우리에게 오직 자신의 전문 지식을 받아들이거나 우리 자신의 '불합리한' 미숙함을 드러내는 선택지만 제시하는 신엘리트들의 공갈을 거부하는 선택 말이다. 이 '아니오'는 우리가 어떤 종류의 유럽을 원하는가에 관한 실제적인 정치적 논쟁을 시작하겠다는 긍정적 결심이다. 프로이트는 말년에 여성적 섹슈얼리티의 수수께끼에 직면한 자신의 혼란스러움을 인정하면서 "여성이 원하는 것은 무엇인가?"Was will das Weib라는 유명한 질문을 던졌다. 유럽 헌법에 대한 분규 역시 이와 같은 혼미함을 증명하지 않는가?

우리는 어떤 종류의 유럽을 원하는가?

다양한 정치적·문화적, 그리고 스포츠 공식 이벤트에서 울려 퍼지는 유럽 연합의 비공식적 송가는 무엇이든 상징할 수 있는 '텅 빈 기표'와 같은 베토벤 교향곡 9번의 마지막 악장 「환희의 송가」이다. 프랑스에서 그 곡은 로맹 롤랑Romain Rolland에 의해 모든 인민의 형제애에 대한 휴머니즘 송가('인간성의 「라마르세예즈」La Marseilaise')로 고양되었고, 1938년에는 나치의 제국음악축전Reichsmusiktage의 테마곡으로 이후 히틀러 생일에서 연주되었다. 그것은 중국의 문화혁명기, 유럽 고전에 대한 대중적 거부의 열기 속에서도 진보적인 계급투쟁의 단편으로 살아남았으며, 같은 시대 일본에서는 숭배적인 지위까지 획득하여 '시련 속의 환희'라는 메시지로 사회적 조직체 속으로 스며들었고, 1970년대 서독과 동독의 올림픽 팀이 하나의 독일팀으로서 독일 금메달리스트를 위한 송가를 연주해야 했을 때 그 송가가 사용되었으며, 1960년대 후반 아파르트헤이트apartheid를 유지하기 위해 독립을 주장한 이언 스미스Ian Smith의 로디지아Rhodesia 백인 우월주의 체제 역시 그 곡을 자신의 민족주의 송가로 전유했다. (지금은 체포된) 영광의 길Sendero Luminoso 지도자 아비마엘 구즈만Abimael Guzmán은 어떤 음악을 좋아하냐는 질문을 받았을 때 베토벤 교향곡 9번의 네번째 악장이라고 대답했다. 그렇다면 우리는 히틀러에서 스탈린까지, 부시에서 사담까지 모든 불구대천의 원수들이 자신의 차이를 잊고 모두가 같은 곡을 연주하며 환희의 형제애를 느끼는 장면을 상상할 수 있다.[5]

하지만 베토벤의 네번째 악장을 '사회적 용도에 의해 파괴된' 작품으로 치부하기 전에 몇 가지 구조적 특징을 조사해야 한다. 그 4악장 중 세 번의 관현악과 합창의 변주로 이뤄진 중심 멜로디('환희'의 테마)가 첫번

---

5 Nicholas Cook, *Beethoven: Symphony No. 9,* Cambridge: Cambridge University Press, 2003.

째 클라이맥스를 이룬 뒤, 초연 이후 180년이 지난 오늘까지 비평가들을 괴롭힌 어떤 예상치 못한 일이 일어난다. 331소절에서 톤이 완전히 바뀌는데, 장엄한 찬송가풍 진행 대신 똑같은 '환희' 테마가 관악기와 타악기로 구성된 터키식 군악 행진곡풍으로—18세기 군대들이 터키 근위병으로부터 배워 온—반복된다. 변화된 분위기는 카니발적인 대중 행진과 같은 우스꽝스러운 장면의 분위기이다.[6] 이 소절 이후 모든 것은 어긋난다. 4악장 첫번째 파트의 경건한 위엄은 결코 회복되지 않는다.

이 '터키풍' 파트 이후, 그것의 명백한 대위-악장인 내면적 종교로의 침잠 속에서 성가대풍 음악(일부 비평가들이 '그레고리적 화석'Gregorian fossil이라고 비난한 부분)은 무릎을 꿇은 채 서로 부둥켜안고 먼 하늘을 경배하며 천상의 성좌에 사는 아버지 신에게 자애를 갈구하는 무수한 사람들의 이미지("별들이 펼쳐진 하늘 위에는 사랑하는 아버지 주께서 존재해야 한다"überm Sternezelt muss ein lieber Vater wohnen)를 묘사한다. 하지만 'muss'(해야 한다)라는 단어가 처음에는 베이스로, 다음에는 테너와 알토로, 다음에는 소프라노로 반복될 때 그 음악은 마치 반복된 주문 속에서 우리에게 (그리고 자기 자신에게) 겉으로 말해진 것은 진실이 아니라는 것을 확신시키려는 절망적인 시도처럼 보인다. "사랑하는 아버지 주께서 존재해야 한다"라는 구절은 절망적인 탄원 행위로 바뀌고, 그래서 별들이 펼쳐진 하늘 위에는 실은 아무것도 없다는 것, 우리를 보호하고 우리의 형제

---

6 몇몇 비평가들은 「터키 행진곡」(marcia Turca) 시작 반주의 바순과 베이스 드럼의 '부조화스러운 으르렁거림'을 방귀소리에 비교하기까지 한다. Ibid., p.103. 참조. 음악 작품에 담겨 있는 상투적인 외설성의 반향에 대한 역사는 길고도 흥미롭다. 1881년 한슬릭(E. Hanslick)은 차이콥스키의 바이올린 협주곡에 대해 이렇게 썼다. "마지막 부분은 우리를 러시아식 축제의 거칠고 야비한 명랑함 속으로 데려 간다. 우리는 야만적이고 저속한 얼굴을 보게 되고 외설적인 욕설을 듣게 되고 보드카 냄새를 맡게 된다……. 차이콥스키의 바이올린 협주곡은 거기서 지독한 악취를 듣게 되는 그런 음악이 있을 수 있다는 섬뜩한 생각을 노골적으로 떠올리게 한다." (Classic fm, October 2005, p.68. 인용.) 이것에 대한 자연발생적인 분석적 대답은 물론 한슬릭이 노골적으로 떠올리고 있는 것은 바로 **그 자신의** 억압된 섬뜩한 환상들이라는 것이다.

애를 보증할 아버지, 사랑하는 아버지는 존재하지 않는다는 사실을 증명하는 듯하다. 이후 보다 경축적인 분위기로 되돌아가려는 이중 푸가는 그 과도하게 작위적인 발랄함 때문에 뭔가 기만적인 것처럼, 일종의 거짓 종합으로서 이전 파트에서 이미 드러난 **부재**하는 신의 고백을 덮으려는 애처로운 시도로 들릴 수밖에 없다. 그러나 마지막 카덴차cadenza는 그런 시도 중 가장 기괴한 것으로 빠른 로코코rococo풍 스펙터클과 '터키풍' 요소가 결합되어 베토벤답기보다는 차라리 모차르트의 「후궁으로부터의 유괴」Die Entführung aus dem Serail 마지막 악장의 과장된 모방처럼 들린다. (이 모차르트 오페라의 기본적 교훈을 잊지 말자. 거기서 동양적 폭군은 진정한 계몽 군주로 그려진다.) 그래서 마지막 악장은 18세기 후반 고전주의로의 퇴행과 오리엔탈리즘의 기괴한 혼합, 역사적 현재로부터의 이중적 후퇴, 모두를 껴안는 형제애의 환희가 지닌 순수하게 환상적인 성격에 대한 은밀한 인정이다. 만약 문자 그대로 '스스로를 해체하는' 음악이 있다면 바로 이것이다. 그 악장의 첫번째 파트의 고도로 질서 있는 선조적 진행과 두번째 파트의 빽빽하고 이질적이고 비일관적인 성격 사이의 대조보다 강력한 건 없다. 그래서 초연 몇년 후, 1826년에 이미 몇몇 관객들이 마지막 악장을 "인간적 환희라 부를 수 있는 모든 것들에 대한 증오의 축제, 거대한 힘으로 우리의 마음을 갈기갈기 흩트리고 괴물 같은 조롱과 소음으로 신의 섬광을 어둡게 만들어 버리는 위험천만한 모험의 난장"[7]으로 묘사한 것은 놀랄 일이 아니다.

그래서 베토벤 교향곡 9번은 니컬러스 쿡Nicholas Cook이 "미완성 상징들"이라고 부른 것으로 가득 차 있다. 작품 전체(혹은 특정 악장)의 의미

---

[7] 고트프리트 프랑크(Gottfried Frank)의 글귀, Cook, *Beethoven*, p.93. 인용. 물론 이런 구절은 베토벤을 비판하려는 의도가 아니다. 반대로, 우리는 아도르노식으로 이와 같은 4악장의 실패 속에서 베토벤의 예술적 진실함을 발견해야 한다. 보편적 형제애라는 계몽주의적 기획의 실패에 관한 진실한 표식 말이다.

에 대한 과잉의 요소들, 어떤 부가적인 의미가 양산될지 명확히 알 수 없지만 그 의미에 적합하지 않는 요소들 말이다.[8] 쿡이 거론한 부분은 1악장 513소절의 '장례식 행진', 2악장의 갑작스러운 종결, 3악장의 소위 '소름 끼치는 팡파르', 터키식 행진곡, 그리고 4악장의 여러 순간들이다. 이 모든 요소들은 "뮤지컬 시나리오를 흘러넘치는 암시적 의미화로 진동한다."[9] 이것은 단지 그것들의 의미가 주의 깊은 해석을 통해 발견될 수 있다는 게 아니다. 여기서는 텍스트와 의미 사이의 관계 자체가 뒤집힌다. 지배적인 '뮤지컬 시나리오'가 미리 설립된 의미(환희의 찬송, 보편적 형제애 등)를 전달하는 것처럼 보인다면, 여기서 의미는 미리 주어지지 않고 일종의 잠재적 미결정성 안에서 떠도는 듯 보인다. 이것은 거기에 어떤 의미가 **있다는 것**(혹은, 있어야 한다는 것)은 알지만 그 의미가 **무엇**인지는 확정할 수 없는 것과 같다.

그럼 해법은 무엇인가? 유일하게 근본적인 해법은 관점 전체를 바꿔서 4악장의 첫번째 파트를 의문시하는 것이다. 상황은 '터키 행진곡'풍으로 등장하는 331소절에서부터 잘못되어 간 게 아니라 처음부터 잘못되어 왔다. 우리는 그 송가 안에 어떤 멋없는 기만이 있다는 것, 그래서 331소절 이후에 발생한 혼란은 일종의 '억압된 것의 회귀', 처음부터 잘못되어 온 것의 증상이라고 받아들여야 한다. 우리는 「환희의 송가」를 너무 많이 순화해 온 게 아닐까? 우리는 너무 당연하게 그것을 기쁨에 넘치는 형제애의 상징으로 사용해 온 게 아닐까? 우리는 그것을 새롭게 대면해서 그 안에 있는 모종의 허위를 거절해야 하는 게 아닐까?

오늘날 수많은 수신자들은 그 송가의 공허한 거만함과 젠체하는 성

---

8 Cook, *Beethoven*, p. 103.
9 메이너드 솔로몬(Maynard Solomon), Ibid., p.93에서 재인용.

격, 얼마간 우스꽝스러운 장엄함에 더 이상 감동할 수 없다. 이 송가가 TV에서 연주되는 장면을 상상해 보라. 비대하고 자기-만족적인 잘 차려 입은 가수들이 목에 핏대를 세우고 우스꽝스런 손놀림을 하며 가능한 한 큰 목소리로 그 숭고한 메시지를 전달하려고 노력하는 장면 말이다. 이들 수신자들이 정말 **옳은** 게 아닐까? 진짜 외설적인 것은 터키 행진곡풍 소절 **이후**가 아니라 그 **이전**에 이미 일어난 게 아닐까? 우리는 전체 관점을 바꾸어서 그 행진곡을 일상 규범으로의 회귀로, 즉 터무니없는 엄숙함의 전시를 중단시키고 지상으로 돌아가게 하는, 이를테면 "인간의 형제애를 경축하고 싶어? 그렇다면 여기 있지. 실재 인간성……"이라고 말하는 것으로 지각한다면 어떨까?

오늘날 유럽도 마찬가지가 아닌가? 최상층에서부터 (벌레 같은) 최하층까지 모두 초대한 후 두번째 악절이 음산하게 끝난다. "그러나 그것도 즐기지 못하는 자는 눈물 흘리며 발소리 죽여 떠나네." 비공식적인 유럽 찬가로서 베토벤의 「환희의 송가」가 사용되는 것의 아이러니는 물론, 오늘날 통합의 가장 큰 방해원인이 터키라는 데 있다. 대부분의 여론에 따르면 프랑스와 네덜란드의 마지막 국민투표에서 '아니오'라고 한 이유 중 하나가 터키 때문이다. 그 '아니오'는 우파 포퓰리즘적 관점에 근거한 것일 수도 있고(우리의 문화를 위협하는 터키에 대한, 터키의 값싼 이주노동자에 대한) 자유주의-다문화주의에 근거한 것일 수도 있다(터키는 쿠르드족을 대하는 태도에서 인권에 대한 충분한 존중을 보여 주지 않았기에 가입할 수 없다). 반대로 '예스'는 베토벤의 마지막 카덴차처럼 허위적이다. 오늘날 터키 문제는 전 지구적 자본주의를 이해하는 데 있어서 매우 중요하다. 세계화의 정치적 옹호자는 터키 국무총리 에르도간이 이끄는 '온건' 이슬람주의 집권당이다.[10] 완전한 주권 민족-국가 건설에 입각하여 세계화에 전적으로 흡수되는 것에 저항하는(또한 터키의 유럽연합 가입에 대해 염려하는) 자들은 급진 민족주의자들과 세속 케말주의자Kemalist 이다. 이에 반해 이슬람주의자들은 그들의 종교-문화적 정체성과 경제적 세계화를 결합하는 것이 어렵지 않다고 생각한다. 특수한 문화적 정체성을 주장하는 것은 세계화에 대한 장애물이 아니다. 진정한 장애물은 초문화적 민족-국가 보편주의이다.

그럼 터키는 유럽연합에 가입되어야 하는가? 아니면 '연합 바깥에서 발소리 죽이며 눈물을 흘리고' 있어야 하는가? 유럽은 '터키식 행진곡'을 견딜 수 있는가? 베토벤 교향곡 9번 마지막 악장에서처럼 진정한 문제는 터키가 아니라, 기본 멜로디 자체, 즉 브뤼셀의 탈-정치적 기술관료 엘리트에 의해 연주되는 유럽연합의 노래 자체가 아닌가? 우리에게 필요한 것은 완전히 새로운 멜로디, 새로운 유럽의 정의 자체이다. 터키의 문제, 터키를 어떻게 다뤄야 할까 하는 유럽연합의 혼란은 터키에 대한 게 아니라 유럽은 무엇인가에 대한 문제이다.

그럼 오늘날 유럽의 곤경은 무엇인가? 유럽은 유럽과 미국의 협공에 포위당해 있다. 미국과 유럽은 형이상학적인 관점에서 보면 둘 다 제약 없는 테크놀로지에 맹목적으로 열광하고 일반 서민의 연대 조직이 없다는 점에서 같다. 지구의 가장 구석이 기술적으로 점령되고 자본주의적으로 착취될 수 있을 때, 어떤 장소에서나 어떤 시간에나 가장 빠르게 원하는 사건에 접근할 수 있게 될 때, TV 생방송을 통해 이라크 사막에서의 전쟁과 베이징에서의 오페라 연주를 동시에 '경험할' 수 있을 때, 전 지구적 디지털 네트워크 안에서 시간이 오직 속도, 즉각성, 동시성 외에 다른 게 아니게 될 때, 리얼리티 TV쇼의 승자가 사람들의 영웅으로 존경받을 때, 이 모든 소동 위에 마치 유령처럼 흐릿하게 나타나는 질문이 있다. "뭘 위

---

10 Cihan Tugal, "NATO's Islamists", *New Left Review 44*, Mar.~Apr. 2007.

해서?" "우리는 어디로 가는가?" "뭘 해야 하는가?"[11]

그래서 우리 유럽인들에게는 고대 그리스와 유대-기독교에서부터 최근의 쇠락한 복지국가 이데아까지 유럽의 과거 전체를 통틀어 볼 수 없었던 것과의 하이데거가 말한 해석학적 대면Auseinandersetzung이 필요하다. 오늘날 유럽은 소위 앵글로 색슨 모델, 즉 '근대화'의 수용(새로운 지구적 질서의 규칙을 따르는 것)과 프랑스·독일 모델, 즉 가능한 한 '낡은 유럽적' 복지국가를 지키는 것으로 분열되어 있다. 서로 대립적이지만 이 두 모델은 동전의 양면으로, 우리의 진정한 길은 과거의 이상화된 형식으로의 회귀도 아니고—이러 모델들은 이미 완전히 고갈되어 버렸기 때문에—만약 세계적 권력을 유지하려면 가능한 한 빨리 최근의 세계화 흐름에 적응해야 한다고 유럽인들을 확신시키는 것도 아니다. 또한 우리는 가장 나쁜 선택지로, '유럽의 얼굴을 한 세계화'라고 부를 수 있는 것을 형성하기 위해 유럽적 전통과 세계화를 '창조적으로 종합'하는 것을 추구하고픈 유혹을 떨쳐 버려야 한다.

모든 위기는 그 자체로 새로운 출발의 자극이다. 모든 (유럽연합의 금융 재조직을 위한) 단기 전략과 실용적 계산의 실패는 숨어 있던 축복이자 토대 자체를 다시 사유할 기회이다. 우리에게 필요한 것은 반복을-통한-회복Wieder-Holung이다. 유럽의 전통 전체와의 비판적 대면을 통해 우리는 "유럽은 무엇인가?"라는 질문, 혹은 "우리에게 유럽인이 된다는 것은 어떤 의미인가?"라는 질문을 반복함으로써 새로운 출발을 정식화해야 한다. 이 과제는 어렵다. 그것은 우리로 하여금 미지의 것 속으로 걸어가는 위험을 감수하도록 한다. 그러나 이렇게 하지 않을 때의 유일한 대안은

---

11 하이데거의 사유에 대해 약간이라도 친숙한 사람이라면 이 구절에서 쉽게 Martin Heidegger, *Introduction to Metaphysics,* New Haven, CT: Yale University Press, 2000, pp.28~29에 나온 유명한 구절의 아이러니한 변주를 인식할 수 있을 것이다.

천천히 쇠락하는 것, 로마 제국의 성숙을 위해 그리스가 그랬듯이 아무런 실효성도 없이 그저 향수 어린 문화적 관광지로 변모해 가는 것뿐이다.[12]

보통 유럽의 갈등은 유럽 중심주의적 기독교 강경파와 자유주의 다문화주의자들, 즉 유럽연합의 문을 좀더 넓게 열어서 터키와 그 이상으로까지 확대하기를 원하는 자들 사이의 갈등으로 묘사되곤 한다. 이런 갈등이 틀렸다면 어쩌겠는가? 폴란드의 경우는 우리로 하여금 유럽의 문을 더욱 **좁히도록**, 즉 폴란드 기독교 근본주의를 배제하는 방식으로 유럽을 재정의하도록 한다. 아마 지금은 터키에 대한 기준과 동일한 기준을 폴란드에게도 적용해야 할 것이다. 상류층의 마주르카mazurka는 하류층의 터키 행진곡만큼이나 이질적으로 느껴질 것이다.

그래서 교훈은 분명하다. 근본주의적 포퓰리즘이 좌파적 꿈의 부재한 공백을 채우고 있다. 도널드 럼즈펠드의 낡은 유럽과 새로운 유럽에 관한 유명한 진술은 예상치 못한 현실성을 획득하고 있다. '새로운' 유럽의 윤곽은 기독교 포퓰리즘적 근본주의, 뒤늦은 반-공산주의, 타인종 혐오, 동성애 혐오를 가진 대다수 구-공산권 국가들(폴란드, 발틱 국가들, 루마니아, 헝가리……)의 등장으로 현실화하고 있다.

하이데거의 의도와는 달리 그의 주장이 옳았다는 가설을 제시해야 할 만한 또 다른 요점은, 이런 곤경에 대한 답은 민주주의가 아니라는 것이다. 『문화의 정의에 대한 노트』*Notes Towards a Definition of Culture*에서 T. S 엘

---

12 2005년 3월 펜타곤은 미국의 전 지구적인 군사적 지배를 위한 계획을 담은 일급비밀 문서의 요약본을 방출했다. 그것은 단지 '예방적' 차원의 방어 행위라는 연약한 개념을 넘어 보다 '도발적인' 전쟁을 겨냥한 것이다. 그것은 네 가지 핵심 과제를 제시하고 있다. 첫째, 내부 테러리스트의 위협에 대한 방어에 실패한 국가들과의 공동협력을 위한 전쟁. 둘째, 미국 본토 공격을 계획하고 있는 테러리스트 집단에 대한 선제공격까지 포함한 본토 방어. 셋째, 중국이나 러시아 같은 전략적 기로에 있는 나라들의 선택에 영향을 주기 위한 전쟁. 넷째, 적성 국가들과 테러리스트 집단의 대량 살상무기 획득을 예방하기 위한 전쟁. 유럽은 과연 강력한 로마 제국의 지배하에서 빈혈증 걸린 그리스의 역할에 만족하며 이 계획을 받아들일 것인가?

리엇은 유일한 선택이 종파주의와 비-신앙 사이의 선택인 순간이 있다고 말한다. 종교를 유지하는 유일한 방법이 주류 체제로부터의 종파주의적 분열에 참여하는 것인 때가 그런 순간이다. 이것이 오늘날 우리의 유일한 기회이다. 표준적인 유럽적 유산으로부터의 '종파주의적 분열'을 통해, 쇠락해 가는 낡은 유럽의 몸체로부터 우리 자신을 떼어 냄으로써 우리는 유럽적 유산을 되살릴 수 있다. 그런 분열은 우리가 처해 있는 곤경을—보통 '새로운 전 지구적 질서'와 '현대화'라는 단어로 지칭되는 현상들을—협상 불가능한 사실 내지 운명으로 여기는 우리의 전제 자체를 의문에 부칠 수 있다. 거칠게 말해서, 만약 지금 나타나고 있는 새로운 세계질서가 반박할 수 없는 우리 모두의 조건이라면 유럽은 사라져 버린다. 그래서 유럽의 유일한 해법은 이 운명의 주문을 깨부수는 것이다. 이 새로운 재구축 안에서 신성불가침한 것은 **아무것도** 없다. 경제적 '현대화'의 필요도, 가장 신성한 자유롭고 민주주의적인 물신들도 신성불가침한 것은 아니다.

그래서 프랑스와 네덜란드의 '아니오'는 일관되고 세부적인 대안적 전망을 지니고 있지 않지만 적어도 그것을 위해 **공간을 청소한다**. 즉, 우리에게 행정적-정치적 기정사실만을 제시하면서 실제적으로는 자유로운 **사유를 가로막는** 헌법 찬성론의 입장과 대조적으로, 그 '아니오'는 새로운 기획들로 채워야 할 텅 빈 공간을 형성한다. 프랑스의 '아니오'가 유럽에 대해 염려하는 우리 모두에게 던지는 메시지는 이렇다. 밝은 빛깔의 자유주의-다문화주의적 포장지를 씌워 우리에게 자신의 전문지식을 팔아먹는 익명의 전문가들은 우리의 사유를 가로막을 수 없다. 우리, 유럽 시민들은 지금이야말로 우리가 무엇을 원하는가에 대한 정치적 결정을 내려야 할 때라는 사실을 깨달아야 한다. 어떤 계몽된 행정가들도 우리를 대신해서 그것을 해줄 수 없다.

…… 하지만 이론에서는 좋지 않다

그래서 프랑스와 네덜란드의 '아니오'는 포퓰리즘의 이야기에서 마지막 장을 제시한다. 계몽된 자유주의-테크노크라트 엘리트에게 포퓰리즘은 고유하게 '원-파시즘적'인 것으로, 정치적 이성의 붕괴이자 맹목적인 유토피아적 열정의 분출이라는 형태로 나타난 폭동으로 보인다. 이런 의혹에 대한 가장 쉬운 답변은 포퓰리즘 자체는 중립적이라는 것이다. 포퓰리즘은 서로 다른 정치적 참여들로 통합될 수 있는 선험적-형식적 정치 **장치**dispositif와 같은 것이다. 이 선택지는 에르네스토 라클라우에 의해 세부적으로 검토되었다.[13]

라클라우에게 자기지시성의 훌륭한 사례인 헤게모니 절합articulation의 논리는 포퓰리즘과 정치 사이의 개념적 대립에도 적용된다. 즉 '포퓰리즘'은 정치에 있어서 라캉의 대상 a로서, 정치적인 것의 보편적 차원을 대변하는 특수한 형상이다. 포퓰리즘이 정치적인 것을 이해하는 '왕도'인 이유가 바로 여기에 있다. 헤겔은 보편적인 것이 자신의 특수한 내용의 일부와 중첩되는 것에 대해서 '대립적 규정'gegensätzliche Bestimmung이라는 용어를 사용했다. 이 지점에서 보편적 유類는 그것의 특수한 종들 가운데서 자기 자신과 대면한다. 포퓰리즘은 특수한 정치 운동이 아니라 가장 순수한 차원에서 정치적인 것, 어떤 정치적 내용으로도 작용할 수 있는 사회적 공간의 '만곡'inflection이다. 그것의 요소들은 순수하게 형식적·'선험적'이지, 존재적이지는 않다. 포퓰리즘은 특수한 '민주주의적' 요구들(보다 좋은 사회적 안전, 공공 서비스, 낮은 세금, 전쟁 반대 등)이 일련의 등가물로 꿰어져 이 사슬이 '인민'the people을 보편적 정치 주체로 생산할 때

---

13 Ernesto Laclau, *On Populist Reason*, London: Verso, 2005.

발생한다. 포퓰리즘을 특징짓는 것은 이런 요구들의 존재적 내용이 아니라 순전히 형식적인 사실, 그 요구들의 사슬을 통해 '인민'이 정치적 주체로 출현하고 다른 모든 특수한 갈등과 적대들은 '우리'(인민)와 '그들' 사이의 총체적인 적대적 갈등의 일부로 나타난다는 사실에 있다. 다시 '우리'와 '그들'의 내용은 미리 규정될 수 없고 정확히 헤게모니 투쟁에 달려 있다. 폭력적인 인종주의와 반-유대주의 같은 이데올로기적 요소들조차 '그들'이 구성되는 포퓰리즘적 등가물의 연쇄 속에 기입될 수 있다.

이제 라클라우가 계급투쟁보다 포퓰리즘을 선호하는 이유가 분명해졌다. 포퓰리즘은 그 내용과 내기 자체가 우연적인 헤게모니 투쟁에 의해 결정되는 열린 투쟁의 중성적이고 '선험적인' 모체를 제공한다. 이에 반해 '계급투쟁'은 특수한 사회적 집단(노동계급)을 특권적인 정치적 행역자로 전제한다. 이 특권 자체는 헤게모니 투쟁의 산물이 아니라, 이 집단의 '객관적인 사회적 위치'에 근거한다. 그래서 이데올로기-정치 투쟁은 궁극적으로 '객관적인' 사회적 과정, 권력 그리고 갈등의 부수현상으로 환원된다. 이와 반대로 라클라우에게 몇몇 특수한 투쟁이 모든 투쟁의 '보편적 등가물'로 고양되는 것은 미리 결정되는 게 아니라 그 자체로 헤게모니를 향한 우연적인 정치투쟁의 결과이다. 어떤 배치 안에서 이 투쟁은 노동자 투쟁일 수 있고, 다른 배치에서는 애국적 반-식민주의 투쟁일 수 있으며, 또 다른 배치에선 문화적 관용을 위한 반-인종주의 투쟁일 수 있다. **어떤 특수한 투쟁의 고유한 실정적 특질들 안에는 그런 헤게모니적 역할을 부여할 만한 것이라고는 전혀 없다.** 모든 투쟁의 '일반적 등가물'로서의 역할 말이다. 그래서 헤게모니 투쟁은 보편적 형식과 다양한 특수한 내용들 간의 해소 불가능한 간극뿐 아니라 이런 내용들 중 하나가 보편적 차원의 직접적 구현으로 '실체변환'transubstantiated하는 우연적인 과정이 전제되어 있다. 가령 (라클라우 본인의 사례) 1980년 폴란드에선 자유노조Solidarność에 대한 요구가 공산주의 체제에 관한 인민의 총체적 거부의 구현이었다. 그래서 모든 서로 다른 반-공산주의 반대(자유-민주주의 형태를 통한 보수-민족주의적 반대와 문화적 반체제에서부터 좌파 노동자들의 저항에 이르기까지)가 '자유노조'라는 텅 빈 기표에서 자신을 발견했다.

이것이 라클라우가 자신의 입장을 점진주의(정치적인 것의 차원 자체를 축소시켜 결국 남는 것은 서로 다른 사회적 공간 안에서 특수한 '민주주의적' 요구들의 점진적 실현밖에 없는)뿐만 아니라 최종적으로 자기-화해적인 사회를 초래할 전면적 혁명이라는 반대되는 이상과도 구별하는 방식이다. 이 양극단의 입장이 놓치고 있는 것은 어떤 특수한 요구가 '사물의 위험으로 고양되는', 즉 '인민'의 보편성을 대변하게 되는 헤게모니 투쟁이다. 그래서 정치의 장은 '텅 비어 있고' '이리저리 떠도는' 기표들 사이의 해소 불가능한 긴장 속에 사로잡힌다. 어떤 특수한 기표들이 '텅 비어 있는' 것으로 작용하기 시작하면서 직접적으로 보편적 차원을 체현하고, 수많은 '떠도는 기표'들을 총체화하는 등가물의 연쇄를 짠다.[14] 라클라우는 (헤게모니 권력 담론은 대중적 요구의 연쇄를 통합할 수 없다는 사실에 의해 조건 지어진) 포퓰리즘적 항의 투표의 '존재론적' 필요와 이런 투표가 결착된 우연한 존재적 내용 사이의 간극을 동원하여 1970년대까지 국민전선의 우파 포퓰리즘보다 공산당을 지지했던 프랑스 유권자들

---

14 이런 구분은 마이클 왈저가 제시한 '두꺼운' 도덕과 '얇은' 도덕 간의 구분과 상동적이다(Michael Walzer, *Thick and Thin*, Notre Dame, IN: University of Notre Dame Press, 1994. 참조). 그는 1989년 공산주의 체제를 뒤흔든 프라하의 대규모 시위를 사례로 제시한다. 거기서 시위대 대다수의 기치는 단지 '진실', '정의' 혹은 '자유'와 같은 공산주의자들도 동의할 일반적인 슬로건들로 요약된다. 물론, 그 슬로건의 난점은 그 일반적 슬로건의 이면 텍스트 속에서 인민들이 의미하고자 한 '두꺼운'(특수한, 한정적인) 요구들(언론 자유, 복수정당 선거……)에 있다. 간단히 말해서, 그 투쟁은 단지 자유와 정의를 위한 투쟁이 아니라 그 단어들의 의미에 대한 투쟁이다.

의 여론 변화를 설명한다.¹⁵ 이런 해석의 우아함은 그것이 극우파와 '급진적' 좌파 사이의 '보다 심오한(물론, 전체주의적인) 연대'라는 지겨운 주제로부터 벗어나게 해준다는 데 있다.

라클라우의 포퓰리즘 이론은 (사회적 이론에서는 불행히도 매우 드물게) 개념적 설득력을 갖춘 두드러진 사례이지만 두 가지 문제적인 특징을 주목해야 한다. 첫번째는 포퓰리즘에 대한 그의 정의 자체와 관련되어 있다. 그가 열거하는 형식적 조건들은 '포퓰리즘'이라고 부르는 현상을 충분히 설명하지 못한다. 여기에 덧붙여야 하는 것은 포퓰리즘 담론이 적대를 전치시키고 적을 구성하는 방식이다. 포퓰리즘은 적을 실정적인 (비록 이 적이 유령 같을지라도) 존재론적 실체로 외부화/구체화하여, 그 적의 절멸을 통해 균형과 정의가 회복될 것이라고 주장한다. 이와 대칭적으로 우리 자신의—포퓰리즘적 정치 행위자들의—정체성 역시 적의 공격에 선재先在하는 것으로 인식된다. 왜 차티스트 운동이 포퓰리즘에 들어가는지에 대한 라클라우 자신의 분석을 보자.

> 그 운동의 핵심 유발동기는 사회의 악을 경제 시스템에 내재한 것으로 보지 않고, 정반대로 투기적이고 기생적인 정치권력 집단의 권력 남용을 사회의 악으로 규정한 데 있다. 윌리엄 코베트William Cobbet가 "오래된 타락"이라고 불렀던 게 그것이다. (……) 이러 이유로 지배계급의 가장 두드러진 특징은 나태함과 기생성이 되었다.¹⁶

달리 말해서, 포퓰리스트에게 문제의 원인은 궁극적으로 시스템 자

---

15 Laclau, *On Populist Reason*, p.88.
16 Ibid., p.90.

체가 아니라 그것을 타락시키는 침입자(자본가 자체가 아니라, 금융 사기꾼)이며, 구조 자체에 기입된 치명적 결함이 아니라 구조 안에서 자기 역할에 충실하지 않은 어떤 요소이다. 이와 반대로 맑스주의자에게(프로이트주의자도 마찬가지) 병리적인 것(어떤 요소들의 비정상적인 일탈성)은 정상적 규준의 증상이다. 즉 그것은 '병리적'으로 분출할 위험이 있는 구조 내부의 오류 표시자이다. 맑스에게 경제 공황은 자본주의의 '정상적' 작동을 이해하기 위한 열쇠이다. 프로이트에게 히스테리적 폭발과 같은 병리적 현상은 '정상적' 주체 형성(그리고 그것을 유지시키는 숨겨진 적대)의 열쇠를 제공한다. 이것이 또한 파시즘이 결정적으로 포퓰리즘인 이유이다. 파시즘에서의 유대인 형상은 개인들에게 (이질적이고 비일관된) 경험된 위협들의 연쇄를 묶는 등가 지점이다. 유대인은 너무나 지적인 동시에 더럽고 성적으로 게걸스럽고 고되게 노동하며 금융 착취적이다……. 여기서 우리는 라클라우가 언급하지 않은 포퓰리즘의 또 다른 핵심 특질과 대면한다. 포퓰리즘적 주인 기표는—그가 올바르게 지적했듯이—적에 대해 텅 비고 모호하고 불명확한 것만은 아니다.

> 과두독재가 사회적 요구들의 좌절에 책임이 있다고 말하는 것은 사회적 요구들 그 자체로부터 쉽게 도출될 수 있는 어떤 것을 진술하는 게 아니다. 그것은 그와 같은 사회적 요구들 **바깥에서**, 그것들이 등기될 수 있는 담론에 의해 부여된다. (……) 바로 여기서 등가적 결합의 형성에 이어 텅 비어 있음의 계기가 필연적으로 발생한다. 그런 이유로 '모호함'과 '불명확함'은 어떤 주변적이거나 원시적인 상황에서 비롯된 게 아니라, 정치적인 것의 본성 안에 등기되어 있다.[17]

---

17 Laclau, *On Populist Reason*, pp.98~99.

또한, 포퓰리즘에서 이런 '추상적' 성격은 언제나 적으로 선택된 형상, 인민에 대한 모든 위협의 배후에 있는 단일한 행위자에 대한 **유사-구체성**pseudo-concreteness으로 보충된다. 오늘날 우리는 타자기 글자판이 종이를 치는 소리뿐만 아니라 타자를 칠 때 손가락에 느껴지는 저항까지 인공적으로 모방한 키보드가 달린 컴퓨터를 살 수 있다. 유사-구체성에 대한 이보다 더 좋은 사례가 있을까? 사회적 관계뿐만 아니라 테크놀로지 역시 점점 불투명해지는(누가 개인용 컴퓨터 안에서 일어나는 일을 시각화할 수 있을까?) 오늘날 개인들로 하여금 자신의 복잡한 환경을 마치 의미 있는 생활세계인 양 경험할 수 있게 인위적으로 구체성을 창조하려는 열망이 있다. 이것은 애플사가 컴퓨터 프로그램에서 내딛고 있는 걸음이다. 데스크탑 아이콘들의 유사-구체성 말이다. 그래서 기 드보르Guy Debord의 '스펙터클 사회'에 대한 오래된 공식은 새롭게 해석되고 있다. 이미지는 우리 주변의 오래된 생활세계와 새로운 인위적 세계를 분리하는 간극을 메우기 위해, 이 새로운 세계를 '순화하기' 위해 창조된다. 그리고 우리를 지배하는 다양한 익명적 힘들을 응축한 '유대인'이라는 포퓰리즘적 형상의 유사-구체성은 오래된 타자기의 키보드를 흉내 낸 컴퓨터 키보드와 유사하지 않은가? 유대인이라는 적의 형상은 스스로를 좌절된 것으로 체험하는 사회적 요구들의 영역 외부로부터 출현한다.

라클라우의 포퓰리즘 정의에 대한 이런 보충은 결코 모종의 존재 차원으로의 퇴행을 함축하지 않는다. 포퓰리즘은 어떤 내용에 결부된 게 아니라 특정한 형식적 정치 논리라는 라클라우의 명제를 받아들이면서도 어떤 실정적 존재로 그 적대를 '구현하는' (다른 특징들과 마찬가지로 '선험적'인) 특징을 보충함으로써 우리는 여전히 형식적-존재론적 차원에 남아 있다. 포퓰리즘은 정의상 최소한의 가장 기본적인 이데올로기적 신비화 형식을 포함한다. 이것이 포퓰리즘은 서로 다른 정치적 변형이 가능한 정치적 논리의 형식적 모체/틀임에도 불구하고 그것이 개념적 본질상 내재적인 사회적 적대를 통합된 '인민'과 외부의 적 사이의 적대로 전치시키는 한에서 '최후의 순간'에 원형적-파시즘으로 귀결될 수밖에 없는 이유이다.[18]

간단히 말해서 나는 라클라우가 포퓰리즘을 형식적-개념적 방법으로 정의하려고 하고, 최근의 저작에서 자신의 입장을 '급진적 민주주의'에서 '포퓰리즘'으로 분명히 옮긴 것(이제 그는 민주주의를 시스템 **내부의** 민주적 요구의 계기로 축소한다)을 찬성한다. 하지만 그에게서 분명히 드러난 것처럼, 포퓰리즘 역시 반동적일 수 있는 것이다. 그럼, 우리는 어떻게 구분선을 그어야 할까?[19] 형식적-개념적 차원에서 구분선을 긋는 방법이 있는가? 나의 입장은 '있다'는 쪽이다.

정치적 주체로서의 인민을 위한 행위와 인민의 구성 모두 그 자체로는 포퓰리즘이 아니다. 라클라우가 사회는 존재하지 않으며, 인민도 존재하지 않는다고, 그리고 포퓰리즘의 문제는 그 지평 속에서 인민이 **존재하는** 것이라고 즐겨 강조한 것처럼, 인민의 존재는 그것의 구성적 예외에

---

18 우고 차베스 체제에 공감하는 많은 사람들은 차베스의 현란하다 못해 때로는 어릿광대 같기도 한 스타일과 미국 지원하의 쿠데타에 의해 실각했을 때 놀랍게도 그에게 권력을 되돌려 준 가난하고 배제된 사람들의 대중적인 자율-조직 운동과 대조하기를 좋아한다. 이런 관점은 앞의 어릿광대짓 없이 후자의 대중운동만 가질 수 있다고 생각하는 데서 결정적인 오류를 내포한다. 대중운동은 카리스마적인 지도자라는 동일화 형상을 **필요로** 한다. 차베스의 한계는 다른 데, 그가 자신의 임무를 수행할 수 있게 해준 바로 그 요인인 오일 머니에 있다. 오일은 그 자체로 저주는 아니더라도, 나쁜 측면까지 지닌 은총과도 같은 것이다. 이런 오일 머니 덕분에 그는 자신의 포퓰리즘적 제스처를 계속 수행할 수 있었다. 그 제스처의 '대가를 완전히 치르지 않고서', 사회-경제적 차원에서 실제적으로 새로운 것을 창안하지 않고서 말이다. 돈은 실재적으로 행동하는 게 아니라 근본적인 변화를 연기하기만 하면서, 모순적인 정치(자본주의 체제의 근간은 건드리지 않는 포퓰리즘적 반-자본주의 정책들)를 가능하게 만든다. (차베스는 그의 반-미국적인 수사에도 불구하고 베네수엘라와 미국 사이의 협약이 제대로 지켜지는지 항상 걱정한다. 그는 실로 '기름을 가진 피델'이다.)
19 우리는 쉽게 제도화된 민주주의 권력 블록과 그에 반대하는 포퓰리즘 블록 간의 긴장으로 조성된 상황을 상상할 수 있다. 그 속에서 우리는 틀림없이 제도화된 민주주의 블록 쪽을 선택할 텐데, 그런 상황은 이를테면, 자유-민주주의적 권력 체제가 대규모의 인종주의-포퓰리즘 운동에 의해 위협받는 상황이다.

의해, 적을 실정적 침입자/장애물로 **외재화**시킴으로써 보증된다. 그래서 진정으로 민주주의적인 인민의 참조 공식은 칸트의 "목적 없이 그 자체가 목적"Zweckmässigkeit ohne Zweck인 미에 대한 정의이다. 인민 없는 인민성, 즉 인민의 온전히 실체적인 정체성을 획득하지 못하게 방해하는 구성적 적대에 의해 갈라지고 방해받은 인민성 말이다. 이것이 포퓰리즘이 본연적 의미의 정치적인 것을 대변하기보다는 언제나 정치적인 것의 최소한의 **탈-정치화** 내지 '자연화'를 포함하는 이유이다.

이것이 샹탈 무페가 "민주주의의 역설"이라고 부른 것의 대칭적 전도라 할 권위주의적 파시즘의 근본적 역설을 설명해 준다. 만약 (제도화된) 민주주의의 내기가 적대적 투쟁 자체를 제도화된/차별화된 공간 속에 통합하는 것이라면, 즉 그것을 통제된 경쟁으로 통합하는 것이라면, 파시즘은 정반대 방향으로 나아간다. 파시즘은 그 활동 양태에 있어서 적대의 논리를 극단으로 밀어붙이지만(자신과 적 사이의 '목숨을 건 투쟁'에 대해 이야기하고—비록 실현되지는 않지만—복잡한 법적-제도적 채널을 무시하고 '인민의 직접적 압력'과 최소한의 비제도적 폭력의 위협을 견지하면서) 궁극적으로는 정반대로 위계적인 사회적 체제를 정치적 목적으로 삼는다(파시즘이 항상 유기적-조합주의적 은유에 의존하는 것은 놀랄 게 없다). 이런 대조는 라캉의 "언표행위의 주체"와 "언표된 주체(내용)" 사이의 대립을 통해 잘 설명된다. 민주주의자는 적대적 투쟁을 자신의 목적(라캉식으로 자신의 언표된 내용)으로 인정하지만 그것의 절차는 규제적-체계적이다. 반대로, 파시즘은 위계적으로 구조화된 헤게모니를 목적으로 삼지만 그 수단은 제약되지 않은 적대이다.

유사한 방식으로 중간계급의 모호성, 그 구현된 모순(맑스가 프루동에 관해 언급한 것처럼)은 그것이 정치와 관련 맺는 방식에 의해 가장 잘 보여진다. 한편으로 중간계급은 정치화에 대해 적대적이다. 중간계급은 단지 자신의 삶의 방식을 지속하길 원하고 평화 속에서 자신의 삶과 노동을 지속하길 원한다. 이것이 중간계급이 사회의 미친 듯한 정치적 동원을 끝장내고 모든 사람들이 자신의 직책으로 되돌아갈 수 있도록 하겠다는 권위주의적 세력의 약속을 지지하는 이유이다. 다른 한편, 중간계급의 구성원들은—사멸해 가는 헌신적·애국주의적·도덕적 다수파의 형태로—우파 포퓰리즘의 형태로 풀뿌리 대중동원의 주된 선동자이다. 가령, 오늘날 프랑스에서 진정으로 탈-정치적 기술주의-휴머니즘 행정을 교란하는 유일한 세력은 르펜의 국민전선이다.

포퓰리즘은 궁극적으로 항상 평범한 인민의 좌절과 격분에 의해, "나는 뭐가 어떻게 진행되는지 몰라. 내가 아는 것은 단지 내가 최선을 다했다는 거야. 이대로 계속될 수는 없어. 멈춰야 해!"에 의해 지속된다. 참을 수 없는 분노, 이해에 대한 거절, 복잡성에 대한 격분, 모든 혼란의 책임을 진 누군가가 존재한다는 확신에 의해 포퓰리즘은 지속된다. 현상적 장면 뒤에서 그것을 설명해 줄 어떤 행역자가 요구되는 이유가 여기에 있다. 거기에, 이 앎에 대한 거절에, 포퓰리즘의 고유하게 **물신주의적인**fetishistic 차원이 있다. 다시 말해서, 순수하게 형식적인 차원에서 물신은 (물신적 대상으로의) 전이의 제스처를 함축한다. 그것은 표준적인 전이 공식(안다고 가정된 주체로의 전이)의 역전으로 기능한다. 물신이 구현하는 것은 정확히 앎에 대한 부인, 내가 아는 것에 대한 주관적 인정의 거절이다. 거기에 물신과 증상의 차이가 있다. 증상은 억압된 지식, 주체가 받아들일 수 없는 주체에 대한 진실을 구현한다. 이것이 프로이트가 어떻게 여성이 페니스를 갖고 있지 않다는 사실을 알아차리기 직전에 본 마지막 대상이 물신이 되는지에 대해 성찰한 이유이다. 그것은 주체의 무지에 대한 마지막 지지물이다.[20]

라클라우의 분석이 지닌 또 다른 결함도 이것과 연관된다. 포퓰리즘

분석의 최소단위는 '사회적 요구'social demand(사회적 요구와 사회적 청원이라는 두 가지 의미를 가진)라는 범주이다. 요구라는 단어를 사용한 이유는 분명하다. 요구의 주체는 이 요구의 제기를 통해 구성된다. 그래서 '인민'은 요구의 등가적 연쇄를 통해 구성되는, 요구 제기의 수행적 결과이지 그에 앞서는 집단이 아니다. 라클라우는 등가적 연쇄로의 우발적 연결 이전의 그 기본적 요구를 '민주주의적'이라고 불렀다. 그의 약간 특이한 용법 속에서 그 단어는 사회-정치적 시스템 안에서 작동하는 요구를 지칭한다. 달리 말해서 그것은 좌절된 요구로서가 아니라, 적대적인 등가 연쇄로 등록된 요구로서가 아니라, 어떤 특별한 요구에서 발견된다. 그는 '정상적'으로 제도화된 정치적 공간 안에 존재하는 다양한 갈등들은 어떤 횡단적 동맹/적대를 작동시키지 않고 하나에 하나씩 다뤄진다는 것을 강조하지만, 등가의 연쇄는 제도화된 민주주의적 공간 안에서도 형성될 수 있음을 잘 알고 있다. 1980년대 후반 존 메이저John Major의 보수당 집권하의 영국에서 '실직한 싱글 맘'이라는 인물 형상이 어떻게 해서 낡은 복지국가 시스템의 문제점을 보편적으로 상징하게 되었는지 상기해 보자. 모든 '사회적 악'은 이런저런 방식으로 이 인물 형상에 귀속되었다. (왜 국가 재정이 바닥났을까? 이런 어머니와 그들의 자녀를 지원하는 데 너무 많은 돈을 써 버렸기 때문이다. 청소년 범죄? 싱글 맘들이 적절한 교육적 훈육을 제공할 만큼 충분한 권위를 발휘하지 못했기 때문이다 등등.)

라클라우가 충분히 강조하지 못한 것은 차이의 논리(총체적으로 규

---

20 이디스 워튼(Edith Wharton)의 『순수의 시대』(The Age of Innocence)에서 젊은 뉴랜드의 물신은 그의 아내 자신이다. 그는 아내가 알지 **못하는** 한에서만 올렌스카 백작부인과의 불륜을 추구할 수 있다. 아내가 처음부터 그의 불륜을 알고 있었다는 사실을 알게 된 순간, 아처는 더 이상 백작부인과의 사랑을 지속할 수 없게 된다. 그의 아내가 죽고 나서 더 이상 백작부인과의 결혼을 방해할 사람이 아무도 없음에도 말이다.

제된 시스템으로서의 사회)와 등가의 논리(내재적 차이를 동일화시키는 두 적대 진영으로 분열된 사회적 공간) 사이의 개념적 대립과 관련된 민주주의의 특이성뿐만 아니라 이 두 논리의 내적 동형성이다. 여기서 무엇보다 주목해야 하는 것은 어떻게 등가성의 적대적 논리가 민주주의적 정치 시스템 안에서만 정치 시스템의 구조적 특질로 등록되는가 하는 점이다. 여기서 무페의 저작이 민주주의와 경쟁적 쟁투의 정신을 통합하고 양극단을 거부하는 영웅적인 노력 속에서 훨씬 더 유효적절하다. 한편의 극단에는 민주주의와 그 규칙을 중지시키는 영웅적인 투쟁-대결에 대한 찬미(니체, 하이데거, 슈미트)가 있고, 다른 극단에는 민주주의적 공간으로부터 진정한 투쟁을 배출해 냄으로써 빈혈 걸린 지배-규제적 경쟁만 남기는 것(하버마스)이 있다.[21] 무페가 자유로운 커뮤니케이션의 규칙에 적합하지 않은 자들의 배제 속에서 폭력은 복수하듯 되돌아온다고 지적할 때 그는 옳다. 그러나 오늘날의 민주주의 국가들에서 민주주의에 대한 주된 위협은 이런 두 극단에 있는 게 아니라, 정치의 '상품화'를 통해 정치적인 것을 살해하는 것이다. 여기서 문제가 되는 것은 기본적으로 정치인들이 선거에서 상품처럼 포장되고 팔리는 방법이 아니다. 훨씬 더 심각한 문제는 선거 자체가 상품을(이 경우 권력을) 사는 것과 동일한 선상에서 이해된다는 것이다. 그것은 서로 다른 상인-당들 사이의 경쟁을 포함하며, 우리의 표는 우리가 원하는 정부를 구매하는 화폐와도 같다. 이렇게 정치를 또 하나의 서비스 상품으로 보는 관점이 놓치고 있는 것은 어떤 이슈에 대한 공유된 공적인 논쟁이자 우리 모두에 관한 결정으로서의 정치이다.

그래서 민주주의는 적대를 포함할 수 있을 뿐만 아니라 적대를 호소

---

21 특히 Chantal Mouffe, *The Democratic Paradox*, London: Verso, 2000. 참조. [『민주주의의 역설』, 이행 옮김, 인간사랑, 2006.]

하고 전제하는, 즉 **제도화하는** 유일한 정치적 형식이다. 다른 정치 시스템이 위협으로 지각하는 것('자연적' 권력 계승자의 결여)을 민주주의는 '정상적인' 작용 조건으로 고양시킨다. 권력의 자리는 텅 비어 있으며 그것에 대한 자연적 계승자는 없다. 투쟁polemos은 해소 불가능하며 모든 실정적 정부는 투쟁을 통해 무너지고 투쟁을 통해 획득되어야 한다. 이것이 르포르가 놓친 점에 대해 라클라우가 지적한 점이다.

> 르포르에게 민주주의에서 권력의 자리place는 비어 있다. 나에게 문제는 전혀 다르게 제기된다. 그것은 헤게모니 논리의 작동으로부터 텅 빔을 **생산하는** 것에 관한 것이다. 나에게 텅 빔은 정체성의 유형이지, 구조적 장소가 아니다.[22]

두 가지 텅 빔은 동등하게 비교될 수 없다. '인민'의 텅 빔은 등가 연쇄를 총체화하는 헤게모니 기표의 텅 빔으로, 그 기표의 특수한 내용은 사회적 총체의 구현체로 '실체변환'되는 반면에, 권력 자리의 비어 있음은 권력을 차지한 모든 경험적 존재들을 '불충분'하고 우연적이며 일시적으로 만드는 거리이다.

여기서 도출될 결론은 포퓰리즘(우리가 라클라우의 정의에 보충한 방식을 따라)이 단순히 통제된 경쟁적 투쟁의 제도-민주주의적 틀에 대한 적대의 과잉적 존재 양태뿐인 것만은 아니라는 것이다. 즉 (지금은 사라진) 공산주의적 혁명 조직일 뿐만 아니라, 1960년대 말과 1970년대 초반 학생운동들에서부터 이후의 반전 시위와 보다 최근의 반-세계화 운동까지 광범위하게 비제도화된 사회적·정치적 항거 현상들은 '포퓰리즘'으

---

22 Laclau, *On Populist Reason*, p.166.

로 불릴 수 없다. 가장 전형적인 사례는 마틴 루터 킹이라는 이름으로 요약되는 1950년대 후반과 1960년대 초반의 반-인종차별주의 운동이다. 그것은 기존의 민주적인 제도 안에서는 들어줄 수 없는 요구를 개진했지만 어떤 의미에서도 포퓰리즘이라 부를 수 없다. 그것이 투쟁을 이끌고 적대자를 구성한 방식은 '포퓰리즘적'이지 않다. 미국에서의 '택시 항의' 같은 단일 사안의 대중운동에 대해서는 보다 일반적인 비평이 이뤄져야 한다. 그것들은 비록 민주주의적인 제도들로 충족될 수 없는 요구를 통해 인민을 동원한다는 점에서 포퓰리즘적 방식으로 움직이지만 복합적인 등가성의 연쇄에 의존하지 않고 오직 단일한 요구에 초점을 맞출 뿐이다.

'경제의 지배적 역할' : 맑스와 함께 프로이트를

포퓰리즘 대 계급투쟁이라는 구도는 일련의 근본적인 개념적 문제들을 제기한다. 보편성의 지위에 대한 정확한 이론적 규정에서 시작하자. 여기서 우리는 엄격히 구분되어야 하는 두 가지 대립된 보편성의 논리를 다뤄야 한다. 한편으로 사회의 보편적 계급으로서의 국가 관료체제(혹은 보다 넓은 관점에서 세계경찰로서, 인권과 민주주의의 보편적 집행자로서의 미국) 내지 전 지구적 질서의 직접적 대행자가 있다. 다른 한편, 보편성의 '정원외 원소', 기존 질서로부터 돌출해 나온 요소, 즉 그 질서 안에 있지만 자신의 고유한 자리가 없는 요소에 구현된 보편성(자크 랑시에르가 "몫 없는 자들"이라고 부른 것)이 있다. 이 둘은 단순히 같지 않을 뿐만 아니라[23] 모든 투쟁은 궁극적으로 **이 두 보편성 사이의 투쟁이다.** 그것은

---

23 보편성의 최초 형태가 오류라는 것을 가장 잘 보여 주는 일화는 1차 세계대전 때 전선에서 이제 막 돌아온 영국 노동계급 출신의 군인에 관한 이야기이다. 그는 전쟁의 소용돌이에는 아랑곳없이 평온하게 세련된 '영국식 삶'(차 마시는 의례 따위)을 즐기는 상류계급 젊은이에게 화가 나서 "어떻게 너는 우리가 이렇

단순히 보편성의 특수한 요소들 사이의 투쟁도 아니고, 특수한 내용이 보편성의 텅 빈 형식을 '헤게모니화'하게 되는 것에 관한 투쟁도 아니다. 그것은 보편성 자체의 두 가지 배타적인 **형식들** 사이의 투쟁이다.

이것이 라클라우가 '노동계급'과 '인민'을 개념적 내용 대 근본적인 명명nomination 효과라는 축을 따라 대립시킬 때 그가 요점을 놓치고 있는 이유이다.[24] '노동계급'은 미리 존재하는 사회적 집단으로 그 실질적 내용에 의해 특성화되는 데 반해 '인민'은 명명 행위 자체를 통해 통합된 대행자로서 출현한다. 이질적 요구들 안에는 '인민'으로 통합될 만한 미리 규정된 특성이 아무것도 없다. 하지만 맑스는 '노동계급'과 '프롤레타리아트'를 구분했다. '노동계급'은 특정한 사회적 집단인 반면에 '프롤레타리아트'는 주체적 입장을 가리킨다.

이것이 맑스가 말한 프롤레타리아와 룸펜 프롤레타리아트의 대립에 대해 라클라우가 제기한 비판이 요점을 놓치고 있는 이유이다. 이 구분은 객관적인 사회적 집단과 사회적 체제 안에 고유한 자리가 없는 비-집단, 내지 잔여-과잉 사이의 대립이 아니라, 두 가지 서로 다른 주체적 입장을 형성하는 잔여-과잉의 두 가지 양태 사이의 구분이다. 맑스의 분석적 함의는 역설적으로 룸펜 프롤레타리아트는 프롤레타리아트보다 사회적 체제로부터 근본적으로 '추방된' 것처럼 보이지만 사실은 사회적 체제에 훨씬 더 부드럽게 적응한다. 칸트의 부정판단과 무한판단의 구별을 적용하면, 룸펜 프롤레타리아는 진정한 '비'-집단(집단의 내재적 부정, 비-집단으로서의 집단)이 아니라, 하나의 집단이 '아니다'. 모든 계층으로부터의

게 피를 흘려 가며 우리의 삶을 지키기 위해 희생하고 있는 지금 앉아서 놀기만 할 수 있느냐?"라고 물었다. 그러자 그 젊은이가 조용히 대답했다. "하지만 나야말로 당신이 거기 참호 속에서 지키고 있었던 바로 그 삶을 살고 있는 걸요."

24 Laclau, *On Populist Reason*, p.183.

그 배제는 다른 집단들의 정체성을 굳건히 해줄 뿐 아니라 어떤 계층이나 계급에 의해서도 이용될 수 있는 자유롭게-부유하는 요소로 만들어 준다. 그것은 노동자들의 투쟁을 온건한 전략으로부터 어떤 열린 대결로 밀어붙이게 만드는 '카니발적' 요소가 될 수도 있고 지배계급에 의해 변성되어 지배를 위해 이용되는 요소(권력자에게 이용되는 범죄집단의 오랜 전통)가 될 수도 있다. 이와 달리 노동계급은 그 자체로 사회적 구조 내부에 있는 **집단으로서** 비-집단인 집단, 즉 그 위치 자체가 '모순적인' 집단이다. 그것은 하나의 생산력으로, 사회(와 권력에 있는 자들)는 자신의 재생산과 지배를 위해 그것을 필요로 하지만 그럼에도 그것의 '고유한 자리'를 찾을 수 없다.

이런 오독에 기반하여 라클라우는 올리버 마르차트Oliver Marchart가 간명하게 요약한 일반적 논증으로 나아간다.

형식적 차원에서 파시즘의 정치뿐 아니라 모든 정치는 '비일관적 태도들의 조합과 응축'이라는 분절 논리에 기반해 있다. 그 결과 근본적인 사회적 적대는 항상 일정 정도 추방된다. 왜냐하면 앞서 지적했듯이 존재론적 차원—이 경우, 적대—은 결코 정치적 매개 없이 직접적으로 접근할 수 없다. 그에 따라 왜곡은 모든 정치에 구성적이다. 파시즘뿐만 아니라 정치 자체가 '왜곡'을 통해 진행된다.[25]

이런 비난은 여전히 본질과 외관 사이의 '이항적' 긴장에 갇혀 있다. 근본적 적대는 결코 그 자체로, 직접적으로, 투명한 방식으로 나타나지

---

25 Oliver Marchart, "Acting and the Act: On Slavoj Žižek's Political Ontology", eds. Paul Bowman and Richard Stamp, *Truth of Žižek*, London: Continuum, 2007, p.174.

않는다(맑스주의적 용어로, 모든 사회적 긴장이 계급투쟁으로 단순화되는/환원되는 '순수한' 혁명적 상황은 결코 일어나지 않는다. 그것은 언제나 다른—인종적, 종교적 등—적대에 의해 매개된다). '본질'은 결코 직접적으로 나타나지 않고 항상 전치된/왜곡된 방식으로 나타난다. 이런 진술은 원칙적으로는 옳지만 거기에는 최소한 두 가지 덧붙일 사항이 있다. 첫째, 만약 그게 사실이라면 왜 계속해서 '근본적인 사회적 적대'에 대해 이야기하는가? 여기서 우리가 갖게 되는 모든 것은 적대들의 연쇄, 서로가 서로에 대해 은유적으로 '물들이는' 등가물의 연쇄를 수립하는(할 수 있는) 적대들의 연쇄, 거기서 '중심적인' 적대가 헤게모니 투쟁의 우연적 결과로 나타나는 그런 적대들의 연쇄이다. 그럼 이것은 '근본적 적대'라는 개념 자체를 거절해야 함을(라클라우가 그랬듯이) 뜻하지 않는가?

    나는 헤겔적인 대답을 제안할 것이다. 표준적인 사례들 중 하나를 참조하여 명확히 해 보자. 레비-스트로스의 『구조주의 인류학』*Anthropologie structurale*에 나오는 그레이트 호수 근처의 위네바고족 Winnebago의 건물 배치에 대한 분석이 그것이다. 그 부족은 '위에서 온 사람들'과 '아래에서 온 사람들'이라는 두 개의 하위집단(반족 moieties)으로 나뉜다. 우리가 그 부족 사람에게 종이나 모래 위에 자기 마을의 평면도(집들의 공간적 배치)를 그려 달라고 요구할 때 우리는 자기와 다른 반족과의 관계에 따라 전혀 다른 두 개의 대답을 얻게 된다. 그 두 평면도 모두 마을을 하나의 원으로 인식하는데, 하나의 하위집단에게는 이 원 안에 또 다른 집들의 원이 있다. 그래서 우리는 중심이 같은 두 개의 원들을 갖게 된다. 이에 반해 다른 하위집단에게 원은 분명한 구분선에 의해 나눠져 있다. 달리 말해 첫번째 하위집단의 구성원(그들을 '보수적-조합주의적'이라 부르자)은 마을의 평면도를 가운데의 사원을 중심으로 다소간 대칭적으로 배치된 집들의 고리로 인식하는 데 반해, 두번째 하위집단('혁명적-적대적')의 구성원은 자

신의 마을을 보이지 않는 경계선에 의해 분리된 두 덩어리로 지각한다.[26]

레비-스트로스가 말하고자 한 것은 이 사례가 사회적 공간에 대한 지각은 관찰자의 집단적 귀속에 의존한다는 문화적 상대주의를 결코 증명하지 않는다는 것이다. 두 개의 '상대적' 지각으로의 분열 자체가 어떤 항구적인—객관적이거나, '현실적인' 건축 배치가 아니라—외상적traumatic 중핵, 주민들로서는 결코 상징화할 수도, 설명할 수도, '내면화'할 수도, 적응할 수도 없는 근본적 적대, 즉 공동체가 조화로운 전체로 안정화되는 것을 가로막는 사회적 관계 내의 불균형에 대한 숨겨진 지시를 함축한다는 것이다. 두 평면도의 지각 현상은 이 외상적 적대를 극복하려는, 조화로운 상징적 질서를 매개로 이 상처를 치유하려는 상호 배타적인 두 가지 시도라고 할 수 있다. "여기서 우리는 실재가 왜상anamorphosis을 통해 개입하는 것이 정확히 어떤 의미인지 보게 된다." 먼저 우리는 '현실적'이고 '객관적인' 집들의 배치를 갖게 되고 그 다음에는 그것의 실제 배치를 왜상의 형태로 왜곡하는 서로 다른 두 가지 상징화를 갖게 된다. 하지만 여기서 '실재'는 현실의 배치가 아니라, 부족성원들의 현실적 적대에 대한 관점을 왜곡하는 사회적 적대의 외상적 중핵이다. 그래서 실재는 부인된 X로 준해서 현실에 대한 우리의 관점은 왜상적으로 왜곡된다. 이것은 직접적으로 접근할 수 없는 사물**인 동시에** 이런 직접적 접근을 가로막는 장애물이다. 그것은 우리의 파악을 피해가는 사물**인 동시에** 우리로 하여금 사물을 놓치게 만드는 뒤틀린 스크린이다. 보다 정확히, 실재는 궁극적으로 첫번째 관점에서 두번째 관점으로의 이동 자체이다. 라캉적 실재는 단순히 왜곡되는 게 아니라, 현실의 **왜곡 원칙 자체**이다.

---

26 Claude Lévi-Strauss, "Do Dual Organization Exist?", *Structural Anthropology,* New York: Baisic Books, 1963, pp.131~163: 그림은 pp.133~134.

이 세 가지 차원의 **배치**dispositif는 엄격히 프로이트의 꿈 해석의 세 가지 차원의 배치와 상동적이다. 프로이트에게도 꿈속의 무의식적 욕망은 단순히 직접적으로 드러나지 않고 외현적 꿈 텍스트로 왜곡되어 번역되는 꿈의 중핵이 아니라 이런 왜곡의 원리 자체이다. 이것이 엄밀한 개념적 유사성 속에서 들뢰즈에게 경제적인 것이 '최종 심급에서' 사회적 체계를 결정하는 역할을 수행하는 방식이다. 이런 역할 속에서 경제는 결코 현실적인 인과의 작인으로 직접 나타나지 않는다. 그것의 현존은 순수하게 잠재적이다. 그것은 사회적 '유사-원인'이지만 절대적으로, 비-상대적으로 부재하는 원인, 결코 '자기 고유의 자리'가 없는 어떤 것이다. "이것이 '경제적인 것'은 그 자체로 언술될 수 없고 오직 해석되어야 하는, 하지만 그 실현 형식 속에서 항상 감춰지는 차이생성의 잠재성을 지칭하는 이유이다."[27] 이것이 사회적 장의 복수적 연쇄들(경제적, 정치적, 이데올로기적, 법적……) 사이에 순환하며 **자신의 특정한 분절 속에서 이것들을 배분하는** 부재하는 X이다. 그래서 우리는 이 잠재적 X, 사회적 장의 부재하는 참조점으로서의 경제와 그것이 현행화된 경제, 즉 실제의 사회적 총체 속의 요소들(하위 시스템들) 중 하나인 경제 사이의 근본적인 차이를 강조해야 한다. 이 둘이 서로 만날 때, 헤겔적으로 말해서 잠재적 경제가 '대립적 규정' 속에서 자기 현행적 대응물과 대면할 때 이런 동일성은 절대적 (자기-)모순과 일치한다.

라캉이 『세미나』 11권에서 **비틀리고/미끄러지고/뒤틀리는 어떤 것의 원인이 아닌 원인이란 것은 없다**[28]고 말할 때 이 명제의 역설적 성격

---

27 Gilles Deleuze, *Difference and Repetition,* New York: Columbia University Press, 1994, p.186. [『차이와 반복』, 김상환 옮김, 민음사, 2004.]
28 Jacques Lacan, *The Four Fundamental Concepts of Psycho-Analysis,* Harmondsworth: Penguin, 1979의 1장을 보라. [『자크 라캉 세미나 11, 정신분석의 네 가지 근본 개념』, 맹정현·이수련 옮김, 새물결, 2008.]

은 원인과 인과 사이의 대립을 통해 분명해진다. 라캉에게 그 둘은 같지 않다. 왜냐하면 '원인'은 엄격한 의미에서 인과의 네트워크(원인들-과-결과들의 사슬)가 끊어질 때, 인과 연쇄 속에 어떤 절단과 간극이 있을 때 그 지점에서 개입하는 어떤 것이기 때문이다. 이런 의미에서 라캉에게 원인은 정의상 멀어져 가는 원인distant cause(1960년대와 1970년대의 행복한 '구조주의자'의 상투적 단어를 사용하면 '부재하는 원인')이다. 그것은 직접적인 인과적 네트워크의 틈 안에서 작용한다. 여기서 라캉이 염두에 두고 있는 것은 특히 무의식의 작동이다. 어떤 일상적인 말실수를 상상해 보자. 화학 분야의 회합에서 어떤 사람이 유체 교환에 대한 논문을 발표한다. 그러다 갑자기 그는 말실수로 불쑥 성행위에서의 정액 이동을 언급한다······. 프로이트가 "다른 장면"Other Scene이라고 부른 '끌개'attractor가 만유인력처럼 개입하여 보이지 않는 원격 작용을 통해 발화-흐름의 공간을 휘게 하고 그 안에 간극을 도입한다. 이 라캉의 명제를 철학적 관점에서 흥미롭게 만드는 것은 그것이 오래된 '인과와 자유'라는 주제에 새롭게 접근할 수 있게 해주기 때문이다. 자유는 인과에 대립되지만, 원인에 대립되지는 않는다. '자유의 원인'이라는 표준적인 정치적 수사는 통상적으로 의도된 것보다 훨씬 더 문자 그대로 받아들여져야 한다. 이 표현은 '원인'이라는 단어의 두 가지 의미, 즉 효과를 낳는 원인과 우리를 움직이는 정치적 대의라는 의미 **둘 다**를 포함한다. 아마 이 두 의미는 겉으로 보이는 것보다 별로 거리가 멀지 않다. 우리를 동원하는 대의('자유의 대의')는 인과의 네트워크를 파괴하는 부재하는 원인으로 작용한다. 그 원인이 우리를 자유롭게 만들고 우리를 원인과 결과의 네트워크로부터 빼내는 것이다. 이것은 또한 맑스의 악명 높은 "최종 심급에서의 결정"이라는 명제를 이해하는 방식이 되어야 할 것이다. '경제'라는 중층결정하는 심급은 직접적인 원인이 아니라, 직접적인 사회적 인과 내부의 간극에 개입하는 멀어지는 원인이다.

오늘날 계급투쟁은 프로이트의 환자가 자신의 꿈에서 여성의 정체성에 대한 질문에 응답하는 방식과 유사한 대접을 받는다. "이 싸움이 무엇에 관한 것이든 그것은 계급투쟁이 아니다……(성차별주의이고 문화적 불관용이고 종교적 근본주의이다)." 포스트-맑스주의의 표준적인 주제 중 하나는 노동계급은 **더 이상** 혁명적 주체로 '예정'되어 있지 **않다**는 것, 현대의 해방적 투쟁들은 어떤 특권적 자리를 주장할 수 있는 특수한 대행자가 없는 복수적 투쟁이라는 것이다. 이런 비난에 응답하는 방식은 더 급진적으로 양보하는 것이다. 맞다. 노동계급의 특권 같은 것은 **결코 없었다**. 노동계급의 핵심적인 구조적 역할은 이런 종류의 선험성priority을 포함하지 않는다.

사회적 장의 궁극적 참조점이 아니라면 '경제의 규정적 역할'은 어떻게 기능하는가? 몇몇 구-사회주의 동유럽 나라의 대중음악의 장에서 일어났던 정치적 갈등을 생각해 보자. 민족주의-보수주의 우파와 자유주의 좌파 사이의 긴장이 유사-포크 음악과 록 음악 사이의 긴장으로 대체되었다. 오래된 방식으로 말해서, 대중문화 투쟁은 정치적 투쟁을(투쟁이 벌어질 수 있는) '표현'하고(표현형식을 제공하고) 있다. (오늘날 미국에서 컨트리 음악은 특히 보수주의적이고 록 음악은 특히 좌파 자유주의적이다.) 프로이트에 따르면, 대중음악에서의 투쟁은 모든 사태가 '실제로 결부된' 정치투쟁의 이차적인 표현·증상·코드적 변환일 뿐이라고 말하는 것은 충분하지 않다. 두 가지 투쟁은 모두 저마다의 실체를 갖고 있다. 문화 투쟁은 단지 자신의 정치적 함의(대체로 명백히 드러난)를 위해 '해독되어야' 할 그림자의 전장 내지 부차적 현상이 아니다.

이런 의미에서 '경제의 규정적 역할'은 단지 모든 언쟁이 '실제로 결부된' 것이 경제적 투쟁이어서 우리는 경제를 두-차원-먼 문화적 투쟁으로 '표현되는' (경제가 정치를 결정하고 정치가 문화를 결정한다는) 숨겨진 메타-본질로 이해해야 된다는 게 아니다. 반대로 경제는 정치적 투쟁이 대중-문화 투쟁으로 변환/전치되는 과정, 결코 직접적이지 않고 언제나 전치되고 비대칭적인 변환 과정에 등기된다. 문화적 '생활 방식'으로 코드화된 '계급적' 함의는 자주 명시적인 정치적 방향을 바꾼다. 1959년 유명한 대통령 선거 TV 토론이 닉슨의 패배를 가져다준 것을 상기해 보라. 거기서 상류층 귀족으로 지각된 후보는 자유주의자 케네디였고 우파였던 닉슨은 자신과 대립된, 보다 비천한 신분의 인물로 지각되었다. 물론 이것은 단순히 두번째 대립이 첫번째 대립을 속였다는 것, 그것이 첫번째 대립에서 은폐된 '진실'을 대변한다는 게 아니다. 즉 공적 진술을 통해 닉슨에 대항한 진보적 자유주의 옹호자로 자임한 케네디는 사실 논쟁을 불러일으킨 그의 라이프 스타일을 통해 '실제로'는 상류층 귀족 출신임을 암시했다. 그러나 이런 전치가 케네디 진보주의의 한계를 증명하지는 않는다. 그것은 단지 케네디의 이데올로기-정치적 입장의 모순적 성격을 드러낼 뿐이다.[29] 그리고 여기서 '경제'의 규정적 심급이 들어온다. 경제적인 것은 재현再現 상의 전치, 즉 진보적/보수적 정치 쌍과 상류층/중산층 계급 쌍 사이의 비대칭성(이 경우는 역전된)을 설명해 주는 부재하는 원인이다.

라캉적 해법은 아마 그런 '물들임'을 적대가 우연적 등가 연쇄로 묶이는 것으로 인식하는 것인바, 좌파/우파라는 정치적 대립이 록 음악과 컨트리 음악의 대립을 '물들이는' 것은 헤게모니 투쟁의 우연적 결과이다. 즉 록 음악이 진보가 되고 컨트리 음악이 보수가 되는 데는 어떤 내적

---

29 이와 같은 전도는 오늘날에도 계속되어, 보수주의 포퓰리스트들과 자유주의-좌파 페미니스트들 간의 대립은 교양 없는 백인 노동자에 반대하는 다문화주의자들과 상류-계층 페미니스트들과 간의 대립으로 지각된다.

필연성도 없다. 하지만 여기에는 이런 간명한 해결책에 의해 감춰지는 비대칭성이 있다. 정치투쟁은 다른 투쟁들(예술적·경제적·종교적 투쟁들) 가운데 하나가 아니다. 그것은 적대적 투쟁 자체의 순수하게 형식적인 원리이다. 다시 말해서, 정치에는 어떤 고유한 내용도 없다. 모든 정치투쟁들과 결정들은 다른 사회생활의 특수한 영역들(과세, 성적 관습과 생식의 규제, 공공 의료 서비스 등)에 관계한다. 그것들이 공적 투쟁과 결정의 주제로 떠오르는 한, '정치'는 단지 이런 투쟁들을 다루는 형식적 양태이다. 이것이 '모든 것은 정치적인(혹은 정치적이 될 수 있는)' 까닭이다. 다른 한편, '경제'는 정치적 투쟁 영역들 중 하나가 아니라 이런 투쟁들의 상호 물들임-표현의 '원인'이다. 간명하게 말해서, 좌파-우파는 일련의 다른 대립들의 연쇄에 의해 '물들여지는' 주인기표인 반면에 경제는 이런 오염을 지탱하는 붙잡히지 않는 **대상** a이다(그 물들임이 즉각적으로 경제적일 때 경제는 자신의 대립적 규정 속에서 자기 자신과 만난다).

그래서 정치는 '경제'가 자기 자신과 취하는 거리에 대한 이름이다. 정치의 공간은 부재하는 원인으로서의 경제를 전체 사회의 요소 중 하나로서 자신의 '대립 규정' 속에 있는 경제와 분리시키는 간극에 의해 열린다. 경제는 '전부가-아니기' **때문에**, 즉 경제는 '무력'하고 무감각적인 유사-원인이기 때문에 정치가 존재하는 것이다. 그래서 경제적인 것은 여기서 이중적으로 정확히 라캉적 의미의 실재로 등기된다. 그것은 전치와 같은 일련의 왜곡 형식들을 통해 다른 투쟁들 속에 '표현되는' 견고한 중핵인 동시에 이런 왜곡의 구조화 원리 자체이다.[30]

맑스주의적 사회 해석학은 오랜 변곡의 역사 속에서 두 가지 논리에 의존해 왔다. 이 두 가지 논리는 '경제적 계급투쟁'이라는 애매한 혼용 속

---

30 그럼 우리는 정치가 전부(All)라고, 총체화의 연쇄라고, 예외를 통해 어떤 장을 총체화하는 주인-기표들

에서 뒤섞여 왔지만 완전히 다른 것이다. 한편으로 악명 높은, '역사에 대한 경제적 해석'이란 게 있다. 모든 투쟁들, 예술적·이데올로기적·정치적 투쟁들은 궁극적으로 경제적 (계급)투쟁에 의해 조건 지어지며 그것들의 숨겨진 의미는 경제적 투쟁에 준거해서 해석되어야 한다. 다른 한편 "모든 것은 정치적이다". 즉, 역사에 대한 맑스의 관점은 일관되게 정치화된다. 근본적인 정치투쟁에 의해 '물들여지지' 않은 사회적·이데올로기적·문화적 현상이란 것은 없다. 경제도 마찬가지다. '노동조합주의'의 환영illusion은 정확히 노동자들의 투쟁이 탈정치화될 수 있다는 것, 보다 좋은 노동조건을 위한 경제적 협상으로 환원될 수 있다는 것이다. 하지만—경제가 '최종심급에서' 모든 것을 결정한다는 것과 '모든 것은 정치적이다'라는—이 두 '물들임'은 동일한 논리를 따르지 않는다. 외밀한ex-timate 정치적 중핵('계급투쟁')이 없는 '경제'는 사회적 발전의 실증적 모체가 될 것이다. 맑스가 『정치경제학 비판을 위하여』의 「서문」에서 스스로 위험하게 근접하고 있는 (유사-)맑스주의적 진화-역사주의적 개념에서처럼.

인간은 그들 생활의 사회적 생산에서 그들의 물질적 생산력의 발전수준에 조응하는 일정한 필연적 관계, 즉 그들의 의사와는 무관한 생산관계를 맺는다. 이 생산관계 전체가 사회의 경제적 구조, 현실적 토대를 이루며, 이 위에 법적이고 정치적인 상부구조가 세워지고 일정한 사회적 의식 형태들이 그 토대에 조응한다. 물질적 생활의 생산양식이 사회적·정

의 강제적 부여라고 말할 수 있을까? 비-전부(Non-All)로서의 정치가 있다면 어쩌겠는가? "모든 것은 정치적이다"라는 말은 틀렸다. 진정한 공식은 "정치적이지 않은 것은 없다"이다. 스탈린은 정치를 총체화하는 대가로 비정치적인, 계급 중립적인 예외(기술, 언어 등)를 주장한다. 달리 말해, 그것은 중립적인 유사-원인인—그럼에도 불구하고 모든 것을 결정하는 그림자 연극인—정치가 아닌가?

치적·정신적 생활과정 일체를 조건 짓는다. 인간의 의식이 그들의 존재를 규정하는 게 아니라, 반대로 그들의 사회적 존재가 그들의 의식을 규정하는 것이다. 사회의 물질적 생산력은 어떤 발전단계에 이르면 그들이 지금까지 그 안에서 움직였던 기존의 생산관계, 또는 이것의 단지 법률적 표현일 뿐인 소유관계와 모순에 빠진다. 이들 관계는 생산력의 발전 형태들로부터 질곡으로 전환된다. 그렇게 되면 사회적 혁명기가 도래한다. 경제적 기초의 변화와 더불어 전체의 거대한 상부구조가 조만간 변혁된다.

그러한 변혁들을 고찰함에 있어서는 항상 물질적인, 자연과학적으로 엄정하게 확인될 수 있는 경제적 생산조건의 변혁과 인간들이 그 안에서 갈등을 의식하게 되고 싸움으로 해결하게 되는 법률적·정치적·종교적·예술적 또는 철학적, 간단히 말해 이데올로기적 형태의 변혁을 구분해야 한다. 한 개인이 어떤 사람인가를 그 자신이 무엇을 생각하느냐에 따라 판단하지 않듯이 그러한 변혁기를 이 의식으로부터 판단할 수는 없으며 오히려 이 의식을 물질적 생활의 제모순으로부터, 사회적 생산력과 생산관계 사이의 갈등으로부터 설명해야만 한다. 한 사회구성체는 그 내부에서 발전의 여지가 없을 정도로 생산력이 발전하기 전에는 멸망하지 않으며, 새로운 보다 높은 생산관계는 그들의 물질적 존재조건들이 낡은 사회 자체의 품에서 부화되기 전에는 결코 등장하지 않는다.[31]

이 구절의 진화론적 논리는 명백하다. 사회적 진보의 '동력'은 비정치적인 생산력과 생산수단의 발전이다. 그것들이 생산관계를 결정한다.

---

31 Karl Marx, "Preface", *A Contribution to the Critique of Political Economy,* Moscow: Progress Publishers, 1977, pp.7~8. [『정치경제학 비판을 위하여』(개정2판), 김호균 옮김, 중원문화, 2007.]

등등.

다른 한편, 경제가 '제거된' '순수한' 정치는 이데올로기와 다를 바 없다. 속류 경제주의와 이데올로기-정치적 관념론은 동전의 양면이다. 이 둘의 구조는 안으로 꼬인 고리의 구조이다. '계급투쟁'은 경제의 핵심에 있는 정치이다. 혹은 역설적으로, 우리는 모든 정치적·법적·문화적 내용을 '경제적 토대'로 환원할 수 있다. 즉 그것들을 경제적 토대의 '표현'으로 '해독할' 수 있다. 계급투쟁만 **예외**로 하고. 그것은 경제적인 것 자체 안에 있는 정치적인 것이다.

정신분석에서도 마찬가지다. 모든 꿈은 성적인 내용을 가진다. 명시적으로 성적인 꿈만 **제외**하고. 왜? 어떤 내용의 성화sexualization는 그 내용 왜곡의 형식적 원리이기 때문이다. 반복, 불투명한 접근 등 모든 화제가—섹슈얼리티 자체까지 포함하여—성화된다. 궁극적으로 프로이트적인 교훈은 인간의 상징적 능력의 폭발은 단순히 섹슈얼리티의 비유 범위를 확장하는(그 자체로는 완전히 비성적인 활동들이 '성화될' 수 있다. 모든 것은 '에로틱해질' 수 있고 '거시기를 의미'할 수 있다) 것이 아니라, 훨씬 중요하게 **섹슈얼리티 자체를 성화한다는 것이다.** 인간적 성의 특수성은 예비적인 교미 의례까지 포함하여 직접적으로 하찮은 교미 현실과는 아무 관계가 없다. 섹슈얼리티가 부르는 것을 갖게 되는 것, 즉 성행위 자체가 성화되는 것은 오직 동물적 교미가 자기-지시적 충동의 악순환에 빠질 때, 즉 불가능한 사물에 도달하려는 실패한 노력의 무한한 반복에 빠질 때뿐이다. 달리 말해서 섹슈얼리티가 과도하게 (다른) 모든 인간 행위의 비유적 내용으로서 기능한다는 것은 섹슈얼리티가 지닌 능력의 징표가 아니라 반대로 그 무능력의 징표, 실패의 징표, 그것의 내적 장벽의 징표이다. 그래서 계급투쟁은 유일한 매개 항으로서, 정치를 경제에 정박시키는(모든 정치는 '최종적으로' 계급투쟁의 표현이다) 동시에 경제 한가운데 있는 해소 불가능한 정치적 계기를 대변한다.

선 긋기

이런 "보편적인 것의 직접적 표현이냐 그것의 구성적 왜곡이냐"의 딜레마를 해결하기 위한 개념적 고찰의 결과는 분명하다. 나에 대한 라클라우의 기본적인 정치적 논거는 이런 것이다. 엄격히 계급-환원주의적인 유사-혁명적 전망 때문에 나는 "화성인을 기다리고 있다"라고 비판받는다. 왜냐하면 내가 혁명적 행위자들을 위해 마련한 조건은 "어떤 경험적 행위자도 충족될 수 없는 사회적 효과들의 엄격한 결합 형태로 특정화되기" 때문이다. 하지만 내가 실재 행위자들에 대해 말하고 있다는 인상을 지탱하기 위해 '화성인화의 과정'에 의거해 왔어야 한다. "현실과 연관된다는 환영을 유지하기 위해 그들의 이름은 계속 견지하면서, 현실적으로 존재하는 주체들에게는 가장 불합리한 특질들을 부여해야" 했다는 것이다. 우리는 라클라우가 '화성인화'라는 비난조의 말로 묘사한 이 과정이 그 자신의 헤게모니 이론과 너무나 닮았다는 사실을 지적하지 않을 수 없다. 그에게 어떤 경험적 사건은 '사물의 지위로 고양되어' 사회의 불가능한 충만함을 구현하기 시작한다. 조앤 콥젝Joan Copjec이 지적한 것처럼 라클라우는 헤게모니를 부분대상에 결부된 '젖가슴-가치'와 비교한다. 이런 적용 속에서 그의 이론은 화성인은 불가능하지만 헤게모니 과정에서 필연적이기 때문에, 어떤 경험적인 사회적 요소는 '화성인의 가치'를 투여받는다는 것이 아닌가? 그래서 그와 나의 차이점은, 나는 실재적 화성인을 믿는(믿는다고 가정되는) 반면에 그는 화성인의 자리는 영원히 비어 있다는 것을 안다는 것, 그래서 우리가 할 수 있는 일은 경험적 행위자에게 '화성인의 가치'를 투여하는 것이라는 게 아닌가?[32]

여기서 라클라우는 (칸트처럼) 자신의 비판적 입장, 즉 텅 빈 보편성과 그것의 왜곡된 재현 사이의 해소 불가능한 간극에 대한 확신 속에서 너무 순진하다. 나의 헤겔적 관점에 따르면 이런 간극은 극복될 수 있다. 어떻게? 보편적인 것의 적절하고 직접적인 현시顯示의 도래를 통해서가 아니라, **왜곡 자체가 보편성의 자리라고 주장됨**으로써. 보편성은 특수성의 왜곡으로 **나타나는** 것이다. 프로이트의 꿈의 논리와 정확히 상동적으로 '보편적인' 무의식적 욕망(맑스주의적 용어로 하면, '최종심급'에서 꿈을 결정하는 것)은 꿈 텍스트에서 왜곡된/전치된 방식으로 표현된 꿈의 중핵이 아니라 이런 왜곡의 과정 자체이다. 정확히 이런 의미에서 '중심적인' 사회적 적대('계급투쟁')는 언제나 왜곡된/전치된 방식으로 표현/분절된다고 말하는 것은 잘못이다. 계급투쟁은 이런 왜곡의 **원칙** 자체이기 때문이다. 결국 진정한 '계급투쟁'은 배타적으로 계급투쟁에 초점을 맞추는 것, 모든 특수한 투쟁들을 하나의 '진정한' 투쟁의 부차적 표현 내재 효과로 환원하는 것과는 아무 상관이 없다. 마오의 「모순론」으로 돌아가 보자. 그의 핵심 주장은 각각의 구체적 상황에는 각기 다른 '특수한' 모순이 지배적인 모순이 된다는 것, 기본 모순의 해결을 위한 싸움에서 승리하기 위해 우리는 특수한 모순을 지배적 모순으로, 다른 모든 투쟁들이 복속되어야 할 모순으로 다뤄야 한다는 것이다.

하지만 의문은 남는다. 왜 경제적인 것이 이런 구조화하는 역할을 차지하는가? 다시 정신분석과의 유비가 도움을 준다. 프로이트에게도 정확

---

32 Ernesto Laclau, "Why Constructing a People Is the Main Task of Radical Politics", *Critical Inquiry 32*, Summer 2006, p.657, 680. 또한 라클라우는 불가능한 사물의 구현/재현으로 고양된 특수자로서의 헤게모니만을 탐색한다. 여기서 놓치는 것은 특수한 요소가 '전부'를 재현할 때 그것은 오직 전부의 통합하는 특질을 부정함으로써만 가능하다는 것이다. 두 낡은 사례만 들자. 맑스에게 '왕정주의 일반'이 되는 유일한 방법은 공화주의자가 되는 것이다. 헤겔에게 (스스로를 창조하는) 인간 일반은 (자연적으로 존재하는) 왕이다. 이와 같은 긴장이 헤게모니 투쟁 속에 반영된 친구/적의 긴장보다 **선행한다**.

히 동일한 이의를 제기할 수 있기(그리고 자주 제기했기) 때문이다. 왜 다른 모든 꿈-소망들의 얽힘을 '중층결정하는' 무의식적 욕망은 성적인 성격을 갖는가? 왜 우리는 특수한 소망의 지배적 역할 자체가 서로 다른 소망들 간의 '헤게모니 투쟁'의 결과가 되는 그런 개방된 상호작용을 주장해서는 안 되는가? 섹슈얼리티의 중심적 역할은 맑스의 '경제적 본질주의'와 유사한 프로이트의 '성 본질주의'의 명백한 잔여물이 아닌가? 진정한 프로이트주의자에게 그에 대한 답은 분명하다. 섹슈얼리티는 다른 모든 내용들로 흘러넘치며, 다른 모든 내용들은 섹슈얼리티의 고유한 실패("성적 관계란 것은 없다") 때문에 '성화될' 수 있다. 다시 말해서, 휴머노이드의 인간-되기에서 중심적인 사건은 '상징적 거세', 즉 계절의 리듬에 의해 통제된 본능적 만족의 영역으로부터 섹슈얼리티를 추출하는 불가능성의 장벽을 부과하는 것, 그래서 섹슈얼리티를 불가능한 사물을 향한 '형이상학적인' 추구로 변형시키는 것이다. 그래서 프로이트의 가설은 섹슈얼리티는 단지 모든 발화의 가능한 진의眞義(내포적 의미) **가운데** 하나가 아니다. 그것은 훨씬 더 강력하게 **내포적 의미 자체의 형식에 내재**한다. 어떤 것이 "겉으로 보이는 것 이상의 것을 의미한다"라는 사실 자체가 그것을 성화한다. 즉, 상징적 거세는 내포적 의미가 떠다니는 공간의 불확정성 자체를 유지한다.[33] 맑스주의의 '경제', 즉 집단적인 생산과정에 대한 가설에서도 동일한 논리가 적용된다. 생산의 사회적 조직('생산양식')은 단지 다른 사회적 조직 중 하나가 아니다. 다른 모든 차원들로 흘러넘치는 것은 그 자체로 '모순'의 자리, 구조적 불안정성의 자리, 중심적인 사회적 적대의 자리이다("계급관계란 것은 없다").

---

33 누군가 자신이 언급하고 있는 내용에 대해 힌트만 주고는 빠져 버리는 방식으로 계속해서 폭로를 지연할 때 우리는 그 내용이 지극히 상식적이고, 성적인 게 아닐 때조차도 그가 성적인 게임을 하고 있다고 비난할 수 있는 것은 이런 까닭이다.

이제 우리는 상품 물신주의가 관념의(혹은 어떤 주체의) 직접적 표현과 그것의 왜곡된 은유적 재현 사이의 대립에 의거한다는 비난에 대답할 수 있다. 오늘날 우리는 탈-이데올로기의 세계를 살고 있다는 명제를 통해 이 점을 설명해 보자. 이 명제를 이해하는 방법에는 두 가지가 있다. 순진한 탈-정치적 의미로 그것을 이해하거나(거대한 이데올로기적 서사와 대의로부터 자유로워진 우리는 이제 실용적으로 실재적인 문제들을 해결하는 데 전념할 수 있게 되었다) 보다 중요하게 오늘날 지배적인 냉소주의의 한 징후로 이해하는 것이다. (권력은 더 이상 자신의 지배를 정당화하기 위해 일관된 이데올로기적 체계를 필요로 하지 않는다. 이익의 추구나 경제적 이해관계의 강력한 강제와 같은 직접적이고 명백한 진리를 국가에 부여할 수 있다.) 두번째 독법에 따르면 이데올로기 체제 안의 실패를 탐색하는 '증상적 독해'와 같은 정교한 이데올로기 비판의 절차는 필요 없게 되었다. 그런 절차는 열려 있는 문을 두드리는 것이다. 왜냐하면 철저하게 냉소적인 권력 담론은 마치 자신의 내밀한 외설적 욕망에 대한 분석가의 분석을 조용히 받아들이지만 아무런 충격도 받지 않는 분석자처럼 그 모든 것을 미리 받아들이기 때문이다.

정말 이럴까? 만약 그렇다면 이데올로기 비판과 정신분석은 아무 쓸모가 없게 될 것이다. 왜냐하면 그것들의 해석적 절차는 주체가 결코 자신이 행하는 것에 대한 진실을 공개적으로 인정하고 실천적으로 받아들일 수 **없다**는 것을 전제하기 때문이다. 하지만 정신분석은 탈-이데올로기적 냉소주의의 거짓 개방성 이면에 있는 물신주의의 윤곽을 드러냄으로써, 그리고 오늘날 소위 '탈-이데올로기'의 시대를 지배하는 이데올로기의 **물신적** 양태를 전통적 양태, 즉 우리의 현실 인식을 구조화하는 이데올로기적 거짓이 '억압된 것이 회귀'하는 증상에 의해 위협받는 **증상적**symptomal 양태와 대립시킴으로써 정신분석의 무용성에 대한 거짓 증거의 허위를 폭로하는 길을 연다. 물신은 실제로 증상의 이면envers이다. 다시 말해서, 증상은 거짓 외관의 표면을 파괴하고 억압된 '다른 장면'이 분출하는 예외적인 지점인 반면, 물신은 감당할 수 없는 진실을 지탱하도록 하는 거짓의 구현이다. 사랑하는 사람이 죽었을 때를 생각해 보자. 나는 이 죽음을 '억압'해서 그것에 대해 생각하지 않으려고 노력한다. 하지만 억압된 외상은 증상 속에서 되돌아온다. 이와 반대로 물신의 경우, 나는 이 죽음을 '이성적으로' 받아들인다. 하지만 여전히 그 죽음의 부인disavowal을 구현하는 어떤 특질 내지 물신에 집착한다. 이런 의미에서 물신은 우리로 하여금 가혹한 현실을 감당할 수 있게 하는 구성적 역할을 수행할 수 있다. 물신주의자는 그들의 사적인 세계 안에 갇혀 있는 몽상가가 아니다. 그들은 사태의 진실을 받아들일 수 있는 철저한 '현실주의자'이다. 그들은 현실의 충격을 말소하기 위해 매달릴 수 있는 자기만의 물신을 가지고 있기 때문이다.

퍼트리샤 하이스미스Patricia Highsmith의 초기 단편소설 「단추」Button는 지적 장애를 갖고 있어서 항상 배시시 웃으면서 알 수 없는 소리를 지껄이며 침을 질질 흘리는 아홉 살 아들과 함께 살고 있는 중간계급 뉴요커에 관한 이야기이다. 어느 날 밤, 더 이상 참을 수 없던 주인공은 집을 뛰쳐나와 맨해튼의 후미진 거리를 걷다가 자기를 향해 애걸하듯 팔을 내미는 거지와 부딪친다. 설명할 수 없는 분노에 휩싸인 주인공은 거지를 때려죽이고 그 옷에 달린 단추를 뜯어낸다. 집으로 돌아온 그는 완전히 변해 있어서 자신의 끔찍한 가족 상황을 담담하게 인내하며, 심지어 장애인 아들에게 친절한 미소까지 지을 수 있게 된다. 그리고 그는 항상 거지 옷에서 뜯어낸 단추를 자기 양복 바지 주머니에 간직한다. 이 단추는 완벽한 물신으로, 자신의 끔찍한 현실에 대한 부인의 물질화이며, 적어도 한 번은 자신의 끔찍한 운명에 항거할 수 있었다는 사실의 항구적인 기념물이다.

애나 펀더Anna Funder의 『슈타지랜드』Stasiland는 1961년 8월 13일 동독 정부가 베를린 장벽을 세우기 시작할 때 전 세계 언론의 주목을 받은 동독의 비밀경찰 슈타지Stasi 요원 하겐 코흐Hagen Koch의 실제 삶에서 건져 올린 훨씬 더 미친 물신의 사례를 제공한다.[34] 그의 (수상쩍은) 영예는 문자 그대로 베를린 장벽의 선을 그은 사람이라는 데 있다. 슈타지의 지도제작 부서 요원이었던 그는 흰색 페인트로 동베를린과 서베를린을 가르는 장벽이 정확히 건설되도록 선을 긋는 임무를 맡았다. 언론은 하루 종일 한쪽 발은 동쪽에 다른 쪽 발은 서쪽에 딛고 천천히 선을 긋는 그의 모습을 사진에 담았다. 마치 이 '사이'의 위치가 정치적 현실에 대한 그의 기본적 태도를 상징하기라도 하는 것처럼. 그는 동독체제에 대한 충성과 자그마한 반역 행위(그 중 하나로 그는 슈타지의 고위간부임에도 불구하고 비-공산당원 가족의 딸과 결혼했다) 사이를 왕래하며 타협과 주저함으로 가득 찬 삶을 살아왔다. 결국 그는 자신의 슈타지에서의 임무에 염증을 느끼고 군대 내 직위로 옮겨 달라 요구하였고, 그 요구는 받아들여졌다.

바로 이 지점에서 그는 모종의 행위를 감행한다. 슈타지 건물 내의 자기 방을 비울 때 그는 처음으로 자기 책상 옆 벽에 걸려 있는, 슈타지의 문화 부문 업적 평가에서 그의 부서가 3등한 기념으로 받은 싸구려 키치풍의 금도금 플라스틱 접시를 발견한다. 그는 이 접시를 코트 안에 몰래 감춤으로써 타협과 굴종으로 점철된 삶에 대한 '자그마한 사적 복수'를 감행한다. 이 접시를 훔치는 것만이 그가 낼 수 있는 최고의 용기였던 것이다. 그것을 가짐으로써 그는 문자 그대로 선을 긋게 된다. 그에게는 놀랍겠지만 독일 관료체제에서는 당연한 반응과 결과는 그가 기대한 것보

---

34 Anna Funder, *Stasiland*, London: Granta Books, 2003, pp.177~182.

다 훨씬 더 강력한 것들이었다.

먼저 3주 후, 두 명의 슈타지 고위간부가 집으로 방문하여 접시를 훔친 사실을 비난하며 돌려 달라고 요구했다. 그는 그 사실을 부인했고 요청받은 대로 자기가 그것을 훔치지 않았다는 각서에 서명을 했다. 그리고 몇 년 후, '전환점'die Wende 이후 그는 자기 집에 베를린 장벽에 관한 동독의 관점을 담은 자그마한 박물관을 만들었다. 바로 그가 1961년 베를린 장벽의 선을 그은 인물이라는 사실이 알려져 그의 유물 전시는 대중의 흥미를 끌었고, 1993년 그가 자기 아파트의 훔친 접시가 걸려 있는 벽 밑에서 인터뷰를 하는 모습이 TV에 방송되었다. 그런데 방송 기술진이 금도금 접시가 빛을 너무 많이 반사해서 촬영에 방해가 되니까 치워 달라고 요구했다. 코흐는 격분하면서 그 요구를 거절했다. "당신의 요청을 받아들일 수 없소. 접시는 그 자리에 그대로 걸려 있어야 하오." 그래서 접시는 거기 있게 되었다. 하지만 이틀 후 그의 박물관을 촬영한 화면이 TV에 나왔을 때 트루한트Treuhand 기관원(트루한트는 동독의 국가 재산을 관리하던 연방기관이었다)이 그의 집을 찾아와 다시 그 접시를 요구했다. 새로운 법에 따르면 동독의 국가 재산은 통일독일의 국가 재산으로 상속되었고 그렇기 때문에 코흐는 국가 재산을 훔친 것이 되므로 돌려줘야 한다는 것이다. 코흐는 격분하며 기관원을 밖으로 내쳤다. 기관원은 떠나면서 소송을 걸겠다고 위협했다. 몇 주 후 기관원이 다시 방문하여 그에 대한 국가 재산 절도 소송이 기각되었음을 알려 주었다(훔친 물건의 가격이 소소하고, 그의 절도는 수년 전에 일어난 일이라 공소시효가 만료되었다는 것이다). 기관원은 그럼에도 그에게는 위증죄가 적용된다고 알려 주었다(10여 년 전 그는 슈타지에게 그 접시를 훔치지 않았다는 진술서에 서명했기 때문이다). 그리고 이 위증죄의 공소시효는 아직 지나지 않았다고 말했다. 코흐는 다시 그 기관원을 내쫓았지만 골치 아픈 일은 계속되었다. 그가 도둑질을 했다는 소문이 돌았던 것이다. 그의 이력에는 흠집이 갔고, 그 때문에 그의 아내는 직장까지 잃었다. 코흐는 애나 펀더에게 이렇게 말했다. "저 접시에는 나의 모든 용기가 담겨 있소. 저 빌어먹을 작은 접시에 말이요. 내가 가진 건 저게 다요. 저 접시는 아직 저기 있소."

바로 **이것이** 가장 순수한 물신이다. 내가 집착하는 멍청하고 보잘것없는 대상. 하지만 타협으로 얼룩진 나의 더러운 삶을 견딜 수 있게 해준 대상 말이다. 우리 모두가 이런저런 형태로 그런 물신 한두 개쯤 갖고 있지 않을까? 그것은 우리의 내밀한 정신적 체험일 수도 있고(그것은 우리의 사회적 현실이 실제적인 것이 아닌 외관에 불과하다고 말해 주는 것이다) 우리의 자식일 수도 있다(그 자식이 잘 되기 위해 우리는 모멸적인 직장생활을 견디는 것이다).

상품 물신주의는 관념(혹은 주체)의 직접적인 표현과 그것의 왜곡된 은유적 재현 사이의 대립에 의존한다는 표준적인 비난으로 되돌아가 보자. 이렇게 비난하기 위해서는 물신을 사물의 진실한 상태를 은폐하는 환영으로 간주하는 소박한 관념에 얽매여 있어야 한다. 정신의학계에는 유방암을 진단받은 지 석 달 만에 죽은 아내의 남편에 관한 이야기가 있다. 그 남편은 그녀의 죽음에 전혀 상처받지 않은 듯 쿨 하게 그녀와의 마지막 외상적인 순간에 관해 이야기하곤 했다. 어떻게? 그는 피도 눈물도 없는 괴물이었나? 곧 그의 친구들은 그가 자신의 병든 아내 이야기를 하는 동안 항상 햄스터를 안고 있었던 것을 알아챘다. 그녀의 애완동물이자 지금은 남편의 물신이 된 그 햄스터는 그녀의 죽음에 대한 물질화된 부인disavowal이다. 두 달 후, 그 햄스터가 죽었을 때 그 남자가 충격으로 쓰러져 급성 우울증으로 병원 치료를 받아야 했음은 당연한 일이다. 그래서 우리가 오늘날 탈-이데올로기적 냉소주의의 시대에는 아무도 이념적 대의를 믿지 않는다는 주장의 포화를 받을 때, 자신은 어떤 신앙에 대해서도 면

역이 되어 있어서 사회적 현실을 있는 그대로 받아들인다고 주장하는 사람을 만날 때, 우리는 항상 그런 주장을 다음과 같은 질문에 마주 세워야 한다. 좋아. 하지만 **당신의 햄스터는 어디 있지? 당신이 '있는 그대로'의 현실을 받아들일 수 있게(있는 척하게) 하는 그 물신 말이야?** 그리고 이것은 정확히 맑스의 상품 물신주의에도 적용되는 이야기가 아닌가? 『자본』 1장 4절 '상품의 물신적 성격과 그 비밀' 도입부분을 보자.

> 상품은 첫눈에는 자명하고 평범한 물건처럼 보인다. 그러나 상품을 분석하면 그것이 형이상학적 궤변과 신학적 헛소리로 가득 차 있는 기묘한 물건이라는 것이 판명된다.[35]

이 구절은 우리를 놀라게 한다. 그것은 신학적인 신비를 탈신비화하여 지상적 토대로 환원하는 표준적인 과정을 전도시키기 때문이다. 맑스는 통상적인 계몽주의적 비판 방식처럼 비판적 분석은 신비로운 신학적 존재처럼 보이는 것이 실은 '평범한' 실제 삶의 과정으로부터 출현한 것이라고 폭로하지 않는다. 반대로 그는 비판적 분석의 임무는 얼핏 보면 평범한 대상처럼 보이는 것 안에서 '형이상학적 궤변과 신학적 헛소리'를 찾아내는 것이라고 주장한다. 달리 말해서 비판적 맑스주의자가 상품 물신주의에 푹 빠져 있는 부르주아적 주체를 만날 때 그에 대한 맑스주의적 비난은 "상품은 당신에게 특별한 권능을 지닌 신비한 대상처럼 보이겠지만 실은 그것은 사람들 사이의 관계를 물질적으로 구현한 것뿐이다"가 아니다. 오히려 맑스주의적 비판은 "당신은 상품이 단순히 사회적 관

---

[35] Karl Marx, *Capital,* vol.1, Harmondsworth: Penguin, 1990, p.163.[『자본』 I-1, I-2, 강신준 옮김, 길, 2008.]

계의 물질적 구현처럼 생각할 수 있지만 (가령, 화폐는 단지 당신을 사회적 생산물의 일부분으로 등록하는 증표와 같은 것이다) 이것은 사물이 실제로 당신에게 보이는 방식이 아니다. 당신의 사회적 현실에서, 사회적 교환에 참여함으로써 당신은 상품이 당신에게 실제로 특별한 권능을 부여받은 신비한 대상처럼 나타난다는 기괴한 사실을 증명하는 것이다"이다.

정확히 이런 의미에서 오늘날은 이전의 그 어떤 시대보다 덜 무신론적이다. 우리 모두는 철저한 회의주의, 냉소적 거리, '어떤 환영도 없는' 타인의 착취, 모든 윤리적 제약의 위반, 극단적인 성적 실천들에 몰입할 준비가 되어 있다. 대타자는 그것에 대해 알지 못한다는 은밀한 인식을 통해 보호되는 행위들 말이다. 닐스 보어Niels Bohr는 이런 물신주의적인 믿음의 부인이 이데올로기 속에서 어떻게 작동하는지에 대한 완벽한 사례를 제공했다. 보어의 시골 집 현관문에 걸려 있는 말편자를 본 방문객이 놀라면서 자기는 그게 나쁜 영혼을 몰아내고 행운을 가져온다는 미신을 믿지 않는다고 말한다. 이에 보어는 "나 역시 그것을 믿지 않는다. 내가 그걸 거기 갖다 놓은 이유는 누군가 그걸 믿지 않을 때도 그것은 행운을 가져온다고 들었기 때문이다"라고 받아넘긴다. 물신주의는 '신비화'나 '왜곡된 인식'의 차원에서 작동하지 않는다. 문자 그대로 물신 속으로 '옮겨진 것'은 지식이 아니라 **환영**illusion 자체, 지식에 의해 위협받는 신앙 자체이다. 물신은 사물의 실제 모습에 대한 '현실적' 인식을 가로막는 게 아니라, 반대로 주체로 하여금 온전히 대가를 치르지 않은 채 그 지식을 받아들일 수 있게 하는 수단이다. "나는 잘 알아(사물의 실제 모습이 어떤지). 그리고 나는 내가 집착하는 환영이 구현된 물신(햄스터, 단추) 덕분에 이 쓰라린 진실을 견딜 수 있어."

물신은 순수하게 형식적인 차원에서 (물신적 대상에 대한) 전이의 제스처를 포함하지만 표준적인 전이 공식(안다고 가정된 주체에 대한 전이)

의 역전된 형태로만 그렇게 한다. 물신이 신체를 부여하는 것은 정확히 지식에 대한 나의 부인이며, 내가 알고 있는 것에 대한 주관적 승인의 거절이다. 거기에—앞에서 이미 강조했던 바—물신과 증상의 대조가 있다. 증상은 억압된 지식, 주체로서는 아직 받아들일 준비가 안 된 주체에 대한 진실을 구현한다. 어떤 측면에서 기독교의 그리스도는 세상의 사악함을 알지 못하는 순진무구한 주체로 가정된다는 의미에서 일종의 물신으로 고양된다.

이 물신주의의 변증법은 오늘날 '가상 자본주의'에서 그 정점에 도달한다. 자본주의 자체는 사회적 삶의 근본적인 세속화를 양산한다. 그것은 본연적인 고귀함, 신성함, 명예 같은 일체의 아우라를 산산이 분해한다.

> 그것은 가장 천상적인 종교적 열기의 도취, 기사도적 열광의 환희, 필리스틴적Philistine 감상주의의 엑스타시를 이기적인 계산의 냉수 속에 빠뜨렸다. 그것은 인격적 가치를 교환가치로 분해했고 셀 수 없이 많은 파괴 불가능한 관습적 자유들의 자리에 단 하나, 비양심적 자유를—자유 무역—세워 놓았다. 한마디로 말해서, 그것은 종교와 정치적 환영들로 감춰진 착취를 벌거벗고 수치심 없이 직접적인 야수적 착취로 대체했다.[36]

하지만 『공산당 선언』 이후 성숙한 맑스에 의해 정교해진 '정치경제학 비판'의 근본적 교훈은 이 모든 천상적 키메라의 잔혹한 경제적 현실로의 환원이 자기 자신의 유령을 양산했다는 것이다. 오늘날 메타-반성적인 미래 투기에서 정점에 달한 자본의 유아론적solipsistic 자가-증식의

---

36 Karl Marx and Frederick Engels, *The Communist Manifesto*, Harmondsworth: Penguin, 1985, p.82. [『공산주의 선언』, 김태호 옮김, 박종철출판사, 1998.]

경로에 대해 맑스가 기술할 때, 어떤 인간적이고 생태적인 관심도 없이 자신의 길을 가는 이 자기-증식적 괴물의 유령은 단지 이데올로기적인 추상일 뿐이며, 우리는 자본의 순환이 자신의 성장 토대로 삼으면서 거대한 기생충처럼 달라붙어 있는 생산적 역능과 원천들을 지닌 실재적 인민과 자연 대상들이 존재한다는 사실을 잊지 말아야 한다는 주장은 너무 소박하다. 문제는 이런 '추상'이 우리의 (금융 투자자의) 사회적 현실에 대한 오지각이 아니라는 것, 그것은 사회 물질적 공정의 구조를 결정하는 '실재'라는 것이다. 자신의 운동이 사회적 현실에 어떤 영향을 줄지에 대해서는 일말의 관심도 갖지 않는 자본의 '유아론적' 투기의 춤은 오로지 이윤추구의 목적을 위해 전 인구의 운명과 때로는 국가 전체의 운명까지 결정한다. 오늘날 이것은 과거 어느 때보다 더 진실하지 않은가? 보통 '가상 자본주의'라고 지칭되는 현상(선물 거래, 이와 유사한 추상적인 금융 투기)은 맑스의 시대보다 훨씬 더 극단적으로 '실재적 추상'의 지배를 순수한 형태로 보여 주지 않는가? 다시 말해서, 가장 고차원적인 이데올로기 형식은 실재적 인민과 자신의 근본적 관계를 망각한 채 이데올로기적 유령성에 갇힌 형식이 아니라, 이런 유령성의 실재를 간과하고 '실재적인 근심을 가지고 실재적인 사람'에게 직접 호소하는 척하는 형식 안에 있다. 런던 증권 거래소 방문자들은 증권 시장이란 어떤 신비로운 가격변동에 관한 것이 아니라 실재 인민과 그들의 생산물에 관련된 것임을 설명하는 공짜 리플릿을 받는다. **이것이** 가장 순수한 이데올로기이다.

    맑스의 '물화'reification와 '상품 물신주의'에 대한 표준적인 논의는 여전히 물신을 사회적 매개를 은폐하는 견고한 물질적 대상으로 보는 관념에 의존해 있다. 역설적으로 물신주의는 물신 자체가 '탈물질화되어' 유동적인 '비물질적' 가상 존재로 전화될 때 정점에 도달한다. 화폐 물신주의는 전자화폐의 형식으로 이행할 때, 그래서 마지막 한 방울의 물질성

마저 사라지는 지점에서 정점에 도달한다. 전자화폐는 직접적으로 자신의 가치를 체현하고 있는 '실재' 화폐(금, 은)에서, 어떤 내재적 가치도 없는 '단순한 기호'이지만 여전히 물질적 존재에 매달려 있는 지폐 이후 세 번째 형태의 화폐이다. 화폐가 순수한 가상의 참조점이 되는 것은 이 마지막 단계에서이다. 거기서 화폐는 파괴할 수 없는 유령적 현존의 형식을 갖는다. 내가 당신에게 1,000달러를 빌렸다고 하자. 아무리 많은 물질적 차용증서를 불태우든 나는 여전히 당신에게 1,000달러를 빚진 것이다. 즉 빚은 가상적인 디지털 공간 어디엔가 등록되어 있다……. 바로 이런 전면적인 '탈물질화' 속에서 자본주의에서 "모든 딱딱한 것들은 대기 속으로 녹아들어 간다"라는 『공산당 선언』의 말은 맑스가 염두에 두고 있던 것보다 훨씬 더 문자 그대로의 의미를 획득하게 되고, 바로 이 지점에서 데리다가 말한 자본주의의 유령적 측면이 완전히 실현된다.

그래서 우리는 새로운 가상 자본주의 시대가 도래했다는 주장을 거부해야 한다. 이 '새로운 시대'가 가시화시킨 것은 이미 이전부터 있었던 자본의 가상적 차원이다. 칸트가 존재론적 신 증명에 대해 거부한 것을 상기해 보자. 그는 존재는 술어가 아니라는 명제에서 출발한다. 어떤 존재자의 술어들을 모두 안다고 해도 그 존재(실존)는 뒤따라오지 않는다. 즉 우리는 관념으로부터 존재를 도출할 수 없다. (라이프니츠의 출발점은 이것과 구별된다. 그에 따르면 두 대상의 술어들이 모두 동일하다면 우리는 그 두 대상을 구별할 수 없다.) 신의 존재론적 증거로부터 도출되는 결론은 분명하다. 내 호주머니에 100탈러$_{thaler}$를 갖고 있지 않고서도 100탈러에 대한 완벽한 관념을 가질 수 있는 것과 동일한 방식으로 신이 존재하지 않으면서도 나는 신이라는 완전한 관념을 가질 수 있는 것이다. 칸트가 말한 탈러, 즉 화폐의 아이러니는 화폐로의 실존성은 '객관적'인 것이 아니라 '개념적' 결정에 의존한다는 점이다. 맞다. 칸트가 말한 것처럼, 100

탈러의 개념은 호주머니 속에 100탈러를 가지는 것과 같은 게 아니다. 화폐의 가치가 전면적으로 하락하는 급속한 인플레이션 상황을 떠올려 보자. 맞다. 화폐는 내 호주머니에 그대로 있지만 그것들은 더 이상 화폐가 아니라 무의미한, 또 무가치한 금속 조각에 불과하다. 달리 말해서, 화폐는 정확히 우리가 그것을 어떻게 '생각하느냐'에 따라서 그 지위가 결정된다. 만약 사람들이 이 금속 조각을 더 이상 화폐로 여기지 않는다면, 만약 그들이 더 이상 그것을 화폐라고 믿지 않는다면, 그것은 더 이상 화폐가 아니다.

이와 같은 역설의 교훈은 냉소주의와 신앙 사이의 기묘한 중첩이다. 자본주의는 확실히 '물질주의적'이다(궁극적으로 물질적인 것은 부, 실제적인 권력, 쾌락이고 다른 것들은 단지 이 가혹한 진실을 은폐하는 유령 같은 '고귀한 거짓'이다). 그런데 이 냉소적인 지혜 자체는 거대한 신앙의 네트워크에 의존하고 있다. 전체 자본주의 시스템은 화폐를 '믿고' 그것을 가지고 진지하게 게임을 할 때, 다른 사람들 역시 그 게임에 참여하고 있다는 근본적인 **믿음**을 가질 때만 작동한다. 오늘날 83조 달러로 평가되는 자본 시장은 삽시간의 소문에 이끌린 군집 행동이 기업의—혹은, 경제 전반을—가치를 폭등시키거나 송두리째 파괴하는 순수하게 자기-이해적인 시스템이다.

이런 냉혹한 냉소주의와 순진한 신앙의 중첩에 자본주의의 객관적 아이러니가 있다. 그래서 우리는 '실재 사물'이 일상 현실과 전적으로 분리된, 순전히 가상적인 금융 거래의 차원에서 발생하는 이 가상 자본주의의 대응물로서 물질적 현실에는 아무런 '실제적 변화'도 일어나지 않지만—마치 모든 사람들이 갑자기 자신들의 믿음을 철회하겠다는 듯이, 더 이상 그 게임에 참여하지 않겠다는 듯이 행동함으로써—'세상의 종말'로 간주되는 가상 시장의 붕괴를 상상할 수 있다. 다시 말해서, 화폐의 가상적 지위는 그것이 민족처럼 기능한다는 것을 의미한다. 민족은 (가끔씩) 사람들이 자신의 모든 것을 희생해서라도 지키려고 하는 인민의 원인 혹은 실체이지만, 그것은 자기만의 고유한 실체적 현실을 갖고 있지 않는 한에서만 존재한다. 민족은 인민들이 민족의 존재를 '믿는' 한에서만 존재한다. 민족은 자기 자신의 효과에 의해 소급적으로 정립된 원인Cause이다. 그래서 우리는 사라마구J. Saramago의 소설 『눈뜬 자들의 도시』에서 그려진 시나리오(사람들은 갑자기 투표를 거부한다)를 경제적 영역에 적용해야 한다. 사람들은 갑자기 금융적 가상 게임에 참여하기를 거부하기 시작한다. 아마 그러한 거절은 오늘날 궁극적인 정치적 행위가 될 것이다.

애거사 크리스티의 초기 소설 「뮤스 가의 살인」Murder in the Mews에서 에르퀼 포와르는 포크스 데이Guy Fawkes Day 밤에 자기 아파트에서 총을 맞고 죽은 앨런 부인의 사건을 조사한다. 그녀의 죽음은 자살처럼 보이지만, 여러 가지 디테일로 보아 살인일 가능성이 크고 마치 앨런 부인이 자살한 것처럼 보이게 만들려는 서툰 시도들의 흔적이 역력했다. 그녀는 사건 발생 시점에 사라진 미스 플렌더리스와 같은 방을 사용하고 있었다. 곧이어 살인 현장에서 단추 하나가 발견되고 단추 주인인 유스터스가 범죄에 연루된 사실이 드러난다. 이에 대한 포와르의 해석은 애거사 크리스티의 작품 중 백미이다. 그의 해석은 자살처럼 보이게 만든 살인이라는 통상적인 각본을 뒤집는 것이다. 몇 년 전 앨런 부인은 인도에서 스캔들에 빠졌는데, 거기서 그녀는 보수당 의원과 약혼한 상태에서 유스터스를 만났던 것이다. 그녀의 스캔들이 공개적으로 드러나면 그녀는 파혼을 당할지도 모른다. 그러자 유스터스는 그녀를 협박하고 절망에 빠진 앨런 부인은 자살하고 만다. 그녀의 자살 직후에 집으로 돌아온 미스 플렌더리스―그녀는 유스터스의 협박 사실을 알고 있었고 그를 증오하고 있었다—가 재빨리 사건 현장의 디테일을 바꿔서 마치 살인자가 자살로 위장하려고 한 것처럼, 그래서 앨런 부인을 자살로 몰아간 유스터스가 죗값을 치르도록 꾸며 놓았다. 따라서 이야기는 질문방식을 뒤집는다. 그것은 자살로 꾸며진 살인인가? 살인으로 꾸며진 자살인가? 이야기는 (통상적인 이야기처럼) 감춰진 살인 대신에 살인의 외양을 상연하기 때문에, 다시 말해 범죄가 감춰지는 것이 아니라 미끼로서 날조되기 때문에 효력을 발휘한다.

이것은 포퓰리즘적 폭력의 선동자가 하는 것이 아닌가? 속고 있는 군중의 분노를 (재)촉발하기 위해 그들은 자살을 범죄로 곡해한다. 즉 그들은 일종의 '자살'인 파국(내재적인 적대의 결과)을 외부의 범인이 일으킨 것처럼 단서를 조작한다. 이것이 바로 진정한 급진적-해방 정치와 포퓰리즘 정치가 다른 이유이다. 이 상황에 꼭 맞는 니체의 용어를 사용하면, 해방적인 정치는 능동적, 즉 자기 비전을 강제하는 반면에 포퓰리즘 정치는 근본적으로 반동적, 외부의 침입자에 대한 반작용이다.

행위

하지만 이와 같은 라클라우 비판은 진정 라캉적인가? 라클라우와 무페의 '급진적 민주주의' 기획을 라캉 이론으로 보충하려는 시도인 야니 스타브라카키스의 『라캉적 좌파』[37]는 그렇지 않다고 말한다. 스타브라카키스에 따르면 나는 출발은 좋았다. 그런데 그 다음에 "계속해서 모호하고 불가해한 방향으로 나아갔다"[38]라는 것이다. 그의 주된 비판은 안티고네에 대

---

37 Yannis Stavrakakis, *The Lacanian Left*, Edinburgh: Edinburgh University Press, 2007.
38 Stavrakakis, *The Lacanian Left*, p.30.

한 나의 이상화에 집중되어 있다. 그녀의 자살적인 '순수' 욕망에 근본적인 자율성을 부여했다는 것이다. 그런 입장은 그녀를 사회-정치적 장으로부터 배제시킨다는 게 그의 주된 비판 내용이다. 그에 따르면, 나는 어떤 '행위'act의 주체는 죽음을 두려워하지 않고, '일시적으로' 상징적/법적 틀을 중지시키는 '위험'을 불사한다고 하는데, 안티고네는 명백히 이런 행위 기준을 충족시키지 못한다. 그녀는 죽음의 위험을 불사하지 않는다. 그녀는 죽음을 욕망한다.

위험을 불사하려면 최소한의 전략적 혹은 실용적 계산을 하기 마련이다. 안티고네의 순수한 욕망에는 이것이 결여되어 있다. 중지는 사전과 사후를 상정하기 마련인데, 안티고네에게 사후는 존재하지 않는다. 그런 의미에서 이것은 현존 질서의 전치를 꾀하기 위한 행위의 사례가 결코 아니다. 그녀의 행위는 일회적이며, 그녀는 그녀의 자살 이후 폴리스polis에서 일어날 일에 대해 거의 고려할 수 없었다.[39]

정말? 소포클레스의 안티고네는 그저 자신을 죽음의 품에 내던진 것이 아니라, 죽음을 무릅쓰고서라도 정확한 상징적 제스처를 수행하겠다고 고집했다. 죽은 오빠의 정당한 장례식 말이다. 『햄릿』과 마찬가지로 『안티고네』는 실패한 상징적 제의에 관한 드라마다. 라캉은 이런 연속성을 고집스럽게 주장했다(그는 '정신분석의 윤리'에 앞선 세미나에서 『햄릿』을 분석했다). 안티고네는 상징계 외부의 실재를 대변하는 것이 아니라 순수한 기표를 대변한다. 그녀의 '순수함'은 기표의 순수함이다. 이것이 그녀의 행위가 자살적임에도 그 내기는 상징적이며, 그녀가 죽기 전까지

---

39 Ibid., p.115.

고수한 그녀의 고집이 우리에게뿐만 아니라 코러스에 함축된 테베 사람들 자신에게도 카타르시스 효과를 준 이유이다. 스타브라카키스의 요점은 내가 안티고네의 급진적인 자살적 행위를 상징적 공동체로부터 배제된 정치적 행위의 전형적 모델로 고양시킴으로써 라캉이 안티고네를 이런 식으로 보지 않았다는 사실뿐만 아니라 이후 라캉의 변화까지도 무시했다는 것이다.

> 배타적으로 라캉의 안티고네에 대한 논평에만 주목하는 것은 이후 '정신분석의 윤리학' 세미나에서의 입장 변화를 무시하는 결과를 낳는다. 확실히 안티고네는 윤리와 행역자의 문제에 관한 라캉의 최종적인—혹은, 가장 통찰력 있는—발언이 아니다. 라캉의 입장은 안티고네의 순수 욕망에 대한 자신의 초기 입장을 뒤집는 방식으로 발전해 갔다. (……) 라캉의 입장 변화가 지닌 중요성을 진지하게 취급하는 사람이라면 안티고네의 사례를 윤리-정치적 행위의 모델로 간주하는 것을 포기해야 한다. 지젝이 실패하고 있는 것이 이것이다.[40]

스타브라카키스는 나의 저작에서 기묘한 퇴행을 본다. 그에 따르면, 초기 저작에서 나는 '타자 안의 결여'를 라캉의 핵심 통찰로 주장한 반면에 최근 저작에서는 이런 관념을 해체주의에 속하는 것으로 보고 후기 라캉의 가장 소중한 통찰로 넘어갔다. 행위에 대한 나의 생각은 결여를 중지시키는 무조건적 실정성의 신비한 출현을 내포하며, 나는 "유한성과 부정성을 표시하는 결여와, 불멸성과 실정성을 표시하는 신성한 기적 사

---

40 Stavrakakis, *The Lacanian Left,* pp.116~119.

이의 엄격한 대립"⁴¹에 의존한다. 결여를 받아들이는 것은 부정성과 유한성을 받아들이는 것인데, 나는 행위를 상징적 질서에 외재적인, 절대적-실정적-영원한 것으로 인식한다는 것이다. 혹은, 스타브라카키스에 의해 흡족히 인용된 플루스D. Pluth와 휀스E. Hoens가 주장한 것처럼 "지젝은 행위가 상징계에 포함된다는 것의 중요성을 간과함으로써 실재적 행위가 상징계 없이 일어난다고 말하는 듯 보인다".⁴² (앞으로 보겠지만, 여기서 "듯 보인다"라는 표현은 스타브라카키스의 저작에서도 중요하다. 그것은 자기 독해의 정확성에 대한 자기 자신의 의심을 표시한다.) 사회-상징적 텍스트로부터 배제된 그런 행위의 절대화는 또한 진정한 행위와 가짜 행위, 진정한 사건과 사건의 흉내 사건의 차이를 구별하는 것(바디우에 대한 표준적인 반대 논거)을 불가능하게 만든다……. 마치 내가 증상적 매듭과 사건이 관계 맺는 방식, 상황 속에 **결여**가 기입되는 방식을 분석함으로써 사건과 사건의 흉내를 구분할 수 있다고 설명하기 위해 상당한 지면을 할애하지 않은 듯이 말이다.

그래서 스타브라카키스의 일반적인 논증선에 따르면 나는 바디우에게 영향을 받아 라캉으로부터 이탈하였다는 것, 농담처럼 표현하면, 실제로 바디우는 나보다 훨씬 라캉적이라는 것이다. 내가 보지 않은 것(바디우는 본 것)은 "진정으로 실정적인 실재적 사건은 사건의 자리, 부정성의 등록과 뗄 수 없는 관계에 있다"⁴³라는 것이다. 바디우가 어떤 상황에 진리를 '강제'하고 진리-공정에의 복속에 저항하는 복수적 현실의 과잉과 그 '이름 없음'nameless을 무시하는 전체주의적 위험을 경고할 때, 내가 바디우를 비판한 것은 이상할 게 없다. 그것이 스탈린주의가 한 일이다. 집

41 Ibid., p.122.
42 Ibid., p.126.
43 Ibid., p.154.

단농장과 중앙집중적 계획경제를 강제적으로 부여함으로써 스탈린주의는 의지주의적으로 현실의 저항을 무시했으며, 이 현실의 '이름 없음'의 과잉을 받아들이지 않았기 때문에 자신의 계획에 저항하는 현실을 의도적인 반-혁명으로 해석해야 했다.[44] 예상대로, 스타브라카키스에게 이것은 행위를 무조건적인 것으로 보는 나의 '행위' 개념에도 적용된다. 행위가 어떤 제한도 알지 못하는 한(강제의 과도함을 경고함으로써 바디우는 그런 제한을 허용한다) 그것은 필연적으로 전체주의적인 주장으로 귀결될 수밖에 없다는 것이다.

내가 여기서 바디우의 문제를 발견하는 이유는 진리를 과도하게 '강제'할 수 있다는 생각 자체가 내게는 틀린 것처럼 여겨지기 때문이다. 우리는 여기서 라캉이 인용한 농담 "내 약혼자는 결코 약속 시간에 늦는 법이 없다. 왜냐하면 그녀가 늦는다면 그녀는 더 이상 내 약혼자가 아니기 때문이다"의 논리를 적용하고 싶은 유혹을 느낀다. 진리는 결코 강요될 수 없다. 왜냐하면 진리에의 충실성이 과도한 강요처럼 작동하는 순간 그것은 더 이상 진리, 진리-사건에의 충실성이 아니기 때문이다. 스탈린주의의 경우, 그것의 문제는 단지 어떤 상황에 진리를 무자비하게 '강요'한 것이 아니다. 오히려 문제는 강요된 **'진리'— 중앙집중적 계획경제의 전망 등— 가 그 자체로 진리가 아니**라는 것, 그래서 그에 대한 현실의 저항은 그 진리의 허위성을 드러내는 징표라는 것이다.[45]

이야기는 뻔한 방식으로 진행된다. 나의 기적적인 행위 개념은 '사

---

44 보다 논리적인 용어로, 스탈린은 외재적 부정과 내재적 부정을 혼동했다. 대다수 인민은 새로운 사회 건설에 대한 혁명적 의지를 갖고 있지 않다. 능동적인 부정 의지로 의미화된 것은 그들의 무관심일 뿐이다. 달리 말해, 비-의지가 '아니오'의 의지, 소비에트 질서에 대한 능동적 부정으로 전환된 것이다.
45 물론, 모든 진리-절차에 대한 저항이 허위의 징후는 아니다. 적에게 공격받는 것은 좋은 일—우리의 입장이 올바르다는 징후—이라는 마오의 말은 맞다. 스탈린주의적 '진리' 강제에 대한 저항의 문제는 그것이 인민에 대한 저항, 즉 체제 정당성의 원천 자체에 대한 저항이었다는 것이다.

후 없는 행위'⁴⁶로, 나는 행위의 결과들, 상황 속에 행위들이 기입되는 것을 무시한다······. 마치 내가 문제는 행위 자체가 아니라 '그 다음날' 행위가 상황을 다시 분절하는 방식이라는 설명을 위해 수많은 지면을 할애하지 않았다는 듯이. (게다가, 나는 실정성을 특권화한다고, 부정성을 말소시킨다고 고발당한다. 하지만 그런 '사후 없는 행위', 단순한 파열, 절단은 정확히 순수한 비-실정화된 부정성이 될 것이다.) 그래서 나는 '결여의 실정화/제도화'를 무시한 사람이 된다. "지젝은 결여를 제도화할 가능성, 부정성과 불가능성을—중립화하는 게 아니라—둘러싸는 **실정적**인 정치 질서 자체를 부정하는 것처럼 '보인다'(원문 그대로)".⁴⁷ 마치 헤겔의 정치적 사유에 대한 나의 전체 요점이 헤겔적 국가는 제도화된 부정성이라는 것이 아니라는 듯이. 마치 1917년의 레닌보다 1919~22년의 레닌을 우위에 두는 내 입장이 정확히 혁명적 부정성을 실정화하는 새로운 질서의 제도화, 바로 그런 레닌을 특권화하는 것이 아니라는 듯이. 게다가 나는 부정성을 무시했기 때문에 어떻게 텅 빈 공간을 창조하는 부정적 제스처가 실정적 행동의 조건인지 보지 못하는 사람이 된다.

> 파울 클레Paul Klee가 몬드리안에 대해 말한 것처럼, "공백을 창조하는 것이 근본적인 행위이다. 그리고 이것이 진정한 창조이다. 왜냐하면 이 공백은 실정적이기 때문이다". (······) 정치 안에서 이것은 급진적인 민주주의 전략이다. 그리고 이것은 지젝으로서는 이해할 수 없는 것처럼 '보인다'(원문 그대로).⁴⁸

---

46 Stavrakakis, *The Lacanian Left*, p.143.
47 Ibid., p.141.
48 Ibid., p.142.

마치 내가 텅 빈 공간을 여는 것에 대해, '장소 말고는 아무것도 갖지 않을'rein n'aura eu lieu que le lieu 지점에 도달하는 것에 대해, 죽음충동과 승화의 관계(긍정적 승화의 조건인 죽음충동의 부정성)에 대해 설명하기 위해 많은 지면을 할애하지 않은 것처럼……. 그럼 스타브라카키스는 나에게 없다고 말한 점들(타자 속의 결여, 부정성, 행동의 상징적 결정……)에 대해 내가 설명을 했다는 **풍부한** 증거에 어떻게 반응할까? 나의 행위 개념에 대한 자신의 독해를 의문시하는 대신 그는 **나를** (이론적) 도착증이라고 선언한다.

나는 지젝에게 라캉의 기본개념을 가르칠 의도가 없다. 나는 그가 나보다 더 라캉의 개념을 잘 안다고 인정한다. 하지만 이게 바로 **지젝 자신이 그것들에 대해 망각하거나 포기하는 것처럼 보일 때 내가 우려할 수밖에 없는 이유**이다. 지젝의 태도를 묘사하기 위해 내가 정신분석적 용어 '부인'disavowal를 사용한 것은 우연이 아니다. 잘 알려진 것처럼 부인은 도착증의 근본적인 작용방식으로 어떤 것, 임상학의 경우 거세를 인식하는 동시에 부정하는 것이다. 사실, 지젝의 반응 역시 이와 같은 모습처럼 '보인다'(원문 그대로).[49]

스타브라카키스의 재빠른 손놀림은 놀랄 만한다. 나에 대한 모든 반증은 사전에 평가절하된다. 나는 A를 주장했다고 비난된다. 나는 내가 A를 주장하지 않았다는 증거를 들이댄다. 이에 대한 대답은 나는 여전히 A를 고집하지만 그 사실을 부인했다는 것이다. 이를테면 "나는 A가 맞지 않는다는 걸 잘 알아. 하지만 그럼에도 나는 계속해서 A가 맞는 것처럼

---

49 Stavrakakis, *The Lacanian Left*, p.130.

행동해……"라는 부인의 논리를 전개한다는 것이다. 그래서 나의 저작에 대한 장 마지막 부분에서 스타브라카키스가 "왜 지젝은 또 다른(여성적) 향락에 대한 라캉의 이론화를 전면적으로 무시할까?"[50]라고 쓸 때, 나 자신을 방어하기 위해 내가 정확히 여성적 향락에 대해 개진한 한 묶음의 지면들을 증거로 들이대는 것은 전혀 쓸모가 없다. 그런 방어는 이미 도착증적 '엉터리 주문'recital of absurdity으로 평가절하되어 버린다……[51] 여기서 도착적인 것은 오히려 스타브라카키스 자신이다. 그의 기저 논리는 "나는 지젝에 대한 나의 비난이 무의미하다는 것을 잘 알아. 하지만 나는 계속해서 비난할 거야"가 아닌가? 하지만 나의 행위 개념에 대한 그의 비난은 정말 **옳은** 게 아닐까? 이런 주장들은 어떤 증거에 근거하고 있는가? 나의 저작이 "의심할 수 없이 순수한 형태로 부인의 메커니즘"을 보여 준다는 것을 증명하는 다음의 구절을 보자.

다음의 두 인용구를 살펴보자. 처음에 지젝은 "오늘날과 같은 상황에서 혁명적 기회를 열 수 있는 실질적으로 유일한 방법은 직접적인 행동에 대한 손쉬운 호소를 거절하는 것이다. (……) 진실하고 근본적인 변화의 토대를 마련하는 유일한 방법은 행동에 대한 강박을 버리고 '아무것도 하지 않는' 것, 그래서 전혀 다른 종류의 활동 공간을 여는 것이다"라고 했다. (……) 세 페이지 이후 그는 정치적 행위와 '근본적 악'에 대한 몰입에 저항하는 현대 사회를 비난한다. "오늘날의 최고선은 아무 일도 일어나지 않는 것이다." (……) 이로부터 우리는 어떤 결론을 도출할 수 있을까? 분명 "아무것도 하지 않는 것"은 "아무 일도 일어나지 말아야 한

50 Ibid., p.144.
51 Ibid., p.133.

다"라고 주장할 자들에 대한 적절한 치료법은 아니다.⁵²

이 구절로부터 실제적으로 도출되는 결론은 그것이 '의심할 수 없이 순수한 형태로' 오독의 사례를 제시한다는 것이다. 모순처럼 보이는 외관은 내가 진정한 행동(본연의 행위에 충실함)과 거짓 행동(단지 기존의 좌표를 재생산하기만 하는 행동, 그래서 **바뀔수록 동일하게 남는** 행동, 아무것도 바꾸지 않게 하기 위해 분주히 하는 활동)을 체계적으로 대립시켰다는 (훨씬 분명한) 사실을 깨닫는 순간 사라진다. 진정한 변화(행위)의 조건은 거짓 행동을 중단하는 것이다. 혹은 내가 거듭 참조한 바디우의 말을 인용하면, "제국에 의해 이미 그 존재가 인정된 것을 가시화하는 공식적 경로를 개발하는 데 기여하기보다는 차라리 아무것도 하지 않는 게 낫다".⁵³

다른 사례를 보자. 내가 우연성을 주장한(모든 행위는 우연적인 역사적 상황 속에서 '구현된다') 구절과 행위의 '무조건적' 성격을 주장하는 구절을 인용한 후 스타브라카키스는 이렇게 묻는다.

어떻게 우연성의 인식이 어떤 조건화된 상황 너머에 위치하여 우리가 포기한 것—**무조건적인 혁명적 행위**—을 실제적으로 가정하는 것의 필연적 조건이 될 수 있는가?⁵⁴

불행히도 나에게(헤겔에게) 거기엔 아무런 모순도 없다. 내가 '무조

---

52 Stavrakakis, *The Lacanian Left*, p.133.
53 Alain Badiou, "Fifteen Theses on Contemporary Art", Lacanian ink 22, Fall 2003(http://www.lacan.com/ frameXXIII7.htm). 참조.
54 Ibid., pp.133~134.

건적인 행위'라고 지칭한 것은 나에게 전가된 허튼 말(역사 외부의, 상징계 외부의 행동)이 아니라, **자신의 조건으로 환원될 수 없는** 행위이다. 그런 행위는 단순히 자신의 우연적 조건들에 근거할 뿐 아니라, 이런 조건들 자체가 그것을 행위로 만든다. 동일한 제스처라도 부적절한 순간에(너무 이르거나 너무 빠르거나) 수행되면 더 이상 행위가 아니다. 여기에 진정으로 변증법적인 역설이 있는데, 어떤 행위를 '무조건적인' 것으로 만드는 것은 **바로 그것의 우연성**이다. 만약 행위가 필연적이라면, 그것은 그 행위가 순전히 자기 자신의 조건에 의해 결정되어 그 조건들로부터 연역될 수 있다는 것(전략적 계산이나 합리적 선택 이론을 통해 도출되는 최적형태라는 것)을 뜻한다. 여기서 헤겔을 언급할 필요도 없다. 데리다와 라클라우로도 충분하다(키르케고르에 대한 독해 속에서 데리다는 선택/결정 행위의 '광기'에 대해 말한다). 그래서 상황과 행위 사이의 연결고리는 분명하다. 행위는 상황에 의해 결정되는 게 아니라(혹은 어떤 신비로운 외부로부터 개입하는 것이 아니라) 상황 속의 존재론적 개방, 불연속, 간극에 의해서 발생한다.

나의 물신적 부인 행위에 대한 또 다른 증거로 제시된 것은 오늘날에는 "전 지구적 대안이 열리는 이 유토피아적 장소를 견지하는 것이 그 어느 때보다 중요하다"[55]라고 주장하면서도 유토피아를 거부하는 나의 '도착적 역설'이다. 마치 내가 끊임없이 유토피아의 서로 다른 의미에 대해 설명하지 않았다는 듯이. 단순히 상상적 불가능성으로서의 유토피아(아무런 적대 없이 완벽하게 조화로운 사회질서에 대한 유토피아, 현대 자본주의에서의 소비주의적 유토피아)와 보다 급진적으로, 기존의 사회적 관계 틀 안에서는 '불가능한' 것으로 보이는 것을 실제로 일으키는 유토피

---

55 Stavrakakis, *The Lacanian Left*, p.142.

아, 이 두번째 유토피아는 사회적 관계들에 대해서만 '비-장소적'a-topic이다.[56] 스타브라카키스의 모든 '증거들'은 이와 같은 오독에 의존한다. 그는 "라캉의 후기 행위 개념 안에는 전략적 개입을 넘어서는 '광기'의 계기가 존재한다"라는 나의 주장을 인용한 후 "무조건적인 실재 행위, 어떤 상징적 장과의 관계에도 구애받지 않은 행위라는 개념이 라캉의 행위 개념을 정의하는 것인가?"[57]라고 쓴다. 참으로 어처구니없는 짜깁기이다. 모든 본연적 행위가 "전략적 개입을 넘어서는 '광기'의 계기"라는, 데리다나 라클라우에게서도 발견되는 주장으로부터 그는 "어떤 상징적 장과의 관계에도 구애받지 않는 행위"로 비약한다. 그런 식의 짜깁기로부터는 어떤 것도 증명될 수 없다.

스타브라카키스는 내가 맑스주의의 역사를 완전히 무시했다고 비난하기 때문에, 카우츠키의 다당제 민주주의에 대한 옹호를 상기시켜야 할 것 같다. 카우츠키는 사회주의의 승리를 사회민주당이 의회에서 승리하는 것으로 인식했으며, 심지어 자본주의로부터 사회주의로의 가장 적절한 이행 형식은 진보적인 부르주아 정당들과 사회주의 정당들 간의 의회 연합이 될 것이라고 주장했다(우리는 이 논리를 끝까지 밀고 나가 카우츠키에게 유일하게 허용된 혁명은 최소한 51%의 유권자가 찬성한 국민투표로 발생한다고 주장하고픈 유혹을 느낀다). 1917년 레닌은 특유의 신랄한 아이러니를 구사하여 끊임없이 혁명의 '보증인'을 찾으려 하는 사람들을 비난했다. 이런 보증인은 주로 두 가지 형태를 띤다. 하나는 사회적 필연에

---

56 유사하게, 내가 스타브라카키스는 자본주의적 유토피아를 고려하고 있지 않다고 주장했을 때 그는 분개하면서 자신은 소비 자본주의적 유토피아에 대해 상세하게 설명했다고 대답했다. 마치 내가 시장 메커니즘의 유토피아적 성격을 지적할 때 그것은 그런 주장이 자본주의 옹호자들의 것임을 말하기 위한 것인데, 아마 그 맥락이 명확히 드러나지 않았나 보다.
57 Stavrakakis, *The Lacanian Left*, p.135.

대한 물화된 관념이고(우리는 너무 빨리 혁명을 감행해서는 안 된다. 우리는 상황이 역사적 발전 법칙에 부합할 만큼 '성숙'해지는 정확한 때를 기다려야 한다), 규범적('민주주의적') 합법성이다. ("대다수 인구는 아직 우리 편이 아니다. 그래서 혁명은 민주주의적일 수 없다.") 레닌이 여러 글에서 거듭 지적했듯이 그것은 마치 혁명적 행위자가 국가권력을 장악하는 모험을 감행하기 전에 우선 어떤 대타자 형상의 승낙을 받아야 한다는(대다수 인구가 혁명을 지지한다는 것을 확신시켜 줄 국민투표를 조직하는 것) 태도와 같다. 레닌에게도, 그리고 라캉에게서도 혁명은 오직 자기 자신에게서만 권위를 부여받는다ne s'autorise que d'elle-même. 우리는 대타자에 의해 보호받지 않는 혁명적 **행위**를 받아들여야 한다. 보증인을 추구하며, '너무 빨리' 권력을 장악한다는 두려움을 갖는 것은 행위의 심연을 두려워하는 것이다.

그래서 민주주의는 '타자 안에 있는 결여의 제도화'(놀랍게도, 헤겔의 입헌군주제 이론의 요점은 정확히 이것과 일치한다)일 뿐 아니라 결여를 제도화함으로써 결여를 중성화—정상화—하는 것, 그래서 대타자의 비존재(라캉의 "대타자란 것은 없다")를 중지시키는 것이다. 여기서 대타자는 우리 행위의 민주적 합법화/정당화라는 모습으로 나타난다. 민주주의 안에서 나의 행동들은 대다수 인구의 의지를 전하는 합법적 행동들로 '보호된다'. 이런 논리와 대조적으로 혁명적 권력의 역할은 다수 의사를 수동적으로 '반영'하는 것이 아니라 노동계급이 자신의 권력을 동원하고 그래서 새로운 다수를 **창조하도록** 촉발하는 것이다. 트로츠키가 『테러리즘과 공산주의』에서 썼듯이,

> 만약 의회주의 체제가 '평화롭고' 안정적인 발전의 시기에서조차 국민의 의견을 발견하는 유치한 방법이라면, 그리고 혁명적 소용돌이의 시

기에는 투쟁 과정에 따라 혁명적 의식을 발전시키는 능력을 전혀 발휘하지 못한다면, 고통받는 다수 인민 가까이에서 직접적이고 정직하게 그들과 결합하고 있는 소비에트 체제는 **정태적으로 다수를 반영하는 것이 아니라, 역동적으로 다수를 창조한다는** 의미를 획득한다.

마지막 구절은 지식을 '반영'으로 보는 표준적인 변증법적 유물론을 (레닌의 『유물론과 경험비판론』에서조차 주장된) 심각하게 문제시한다는 점에서 중요한 철학적 전제를 함축한다. 러시아 노동계급은 '너무 빨리' 권력을 장악했다는 카우츠키의 걱정은, 역사를 정치적 개입이 가능한 좌표들을 사전에 미리 결정하는 '객관적' 과정으로 보는 실증주의적 관점을 함축한다. 이런 지평 속에서는 급진적인 정치적 개입이 바로 이 '객관적' 좌표들을 바꾸고, 자기 자신의 성공 조건들을 창조한다는 것은 상상도 할 수 없다. 본연의 행위는 단지 조건들에 구속된 채 어떤 상황에 전략으로 개입하는 것이 아니라, 소급적으로 자신의 조건들을 창조하는 것이다. 카프카와 그의 선구자인 중국 작가들과 로버트 브라우닝Robert Browning 간의 관계에 관한 보르헤스의 정확한 명제를 상기해 보자.

카프카의 특이성은 그 위대함의 정도와는 무관하게 이와 같은 글들 각각에 현존한다. 하지만 카프카의 저작이 없었다면 우리는 그것을 인식하지 못했을 것이다. 다시 말해서, 그것은 존재하지 않았을 것이다. (……) 각각의 작가는 자신의 선구자들을 창조한다. 그의 작품은 그것이 미래를 변경함에 따라 과거에 대한 우리의 지각을 바꾼다.[58]

---

58 Jorge Luis Borges, *Other Inquisitions: 1937~1952*, New York: Washington Square Press, 1966, p.113. [『만리장성과 책들』, 정경원 옮김, 열린책들, 2008.]

"그것은 실제로 거기에 원천으로 존재하는가, 아니면 우리가 그것을 원천으로 읽는 것뿐인가?"라는 딜레마에 대한 변증법적 해결책은 다음과 같다. 그것은 거기 있다. 그러나 우리는 이것을 소급적으로만, 오늘날의 관점에서만 지각하고 진술할 수 있다. 이런 소급성은 들뢰즈가 이미 개진한 것이다. 들뢰즈가 생성(잠재적인 것의 현실화)에 대해 말할 때 그는 시간적-진보적 생성, 사물의 공간화된-시간적 생성의 과정을 의미한 것이 아니라, "동태성이 없는 생성, 초-역사성의 요소 안에서 필연적 전개, **정태적 생성**static genesis"[59]을 의미한 것이다. 잠재적 장의 정태적 특성은 들뢰즈의 **순수과거**라는 개념에서 가장 급진적인 표현을 얻는다. 언제나 이미 사물들을 내포한 잠재적 과거는 여전히 현재형이다. 어떤 의미에서 현재는 이미 있었기에 과거가 될 수 있다. 즉 그것은 자신을 과거의 일부로 지각할 수가 있다. "지금 우리가 하고 있는 것이 역사다(역사가 되어갈 것이다)."

이전에 주어진 현재가 재생 불가능하고 현재의 현존이 자신을 반영할 수 있는 것은 일반적인 과거, 선천적인 과거로 이해된 과거의 순수 요소들과 관련해서이다.[60]

이것은 발생될(생성될) 모든 것이, 모든 현실적인 시공간적 전개가 이미 태고적인/무시간적인 가상적 네트워크의 일부인 그런 우주에 대한 결정론적 관념을 함축하는가? 전혀 그렇지 않다. 순수과거는 "새로운 현재의 발생에 따른 변화를 받아들일" 수 있어야 하기 때문이다.[61] 이것은

---

59 Deleuze, *Difference and Repetition*, p.183.
60 Ibid., p.81.
61 James Williams, *Gilles Deleuze's "Difference and Repetition" : A Critical Introduction and*

과거를 변화시킬 수 있는 우리의 힘과 전통 사이의 연관을 최초로 정식화한 T. S. 엘리엇과 다르지 않다.

> (전통은) 상속될 수 없다. 전통을 원한다면 위대한 활동으로 획득해야 한다. 전통은 무엇보다 역사적 감각을 내포한다. 죽은 지 25년이 지나도 여전히 시인으로 남아 있을 사람을 위해서는 반드시 우리의 역사적 감각이 요구된다. 그 역사적 감각은 과거의 과거성에 대한 지각일 뿐만 아니라 그것의 현재성에 대한 지각을 포함한다. 역사적 감각은 작가들로 하여금 뼛속까지 느껴지는 동시대 사람들의 정서로 쓸 뿐 아니라 호머로부터 이어져 온 유럽의 전체 문학에 대한 느낌을 가지고, 동시적인 실존을 가지고 동시적인 질서를 형성하는 자기 나라의 문학 전체에 대한 느낌을 가지고 쓰도록 강제한다. (……) 새로운 예술 작품이 창조될 때 일어나는 일은 그것에 선행하는 모든 예술 작품에도 동시에 일어나는 일이다. 현존하는 유물들은 그것들 속에서 새로운(진실로 새로운) 예술 작품이 도래함에 따라 변형되는 전통의 이상적 질서를 형성한다. 현존하는 질서는 새로운 작품이 도래하기 전에 완성된다. 새로움이 추가된 이후에도 질서가 지속되기 위해서는 아무리 미세할지라도 현존하는 질서 **전체**에 변형이 일어나야 한다. 그 과정에서 각각의 예술 작품이 전체 작품과 맺는 관계, 비중, 가치는 재조정된다. 이것이 과거와 새로운 것 사이의 적합성이다. 유럽문학, 영문학에 대해 이와 같은 질서 관념을 승인하는 사람은 누구든지 현재가 과거에 의해 움직일 뿐만 아니라 과거가 현재에 의해 변경된다는 생각을 터무니없다고 생각하지 않을 것이다.[62]

Guide, Edinburgh: Edinburgh University Press, 2003, p.26.
62 T. S. Eliot, "Tradition and the Individual Talent", originally published in *The Sacred Wood: Essays on Poetry and Criticism,* London: Mathuen, 1922.

엘리엇이 생존 작가를 "당신은 그를 죽은 자들 속에 놓아야 한다"라고 평가하며 쓸 때 그는 들뢰즈의 순수과거에 대한 정확한 사례를 제공한다. 그가 "현존하는 질서는 새로운 작품이 도래하기 전에 완성된다. 새로움이 추가된 이후에도 질서가 지속되기 위해서는 아무리 미세할지라도 현존하는 질서 **전체**에 변형이 일어나야 한다"라고 쓸 때 그는 과거의 완성과 그것을 소급적으로 변경시키는 우리 능력 사이의 역설적인 연관성을 명확히 정식화한다. 정확히 순수과거가 완성되기 때문에, 각각의 새로운 작품은 그것의 전체 균형을 재조정한다. 어떻게 카프카가 자신의 선구자들을 창조했는지에 대한 보르헤스의 생각을 상기해 보자. 자기 원인에 작용하는 결과라는 이런 소급적 인과율이 자유의 최소 조건이다.

이것이 피터 홀워드Peter Hallward가 『이 세계 밖으로』Out of This World라는 전반적으로 탁월한 책에서 "모든 것이 이미 그 안에 쓰여 있기" 때문에 모든 현실적 사건의 운명을 사전에 봉인하고 있는 잠재적 장으로서의 순수과거만을 강조할 때 빠뜨린 부분이다. 현실을 '영원성의 측면에서' 보는 이 관점에서 절대적 자유는 절대적 필연, 그것의 순수한 자동성과 일치한다. 자유로워지는 것은 실체적 필연성 속/안에서 자유롭게 부유하는 것을 의미하게 된다. 홀워드가 들뢰즈의 자유는 "인간적 해방의 문제가 아니라 인간성으로**부터의** 해방이다"[63]라는 것, 스스로를 절대적 삶의 창조적 흐름 안에 완전히 함입시키는 것임을 강조할 때 그는 분명 옳다. 하지만 이로부터 도출하는 그의 정치적 결론은 너무 쉬워 보인다.

자유로운 양태와 모나드monad는 자신에 대한 저항을 통해 작동하는 주권적 의지에 대한 저항을 제거한 양태이다. 따라서 주권자의 권력이 절

---

63 Peter Hallward, *Out of this World,* London: Verso, 2005, p.135.

대화될수록 그것에 복속된 자들은 점점 '자유로워'진다.[64]

홀워드는 들뢰즈 역시 주장하고 있는바 우리를 완전히 결정하는 이런 영원한 순수과거가 그 자체로 소급적인 변화에 종속된다는 소급성의 계기를 무시한다. 그래서 우리는 우리가 생각하는 것보다 덜 자유롭거나 더 자유롭다. 과거에 의해 규정되고 과거에 의존하는 한 우리는 철저히 수동적이지만 그와 동시에 우리는 이 결정의 전망을 규정하는 자유, 즉 우리를 결정하는 과거를 (중복)결정하는 자유를 갖는다. 여기서 들뢰즈는 예기치 않게 칸트와 가까워진다. 칸트에게 '나'는 원인에 의해 결정되지만 그와 동시에 '나'를 규정하는 원인들을 소급적으로 규정한다(할 수 있다). 우리, 주체들은 정념적 대상과 동기들에 의해 수동적으로 영향을 받지만, 소급적으로 우리 자신은 이런 식의 수동을 받아들일(혹은 거부할) 최소한의 권력을 가지고 있다. 달리 말해서, 우리는 우리를 결정할 원인들, 적어도 이런 선조적 결정의 **양태**를 소급적으로 결정한다. 그래서 '자유'는 본연적으로 소급적이다. 근본적인 차원에서 그것은 무로부터 새로운 인과 연쇄를 시작하는 자유로운 행위가 아니라 필연성들의 사슬/연쇄가 우리를 결정하도록 승인하는 소급적 행위이다. 여기서 우리는 스피노자에 헤겔적 해석을 덧붙여야 한다. 자유는 단순히 '인식된/알려진 필연성'이 아니라, 인정된/승인된 필연성, 이런 인정을 통해 구성된/현실화된 필연성이다. 그래서 들뢰즈가 프루스트의 『잃어버린 시간을 찾아서』에서 방퇴유의 음악을 강박적으로 회상하는 스완에 대해 "마치 연주자들은 악보를 연주한다기보다 그것이 나타나는 데 필요한 제의를 행하는 것 같다"라고 묘사할 때 그는 필연적인 환영을 환기시키고 있는 것이다. 의

---

64 Ibid., p.139.

미-사건의 생성은 마치 사건이 이전부터 거기 있었고 우리가 잠재적 현존 속에 있는 그것을 요청할 때까지 기다려 왔던 것처럼, 이미 존재하는 사건의 제의적 환기처럼 경험된다.

　이와 같은 주제로부터 즉각 환기되는 것은 물론 프로테스탄트의 예정설이다. 예정설은 단지 반동적인 신학적 수사가 아니라, 잠재성과 현실성 간의 들뢰즈적 구분을 따라 읽는다는 조건에서 유물론적 의미이론의 핵심 요소이다. 다시 말해서, 예정설은 우리의 운명이 영원한 신적 정신을 위해 존재하는 현실적 텍스트 안에 봉인되어 있다는 의미가 아니다. 우리의 운명을 예정하는 텍스트는 잠재적으로 영원한 과거, 즉 그 자체로 우리의 행동에 의해 다시 쓰여질 수 있는 순수과거에 속한다. 아마 이것이 그리스도의 특이성이 갖는 궁극적 의미일 것이다. 그리스도의 성육신은 우리의 운명을 근본적으로 바꾸는 행위이다. 그리스도 이전에 우리는 죄와 벌의 운명적 원환에 갇혀 있었다. 그리스도가 우리 과거의 죄를 대속했다는 것은 정확히 그의 희생이 우리의 잠재적 과거를 바꾸고 그래서 우리를 자유롭게 했다는 뜻이다. 들뢰즈가 "나의 상처는 나 이전에 존재한다. 나는 그 상처를 육화하기 위해 태어난다"라고 쓸 때 이『이상한 나라의 앨리스』에 나오는 체셔 고양이와 그 미소에 관한 테마(고양이는 그 미소를 육화하기 위해 태어났다)는 그리스도의 희생에 관한 완벽한 공식을 제공하지 않는가? 문제는 이 명제를 문자 그대로, 신학적으로 읽는 것이다. 마치 한 사람의 현실적 행위는 단지 그것의 잠재적 관념에 등록된 무시간적-영원한 운명을 현실화한다는 듯이.

　카이사르의 유일한 실제 임무는 그가 창조적으로 구현시켜 온 사건들에 적합한 존재가 되는 것이다. 운명을 사랑하라 *Amor fati*. 카이사르가 실제로 한 것은 그의 잠재적 존재에 아무것도 덧붙이지 않는다. 카이사르가 루비콘강을 건널 때 거기에는 어떤 숙고나 선택도 없었다. 왜냐하면 그것은 단지 카이사르다움의 즉각적 표현들 전체 중 하나일 뿐이기 때문이다. 그것은 단지 모든 시간 동안 카이사르라는 개념 안에 포함되어 있던 어떤 것을 '풀어서' 전개시킬 뿐이다.[65]

이 과거 자체를 (재)구성하는 제스처의 소급성이란 어떤 것인가? 아마 이것이 진정한 **행위**를 가장 간명하게 정의해 줄 것이다. 우리의 평범한 행동 속에서 우리는 단지 (가상적-환상적인) 우리 정체성의 좌표들을 따를 뿐이다. 이에 반해 진정한 행위는 그 행위자의 존재를 규정하는 잠재적인 '선험적' 좌표들 자체를 (소급적으로) 바꾸는 역설적인 행위이다. 프로이트적으로 말해서, 행위는 우리 세계의 현실성을 바꿀 뿐 아니라 "그것의 지옥을 불러낸다". 그래서 우리는 "조건이 그것을 조건으로 삼는 것으로 되접히는"[66] 반성적 운동을 보게 된다. 순수과거가 우리 행위의 선험적 조건이라면 우리의 행위는 현실적으로 새로운 현실을 창조할 뿐만 아니라 소급적으로 이런 조건 자체를 변화시킨다. 예정설에서 운명은 그것의 진행에 선행하는 어떤 결정으로 실체화된다. 그래서 개별 활동들의 과제는 수행적으로 자기 운명을 구성하는 것이 아니라 이전부터 존재해 온 운명을 발견(혹은 추측)하는 것이다. 그로 인해 은폐되는 것은 우연성이 필연성으로 역전되는, 혹은 우연한 과정들의 결과가 필연성의 외양이 되는 변증법적 운동이다. 사태는 소급적으로 필연적으로 '있어 왔던 것이 될 것'이다. 이런 역전은 장 피에르 뒤피Jean-Pierre Dupuy에 의해 다음과 같이 묘사된다.

---

65 Hallward, *Out of This World*, p.54.
66 Williams, *Gilles Deleuze's "Difference and Repetetion"*, p.109.

파국적인 사건은 운명으로서뿐 아니라 우연한 사건으로서 미래 속으로 등록된다. 그것은 선행하는 미래futur antérieur 속에서, 필연적인 것으로 나타날 때조차, 일어나야 했던 것일 수 없다. (……) 만약 대재앙과 같은 어떤 돌출적인 사건이 발생한다면 그것은 일어나야 했던 것이 아닐 수 없다. 그럼에도 그것이 일어나지 않았다면 그것은 불가피한 것이 아니다. 그래서 소급적으로 사건의 필연성을 창조하는 것은—그것이 일어났다는 사실—사건의 현행화이다.67

뒤피는 1995년 5월 프랑스 대통령 선거에 대한 한 주요 여론조사 기관의 1월 예상 보도를 예로 든다. "만약 5월 8일에 발라뒤르 씨가 당선된다면, 대통령 선거는 선거 전에 이미 결정되었다고 말할 수 있다." 만약—우연히 어떤 사건이 일어난다면 그것은 그것을 불가피하게 보이게 만드는 이전 연쇄를 창조한다. **이것**은 어떻게 필연성이 우연적으로 보이는 외관의 놀이를 통해 표현되는지에 대한 상식이 아니라 우연과 필연의 헤겔적 변증법의 맹아적 형태이다. 동일한 논리가 10월 혁명에도 적용되고(일단 볼셰비키가 승리하여 자신의 권력 장악을 공고히하면 그들의 승리는 심층의 역사적 필연의 산물 내지 표현으로 보인다) 심지어 부시의 치열했던 첫번째 대통령 선거 승리에도 적용된다(우발적이고 경쟁적인 플로리다 다수표 획득 이후 그의 승리는 소급적으로 미국 정치의 심오한 경향의 표현처럼 보인다). 이런 의미에서 우리는 운명에 의해 결정되지만 그럼에도 우리는 **운명을 선택할 자유**가 있다. 뒤피에 따르면 이것은 또한 생태학적 위기에 접근하는 방법이기도 하다. '현실주의적으로' 재앙의 확률을 계산하는 게 아니라 그 위기를 정확히 헤겔적인 의미에서 운명으로 받아

---

67 Jean-Pierre Dupuy, *Petite métaphysicque des tsunami*, Paris: Éditions du Seuil, 2005, p.19.

들이는 것이다. 발라뒤르 당선처럼 "만약 재앙이 일어난다면, 그것이 일어나기 전에 재앙은 이미 결정되었다고 말할 수 있다". 운명과 자유로운 행위('만약'의 봉쇄)는 그래서 함께 간다. 자유는 가장 근본적인 차원에서 각자의 운명을 바꿀 자유이다.

실재

여기에는 또 다른 중요한 점이 있다. 내가 부정성을 봉쇄했다는(나의 저작에서 부정성은 신비롭게도 행위의 실정성 속에서 사라진다) 스타브라카키스의 비난은 그 자신의 지적처럼 피터 홀워드의 나에 대한 비판과 정확히 대립된다. 홀워드가 나를 비판하는 지점은 부정성, 즉 죽음충동에 대한 과도한 집착 때문에 사건의 실정성을 놓치고 있다는 것이다. 참 이상하지 않은가? 똑같은 나의 저작에 대한 두 가지 비판적 독해가 정확히 반대 입장에 있다니? 이로부터 도출되는 결론은 이 두 비판가가 내 이론을 단지 자기 입장의 '틀린' 골격의 빈자리를 채우기 위해 이용하고 있다는 게 아닌가?[68]

그럼 왜 스타브라카키스는 바보 같은 행위 개념을 내게 부여하려고 안간힘을 쓰는 것일까? 분명히 그와 나의 차이는 단지 표현상의 문제나 오해가 아니다. 즉, 스타브라카키스와 나는 똑같은 것을 주장했는데 그가 나의 생각을 잘못 읽었다는 게 아니다. 그의 도착은 그의 이론적 기제 내부의 취약함에 의한 것이다. 그 이론의 단층선은 그로 하여금 활발한 정치적 기획을 개진하지 못하게 가로막고 있어서, 그가 제시하는 것들은 모

---

68 스타브라카키스에게 실정성에 대한 나의 과도한 주장은 추론적 부정성에 대한 라클라우의 과도한 주장과 대조된다. 그리고 충분히 예상할 수 있듯이 나의 사유가 퇴보적이라면, 라클라우의 사유는 진보적이다. 라클라우의 최근 저작에서 그는 이미 이런 결핍을 메우고 있다. 그래서 나만 '나쁜 놈'으로 남는다.

두 낡고 진부한 프로이트-맑스주의의 새로운 버전에 불과하다. 이런 근본적인 취약함은 이미 '서론'의 짧은 방법론적 성찰에서 뚜렷이 나타난다. 거기서 그는 실증과학의 순환성에 주목한다. 실증과학은 자신의 이론이 완벽하게 현실을 반영하고 사실에 의해 입증된다고 주장하지만 그로 인해 자신들이 준거하고 있는 '객관적 사실들'은 전-상징적 실재가 아니라 이미 상징계에 의해 매개/구성된 실재라는 것을 망각한다는 것이다.

> 대중적인 무조건적 계몽의 낙관주의와 반대로, 지식 일반은 결코 현실에 꼭 맞지 않는다. 어떤 것이 항상 빠져 나간다. 말하자면 이론은 우리의 생동적이고 예견 불가능한 실재 경험의 장을 포괄할 수 없는 구속복과 같다.[69]

여기에 깔려 있는 전제는 지식-체험 쌍과 상징계-실재 쌍의 일치이다. 우리는 "지식과 체험, 상징계와 실재 사이의 구성적 긴장"을 주장해야 한다.[70] 그래서 라캉의 상징계/실재 쌍은 "이론은 회색인 반면 삶의 나무는 푸르다"라는 상식적인 경험주의적 모티프로 환원되어 버린다. 즉, 우리의 지식은 언제나 제한적이라서 그것은 결코 체험의 풍부함을 온전히 포괄하거나 설명하지 못한다는 것이다. 하지만 우리는 지식 외부로 나가 직접 실재를 포착할 수 없기 때문에 실재를 상징화하려는 과제를 끊임없이 추구하면서도 모든 규정적 상징화는 불안정하고 일시적이라서 어떤 실재와의 외상적 조우를 통해 조만간 동요될 것이라는 사실을 항상 인식하고 있어야 한다는 것이다.

---

69 Stavrakakis, *The Lacanian Left*, p.8.
70 Ibid., p.8.

실재적 체험의 환원 불가능성에 대해 우리는 부정성의 실정적 순환을 시도하면서 그것을 상징화하고 그 상징화를 유지하는 것 말고는 다른 선택을 할 수 없다. 하지만 이것은 실재적 체험을 말살하려는 환상적 상징화와는 다르다. (……) 그것은 상징계의 실재적 한계, 이론의 실재적 한계, 실재적 결여, 체험의 (부정적) 흔적, 혹은 체험 망각의 실패 흔적을 상징적으로 '제도화'하려는 시도들의 한계를 인식하는 가운데 일단의 상징적 제스처들(실정화)을 전개하는 것이다.[71]

그래서 우리는 헤겔이 '가짜 무한성'이라고 부른 것에 도달한다. 주체는 자신의 구성적 결핍을 채우기 위해, 즉 상징적이고 상상적인 동일시로 정체성을 형성하기 위해 안간힘을 쓴다. 하지만 어떤 동일시도 온전한 정체성을 생산하지 못하고, 항상 결여가 다시 생긴다. 여기서 스타브라카키스는 자신의 전제를 끝까지 밀고 나가지 않는다. **모든** 상징적 장은 자신을 봉합하기 위해 결여의 기표를 필요로 한다. 일찍이 스피노자가 인식했듯이 전통적인 종교에서 '신'이야말로 그런 기표이다(진정한 지식의 관점에서 '신'은 어떤 실정적 내용도 갖고 있지 않으며, 신은 단지 우리의 무지를 실정화하는 기표일 뿐이다). 즉, 스타브라카키스는 어떻게 내가 결여의 상징화·실정화·제도화 가능성에 대해 고찰하지 않았는지 증명하기 위해 다양한 변주를 해왔지만 그 자신은 이미 그것이 작용하고 있는 곳에서 그것을 보지 않는다.

'결여의 기표'란 개념에는 어떤 내재적 '전복성'이나 '진보성'도 없다. 반-유대주의에서 유대인의 형상은 그것의 가장 탁월한 이데올로기적 사례가 아닌가? 이런 형상은 어떤 실증적 내용도 갖고 있지 않다. 그것을 묶

---

[71] Stavrakakis, *The Lacanian Left*, pp.9~10.

어 주는 것은 텅 빈 기표로서 '유대인'이라는 **그 이름**이다. 즉, 이와 같은 구조는 '현실 사회주의' 시기 폴란드의 반-공산주의 농담 구조와 같다. "사회주의는 이전 생산양식의 모든 위대한 성과들을 종합한다. 전-계급 부족사회로부터 원시성을 끌어 오고, 아시아적 생산양식으로부터 독재를 끌어 오고, 고대사회로부터 노예제를, 봉건사회로부터 농노에 대한 영주의 사회적 지배를, 자본주의로부터 착취를, 사회주의로부터 그 이름을 끌어 온다." 반-유대주의의 유대인 형상은 대자본가로부터 부유함과 사회적 통제를 끌어 오고, 쾌락주의자로부터 성적 방탕함을, 상업적인 대중문화와 황색 저널로부터 천박함을, 하층계급으로부터 불결함과 악취를, 지식인들로부터 타락한 궤변을, 그리고 **유대인으로부터 그 이름**을 따왔다. 바로 이런 순수한/텅 빈 기표의 개입이 **유대인을 유대인으로 만드는, 내가 알지 못하는** 그 신비로운 X를 양산한다. 진실한 반-유대주의자에게 유대인은 그저 타락하고 문란하고 이러저러한 존재가 아니다. 그는 타락하고 문란하다. **왜? 그가 유대인이기 때문에.** 이런 의미에서 '유대인'은(반-유대주의 담론 안에서) 명백한 결여의 기표, 타자 속의 결여의 기표이다.

결국, 스타브라카키스가 상징화를 초과하는 현실 체험과 실재를 동등하게 볼 때 그것은 라캉의(이 점에 있어서는 라클라우의) 실재와는 아무 상관이 없다. 라클라우의 '적대'antagonism는 상징계 외부의 실정적 실재가 아니다. 그것은 상징계에 내재하며, 상징계의 내재적 균열 내지 불가능성이다. 실재는 상징적 균형을 외부로부터 교란시키는 초월적인 실체적 현실이 아니라 상징적 질서 자체의 내적 장애물이다. 라캉의 실재에 대한 이런 경험주의적 오독은 스타브라카키스로 하여금 '부정성'을 이상한 용법으로 사용하게 만든다. 상징화에 대한 체험의 잉여성으로서의 실재는 상징화에 저항하는 타자성으로 기능함으로써 상징화를 무너뜨린다는 피상적인 의미에서만 '부정적'이다. "하지만 이 실재 자체는 잉여적 풍부함을 지닌 체험의 실정성이다." 라캉에게 사태는 정반대이다. 물론, 초기의 라캉(첫번째 세미나에서)이 가끔씩 '실재'the Real라는 말로 전-상징적 현실을 지칭한 것은 사실이지만, 이 실재는 어떤 결핍도 없는 존재의 순수한 실정성이다. 당시 라캉이 거듭해서 말했듯이 실재 안에는 **어떤 것도 결여되어 있지 않다**rien ne manque dans le réel. 결여는 오직 상징계에 의해서만 도입된다. 라캉에게 부정성이 상징계를 외부로부터 무너뜨리는 실재가 아니라 상징계 자체, 체험의 풍부함을 의미작용의 특이성trait unaire으로 환원하는 폭력적인 추상화를 동반한 상징화의 과정인 이유가 여기에 있다. 라캉은 헤겔을 인용해, 단어는 그것이 지칭하는 사물의 살해, 사물의 말살이라고 말한다.

그래서 라캉에게 부정성의 기본 형식은 상징화에 대한 체험의 잉여성이 아니라, 체험된 현실로부터 상징화를 분리하는 간극이다. 라캉의 첫번째『세미나』의 프랑스어 판 책표지가 거대한 코끼리 사진인 것을 상기해 보라. 세미나실을 어슬렁거리는 '실재 코끼리'는 존재하지 않지만 여기에는 자신의 기표 속에 있는 코끼리가 있다. '실재' 코끼리를 그것의 기표로 환원하는 이런 난폭함이 바로 부정성(혹은 죽음충동)의 순수한 모습이다. 라캉은 이후 자신의 입장을 바꾸지만(이후 '죽음충동'은 현실과 무관하게 자동적으로 작용하는 상징적 시스템 자체로 정의되고, 마지막에는 상징화에 저항하는 실재로 인식된다) 실재는 여전히 상징화에 내재하는 것으로, 상징계의 외상적 중핵으로 남아 있다. 상징계 없는 실재란 없다. 상징계의 출현이 현실 속에 실재의 간극을 도입하는 것이다.

그래서 아직도 헤겔은 없었다는 듯이 (생각하고) 글을 쓸 수 있는 사람들이 있다는 것은 애처로운 일이다.[72] 헤겔뿐만이 아니다. 라캉의 수학소matheme란 개념, 상상적 체험에 대립된 수학화된 공식들의 집합으로서의 과학적 실재란 라캉의 개념은 어떤가? 이것이 라캉이 엄격히 과학적인 '실재 속의 지식'을 상상적인 해석적 이해와 대립시킨 이유이다. 또한 스타브라카키스의 접근법은 정신분석에서 이론과 실천 간의 고유하게 변증법적인 관계를 놓치고 있다. 프로이트의 주장에 따르면 정신분석은 오직 더 이상 정신분석이 필요 없는 사회에서만 완전히 가능하다. 그래서 정신분석적 실천은 분석 실천 속에서 진행되는 것에 대한 이론, 혹은 그 실천의 가능조건에 대한 이론일 뿐 아니라, 그것의 불가능성에 대한 이론, 왜 실천은 언제나 실패를 향해 열려 있는지, 심지어 왜 실천은 실패할 수밖에 없는 운명에 있는지에 대한 이론이기도 하다. 이런 의미에서 실천은 이론에 대해 잉여인 것만은 아니다. 실천의 한계, 그것의 **실재**를 개념화하는 것이 바로 이론이다.

스타브라카키스는 이와 같은 (단순한 상징적 지식이 아니라) 과학적 지식으로서의 실재를 간과하기 때문에 지식과 이해understanding를 동일시한다. 지식의 한계에 대한 사고 노선을 따라 그는 "우리가 가장 경계해야 할 것 중 하나는 너무 많이 이해하는 것이다"라는 라캉의 경고를 언급한다. 하지만 여기서 라캉의 요점은 스타브라카키스의 주장처럼 "이해의 한계들을 등록하는 것이 서로 다른 유형의 이해보다 훨씬 낫다"[73]라는 것이 아니다. 라캉이 "이해에 대한 거부"에 대해 말할 때 그는 이해와 분석적 지식을 대립시킨다. 분석의 목표는 환자를 이해하는 것, 그의 기표들에 숨겨진 의미를 제공하는 것이 아니다. 『세미나』 11권에서 지적하듯이

---

72 헤겔에 대해 조금이라도 친숙한 사람이라면 스타브라카키스가 암묵적으로 실정성을 무한성(불멸성)과 등치시키고, 부정성을 유한성(필멸성)과 등치시키는 것이 얼마나 깜짝 놀랄 짓인지 알게 될 것이다. 헤겔에게서 배울 점이 있다면 무엇보다 부정성(모든 유한한 실정적/한정된 존재의 부정)이야말로 유일하게 무한한 힘이라는 점이다.

73 Stavrakakis, *The Lacanian Left*, p.12.

목표는 의미를 '의미작용의 비-의미'non-sense로 환원하는 것이다.

　　여기서 요점은 상징계와 대립된 라캉의 실재는 추상적인 개념적 규정으로 환원될 수 없는 현실의 풍부함에 대한 경험주의적(혹은 현상학적인, 혹은 역사학적인, 혹은 생철학적인Lebensphilosophie) 논제와는 아무 상관이 없다는 것이다. 라캉의 실재는 어떠한 상징적 구조보다 훨씬 더 "환원주의적"이다. 우리가 상징적 장에서 모든 차이들의 풍부함을 제거했을 때, 그것을 마지막 최소한의 적대로 환원시켰을 때 우리는 라캉의 실재를 만난다. 라캉의 실재가 지닌 이와 같은 '미세한'minimalist 위상 때문에 라캉에게 **반복은 억압에 선행한다.** 혹은 들뢰즈가 간명하게 표현했듯이 "우리는 억압하기 때문에 반복하는 게 아니라, 반복하기 때문에 억압한다."[74] 이것은 우리가 먼저 어떤 외상적인 내용을 억압해서, 그것을 회상하거나 명료화하거나 관계 맺을 수 없기 때문에, 그 내용이 계속해서 우리에게 달라붙어서 왜곡된 형태로 반복된다는 이야기가 아니다. 실재가 극미한 차이라면, 그래서 (이런 차이를 형성하는) 반복이 원초적인 것이라면, 억압의 우선성은 실재가 상징화에 저항하는 사물로 '물화됨'으로써만 나타난다. 오직 그럴 때만 배제된/억압된 실재가 고집스럽게 반복되는 것처럼 보인다. 실재는 원초적으로 사물을 그 자체로부터 분리시키는 간극, 반복의 간극에 다름 아니다. 그 결과 반복과 다시-기억하기 사이의 관계 역시 뒤집힌다. 그래서 프로이트의 유명한 명제 "우리가 회상하지 못하는 것이 우리가 고집스럽게 반복하는 것이다"는 앞뒤가 바뀌어야 한다. **우리가 반복하지 못하는 것, 그것이 우리에게 달라붙어 고집스럽게 회상하도록 하는 것이다.** 과거의 외상을 제거하는 방법은 그것을 기억해 내는 것이 아니라, 키르케고르적인 의미에서 그것을 온전히 **반복**하는 것

---

[74] Deleuze, *Difference and Repetition*, p.105.

이다.

이와 같은 동어반복의 논리 속에서 들뢰즈의 '순수차이'란 어떤 것인가? 그것은 자신의 현실적 속성들과 전적으로 동일한 것으로서 스스로를 반복하는 순수하게 잠재적인 차이이다.

우리의 현실적 감각 속에 표현된 잠재적 강도들에는 중요한 차이들이 있다. 이런 차이들은 현실적으로 인지할 수 있는 차이들과 일치하지 않는다. 식별 가능한 방식으로 변하는 사물의 얇은 그림자가 가장 중요한 게 아니다. 그런 변화는 또 다른 현실적이고 무한히 잠재적인 관계들의 재배치의 징표$_{sign}$이다.[75]

그런 순수차이는 로베르트 슈만의 「유머레스크」Humoresque에서 동일한 현실 멜로디 라인의 반복에서 발생하는 것이 아닌가? 이 작품은 슈만의 노래들에서 목소리가 점차 사라지는 것을 배경으로 하여 독해되어야 한다. 그것은 단순한 피아노곡이 아니라 목소리가 없는 노래, 우리가 듣고 있는 것을 반주곡으로 만들어 버리는 침묵 속의 노래이다. 이것이 슈만이 (악보 형식으로) 추가한 유명한 '내면의 목소리'innere Stimme를 두 개의 높고 낮은 피아노 선율 사이의 세번째 선율, 비-음성적 '내면의 목소리'로 남아 있는(기록된 음표의 형태로만 연주되는, 눈으로 읽는 음악Augenmusik으로 존재하는) 선율로 읽어야 하는 이유이다. 이 부재하는 멜로디는 첫번째 차원과 두번째 차원(오른손 피아노 라인과 왼손 피아노 라인)은 직접적으로 연결될 수 없다는 사실, 그 둘의 관계는 직접적인 반사 관계가 아니라는 사실에 기반해서 재구성되어야 한다. 그 둘 간의 상호작용을 설명하

---

75 Williams, *Gilles Deleuze's "Difference and Repetition"*, p.27.

기 위해서는 세번째, 구조적인 이유로 연주될 수 없는 '잠재적' 매개 차원(멜로디 라인)을 (재)구성해야만 한다. 슈만은 이 부재하는 멜로디의 진행을 외관상 부조리한 자기-지시로 이끌었다. 이후 실제적으로 똑같은 「유머레스크」 단편에서 그는 동일한 멜로디 라인을 연주하는데, 이번에는 그 세번째 부재하는 멜로디 라인, 즉 내면적 소리가 들리지 않게 했다. 여기서 부재하는 것은 부재하는 멜로디, 즉 부재 자체이다. 우리는 실제 연주 차원에서는 이전의 것을 정확히 반복하는 이 악보를 어떻게 연주해야 할까? 실제로 연주되는 악보에 빠진 것은 단지 원래부터 거기 없었던 것, 그 악보상에 구성적으로 결여된 것뿐이다. 성경을 인용하면, 그들은 자신이 결코 갖지 않은 것을 상실한다. 그래서 진정한 피아니스트라면 존재하는 실정적인 악보를 연주하되 듣는 사람들이 마치 연주되지 않은 '침묵하는' 잠재적 악보 내지 그것들의 부재가 메아리처럼 반주되고 있다는 느낌을 가질 수 있도록 즉흥적인 솜씨savoir-faire를 발휘해야 한다. 두 개의 멜로디 라인의 차이를 양산하는 현실의-무nothing-actual, 잠재적 배경, 이것이 바로 순수차이이다.

    이 잠재적 차이의 논리는 또 다른 역설 안에서 식별될 수 있다. 닥터로E. Doctorow의 『빌리 배스게이트』Billy Bathgate의 영화 버전은 근본적으로 실패이지만 흥미로운 실패이다. 그 실패작은 관객들에게 영화보다 훨씬 나은 소설에 대한 환영을 불러일으킨다. 하지만 영화를 보고 나서 소설을 읽으면 틀림없이 실망하게 된다. 이것은 영화가 불러일으킨 그 소설, 그것에 준거해서 영화를 실패작으로 인식하게 한 그 소설이 **아니다**. 그래서 (실패한 영화 속에서 실패한 소설의) 반복은 세번째, 순수하게 잠재적인, 훨씬 더 좋은 소설을 불러일으킨다. 이것이 들뢰즈가 자신의 『차이와 반복』에서 말하고자 했던 것의 전형적 사례다.

마치 두 개의 현재들이 실재의 계열들과 다양한 거리를 두고 연속하는 것처럼 보이지만, 사실 그 현재들은 **다른 종류의 잠재 대상과 관련하여 함께 존재하는**coexist **두 개의 실재적 계열**을 형성한다. 이때 그 대상은 그 계열들 속에서 끊임없이 순환하고 이동한다. (……) 반복은 하나의 현재로부터 다른 현재로 옮겨 가면서 구성되지 않는다. 오히려 반복은 잠재적 대상(대상=x)의 작용 속에서 그 현재들이 형성하는 두 개의 공존하는 계열들 사이에서 구성된다.[76]

『빌리 배스게이트』와 관련하여 영화는 영화의 원본이 되는 소설을 '반복'하지 않는다. 오히려 그 둘은 반복되지 않는 잠재적 x, 실제 소설에서 영화로 이행함에 따라 관객 속에서 양산되는 '진정한' 소설을 반복한다. 여기에 작동하는 기저 논리는 겉으로 보이는 것보다 훨씬 복잡하다. 그것은 우리가 출발점이 되는 소설을 '열린 작품'으로, 이후의 다양한 판본으로 실현될 수 있는 무수한 가능성들로 충만한 작품으로 인식해야 한다는 게 아니다. 혹은—훨씬 더 나쁘게는—원래 작품을 이후의 다른 컨텍스트들con-texts 속에 구현되어 전혀 다른 의미를 가질 수 있는 사전-텍스트로 인식해야 한다는 것도 아니다. 여기서 놓치게 되는 것은 베르그송이 처음으로 발견하고 들뢰즈가 참조하고 있는 소급적 운동이다. 베르그송은 자신의 『도덕과 종교의 두 원천』Lex deux sources de la morale et de la Religion 에서 1914년 10월 4일 프랑스와 독일 사이에 전쟁이 선포되었을 때 자신이 느낀 기이한 감각을 묘사한다.

나의 혼란스러움에도 불구하고, 비록 승리한 전쟁일지라도 전쟁은 나에

---

76 Deleuze, *Difference and Repetition*, pp.104~105.

게 재앙처럼 느껴짐에도 불구하고, 나는 윌리엄 제임스William James가 말한 것, 추상적인 것으로부터 구체적인 것으로의 너무나 쉬운 이행에 대한 경탄스러움을 체험했다. 도대체 누가 그토록 사소한 현실적 소동 속에서 그토록 끔찍한 사건이 발발하리라고 생각할 수 있을까?[77]

여기서 중요한 것은 사전과 사후 사이의 단절 양상이다. 전쟁은 그것이 발발하기 전에는 "**가능한 동시에 불가능한 것**simultaneously probable and impossible, 끝까지 자신의 복합적이고 모순적인 성격을 버리지 않는 관념으로 나타난다."[78] 그것이 발발한 이후 전쟁은 갑자기 실재적**인 동시에** 가능한 것이 된다. 이런 가능성의 소급적 외양 속에 역설이 있다.

나는 결코 현실을 과거 속에 삽입하여 시간을 거스를 수 있는 척하지 않았다. 하지만 우리는 아무 의심 없이 과거 속에 가능한 것을 삽입할 수 있으며, 매 순간 가능한 것은 과거 속에 삽입된다. 예견할 수 없는 새로운 현실이 스스로를 창조하는 한, 그것의 이미지는 자기 너머의 무한정한 과거 속에 반영된다. 이 새로운 현실은 언제나 이미 가능했던 것으로 발견된다. 그러나 그것이 언제나 이미 있어 왔던 것이 되기 시작하는 것은 정확히 그것의 현실적 출현의 순간이며, 이것이 내가 자신의 현실성에 앞서지 않는 가능성이 일단 현실이 출현하고 나면 그것에 앞서서 있어 온 것이 된다고 말한 이유이다.[79]

---

77 Henri Bergson, *Œuvres*, Paris: PUF, 1991, pp.1110~1111.[『도덕과 종교의 두 원천』, 송영진 옮김, 서광사, 1998.]
78 Bergson, *Œuvres*, pp.1110~1111.
79 Ibid., p.1340.

그리고 바로 **이것**이 『빌리 배스케이트』의 사례에서 일어난 일이다. 영화는 원래 것과는 전혀 다른, 훨씬 나은 소설의 가능성을 원래 소설 안으로 삽입한다. 그리고 우리는 스탈린주의와 레닌주의 간의 관계에서도 유사한 논리를 발견하지 않는가? 여기에도 **세 가지** 계기가 작용하고 있다. 스탈린주의 집권 이전의 레닌의 정치/스탈린의 정치/스탈린주의에 의해 소급적으로 양산된 '레닌주의'의 유령(공식적인 스탈린주의적 형태뿐 아니라, 소련의 '탈-스탈린주의' 시기 동안 "기원적인 레닌주의 원칙들로의 회귀"라는 모토로 진행된 스탈린주의에 대한 비판의 형태 안에서도)이 그것이다. 따라서 스탈린의 테러를 스탈린주의가 배신한 '진정한' 레닌주의의 유산과 대립시키는 우스꽝스러운 게임을 그만둬야 한다. '레닌주의'는 철저하게 **스탈린주의적** 관념이다. 그러므로 스탈린주의의 해방적이고 유토피아적인 잠재력을 이전 시대에 거꾸로 투사하는 제스처는 스탈린주의 기획 자체에 내재한 '절대적 모순', 감당할 수 없는 긴장을 견딜 수 없다는 것을 보여 준다. 따라서 '레닌주의'(스탈린주의의 진정한 핵심)를 레닌 시기의 실제 정치적 실천이나 이데올로기와 구분하는 것이 긴요하다. 레닌의 진짜로 위대한 점은 레닌주의라는 스탈린주의적 신화에서 말하는 것과 동일하지 **않기** 때문이다.

여기서 아이러니한 것은 들뢰즈라는 탁월한 반-헤겔주의자에 의해 정교해진 이 반복의 논리가 헤겔 변증법의 핵심이라는 것이다. 그것은 시간 속의 현실과 영원한 현실 사이에 고유한 변증법적 관계에 의존한다. 영원한 절대는 시간적 형성체가 참조하는 부동의 참조점, 그 시간적 형성물들의 전제이다. 하지만 그 영원한 절대 자체는 이런 시간적 형성물 이전에 존재하지 않고, 바로 그 시간 형성물들에 의해 정립된다. 그것은 첫 번째 것과 두번째 것 사이에서, 『빌리 배스게이트』의 경우 소설과 영화적 반복 사이에서 출현한다. 혹은 「유머레스크」로 돌아가면 영원한 절대는 연주되지 않는 세번째 멜로디 라인으로, 두 개의 현실적으로 연주된 선율의 참조점이다. 그것은 절대적이지만 깨어지기 쉬운 것이다. 만약 두 개의 실정적 선율이 잘못 연주되면 그것은 사라진다……. 이것이 '유물론적 신학'이라고 부르고 싶은 것, 시간적 연속 자체가 영원을 창조한다는 관념이다.

향락의 정치의 공허함

스타브라카키스의 존재론과 정치학 사이의 단락short-circuit은 예상하기 쉽다. 상징계 속의 구성적 구멍, 혹은 '타자 안의 결핍'의 수용은 민주주의를 우연성의 제도화로 이론화하는 공간을 제공한다. 이것은 스타브라카키스의 책이 시도하는 정치적 기획으로 인도한다.

> 근대 민주주의를 소생시키는 윤리적 태도를 변혁에 대한 실재적 열망과 결합시킴으로써 우리는 전통적인 좌파의 쇠락한 유토피아주의를 재점유하지 않으면서도 육체의 정치를 촉발할 수 있다.[80]

그런 결합은 '변증법적인 균형 잡기'[81]를 통해 하버마스와 같은 열정 없는 평등한 민주주의라는 한쪽 극단과 열정적인 전체주의적 참여라는 또 다른 극단을 피해 가야 한다. 그것은 결여와 과잉 사이의 균형이다. 결여는 담론이론에서 분절되는 반면, 과잉은 정치적 요인으로서의 향락을 향한다. 가령, 최근 유럽의 정체성에 대한 논쟁에서 "동일시의 실제적 측

---

80 Stavrakakis, *The Lacanian Left*, p.16.
81 Ibid., p.18.

면에 대한 무시는 오늘날 반-유럽적인 정치 이데올로기 담론들에 투여되는 에너지의 전치로 귀결된다."[82]

근대 사회는 최종적인 선험적 보증의 결여로, 혹은 리비도적인 언어로는 총체적인 향락jouissance의 결여로 특징지어진다. 이런 부정성에 대처하는 방법에는 세 가지가 있다. 유토피아적 대응, 민주주의적 대응, 포스트-민주주의적 대응이 그것이다. 첫번째(전체주의, 근본주의)는 부정성을 제거하는 유토피아와 조화로운 사회를 달성함으로써 절대적 향락의 기반을 재점유하려는 시도이다. 두번째, 민주주의는 '환상 가로지르기'의 정치적 등가물을 실행하는 것으로, 정치적 적대를 위한 공간을 창조함으로써 결여 자체를 제도화하는 것이다. 세번째, 소비주의적 포스트-민주주의는 정치를 비정치적 행정으로 변형시킴으로써 부정성을 무화시키는 시도이다. 거기서 개인들은 전문적인 사회적 행정에 의해 통제된 공간 속에서 저마다의 소비주의적 환상을 추구한다. 민주주의가 점차 소비주의적 포스트-민주주의로 진화하고 있는 오늘날, 우리는 민주주의의 잠재력은 고갈되지 않았다고 주장해야 한다. 여기서 '미완의 기획으로서의 민주주의'는 스타브라카키스의 모토라고 할 수 있다. 이 민주주의적 잠재성의 부활에서 핵심적인 것은 향락의 재동원이다. "달리 말해서, **우리에게 필요한 것은 즐길 만한 민주주의적 정치 윤리이다.**"[83]

스타브라카키스가 최근 몇 년 동안 라클라우의 글에서 발견되는 변화에 대해 침묵하는 것은 심히 증상적이다. 『포퓰리즘적 이성』*Populist Reason*에서 라클라우는 '급진적 민주주의'에서 포퓰리즘으로의 입장 변화를 천명하며 민주주의를 어떤 시스템 **내부**의 민주적 요구의 계기로 축소

---

82 Ibid., p.222.
83 Ibid., p.269.

시킨다. 이런 변화는 분명한 정치적 기반과 함의를 가지고 있다. 차베스에 대한 라클라우의 지지 선언을 언급하는 것으로 충분하다. 우리는 제도화된 정치적 권력 블록과 반항적인 포퓰리스트 블록 사이의 긴장에 의해 결정된 상황을 쉽게 상상할 수 있다. 거기서 라클라우는(오해를 피하기 위해 말하자면, 나는 라클라우의 편이다) 포퓰리스트 블록을 선택할 것이다. 스타브라카키스가 '진보적인 군사 독재'는 긍정적인 역할을 수행할 수 있다는 나의 주장을 비판할 때 그는 라클라우에 대한 나의 암시적 참조를 인식하지 못하고 있다.[84] 그러나 여기서 핵심적인 문제는 당연히 **어떤 종류의 향락**에 대해 말하고 있는가 하는 점이다.

> 리비도적 투여와 향락의 동원은 모든 지속 가능한 동일시에(민족주의부터 소비주의까지) 필수적인 선결조건이다. 이것은 또한 급진적인 민주주의적 정치 윤리에도 적용된다. 하지만 여전히 투여의 유형은 결정되어야 한다.[85]

스타브라카키스의 해법은 이렇다. 남근적인 권력의 향락도 아니고 근친상간적인 향락의 유토피아도 아닌, 비-남근적(비-전체적)인 부분 향락이 해답이다. 충분히 예상할 수 있듯이 이 도식 속에서 나는 "'프롤레타리아 혁명'과 '유토피아'를 애도할 수도 없고, 좋았던—패배하고 위험한—옛날의 재점유 정치로 회귀하는 쪽을 선택하지도 않는, 환영에서 깨어난 좌파들"[86] 가운데 근친상간적인 유토피아를 대표하는 사람이다. 마

---

84 또한 라클라우에게는 명백한 것처럼 포퓰리즘은 반동적일 수도 있다. 그럼 우리는 어떻게 구분선을 그어야 할까? 바디우의 문제인 진정한 사건과 거짓 사건 간의 구분이 여기서도 문제가 된다.
85 Stavrakakis, *The Lacanian Left*, p.282.
86 Ibid., p.275.

치 나의 레닌에 관한 책 『혁명이 다가온다』가 정확히 애도의 책이 아니라는 듯이—우울증적 애착의 책이 아니라, 레닌을 버리는 책이라는 듯이.

결국 레닌을 **반복**하는 것은 레닌으로의 **회귀**를 의미하지 **않는다**. **레닌을 반복하는 것은 "레닌은 죽었다"를 받아들이는 것**, 그의 특수한 해법은 실패했고 그것도 아주 끔찍하게 실패했다는 것, 그러나 그 속에는 건질 만한 유토피아적 불꽃이 있다는 것을 받아들이는 것이다. 레닌을 반복하는 것은 레닌이 실제로 한 것과 그가 열어 놓은 가능성의 장, 레닌 속에 있는 그가 실제로 한 것과 "레닌 속에 있는 레닌 이상"의 다른 차원 사이의 긴장을 구별해야 한다는 것을 의미한다. 레닌을 반복하는 것은 레닌이 **했던 것**을 반복하는 것이 아니라 그가 **실패한 행위**, 그가 **놓쳤던** 기회들을 반복하는 것이다.[87]

어떻게 "민주주의적 주체는 고도의 열정을 불러일으킬 수 있는지"[88] 증명하고자 하는 그의 책 마지막 구절에서 스타브라카키스는 라캉의 다른 향락, "축적과 지배와 환상을 넘어선 향락, 비-전체이거나 전체-가 아닌-향락"[89]을 언급한다. 우리는 어떻게 이런 향락을 획득할 수 있는가? "환상적 **대상 소문자 a의 희생**"을 성취함으로써만 "이 다른 향락은 도달 가능하게 된다".[90]

정신분석의—그리고 정치의—핵심 임무는 대상 소문자 a를 타자 안의

---

[87] Slavoj Žižek, *Revolution at the Gates,* London: Verso, 2004, p.329. [『지젝이 만난 레닌』, 정영목 옮김, 교양인, 2008.]
[88] Stavrakakis, *The Lacanian Left,* p.278.
[89] Ibid., p.279.
[90] Ibid., p.279.

결여의 기표에서 떼어 놓는 것이다. (……) 민주주의적 결여의 제도화로부터 (반-민주주의적이고 포스트-민주주의적인) 환상을 떼어 놓는 것이 환상을 넘어선 부분 향락으로의 접근을 가능하게 만든다. (……) 오직 그럴 때만 우리는 파국적인 환상의 욕망에 종속되지 않고 우리의 부분 향락을 진정으로 향유할 수 있다. 이것이 라캉 좌파가 그 부인의 변증법을 넘어 우리에게 보낸 도전의 메시지이다.[91]

여기에 깔려 있는 생각은 놀랍도록 소박하다. 라캉과는 정반대로 스타브라카키스는 대상 소문자 a를 환상 속의 기능으로 축소시킨다. 대상 소문자 a는 타자 안의 결여 공간을 차지하는 부분 대상을 향락의 불가능한 완전함이라는 유토피아적 전제로 신비롭게 변형시키는 잉여적인 X가 된다. 그래서 스타브라카키스가 주장하는 것은 욕망이 대상 a 없이 작동하는 사회, 그것을 '파국적인 환상의 욕망'으로 변형시키는 불안정한 과잉이 없는 욕망으로 이루어진 사회이다. 스타브라카키스가 증상적으로 동어반복적인 어법으로 지적한 것처럼 우리는 '우리의 부분 향락을 진정으로 향유하는' 법을 배워야 한다.

이와 반대로 라캉에게 대상 a는 욕망을 지탱하는 환상 속의 기능으로 축소될 수 없는 프로이트의 '부분 대상'이다. 라캉이 강조하듯이 욕망에서의 대상 a의 역할과 충동에서의 역할이 구분되어야 하는 것은 이 때문이다. 자크 알랭-밀레를 따라, 이 구분은 결여의 두 가지 유형, 즉 본래적인 결여와 구멍으로서의 결여 사이의 구분에 조응한다. 결여는 공간 **속에** 있는 공백을 지칭하는 것인 반면에 구멍은 보다 근본적으로 이런 공간

---

91 Stavrakakis, *The Lacanian Left*, pp.280~282.

적 질서 자체가 붕괴되는 지점(물리학에서의 '블랙홀'처럼)을 가리킨다.[92] 거기에 욕망과 충동의 차이가 있다. 욕망은 그것의 구성적 결여에 근거하는 반면에 충동은 이 구멍, 존재 질서 내부의 간극 주위를 순환한다. 달리 말해서, 충동의 순환 운동은 두 점 사이의 최단 거리가 직선이 아니라 곡선이 되는 휜 공간의 논리에 따른다. 충동은 자신의 목적을 성취하는 가장 짧은 방식이 자신의 목표-대상을 순환하는 것임을 '안다'. (여기서 우리는 충동의 목적$_{aim}$과 목표$_{goal}$의 차이에 대한 라캉의 유명한 구분을 염두에 두어야 한다. 목표는 충동이 그 주위를 순환하는 대상인 반면에 그것의 (진정한) 목적은 이런 순환의 영원한 지속 자체이다.)

밀레는 또한 욕망으로부터 충동으로의 이행과 관련하여 중요한 '구성된 불안'과 '구성하는 불안'이라는 벤야민식 구분을 제안한다. 전자가 악순환 속에서 우리를 옭매고 있는 끔찍하면서도 매혹적인 불안의 심연을 가리키는 데 반해 후자는 상실되면서 구성되는 대상 소문자 a와의 '순수한' 대면을 대변한다.[93] 밀레가 이 두 가지 특질을 강조한 것은 옳다. 구성된 불안과 구성하는 불안을 분리하는 차이는 환상에서 대상이 차지하는 지위와 연관되어 있다. 구성된 불안의 경우 대상은 환상의 경계 안에 있다. 이에 반해 구성하는 불안을 만나게 되는 것은 주체가 '환상을 가로질러' 환상적 대상이 메우고 있는 간극, 구멍과 대면할 때이다. 밀레의 이런 정식화는 명료하고 설득력 있지만, 대상 a의 진정한 역설 내지 모호성을 놓친다. 그가 대상 a를 그것의 상실과 중첩되는 대상, 상실의 순간에서만 출현하는 대상(그래서 젖가슴에서부터 목소리와 응시까지 그것의 모든 환상적 구현물은 공백 내지 무의 환유적 형상들이다)으로 정의할 때 그

---

92 Jacques-Alain Miller, "Le nom-du-père, s'en passer, s'en servir", Congrès de l'AMP à Rome, 13~16 juillet, 2006.[http://www.lacan.com에서 볼 수 있다.]
93 Miller, "Le nom-du-père, s'en passer, s'en servir" 참조.

는 여전히 **욕망**의 지평에 남아 있다. 이에 반해 라캉이 강조한 것처럼 대상 a는 충동의 대상이기도 하다. 충동적 관계는 욕망의 관계와 전혀 다르다. 양자 모두 대상과 상실 간의 연관성이 중요하지만 **욕망**의 대상-원인으로서의 대상 a의 경우에 우리는 기원적으로 상실된 대상, 자신의 상실과 일치하는 대상, 상실된 것으로 출현하는 대상을 갖게 되는 데 반해, 충동의 대상으로서 대상 a의 경우 '대상'은 **직접적으로 상실 자체이다**—욕망으로부터 충동으로의 이동 속에서 우리는 **상실한 대상으로부터 대상으로서의 상실 자체**로 이동한다. 다시 말해서, '충동'이라 불리는 기이한 운동은 상실한 대상을 향한 '불가능한' 추구에 의해 추동되지 않는다. 그것은 **직접적으로 '상실'**—간극, 절단, 거리—**자체가 일어나게 하는 추동이다**. 그래서 여기에는 **이중적**인 구분선이 있다. 환상 속에서의 대상 a와 탈-환상적 위상의 대상 a 사이의 구분뿐만 아니라 이 탈-환상적 차원 자체 안의 구분, 즉 욕망의 상실한 대상-원인과 충동의 대상-상실 사이에 구분선이 그어져야 한다.[94]

놀라운 사실은 스타브라카키스의 대상 a 없는 욕망의 지속이라는 생각은 라캉과 대립할 뿐만 아니라 라클라우의 헤게모니 개념과도 대립한다는 점이다. 라클라우가 이데올로기 체제의 작동을 위해서는 대상 a의 역할이 필수적이라고 강조할 때 그는 분명 올바른 방향을 가고 있다. 헤게모니 속에서 특정한 경험적 대상은 '사물의 지위로까지 고양된다'. 그것은 불가능한 사회적 충만함의 구현 내지 대리로 기능하기 시작한다. 앞에서 지적했듯이 그는 조앤 콥젝을 참조하면서 헤게모니를 근친상간적인 모성적 사물(젖가슴)을 대리하는 부분 대상에 결부된 '젖가슴-가치'

---

[94] 욕망과 충동 간의 구분이 어떻게 자본주의와 연관되는지에 대해서는 나의 책 『시차적 관점』(Slavoj Žižek, *Parallax View*, Cambridge, MA: MIT Press, 2006. [『시차적 관점』, 김서영 옮김, 마티, 2009]) 1장을 참조하라.

와 비교한다. 여기서 라클라우는 사실 (환상에 의해 지탱되는) 욕망과 충동("욕망의 주체가 환상을 가로지른 후에도 그에게 남아 있는 것"인)을 혼동하고 있다는 점에서 비판받아야 한다. 그에게 우리는 불가능한 충만을 추구한다는 점에서 비난받는다. 충동—그 안에서 우리는 직접 결여 자체를 즐긴다—은 그의 지평에는 나타나지 않는다. 하지만 이것은 결코 충동 안에서 우리는 교란적인 과잉 없이 "진정으로 우리의 부분 향락을 즐긴다"라는 결론을 낳지 않는다. 라캉에게 결여와 과잉은 엄격히 상관적인 것으로, 동전의 양면이다. 정확히 어떤 구멍 주위를 순환한다는 점에서 충동은 인간 존재에게 본연적인 과잉의 이름이다. 그것은 생사를 넘어 지속되는 고집의 '너무-많음'이다(이 때문에 라캉은 가끔 충동을 잉여-향락으로서의 대상 a와 동일시하기까지 했다).

이런 충동의 과잉을 무시했기 때문에 스타브라카키스는 마치 환상이 우리의 부분 대상들과의 관계를 은폐하는 환영적 스크린과 같은 것인 양 전제하면서 지극히 단순화된 '환상 가로지르기' 개념을 전개한다. 이런 생각은 정신분석의 임무에 대한 통상적인 상식과 완전히 부합한다. 물론, 정신분석은 우리를 특수한 환상들로부터 해방시켜 실제 그대로의 현실과 대면할 수 있게 한다. 그러나 이것은 라캉이 염두에 두고 있던 것이 **아니다**. 그의 목적은 거의 정반대이다. 일상적 실존 안에서 우리는 (구조화된, 즉 환상에 의해 지탱된) '현실'에 침잠해 있으며, 이런 침잠은 우리 정신의 또 다른 억압된 차원이 이런 침잠에 저항한다는 사실을 증명하는 증상에 의해 교란된다. 따라서 '환상 가로지르기'는 역설적으로 환상과의 완전한 자기 동일시, 즉 일상적 현실에의 침잠에 저항하는 과잉을 구조화하는 환상과의 동일시를 의미한다. 혹은 리처드 부스비의 간명한 정식화에 따르면,

그래서 '환상 가로지르기'는 주체가 공상적인 변덕에 빠져드는 것을 포기하거나 실용적 '현실'에 순응하는 것을 의미하는 게 아니라 정반대를 의미한다. 환상을 가로지름으로써 주체는 일상적 현실의 한계를 폭로하는 상징적 결여의 효과에 복종한다. 라캉적 의미에서 환상을 가로지른다는 것은 상상을 초월하는 실재적 환상의 중핵의 훨씬 내밀한 관계 속으로 빠져든다는 의미에서 무엇보다 환상에 의해 요청되는 것이다.[95]

부스비가 환상의 야누스 같은 구조를 강조하는 것은 옳다. 환상은 진정시키고 안심시키는 것(타자의 심연 같은 욕망을 감내하게 하는 상상적 시나리오를 제공하는)인 **동시에** 현실을 흩트러 놓고, 교란시키며, 동화할 수 없게 하는 것이다. 이와 같은 '환상 가로지르기'의 이데올로기-정치적 차원은 보스니아 전쟁 중에 공습받고 있던 사라예보에서 TV 쇼 '초현실주의자 톱 리스트'Top Lista Nadrealista의 방영이 했던 특이한 역할에서 명확히 볼 수 있다. 그들은 전쟁과 기아 한가운데서 사라예보 사람들의 곤경을 풍자함으로써 대항문화로서뿐만 아니라 사라예보의 일반 시민들 사이에서도 폭발적인 인기를 얻었다(그 TV 쇼는 전쟁 기간 내내 최고의 인기를 구가했다). 보스니아의 비극적인 운명을 한탄하는 대신 그들은 감히 유고슬라비아에서는 상식으로 통하는 '어리석은 보스니아인들'에 관한 상투어구clichée를 동원함으로써 유고슬라비아와 완전히 동일화되었다. 여기서 도출될 요점은 진정한 사회적 연대의 경로는—보스니아의 상징적 공간에서 순환하는—외설적인 인종주의적 환상과의 직접적인 대면을 통해 이뤄진다는 것이다. '사람들이 정말 좋아하는 것'이라는 명목으로 이런 외설성을 부인함으로써가 아니라 인종주의적 환상들과 완전히 동화되어

---

95 Richard Boothby, *Freud as Philosopher,* New York: Routledge, 2001, pp.275~276.

유희함으로써 말이다.

그래서 스타브라카키스가 이 새로운 부분 향락의 정치에 대한 구체적인 사례를 제시하려고 할 때 상황이 정말 '기괴해진' 것은 놀랄 일이 아니다. 그는 마셜 살린스Marshall Sahlins의 명제에서 시작하는데, 그에 따르면 석기시대의 공동체들은 "풍요로움을 향한 수행의 길"a Zen road to affluence을 따랐다. 그들 공동체는 분열과 교환과 성적 차이와 폭력과 전쟁의 상처가 존재하지만 "도달 불가능한 것의 사당祠堂", "무한한 욕구"와 "축적에의 욕망"을 위한 사당 같은 것은 없다.

> (그들 속에는) 향락이 축적과 충만함과 잉여의 환상들에 의해 매개되지 않고 향유되는 것 같다. (……) 그들은 다른 세계에서라면 원칙적으로 완전성의 꿈과 환상적 욕망으로부터 (부분적) 향락이 분리되는 한에서만 가능하다는 것을 보여 준다. (……) 그것은 정신분석적 임상에서 일어나는 것과 유사하지 않은가? 이것은 또한 급진적 민주주의 윤리를 향한 도전이 아닌가?[96]

이런 생각은 결여 없는 사회에 대한 이상이 아닌가? 석기시대 부족원이 축적을 회피하는 방법은 결여 자체를 말소하는 것이었다. 이 '무한한 욕구' 없는 사회에 대한 관념이야말로 유토피아적인 것, 궁극적인 환상, 타락 이전의 사회에 대한 환상이다.[97] 그 다음에 이어지는 것은 어떻게 "정치이론가들과 분석가들과 경제학자들과 활동적인 시민들—그들 중 몇몇은 직접 라캉 이론에 고취된 자들이다—이 최근의 다양한 경험적

---

96 Stavrakakis, *The Lacanian Left*, p.281.
97 레비-스트로스뿐만 아니라 푸코 역시 이와 유사한 환상의 희생자이다. 그는 자신의 후기 저작에서 기독교의 타락과 죄와 고백의 기본구도에 선행하는 고대 그리스의 윤리학에 대한 이미지를 구성하고 있다.

조건 속에서 이 급진적인 민주주의적 전망을 지향하려고 노력하는지"에 대한 일련의 사례들이다.[98] 가령, "협동조합 노동자 그룹(번즈Byrne와 힐리Healy)은 비-환상적 경로 속에서 자신의 향락을 재구조화하려는 시도를 실험하고 있다".[99] 이런 '재구조화'의 구체적인 사례를 열거해 보는 것은 무척 흥미롭다. 로빈 블랙번Robin Blackburn의 연금 민주화를 위한 제언, 로베르토 웅거Roberto Unger의 가족 상속으로부터 사회 상속 시스템으로의 전환에 대한 제언, 안토니오 네그리의 시민 최저임금에 대한 제언, 브라질의 예산책정 참여 프로젝트 등이 열거된다.[100] 이 모든 것의 어떤 점이 여성적 향락jouissance féminine과 관련되는지는 미스터리로 남아 있다. 이런 생각의 모호하지만 근본적인 근거는 이 모든 사례들이 온건한 실용적 제안들이라는 점, 급진적인 유토피아의 재창조를 회피하는 부분적 해법들이라는 것이다. 결정적으로 그것들은 라캉에게 절대적 과잉의 이름인 여성적 향락의 사례로 규정되기에 불충분하다.

그래서 여성적 향락과 같은 개념이나 타자 안의 결여의 기표와 같은 라캉의 개념들과 구체적인 사회-정치적 사례들의 스타브라카키스식 결합은 설득력이 전혀 없다. 그가 보충suppléance이라는 개념은 "향락을 언어로 번역하지 않고, 향락을 의미한다기보다는 차라리 직접 즐기는 기표 안에서 형식화함으로써 욕망에 대해 더 잘 말할 수 있게 한다"[101]라는 조앤 콥젝의 명제를 인용할 때, 그는 그것을 "민주주의적 관점에서 결여의 기표 생산과 향락에 대해 생각하는 방식"[102]으로 독해한다. 하지만 콥젝의

---

98 Stavrakakis, *The Lacanian Left*, p.281.
99 Ibid., p.281.
100 Ibid., p.282.
101 Ibid., p.279.
102 Ibid., p.279.

묘사는 민족주의에도 꼭 맞지 않는가? 민족이란 그런 보충의 이름이 아닌가? 열광적인 애국자가 "아메리카!"라고 외칠 때 그는 "향락을 언어로 번역하지 않고, 향락을 의미하기보다는 차라리 직접 즐기는 기표 안에서 그것을 형식화하는" 기표를 생산하지 않는가?

스타브라카키스의 정치적 전망은 공허하다. 이것은 보다 열정적인 정치에 대한 그의 요구 자체가 무의미하다는 게 아니다(물론 오늘날 좌파는 보다 열정적일 필요가 있다). 문제는 그것이 라캉이 인용한 공짜 진단을 요구하는 친구를 둔 의사에 대한 농담과 너무 많이 닮았다는 것이다. 마지못해 친구를 공짜로 진단해 준 의사가 조용히 말한다. "음, 병원에 가 봐야겠는데!" 역설적으로, 프로이트-맑스주의에 대한 그의 (타당한) 비판 때문에 스타브라카키스의 입장은 '프로이트-급진 민주주의'로 지칭될 수 있다. 다른 사람들 중에서도 특히 빌헬름 라이히Wilhelm Reich의 맑스주의에 대한 정신분석의 보충과 동일한 방식으로 정신분석이 급진적 민주주의 이론을 보충하기를 기대하면서 그는 여전히 프로이트-맑스주의에 머물러 있다. 두 사람의 문제의식도 같다. 우리는 적절한 사회이론을 가지고 있다. 하지만 없는 것은 '주체적 요인'이다. 어떻게 인민을 동원하여 열정적인 정치적 투쟁에 참여하게 할 것인가? 여기에 정신분석이 보충된다. 적이 사용하는 리비도 메커니즘이 무엇인지 설명하고(라이히는 파시즘 분석을 통해, 스타브라카키스는 소비주의와 민족주의 분석을 통해) 좌파는 어떻게 자기 자신의 '향락의 정치'를 실천할 수 있을지 묻는 것이다. 문제는 그런 접근법이 정치적 분석의 대용품이라는 것이다. 정치적 실천과 이론에서 열정이 결핍된 것은 정치적 분석 자체의 관점에서 설명되어야 한다. 진정한 질문은 이렇다. 있어야 할 열정은 무엇에 관한 것이어야 하는가? 어떤 정치적 선택이 인민의 체험에 '현실주의적'이고 실행 가능한 것으로 적합한가?

이런 식으로 질문을 제기하는 순간 우리의 이데올로기적 좌표의 윤곽은 전혀 다른 식으로, 예이츠의 유명한 구절 "가장 좋은 것은 신념을 결여하고, 가장 나쁜 것은 열정적 강도로 충만해 있다"를 예고하는 방식으로 나타난다. 이 구절은 최근의 빈혈증에 걸린 자유주의자들과 열정적인 근본주의자들 사이의 분열에 대한 완벽한 묘사를 제공하는 것 같다. ('가장 좋은 것'은 더 이상 온전히 몰입할 수 없고, '가장 나쁜 것'은 인종주의적·종교적·성 향락적 도취에 몰입한다.) 하지만 테러리스트 근본주의자들은 그들이 기독교도든 무슬림이든 단어 본연의 의미에서 진짜 근본주의자들인가? 그들은 진실로 믿는가? 그들에게는 티베트 불교도에서부터 미국의 아미시Amish; 보수적인 프로테스탄트 교파 교도들까지 모든 진정한 근본주의자들에게서 쉽게 찾아볼 수 있는 특징이 없다. 원한과 선망의 부재, 비신앙인들의 생활방식에 대한 심오한 무관심 말이다. 만약 오늘날의 자칭 근본주의자들이 진실로 그들이 발견한 진리의 길을 믿는다면 왜 그들은 비신앙자들에 대해 위협을 느껴야 하며, 왜 그들을 부러워해야 하는 걸까? 한 불교도가 서구 향락주의자를 만났을 때 그는 그 향락주의자를 거의 비난하지 않았다. 단지 그는 친절하게 향락주의자의 행복 추구는 자멸적이라고 지적할 뿐이다. 진정한 근본주의자와 달리 테러리스트 유사-근본주의자들은 비신앙자들의 죄 많은 삶에 대해 괴로워하거나 흥미로워하거나 매혹된다. 그들은 죄 많은 타인들과 싸우면서 실은 그들 자신의 유혹과 싸운다는 것을 알 수 있다. 이것이 기독교 근본주의나 무슬림 근본주의자라 불리는 자들이 진정한 근본주의자의 망신인 까닭이다.

예이츠의 진단이 오늘날의 곤경을 설명하는 데 부족한 이유가 여기에 있다. 악당들의 열정적 강도는 진정한 확신의 결핍을 폭로한다. 그들 내면 깊숙이에서 테러리스트 근본주의자들 역시 진정한 확신이 결핍되어 있다. 그들의 폭력적인 격분이 그 증거이다. 인기 없는 덴마크 신문의 우스꽝스러운 풍자만화에서 위협을 느낀다면 무슬림의 믿음이란 얼마나 깨지기 쉬운 것인가? 이슬람 근본주의 테러리스트들은 전 지구적인 소비주의 문화로부터 자신의 문화-종교적 정체성을 수호하고자 하는 욕망과 자신의 우월함에 대한 확신이 없다. 근본주의자들의 문제는 우리가 그들을 열등하게 여긴다는 게 아니라 **그들이 그들 자신을** 열등하게 여긴다는 데 있다. 이것이 그들에 대해 어떤 우월감도 느끼지 않는다는 우리의 정치적으로 올바른 겸손함이 그들을 화나게 하고 그들의 원한을 키우는 이유이다. 문제는 문화적 차이(그들의 정체성을 지키고자 하는 노력)가 아니다. 정반대로, 근본주의자들은 이미 우리와 마찬가지로 은밀하게 우리의 척도를 내면화하여 그들 자신을 평가하고 있다는 점이 문제다. (이것은 행복을 추구하고 고통을 피한다는 서구적인 용어로 티베트 불교를 정당화하는 달라이 라마에게도 적용된다.) 역설적으로 근본주의자들이 실제로 결여하고 있는 것은 자기 우월성에 대한 진정한 '인종주의자'들만큼의 확신이다.

여기서 리비도의 대상적 투여에서 그 대상으로의 접근을 가로막는 장애물로의 역전된 리비도 투여를 묘사하는 루소를 참조하는 것은 의미가 있다. 이것이 평등주의가 액면 그대로 받아들여져서는 안 되는 이유이다. 평등주의적 정의 관념(과 실천)은 그것이 타인에 대한 선망에 의해 지탱되는 한 타인을 이롭게 하기 위한 표준적인 포기 개념을 뒤집는다. "나는 그것을 포기할 준비가 되어 있다. **다른 사람들이 (역시) 그것을 갖지 않게(못하게) 하기 위해!**" 그래서 악함Evil은 희생 정신과 대립하기는커녕 희생 정신 그 자체로, 언제든 자기 복리를 부정할 준비가 되어 있다. 만약 나의 희생을 통해 타자의 향락을 뺏을 수만 있다면……[103] 또한 우리

---

103 이런 관점에서 사이드 쿠트브(Sayid Qutb)의 이슬람 근본주의 선언이라 할 『역사상 주요사건』(Mile-

는 정치적으로 올바른 다문화 자유주의에서도 동일한 부정적 열정과 대면하지 않는가? 개인들의 일상생활 곳곳에서 인종주의와 성차별주의의 흔적을 탐정처럼 추적하는 것은 그 자체로 원한의 열정을 드러내는 것이 아닌가? 근본주의의 열정은 거짓 열정인 반면에 빈혈 걸린 자유주의적 관용은 부인된 도착적 열정이다. 근본주의와 자유주의 사이의 구분선은 양자가 공유하는 근본적인 특질에 의해 지탱된다. 그들 양자는 원한의 부정적 열정에 침윤되어 있다.

stones)을 다시 독해하는 것은 흥미롭다. 쿠트브의 형성기 체험은 1950년대 초반 미국 유학생으로 있을 때였다. 그의 책은 그때 그가 대면한 여성의 공적 활동과 성적 자유에 관한 근본적인 적대감을 드러내고 있다.

3부
무엇을 할 것인가?

7장
규정적 부정의 위기

8장
알랭 바디우, 혹은 빼기의 폭력

9장
자연 속의 불만

7장 규정적 부정의 위기

1950년대와 60년대로 돌아가서 프랑크푸르트 학파가 고전적인 맑스주의의 역사적으로 필연적인 혁명이라는 개념에 대해 점진적으로 비판적 태도를 취할 때, 이런 비판은 또한 헤겔의 '규정적 부정'determinate negation 개념을 포기하고 그 대신 '전적인 타자'das ganz Andere라는 개념을 제기하면서 그것을 전 지구적인 기술-자본주의 질서를 극복하는 유토피아의 전망으로 제시할 때 절정에 달했다. 그들의 생각은 새로움이 현재 사회의 모순으로부터 그것의 자기 내재적 극복을 통해 출현한다는 고전적인 맑스주의를 가지고는 완벽히 '통제된' 사회의 영점을 향하는 '계몽의 변증법'의 치명적인 나선운동을 돌파할 수 없다는 것이다. 그런 극복의 추진력은 오직 매개되지 않은 외부로부터만 도래할 수 있다는 것이다.[1]

이와 같은 '규정적 부정'의 포기는 물론 자본주의의 승리를 수용하는 입장의 이면 형상이다. 앞에서 이미 지적했듯이 자본주의의 이데올로

---

[1] 전통적인 맑스주의적 관점에서 이런 관념을 비판하는 글로는 Wolfgan Fritz Haug, "Das Ganze und das ganz Andere: Zur Kritik der reinen revolutionären Transzendenz", *Antworten auf Herbert Marcuse,* ed. Jürgen Habermas, Frankfurt: Suhrkamp, 1968, pp.50~72, 그리고 Haug, *Bestimmte Negation,* Frankfurt: Suhrkamp, 1973가 있다.

기적 승리를 보여 주는 징표는 지난 2, 30년간 자본주의라는 용어 자체가 잠재적으로 사라졌다는 사실이다.²

오늘날 좌파는 전 지구적 자본주의의 헤게모니와 그 정치적 보충물인 자유민주주의에 대해 다양한(부분적으로는 중첩되는) 스펙트럼의 반응 양태를 보이고 있다.

1. 이런 기본틀에 대한 전적인 수용. 그 규칙들 **안에서** 해방을 향한 투쟁을 계속하자(제3의 길 사회민주주의).
2. 그 틀을 우리가 발 딛고 서 있는 현실로 받아들이자. 그럼에도 그 기본틀의 전망으로부터 물러나 그것의 '틈새'interstices에 영향력을 발휘하자(사이먼 크리츨리Simon Critchley의 입장).
3. 모든 투쟁의 헛됨을 받아들이자. 오늘날 그 기본틀은 전 지구적으로 퍼져 있고 자신의 대립물(집단 수용소나 영구적인 비상사태의 논리)과 일치하고 있기 때문에, 유일하게 할 수 있는 일은 '신적 폭력'이 분출하기를 기다리는 것이다. 하이데거의 "오직 신만이 우리를 구할 수 있다"는 주장의 혁명적 판본이다(오늘날 조르조 아감벤과 어떤 의미에서 그 이전의 후기 아도르노의 관점).
4. 투쟁의 일시적 헛됨을 받아들이자("전 지구적 자본주의의 승리 속에서 진정한 저항은 적어도 자본주의의 거대도시 안에서는 가능하지 않다. 그래서 전 지구적 노동계급 속에 혁명의 정신이 소생하기 전까지 우리가 할 수 있는 일은 복지국가 속에 아직 남아 있는 것을 방어하는 것, 권력을 가진 자들에게 우리가 알고 있는 모든 것, 그들이 들어줄 수 없는 요구들을 퍼붓는 것이다. 그렇지 않으면 우리가 은밀히 비판 작업을 할 수 있는 문화

---

2 이 책 4장을 참고하라.

연구로 후퇴하자").

5. 문제는 보다 근본적이라는 사실을 강조하는 입장. 전 지구적 자본주의는 궁극적으로 기술주의와 '도구적 이성'의 존재론적 원칙에 근거한 존재적 결과이다(하이데거, 하지만 어떤 의미에서는 아도르노의 입장이기도 하다).

6. 전 지구적 자본주의와 국가권력을 침식할 수 있다고 믿는 입장. 하지만 직접적인 공격을 통해서가 아니라, 일상생활의 작은 실천에 대한 투쟁의 장을 다시 주목함으로써 우리는 '새로운 세계를 건설할' 수 있을 것이다. 이런 방식으로 자본과 국가권력의 토대는 점진적으로 침식될 것이고 몇몇 지점에서 국가는 만화영화의 절벽 너머에서 버둥거리는 고양이처럼 붕괴될 것이다(여기에서 사파티스타 운동을 떠올릴 수 있을 것이다).

7. 강조점을 반-자본주의 투쟁에서 다양한 형태의 정치-이데올로기적 헤게모니 투쟁으로 이동한 '포스트모던'한 입장. 그 헤게모니 투쟁은 담론적 재-절분rearticulation의 우발적인 과정으로 개념화된다(에르네스토 라클라우).

8. 탈근대의 차원에서 고전 맑스주의적 제스처를 반복하여 자본주의의 '규정적 부정'을 실행할 수 있다는 입장. 오늘날 '지적 노동'의 발전은 사회적 생산과 자본주의적 관계 사이의 모순을 예측할 수 없는 수준까지 고양시키고 있으며 역사상 최초로 '절대적 민주주의'가 실현될 가능성을 마련한다(하트와 네그리).

이 다양한 반응 양태를 정치 본연의 차원에 대한 다양한 부정의 양태로 분류하고픈 유혹을 느낀다. 이것은 정신분석의 외상적 실재에 대한 각기 다른 회피, 부인Verneinung을 통한 수용의 각기 다른 양상에 조응한다. "내 꿈속의 여자가 누구든 그것은 내 어머니가 아니다"의 형태는 "새로운 적대가 어떤 것이든 그것은 계급투쟁이 아니다"란 입장과 같다. 다음, 정신병적 배제Verwerfung의 형태로, 배제된 계급투쟁은 실재 속에, 비가시적이고 전능한 적이라는 편집증적 모습—가령 '유대인 음모'—으로 되돌아온다. 다음, 신경증적 억압Verdrängung의 형태로 억압된 계급투쟁은 다양한 '새로운 적대들'의 모습으로 되돌아온다. 다음, 물신주의적 부인Verleugnung의 형태로, 계급투쟁의 몇몇 물신적 대용품인 근본 대의Cause는 계급적대와 대면하기 직전에 마지막으로 '보게 되는 사물'로 고양된다.

여기서 우리는 '진정으로' 급진적인 좌파의 입장에 대한 회피들을 다루고 있는 게 아니다. 이런 회피들이 은폐하려고 하는 것은 오히려 그런 입장의 결여다. 만약 그런 게 있다면, 지난 십여 년간 우리가 얻은 교훈은 자본주의의 파괴 불가능성이다. (일찍이) 맑스가 그것을 뱀파이어에 비교했을 때 우리는 뱀파이어들의 산-죽음living-dead을 염두에 두어야 한다. 그것들은 막대기로 찔려 죽고 난 이후에도 계속해서 살아난다. 자본주의의 흔적을 쓸어버리려던 마오의 문화혁명조차도 결국은 자본주의의 성공적인 부활로 귀결되었다.

유머러스한 초자아……

지금 하나의 공포가 좌파(의 잔여물들)를 사로잡고 있다. 직접적으로 국가권력과 대면하는 것에 대한 공포 말이다. 여전히 국가권력과 싸울 것을, 국가권력을 직접 장악할 것을 주장하는 자들은 즉각적으로 '낡은 패러다임'에 얽매여 있다고 비난받는다. 오늘날의 임무는 국가권력에 저항하되 그 권력의 활동 범위로부터 빠져나와 그로부터 자신을 빼내어 그것의 통제권 바깥에 새로운 공간을 창조하는 것이라고 한다. 오늘날 강단 좌파의 이런 교의는 네그리의 인터뷰 저서 『굿바이 미스터 사회주의』 *Goodbye Mr. Socialism*의 제목에서 가장 잘 요약되고 있다. 그 생각에 따르면 공히 노동조합의 계급적 권리를 보호하고 국가권력의 장악을 목표로 하는 수정주의적 구좌파와 혁명주의적 구좌파의 시대는 끝났다. 오늘날 착취의 지배적 형태는 지식의 착취이다. 구좌파들이 고려하길 거부하는 새로운 '포스트모던'한 사회적 발전이 계속되고 있다. 좌파는 자기 혁신을 위해 들뢰즈와 네그리를 읽어야 하고 유목적 저항을 실천하기 시작해야 하며 헤게모니 이론을 따라야 한다. 그러나 이런 문제 규정의 양태 자체가 문제의 일부분이라면 어쩌겠는가? 제도권 좌파(제3의 길 사회민주주의, 노조 연합 등)는 완강하게 이런 교훈을 거부하기 때문에 그들의 '포스트모던' 비판가들에게(도) 문제가 있다.

이런 '포스트모던' 영역에서 사이먼 크리츨리의 『끝없이 요구하기』는 나의 입장과 정반대의 입장을 가장 완벽하게 구현하고 있다.[3] 두 가지 다른, 하지만 서로 연관된 차원에서 그의 입장은 나와 다르다. 하나는 주체성을 선Good을 향한 윤리적 참여로부터 발생하는 것으로 설명하는 것이고, 다른 하나는 그가 제안하는 저항의 정치에 관한 것이다. 그가 자기 자신을 "비판적이고, 세속적이며, 잘 차려입은 메트로섹슈얼한 포스트-칸트주의자들"[4] 중 한 명에 포함시킬 때 이런 아이러니한 자기-규정은 그것의 진지함을 덮어 버린다. 크리츨리가 국가권력의 장악에 '저항한' 사람들의 목록 속에 다이애나 왕비를 포함시킨 것은 이상할 게 없다.[5]

크리츨리의 출발점은 우리의 자유-민주주의 제도가 지닌 '동기유발적 결함'이다. 이 결함은 '수동적' 니힐리즘과 '능동적' 니힐리즘이라는

---

3 Simon Critchley, *Infinitely Demanding*, London: Verso, 2007. 참조.
4 Ibid., p.139.
5 Simon Critchley, "Di and Dodi Die", *Theory & Event*, vol.1, issue 4, 1997.

두 가지 정치적 태도를 지탱한다. 전자의 냉소적 무관심은 소비향락주의로 도피하는 것이고, 후자의 폭력적 근본주의는 타락한 자유주의 세계를 파괴하는 것을 목표로 한다. 크리츨리의 문제는 어떻게 이 곤경을 돌파할 것인가, 어떻게 해방적 정치 열정을 부활시킬 것인가 하는 것이다. 이 문제는 실재적이다. 흔히 말하는 '탈-이데올로기'의 시대, 자칭 위대한 해방적 기획의 종말 이후, 의미와 진리 사이의 간극은 건널 수 없는 것처럼 보인다. 어느 누가 여전히 우리의 좌표에 대한 총체적인 '인지 지도'를 그릴 수 있다고 주장하고 의미 있는 급진적 사회 변혁의 공간을 열 수 있다고 주장하겠는가?

결과적으로 오늘날, '진리의 정치'라는 관념은 전체주의적인 것으로 치부되고, 실제적인 사회적 행정 너머에서 주요하게 제기되는 정치적 목표는 부정적인 방식으로, 고통과 괴로움을 저지하고, 이질적인 생활방식에 관용을 베풀 수 있는 최소한의 조건을 마련하는 것으로 수립된다. 각자의 진리를 위한 정치적 임무는 실용주의적인 타협과 이해관계의 조정, 이질적 생활방식의 평화로운 공존을 보장하는 것처럼 보인다. 마치 경제적 획일성과 문화적 다양성은 동일한 과정의 두 측면인 것인 양. 하지만 이런 자유민주주의적 전망은 '근본주의'의 유령에 사로잡혀 있다. 교황의 죽음에 대한 대중적인 반응을 상기해 보자. 누가 낙태와 이혼을 금지하는 국가에 살고 싶어 하겠는가? 사람들은 교황의 관점에 대해서는 거부하지만 **그와 동시에** 그의 확고하고 지조 있는 윤리적 태도와 그가 보내는 희망의 메시지에 대해서는 존중한다. 마치 실용적 상대주의를 넘어선 진리의 척도가 필요하다는 듯이.

그럼 어떻게 이러한 곤경을 돌파할 것인가? 크리츨리는 두 가지 방향으로 나아간다. 첫째, 그는 레비나스, 바디우, 라캉을 조합하여 주체를 부정과 오류의 체험에서 야기된 무조건적인 윤리적 요청 안에서, 그 요청의 인정으로 구성된 것으로 보는 관점을 전개한다. 그래서 그는 정치를 이런 윤리적 요청에 입각하여 국가권력에 저항하는 것으로 보자고 제안한다. 주체는 무력하게 고통받는 타자(이웃)와의 외상적인 조우에 대한 대응으로서 출현한다. 이것이 주체가 자율적인 것이 아니라, 구성적으로 탈중심화되고 윤리적 요청에 의해 분열되는 이유로, "주체는 주체 자신을 초과하기에 결코 일치될 수 없는 그런 내면적 요구의 체험으로 정의된다".[6] 그래서 주체를 구성하는 역설은 주체로서는 결코 응할 수 없는 요구로서, 그 때문에 주체는 구성적으로 분열되고, 주체의 자율성은 "항상 타인의 요구에 관한 타율적인 체험에 의해 좌절된다".[7] 오직 전능하고 무한한 신만이 그런 요구에 응할 수 있을 것이다. 그래서 "신은 없다는 것을 아는 우리는 유한한 존재이기에 실패할 것이 분명함에도 신처럼 되어야 한다는 요구에 복종해야 한다".[8] 크리츨리는 여기서 레비나스의 주장을 참조한다.

> 나와 타인의 관계는 동정적인 돌봄이나 타인의 자율성에 대한 존중과 같은 자비로운 관계가 아니라 그 온전한 무게로 나를 짓누르는 책임성의 체험이다. 나는 타인의 인질이다.[9]

그럼 어떻게 주체는 초자아의 압도적인 무게를 진정시킬 수 있나? "어떻게 나는 타인에 대한 무한한 책임에 응답하면서도 주체로서의 나

---

6 Critchley, *Infinitely Demanding*, p.10.
7 Ibid., p.11.
8 Ibid., p.55.
9 Ibid., pp.60~61.

자신을 소멸시키지 않을 수 있을까?"¹⁰ 크리츨리는 여기서 라캉으로 방향을 틀어 프로이트의 승화 개념에 대한 라캉의 설명을 참조한다. 미적인 승화는 주체로 하여금 최소한의 행복을 성취하게 해준다.¹¹ 아름다움은 주체와 선Good 사이에 끼어들어 "주체를 윤리적 요구의 원천과 관계 맺는 자리에 정위定位하지만 그것은 주체로 하여금 사물의 직접적 섬광으로부터 지켜 준다."¹²

크리츨리는 초자아의 자비로운 측면으로서의 승화sublimation 목록에 유머를 추가한다. 악evil하고 벌 주는 초자아, 자신의 요구에 조응하는 데 실패했다고 무한한 죄의식의 무게에 짓눌리게 하는 가혹한 심판자와 대조적으로, 유머 속에서—그 속에서 우리는 초자아의 관점에서는 우스꽝스러워 보이는 우리의 실패와 유한성을 관찰하기도 한다—우리의 유한성과 실패는 우스운 것으로 느껴진다. 크리츨리가 이상하게 염두에서 빠트리고 있는 것은 **유머 자체의 '사드적'으로 잔혹한 측면**이다. 유머는 최고로 잔혹하고 모욕적인 것일 수 있다. 극단적인 사례를 들어보자. 아우슈비츠 문간에 걸려 있는 악명 높은 "노동이 너를 자유롭게 하리라"Arbeit macht frei라는 슬로건은 노동의 존귀함에 반하는 주장이 아니다. 헤겔이 『정신현상학』의 주인과 노예의 변증법에 관한 구절에서 말한 것처럼 노동은 진실로 우리를 자유롭게 한다. 나치의 이 슬로건은 누군가를 강간하면서 "섹스가 쾌락을 주리라!"는 문구가 쓰인 티셔츠를 입고 있는 것과 유사한 잔인한 조롱이다.

"정신분석의 몇몇 형태, 특히 라캉 정신분석은 초자아와 관련해 문제

---

10 Critchley, *Infinitely Demanding*, p.69.
11 Ibid., p.71.
12 Ibid., p.74.

가 있다"¹³는 크리츨리의 주장은 그래서 기괴하다. 라캉은 유머와 초자아의 연관에 대해 전적으로 알고 있었을 뿐 아니라 유머의 잔혹한-사디스틱한 측면까지 알고 있었다. 막스 형제들Marx Brothers의 [뮤지컬 영화] 「오리 수프」Duck Soup는 전체주의적 국가 의례가 얼마나 공허한 짓거리인지 조롱하는 작품으로 알려져 있다. 웃음은 가장 강력한 무기이며, 전체주의 체제가 웃음을 위험하게 여기는 건 이상할 게 없다고들 생각한다. 이런 상식은 완전히 뒤집어져야 한다. 「오리 수프」의 강력한 효력은 전체주의 국가기구와 자잘한 기제들을 조롱하는 데 있는 게 아니라 전체주의 국가 안에 이미 존재하는 그 광기, 그 '장난', 그 잔혹한 아이러니를 공개적으로 전시하는 데 있다. 막스 형제의 '카니발'은 전체주의 자체의 카니발이다.

초자아란 무엇인가? 프리모 레비와 다른 홀로코스트 생존자들에 의해 정기적으로 확인되는 것처럼, 자신의 생존에 대한 내밀한 반응이 어떻게 심각한 분열을 내포하고 있는지에 관한 기이한 사실을 상기해 보자. 그들은 의식적으로 자신의 생존은 단지 무의미한 우연으로, 자신들은 그에 대해 아무런 책임이 없으며 죄의식을 느껴야 할 존재는 오직 그들을 고문한 자들이라는 사실을 잘 알고 있다. 그와 동시에 그들은 마치 자신의 생존이 다른 이의 죽음을 대가로 주어진 것인 양, 그래서 그들은 어쨌든 죽은 자들에 대해 책임이 있다는 듯이 (적지 않게) '불합리한' 죄책감에 사로잡혀 있다. 잘 알려진 것처럼 이런 참을 수 없는 죄책감은 수많은 생존자들을 자살로 이끌었다. 이런 죄의식이 초자아의 작인을 순수한 형태로 보여 준다. 우리를 자기-파괴의 운동으로 은밀히 조종하는 외설적인 작인 말이다. 이것이 의미하는 것은 초자아의 기능은 정확히 우리 인간 존재의 구성적 폭력의 원인, 혹은 인간 존재의 비인간적 중핵, 독일 관

---

13 Ibid., p.82.

념론자들이 부정성이라 부르고 프로이트가 죽음충동이라 부른 차원을 교묘하게 은폐하는 것이라는 사실이다. 초자아는 그것의 승화를 통해 우리를 지켜 주는 실재의 견고한 외상적 중핵이 아니다. 초자아 자체가 실재를 은폐하는 가면이다.

유머러스한 초자아는 우리에게 불가능한 요구를 퍼붓고 그에 미달된 우리의 실패한 노력을 조롱하는 잔혹하고 탐욕스러운 작인, 그의 눈에서 나는 '죄 많은' 갈망을 억누르고 그의 요구에 따르면 따를수록 점점 더 유죄가 되는 그런 작인이다. 앞에서 지적했듯이 자신의 결백함을 호소하는 공개재판의 피고인들에 대한 냉소적인 스탈린주의적 모토("그들이 결백하면 할수록 그들은 더욱 총살당할 만하다")야말로 가장 순수한 초자아이다. 결국 라캉에게 초자아는 "그 가장 강제적인 요구에 관한 한 도덕적 양심과는 아무 상관이 없다".[14] 초자아는 반-윤리적인 작인, 윤리적 배반의 상흔이다. 초자아는 가장 기본적인 차원에서 금지적인 작인이 아니라 생산적인 작인이다. "초자아를 제외하고는 그 어떤 힘도 우리에게 향락을 강제할 수 없다. 초자아는 향락에 대한 정언명령—즐겨라!—이다."[15] 향락jouissance은 '향락'enjoyment으로 번역될 수 있지만 라캉 번역자들은 자주 그것을 프랑스어 그대로 남겨 두어 그것의 과잉적이고, 외상적인 성격을 느낄 수 있게 한다. 우리가 논하고 있는 것은 단순한 쾌락이 아니라 쾌락보다 고통을 더 많이 야기하는 폭력적인 침입이다. 그래서 라캉이 향락과 초자아 사이에 등가관계를 부여한 것은 이상할 게 없다. 즐긴다는 것은 자발적인 성향을 따르는 것과 같은 것이 아니다. 그것은 섬뜩하게 뒤틀린 윤리적 의무와 같은 것으로서 우리가 행하는 어떤 것이다.

---

14 Jacques Lacan, *The Ethics of Psychoanalysis,* London: Routledge, 1992, p.310.
15 Jacques Lacan, *On Feminine Sexuality (The Seminar, Book XX),* New York: Norton, 1998, p.3.

바디우를 따라 크리츨리는 주체를 선에 대한 충실을 통해 출현하는 것으로 정의한다. ("주체는 자기 스스로를 선의 개념에 구속시키고 선과의 관계 속에서 자기 주체성을 형성하는 방식에 대한 이름이다."[16]) 엄격히 라캉적인 관점에서 그는 주체와 주체화를 혼동하고 있다. 여기서 라캉은 주체를 주체화 과정의 효과로 보는 담론이론의 기본교리와 대립된다. 라캉에게 주체는 주체화에 선행한다. 주체화(주체의 체험적 '내적 삶'의 구성)는 주체에 대한 방어이다. 주체는 1960년대 헤르베르트 마르쿠제가 자유가 해방의 조건이라고 주장한 것과 같은 의미에서 주체화 과정의 (선제) 조건이다. 어떤 의미에서 주체는 실정적 내용상으로는 아무것도 아니고 단지 주체화 과정의 결과인 한 우리는 주체가 **자기 자신에 앞서 있다**고 말할 수도 있다. 주체가 되기 위해서는 이미 주체이어야 한다. 그래서 그 되기의 과정에서 그것은 이미 그랬던 존재가 된다. (그리고 바로 이런 특질이 헤겔의 변증법적 절차와 유사-헤겔적인 '변증법적 진화'를 구별시켜 준다.) 이에 대한 명백한 대항-주장에 따르면 그것은 전형적인 이데올로기적 환영이다. 주체화 과정에 선행하는 주체란 없으며, 그것의 선-존재는 거꾸로 이데올로기적 주체 형성의 성공을 증명한다. 일단 구성된 주체는 반드시 자기 자신을 그 구성 과정의 원인으로 경험한다. 즉, 그것은 자신의 구성 과정을 자기 '표현'으로 지각한다. 우리는 이런 추론을 거부해야 한다. 정확히 왜?

잠깐 알튀세르로 돌아가자. 알튀세르의 논의에서 주체는 이데올로기적 요청의 수용을 통해, 이데올로기적 호명 속에서 자신을 인식함으로써 구성된다. 이런 인정recognition이 전前-이데올로기적 개인을 주체화한다. 물론 크리츨리에 의해 명확해진 것처럼 이런 호명, 혹은 선의 요구에

---

16 Critchely, *Infinitely Demanding*, p.10.

대한 수용은 최종적으로 항상 실패하며, 주체는 이런 요청에 호응하여 행동할 수 없고, 주체의 시도들은 항상 거기에 미치지 못한다. 바로 이 지점에서 우리는 라캉의 관점에서 알튀세르적인 설명을 보충해야 한다. 주체는 어떤 의미에서 주체화의 실패 자체, 상징적 명령에 대한 실패한 응답, 윤리적 요청에 대한 완전한 동일시의 **실패 자체이다.** 알튀세르식으로 요약하면, 개인은 주체상태subjecthood로 호명된다. 이런 호명은 실패하고, **'주체'는 이런 실패이다.** 이것이 주체가 어쩔 수 없이 분열되는 이유이다. 자신의 임무와 그것에 충실하게 남아 있는 것의 실패 사이의 분열. 이런 의미에서 라캉에게 주체는 그 자체로 히스테리적이다. 히스테리는 가장 근본적인 차원에서 호명의 실패, 호명을 통해 주체에게 부여된 정체성을 의심하는 성가신 벌레이다. "왜 내가 그 이름이지?", 왜 내가 대타자가 나라고 주장하는 것이지?

크리츨리가 주체는 언제나 윤리적 사물의 요청에 호응하는 데 실패한다고 강조할 때 그는 이런 차원, 주체성의 구성적 실패를 완전히 받아들이고 있는 것처럼 보인다. 하지만 여기서 중요하게 덧붙여야 할 강조점이 있다. 이런 호명의 실패—주체는 결코 선의 요구에 대한 책임성의 차원으로 올라갈 수 없다—를 주체와 동일시하는 것은 전적으로 잘못이다. 이런 실패의 원인은 단지 주체의 유한성이라는 한계가 아니라 '무한하게 요구되는' 과제에 대한 주체의 부적합성inadequacy이다. 즉, 우리 앞에 있는 것은 주체의 무한한 윤리적 과제와 주체로 하여금 그 과제에 불일치하게 만드는 유한한 현실 사이의 간극이 아니다. '주체화 이전의 주체'는 그 자체로 어떤 실정적 힘, 프로이트가 '죽음충동'이라고 불렀던 부정성의 무한한 힘이다. 이것이 라캉의 관점에서 우리 인간은 "우리의 한계와 유한함을 받아들이는 데 엄청나게 어려워하는 것 같고 이런 실패가 무수한 비극의 원인이다"[17]라는 주장을 문제 삼아야 하는 이유이다. 반대로 우리

인간은 우리 존재의 중핵 안에 있는 '무한성'(죽지 못함, 삶의 과잉), 즉 프로이트가 죽음충동이라 부른 기이한 '불멸성'을 받아들이는 데 엄청나게 어려워한다.

윤리적 요구는 인간 동물에 직접 작용하여 그 '무한하게 요구되는' 명령으로 인간의 균형을 파괴하는 것이 아니다. 반대로 윤리적 요구는 이미 동물적인 재생산의 균형은 탈선했고 동물적 본능의 죽음충동으로의 변형을 통해 어긋나 있다는 것을 전제한다. 결국 라캉에게 윤리란 실재적 사물과의 직접적인 조우가 아니다. 오히려 그것은 실재의 파괴적 충격으로부터 우리를 보호하는 스크린이다. 이 지점에서 크리츨리는 라캉의 『정신분석의 윤리』에 나오는 선과 미에 대한 라캉의 생각을 이상한 방식으로 왜곡한다. 그는 아름다움을 실재적 사물의 직접적 노출로부터 우리를 보호해 주는 스크린으로 제시하는 데 반해 라캉은 정확히 동일한 구조적 자리에 선을 갖다 놓는다. 즉, 선은 실재적인 사물 자체가 아니라 그것의 아찔한 충격으로부터 우리를 보호하는 스크린이다.

크리츨리에게 주체를 탈중심화시키는 이질적인 실재 사물의 외상적 침입은 윤리적 선의 요청과 **일치**하는 데 반해, 라캉에게 주체를 탈중심화시키는 외상적 실재의 충격은 원초적인 '악의 사물', 결코 선의 형태로 지양되지aufgehoben 않는, 언제나 교란하는 단절로 남아 있는 어떤 것이다. 이것이 크리츨리의 사드에 대한 참조가 불완전한 이유이다. 그는 사드적인 기획이 여전히 선에 대한 참여의 좌표에 일치한다고 주장한다. 사드는 우리가 '악'이라는 내용을 발견하는 것을 선의 자리에 갖다 놓은 것뿐이다. 달리 말해서, 사드가 타인을 자신의 성적 향락을 위한 수단으로 아무 제약 없이 사용할 때 그것은 그가 완전한 충성을 바치는 그 자신의 선이다

---

17 Critchely, *Infinitely Demanding*, p.1.

(혹은 밀턴의 『실낙원』 속 사탄을 인용하면 "악, 그대는 나의 선이다!"). 우리는 '악'은 그것의 형식 자체가(무조건적인 윤리적 서약) 선의 형식으로 남아 있는 내용이라는 생각을 뒤집어야 한다. 선과 악의 차이는 내용이 아니라 형식의 차이이다. 선은 무조건적인 대의에 대한 서약의 형식이고 악은 이런 서약에 대한 배반이라는 게 아니다. 반대로, 무조건적인 '광신적' 대의에의 참여 자체가 가장 순수한 형태의 죽음충동, 혹은 악의 원초적 형식이다. 그것은 (사회적) 삶의 흐름 속에 폭력적인 단절을 도입하는 것, 그것을 어긋나게 하는 절단이다. 선은 그 결과로 발생한다. 그것은 악한 사물의 외상적 충격을 '순화하고' 길들이기 위한 시도이다. 즉, 선은 은폐되고/길들여진 악이다. (칸트 자신이 근본적이고 악마적인 악이라는 개념(들)의 곤경 안에서 이와 같은 역설의 선상에 있지 않은가?)

루소는 일찍이 자기 자신의 행복에 대한 관심이나 이기주의가 공통선에 대립되는 것이 **아니라고** 지적했다. 이타적인 규범들은 쉽게 이기적인 관심으로부터 연역될 수 있기 때문이다. 개인주의 대 공동체주의, 공리주의 대 보편적 규범 사이의 대립은 거짓 대립이다. 왜냐하면 이 두 선택지는 그 결과에 있어서 같기 때문이다. 오늘날 쾌락주의-이기주의적 사회에서 얼마나 진정한 가치들이 결여되었는지 불평하는 비판가는 완전히 요점을 놓친다. 이기적인 자기-사랑의 반대는 이타주의, 즉 공공 선에 대한 관심이 아니라 나로 하여금 나 자신의 이익에 **반해서** 행동하게 만드는 시기와 **원한**이다. 보수주의적이거나 공동체주의적 비판가들은 공리적인 개인주의적 전제들로부터 발생한 '윤리학'이 오직 개개인들에게 가장 좋은 것은 진정한 연대나 이타성이 아니라 그들 자신의 공격성을 제약하는 것이라고 생각하는 '늑대들 사이의 계약'일 뿐이라고 비난한다. 그러나 그들은 아이러니한 점을 놓친다. 공리주의적 윤리학이 설명할 수 없는 것은 진정한 선이 아니라 악 자체, 긴 전망에서 궁극적으로 나의 이익에 반하는 악 자체이다.

……그리고 그 저항의 정치

이와 같은 주체 개념에 꼭 맞는 정치적 실천 형식은 어떤 걸까? 한편으로 자유민주주의 국가는 불가피한 전제조건이기 때문에, 즉 국가를 소멸시키고자 하는 모든 시도들은 불행히도 실패했기 때문에, 다른 한편으로 자유민주주의 제도들의 동기유발적 결함은 해소 불가능하기 때문에, 새로운 정치는 국가로부터 거리를 두고 국가에 저항하는 정치, 국가가 들어줄 수 없는 요구들을 퍼붓는 정치, 국가 기제들의 한계들을 고발하는 정치여야 한다. 저항의 정치가 국가에 대해 외부적인 위치에 있어야 한다는 주장은 정의에 대한 '무한한 요구'라는 메타-정치적, 윤리적 차원과 연결되어 있다. 모든 국가 정치는 이런 무한성을 배반할 수밖에 없다. 그것의 궁극적 목적은 국가의 재생산을 지키기 위한 '현실-정치적' 목표(국가의 경제적 성장, 공적 안보 등)이기 때문이다. 이것이 안티고네와 크레온의 대립각이다. 크레온은 국가이성raison d'état을 대변하며, 또 다른 내전이 국가를 파괴할지도 모른다는 그의 염려는 전적으로 존중될 만하다. 따라서 그는 무조건적인 윤리적 요구 속에서 그것이 국가에 미칠 치명적 위협에 대해서는 아랑곳하지 않는 안티고네와 대립할 수밖에 없다.[18]

---

18 이런 이유로 『안티고네』를 브레히트의 「긍정자」(Der Jasager; 예스 맨)와 「부정자」(Der Neinsager; 노 맨) 스타일[「긍정자」를 상연한 뒤 수용자층의 문제제기를 받아들여 정반대의 결말을 갖는 「부정자」를 만듦]로 그리는 연극을 생각해 보자. 크레온의 관점에서 안티고네를 이성적인 주장(피비린내 나는 내전이 이제 막 끝났다. 만약 국가의 배신자인 폴리네이케스를 정당하게 매장한다면 또 다시 수백 명의 전사자를 발생시킬 살육이 일어날 것이다)에는 전혀 귀를 기울이지 않는 강퍅한 계집으로 다시 쓰는 것을 상상해 보는 것은 흥미롭다. 혹은 대체-현실의 상상력을 발휘하여 왕자들 간의 전쟁으로 파괴된 도시에서 시작하여 파국을 초래한 고집 세고 막돼먹은 궁궐 소녀를 욕하는 사람들의 모습을 그려 보자. 우리는 점차 이 소녀가 안티고네라는 것을 알게 된다. 그녀는 크레온을 설득시켜 오라비를 정당하게 매장한다. 그 결과 또다시 전쟁이

크리츨리는 젊은 맑스의 헤겔 비판을 긍정적으로 참조한다. 거기서 맑스는 자유로운 개인들의 사회적 결합이라는 '진정한 민주주의'를 강제된 통일성으로서의 국가에 대립시킨다.[19] 하지만 이런 까닭에 국가의 소멸을 목적으로 삼는 맑스와 대조적으로 크리츨리에게 진정한 민주주의는 오직 '국가 내부에서 국가와 틈새를 유지하는 거리두기'를 통해서만 가능하다. 그와 같은 진정한 민주주의는,

> 국가를 의문에 부치며 기존 질서의 근거를 묻는다. 그것은 국가를 소멸시키기 위해서가 아니고—물론, 유토피아와 다를 바 없는 그것은 매력적인 사유이긴 하지만—국가를 더 좋게 하고 그것의 나쁜 효과를 누그러뜨리기 위해서다.[20]

그런 정치는 다음과 같은 의미에서 부정적이다.

> 그것은 새로운 정치 조직 원리의 헤게모니를 수립하는 것이 아니다. 그것은 새로운 총체성의 긍정이 아니라, 총체성에 대한 부정으로 남아 있다. 무정부주의는 국가의 근본적 교란이다. 그것은 총체성 속에 자신을 세우고자 하는 국가의 시도를 해체하는 것이다.[21]

그래서 민주주의는 사회의 어떤 고정된 정치적 형식이 아니라, 오히려 (……) 사회의 **탈-구성**deformation, 물리적인 정치적 표명 행위를 통해 사

발발한다…….
19 Critchely, *Infinitely Demanding*, pp.115~118.
20 Ibid., p.117.
21 Ibid., p.122.

회를 탈-구성시키는 것이다."²²

그럼, 만약 정치와 민주주의가 (무정부적 데모스$_{demos}$의 미적-카니발적 표명으로서) "동일한 사물의 다른 이름"²³이라면 국가 형식으로서의 민주주의에 대해 이것은 어떤 의미인가? 크리츨리가, 자유민주주의 제도들의 동기유발적 결함(선거에 대한 점진적인 무관심 등)은 NGO활동, 반-세계화 운동, 멕시코와 호주의 원주민 권리운동 등 비-선거적인 정치행위의 발전과 같은 "긍정적 효과들을 지니기도 한다"²⁴라고 쓸 때 그의 정치적 입장은 모호해진다. 사람들이 민주주의적 제도들에 참여하지 않는다면, 그것은 실제로 해방적인 정치를 위해 **더 좋은** 것인가? 그렇다면 가령, 미국의 민주당은 무엇을 해야 하는가? 그들은 국가권력을 향한 경쟁을 포기하고 국가의 틈새로 들어가 국가권력은 공화당에게 맡기고 무정부주의적 저항을 조직해야 하는가?

물론, 역사는 언제나 총과 몽둥이를 가진 사람들에 의해 쓰여 왔고 우리는 그런 그들을 풍자와 깃털 총채로 쳐부수기를 기대할 수 없다. 하지만 극좌파의 능동적 니힐리즘의 역사는 총과 몽둥이를 집어 든 자는 바로 그 순간 궤멸한다는 것을 감동적으로 보여 준다. 무정부주의적 저항은 자신과 대립되는 원초적인 주권적 폭력을 흉내 내거나 모방하려고 해서는 안 된다.²⁵

---

22 Ibid., p.129.
23 Ibid., p.129.
24 Ibid., p.151.
25 Ibid., p.124.

그러나 크리츨리는 분명히 히틀러 같은 상대와 대면했을 때는 "총과 몽둥이를 집어 드는" 것을 지지할 것이다. 그렇지 않은가? 분명 이 경우 우리는 "자신과 대립되는 원초적인 주권적 폭력을 흉내 내거나 모방"해야 한다. 그럼 좌파가 할 일은 무엇인가? 폭력에 의지하여 국가와 힘을 합치는 경우와 모두가 "풍자와 깃털 총채"를 사용할 수 있고 또 해야 하는 경우를 구별하는 일인가?

크리츨리가 "우리는 알 카에다와 빈 라덴의 말과 행동에서 레닌, 블랑키L. A. Blanqui, 마오의 메아리를 포착해야 한다"[26]라거나 결론에서 "신-레닌주의는 (……) 알 카에다와 같은 전위적 그룹에서 실천적으로 표현되고 있다"[27]라고 쓸 때, 그는 이데올로기적 형식주의에 빠져 이 두 정치 논리 사이의 중요한 차이를 간과하고 있다. 근본적인 평등주의적 폭력(바디우가 고대 중국의 '법가'로부터 자코뱅, 그리고 레닌과 마오에서 작동하는 혁명적 정의 정치의 '영원한 이데아'라고 부른 것)과 반-근대 '근본주의적' 폭력 사이의 차이 말이다. 이러한 차이의 말소는 우파와 좌파 '전체주의'를 동일시하는 오래된 자유주의-보수주의의 새로운 판본이다.

게다가 크리츨리에 따르면 국가만이 아니라 자본주의 자체도 발 딛고 있어야 할 전제조건이다.

> 자본주의적 탈구dislocation는 자연적인 것으로 간주되어 왔던 전통적 결속, 지역적 특질, 가족과 친족 체계를 무자비하게 파괴하는 가운데 사회적 삶의 우연성, 즉 그 구조화된 특질의 우연성, 다시 말해서 그 정치적 분절의 우연성을 드러낸다. (……) 자본주의적 탈구에 의해 자연적인 것

---

26 Critchely, *Infinitely Demanding*, pp.5~6.
27 Ibid., p.146.

의 이데올로기적 환영들이 벗겨지고 우연적인 구성체임이 드러나면, 자유가 불안정성의 불안한 체험이 되는 곳에서 자기 자신을 노동시장에 판매할 때 정치적 정체성들을 묶어 주는 유일한 접착제는 헤게모니적 사슬이다.[28]

이 추론에 (의도하지 않게) 함축된 내용은 사회적 삶을 우연적인 것으로, 모든 정체성을 담론적 분절의 결과로, 열려 있는 헤게모니 투쟁의 산물로 체험하는 '반-본질주의'가 자본주의의 '본질주의적' 지배에 기반하고 있다는 사실이다. 그로 인해 자본주의는 더 이상 가능한 생산양식 가운데 하나가 아니라, 우연적 (재)분절화 과정의 중립적 '배경'으로 나타난다.

이런 관점에 따르면, 자본주의는 항구적인 다양한 탈구를 의미하고, 이런 탈구는 새로운 정치적 주체성들을 형성하는 공간을 연다. 하지만 이런 주체성들을 '프롤레타리아'라는 표제하에 포함시키는 것은 더 이상 불가능하게 된다. 다양한 탈구들은 다양한 주체성들을 위한 공간을 마련하고(위협받는 토착 인구, 성적·인종적 소수자들, 슬럼-거주자들 등) 그래서 해야 할 일은 이런 다양한 요구와 불만들 사이에 '등가 연쇄'를 도입하는 것이 된다. 크리츨리는 명명 행위를 통해 새로운 정치적 주체를 창조하는 전형적 사례로 멕시코의 빈곤 농민들을 '토착민'indigenous으로 언명하는 것을 든다. 하지만 이런 사례는 그 명명 자체의 한계를 증명하지 않는가? 그 자신의 분석이 분명히 드러낸 것처럼, 가난한 농민들은 '토착민'으로서의 자신을 재창조/재명명해야 했는데, 왜냐하면 신자유주의 이데올로기의 성공적인 공격이 무자비하게 착취받는 경제적 처지에 있는 자들

28 Ibid., pp.100~101.

을 직접적으로 지시하는 것을 무력하게 만들었기 때문이다. 정치적인 것의 문화화라는 '포스트-정치'의 시대 불만을 정식화하는 유일한 방법은 문화적인 그리고/혹은 윤리적인 요구들의 차원에서만 가능하다. 착취받는 노동자들은 자신의 '타자성'이 억압받는 이민자들이 된다. 그 대가로 우리가 치러야 하는 것은 적어도 미세한 이데올로기적 신비화의 차원이다. 가난한 농민들이 옹호하는 것은 그들의 '자연적'(윤리적)으로 실체적인 정체성처럼 보인다.

그래서 오늘날 자유-민주주의 국가와 '무한히 요구하는' 무정부주의 정치는 상호 기생적 관계에 놓인다. 국가는 탈-국가적 윤리-정치적 행위자 속에서 자신의 윤리적 자의식을 외부화하고, 이 윤리-정치적 행위자는 국가 안에서 자기 실효성에 대한 주장을 외부화한다. 무정부주의적 행위자는 국가를 위해 윤리적 사고를 하고, 국가는 현실적 운영과 사회 통제 작업을 수행한다.

크리츨리의 무정부적 윤리-정치적 행위자가 초자아와 관계 맺는 방식은 이중적이다. 그것은 초자아에 의해 압도당할 뿐만 아니라, 마음 놓고 국가에 초자아적 요구들을 퍼부으면서 자기 스스로 초자아처럼 행동한다. 그래서 국가가 그 요구들을 들어주려고 노력하면 할수록 국가는 더욱더 유죄가 된다. (이런 초자아 논리와의 공모 속에서 무정부주의적 탈-국가 행위자들은 공개적인 독재가 아니라 그들 자신의 이데올로기적 규범에 일관되게 조응하지 않는 자유민주주의의 위선을 향한 항의를 집중적으로 조직한다.) 그래서 크리츨리가 제공하는 것은 인간의 얼굴을 한 자유-자본-민주주의이다. 우리는 명백히 후쿠야마적인 세계 안에 머물러 있게 된다. 혹은, 토머스 드퀸시의 「간단한 살인 기술」Simple Art of Murder식으로 말하면, 얼마나 많은 사람들이 잘못된 라캉 독해에서 출발하고 있는지, 그래서 결국은 다이애나 비를 반란의 인물로 칭송하고 있는지 보라.

여기서 얻을 수 있는 교훈은 진정으로 전복적인 것은 우리가 알고 있는, 하지만 권력자들은 완전히 들어줄 수 없는 요구들을 '무한히' 퍼붓는 것이 아니라(그들 역시 우리가 알고 있다는 것을 알기 때문에 그런 '무한히 요구하는' 태도는 권력자에게 아주 쉽게 받아들여진다. "당신들의 비판적 요구는 참으로 훌륭하다. 당신은 우리 모두가 살고 싶어 하는 세상을 우리에게 일깨워 주었다. 하지만 불행하게도, 우리는 현실 세계에 살고 있고 거기서는 정직하게 가능한 것만을 할 수밖에 없다") 반대로 전략적으로 잘 선별된 **정확한·유한한** 요구들, 똑같은 변명을 허락하지 않는 요구들을 권력자들에게 퍼붓는 것이다.

"굿바이, 저항하는 유목민 씨"

크리츨리와 대조적으로 안토니오 네그리는 맑스의 기본 좌표에 충실하려는 영웅적인 노력을 통해 지식정보 노동을 향한 '후기-산업'의 발전 속에서 발생한 자본주의의 '탈근대적' 전환이 어떻게 '절대적 민주주의'의 가능성을 열어 놓으면서 맑스가 상상한 것보다 훨씬 더 급진적으로 사회 혁명의 조건들을 창조하는지 증명하고자 한다.

네그리의 출발점은 오히려 표준적이다. 오늘날, 비물질적 지식노동은 새로운 가치 창조의 핵심 역할을 한다. 노동의 지적 측면이 지배적으로 되었기 때문에 우리는 더 이상 시간(노동-시간)을 가지고 가치를 측정할 수 없다. 그래서 착취에 대한 맑스의 정의는 더 이상 유효하지 않다.

오늘날 비물질적 가치가 아니라면 어떤 가치 생산도 존재하지 않는다는 사실을 직시해야 합니다. 혁신 능력을 지닌 자유로운 두뇌들이 수행하는 생산 말입니다. 자유는 단순히 부를 재생산하는 것이 아니라 부를 순

환 속에 넣는 유일한 가치입니다.²⁹

오늘날의 기본적인 생산력은 그래서 '코그니타리아트'cognitariat, 다양한 지식노동자들이다. 그들의 노동이 자유를 생산하고 그들의 자유는 생산적이다. "자유는 사람들의 두뇌 안에 있는 고정자본입니다."³⁰ 이것이 오늘날의 상황이다.

종속계급들은 소유자의 자본보다 더 풍부한 고정자본을 가진 계급들이고, 다른 이들이 과시하는 것보다 더 중요한 정신적 유산이며, 또 절대적인 무기이기도 합니다. 세계의 재생산을 위해 필수적인 지식이지요.³¹

오늘날, 일반 지성이 자본주의 생산에서 헤게모니를 얻게 되면서, 즉 비물질적이고 인지적인 노동이 직접적으로 생산적인 노동이 되면서, 이제 지적 노동-능력은 이와 같은 종속 관계로부터 자유로워지고 생산적 주체는 이전에는 자본이 미리 조건 지은 이러한 노동도구들을 스스로 전유하게 됩니다. 가변자본이 고정자본으로 스스로를 재현한다고 말할 수 있어요. (……) 나는 나의 자본과의 관계 외부에서 생산적이라는 것, 인지적이고 사회적인 자본의 흐름은 주인의 손에 있는 물질 구조로서의 자본과 더 이상 아무런 관련이 없다는 것입니다.³²

---

29 Antonio Negri, *Goodbye Mr. Socialism,* trans. Peter Thomas, New York: Seven Stories Press, 2008, p.137. [『굿바이 미스터 사회주의』, 박상진 옮김, 그린비, 2009.]
30 Ibid., p.185.
31 Ibid., p.180.
32 Ibid., pp.169~170.

그래서 그의 생각은 일반 지성의 헤게모니적 역할과 함께 자본은 사회적 생산조직의 기능, 즉 고정자본과 가변자본, 생산수단, 노동력을 통합하는 역할을 잃어버렸다는 것이다. 이제 자본의 기능은 순수하게 기생적인 것으로, 이 때문에 자본은 결국은 떨어져 나갈 수 있는 것이 된다. 그것은 더 이상 사회적 조직의 폭력적 절단의 문제도 아니다. 왜냐하면 생산과 (사회적) 삶 자체는 진보적으로 조직화되어 다중은 단지 자기-조직화의 작업을 추구하기만 하면 된다. 그럼, 자본은 갑자기 허공에 매달려 있는 자신을 발견하고는 무너져 내리게 될 것이다. 마치 만화영화에서 절벽 바깥의 공중에서 발을 굴리다가 아래를 쳐다보고는 더 이상 발 디딜 토대가 없음을 깨닫고는 심연의 바닥으로 떨어지는 것처럼.

여기서 핵심 범주는 생산에 대한 자본의 형식적·실질적 포섭이라는 개념이다. 생산수단의 발전에 따라 생산관계가 발전한다는 진화론적 논리와 반대로, 맑스는 어떻게 형식적 포섭이 실질적 형식에 선행하는지 강조한다. 자본주의는 처음에는 생산과정에 단지 형식적으로만 자신의 규칙을 적용한다. (포섭 이전의 방식대로 생산하는 개별 장인들에게 원재료를 제공하고 그들의 생산물을 구매하는 방식으로) 포섭이 물질적으로 이뤄지는 것은 오직 그 이후, 생산수단과 조직이 직접적으로 자본에 의해 형성될 때이다. (기계의 도입, 노동의 공장제 분할, 포디즘 등) 이 과정은 거대한 규모의 기계화된 공장제 생산에서 절정에 도달한다. 거기서 자본의 노동 포섭은 직접적으로 물질적 생산과정의 조직화 안에서 재생산된다. 노동자는 기계 속에 물질적으로 끼어 있는 톱니바퀴로 환원되어 특정한 임무만 수행하며 전체 생산과정을 조망할 수도 없고 그 과정에 내재한 과학적 지식에 대해 생각하지도 못한다. 지식과 조직화는 자본 측으로 넘어간다. 맑스는 『정치경제학 비판 요강』에서 다음과 같이 묘사한다.

지식과 숙련의 축적, 사회적 두뇌의 일반적 생산력의 축적은 노동에 맞서서 자본에 흡수되어 있고, 따라서 자본의 속성, 보다 정확하게는 자본이 본래적인 생산수단으로서 생산과정에 들어오는 한에 있어서 고정 자본의 속성으로 나타난다. 요컨대 기계류는 고정자본의 가장 적합한 형태로 나타난다. 그리고 자본이 자기 자신과의 관계에서 고찰되는 한에 있어서 고정자본은 자본 일체의 가장 적합한 형태로 나타난다.[33]

하지만 지식노동의 헤게모니 역할로의 포스트-포드적 전환과 함께 지식과 조직화는 다시 집합적 노동자에 의해 재전유된다. 그래서 일종의 '부정의 부정' 속에서 자본은 또다시 순수하게 형식적인 방식으로만 생산을 포섭한다. 그 자체로 완벽하게 돌아갈 수 있는 생산과정을 통제하고 규제하려는 노력 속에서 자본은 점점 더 기생적으로 된다. 여기서 네그리와 하트의 문제는, 맑스에 깔려 있는 역사적 진보에 대한 도식을 완전히 받아들임으로써 **너무나** 맑스주의적인 입장을 전개하는 데 있다. 그들은 맑스처럼 자본주의의 모순을 이와 같은 잠재력과 자본의 형식—잉여가치의 사적 전유의 형식 사이의 간극에서 찾는다. 즉, 그들은 생산력과 생산관계의 긴장이라는 맑스의 낡은 관념을 복원한다. 자본주의는 이미 '새로운 삶의 형식을 위한 맹아'를 발생시키며, 그것은 끊임없이 새로운 '공통성'commons을 생산한다. 그래서 혁명적 폭발과 함께 이 새로움은 단지 낡은 사회적 형식으로부터 해방될 뿐이다. 여기서 그들은 들뢰즈주의자로 남아 있다. 들뢰즈와 가타리가 『안티-오이디푸스』*L'Anti-Œdipe. Capitalisme et Schizophrénie 1*에서 탈영토화의 한계를 가장 멀리까지 밀어붙임으로써 분

---

33 Karl Marx, *Grundrisse*, Harmondsworth: Penguin, 1973, p.694.[『정치경제학 비판 요강』 1~3권, 김호균 옮김, 그린비, 2007.]

열증자는 "자본주의의 한계 자체를 드러낸다. 그는 자본주의의 고유한 경향성을 끝까지 완성시킨다"[34]고 말할 때 그들은 자신의 사회-정치적 기획이 자본주의 자체의 환상, 그것의 잠재적 좌표를 실현하고자 애타게 노력하는 것임을 확인시키고 있지 않는가? 그래서 공산주의는 빌 게이츠가 "마찰 없는 자본주의"라고 불렀던 자본주의, 무한한 회전 속도로 강해지고 고도화된 자본주의에 다름 아니게 되지 않는가? 네그리가 최근에 '포스트모던' 디지털 자본주의를 찬미하며 그것은 이미 공산주의적이라고, 그 잠재적 공산주의를 공개적으로 생성시키기 위해서는 단지 조금만 더 미는 형식적 제스처만 필요하다고 주장하는 것은 이상할 게 없다. 현대 자본의 기본 전략은 자유로운 생산적 다중을 또다시 포섭하는 새로운 방식을 발견함으로써 자신의 기생성을 은폐하는 것이다.

> 고정자본이 특이한 상상의 능력이라면, 그것을 노동으로 만들기 위해서는 새로운 기계가 필요합니다. 이것이 역설적인 '자본의 공산주의'로, 전 지구적 생산기계를 그것을 구성하는 생산적 특이성들 위에서 또 그것을 넘어서서 금융화를 통해서 닫아 놓는 시도입니다. 이는 다중을 포섭하려는 시도입니다.[35]

이런 설명에는 눈에 띨 수밖에 없는 어떤 특징이 있다. 철학적 상식에 의하면, 철학적 반성을 소홀히 할 때 그 결과는 자기 자신이 최악으로 소박한 철학적 도식에 의존하고 있음을 발견하는 것이다. 이와 같은 법칙은 맹렬한 반-헤겔주의자들에게도 적용된다. 마치 헤겔에 대한 전면적

---

34 Gilles Deleuze and Félix Guattari, *Anti-Oedipus*, New York: Viking Press, 1977, p.35. [『앙띠 오이디푸스: 자본주의와 정신분열증』, 최명관 옮김, 민음사, 2000.]
35 Negri, *Goodbye Mr. Socialism*, p.170.

인 거부의 대가로 그들 스스로 무심결에 가장 피상적인 헤겔적 범주들을 사용하는 듯하다.³⁶ 이것은 네그리의 증상으로 기능하는 세부적인 사실을 설명해 준다. 그의 무제한적이고 반성되지 않은('야생적 정신분석'이라는 의미에서, '야생적인'wild이란 단어를 사용하고픈 유혹까지 느낀다) 헤겔 범주들의 사용은 소란스럽게 떠들어 댄 자칭 반-헤겔주의와 모순된다.³⁷ 가령, 오늘날 다중은 "즉자적이지 대자적이지 않으며, 그 변이는 쉽지 않습니다. 그것은 계기들의 교체이며, 다른 이들이 아니라 몇몇 각성된 의식의 교체이고 변이들의 총체의 교체이며, 경향과 추세의 중단입니다".³⁸

이것은 헤겔의 즉자In-itself, 대자For-itself 쌍에 대한 기이한 의존이 아닌가? 그래서 우리는 『제국』에서 네그리와 하트가 바틀비Bartleby를 저항하는 인물, 기존 사회기계의 세계에 "아니오!"라고 말하는 인물이라고 지적하면서 바틀비의 "나는 차라리…… 않을 것이다"를 테이블을 치우는 첫번째 계기, 기존 사회질서와 거리를 취하는 첫번째 움직임으로 해석할 때 놀랄 수밖에 없다. 그 다음에 필요한 것은 새로운 공동체를 구성하는 장기적인 작업을 향한 움직임이다. 만약 바틀비의 단계에 머무른다면 우리는 어떤 결과도 얻지 못하는 자살적인 주변부 위치에서 끝나고 만다. 즉, 그에게 바틀비의 "나는 차라리…… 않을 것이다"는 헤겔의 '추상적 부정'으로, 그것은 기존 사회질서의 '규정적 부정'이라는 고된 긍정 작업에 의해 극복되어야 한다. 이 노골적인 헤겔적 정식화는 의도적인 것이다. 네그리와 하트라는 이 위대한 반-헤겔주의자들은 바틀비에 대해 가장 표

---

36 이런 법칙의 드물지만 흥미로운 역전이 있다. 맹렬한 반-헤겔주의자들이 '헤겔'(교과서식으로 단순화된 헤겔)을 공격할 때 그들은 자기도 모르는 사이에 그들 자신의 반-헤겔주의 입장이 헤겔 사유의 핵심 특질이라는 것을 드러낸다. 들뢰즈가 대표적이다.
37 네그리는 관념론과 유물론 간의 갈등을 마키아벨리-스피노자-맑스의 급진적으로-민주주의적인 유물론과 데카르트에서 헤겔로 이어지는 자본주의의 관념적 지지자들 간의 대립으로 이해한다.
38 Negri, *Goodbye Mr. Socialism*, p.168.

준적인 (유사-)헤겔적 비판을 가한 것이다.[39]

아이러니하게도 여기서 네그리는 현대 '포스트모던' 자본주의 이데올로그들이 물질적 생산에서 상징적 생산으로, 위계적-중심주의 논리로부터 자기-생산적autopoietic 자기-조직화 내지 다-중심적 협력으로의 이행을 찬미한 과정에 주목한다. 여기서 네그리는 진실로 충실한 맑스주의자다. 그는 맑스가 옳다는 것, '일반 지성'의 증가는 장기적으로 자본주의와 공존할 수 없다는 것을 증명하고자 한다. 포스트모던 자본주의 이데올로그들은 정반대로 주장한다. 맑스주의 이론(과 실천)은 위계적이고 중심화된 국가통제 논리에 갇혀 있어서 새로운 정보 혁명의 사회적 결과들에 대응할 수 없다는 것이다. 이런 주장에는 훌륭한 경험적 근거가 있다. 역사의 아이러니라고 할 수밖에 없는 것이, 공산주의의 붕괴는 정통 맑스주의가 자본주의 극복을 위한 노력의 근거로 제시한 생산력과 생산관계의 변증법을 증명하는 가장 뚜렷한 사례로 사용된다. 진실로 공산주의 체제를 붕괴시킨 것은 '정보 혁명'에 의한 새로운 사회적 논리에 적응할 수 없었던 그들의 무능력 때문이다. 그들은 이 혁명을 또 다른 거대한 규모의 중심적인 국가-계획 프로젝트로 끌고 가려고 시도했다. 그래서 역설적이게도 네그리가 자본주의를 극복하기 위한 특이한 기회로 찬미한 것은 '정보 혁명' 이데올로그들이 새로운 '마찰 없는' 자본주의의 발전으로 찬송한 바로 그것이다.

그럼 여기서 누가 맞는가? '정보 혁명'에서 자본의 역할은 무엇인가? 네그리의 기본적 참조점이 되는 맑스의 『요강』 속 '일반 지성'에 관한 유

---

39 동일한 논리가 그들의 철학적 스승인 들뢰즈에게도 적용된다. 프레드릭 제임슨은 『안티-오이디푸스』의 거대한 역사적 운동 과정의 기저에 깔린 도식이 맑스의 『요강』에 나오는 '자본주의적 생산에 선행하는 형태들' 부분을 참조하고 있다는 사실에 주목한다. 거기서 우리는 가장 헤겔적인 맑스(맑스의 전 지구적 역사적 운동의 전체 도식은 헤겔의 실체에서 주체로의 이행 논리에 의존하고 있다)를 만나게 된다.

명한 구절은 좀더 상세하게 인용될 가치가 있다. 거기서 맑스는 능동적인 혁명 투쟁으로부터 추상해 낸 자본주의의 자기-극복 논리를 제시한다. 그것은 순수하게 경제적 용어로 정식화된다.

자본 자체는 운동하는 모순으로, 거기서 자본은 노동시간을 최소화하려는 압력을 가하는 동시에 다른 한편으로는 노동시간을 부의 유일한 원천이자 척도로 정립한다. 그래서 자본주의를 붕괴시킬 이 '모순'은 가치의 유일한 원천인(그래서 잉여-가치의 유일한 원천인) 노동시간에 의존한 자본주의적 착취와 직접 노동의 역할에 대한 질적이고 양적인 축소를 향하는 과학적-기술적 진보 사이의 모순이다. 이 노동은 한편으로는 일반적인 과학적 노동, 자연과학의 기술적 응용에 비해서 양적으로 보다 적은 비율로 축소되어, 분명히 필수적이긴 하지만 부차적인 계기로 나타나고 다른 한편으로는 총생산에서의 사회적 구조Gliederung로부터 유래하는—(비록 역사적 산물이지만) 사회적 노동의 천부적 재질로 현상하는—일반적 생산력에 비해서도 부차적인 계기로 나타난다. 그리하여 자본은 생산을 지배하는 형태로서의 자기 자신의 해체에 종사한다. (……)
대공업이 발전함에 따라 실제적 부의 창조는 노동시간 및 이용된 노동량보다는 노동시간 동안에 운동되고 다시 그 자신의 생산에 소요되는 직접적인 노동시간과 비례 관계에 있지 않은 작동 인자들의 권력—이들의 강력한 효율성—에 의존하고, 오히려 과학의 일반적 상태와 기술 진보 또는 이 과학의 생산에의 응용에 좌우된다.

여기서 맑스의 전망은 완전히 자동화된 생산과정에 대한 것으로, 거기서 인간 존재(노동자)는 "생산과정 자체에 감시자와 규율자로서 관계한다"는 것이다.

변형된 자연 대상Naturgegenstand을 대상과 자신 사이에 매개 고리로 삽입하는 것은 더 이상 노동자가 아니다. 노동자는 그가 산업적 과정으로 변환시키는 자연과정을 자신의 제어하에 놓여 있는 비유기적 자연과 자신 사이에 수단으로 삽입한다. 그는 생산과정의 주 행위자가 아니라 생산과정 옆에 선다. 이러한 변환에서 생산과 부의 커다란 지주支柱로 나타나는 것은 인간 스스로 수행하는 직접적인 노동이 아니고, 그가 노동하는 시간도 아니며, 그 자신의 일반적인 생산력의 점취, 그의 자연 이해, 사회적 형체로서의 그의 현존에 의한 자연 지배—한마디로 말해 사회적 개인의 발전이다. 현재의 부가 기초하고 있는 타인의 노동시간의 절도는 새롭게 발전된, 대공업 자체에 의해 창출된 이 기초에 비하면 보잘것없는 것으로 나타난다.
직접적인 형태의 노동이 부의 위대한 원천이기를 중지하자마자, 노동시간이 부의 척도이고 따라서 교환가치가 사용가치의 척도이기를 중지하고, 또 중지해야만 한다.

여기서 중요한 것은 '고정자본'의 위상이 근본적으로 변화했다는 점이다.

고정자본의 발전은 일반적인 사회적 지식이 어느 정도까지 직접적 생산력이 되었고, 따라서 사회적 생활과정 자체의 조건들이 어느 정도까지 일반적 지성의 통제 아래 놓였으며, 이 지성에 따라 개조되는가를 가리킨다. 사회적 생산력이 지식의 형태로뿐만 아니라 사회적 실천의 기관들, 현실적 생활과정의 직접적인 기관들로서 어느 정도까지 생산되었는가를 가리킨다.

이것이 의미하는 것은 사회의 일반 지성의 발전과 함께 "노동의 생산능력 자체가 가장 큰 생산능력이 된다는 것이다. 직접적 생산과정의 관점에서 볼 때 이 발전은 고정자본의 생산으로 간주될 수 있는데, 이 고정자본은 인간 자신이다".[40] 그리고, 또다시 자본은 산 노동과 대립된 것처럼 보이는 '고정자본'을 통해 착취를 조직하기 때문에 고정자본의 핵심 요소가 '인간 자신'이 되는 순간, 그것의 '일반적인 사회적 지식', 즉 자본주의적 착취의 사회적 토대 자체는 무너지고 자본의 역할은 순수하게 기생적인 것이 된다.

오늘날 자본은 더 이상 노동자를 착취하지 않습니다. 자본은 오직 노동하는 사람들, 임금노동자들 사이의 협력관계를 착취합니다. 오늘날 자본은 더 이상 공통 노동의 영혼이 되고, 진보를 가져온다는 추상화를 생산하는 내적인 기능을 갖지 않습니다. 오늘날 자본은 기생적입니다. 왜냐하면 그것은 더 이상 안에 있지 않기 때문입니다. 그것은 다중의 창조적인 역량 바깥에 있습니다.

네그리의 생각에 이런 비물질적 노동은 '절대적 민주주의'의 가능성을 열어 놓는다. 그것은 노예화될 수 없는데, 왜냐하면 **그것은 즉각적으로, 즉자적으로, 사회적 자유의 형식(과 실천)이기** 때문이다. 그것은 직접적으로 자유롭고(주체의 생산성의 혁신적이고 창조적인 표현으로, 그것은 반-작용적이지 않고 능동적이다) 사회적이다(항상 공통성에 참여하며,

---

40 Marx, *Grundrisse*, pp.694~712.

바로 그 내용에 있어서 협력적이다). 이것이 자본을 기생적으로 만드는 이유이다. 그것은 직접적으로 사회적이기에 더 이상 그것에 보편성의 형식을 부여할 자본을 필요로 하지 않는다. 오늘날 착취는 본질적으로 지적 노동의 특이성들이 "사회적 과정에서 전개하는 협력적 능력의 자본주의적 착취이다. 노동을 조직화하는 것은 더 이상 자본이 아니라, 자기 안에서 자기 자신을 조직화하는 노동이다".[41] 사회생활의 직접적 생산성이라는 이와 같은 관념은 네그리로 하여금 아감벤과는 전혀 다른 관점에서 '생정치'biopolitics를 주장하도록 이끈다. '생정치'는 인간의 삶 자체가 집합적 노동의 직접적 원칙이자 산물이라는 것을 의미한다. '절대적 민주주의'를 가능하게 하는 것은 생산의 이런 직접적으로 생-정치적인 특성이다. "따라서 생정치적 잠재력potenza은 생체권력biopower에 대립된다."[42]

앞에서 지적했듯이, 네그리의 이런 제스처는 생산의 사회적 관계 그리고/혹은 테크놀로지의 사회적 관계의 운동을 자본이 더 이상 통합시킬 수 없고, 결국은 장기적으로 자본주의의 붕괴를 초래할 운동과 동일화하는 맑스주의적 진화 연쇄의 마지막 지점이 아닌가? 네그리에게 오늘날 탈근대적 자본주의에서 새로운 점은 두 가지 차원(물질적 생산과 그것의 사회적 형태)의 직접적 중첩 자체이다. 달리 말해서, 생산은 점진적으로 '직접적으로', 그 내용에 있어서 사회적인 것이 된다. 이 때문에 그것은 더 이상 그것에 강제된 자본의 사회적 형식을 필요로 하지 않는다. 네그리는 오늘날을 특징짓는 것이 좁은 의미에서 (유전자 변형 농작물에서부터 인

---

41 Negri, *Goodbye Mr. Socialism*, p.215.
42 Ibid., p.178. 여기서 무엇보다 주목해야 하는 것은 '생체권력'(biopower)이란 개념의 진동이다. 이 개념은 푸코가 말한 것처럼 근대성 자체를 특징짓는 보다 일반적인 개념(권력의 목표는 더 이상 금지적인 법적 지배가 아니라 생산적인 삶의 통제로 바뀐다)과 유전공학적 발견에 의해 열린 매우 특수한 장, 즉 (새로운) 생명 형식의 직접적 생산 전망을 가리키는 개념 사이에서 진동한다.

간 게놈까지) 새로운 생물학적 삶의 직접 생산에 대한 새로운 자본주의적 투자를 지칭하는 **생체자본주의**biocapitalism라는 사실을 너무 빨리 지나쳐 버린다.

여기서 맑스주의적 접근의 첫번째 과제는 보다 설득력 있는 방식으로 '지적 노동'의 착취라는 관념을 재정의하는 것이다. 예컨대, 빌 게이츠가 그를 위해 일하는 수천 명의 프로그래머들을 '착취'하는데, 만약 그 착취가 더 이상 '소외된 노동시간의 갈취'가 아니라면, 그것은 어떤 이론적 의미에서 그런 것일까? 그의 역할은 정말 순전히 프로그래머들의 자기-조직화에 기생하는 것인가? 그의 자본은 보다 실질적인 방식으로 그들의 협력을 위한 사회적 공간을 제공하는 것이 아닌가? 만약에 가치의 궁극적인 척도가 시간이 아니라면, 지적 노동이 '가치의 원천'이라는 것은 정확하게 어떤 의미일까? 가치라는 범주는 여전히 적용 가능하기나 한 것일까?

네그리의 이론은 그 핵심에 있어서 사이버-테크놀로지의 발전과 함께 지배적인 이윤 생산 방법은 더 이상 노동력의 착취가 아니라 정보의 '수확'harvesting이라는 것이다. 이런 전환과 함께 자본주의적 생산의 한계 내부로부터의 노동해방이 가능해진다. 왜냐하면 시장에서 '수확된' 정보 교환은 더 이상 노동 착취에, 즉 잉여가치의 전유에 의거한 것이 아니기 때문이다.

오늘날 정치경제학의 문제는 일할 때뿐만 아니라 살아 있을 때의 인간 존재, 언제나 생산자인 인간 존재를 고려하는 것입니다. 언제나, 즉 삶의 매순간. 삶을 착취한다는 생각을 어떻게 할 수 있을까요? 그것은 불가능합니다.

오늘날 전 지구적으로 상호작용하는 미디어와 함께 창조적인 기술 혁신은 더 이상 개별적인 것이 아니다. 그것은 직접적으로 집단화되어 있으며 '공통성'의 일부이다. 그래서 지적재산권을 통해 그것을 사유화하려는 어떤 시도도 문제적인 것 — 문자 그대로 "사유재산은 절도이다" — 이 된다. 그럼 정확히 이런 짓을 하는 — 창조적인 지적 특이성들의 집합적 협력 작용을 조직하고 착취하는 — 마이크로소프트사는 어떻게 되는가? 유일하게 남은 과제는 그래서 지식노동자들이 "지식노동의 산업적 지배력은 이미 고용주를 능가했기 때문에 언제든 고용주를 날려 버릴 수 있다는"[43] 사실을 깨닫게 하는 것이 된다. 새로운 사회운동은 다음과 같은 사실을 드러낸다.

> 임금노동의 시대는 끝났습니다. 투쟁은 임금을 둘러싼 노동과 자본 간의 투쟁으로부터 시민 임금을 둘러싼 다중과 국가 간의 투쟁으로 넘어갔습니다.[44]

거기에 '오늘날의 사회적 혁명 과정'의 특징이 있다. "자본으로 하여금 공공 선을 깨닫게 할 필요가 있습니다. 만약 자본이 그것을 이해하고자 하지 않는다면, 그것을 강제할 필요가 있습니다."[45] (네그리의 공식은 자본을 철폐하는 게 아니라 자본에게 공공 선을 깨닫게 하는 것임에 주목하자. 거기서 우리는 여전히 자본주의 **내부에** 남아 있다.)

이런 짧은 검토 속에서 우리는 맑스와 네그리의 근친성만큼이나 그 둘 사이의 차이를 발견할 수 있다. 맑스의 '일반 지성'을 근거로 한 네그

---

43 Negri, *Goodbye Mr. Socialism*, p.189.
44 Ibid., p.164. 약간 수정된 번역.
45 Ibid., pp.189~190.

리의 기획은 맑스의 것과는 달리 '생정치'를 사회적 장에서 삶의 직접적 생산으로 보는 그 자신의 관점이 투사된 것이다. 네그리가 직접적 **융합**('지식노동'과 함께 생산의 궁극적 대상은 사회적 관계 자체가 되었다)으로 본 곳에서 맑스는 근본적인 **간극**을 도입한다. 생산과정으로부터 노동자의 배제라는 간극 말이다. 맑스는 완벽하게 자동화된 생산과정을 그리는데, 그 안에서 노동자는 그 생산과정 '옆에 서서' '감시자와 규제자'로 기능한다. 이것은 명백히 그 기저 논리가 '이성의 간계'의 논리라는 것을 의미한다. 인간은 직접적으로 생산과정에 참여하는 대신 옆으로 물러서서 자연 스스로 작동하도록 한다. 그것은 노동자가 더 이상 "변형된 자연적 사물을 대상과 자기 자신과의 연결고리로 삽입하지" 않을 때, 즉 인간이 더 이상 자기가 변형시키고자 하는 대상에 대한 작업의 도구들을 사용하지 않을 때, 다시 말해서 그가 "산업적 생산과정으로 변환된 자연적 과정을 자신의 제어하에 놓여 있는 비유기적 자연과 자기 사이의 매개 고리로 삽입하는" 대신에 안전한 거리에서 생산과정을 규제하는 현명한 조작자로 전환될 때 일어난다. 맑스가 의도적으로 단수형('인간', '노동자')을 사용한 것은 '일반 지성'이 상호주관적인 것이 아니라는 것, 그것은 '독백론적'monological이라는 것의 명백한 증거이다. 이것이 이 맑스주의적 전망에서 생산과정의 대상이 엄격히 사회적 관계 자체가 아닌 이유이다. 여기서 '사물의 관리'(자연에 대한 지배와 통제)는 사람들 간의 관계와 분리된다. 그것은 더 이상 사람들에 대한 지배에 의존할 필요가 없는 '사물의 관리' 차원을 형성한다.

'탈근대적인' 관점에서 맑스와 네그리 사이의 이런 불일치에 대해 맑스는 여전히 생산과정을 외부에서 규제하고 통제하는 중심화된 '도구적 이성'이라는 '낡은 패러다임'에 얽매여 있음을 뜻하는 것으로 해석하고픈 유혹을 느낄 것이다. 하지만 맑스의 기술에는 네그리에 의해 은폐된 진리의 계기가 있다. 생산과정에 남아 있는 근본적인 **이중성**duality 말이다.[46] 오늘날 이런 이중성은 맑스에 의해 포착되지 않은 형식을 획득한다. '자유의 왕국' 즉 '지식노동'의 영역과 '필연성의 왕국' 즉 물질적 생산의 영역은 물리적으로 분리되어 있으며, 때로는 국경선에 의해 분리되어 있다. 한편에서는 네그리의 기준을 예시하는 '탈근대적' 기업들이 있다 (직접적으로 생활형식을 생산하는 자유로운 '표현적 다중' 공동체들). 다른 한편에는—문자 그대로 지구 한쪽 편에는—완전 자동화가 실현되기는커녕 엄격히 '포드주의적'으로 노동이 조직된 노동착취 공장이 있다. 거기서는 수천 명의 노동자들이 컴퓨터를 조립하고 바나나 커피 열매를 따고 석탄이나 다이아몬드를 채취한다. 여기에는 어떤 '목적론'도 없다. 노동착취 공장이 점차적으로 '지식노동'의 자유로운 공간으로 통합되리라는 어떤 전망도 없다. 아웃소싱이 예외라기보다 규칙이 되어 가면서 이 두 세계는 심지어 직접적인 관계를 형성하지도 않는다. 두 세계는 정확히 **자본**에 의해 '매개'되고 통합되며, 반대편에 있는 서로에 대해 자본처럼 나타난다. 노동착취 공장의 노동자 무리에게 자본은 '지식노동'을 대신해 그들을 고용하여 그 결과를 물질화하는 권력이며, '지식노동자'에게 자본은 그들을 고용하여 그 결과를 물질적 생산의 청사진으로 사용하는 권력이다. 네그리에게 간과된 이런 이중성 때문에 자본은 순수하게 기생적이지 않고 여전히 생산의 조직화에서 핵심적 역할을 한다. 그것은 두 세계를 통합한다.

---

46 이런 이중성은 '필연의 왕국'과 '자유의 왕국' 간의 영원한 간극이라는 일반적인 형태를 갖는다. 일반 지성의 생산과정을 자유의 직접적 실행으로 인식하는 네그리와 반대로 맑스는 자유와 필연이 분리된 채 남아 있다고 주장했다. 노동은 유희로 전환될 수 없다.

다보스 속의 네그리

네그리가 다보스 포럼에 대해 취하는 태도는 옳다. 그런 포럼은 계몽된 자본주의자들의 '일반 지성'으로, 자신들의 일반 지성을 정식화하여 생태학, 빈곤과 같은 '다른 목소리들에 귀를 기울이고' 환경오염이나 빈곤에 맞선 투쟁을 자본주의와 결합한다는 관점을 공유하는 공간이다. 이것은 실제로 '공산주의적 자본주의'이다. 위험에 빠진 공통성commons이란 공산주의적 주제를 포함하고자 하는 자본주의 말이다. 다보스 포럼의 중요성(그 이전의 선배 격인 삼변회Trilateral Commission ; 미국과 유럽, 일본의 관계 증진을 목적으로 1973년 설립된 사조직보다 훨씬 더 큰 중요성), 그런 포럼들의 **필요성**은 공통성의 위협이라는 자본주의적 위기의 징표이다. 다보스는 제국의 집단적 두뇌, 그것의 '싱크 탱크'이다. 심지어 네그리는 다보스를 미국적 기획에 대항하는 전략적 협약으로까지 평가한다. 장기적인 관점에서 다중과 다보스는 적대적 관계이지만 단기적으로 그들은 지구적 제국에 대한 미국의 쿠데타에 맞선다는 이해관계를 공유한다.[47] 참으로 이상한 논리가 아닌가? 상대편의 내적 모순을 드러내고 이용하는 대신 그들을 도와 가장 효과적인 형식을 수립하겠다니······. 달리 말해, 국민국가 형식을 초월하고 자본주의적 일반 지성이 직접적으로 발현되는 '순수한' 제국이란 이상이 불가능한 추상이라면 어쩌겠는가? 국민국가의 역할이 해소 불가능하고 중요하다면(그 때문에 몇몇 국민국가들은 제국에 대항해 쿠데타를 하려는 유혹을 품는다), 그래서 실제로는 예외(제국 안에서 국민국가의 잉여적 역할)가 규칙이라면?

여기서 네그리는 충분히 레닌주의적이지 않다. 이미 지적한 들뢰즈

---

47 Negri, *Goodbye Mr. Socialism*, pp.216~217.

의 용어로 말하자면, 레닌의 계기는 일종의 '어두운 선구자' 내지 사라지는 매개자로, 가장 발달된 국가들에서 일어날 최초의 '정통' 맑스주의적 혁명 계열과 새로운 '정통' 스탈린주의적 일국 사회주의 계열, 그리고 제3세계 국가들과 새로운 세계 프롤레타리아트 사이의 마오주의적 동일시라는 그 다음 계열 사이에서 자기 자리가 없이 전치된 대상이다. 여기서 레닌으로부터 스탈린주의로의 전환은 너무나 분명하여 규정짓기 쉽다. 레닌은 상황을 절망적이고 예상치 못한 것으로, 하지만 그렇기 때문에 새로운 정치적 선택을 위해 창조적으로 이용되어야 하는 것으로 지각했다. 이에 반해 스탈린은 '일국 사회주의'라는 개념을 통해 상황을 '단계적'으로 발전하는 협소한 경로 속에 재-정상화했다. 다시 말해서, 레닌은 상황이 '변칙적으로'anomaly 발생한다는 것을 온전히 받아들이면서도(일국에서의 혁명은 사회주의 사회의 발전을 위한 전제조건을 갖지 않는다) 혁명은 '미성숙하게' 일어났고 그래서 우리는 근대 민주주의적 자본주의 사회로 발전하는 단계를 다시 밟으며 천천히 사회주의 혁명을 위한 조건들을 창조해야 한다는 속류 진화론적 결론을 거부했다. 그러면서 그는—앞서 언급한 중요한 구절을 다시 끌어들이면—"상황의 완벽한 절망스러움"은 "서구 유럽 국가들과는 전혀 다른 문명을 창조하기 위한 근본 조건을 마련할 기회"[48]를 제공한다고 주장했다. 여기서 레닌이 주장한 것은 실제적으로 '역사 바꾸기' 이론의 함의이다. 미래적 힘의 '미성숙한' 지배 속에서 (현대 문명을 향한) 똑같이 '필연적인' 역사적 과정이 전혀 다른 방식으로 (재)전개될 수 있다.

아마 이런 태도는 과거 어느 때보다 오늘날에 더 절실하다. 혁명에

---

48 V. I. Lenin, "Our Revolution", in *Collected Works,* Moscow: Progress Publishers, 1965, vol.33, p.479.

대한 어떤 분명한 '현실적' 관점도 없이 상황은 '완전히 절망적'이다. 하지만 이것은 일종의 기이한 자유, **체험의 자유**가 아닌가? 우리는 '객관적 필연성'이나 규범적인 발단 '단계'에 대한 결정론적 모델을 폐기해야 하는 게 아닌가? 그래서 우리는 최소한의 반-결정론을 견지해야 한다. 우리의 삶을 생-정치적으로 식물화하면서 어떤 행위든 미리 배제하는 어떤 '객관적 상황' 속에서 **미리** 탕감된 것은 아무것도 없다. 행위를 위한 창조의 공간은 **항상** 존재한다. 로자 룩셈부르크의 수정주의 비판을 차용하면, 혁명의 '정확한 순간'을 끈질기게 기다리는 것으로는 충분하지 않기 때문이다. 만약 누군가 혁명을 기다리기만 한다면 혁명은 결코 오지 않을 것이다. 우리는 언제나 '미성숙한' 시도에서 시작하여 겨냥한 목적 달성의 실패 바로 그 안에서—거기에 '혁명의 교육학'이 있다—'정확한' 순간을 위한 (주체적) 조건들을 창조해야 하기 때문이다. 마오의 슬로건 "패배에서 패배로, 그리고 마지막 승리로"에서는 앞서 언급한 베케트의 슬로건 "다시 시작하라. 다시 실패하라. 더 잘 실패하라"의 메아리가 들린다.

정확히 이런 의미에서 레닌은 문자 이전의 avant la lettre 베케트주의자이다. 그가 제시한 것은 기본적으로 볼셰비키는 내전으로 인한 절망적 상황에서 직접 '사회주의를 건설하는' 것이 아니라 '정상적인' 부르주아 국가보다 **더 잘 실패하기** 위해 일해야 한다. 데리다의 유명한 명제, 불가능성의 조건이 가능성의 조건이라는 것은 혁명 과정에도 적용된다. 불가능성의 조건—사회주의를 불가능하게 만든 러시아의 후진성과 고립된 상황—은 최초의 사회주의적 혁명을 가능하게 만든 바로 그 예외적 상황의 일부분이다. 달리 말해 (혁명은 가장 발달된 자본주의 국가에서 시작될 것이라는 생각 속에서) 예외적이고 '미성숙한' 상황을 혁명의 역사적 변종이라고 한탄하는 대신 혁명은 사회의 객관적 진보가 혁명을 위한 '성숙한' 조건을 낳는 바로 그 '제 시간에'는 결코 도래하지 않는다는 것을 명심해야 한다. 레닌의 유명한 '연쇄 속의 약한 고리' 개념의 요점은 다시, '변종성'anomaly을 적대를 가속화하는 지렛대로 사용해서 혁명적 폭발을 가능하게 만들어야 한다는 것이다.[49]

네그리가 오늘날 새로운 세계질서 속에서 전통적인 의미의 전쟁이 일어날 가능성은 점점 적어지고 있다고 지적한 것은 옳다. 우리가 '전쟁'이라는 단어로 지칭하는 것은 '지구적' 국가가 세계질서에 대한 위협으로 경험하는 지역에 경찰력으로 개입하는 것이다. 전쟁과 정치는 군사적 '경찰', 즉 무질서한 지역에 질서를 강제하는 행위 안에서 결합된다. 전통적인 의미의 전쟁, 즉 제국을 종속시키기 위해서 국민국가가 제국에 대항하여 쿠데타를 시도하려고 하는 것은 역설적으로 부시의 정치이다. 제국의 관점에서 '바나나 공화국'*은 바로 미국이다. 하지만 여기서 네그리의 입장은 모호하다. 한편으로 그는 자본주의적 일반 지성이 장기적으로 적이라는 것을 명확히 한다. 다른 한편으로 그는 룰라에 관해 미국의 헤게모니를 깨고 다-중심적인(미국, 유럽, 그리고 아마 러시아, 중국, 극동, 라틴아메리카 등) 세계 자본주의 건설을 겨냥하는 정치라며 지지한다.

그릇된 외관과 대조적으로 '미국의 세기'는 끝났으며, 우리는 이미 다양한 중심의 자본주의 구성체로 진입하고 있다. 2006년 4월에 중국 총리가 미국을 방문했을 때, 그가 처음으로 만난 사람이 빌 게이츠였다는 사실이 이 새로운 시대를 암시하지 않는가? 그래서 이 새로운 시대에는

---

49 동일한 논리가 오늘날 베네수엘라의 차베스에게도 적용된다. 물론, 베네수엘라는 비정상적인 경우라고, 차베스는 제국으로부터 수십억 달러를(석유를 대가로) 얻어 올 수 있기 때문에 제국에 반대할 여유가 있다고 주장할 수 있다. 하지만 이런 변종성을 통해 베네수엘라는 그럼에도 자기 자신의 국경 안에서 사회운동을 조직할 수 있을 뿐 아니라 덜 '변종적인' 라틴아메리카의 다른 나라들에 새로운 해방적 동력을 불어넣을 수 있다.

* 바나나 공화국(banana republic)은 한정된 1차 상품 수출에 절대적으로 의지해 미국 등 외국 자본의 제어를 받고, 부패한 독재자와 그의 추종자들이 정권을 장악한 국가를 낮추어 이르는 말이다.

각각의 새로운 중심들이 저마다 변형된 자본주의를 대변할 것이라고 짐작할 수 있다. 미국은 신자유주의 자본주의를, 유럽은(그리고 아마도 러시아는) 복지국가에 남아 있는 쪽을, 중국은 '동양적 가치'와 권위주의적인 자본주의를, 라틴아메리카는 포퓰리즘적 자본주의를 대변한다. 단독적인 초권력(세계 경찰)을 구성하려는 미국의 시도가 실패한 후, 이들 국지적 중심들의 이해 다툼을 조정할 규칙을 수립할 필요성이 새롭게 제기되고 있다.[50]

오늘날 세계질서에 대한 에마뉘엘 토트의 전망은 명백히 한쪽으로 치우친 감이 있지만[51] 그 안에 담긴 진실의 계기를 부정하기는 어렵다. 그에 따르면 미국은 쇠퇴하는 제국이다. 증가하는 무역 불균형은 미국이 비생산적인 약탈자임을 증명한다. 자국의 소비를 충당하기 위해 외국으로부터 하루에 1조 달러를 빨아들여야 하는 미국은 세계경제를 유지하기 위한 케인스식 소비자의 세계적 확대라고 할 수 있다. (오늘날 지배적 이데올로기로 보이는 반-케인스주의 경제학에는 유감이지만) 마치 고대 로마에 바치는 십일조와 비슷하게 이런 금융 유입은 복잡한 경제 메커니즘에 의존한다. 즉, 미국은 안전하고 안정적인 중심이라는 '신용' 속에서 오일 생산국인 아랍 국가들부터 서유럽, 일본, 그리고 심지어 중국까지 다른 모든 나라들은 자신의 초과 이윤을 미국에 투자하고 있다. 이런 '신용'은 경제적인 것이 아니라 주로 이데올로기적이고 군사적 신용이기 때문에, 미국의 문제는 어떻게 하면 자신의 제국적 역할을 정당화할 수 있을까 하

---

50 최근의 세계 영화판도 역시 이와 같은 점진적인 다중심화의 경향을 보이지 않는가? 서유럽 영화와 라틴아메리카 영화, 그리고 중국 영화의 세계적인 성공과 함께 할리우드의 헤게모니가 점차 약해지고 있다. 특히 중국의 경우, 「영웅」은 역사적 스펙터클과 특수효과 전쟁 장면의 본토라고 할 미국에서 할리우드 영화를 능가했다.
51 Emmanuel Todd, *After the Empire*, London: Constable, 2004.

는 것이다. 그래서 끊임없는 전쟁 상태가 필요한 미국은 자기 스스로 '테러와의 전쟁'을 발명하여 다른 모든 '정상'('악당'이 아닌) 국가들에 대한 일반적 약탈자로서의 자기 정체성을 지켜 내고 있다.

그래서 오늘날 세계는 세 개의 계급으로 이뤄진 지구적 스파르타로 기능하는 경향이 있다. ①첫번째 계급은 군사-정치-이데올로기적 권력으로서의 미국. ②두번째 계급은 제조업 중심의 산업 지역으로서의 유럽, 아시아 일부, 라틴아메리카(이 계급의 주요 국가는 세계의 선도적 전문가인 독일과 일본이고 여기에 새롭게 부상하는 중국이 포함된다). ③세번째 계급은 나머지 후진국으로 현대의 노예이다. 달리 말해서, 전 지구적 자본주의는 '문화의 다양성'으로 포장된 과두정으로의 일반적 경향을 형성하고 있다. 현실 정치 원리로서의 평등과 보편주의는 급속히 소멸하고 있다. 하지만 이런 신-스파르타 세계체제는 그것이 완전히 수립되기 이전부터 이미 붕괴되고 있다. 1945년과 대조적으로 세계는 미국을 필요로 하지 않는다. 세계를 필요로 하는 것은 미국이다. 왜냐하면 오늘날 세계는 통제될 수 없는 너무 많은 국지적 중심들로 이뤄져 있기 때문이다. 자기 자신을 세계적 군사권력으로 주장하기 위해 미국이 할 수 있는 것은 진정한 대안적 중심 권력(중국, 러시아)과 맞서는 게 아니라 약한 적들(이라크, 쿠바, 북한, 이란……)과의 연극적 전쟁과 '위기'를 상연하는 것뿐이다. 그래서 최근 부시 행정부의 폭력 분출은 권력의 실행이 아니라 겁먹고 비이성적인 **행위로의 이행**passages á lacte이다.[52]

이와 같은 미국의 반 제국적 쿠데타에 대한 주목은 차베스를 낮추고 룰라를 높이는 네그리의 입장을 설명해 준다.

---

52 미국의 대(對)중동 정책의 실제적인 결과는(미국의 이라크 점령의 궁극적 결과는 이란을 지지하는 정치 세력의 이라크 지배이다) 부시가 '객관적으로' 이란 대리인이라는 생각을 뒷받침하지 않는가?

라틴아메리카에는 룰라와 브라질 노동자당(PT)의 정치 기획과는 다른 대안이 존재하지 않습니다. 특히 최근에 차베스의 볼리비아식 베네수엘라가 룰라의 기획에 대한 또 다른 대안처럼 제시되었지요. 그러나 이런 대안은 순전히 이데올로기적이고 매우 추상적입니다. (……) 특히 베네수엘라에서 정치권력과 경제적-생산적 대안들의 발전역량은 여전히 상호 불일치하는 관계에 있습니다.[53]

그럼 룰라의 성과는 어떤 것인가? 네그리는 두 가지만 언급한다. 룰라 정부는 운동세력과 직접 대화하면서 (국제)자본으로부터 독립하기 위한 새로운 방법들(IMF의 빚을 갚는 것)을 실천하고 있다. 네그리는 새로운 국제적 균형을 수립하는 목표가 사회적 불평등에 맞선 투쟁보다 선차적이라는 주장을 수긍한다.[54]

---

53 Negri, Goodbye Mr. Socialism, p.154.
54 Ibid. 참조. 네그리의 부적절한 독해의 또 다른 사례는 후-유고 전쟁에 대한 그의 지적에 잘 나타난다. 그는 유고슬라비아의 붕괴를 독일과 호주, 그리고 바티칸 등 금융적으로나 이데올로기적으로 흉악한 민족주의를 지원한 세력에 의한 비열한 음모 탓으로 돌리는 데 전적으로 찬성한다. 게다가 그는 죄의 동등한 배분을 주장한다. "밀로셰비치는 투즈만보다 결코 덜 나쁜 놈이 아니며, 코소보인들이 세르비아인들보다 더 착하다고 할 수도 없다……. 사태는 당파들 간의 이전투구로 치달았다." 이런 독해의 부적절함은 그것의 세르비아 지지 성향 때문만이 아니더라도 놀랄 만하다. 만약 유고슬라비아의 해체 책임이 크로아티아와 슬로베니아 분리주의자들에게 있다면, 세르비아인들의 죄는 그에 비해서는 덜한 편이다……. 게다가 이런 관점에서라면 코소보 문제와 밀로셰비치 권력의 발흥이라는 기원적인 붕괴 계기에 대한 책임 소재 역시 불명확해진다. 이런 맥락에서 나까지도 잠시 언급할 만하다. "위대한 감독이자 제 오랜 친구인 쿠스트리차가 생각납니다. 우리는 유고슬라비아의 역사에 관한 토론을 조직했었죠. 그 모임에는 크로아티아 우파 정부와 깊이 연관된 그르멕 교수도 참석했었어요. 쿠스트리차와 그르멕은 일전을 벌였습니다. 그리고 거기에 슬로베니아인 지젝도 있었죠. 그는 지금은 어느 정도 트로츠키주의자가 되었는데, 무슨 이야기를 할지 모르는 사람이었어요. 쿠스트리차는 밀로셰비치 찬미자로 비난받았지만, 화려한 명성을 얻기 시작한 이래 줄곧 그는 자유주의자였죠."(pp.50~51)
이 구절이 나를 얼마 동안 어리둥절하게 만들었음을 시인해야겠다. 나에 대해 "어느 정도 트로츠키주의자"라고 지칭한 이유를 이해할 수 없다. 나는 그 회합을 뚜렷이 기억한다. 자그마한 모임이 개인 아파트에서 열렸다. 쿠스트리차가 도착하여(그는 스타답게 정말 늦게 왔다) 오랜 시간 아파트 현관 입구에서 기다린 것 때문에 화가 났고, 토론을 조직한 사람(네그리나 쿠스트리차가 아니라 보이보디나 출신의 세르비아인이었다)이 그를 진정시키려 애썼고 간신히 물리적 충돌을 막았다(쿠스트리차는 우리 중 몇 사람의 코에 주먹을 날릴 것처럼 대들었다). 쿠스트리차가 간신히 테이블에 앉아서 길고도 히스테릭하고 시적인 얘기를 그럼 미국의 쿠데타가 패배하고 일반 지성이 제국을 지배하게 되면 어떤 일이 일어나는가? 이 지점에서 네그리의 예상치 못했던 유럽 중심주의적 특성이 드러난다.

> 앞으로 전 지구적 다원주의가 안정되고 귀족적인 전 지구적 대표들이 대륙적 기반 위에서 결정될 때 유럽은 이러한 새로운 지구적 헌법 내에서 유일한 민주주의적 중재자가 될 것입니다. 이 때문에 우리는 유럽이 필요한 것입니다. 왜냐하면 이 (……) 유럽은 다원주의적이고 민주주의적인 전진과 전 지구적 차원의 역동적 변혁을 위한 유일한 동력이기 때문입니다.[55]

여기서 문제는 유럽 중심주의 자체가 아니라, 개념적 타당성의 결핍이다. 정확히, 왜 오직 유럽만이 "다원주의적이고 민주주의적인 전진과 전 지구적 차원의 역동적 변혁"을 촉발할 수 있다는 말인가?

네그리 없는 들뢰즈

네그리의 유럽 중심주의는 이미 그의 사유의 근간이 되는 표현과 재현 사

두서 없이 지껄이는 동안 우리들 대부분은 정말이지 "무슨 말을 할지 몰랐다". 왜냐하면 그의 이야기에는 뚜렷한 논지가 없었기 때문이다. 쿠스트리차와 밀로셰비치에 대해서라면, 전쟁 기간 내내 쿠스트리차는 외교관 여권으로 세르비아-유고슬라브를 여행하고 있었으며, 그의 영화 「언더그라운드」는 세르비아에서 자금 지원을 받았다. 에미르 쿠스트리차라 불리는 인물은 더 이상 문자 그대로 존재하지 않는다는 사실은 논외로 치자. 최근 그는 동방 정교에 푹 빠져서 무슬림식 이름인 '에미르'를 버리고 세르비아식의 '네마냐'(Nemanja)로 바꿨다(세르비아의 몇몇 고대 성인들과 왕의 이름 중 하나이다). 우연찮게 몇년 전, 한 몬테네그로인 감독이 쿠스트리차의 친-밀로셰비치적이고 세르비아 민족주의적 성향(무수한 소름 끼치는 운동들에 대한 지지와 함께)을 증명하는 비디오 클립들을 모아 다큐멘터리를 제작했을 때 그 영화감독은 그를 법정에 고발했고, 모든 구-유고슬라비아 전역에서 그를 옹호하는 서명운동이 전개되었다.

55 Ibid., p.245.

이의 대립 안에서 식별할 수 있다. 정치적 재현의 논리(인민의 대리자로서 국가, 혹은 정당들) 대 표현의 논리(자유로운 다중의 창조성을 표현하는 사회운동)의 대립 말이다. 재현은 가상적 공간 안에서 '재현된' 개인들, 즉 경험적 특수성과 선험적이거나 법적인 보편성 사이의 간극을 내포한 개인들을 다룬다. 이에 반해 특이성singularities은 자신의 창조적 능력을 표현하면서 직접적으로 상호작용하는 생산적 원자들이다. 철학적으로 이것은 데카르트/칸트와 스피노자의 대립을 함축한다. (여기서 우린 사르트르가 그의 책 『변증법적 이성 비판』Critique de la raison dialectique에서 발전시킨 '실천적-비활성'이라는 개념이 반향되고 있는 것을 식별할 수 있다.) 이것의 이론적 문제는 이렇다. 우리는 완전히 다중의 표현으로만 조직된 사회, '절대적 민주주의' 사회, 대표자 없는 사회를 상상할 수 있는가? 항구적으로 운동 중인 사회, 모든 객관적 구조가 주체적 생산성의 직접적 표현인 사회 말이다. 여기서 우리가 발견하는 것은 생성 대 존재(생동적인 생산성 대 비활력적인 재-현의 불모성)의 대립이라는 오래된 철학적 논리다.

우리는 여기서 강조점을 옮겨야 할 것이다. "표현적 생산성 없는 재현은 안 돼!"에서 "재현 없는 표현적 생산성은 안 돼!"로. 운동의 다양체를 '총체화'하는 것은 구조적으로 불가능하다. '절대적 민주주의', 다중의 완전하고도 직접적인 지배는 투시적 환영으로, 두 개의 이질적 차원의 왜곡된 중첩에서 구성된 이미지이다. 타르코프스키의 「솔라리스」는 주인공이 던져진 다른 세계Otherness(솔라리스의 카오스적 표면)와 그의 과거에 대한 향수, 즉 간절히 돌아가고 싶은 시골 오두막을 동일한 숏 안에 결합한 물컹하고 끈적끈적한 솔라리스의 표면으로 둘러싸인 고향집에 대한 감독의 원형적인 환상으로 끝난다. 근본적인 타자성 속에서 가장 그리운 상실한 대상을 발견하는 것이다. 이와 같은 환상적 장면이 타르코프스키의 「노스탤지아」 결말부분에도 나온다. 파괴된 교회 파편들로 둘러싸인 이탈리아 시골 마을 한가운데, 즉 주인공이 자신의 뿌리를 잃고 떠돌아다니고 있는 그 장소 한가운데에 전혀 엉뚱한 요소, 즉 주인공의 꿈 재료인 러시아 오두막이 서 있다. 이 장면도 자신의 오두막 앞에서 머뭇거리고만 있는 주인공을 클로즈업하면서 시작된다. 잠깐 동안 주인공이 고향에 돌아온 건가 하는 생각을 갖게 하다가 이어 카메라는 천천히 뒤로 물러나 이탈리아의 시골풍경을 보여 줌으로써 러시아 오두막의 환상성을 폭로한다. 이 결말부의 환상은 서로 공존할 수 없는 대립적 관점들을 인위적으로 응축시킨 것으로, 마치 통상적인 시력 검사 장치에서 한쪽 눈에는 새장이, 다른 쪽 눈에는 앵무새만 보이다가 두 눈을 뜨고 초점을 맞추면 새장 안의 앵무새가 보이는 것과 흡사하다. 네그리의 '절대적 민주주의', 즉 다중의 직접적 자기 지배도 마찬가지라면? 다중과 권력 사이의 간극이 전제조건이라면 어쩌겠는가?

이것은 우리가 들뢰즈를 버려야 한다는 것을 뜻하지 않는다. 우리가 버려야 할 것은 단지 네그리의 편중된 들뢰즈 전유, 들뢰즈의 사유가 지닌 근본적 이중성을 외면한 전유이다.[56] 들뢰즈에게는 양립 불가능한 두 가지 존재론이 작동하고 있다. 잠재적 흐름의 생산능력을 찬미하는 들뢰즈에게는 언제나 의미의 잠재적 흐름을 메마른 비물질적 효과로 인식하면서 물질적 생산과 잠재적 의미 흐름 사이에 해소 불가능한 간극을 도입하는 들뢰즈가 따라붙는다.

들뢰즈 존재론의 기본 좌표는 잠재적인 것과 현실적인 것 간의 대립으로 구성된다. 현실적인 것의 공간(현재의 실재적 행위, 경험된 현실, 인격으로 구성된 개인으로서의 주체들)은 잠재적 그림자를 수반한다. (원-현

---

56 Slavoj Žižek, *Organs Without Bodies,* New York: Routledge, 2003. [『신체 없는 기관: 들뢰즈와 결과들』, 김지훈·박제철·이성민 옮김, 도서출판b, 2006.]

실, 다양한 특이성들, 나중에 우리의 현실 경험으로 종합되는 비인격적 요소들의 영역) 이것이 칸트 철학에 자기만의 변형을 가한 들뢰즈의 '초월론적 경험주의'다. 초월론적 공간이란 다양한 특이적 잠재성들의 가상적 공간, 선재하고 안정되고 자기-동일적인 주체의 제스처-정서-지각이 아닌, '순수하게' 비인격적인 특이적 제스처들, 정서들, 지각들의 잠재적 공간이다. 이것이 가령 들뢰즈가 영화 예술을 찬미하는 이유이다. 영화는 응시·이미지·움직임, 그리고 궁극적으로 시간 자체를 특정한 주체에게 귀속된 그것들의 속성으로부터 '해방시킨다'. 어떤 영화를 볼 때 우리는 특정한 주체에게 속해 있지 않은 '기계적인' 카메라의 관점으로부터 생성된 이미지의 흐름을 본다. 몽타주 예술을 통해 움직임은 또한 특정한 주체나 대상에게 귀속된 속성으로부터 추상된다/해방된다. 비인격적 운동은 오직 이차적으로만, 사후적으로만 어떤 실정적 존재에 귀속된다.

이 지점에서 이 체제의 첫번째 균열이 나타난다. 겉으로 드러나지 않게 들뢰즈는 이 개념적 공간을 생산과 재현이라는 전통적 대립과 연결한다. 잠재적 장은 재현의 공간과 대립된 생성적이고 생산적인 힘의 영역으로 (재)해석된다. 여기서 우리는 몰$_{mole}$적인 총제적 조직화에 의해 구속받는 분자적인 생산성의 복수적 자리들에 관한 표준적인 주제들을 만나게 된다. 생성과 존재의 대립이라는 표제하에 들뢰즈는 근본적으로 양립 불가능한 이 두 논리를 동일시하는 것 같다. (여기서 들뢰즈를 두번째 논리로 몰고 간 '나쁜' 영향이 펠릭스 가타리에게서 온 것이라고 말하고픈 유혹을 느낀다.[57]) 생산의 고유한 자리는 잠재적 공간 자체가 **아니라**, 오히려 그로부터 구성된 현실로의 **이행**, 복수성의 붕괴와 하나의 현실 속으로의 그

---

57 나는 이 점에서 나의 들뢰즈 독해와 대체로 일치하는 알랭 바디우의 의견을 따른다. 다음 책을 참조하라. Alain Badiou, *Deleuze:The Clamour of Being,* Minneapolis, MN: University of Minnesota Press, 2000. [『들뢰즈: 존재의 함성』, 박정태 옮김, 이학사, 2001.]

진동의 전파이다. 생산은 근본적으로 잠재성들의 열린 공간의 한계, 잠재적 복수성의 규정/부정이다(이것이 들뢰즈가 **스피노자의 전능한 규정을 헤겔에 대한 부정으로** 읽는 방식이다).

들뢰즈 본연의 계보는 초기의 위대한 저작들(『차이와 반복』, 『의미의 논리』)과 몇몇 짧은 시론적 성격의 글(『프루스트와 기호들』, 『사도-마조흐 입문』Présentation de Sacher-Masoch)이다. 후기 저서 중에는 두 권의 영화에 대한 책이 『의미의 논리』 주제로의 회귀를 보여 준다. 이 계열은 들뢰즈와 가타리의 공저들과는 구별되어야 한다. 그래서 들뢰즈의 영미 쪽 환영(그리고 또한 들뢰즈의 정치적 충격도)이 주로 '가타리화된' 들뢰즈라는 점이 유감스러울 따름이다. 어떤 의미에서 들뢰즈 자신의 텍스트 중 직접적으로 정치적인 것은 단 한 권도 없다. 들뢰즈는 '본래' 고도로 엘리트주의적인 작가로 정치에는 관심이 없었다. 그래서 유일하게 진지한 철학적 의문은 어떤 고유한 곤경이 들뢰즈로 하여금 가타리로 전향하게 했을까? 하는 것이다. 들뢰즈의 저서 중 최악이라 할 『안티-오이디푸스』는 이론적 교착상태와의 대면으로부터 도피하기 위해 단순하고 '밋밋한' 해법 쪽으로 향한 결과가 아닌가? 셸링이 자신의 『세계의 연대』Weltalter 기획의 곤경을 회피하기 위해 '실정적'positive 철학과 '부정적' 철학이라는 이중성으로 전환하거나 하버마스가 『계몽의 변증법』의 곤경을 회피하기 위해 도구적 이성과 의사소통적 이성이라는 이중성으로 전환한 것과 유사하게. 따라서 들뢰즈가 가타리로 향해 나아간 것은 가타리가 들뢰즈의 이전 입장의 곤경으로부터 빠져나갈 수 있는 손쉬운 알리바이를 제시했기 때문이다. 들뢰즈의 개념적 체계는 그의 작업에 공존하는 **두 가지** 논리, **두 가지** 개념 대립에 의존하지 않는가? 이런 통찰은 프랑스인들이 lapalissade (명약관화)라고 부르는 것만큼 자명해 보여서 아직까지 일반적으로 알려지지 않은 게 놀랄 정도이다.

첫번째, 한편으로 의미의 논리, 의미-사건 내지 신체적-물질적 과정-원인들의 효과인 비물질적 생성의 논리, 즉 생성과정과 그것의 비물질적 의미-사건 사이의 근본적 간극에 관한 논리가 있다.

물질적 원인들의 비물질적 효과들인 다양체들은 무감각하거나 인과적으로 불모의 존재들이다. 순수생성의 시간은 언제나 이미 지나갔거나 영원히 아직 오지 않은 시간으로, 이런 다양체들의 무감각성이나 불모성의 시간적 차원을 형성한다.[58]

그리고 영화는 표면 생성의 메마른 흐름의 궁극적 사례가 아닌가? 영화적 이미지는 비록 자신의 유사-독립성을 획득함에도 본래 신체적 원인들의 황량하고 무감각한 순수효과이다.
두번째, 다른 한편으로 존재들의 **생산**인 생성의 논리가 있다.

계량적이고 외연적인 속성들의 출현은 연속적인 **잠재적 시공**virtual spacetime이 점차 현실적인 시공간적spatio-temporal 구조들로 미분되어 가는 특이한 과정으로 다뤄져야 한다.[59]

가령 영화와 문학작품에 대한 분석 속에서 들뢰즈는 정서들의 탈실체화를 강조한다. 예술작품에서 정서(예컨대 권태로움)는 더 이상 현실 속의 인물에 귀속되지 않고 자유롭게 부유하는 사건이 된다. 그럼 이런 비인격적 정서-사건의 강도는 어떻게 신체나 인격체에 결부되는가? 여

---

58 Manuel DeLanda, *Intensive Science and Virtual Philosophy*, New York: Continuum, 2002, pp.107~108. [『강도의 과학과 잠재성의 철학』, 이정우·김영범 옮김, 그린비, 2009.]
59 DeLanda, *Intensive Science and Virtual Philosophy*, p.102.

기서 우리는 동일한 모호함에 직면한다. 이 비물질적 정서는 상호작용하는 신체들에 의해 순수생성의 메마른 표면으로 발생하거나, 아니면 그것의 현실화(생성으로부터 존재로의 이행)에 의해 신체들이 출현하게 되는 잠재적 강도들의 일부이거나 둘 중 하나이다.

그럼, 이러한 대립은 또다시 유물론 대 관념론의 대립이 아닌가? 들뢰즈에게 이런 대립은 『의미의 논리』 대 『안티-오이디푸스』의 대립이다. 의미-사건, 즉 순수생성의 흐름이 신체-물질적 원인들의 혼합에 의한 비물질적 효과(능동적이지도 않고 수동적이지도 않은, 중립적인)이거나, 아니면 신체적 존재들 자체가 순수한 생성 효과의 산물이거나 둘 중 하나이다. 다시 말해서 잠재성의 무한한 장이 신체 혼합의 비물질적 효과이거나, 아니면 이런 잠재성의 장으로부터 신체들 자체가 출현 내지 현실화되거나. 『의미의 논리』에서 들뢰즈는 이 대립을 현실 생성의 가능한 두 가지 양태의 모습으로 개진한다. 형식적 발생(비개인적 의식 내부로부터 순수한 생성의 흐름인 현실의 출현)은 실재적 발생에 의해 보충된다. 후자는 신체적 혼합으로부터 비물질적 사건-표면 자체가 출현한다는 것을 설명해 준다.

생산적 생성의 자리로서의 잠재성과 메마른 의미-사건의 자리로서의 잠재성 간의 이런 대립은 '기관들 없는 신체'와 '신체 없는 기관들' 간의 대립이기도 하다. 한 측면에서, 순수생성의 생산적 흐름은 기관들 없는 신체, 즉 아직 기능적 기관들로 구조화되거나 결정되지 않은 신체가 아닌가? 그리고 다른 한편으로, 신체 없는 기관들은 순수효과가 그것의 물질적 구현체로부터 추출된 잠재성, 가령 『이상한 나라의 앨리스』에서 체셔 고양이의 신체가 더 이상 존재하지 않는데도 홀로 지속되는 고양이의 미소와 같은 게 아닌가?

"좋아!" 고양이가 말했다. 그리고 이번에는 그것이 아주 천천히 사라졌는데, 꼬랑지 끄트머리부터 나머지 모든 게 사라지고 나서도 미소는 얼마간 남아 있었다. 앨리스는 생각했다. "저런, 나는 미소 없는 고양이를 본 적은 자주 있어. 하지만 고양이 없는 미소라니! 이건 지금까지 본 것 중 가장 흥미로운데!"

이 추출된 신체 없는 기관들은 『시네마 2: 시간-이미지』에서 더 이상 신체에 부착되지 않는 자율적 기관 같은 것으로서의 **응시**로 나타난다. 이 두 가지 논리(현실을 생산하는 힘으로서의 사건 대 신체적 혼합의 메마르고 순수한 효과로서의 사건)는 또한 두 가지 특권적인 심리학적 입장을 함축한다. 생성의 발생적 효과는 '분열증'의 생산적 힘, 즉 나중에 오이디푸스적 틀로 제약될 욕망하는 강도들의 비인격적 다양체 속에서 발생하는 통합된 주체의 폭발에 의존한다. 이에 반해 메마른 비물질적 효과로서의 사건은 마조히스트적 인물 형상에 의존하는데, 그는 지루하고 반복적인 제의적 게임을 통해 성적 **행위로의 이행**을 항구적으로 지연시킨다. 아무런 유보 없이 자신을 다양한 정념의 흐름 속으로 내던지는 분열증자의 이미지와 세심하게 짜여진 메마른 제스처를 수없이 반복하는 그림자 연극에 집착하는 마조히스트의 이미지보다 더 강력한 대조를 이루는 것을 상상할 수 있을까?

그렇다면 우리는 물질적 신체 혼합과 비물질적 의미 효과 사이의 들뢰즈적 대립을 맑스의 토대와 상부구조의 대립 속에서 인식할 수 있는 게 아닐까? 생성의 흐름은 탁월한 상부구조가 아닌가?—황폐한 그림자 극장은 존재론적으로 물질적 생산의 자리로부터 떨어져 나온, 그 자체로 유일한 사건의 공간이 아닌가? 들뢰즈의 두 가지 존재론 사이의 긴장은 정확히 두 가지 서로 다른 정치 논리와 실천으로 나타난다. 생산적 생성의 존재론은 분명히 몰적이고 전체주의적인 권력 시스템에 저항하고 그 토대를 무너뜨리는 다양한 분자적 집단들의 자기 조직화라는 좌파 정치의 원리로 귀결된다. 자연발생적이고 비-위계적이고 생동적인 다양체와 억압적이고 물화된 시스템 사이의 대립이라는 오래된 관념은 관념론적 주관주의 철학과 결합된 급진 좌파로 구체화된다. 문제는 이것이 들뢰즈의 사유에서 얻을 수 있는 유일한 정치적 모델이 아니라는 사실이다. 다른 존재론, 즉 의미-사건의 불모성은 얼핏 보면 '비정치적'으로 보인다. 하지만 이 또 다른 존재론은 들뢰즈 본인도 알지 못하는 어떤 정치적 논리와 독자적인 실천을 함축하고 있는 게 아닐까? 우리는 1915년 레닌이 혁명적 실천을 새롭게 정초하기 위해 헤겔로—직접적으로 정치적인 글이 아니라, 보다 근본적인 자신의 **논리학**으로—되돌아간 것처럼 바로 여기서 들뢰즈의 또 다른 정치학을 발견해야 하는 게 아닐까? 이와 같은 회귀의 최초 단서는 앞에서 언급한 **신체적 원인들/비물질적 생성의 흐름**이라는 개념 쌍과 맑스의 **토대/상부구조**라는 개념 쌍 사이의 유비에서 도출될 것이다. 그와 같은 정치학은 현실 속에서 발생하는 '객관적인' 물질적 과정과 사회-경제적 과정의 해소 불가능한 이중성뿐만 아니라 정치적 논리에 고유한 혁명적 사건의 폭발도 설명해 줄 것이다. 정치의 영역은 본질적으로 유사-원인의 '메마른' 차원, 그럼에도 현실 변혁에 있어서 중요한 그림자 연극의 차원에 있지 않은가?

이것이 뜻하는 것은 황폐한 잠재적 운동들과 권력의 현실성 사이의 간극을 받아들여야 한다는 것이다. 이런 해결 방법은 겉으로 보기보다 훨씬 더 역설적이다. 우리는 현실적인 국가권력이 재현의 차원에서 작동하는 데 반해 잠재성은 표현적 생산성을 표상한다는 것을 명심해야 한다. 생산성은 '실재적'이며, 국가는 재현이다. 이것은 생산성 대 존재의 실정적 질서라는 철학적 패러다임을 돌파하는 방법이다. 진정한 간극은 현실과 그것의 재현 사이에 있지 않다. 현실과 재현은 대립적인 것이 아니라 동일한 측면에 속하며, 동일한 실정적 존재 질서를 구성한다. 그래서 생산성은 현실의 원천이나 형이상학적 원리가 아니라 실체적 존재의 단순한 외관에 대립된다. 생산의 인과율이 유사-인과율인 데 반해, 실체적 존재는 "완전히 현실적으로 존재한다". 생산은 '메마른' 가상적 그림자의 차원에서 작동하기 때문이다.

이런 이중성은 오늘날 우리의 경험을 제약하는 이율배반 속에서 만나게 되는 헤겔의 세계World와 지상Earth 사이의 투쟁에서 이미 그려진 것이 아닌가? 한편으로는 현실적 체험의 유체화(휘발화)와 탈실체화가 있다. 이 폭발하는 '존재의 가벼움'은 정체성 자체가 하드웨어에서 소프트웨어로, 그것도 하나의 하드웨어에서 다른 하드웨어로 옮겨 다닐 수 있는 프로그램으로 변형되는 사이버-꿈에서 절정에 달한다. 이곳에서의 현실은 가상화되어 어떤 실패든지 다시 시작하여 복구될 수 있다. 하지만 우리가 살고 있는 이 가상화된 세계는 흔히 생태적 재앙의 전망으로 지칭하는 어두운 그림자에 의해 위협받는다. 우리 지상적 존재의 생존 조건을 형성하는 비가시적인 배경이지만 우리가 파괴할 수도 있는(그래서 우리 자신을 파괴하게 되는)―지구 온난화, 신종 바이러스, 거대한 소행성의 충돌 등을 통해―깨지기 쉬운 균형을 환기시키는 가늠하기 어려운 무게와 복잡성을 지닌 지구의 견고한 관성inertia 말이다. 인류 역사상 우리 존재의 참을 수 없는 가벼움(한 번의 클릭으로 현실의 저항으로부터 벗어난 낯선 감각을 제공하고 '마찰 없는' 세계를 약속하는 미디어)과 지구의 예측 불가한 배경 사이의 긴장이 이렇게 손에 잡힐 듯한 순간은 결코 없었다.

정치적 차원에서 네그리가 국가권력과 다중운동의 자기-조직화 사이의 긴장과 대화로서 '협치'governance의 방침을 주장할 때 그 자신은 이와 같은 간극의 해소 불가능성에 기반한 해법의 노선에 서 있지 않는가?

마오는 이런 이중성을 분명하게 인식하고 있었다. 이 때문에 그는 문화혁명의 절정기에 상하이 코뮨이 당-국가기구들을 철폐하고 그것을 코뮨적 자기-조직화로 대체하려고 시도했을 때 군대를 개입시켰다. 마오는 그런 조직화는 "그것이 압제적인 반-혁명에 대면할 때 그에 맞서기에는 너무 약하다"고 경고한다.[60] 이런 위협에 직면했을 때 우리는 순수한 날것의 권력을 필요로 한다.

> 무엇보다 가장 중요한 것은 권력 장악이다. 혁명적 대중에게는 특히 그렇다. 그들은 적대계급에 대한 깊은 증오로 마음을 모으고 거대한 동맹을 결성한다. 그리고 권력을 장악한다. 권력을 장악하라! 권력을 장악하라!! 반혁명적 수정주의자들과 부르주아 반동 노선에 집착하는 자들에 의해 찬탈된 모든 정당권력, 정치권력, 금융권력을 탈환해야 한다.[61]

이와 같은 마오의 개입은 보통 홍위병에 대한 그의 무자비한 착취의 증거로 인용된다. 그는 오직 자기와 대립되는 당 관료들을 제거하기 위해서 홍위병을 이용했을 뿐이고, 그래서 그 과업이 끝났지만 홍위병들이 여전히 고집스럽게 당-국가기구들을 해체하고 실질적으로 권력을 장악하려고 하는 순간 그는 유일하게 남아 있는 굳건한 국가기구인 군대에 개입 명령을 내려 홍위병들의 저항을 분쇄하고 수백만의 홍위병들을 시골로 하방시켜 '재교육'받도록 했던 것이다. 하지만 이런 독해는 너무나 단순하여 요점을 놓치는 게 아닐까? 마오는 다중운동의 번성은 언제나 이미 그들이 활동하는 공간 자체를 구조적으로 지탱하는 특정한 권력 **장치**

---

60 Roderick MacFarquhar and Michael Schoenhals, *Mao's Last Revolution*, Cambridge, MA: Harvard University Press, 2006, p.168. 인용.
61 Ibid., pp.168~169. 인용.

dispositif에 의존해야 한다는 사실을 명확히 알고 있었던 게 아닐까? 오늘날 게이 권리운동이나 인권운동 등은 전적으로 국가장치들에 의존한다. 그 운동에 있어서 국가기구는 그들의 요구를 받아 줄 수신자일 뿐 아니라 그들의 활동(안정적인 시민생활)을 위한 틀을 제공하기도 한다.

마오에 대한 보다 근본적인 비판은 탈근대적 좌파가 전통적인 '레닌주의적' 맑스주의자들에게 했던 비판, 즉 그들은 국가권력과 국가권력의 장악에만 모든 관심을 집중했다는 것, 하지만 국가권력을 장악하는 데 성공했던 다양한 사례들에서도 결국은 자신의 목적 달성에 실패했기 때문에 좌파는 이와 다르게 겉으로 보면 온건해 보이지만 사실은 훨씬 급진적인 전략을 취해야 한다는 것이다. 국가권력으로부터 물러나 전체 사회구조를 지탱하는 일상적 실천과 사회생활의 구조 자체를 직접 변혁하는 데 관심을 모아야 한다는 것이다. 이런 입장은 존 홀러웨이의 『권력으로 세상을 바꿀 수 있는가』[62]에서 가장 정교한 형태를 갖춘다. '활동'doing(인간의 활동, 산 노동)과 '행위 결과'the done(죽은 노동, 자본)의 끊임없는 갈등적 분리는 사물들의 관계로 환원된 사람들 사이의 관계를 의미한다. 홀러웨이가 인간의 '할 수 있는 능력'power-to이라고 부른 활동의 사회적 흐름은 '지배하는 권력'power-over에 의해 파괴된다. 우리의 일상적 실존은 숨겨지고 드러난, 폭력적이고 억압된, 의식적이고 무의식적인 일련의 투쟁들이다. "우리 인간은 자신의 소외 속에 꽁꽁 얼어붙은 채 우리의 왕자-당이 키스해 주기를 기다리는 잠자는 미녀가 아니다. 우리는 구속으로부터 자유로워지려는 끊임없는 투쟁 속에서 살아간다."[63] 따라서 어떤 급진적인

---

62 John Holloway, *Change the World Without Taking Power: The Meaning of Revolution Today*, London: Pluto , 2002.[『권력으로 세상을 바꿀 수 있는가』, 조정환 외 옮김, 갈무리, 2002.]
63 Holloway, Change the World Without Taking Power, p.31.
  * 에티엔느 드 라보에티가 1560년대에 쓴 「자발적 복종」(Discours de la servitude volontaire)을 말한

사회적 변화도 그 접근법에 있어서 반-물신주의적이어야 한다. 그 물신주의의 대립 형상은 눈에 보이지도 않고 계획될 수도 없는 '어두운 공백'이자 우리의 발걸음으로 만들어지는 길과 같은 것이며, 스스로에 대한 질문 속에서 던져지는 물음 같은 것이다.

이런 접근법에는 진실의 계기가 있다. 이 진실은 라 보에티La Boétie가 자발적 노예에 대한 논문*에서 최초로 정식화한 진실이다. 권력에 대한 우리의 수동적 복종이 그 진실을 형성한다. 우리가 권력에 복종하고 그것을 두려워하는 것은 권력 자체가 너무 강력해서가 아니다. 반대로 권력이 강력하게 나타나는 것은 우리가 그것을 강력한 것으로 취급했기 때문이다. 이와 같은 사실은 놀라운 수동적 혁명의 공간을 연다. 직접적으로 권력과 대결하는 대신 마치 두더지가 지층에 구멍을 내듯이 일상적 의례와 그것을 지탱하는 실천에 참여하는 짓을 그만둠으로써 그 권력의 지반을 점차 무너뜨리는 것이다. 어떤 의미에서 마하트마 간디가 인도의 반-영국 저항운동을 지도할 때 한 일이 바로 이러한 것이 아니었던가? 직접 식민지 국가를 공격하는 대신 그는 시민 불복종 운동을 조직해 영국 상품을 불매하고 식민지 국가의 영역 외부에 사회적 공간을 창조했던 것이다.

이처럼 자본의 규칙을 전복하는 또 다른 영역은 소비자들의 자기-조직화이다. 이런 관점에 따르면 우리는 생산을 사회생활의 유일한 실체적 현실로 특권화하는 전통적인 좌파의 입장을 버려야 한다. 노동자-생산자의 위치와 소비자의 위치는 하나가 다른 하나의 '심층적 진실'로 특권화되지 않은 채 그것들의 분기 속에서 환원 불가능한 것으로 유지되어야 한다.[64] 가치는 생산과정에서 창조된다. 하지만 거기서 생산된 가치는 잠재

다.[『자발적 복종』, 박설호 옮김, 울력, 2004.]
[64] 또한 국가 사회주의의 계획경제는 소비를 희생하고 생산을 특권화한 결과, 소비자들이 필요로 하고 원하는 상품을 제공하는 데 실패한 대가를 치르지 않았는가? 포스트-맑스주의 좌파들이 '컨슘타리아트'

적일 뿐이고, 생산품이 판매되어서 M—C—M′의 순환이 완결될 때만 가치로 **현실화**된다. 여기서 중요한 것은 가치 생산과 가치 실현 사이의 시간적 **간극**이다. 비록 가치는 순환과정의 성공적인 완결과는 무관하게 생산과정에서 생산되지만, 엄격한 의미에서 거기에는 어떤 가치도 없다. 여기서 작동하는 시간은 전미래futur antérieur 시제이다. 다시 말해서 가치는 직접적으로 가치'인'is 것이 아니라 오직 가치'여야 했던'will have been 것으로, 소급적으로 현실화되고 수행적으로 실현된다. 생산과정에서 가치는 '즉자적'으로 발생하며, 오직 순환과정의 완결을 통해서만 '대자적'으로 된다. 이것이 가라타니 고진이 생산과정에서 발생**하면서** 동시에 발생**하지 않는** 가치라는 칸트적 이율배반을 해결하는 방법이다. 그리고 자본주의가 형식적인 민주주의와 평등을 필요로 하는 것은 즉자와 대자 사이의 이와 같은 간극 때문이다.

> 자본주의를 주인-노예 관계와 구별시켜 주는 점은 노동자가 교환가치의 소비자이자 소유자인 자신과 대면한다는 점, 그리고 화폐 소유자의 형태로, 화폐의 형식 안에서 그는 순환과정의 분명한 중심이 된다는 점이다. 무한히 많은 중심들 중 그 중심은 노동자로서의 특성이 소멸되는 중심이다.[65]

이것이 뜻하는 바는 자신의 순환을 완성하기 위해 자본은 그 역할이 역전되는 이 변곡점을 통과해야 한다는 것이다. "……잉여가치는 원칙적

(consumtariat)에 대해 말할 때(Alexander Bard and Jan Söderqvist, *Netrocracy: The New Power Elite and Life after Capitalism*, London: Reuters, 2002. 참조) 그들이 보여 주는 것은 노동자와 소비자의 궁극적인 동일성이다. 바로 이런 이유로 자본주의에서 노동자는 형식적으로 자유로워야 한다.
65 Marx, *Grundrisse*, pp.420~421.

으로 총자본의 관점에서 자신이 생산한 것을 다시 사는 노동자들에 의해서만 실현된다."[66] 가라타니에게는 이 지점이 중요하다. 그것은 오늘날 자본의 지배에 대항할 수 있는 핵심적인 지렛대를 제공한다. 프롤레타리아는 자신이 구매자의 위치에서 자본에 접근하는 바로 이 지점, 그래서 오히려 자본이 그들에게 애걸해야 하는 그 특이한 지점을 공략해야 한다는 것은 자연스럽지 않은가? "(……) 만약 노동자들이 주체가 된다면 그것은 오직 소비자로서이다."[67]

오늘날 이와 같은 소비의 핵심적 역할은 예기치 못한 방식으로 확인되고 있다. 독일의 포스트-휴머니즘 철학자 페터 슬로터다이크는 자본주의적 이윤추구의 '제한 경제'와 대립되는 조르주 바타유의 주권적Sovereign 소비의 '일반 경제' 개념을 참조하면서 자본주의의 자기 내적 분열상과 내재적 자기-극복의 윤곽을 제공한다. 자본주의는 "자기 자신으로부터 자신의 가장 급진적인—유일하게 풍요로운—대립물을 창조할 때 정점에 도달한다. 그 대립물은 불행의 미학miserabilism에 사로잡힌 전통 좌파가 꿈꿀 수 있는 것과는 전혀 다른 것이다."[68] 앤드루 카네기에 대한 그의 긍정적 언급이 그것의 윤곽을 보여 준다. 끊임없는 부의 축적에 대한 주권자의 자기-부정적 제스처는 시장의 교환 회로 외부에서 가격을 매길 수 없는 것에 자신의 부를 지출하는 것이다. 공익, 예술, 과학, 건강 등 말이다. 이 궁극적인 '주권적' 제스처는 자본가들로 하여금 확대 재생산의 악순환, 즉 보다 많은 돈을 위해 돈을 갖는 악순환을 깰 수 있게 한다. 자기가 축적한 부를 공익을 위해 기부할 때 자본가는 확대 재생산되는 자본

---

66 Kojin Karatani, *Transcritique, On Kant and Marx,* Cambridge, MA: MIT Press, 2003, p. 20. [『트랜스크리틱』, 송태욱 옮김, 한길사, 2005.]
67 Ibid., p.290.
68 Peter Sloterdijk, *Zorn und Zeit,* Frankfurt: Suhrkamp, 2006, p.55.

의 인격적 구현물로서의 정체성을 스스로 부정함으로써 의미를 획득하게 되는 것이다. 그것은 더 이상 재생산을 위한 재생산이 아니게 된다. 나아가 자본가는 에로스eros로부터 티모스thymos ; 용기로의 전환, 즉 도착적인 축적의 '에로스'로부터 공적인 인식과 명예로의 전환을 성취한다.

이런 입장은 조지 소로스나 빌 게이츠 같은 인물을 자본주의 과정에 내재하는 자기-부정의 인격적 구현으로 고양시키는 것에 다름 아니다. 그들의 자선 행위—공익을 위한 그들의 엄청난 기부—는 단지 개인의 특이한 성격에서 나온 게 아니다. 진심이든 위선이든 그것은 자본주의적 순환의 논리적 정점이며, 엄격히 경제적 관점에서도 필연적인 것이다. 왜냐하면 그런 기부행위가 자본주의 시스템의 붕괴를 지연시키기 때문이다. 그것은 치명적인 덫에 빠지지 않고서(파괴적인 원한의 논리와 강요된 국가 복지는 오직 일반화된 불행으로 끝날 수밖에 없기 때문이다) 진정으로 필요한 빈자에게 부를 재분배함으로써 균형을 재조정하는 것과 같다. 또 하나 덧붙이면 그것은 균형을 재확립하고 주권적 소비를 통해 티모스를 주장하는 전쟁과 같은 또 다른 방식을 회피하는 것이기도 하다. 이 역설은 우리가 처한 슬픈 곤경을 암시한다. 오늘날 자본주의는 스스로 재생산될 수 없다. 그것은 사회적 재생산 사이클을 지탱하기 위한 경제 외적 자선을 필요로 한다.

협치와 운동

그래서 모든 혁명은 서로 다른 두 가지 측면으로 이뤄져 있다. 사실 차원의 혁명 더하기 정신적 혁명, 이를테면 국가권력을 향한 현실적 투쟁 더하기 관습의 변혁, 즉 실제적인 일상생활의 변혁을 향한 잠재적 투쟁이다. 이것은 헤겔이 '정신의 조용한 누빔'이라고 불렀던 것으로, 권력의 비가시적 토대를 무너뜨리는 최종 행위는 이미 일어난 것에 대한 지각을 통해 형식적 변화를 일으키는 것이다. 그때 우리가 해야 할 일은 죽은 형식으로 하여금 자신이 죽었다는 사실을 깨닫게 하는 것뿐이다. 그러면 그것은 무너진다. 헤겔은 『정신현상학』에서 디드로의 『라모의 조카』*Nephew of Rameau*에 나오는 유명한 구절 "자신의 실체 안에서 일어나는 정신의 조용하고 부단한 누빔"을 인용한다.

> (……) 그것은 고상한 부분들 안으로 천천히 침투하여 곧바로 무의식적인 우상의 모든 세포와 생명력을 장악한다. 그러면 "어느 맑은 아침 그것은 자기 동료를 팔꿈치로 툭 친다. 그럼, 그 우상은 꽈당! 하고 땅바닥에 무너진다". 만약 감염이 정신적 생명의 모든 기관에 침투했다면 정오쯤에는 아무런 핏기도 없게 될, 그런 "어느 맑은 아침" 말이다.[69]

하지만 이것은 헤겔의 마지막 발언이 아니다. 그는 계속해서 "정신의 이 자기 은밀함은 순수한 통찰의 실현이 지닌 단지 한 가지 측면에 불과하다"고 지적한다. 그와 동시에 의식적 행위로서 이 정신은 "그 계기에 뚜렷하고 명백한 실존을 부여해야 하며, 그것은 엄청난 소동의 장면과 자기 안티-테제와의 폭력적인 투쟁으로 나타날 것이다".[70] 새로움으로의 변혁에는 열정적인 투쟁과정이 있을 수밖에 없으며 그 싸움이 끝나는 것은 반대 세력이 자신의 반대 자체가 이미 상대방의 논리에 침윤된 것임을 인지하게 되는 순간이다.[71] 이 때문에 우리는 외관상 대립되는 특질들(형

---

69 G. W. F. Hegel, *Phenomenology of Spirit,* Oxford: Oxford University Press, 1977, p.332.[『정신현상학』1·2권, 임석진 옮김, 한길사, 2005.]
70 Ibid.
71 가령, 반동적인 반-계몽주의적 주장 자체가 자신의 수행 속에서 은밀하게 계몽주의의 이데올로기적 전제들에 의존할 때—로버트 필머(Robert Filmer)의 존 로크에 대한 반론에서부터 오늘날 자기 메시지의

식의 우선성과 '정신의 조용한 누빔')을 통합해야 한다. 후자는 내용에 관련된 것이 아니라 형식 자체와 관련된 것이다. 텔레비전 전도사televangelist의 경우 이 '조용한 누빔'은 정확히 그것의 형식적 차원에서 자신의 메시지를 전복한다(그가 메시지를 전달하는 방법이 그 내용을 전복한다).

문화혁명의 실패에서 얻을 수 있는 교훈은, 그 혁명의 초점이 어떤 대리자도 국가질서도 자본도 없는 생산적 표현의 완전한 지배라는 유토피아적 목표로부터 "어떤 종류의 대의가 기존의 자유-민주주의적 대의 국가를 대체해야 하는가"라는 질문으로 전환되어야 했다는 것이다. 네그리의 '시민 임금' 제안이 하나의 예가 될 수 있지 않은가? 그것은 제도적-재현적 정책이다(시민 임금은 호모 사케르를 위해서가 아니라 온전한 시민들을 위한 것이며, 그것은 국가의 재현을 함축한다). 그것은 개인의 생산성에 결합된 것이 아니라 표현적 생산의 가능 공간을 열 수 있는 재현적 **조건과 틀**에 결합된다. 네그리는 오늘날의 상황을 '항구적인 협치'governance의 상황으로 묘사한다.

> 권력은 둘로 쪼개졌어요. 권력은 자기실현을 위해 더 이상 규범을 결정할 가능성을 포기해야 하고 또한 규범을 구체적인 행정 행위로 연결해 행사할 가능성을 버려야 합니다. 규범은 합의 없이 실현될 수 없고, 주체들의 참여로 나타나야 합니다.[72]

우연치 않게도 이런 '이중 권력' 내지 대의적인 국가권력과 '표현적

전파 자체가 자기 메시지를 무너뜨리는 텔레비전 전도사들까지—그들은 나르시시즘적 자기-탐닉에서부터 상품화된 미디어 스펙터클까지 그들이 맹렬하게 비난하는 자유주의적 적대자들의 특질들 자체를 스스로 전시해 보인다.

72 Negri, *Goodbye Mr. Socialism*, pp.139~140.

인' 운동들의 평의회 사이의 상호작용으로서 '협치'라는 개념은 오래된 좌파 전통 속에 이미 존재했던 것이다. 그 하나가 카우츠키에 의해 주창된 것으로, 1918~19년 그는 '국회이거나 평의회이거나'라는 배타적 선택을 거부하면서 그 둘이 각기 다른 역할과 임무로 통합되어야 한다고 주장했다.

> 카우츠키는 평의회들이 비록 절대 다수 인구의 지지를 받고 있다고 하더라도 결코 유일한 대의 선출 형식으로 채택되어서는 안 된다고 주장했다. 평의회 형식을 선택하는 것은 작업장과 직능에 근거한 시스템을 도입하는 것일 텐데, 그것은 정확히 특수하고 조합주의적인 성향을 띠게 될 것이다. (……) 이와 반대로, 국회의원 선거 속에서 사회적 이해들은 동질화되고, 거대한 정치 정당들이 대두하게 되었다.[73]

카우츠키가 비판의 표적으로 삼은 트로츠키 역시 계급의 자율-조직과 혁명적 전위 정당의 정치적 리더쉽 사이의 상호작용을 열망하면서 이와 같은 이원성을 옹호했다.[74]

20세기 '표현적' 다중의 직접 민주주의의 주된 형식은 소위 평의회('소비에트')였다. 평의회에서 고대 그리스의 '폴리스'polis를 떠올리는 한나 아렌트와 같은 자유주의자까지 포함하여 (거의) 모든 서구인들이 평의회를 사랑했다. '현실 사회주의' 기간 내내 '사회주의적 민주주의'에 대

---

73 Massimo Salvadori, *Karl Kautsky and the Socialist Revolution*, London: Verso, 1979, p.237. 인용.
74 트로츠키의 전위 정당의 필요에 대한 주장에는 특히 흥미로운 점이 발견된다. 평의회에서의 자율-조직은 정치-심리적 이유 때문에라도 정당의 역할을 대체할 수 없다는 것이다. 인민은 "수년 동안 끊임없이 지속되는 고도의 긴장 상태와 강력한 활동성을 유지할 수 없다". Ernest Mandel, *Trotsky as Alternative*, London: Verso, 1995, p.81.

한 은밀한 희망은 '소비에트', 즉 인민의 자율-조직 형식으로서의 지역 평의회의 직접 민주주의였다. 그리고 '현실 사회주의'의 쇠퇴와 함께 그동안 유령처럼 달라붙어 있던 그 해방적 그림자 역시 사라졌다는 것은 심히 증상적이다. 이것은 '민주주의적 사회주의'의 평의회 모델이 실정적인 자기 내용이 없는, 단지 '관료주의적'인 '현실 사회주의'의 내재적 위반 내지 유령적 분신이었다는 사실을 확인시켜 주지 않는가? 즉, 평의회는 항구적인 사회 조직 원리로 기능할 수 없었던 것이 아닌가? '현실 사회주의'와 평의회 민주주의가 공유하고 있었던 것은 정치적 '소외'(국가 기구들, 정치생활에 대한 제도적 규칙들, 법적 질서, 경찰 등)를 사전에 차단할 투명한 자기 조직화의 가능성에 대한 믿음이었다. 그리고 '현실 사회주의'의 종말에 대한 근본적 체험은 정확히 이와 같은 **공유된** 믿음의 거부, 즉 사회는 복잡한 '하위체계'들의 네트워크이며, 따라서 일정한 수준의 '소외'는 사회적 삶의 구성요소이고, 완벽하게 투명한 사회는 전체주의로 갈 수 있는 유토피아에 불과하다는 사실의 체념적인 '탈근대적' 수락이 아닌가?[75] 그래서 오늘날의 도시빈민촌favelas부터 '탈-산업적' 디지털 문화까지 '직접 민주주의'의 실천들에 대해서도 동일한 논리가 적용되는 것은 이상할 게 없다. (컴퓨터 해커들의 새로운 '부족' 공동체에 대한 묘사는 자주 평의회 민주주의의 논리를 환기시키지 않는가?) 그것들은 모두 국가기구에 의존해야 한다. 즉 구조적인 이유로 인하여 그것들은 사회적 장field 전체를 장악할 수 없다.

그러므로 네그리의 모토 "운동 없는 협치는 안 돼!"에 대해 "협치 없는 운동은 안 돼!"로 대응해야 한다. 운동을 위한 공간을 지탱하는 국가

---

75 이런 입장의 명확한 개진을 위해서는 Martin Jay, "No Power to the Soviets", *Cultural Semantics*, Amherst, MA: University of Massachusetts Press, 1998을 보라.

권력 없는 운동은 안 된다. 네그리는 대의-민주주의 시스템을 보잘것없는 것으로 치부한다. "대의제 의회 시스템은 타락했다. 거기서는 아무것도 할 수 없다. 새로운 것을 창안해야 한다."[76] 하지만 '표현적' 운동이 그에 앞서 전제된 토대에 의거해야 하는 한, 우리는 표현적 자유의 운동적 실험을 위한 필연적 토대로서의 민주주의를(직접적 형식이 아니라, 정확히 대의적 형식으로서) 옹호할 수 있다. 민주주의의 추상적-보편적, 형식적 성격(1인 1투표 등)은 그와 같은 중립적 토대를 제공하는 유일하게 적합한 특성이다.

대의 민주주의와 '운동'의 직접적 표현 간의 긴장은 보통의 민주주의 정당과 '더 강력한'(상층계급) 당(공산당처럼) 간의 차이를 정식화할 수 있게 해준다. 보통의 정당은 대의 기능에 충실하다. 그것의 정당성은 선거에 의해 부여된다. 이에 반해 대문자 당$_{Party}$은 형식적인 선거 절차를 실재적인 힘을 '표현하는' 운동의 정치 동학에 비해 부차적인 것으로 간주한다. 물론 이것은 대문자 당이 자기 외부의 운동에서 자기 정당성을 찾는다는 게 아니다. 오히려 대문자 당은 자기 자신을 운동의 자기-지양$_{Selbst-Aufhebung}$으로 지각/정립한다. 대문자 당은 운동세력과 협상하지 않는다. 당은 정치적 보편성의 형식으로 변환된 운동이고, 그것은 언제든 국가권력을 떠맡을 준비가 되어 있으며, **오직 스스로 자기 권위를 부여할 뿐이다.**

민주주의가 불충분한 지점은 바디우가 재현된 것에 대한 재현의 구성적 과잉이라고 부른 것과 관련된다. 법의 차원에서 국가권력은 서로 다른 주체들의 이해관계를 재현할 뿐이다. 그것은 그 주체(신민)들에게 봉사한다. 그것은 그들에 대해 책임이 있으며 그 자체로 그 주체들에게 종

---

76 Negri, *Goodbye Mr. Socialism*, p.143.

속된다. 하지만 그 이면에 있는 초자아의 차원에서, 책임과 안녕이라는 공적 메시지는 권력의 무조건적 실행이라는 외설적 메시지에 의해 보충된다. "법은 실제로 나를 구속하지 않는다. 나는 **내가 원하는 건 무엇이든지** 너에게 할 수 있다. 내가 원한다면 나는 너를 죄인으로 취급할 수 있다. 내가 그러라고 말만 하면 나는 너를 파괴할 수도 있다." 이런 외설적 과잉은 주권 개념의 **필연적** 구성요소이다(그것의 기표가 주인-기표이다). 여기서 비대칭성은 구조적이다. 즉, 법은 주체들이 법 안에서 무조건적인 자기-단언의 외설적 메아리를 듣는 한에서만 권위를 유지할 수 있다.

민주주의는 최소한의 소외를 전제한다. 권력을 집행하는 자들은 그들과 인민 간의 최소한의 재-현re-presentation적 거리가 존재하는 한에서만 인민에 대한 책임을 질 수 있다. '전체주의'에서는 이런 거리가 제거된다. 그래서 영도자는 인민의 의지를 직접적으로 표현한다고 가정된다. 물론 그 결과는 (경험적) 인민이 그들의 영도자 속에서 보다 근본적으로 소외된다는 것이다. 그는 '경험적' 차원의 인민의 소망과 이익이 아니라 그와 대립된 인민의 직접적 정체성, 그들의 진짜 소망, 진정한 이익, '실제로 그러한' 바의 인민 **그 자체이다**. 자신의 주체들과 소외된 권위주의적 권력과 대조적으로, 전체주의에서의 '경험적' 인민은 진정한 **자기 자신**으로부터 소외된다.

물론 이것은 결코 민주주의에 대한 옹호와 '전체주의'에 대한 거부를 함축하는 게 아니다. 반대로 전체주의 안에는 어떤 진실의 계기가 **있다**. 헤겔은 일찍이 어떻게 정치적 재현이라는 것이 인민은 자기가 원하는 것을 미리 알고 있고 그 다음에 그들의 대표자들에게 자신의 이해interest를 대변하도록 강제하는 것을 뜻하는 게 아닌지 지적한 바 있다. 그들은 오직 '즉자적'으로만 자신을 알 뿐이다. 그들의 이해와 목적을 정식화하여 그들을 '대자적' 존재로 만드는 것은 바로 그들의 대표자들이다. 그래서

'전체주의적' 논리는 언제나 이미 대의된 '인민'으로부터 잘려 나온 분열을 명시적으로 '그 자체로' 정립한다.

여기서 우리는 영도자의 형상에 관한 극단적인 결론을 도출하는 것을 두려워해서는 안 된다. 민주주의는 본디 실증-공리주의적인 관성을 극복할 수 없다. 그것은 '상품 공급'의 논리를 중지시킬 수 없다. 자기-분석이란 있을 수 없고 오직 분석가라는 외부 형상과의 전이적 관계를 통해서만 분석 상황에 변화가 발생하는 것과 마찬가지로, 영도자는 대의를 향한 열광을 촉발하는 데 있어서, 혹은 인민의 정체성을 '실체변환' 하는 데 있어서 필수적이다.[77]

이것이 의미하는 바는 권력에 대한 궁극적 물음이 "그것이 민주적으로 합법적인가 아닌가" 하는 게 아니라는 것이다. 문제는 **민주주의적이냐 비-민주주의적이냐와는 무관하게 주권 권력 자체에 내재한 '전체주의적 과잉'의 특수한 성격('사회적 내용')이 어떤 것이냐?**이다. '프롤레타리아 독재'라는 개념이 작용하는 차원이 바로 여기이다. 거기서 권력의 '전체주의적 과잉'은 위계적인 사회질서의 편이 아니라 '몫 없는 자들'에 속한다. 거칠게 말해서, 인민은 권력의 주권적 의미 그대로 권력 안에 있다. 이것은 단지 인민의 대표자들이 일시적으로 권력의 텅 빈 장소를 차지하고 있다는 의미가 아니라, 보다 근본적으로, 인민이 국가의 대의 공간 자체를 자신의 지도 아래 '변형'twist시킨다는 의미이다.

우리는 차베스와 모랄레스E. Morales가 '프롤레타리아 독재'의 현대적 형식에 근접해 있다고 주장할 수 있다. 비록 그들 정부는 수많은 운동 세

---

[77] 영도자 형상은 결코 정치적 프로그램의 일관성을 보증하는 방식이 아니다. 파시즘이 보여 주는 것처럼, 영도자의 카리스마적인 현존은 그가 대변하는 정치의 비일관성 내지 자기-모순을 **은폐하는** 물신으로 기능하기도 한다. 파시즘의 현실 정치는 서로 다른 압력 집단들에 대한 양보들 사이에서 오락가락했으며, 이런 비일관성과 일관된 프로그램의 결핍은 영도자의 카리스마에 의해 가려졌다.

력이나 정치 행위자들과 상호작용하면서 그들로부터 지지를 끌어내고 있지만 명확히 빈민촌의 가난한 자들과 특권적인 관계를 맺고 있다. 차베스는 궁극적으로 **그들의** 대통령이며, **그들은** 그의 지배 뒤에 있는 지배적 힘이다. 또한 차베스는 여전히 민주적인 선거 절차를 존중하기는 하지만, 그의 기본 공약과 정당성의 원천은 선거가 아니라, 가난한 자들과의 이런 특권적 관계에 있다. 이것이 민주주의 형식 안에 있는 '프롤레타리아 독재'이다.[78]

이란 시민사회에서 일어나고 있는 충격적인 '자유주의 르네상스'를 무시하는 서구 좌파의 위선에 대해서는 분명하게 해줄 말이 있다. 이 '르네상스'에 대한 서구 지성의 참조점은 통상적인 반-제국주의적 '급진주의자' 동맹이 아니라 하버마스, 아렌트, 로티R. Rorty와 같은 인물―심지어 기든스―이기 때문에 좌파는 이 운동의 지도급 인사들이 직장을 잃거나 체포되었을 때 일언반구의 성명서도 발표하지 않았다. 좌파는 권력 분립이나 민주주의적 합법성, 인권의 법적 옹호 등 그 운동에서 제기된 '따분한' 주제를 지지하긴 하지만 어떤 의구심을 갖고 있다. 그 운동은 충분히 '반-제국주의적'이거나 반-미국적으로 보이지 않았던 것이다.[79] 그럼에도 불구하고 우리는 보다 근본적인 질문을 던져야 한다. 서구의 자유민주주의는 종교-근본주의적 체제를 제거하기 위한 실질적인 해법을 제시하고 있는가? 혹시 그 체제들은 자유민주주의 자체의 **증상**이 아닌가? '자유'민주주의적 선거가 '근본주의자들'을 권좌에 앉힌 알제리나 팔레스타인 테러리스트의 경우, 무엇을 해야 하는가?

---

78 물론 우리는 유토피아적인 기대를 삼가야 한다. 현재의 전 지구적 배치에서 차베스의 실험은 실패로 끝날 가능성이 높다. 그럼에도 베케트식으로 말해서, 그것은 '더 나은 실패'가 될 것이다.
79 Danny Postel, *Reading "Legitimation Crisis" in Tehran,* Chicago: Prickly Paradigm Press, 2006.

로자 룩셈부르크가 "독재는 민주주의가 **이용**되는 방식으로 이뤄지지, 민주주의가 **폐지**되는 방식으로 이뤄지지 않는다"고 쓸 때 그녀의 요점은 민주주의가 각기 다른 정치 행위자들에게 제각기 다른 방식으로 사용될 수 있다는 게 아니라(히틀러 역시—많든 적든—자유민주주의적 선거를 통해 권력을 장악했다) 이 텅 빈(절차적) 프레임 안에는 '계급적 편향성'의 기입이 존재한다는 것이다. 이 때문에 급진 좌파들이 선거를 통해 집권할 때 그것이 **르네상스의 징후**가 되는 것은 그들이 '규칙을 바꾸는' 활동을 할 때, 단지 선거나 여타 국가장치들을 바꾸는 것만이 아니라 정치적 공간의 전체 논리를 바꿀 때(직접적으로 운동을 일으키는 권력에 의거하거나 각기 다른 형태의 지역 자치-조직을 창출할 때), 다시 말해서 그들의 계급적 기반이 헤게모니를 갖도록 보장함으로써 그들 스스로 민주주의적 형식의 '계급적 편향성'에 입각하여 정확한 직관에 의해 지도받을 때이다.

8장 알랭 바디우, 혹은 빼기의 폭력

민주주의적 유물론과 변증법적 유물론

바디우는 자신의 『세계들의 논리』에서 '민주주의적 유물론'과 그것의 대립물인 '변증법적 유물론'에 대한 간명한 정의를 제시한 바 있다. 민주주의적 유물론의 응축된 원칙은 **"신체들과 언어들 외에는 아무것도 없다……"** 는 것이며, 그것에 대해 변증법적 유물론이 덧붙이는 것은 **"…… 진리들은 예외로 하고……"** 이다.[1] 이런 대립은 두 개의 이데올로기나 철학 사이의 대립이 아니라 일상생활에 매몰되었을 때 '빠져드는' 비-반성적 전제들/신념들과 이런 몰입으로부터 우리 자신을 빼낼 수 있게 하는 사유 고유의 반성적 태도 사이의 대립이다. 영화 「매트릭스」의 모피어스라면 우리 자신의 "플러그를 뽑아낸다"unplug고 말했을 그런 '빼기'subtraction 말이다. 바디우에 의해 높이 평가된 이 영화에서 우리는 바디우가 제기한 '자기 통제'의 필요성에 대한 정확한 설명을 발견할 수 있다. (모피어스가 네오에게 평범한 사람은 완전히 매트릭스에 사로잡혀 있다고,

---

1 Alain Badiou, *Logiques des mondes,* Paris: Éditions du Seuil, 2006, p.9.

매트릭스에 플러그 꽂혀 있다고 말할 때 그는 "플러그 뽑히지 않은 사람들은 모두 잠재적 요원이다"라고 말한다.) 바디우의 '민주주의적 유물론' 공식이 자연발생적인(비-반성적인) 이데올로기적 믿음의 질문에 대한 답변인 이유이다. "내가 나를 통제할 수 없다고 생각할 때 나는 무엇을 해야 하는가?" 혹은 "우리의(나의) 자연발생적 믿음이란 무엇인가?" 나아가 이 대립은 한때 "철학에서의 계급투쟁"이라 불린 것, 레닌·마오쩌둥·알튀세르의 이름으로 대표되는 입장과 직접 연결되어 있다. 마오의 간명한 정식화를 떠올려 보자. "철학은 오직 계급투쟁이 발생하는 곳에서만 존재할 수 있다." 지배계급(그들의 관념은 지배적인 관념이다)은 자연발생적인 이데올로기에 의해 재현된다. 이에 반해 피지배계급은 강력한 개념적 작업을 통해 싸워 나가야 한다. 바디우의 핵심적 참조점이 플라톤인 것은 이 때문이다. 흔히 묘사되는, 즉 아테네 민주주의에 대한 귀족적 반작용인 반-민주주의적 철학자로서의 플라톤이 아니라, 상속된 믿음들에서 자유로운 합리성의 장을 처음으로 명확히 주창한 플라톤 말이다. 플라톤의 '글쓰기'writing 비판의 '음성-중심주의적' 성격에 대한 부정적 평가가 극에 달한 오늘날이야말로 그것의 긍정적·평등-민주주의적 측면을 확인할 시간이다. 전-민주주의적 독재국가에서 글쓰기는 신성한 것으로서 지배 엘리트의 전유물이었다. "그래서 이렇게 기록되었다"는 권위의 최종적 봉인이며, 기록된 텍스트의 신비로운 의미야말로 탁월한 믿음의 대상으로 가정된다. 플라톤이 글쓰기를 비판한 목적은 그래서 이중적이다. 글쓰기의 신성한 성격을 박탈하고, 신화mythos(전통적인 신앙들)로부터 이성logos(변증법의 영역, 어떤 외부의 권위에도 복종하지 않는 합리적 이성의 영역)을 구별하는 것, 신앙으로부터 자유로운 합리성의 영역을 역설하기 위해서다.

플라톤의 비판이 갖는 중요성은 **글에서 그 신성한 성격을 제거하는** 데 있다. 진리를 향한 길은 글이 아니라 변증법, 즉 둘 혹은 오히려 세 부분으로 얽혀 있는 발화된 말이다. 발화자, 청자, 그리고 그들이 공유하는 언어가 그것이다. 이런 글쓰기 비판 속에서 플라톤은 인류 역사상 최초로 합리성의 개념 자체를 증류해 냈다. 신앙과 혼합되어 있던 이성을 뽑아낸 것이다.[2]

이것의 또 다른 역설은 순수한 자기-현존적 목소리라는 개념, 데리다의 해체 대상인 '현존의 형이상학'의 최종 지지대인, 글에 의해 재현/복제된 목소리라는 개념은 그 자체로 글쓰기의 산물이라는 것이다. 철학자들이 플라톤의 글에 대한 말의 우선권을 공격할 때,

그들은 음성적 글쓰기의 부산물을 비난하는 것이다. 플라톤주의처럼 구술 문화 속에서 출현한 철학을 상상하는 것은 거의 가능하지 않다. 수메르인들의 삶에서조차 그것을 상상하는 것은 어렵다. 어떻게 신체 없는 형식의 세계가 그림문자 속에 재현될 수 있을까? 어떻게 추상적 존재가 여전히 의미의 영역을 불러내는 글쓰기의 방식을 통해 궁극적 현실로 재현될 수 있을까?[3]

여기서 요점은 발화는 언제나 이미 글쓰기에 의해 구성된다/변용된다는 것이 아니라, 발화는 '추상적인' 음성적 글쓰기를 통해 형이상학적 말이 된다는 것, 자기-변용의 천상적/순수한 매개물, 혹은 정신적인 자

---

2 Moustapha Safouan, *Why Are the Arabs Not Free: The Politics of Writing,* Malden, MA: Wiley-Blackwell, 2007.
3 John Gray, *Straw Dogs,* London: Granta, 2003, p.57.

기-현존의 매개물이 된다는 것이다. 음성적 글쓰기 이전의 발화는 복잡한 물질적 생활-세계의 일부인 실천으로 지각된다. 그것을 '정화시키는' 것이 바로 음성적 글쓰기이다. (여기에 한 가지 단서를 달고 싶은 것은 그럼에도 불구하고 '변증법적 유물론'에 관한 바디우의 이해 가능한 침묵과 '유물론적 민주주의' 대 '변증법적 유물론'의 대립에서 대립항들의 주어-술어 관계를 뒤바꾼 것에 대해서는 잠시 판단을 중지해야 할 거라는 점이다.) 이 공식의 보다 제한적인 인류학적 버전이 있다. 민주주의적 유물론의 공식은 **"개인들과 공동체들 말고는 아무것도 없다"**이며, 이에 대한 유물변증법의 보충은 **"진리가 존재하는 한, 주체는 모든 공동체로부터 자기 자신을 빼내어 모든 개인화를 파괴한다"**[4]이다.

여기서 둘로부터 셋으로의 이행이 중요하다. 또한 여기서 전적으로 플라톤적인 방향, 즉 물질적 현실은 존재하는 것의 전부가 아니라 비물질적인 진리의 차원이 따로 존재한다는 겉으로 보기에 원-관념론적인 주장의 제스처로 보일 수밖에 없는 방향을 염두에 두어야 한다. 이런 논의 선상에서 우리는 두 가지 방식으로 바디우를 보충하고 싶은 유혹을 느낀다. 첫째, 존재와 동의어로 쓰이는 신체와 언어들은 존재의 다양성 multiplicity과 세계들worlds이 아닌가? 그래서 우리가 논의하고 있는 셋은 존재, 세계들, 그리고 진리들이다. 민주주의적 유물론에는 오직 존재의 다양성(끊임없이 차이 나는 현실)과 서로 다른 세계들—언어적 세계들—만이 존재하고 그 안에서 개인들과 공동체는 이런 현실을 경험한다.[5] 이것

---

4 Badiou, *Logiques des mondes*, pp.9~17. 자기의 오래된 노래 중 하나에서 볼프 비어만(Wolf Biermann)은 이런 질문을 던졌다. "죽음 **이전의** 삶이 존재하는가?" 이것은 표준적인 관념론적 질문 "죽음 이**후에** 삶이 존재하는가?"의 참으로 적절한 유물론적 역전이다. 유물론자를 괴롭히는 질문이 이것이다. 나는 여기 지금 실제로 살고 있는가? 아니면, 단지 생존 자체에만 열중하는 인간 동물로서 살아지고 있는 것인가?

5 그래서 우리는 바디우와 반대로 세계와 언어 사이의 엄격한 등가성을 주장해야 한다. 모든 세계는 언어에

은 실로 우리의 자연발생적 이데올로기가 아닌가? 거기에는 끊임없이 차이 나는 복잡한 현실이 있고, 그 안에서 구현된 개인들과 공동체들은 언제나 우리의 역사적 세계에 대한 특수하고 유한한 관점에서 현실을 경험한다. 민주주의적 유물론이 맹렬하게 거부하는 것은 이 다양한 세계를 가로지르는 무한한 보편적 진리가 존재할 수 있다는 관념이다. 정치학에서 이것은 자신의 진리를 보편적으로 부과하는 '전체주의'를 의미한다. 이런 까닭에 우리는, 이를테면 프랑스 사회의 대다수에게 평등이나 다른 보편적 진리 개념을 강요했고, 결국 테러로 끝내고 만 자코뱅 같은 자들을 거부해야 한다.

이것은 우리를 두번째 보충으로 인도한다. 민주주의적 유물론 공식에는 훨씬 좁은 정치적 버전이 존재한다. "오늘날 사회 안에서 일어나는 모든 것은 탈근대적 세계화의 역학이며 그것에 대한 반작용과 저항이다(보수주의적-노스탤지어, 근본주의자들, 구좌파, 민족주의자, 종교적……)." 물론, 유물변증법은 여기에 단서를 보충한다. "……근본적으로 해방적인 (공산주의적인) 진리의 정치만 제외하고……."

둘에서 셋으로의 유물변증법적 이행이 온전한 가치를 얻는 것은 바로 이 지점이다. 공산주의 정치의 공식은 단순히 이중적인 '계급투쟁'이 아니라, 보다 정확히, 두 가지 헤게모니 정치로부터 제외된 셋의 계기이다. 다시 말해서, 지배적 이데올로기 장은 자기 자신의 '기본 모순'으로 (오늘날 기본 모순은 시장-자유-민주주의와 '이슬람-파시즘'과 같은 근본주의-테러리스트-전체주의 사이의 대립이다) 형성된 가시성의(이데올로기적) 장을 우리에게 강요한다. 그래서 우리가 해야 할 첫번째 일은 이런

의해 지탱되고 모든 '말해진' 언어가 세계를 지탱한다. 이것이 하이데거가 '존재의 집'으로서의 언어에 대해 주장하고자 한 바다.

대립을 거부하는 것(그로부터 우리를 빼는 것)이며, 그것을 진정한 구분선을 은폐하는 거짓 대립으로 인식하는 것이다. 이런 재배가redoubling에 대한 라캉의 공식은 1 + 1 + a이다. 즉 '공식적인' 적대(둘)는 언제나 그것의 배제된 차원을 가리키는 '비가시적 잔여물'로 보충된다. 달리 말해서, **진정한** 적대는 언제나 반성적이다. 그것은 '공식적' 적대와 그것에 의해 배제된 것 사이의 적대이다(이 때문에 라캉의 수학공식에서 1 + 1 = 3이 된다). 가령, 오늘날 진정한 적대는 자유주의 문화다원론과 근본주의 사이의 적대가 아니라, 그들이 대립하는 장 자체와 배제된 삼항(급진적 해방의 정치) 사이의 적대이다.

우리는 이 삼항 체계에 사회 체제를 통합하는 세 가지 메커니즘을 결합하고 싶은 유혹을 느낀다.

1. 전통적 권위의 기본 구도. 거기서 공동체는 희생에 의해 수립되거나 어떤 원초적 범죄에 기반한다. 그래서 구성원들을 통합하여 지도자에게 복종시키는 것 자체가 유죄이다.
2. 시장의 '보이지 않는 손'. 이성의 간계에 의해 개인들 간의 경쟁, 즉 각자가 자신의 이기적 관심을 추구하는 것 자체가 신비한 균형점을 형성하여 모두에게 이롭게 되는 사회적 장.
3. 사회적 협력의 개방적 정치과정. 거기서 이뤄지는 결정은 특권적인 권위에 의해 이뤄지지도 않고, 그렇다고 맹목적인 메커니즘의 산물도 아니다. 결정은 개인들의 의식적인 상호작용을 통해 이뤄진다.

그리고 나아가 이런 세 가지 양태는 일종의 레비-스트로스적 삼각형을 형성하지 않는가? 시장자유주의와 시민사회의 민주적인 공적 행위 공간, 그리고 계획된 사회적 협력은 공히 사회적 자치-조직의 형태로, 외부적으로 강요된 권위와 대립한다. 어떻게 이들 세 형태는 세 가지 사회적 권위의 원천, 즉 권위주의적·기술공학적·민주주의적 원천과 연관되는가? 기술공학적 권위는 권위주의적 형태와 민주주의적 권위 형태, 즉 특정한 기술적 자격조건이 없는(왕이 지배하는 것은 그가 왕으로 태어났기 때문이지 그의 소질 때문이 아니다. 민주주의에서도 모든 사람은 그럴 능력이 있든 없든 권력을 공유할 권리를 가진다) 권위 형태와 대립된 조건에 의존한다(아는 자가 권위를 행사해야 한다). 다른 한편, 권위주의적 형태와 전문가 형태는 공히 모든 사람이 지배해야 하는 민주주의 형태와 대조적으로 자격 조건이 제한적이다(신분적 위치나 전문기술에 따라 지배할 자격이 있는 자만 지배해야 한다). 마지막으로, 민주주의와 기술공학적 지배는 어떤 의미에서 평등주의적이다.[6] 이와 대조적으로 전통적인 권위 형식에서 가장 중요한 것은 누가 선포하느냐 하는 것이다. 두 가지 삼각형은 직접적으로 중첩되지 않기 때문에 이 삼각형은 그레마스A. J. Greimas의 기호학적 사각형으로 확장되어야 한다. 왜냐하면 이 세 가지 형식은 민주주의적 자율-조직과 위로부터 사회에 부과된 국가권력 간의 분열 자체, '자기-관리 대 관료주의'이기 때문이다. 기호학적 사각형의 두 측은 그래서 중심적 권위(전통적 권위/국가권력) 대 아래로부터의 자율-조직(시장, 자율-경영)과 외재적 조직화(상징적 권위, 시장) 대 민주주의적 조직화(근대 국가권력, 자율-경영)이다.

이것은 또한 바디우의 결정 '첨점'point에 대한 새로운 해석을 제공한다. 상황의 복잡성이 이항적 배열로 '여과'되어 명료한 선택으로 축소되는 순간으로서의 지점 말이다. 그 순간 모든 사태들은 우리와 **대립하거나**

---

6 지식 또한 그 자체로 모두에게 개방되어 있다. 어느 누구도 선천적으로 배제되지 않는다. 플라톤이 증명한 것처럼 노예 역시 귀족과 똑같은 방식으로 수학을 습득할 수 있다. 논리적 추론과 증명들은 권위를 배제한다. 그것들의 언표 주체는 정의상 보편적이다. **누가** 추론하는가는 문제가 되지 않는다.

against **지향할 것** for으로 간주된다(우리는 공격해야 하는가, 후퇴해야 하는가? 우리는 그 선언을 지지해야 하는가, 반대해야 하는가? 등). 두 가지 지배적인 정치로부터 제외된 제3의 계기와 관련하여 우리는 지배적인 이데올로기의 작동방식 중 하나가 **가짜 첨점을 강요하는 것**, 우리에게 가짜 선택을 강요하는 것임을 명심해야 한다. 예컨대 '테러와의 전쟁'에서 상황의 복잡성과 모호함에 주목하는 사람은 조만간 그를 향한 엄중한 목소리에 의해 저지된다. "좋아! 혼란은 이것으로 충분해. 우리는 우리 자유 세계의 운명이 걸려 있는 힘겨운 투쟁의 한가운데 서 있어. 그러니 제발, 당신이 어느 쪽에 서 있는지 명확히 해주게. 자유와 민주주의를 지지하는가? 아닌가?"7 이런 가짜 선택의 강요 이면은 물론 진짜 구분선의 은폐작용이다. 이와 관련하여 '금융재벌-볼셰비키 음모'의 행위자로서 유대인을 지목한 나치를 능가할 자가 없다. 이런 지목 속에서 그 메커니즘은 거의 벌거벗은 형태로 드러난다. 진정한 적('금융재벌' 대 '볼셰비키', 즉 자본가 대 프롤레타리아)은 문자 그대로 '하나' 속으로 지워진다. 바로 거기에 '유대인'이라는 이름의 기능—이와 같은 삭제 행위자로서의 기능—이 있다.

해방적 정치학의 첫번째 임무는 따라서 '가짜' 첨점과 '진짜' 첨점, '가짜' 선택과 '진짜' 선택을 식별함으로써 가짜 선택을 위해 삭제된 제3의 요소를 다시 불러내는 것이다. 가령, 오늘날 "자유민주주의냐 이슬람-파시즘이냐"라는 가짜 선택은 급진적인 세속적 해방 정치의 봉쇄에 의해 지탱된다. 여기서 우리는 몇몇 사람들로 하여금 이슬람 근본주의 운동에

---

7 우리는 또한 그런 유사-윤리적인 협박의 휴머니즘적 형태를 상상할 수 있다. "좋아, 신-식민주의나 서구의 책임에 대한 논란은 이제 충분하다. 너는 아프리카의 고통받는 수백만 명을 도와주기 위해 현실적으로 뭔가 하기를 원하는가? 아니면 단지 그들을 당신네들의 이데올로기-정치 투쟁의 참고 수치로만 이용하고자 하는가?"

서 '진보적인' 반-제국주의적 잠재성을 발견하도록 이끄는 "내 적의 적은 내 친구이다"라는 위험한 명제를 분명히 거부해야 한다. 헤즈볼라 같은 운동의 이데올로기적 우주는 자본주의적 신-제국주의와 세속적인 진보적 해방 사이의 구분을 은폐함으로써 지탱된다. 헤즈볼라의 이데올로기적 공간에서 여성의 해방, 게이 권리 등은 서구 제국주의의 '타락한' 도덕적 측면에 **다름 아니다**.

그래서 이것이 오늘날 우리가 서 있는 곳이다. 오늘날 지배 이데올로기 공간에 의해 강요된 적대는 사건Event의 삭제를 배경으로 펼쳐지는 (바디우적으로 지칭하면) '반동적'reactive 주체와 '신비한'obsucre 주체 사이의 부차적인 적대이다. 사건에 대한 다른 식의 반응은 가능한가? 정치적 참여로부터 물러나는 대신, 모든 파시즘 뒤에는 실패한 혁명이 있다는 모토를 기억해야 한다. 이 모토는 오늘날 '이슬람-파시즘'이라 불리는 것에 직면할 때 특히 가치가 있다. 다시 말하자면, 자유민주주의와 종교적 근본주의 간의 대립은 미끼이다. 그 속에서 제3항이 빠져나간다.

사건에 응답하기

한니발 렉터에 관한 초기 소설들 중 하나에서는 한니발의 괴물성이 불행한 환경 때문이라는 주장이 거부된다. "그에게는 아무 일도 발생하지 않았다. 그가 발생했다." 이것이 바디우적 의미에서 사건의 정확한 정식, 즉 자신의 원인이나 조건들로 환원될 수 없는 새로움의 출현이다. 혹은, 오래된 지혜 중 하나로 고딕풍 DVD 게임이 시작될 때 나오는 "각각의 사건은 신탁에 의해 예언되었다. 하지만 영웅이 없으면 어떤 사건도 없다"를 떠올려 보자. 우리는 이 모호한 격언을 맑스주의적 용어로 번역할 수 있다. "각각의 혁명적 사건의 윤곽은 사회이론가들에 의해 예고되었다. 하지만 이런 사건은 오직 혁명적 주체가 존재할 때만 실제로 일어날 수 있다." 혹은, 바디우라면 이렇게 말했을 것이다. "오직 주체가 존재할 때만 어떤 사건은 사건적 장소 안에 일어날 수 있다." 바디우에게 주체성의 서로 다른 양태가 그 자체로 주체가 사건과 관련되는 양상들인 것은 이 때문이다. 이것은 우리가 대상을 경험하는 조건들은 동시에 대상 자체의 조건들이라는 칸트의 명제를 환기시킨다. 바디우는 주체가 사건에 반응하는 네 가지 양상을 구별한다. 충실한 주체, 반동적 주체, 신비한 주체, 그리고 부활resurrection. 아마 이 목록은 조금 더 세분화되어서 실제로는 여섯 가지 반응 양태로 구분되어야 한다.

프로이트-사건에 대한 반응들을 살펴보자. ①충실함(라캉). ②반동적 규범화, 그 사건을 지배적인 장 속에 재통합하기(에고 심리학, '역학적 심리치료'). ③철저한 부인(인지주의). ④유사-사건으로의 신비화(융C. Jung). ⑤총체적인 강경화(라이히W. Reich, 프로이트-맑스주의). ⑥다양한 형태의 '프로이트로의 회귀' 속에서 '영원한' 프로이트의 메시지를 부활시키기.

사랑-사건에 대한 반응들은 다음과 같다. ①충실함. ②규범화, 재통합(결혼). ③그 사건적 위상에 대한 철저한 거부(방탕함, 사건을 성적 모험으로 변형하기). ④성적 사랑에 대한 일관된 거부(금욕). ⑤트리스탄에 대한 이졸테의 신비주의적이고 자살적이며 치명적인 열정. ⑥부활한 사랑(재회reencounter).

맑스주의-사건에 대한 반응들은 이렇다. ①충실함(공산주의, '레닌주의'). ②반동적 재통합(사회민주주의). ③그 사건성에 대한 철저한 부인(자유주의, 퓌레F. Furet). ④유사-사건의 형태로 파국적이고 전면적인 반격(파시즘). ⑤'신비한 재앙'으로 끝나는 전면적 강경화(스탈린주의, 크메르루주). ⑥맑스주의의 부활(레닌, 마오……).

그럼, 어떻게 ①과 ⑥은 공존하는 걸까? (레닌이나 라캉과 같은 인물 속에서) 이것은 또 다른 가설로 이끈다. 사건은 처음에는 반드시 상실된다. 그래서 진정한 충실함은 오직 '수정주의'에 대한 방어로서 부활의 형태로만 가능하다. 프로이트는 자신이 발견한 것의 진정한 특질을 인식할 수 없다. 프로이트적 발견의 핵심을 식별할 수 있는 것은 오직 라캉의 '프로이트로의 회귀'에서뿐이다. 혹은 스탠리 카벨 Stanley Cavell이 할리우드의 재혼 코미디에 대해 지적한 것처럼 진정한 결혼은 (같은 사람과의) 두번째 결혼이다. 이 점이 자크 알랭 밀레가 반복해서 지적하는 것이다.

보통 사람들은 정통이 없이는 이단이 존재하지 않는다고 생각할 것이다. 하지만 우리는 미래의 정통이 발생하는 것은 나중에 이단이 될 담론이 출현할 때라는 것, 정통이 확립되는 것은 사건 효과 이후인 것을 자주 보게 된다.[8]

요점은 정통이 승리한 이단이라는 것, 다른 것들을 깔아뭉개는 데 성공한 이단이라는 것이 아니다. 상황은 좀더 복잡하다. 기독교에서 맑스주의나 정신분석까지 새로운 가르침이 출현할 때는 우선 자기 행위의 전망에 대한 혼돈과 맹목이 존재한다. 이단들은 새로운 가르침을 오래된 좌표 안에서 재번역함으로써 이런 혼란을 명료화하려고 한다. 새로운 가르침의 알맹이가 정식화될 수 있는 것은 오직 이런 배경 속에서이다.

아드리안 존스턴[9]이 최근에 바디우의 사건적 파열이 지닌 이데올로

---

8 Jacques-Alain Miller, " Reading of the Seminar From an Other to the other", *lacanian ink 29*, 2007, p.40.
9 Adrian Johnston, "The Quick and the Dead: Alain Badiou and the Split Speeds of Transformation" *Interna-tional Journal of Žižek Studies,* 1(2), 2007.

기-비판적 잠재력을 식별한 것은 이와 같은 사건에 대한 다양한 반응을 배경으로 해서이다. 어떤 이데올로기적 상황의 균형이 형식적으로는 그 상황의 일부에 속하지만 그것에 적합하지 않는 '증상적 매듭'의 출현에 의해 파열될 때 이데올로기적 방어 기제는 두 가지 주요 전략을 취한다. 하나는 기존 상황에 통합되는 가능성의 거짓 '사건화'이고, 다른 하나는 진정한 사건의 가능성들을 드러내는 징후들을 주변적 사태나 외재적 교란으로 독해하면서 부인하는 것이다.

하나는 단지 수정된 것에 불과한 것을 사건적 새로움을 약속하는 것으로 보이게 하는 것이다. (후기 자본주의에서 두드러진 전략으로, 요란스럽게 말해진 '영구 혁명'은 실제로는 "많이 변하면 변할수록 사태는 똑같다"는 상투어구의 한 가지 사례에 불과하다. 또는 바디우가 지적한 것처럼, "자본주의 자체는 항구적으로 혁신된 형식과 새로움에 대한 강박이다.") 두번째는 잠재적으로 폭발적인 사건적 봉기를 보호하는 장소를 하찮은 것으로 보이게 하는 것, 즉 눈에 띄지도 않는 진부한 일상적 풍경처럼 보이게 하는 것, 기껏해야 기존 시스템의 일시적이고 교정 가능한 기능장애에 불과한 것으로 보이게끔 만드는 것이다.

이와 같은 사유 노선은 단지 한 가지 제한조건만 필요로 하는 것 같다. 존스턴은 이렇게 쓴다.

세계적인 국가의 이데올로기는 일종의 허세 가면을 통해 자신의 비-통합적 약점, 자신의 아킬레스건을 완전히 통합된 기계장치 속의 톱니바퀴나 조화로운 기능의 구성요소들처럼 위장한다. 오히려 그 약점은 체제의 기어에 멍키 스패너를 던져서 사건적 오작동을 일으킬 수 있는 잠재성을 함축한 자리이다. 체제는 결코 주체들의 눈에 보이는 것만큼 그렇게 굳건한 참호 속에 있지 않다.

오히려 이데올로기적 전략들 중 하나는 기능장애의 위협적 성격을 완전히 인정하고, 그것을 시스템의 내적 역학의 필연적 결과로 보지 않고 외부의 침입으로 간주하는 게 아닐까? 물론 이런 태도의 모델이 되는 것은 사회적 적대를 사회체제의 유기적 전체성을 교란하는 외부 침입자―유대인―에 의한 것으로 간주하는 파시즘적 관점이다.

경제적 공황에 대한 표준적인 자본주의적 관점과 맑스주의적 관점 사이의 차이를 상기해 보자. 표준적인 자본주의적 관점에 따르면 공황은 자본주의적 시스템의 '일시적이고 교정 가능한 결함'이다. 반면 맑스주의적 관점에 따르면 그것은 우리로 하여금 자본주의 시스템의 작동방식을 포착하게 해주는 '예외적인' 진실의 순간이다(동일한 방식으로 프로이트에게 꿈과 증상들은 심적 기제의 부차적인 오작동이 아니라 심적 기제의 억압된 근본 작동을 식별할 수 있게 해주는 순간이다). 여기서 존스턴이 들뢰즈적 개념인 '미세한 차이'minimal differene(이 차이는 한편으로는 국가 이데올로기에 의해, 다른 한편으로는 비-국가주의적 틀에 의해 단일한 상황-내적 다양성으로 귀속되는 변화-범주적 상태들 간의 차이로 구성된다)를 사용하는 것은 이상할 게 없다. 공황을 시스템 내부의 우발적 기능장애로 보는 관점에서 시스템의 '진실'이 가시화되는 증상 지점으로 보는 관점으로 이행할 때, 우리는 하나의 동일한 현실적 사건을 다루고 있는 것이다. 차이는 순전히 가상적인 것으로, 그것의 현실적 속성에 관련된 것이 아니라 오직 이런 사건이 이데올로기적이고 개념적인 배경의 가상적 직물망으로 보충되는 방식에 있다(마치 슈만의 피아노 멜로디에서 처음에는 세번째 선율까지 연주되고 그 다음에는 그 세번째 선율이 소리 없이 악보로만 있는 것처럼).여기서 존스턴이 지적한 다음과 같은 비판은 전적으로 옳다.

바디우는 외견상 단계론적으로 보이는 이런 수단들을 재빨리 사회-경제학이나 합법투쟁의 영역에 갇힌 사소한 정치적 조정과 수정들(정확한 사건적 제스처가 아닌 것)로 치부하면서 비타협적인 '완벽한' 혁명으로 인도하는 유사-신적인 시스템-해체적 사건의 분출을 기다린다. 하지만 전술한 분석은 그가 과연 점진적이거나 사소한 것처럼 보이는 것이 실제로 그렇게 사소하기만 한 것인지, 오히려 변화-범주적 상태들에 대한 국가주의적 이데올로기의 등록하에서만 그렇게 보이는 건 아닌지 확신할 수 있을까 의심스럽다.

우리는 '사소한' 조치들처럼 (지배 이데올로기의 가시적 공간 안에 등록된 것처럼) 보이는 것이 전체 장의 급진적인(사건적인) 변혁을 향한 과정을 초래하지 않으리라고 미리 확신할 수 없다. 사소한 사회적 개혁 조치들이 자칭 '급진적' 변화들보다 훨씬 강력하고 광범위한 결과들을 초래하게 되는 상황은 분명 존재하며, 이런 "사회-정치적 변화의 흐름 속에 있는 요인들에 대한 내재적인 예측 불가능성"은 바디우가 "은총의 유물론"이라는 표제로 포착하고자 했던 차원을 지시한다. 존스턴은 계속해 다음과 같은 의문을 제기한다. 전前-사건적 행위자들이 "실제로 그들이 행한 것, 실제로 그들이 가고 있는 곳에 대해 알지 못한다면? 국가 이데올로기의 영향하에서 단지 시스템 보호 차원의 보완책만을 찾게 할 뿐이라고 예상했던 어떤 제스처가 그 사후 효과로 시스템 자체의 붕괴를 (지연시키는 것이 아니라) 가속화시키는 예상치 못한 결과를 초래한다면 어쩌겠는가?"

여기서 즉각적으로 떠오르는 사례는 미하일 고르바초프의 페레스트로이카가 아닌가? 그는 단지 더 효과적으로 시스템을 보완하려는 목적으로 페레스트로이카를 행했지만 그것은 시스템의 총체적인 해체를 촉발하지 않았는가? 그래서 이것은 정치적 개입들이 그 사이에서 자신의 길을 찾아야 하는 두 가지 극단이다. 하나의 극단은 결과적으로 총체적인 파국을 초래하는 '사소한' 스킬라Scylla적인 보완조치들(사소한 타협조차 시장경제로의 길을 열어 놓아 결국 자본주의에 항복하는 결과를 초래할 것이라는 마오쩌둥의 두려움—오늘날 검증된 두려움—을 상기해 보자)이고, 또 다른 극단은 장기적으로 시스템을 강화하게 만드는 카리브디스Charybdis적인 '급진적' 변화들이다. (루스벨트의 뉴딜을 떠올려 보라.)

또한 이것은 저항의 형식들 간의 '근본적' 차이에 대한 의문을 제기한다. '급진적 비판의 입장'이나 전복적 행위로 보인 것이 사실은 시스템의 '내재적 위반'으로 기능하고, 단순히 시스템과 그것의 공언된 이데올로기적 목표를 조응시키는 사소한 법 개정이 시스템의 기본 전제에 공개적인 문제제기보다 훨씬 더 전복적일 수 있다. 이런 성찰은 우리로 하여금 '미세한 차이의 정치' 기술을 정의할 수 있게 한다. 시스템의 기본 전제를 문제 삼지 않을 뿐만 아니라 시스템 자체의 원칙을 현실에 적용함으로써 그 원칙의 일관성을 확인할 뿐인 것처럼 보이는 미세한(이데올로기적, 합법적) 조치들을 확정하고 집중하는 기술 말이다. 비판-이데올로기의 '시차적 관점'parallax view은 이런 사소한 조치들이 시스템의 명시적인 작동 방식을 교란하지는 않음에도 실제로는 시스템의 '토대를 흔들어' 그 근간에 균열을 가져올 수 있다는 가정으로 이끈다. 과거 어느 시기보다 오늘날 우리에게는 존스턴이 "전-사건적 시간 훈련"pre-eventual discipline of time이라고 부른 것이 필요하다.

이 전혀 다른 종류의 시간 훈련은 사태의 차이에 대한 불분명하고 빈약한 관념에 근거하여 성급하게 아무 행동이나 하는 무원칙적인 조급성도 아니고, 지금 일어나고 있는 사태로부터 물러나 끝없이 부유하는 현 사태를 수긍해 버리고, 혹은 수긍해 버리거나 현실적으로 침전되어서는 안 되는 'x', 즉 예측 불가능한 섬광 같은 진정한 변화가 도래하기를 기다리는 정적주의적quietist 고행도 아니다(바디우의 철학은 가끔씩 이 정적주의적 위험을 내비치기도 한다). 후기 자본주의의 광신적인 사회-경제적 형식들에 종속된 사람들은 항상 '주의력 결핍 장애'라고 부를 수 있는 여러 형태의 행위, 즉 현재로부터 영원히-새로운-현존으로 아무 생각 없이 미친 듯이 비약하는 조급증에 사로잡힌다. 정치적 차원에서 그런 자본주의적 조급증은 특히 (진정한 정치적 형식은 단지 '해방적'이라는 의미에서뿐 아니라 근본적으로 평등주의적이고 비-정체성주의적non-identitarian이라는 '일반적인' 의미에서 '코뮤주의적'이라는 바디우의 주장에서 도출된) 공산주의적 인내의 형식이라고 지칭할 수 있는 것과 대조될 수밖에 없다. 그것은 앞에서 비난한 것과 같은 정적주의적 고행이 아니라, 이데올로기적으로 감춰진 국가 시스템 내부의 약점들을 식별하는 시선으로 상황과 상태들과 세계들을 정관靜觀하는 태도이다. 이런 은폐된 아킬레스건(감춰진 사건 발생의 자리)은 존재할 수 있고 또 실제로 세계적인 컨텍스트 속에 존재한다는 이론적 전제 속에서, 우리는 실재적 변형의 가려진 중핵들에 대한 탐색 속에서 겉으로 보기에는 전-사건적인 상황 감시에 인도되는 것처럼 보이는 사소한 제스처들이 상황의 상태들 그리고/혹은 선험적인 세계체제들에 커다란 반향을 일으킬 수 있다는 희망을 참을성 있게 견지해야 한다.

하지만 이런 전략에는 한계가 있다. 만약 그것을 일관되게 밀고 나간다면 결국은 일종의 '능동적 정적주의'에 빠지고 만다. 대문자 행위를 영원히 미루면서 하는 행동들이란 결국 '양에서 질로의 비약'이라는 신비한 도약에 총체적이고 근본적인 변화로 이어지리라는 은밀한 희망으로 이뤄지는 사소한 개입이다. 이런 전략은 대문자 변화가 도래하는 정확한 시점을 판별하여 그 순간 재빨리 전략을 바꿔 위험을 무릅쓰고 전면적인 투쟁에 참여할 수 있는 능력에 의해 보충되어야 한다. 달리 말해서 우리는 정치적 장의 '거대한 반향'은 저절로 오지 않는다는 것을 잊지 말아야 한다. 그렇다. 우리는 참을성 있는 노력으로 그 토대를 마련해야 하지만 또 한편 그것이 언제 일어날지 정확한 순간을 포착할 줄 알아야 한다.

'엄밀히 공산주의적인 인내의 형식'은 단지 시스템 이론이 '사건 분출적 특성'이라고 부른 것을 생각나게 하는 태도로 근본적인 변화가 분출하는 순간을 참을성 있게 기다리는 것이 아니다. 그것은 또한 최후의 전쟁에서 승리하기 위해 작은 전투에서의 패배를 견디는 것이기도 하다. (마오의 슬로건을 떠올려 보라. "패배에서 패배로, 최후의 승리를 위해!") 혹은 좀더 바디우적인 용어로 말하자면, 사건적 분출은 전적으로 다른 시간 질서('사랑의 작업'의 시간성, 사건에 대한 충실성)를 도입하면서 시간적 파열을 일으킨다. 즉, 역사적 진보라는 비-사건적 시간관 속에서는 결코 혁명적 사건의 '정확한 순간'은 존재하지 않는다. 상황은 **결코** 혁명적 행동에 '충분할 만큼 성숙할' 수 없다. 행동은 언제나 정의상, '미성숙할' 수밖에 없다. 진실로 프랑스 혁명의 반복이라는 타이틀을 받을 만한 투생 루베르튀르Toussaint L'Ouverture가 지도한 아이티 혁명Haitian Revolution을 상기해 보자. 이것은 명확히 '너무 빨리', '미성숙한', 실패할 수밖에 없는 혁명이었다. 하지만 바로 그 때문에 그것은 프랑스 혁명 자체보다 훨씬 더 혁명적인 사건이었다고 할 수 있다. 이런 과거의 패배들이 유토피아적 에너지를 축적하여 최후의 전쟁으로 폭발할 것이다. '성숙함'이란 성숙의 지점에 도달하기 위한 '객관적' 환경을 기다리는 것이 아니라 패배들을 축적하는 것이다.

　오늘날 진보적인 자유주의자들은 자기들은 '혁명'보다 근본적인 해방적 정치운동에 결합하고 싶다고 한탄하곤 하지만, 그들이 얼마나 간절히 그것을 염원하는지 그건 모르겠지만, 아무튼 그들은 '그것을 보지 않는다'. (그들은 모든 의지와 힘을 다해 진정으로 그런 활동에 참여하는 사람들의 사회적 공간을 찾아보지 않는다.) 여기에는 진실의 계기가 존재하지만 그럼에도 우리는 이런 자유주의자들의 태도 자체가 문제의 일부분이라는 사실을 덧붙여야 한다. 누군가 혁명적 운동을 '보기를' 기다리기만 한다면 당연히 혁명은 일어나지 않을 것이며, 그는 결코 혁명을 보지 못할 것이다. 헤겔이 진실한 현실로부터 외관을 분리시키는 커튼에 관해 언급한 것은(외관의 베일 너머에는 아무것도 없다. 단지 그 너머를 추구하는 주체가 갖다 놓은 것 말고는) 또한 혁명적 과정에도 적용된다. '보는 것'과 '원하는 것'은 여기서 뗄 수 없이 연결되어 있다. 달리 말해서 혁명적 잠재력은 저기 바깥에서 발견될 수 있는 어떤 사회적 사실이 아니다. 오직 그것을 '원하는'(운동에 참여하는) 자만이 그것을 '보게 된다'. 1917년 여름, 혁명적 권력 장악에 대한 레닌의 요청에 반대한 자들과 멘셰비키들은 혁명을 위한 조건이 '무르익었다'고 '보지 않았고' 아직 '때가 오직 않았다'고 반대했다. 그들은 단지 혁명을 원하지 **않았던** 것이다.

　'보는 것'에 대한 이런 회의적인 주장의 또 다른 형태는 오늘날 자본주의는 전 세계를 포괄하고 있기 때문에 그들은 그에 대한 어떤 진지한 대안도 '볼' 수 없다는 것, 어떤 실행 가능한 '외부'도 상상할 수 없다는 것이다. 이에 대한 대답은 그것이 사실인 한 그들은 그냥, 보지 않는다는 것이다. 과제는 외부를 보는 게 아니라 일단, 보는 것(오늘날 자본주의의 본성을 파악하는 것)이다. 맑스주의자라면 우리가 이것을 '볼' 때 우리는 그것을 넘어갈 방법까지 포함해서 충분히 보게 된다는 식으로 주장해야 한다. 그래서 혁명에 결합하기를 간절히 원하지만 단지 어디든 널려 있는 기회를 보지 않는 딱한 진보적 자유주의자들에게 해줄 수 있는 대답은 생태적 재앙을 걱정하는 상투적인 생태주의자에게 해줄 대답과 같을 것이다. 걱정 마세요. 재앙은 일어날 테니……

상황은 좀더 복잡하다. 우리는 자신의 사건적 속성을 스스로 말소함으로써 성공하게 되는 사건을 자주 본다. 프랑스 혁명에서 자코뱅이 그랬던 것처럼, 일단 자신의 (필연적) 임무가 완수되고 나면, 그들은 단지 무너지고 소멸될 뿐만 아니라 소급적으로 자신의 사건적 위상을 상실하게 된다. 그래서 그것은 역사적 발전의 (피할 수도 있었던) 과잉, 혐오스러운 기형과 같은 역사의 사고가 된다.[10] 이런 주제는 맑스와 엥겔스에 의해 자주 제기된 것으로, 일단 실용적이고 공리적인 부르주아적 '정상' 생활이 확립되면 자기 자신의 폭력적이고 영웅적인 기원들은 망각된다. 이런 가능성―사건 연쇄가 목표에 도달할 (명백한) 가능성뿐 아니라 훨씬 근본적으로, 사건성 자체가 부정될 가능성, 결국 자신의 최종적 승리를 증명하는 자기 흔적의 말소 가능성, 바디우는 이 가능성을 고려하지 않는다.

근본적인 파열들과 불연속들이 분기되고 파생될 가능성, 부분적으로는 미래 속으로 펼쳐지는 그것 자체의 반항에 기인한 그 가능성은 이렇게 말소된 기원의 지점에 기반한 현실을 살아가는 자들에게는 보이지가 않는다.

---

10 자코뱅의 '추상적 자유'에 대한 비판 속에서, 1794년을 건너뛰려는 꿈, 다시 말해서 1789년에서 곧바로 부르주아의 일상적 현실 수립로 넘어가려는 자유주의자의 꿈을 일소하면서 이와 같은 순간의 필연성을 인식한 자는 다름 아니라 헤겔이다. 로베스피에르에 의해 '혁명 없이 혁명'을 원하는 자들의 꿈으로 비난받는 이 꿈은 1793년 없는 1789년을 가지겠다는, 케이크를 먹으면서 케이크를 가지겠다는 꿈이다.

이와 같은 사건의 자기 말소는 벤야민식의 좌파적 멜랑콜리 정치라고 부르고픈 것의 공간을 개방한다. 얼핏 보면 이것은 모순어법처럼 보인다. 미래를 향한 혁명의 경향은 과거에 대한 우울증적인 애착과 반대가 아닌가? 하지만 믿음을 갖고 충실해야 하는 미래가 **과거 자체의 미래**라면 어떨까? 달리 말해서, 과거의 실패 속에서 현실화되지 못했지만, 바로 그 때문에 계속해서 우리에게 달라붙어 있는 해방적 잠재력이라면? 맑스는 프랑스 혁명에 대한 아이러니한 논평에서 혁명적 도취를 '다음 날 아침'의 각성 효과와 대립시킨다. 자유, 평등, 박애를 향한 숭고한 혁명적 폭발의 현실적 결과는 불행히도 이해 타산적인 시장 논리의 공리주의적/이기적 세계이다. (이런 간극은 10월 혁명에서 훨씬 더 넓게 나타나지 않는가?) 하지만 우리는 맑스를 단순하게 이해해서는 안 된다. 그의 요점은 어떻게 속물적인 상업적 현실이 혁명적 도취의 연극적 '진실'인가, '결국 그렇게 되고 말 것'인가가 아니다. 사건으로서의 혁명적 폭발 속에서 또 다른 유토피아적 차원, 정확히 '다음 날'의 시장 현실에 의해 배반당한 보편적 해방의 차원이 계시된다는 것이다. 이런 과잉 자체는 단지 소멸되어 무가치한 것으로 치부되는 게 아니라 본질적으로 **잠재적 상태로 이전되어** 마치 현실화되기를 기다리는 꿈처럼 해방적 상상력에 늘 붙어 다니는 것이다. '현실화된 사회적 기반' 내지 실체에 대한 혁명적 도취의 과잉은 그래서 문자 그대로 과거(의) 속에 있는 미래, 자신의 고유한 구현을 기다리는 유령적 사건이다.

프랑스 혁명에 대해 처음에는 도취되었던 대다수 자유주의적 낭만주의자들은 혁명에 의해 고삐가 풀려 버린 '괴물성', 그 폭력성에 치를 떨며 혁명 자체의 이성을 의심하기 시작했다. 두드러진 예외적 인물로 셸리 P. B. Shelley는 혁명을 이상화하지도 않고 그 폭력성만 안 보이게 덮어 두지도 않은 채 끝까지 혁명에 대한 신뢰를 버리지 않았다. 그의 시 「이슬람의 반란」The Revolt of Islam에서 그는 비극과 파괴적인 결과가 어떤 의미에서는 혁명적인 희망과 보편적 자유의 '진실'이라는 반동적인 주장을 명확히 거부했다. 셸리에게 역사는 현실성에 우선하는 가능성들의 결과들이며, 그 현실적 결과들 안에는 현실화를 넘어서는 잉여, 잠재적으로 지속된 불꽃과 같은 것이 사라지지 않고 남아 있다. 그래서 해방적인 시도들의 즉각적 실패 자체가 미래의 혁명적 열망을 품고 있는 자들에게 그 불꽃 같은 열망은 훨씬 **더** 근본적으로, 훨씬 더 포괄적으로 반복될 것임을 암시해 준다.

바디우가 이런 차원을 간과한 이유는 반복과 사건적 단절 사이의 대립에 얽매여 있었기 때문이다. 그는 반복을 새로움의 출현을 가로막는 장애물, 궁극적으로는 죽음충동 그 자체, 주체를 자기 파괴적인 악순환 속에 가둬놓는 어떤 모호한 향락jouissance에의 병적인 집착과 같은 것으로 치부했다. 이런 의미에서 사건에 대한 충실성의 주체적 범주인 '삶'은 "생명을 억제하는 충동(죽음 본능)뿐만 아니라 보수적인 충동('삶의 본능'이라고 잘못 명명된)과의 거리를 유지한다".[11]

여기서 바디우가 놓치고 있는 것은, '죽음충동'은 역설적이게도 그가 말한 것과는 정반대로 불멸성이 정신분석 안에서 나타나는 방식에 대한 프로이트식 명명이라는 사실이다. 삶의 기괴한 과잉, 생명과 죽음, 생성과 소멸의 (생물학적) 순환을 넘어서 지속되는 '죽지 않는'undead 고집스런 자극 말이다. 죽음충동 자체는 바디우가 그토록 찬미하는 바그너의 작품에서 명확히 표현된 것처럼 자기-말소적이거나 자기-파괴적인 모호한 경향과 정반대 힘을 대변한다. 바그너를 참조함으로써 우리는 프로이트의 죽음충동이 자기-소멸에 대한 갈망이나 어떤 삶의 긴장도 없는 비유

---

11 Badiou, *Logiques des mondes*, p.531.

기적 상태로의 회귀에 대한 열망과는 아무 상관이 없다는 것을 알 수 있다. 죽음충동은 바그너의 작품에 나오는 영웅들의 죽음에 대한 갈망, 죽음 속에서 평화를 찾으려는 염원 속에 **있지 않다**. 정반대로 그것은 죽음으로 향하는 것의 이면에 있다. 그것은 '죽지 않는' 영원한 삶 자체에 대한 이름이며, 죄와 고통 주위를 끝없이 순환하는 반복에 사로잡힌 끔찍한 운명에 대한 이름이다. 바그너의 주인공들이 마지막에 죽는 것(네덜란드인, 보탄, 트리스탄, 암포르타스의 죽음)은 그래서 죽음충동에 속박된 삶으로부터 해방된 순간이다. 3막에서 트리스탄이 절망한 것은 죽음의 공포 때문이 아니다. 그를 절망에 빠뜨렸던 것은 이쭐데 없이는 죽지도 못하고 오직 영원한 동경의 삶만 지속된다는 사실이다. 그는 죽을 수 있기 위해 그녀의 도착을 간절히 기다린다. 트리스탄이 두려워하는 상황은 이쭐데 없이 죽는 것(사랑하는 사람의 표준적인 불만)이 아니라, 그녀 없는 영원한 삶이다.

정신분석의 궁극적 교훈은, 인간의 삶은 결코 '단순한 생명'이 아니라는 것이다. 인간은 단순히 살아가지 않는다. 인간은 잉여적인 삶을 즐기려는 기괴한 충동에 사로잡혀 있으며, 정상적인 사물의 운행 노선을 이탈하여 돌출되는 과잉에 열정적으로 속박되어 있다. 이런 과잉은 주체를 '안 죽게' 만드는 상처, 죽을 수 있는 능력을 빼앗는 상처(트리스탄과 암포르타스의 상처는 말할 것도 없고, 카프카의 「어느 시골 의사」Ein Landarzt에 나오는 그 상처)의 모습으로 인간의 신체에 각인되어 있다. 이런 상처가 치유될 때 그 영웅은 평화롭게 죽을 수 있다. 이처럼 기관 속에 각인된 충동은 우리로 하여금 바디우의 진리 공정의 신체 개념을 수정하도록 해준다. 진리의 신체들은 존재하지 않는다. 진리는 자신의 기관들(신체 없는 기관들)을 가진다. 달리 말해서, 진리는 그 자체로 독립적인 기관(들)을 통해 신체 속에 등록된다. 카프카의 「어느 시골 의사」에 나오는 아이의 옆구리에 생긴 상처가 바로 그런 기관으로, 그것은 신체의 일부이지만 그로부터 독립되어 자기만의 (죽지 않는) 영원한 삶을 지속하며 언제나 은밀히 피 흘리게 하고, 바로 그 때문에 아이를 평화롭게 죽지 못하도록 만든다.

바로 이 지점에서 우리는 바디우로부터 들뢰즈로 되돌아가 반복을 새로움의 형식 자체로 고찰해야 한다. 물론, 바디우는 반복의 사건적 차원을 지각하지 못하기에는 너무나 명민한 사상가이다. 그가 『세계들의 논리』에서 사건의 세 가지 '주관적 운명들'(충실함, 반동, 신비함)을 개진할 때 그는 네번째 '부활'resurrection의 운명을 추가한다. 그것은 자신의 흔적이 역사적-이데올로기적 무의식 속으로 말소된 것 내지 '억압된' 사건의 주체적 부활이다. "그래서 모든 충실한 주체는 과거의 현존 속에서 봉쇄되었던 진리의 단편을 그 사건적 현재 속에 다시 통합한다."[12] 그가 제시한 아름다운 사례는 스파르타쿠스로, 공식 역사 속에서는 지워졌지만 그 이름은 아이티의 흑인 노예 반란에서 처음으로 부활했다(진보적인 총독이었던 에티엔 라보Étiene Laveaux는 투생 루베르튀르를 '흑인 스타르타쿠스'라 불렀다). 또한 한 세기 후 두 명의 독일 '스파르타쿠스'가 있었으니, 로자 룩셈부르크와 칼 리프크네히트Karl Liebknecht가 그들이다. 하지만 문제는 바디우가 이 부활을 **반복**repetition이라고 부르지 않는다는 점이다.

우리는 새로운 세계를 원하는가?

이 중요한 지점에 관해 바디우가 취하는 모호한 태도는 키르케고르의 미학적-윤리적-종교적 삼항과 동일한 방식으로 기능하는 그의 존재-세계-사건의 삼항 구도와 결부되어 있다. 세 항은 동일한 존재론적 차원에

---

12 Badiou, *Logiques des mondes*, p.75.

서 작용하지 않으며, 라캉의 상상계(I)/상징계(S)/실재(R), 혹은 프로이트의 에고/초자아/이드와 마찬가지로 선택은 언제나 두 항들 사이에서 이것 아니면/저것의 형태로 이뤄진다. 우리가 하나의 항에 초점을 맞출 때 다른 두 항은 하나로(한 항의 헤게모니하에서) 압축된다. 만약 우리가 상상계에 초점을 맞춘다면 실재와 상징계는 상징계의 헤게모니하에서 상상계의 대립물로 축약된다. 만약 우리가 실재에 초점을 맞추면, 상상계와 상징계는 상징계의 지배로 축약된다. (거기에 라캉의 『세미나』 7권, 정신분석의 윤리에 관한 세미나에서 공표된, 상상계-상징계 축에서 상징계-실재 축으로의 변화가 있다.) 혹은 프로이트의 경우, 우리가 에고에 초점을 맞추면 그것의 대립물은 이드(초자아를 포괄하는)가 된다.[13]

『세계들의 논리』는 존재-사건 축에서 세계-사건 축으로의 변화를 전개한다. 이것이 의미하는 것은 존재, 세계, 그리고 사건은 삼항 구도를 형성하지 않는다는 것이다. 여기서 우리는 존재와 세계(외관)의 대립 아니면 세계와 사건의 대립을 갖게 된다. 이로부터 예기치 못한 결과가 발생한다. (바디우가 거듭해서 강조하듯이) 진정한 사건은 단지 부정적 제스처가 아니라 새로움의 실증적 차원을 개방하는 것이라면, 사건은 새로운 세계, 새로운 주인-기표(바디우가 새로운 명명이라고, 혹은 라캉이 '새로운 기표로의 정향'이라고 부른 것)의 부과이다. 진정한 사건적 변화는 낡은 세계에서 새로운 세계로의 이행이다.

우리는 여기서 한발 더 나아가 변증법적 차원을 도입해야 한다. 사건은 존재의 복수성과 세계 사이의 긴장에 의해 설명**될 수 있으며**, 그것의 자리는 세계의 증상적 비틀림으로, 세계에 대한 존재의(재-현에 대한 현

---

13 그래서 아이러니하게도, 『세계들의 논리』의 1권격인 바디우의 첫번째 책의 제목 『존재와 사건』(L'Être et l'Événment)은 프로이트의 『에고와 이드』와 동일한 방식으로 읽어야 한다. 프로이트의 경우 제3항인 초자아와 마찬가지로 세계(world)라는 사라진 제3항에 대한 암묵적 참조가 있는 것이다.

존의) 과잉에 의해 발생한다. 여기서 고유하게 헤겔적인 수수께끼는 "어떻게 진실로 새로운 것의 사건적 출현이 가능한가?"가 아니라 어떻게 우리는 존재로부터 세계로 즉 (유한한) 외관으로 이행할 것인가, 어떻게 존재는, 그것의 단순히 무한하기만 한 복수성은 (자기 자신으로) **나타날** 수 있는가? 하는 점이다. 그렇다고 이것이 어쨌든 존재 자체 속에 작용해야 하는 일종의 '부정성', 혹은 (무한하게 만드는 게 아니라 반대로) 유한하게 만드는 힘, 헤겔이 현실 속에 함께 속한 것을 뜯어내어 현상적 외관에 독립성을 부여하는 '절대적 힘'이라고 부른 것을 전제한다는 것은 아니다. 정신은 어떤 '종합'에 앞서서 칸트가 '초월론적 상상력'이라고 부른 것, 사물을 추상하고 단순화/압살하고 '단일한 특질'(단일한 경로 le train unaire)로 환원하는 힘, 사물의 경험적 풍부함을 말소하는 힘이다. 정신은 그것이 무수한 경험적 특질의 혼란스러움에 직면했을 때, 말할 수 있게 하는 힘이다. "이 모든 것은 사실 문제가 안 된다. X라는 특질이 거기 있는지 없는지 그것만 말해 달라!" 그리고 세계 자체가 어떤 '첨점', '단일한 특질'의 그와 같은 강제적 부과에 의해 지탱되는 한 첨점 없는 point-less 무조음의 세계는 세계 없음 wordlessness의 이름이 아닌가? 바디우는 최근에 오늘날의 시간은 **세계성이 박탈된** 시간이라고 주장했다. 그는 맑스의 『공산당 선언』에서 모든 고정된 사회적 형식들을 녹여 버리는 자본주의의 '탈영토화하는' 힘에 대한 유명한 구절을 참조한다.

맑스가 모든 신성한 유대가 자본주의의 냉수 속에서 탈-신성화되는 것에 대해 말한 구절은 열광적인 어조를 띠고 있다. 그것은 자본의 권력을 해소하고자 하는 맑스의 열정이다. 자본이 우리로 하여금 초자아적인 '일자'의 형상과 그것에 수반되는 신성 유대를 제거할 수 있게 하는 물질적 힘으로 나타난다는 사실은 실제적으로 자본이 실정적 진보의 성격을 갖고 있으며, 현재의 시간 속으로 끊임없이 전개되는 힘임을 대변한다. 일반화된 원자주의, 반복되는 개인주의, 단순한 행정적 실행들로 격하된 사유는 결코 철학자로서의 우리를 만족시킬 수 없다고들 한다. 나는 탈신성화의 요소 바로 그 안에서 우리가 사유함의 소명과 재결합해야 한다고 생각한다.[14]

그래서 바디우는 고정된 재현의 틀을 전복하는 자본의 역학이 지닌 예외적인 **존재론적** 위상을 인정한다. 통상적으로 비판-정치적 활동에 의해 수행되어야 하는 임무(고정된 상태의 재현적 틀을 전복하는 임무)는 이미 자본주의 자체에 의해 수행된다. 그리고 이것은 바디우의 '사건적' 정치에 중요한 문제를 제기한다. 전前-자본주의 구성체에서는 모든 상태들, 모든 재현적 총체화가 어떤 초석적 배제, '증상적 비틀림'의 지점, '몫 없는 자들', 시스템의 일부이지만 그 속에 자기 자리가 없는 요소를 함축한다. 그래서 해방적 정치는 이 잉여적('정원 외적') 요소, 상황의 일부이기는 하지만 상황 논리로는 **설명할 수 없는** 지점으로부터 개입해 들어가야 한다. 하지만 더 이상 시스템이 이런 잉여를 배제하지 않을 때, 잉여 자체를 자신의 추동력으로 삼을 때, 끊임없는 자기-혁명과 자기 한계의 극복을 통해서만 재생산되는 자본주의의 경우에는 어떤 일이 벌어질까? 단순하게 말해서 만약 한정된 역사적 세계 안으로의 혁명적·해방적 개입으로서의 정치적 사건이 언제나 잉여적인 '증상적 비틀림'의 지점과 결합되어 있다면, 즉 그것이 정의상 세계의 윤곽을 전복하는 것이라면, 우리는 어떻게 그 자체로 세계-없는 우주, 자신의 재생산을 위해 더 이상 하나의 '세계'로 제약될 필요가 없는 우주에 정치적으로 개입하는 사건을 정의할

---

14 Alain Badiou, "L'entretien de Bruxelles", *Les Temps modernes*, 526(1990), p.6.

수 있는가?

알베르토 토스카노Alberto Toscano가 적절하게 지적한 것처럼 바디우는 여기서 모순에 빠져 있다. 그는 '세계 없는' 우주(오늘날 전 지구적 자본주의의 우주) 안에서 해방적 정치의 목적은 정확히 '전통적인' 방식과 정반대가 되어야 한다는 '논리적' 결론을 도출한다. 오늘날의 임무는 새로운 세계를 형성하는 것, 새로운 '인지 지도'를 제공할 새로운 주인-기표를 제안하는 것이다.

(……) 세계들의 현상적 외관에 대한 이론적 기술에서 바디우는 세계들과 그 선험적 체제의 **고장**dysfunction을 발생시키는 사건에 대하여 설득력 있게 주장한다. 다른 한편, 그는 자신의 '현존의 존재론' 안에서 '자기-지연적'intervallic이고 세계-없는 현 시대 속에 하나의 세계를 **구성할** 필요성, 즉 새로운 진리 공정들을 위한 새로운 이름들을 창안하면서 도래하는, 오늘날에는 배제된, 그런 세계 구성의 필연성을 주장한다. 바디우는 "나는 우리가 아주 특별한 순간 속에 있다고, **어떤 세계도 없는** 순간을 살고 있다고 주장한다"라고 쓰면서 (……) 결과적으로 "철학은 우리가 기다리고 있다는 바로 그 이유 때문에 우리를 기다리는 그 미지의 세계를 존재 속으로 불러들이는 새로운 이름들을 찾도록 도와주는 것 말고는 다른 어떤 존재 이유도 갖지 않는다"라고 말한다. 여기서 바디우는 자신의 핵심적 교리 가운데 하나를 뒤집으며 일정한 범위 안에서 '명령적인' 임무를 주장하는 듯 보인다. 그것은 불가피하게, 최근의 흔해 빠진 슬로건, 즉 "다른 세계가 가능하다"를 떠올릴 수밖에 없는 명령이다.[15]

---

15 Alberto Toscano, "From the State to the World? Badiou and Anti-Capitalism", *Communication & Cognition*, vol.36, 2003, pp.1~2.

이런 비일관성은 다시 '규정적 부정'에 관한 논제로 돌아가게 한다. 새로운 세계 구성에 대한 '명령적' 임무는 일종의 '억압된 것의 회귀'로서, 그것은 바디우의 이론에서 억압된 것일 뿐 아니라 바디우에게 중요한 참조점으로 기능하는 정치적 사건의 회귀이기도 하다. 앞에서 지적한 것처럼 마오의 문화혁명은 바로 그 '명령적' 과업에 실패했다.

문화혁명의 교훈들

그럼 바디우에게 문화혁명의 역사적 결과(교훈)는 무엇인가? 행위를 부정적인 것으로 보는 관점에 대해 확고하게 반대한 바디우에게 마오의 문화혁명의 역사적 중요성이 다음과 같이 진술되는 것의 아이러니를 놓치기는 어렵다.

> 그것은 혁명적인 정치 행위의 중심적 생산으로서의 당-국가가 끝났다는 것을 의미한다. 일반적으로 말해서, 문화혁명은 더 이상 혁명은 혁명적인 대중 행위도 아니고 엄격히 계급 재현의 논리에 따른 조직적 현상들로 기록될 수도 없다는 것을 보여 준다. 문화혁명이 가장 중요한 정치적 사건으로 남아 있는 이유가 여기에 있다.

이 구절은 바디우의 「문화혁명:최후의 혁명?」The Cultural Revolution: The Last Revolution?[16]에서 뽑은 것으로, 그 제목은 예기치 않게 하이데거와의 유사성을 시사한다. 바디우에게 문화혁명은 하이데거에게 나치 혁명이 차지했던 구조적 자리를 차지한다. 그것의 실패가 정치적 개입 자체(의 전

---

16 2002년 컨퍼런스 발표문, 번역은 브루노 보스틸스(Bruno Bosteels).

통적 형식의) 종말을 암시하는 가장 근본적인 정치적 개입의 자리 말이다. 바디우의 텍스트는 특히 이 지점을 반복해서 강조한다.

결국 문화혁명은 자신의 막다른 곤경에서조차 그것을 구속하고 있던 당-국가의 틀로부터 진실하고도 전면적으로 자유로운 정치의 불가능성을 증명한다. 그것은 대체 불가능한 침윤의 경험을 표시한다. 새로운 정치적 경로를 찾으려는 의지, 혁명에 재돌입하려는 의지, 사회주의라는 형식적 조건 속에서 노동자들의 투쟁 형식을 새롭게 발견하려는 그 폭력적인 의지는 공적 절서를 위해, 내전을 막기 위해, 당-국가의 일반적 프레임을 지키기 위해서라는 어떤 필요의 주장 속에서 실패로 끝나고 말았다.

20세기 최후의 위대한 혁명적 폭발의 핵심적인 중요성은 그래서 **부정적**이다. 그것의 중요성은 혁명적 과정에 대한 당/국가주의적 논리의 완전한 고갈을 증명한다. 하지만 여기서 한발 더 나아가 표현('직접적'으로 국가 외부적인 혁명적 대중의 자율-조직화)과 재현의 양극단을 상호의존적인 두 극단으로 인식할 때, 진정으로 헤겔적인 역설 안에서 '국가권력의 장악'을 목적으로 둔 혁명적 대중의 당-국가적 조직 형식의 종말은 동시에 '직접적인'(비-재현적인) 자율-조직화(노동자 평의회와 '직접 민주주의'의 여타 형식들)의 종말이기도 한 게 아닐까?

보다 최근의 『세계들의 논리』에서 바디우가 문화혁명에 대해 동일한 점을 지적할 때 그의 강조점은 미세하게 이동한다.

문화혁명은 사실상 모든 세계 혁명들 가운데 레닌주의의 한계를 테스트한다. 그것은 우리에게 해방의 정치는 더 이상 혁명의 패러다임에 종속되거나 당-국가에 갇힐 수 없다는 가르침을 준다. 이와 대칭적으로 그것은 의회주의와 선거기구들 안에 등록될 수도 없다. 고등학생 홍위병들과 중학생들이, 그 다음에는 상하이의 노동자들이 기존의 모든 가설들을 실재 속에 침윤시킴으로써 십여 년 동안 확신에 찬 새로움의 실현을 실천했을 때 모든 것은 시작되었다. 그리고 이것이야말로 문화혁명의 어두운 특이성이다. 그러나 그들의 열광은 여전히 그들이 전복하고자 했던 그 안에 사로잡혀 있었기 때문에, 그들은 단지 순수한 부정의 관점에서 이 시작을 탐색했을 뿐이다.[17]

두 가지 해석 사이에는 긴장이 있다. 「문화혁명:최후의 혁명?」에 따르면 문화혁명의 실패는 "그것을 구속하고 있던 당-국가의 틀로부터 진실하고도 전면적으로 자유로운 정치의 불가능성을 증명한다". 그리고 이런 실패의 원인은 상식적 차원에서 설명된다. ("공적 절서를 위해, 내전을 막기 위해, 당-국가의 일반적 프레임을 지키기 위해서라는 어떤 필요의 주장 속에서"—즉, '재화 공급'의 긴박함 때문에, 혁명적 혼란과 상관없이 삶은 계속되어야 하고, 인민은 일을 해야 하고 소비해야 한다. 그리고 이것을 수행할 수 있는 행위자는 당-국가밖에 없다……. 개인적인 관점에서, 저우언라이 없는 마오쩌둥은 결코 문화혁명의 그 극심한 혼란 속에서 국가 기능을 유지할 수 없었을 것이다.) 당-국가의 기본틀로부터 자유로운 정치의 불가능성에 대한 이런 주장과 반대로 『세계들의 논리』의 이 구절은 당-국가의 틀 **내부에서의** 근본적인 정치적 행위의 불가능성에서("해방의 정치는 더 이상 혁명의 패러다임에 종속되거나 당-국가에 갇힐 수 없다") 문화혁명의 교훈을 찾는다. 그래서 우리는 당-국가라는 틀 외부에서 혁명적 정치를 실

---

17 Badiou, *Logiques des mondes*, pp.543~544.

천할 수도 없고 이 틀 안에서 그것을 실행할 수도 없다. 바디우가 『세계들의 논리』에서 "평등주의적-혁명적 정치라는 '영원한 이상'은 그 네 가지 구성요소들(평등, 테러, 자발성, 인민에 대한 신뢰)과 함께 문화혁명에서 이미 그 잠재성이 소진된 당-국가주의적 모델에 근원을 둘 수밖에 없는 것인가? 그래서 우리는 그것을 포기해야 하는가? 아니면, 그것은 진실로 '영원한' 이상으로, 오늘날 포스트-혁명의 시대에 다시 창안되기를 기다려야 하는 것인가?"[18]라고 물은 것은 이상할 게 없다. 그는 분명하지 않은 답을 제시한다.

사실상 국가 혁명의 형식에 내재한 세계-초월적 주체성을 구성하는 특질은 국가와 혁명적 정치 사이의 분리를 확산시키려는 시도에 있다. 하지만, 그런 **시도는 오직 국가권력 내부로부터만** 이루어진다. 결국 문제의 형식은 오직 이런 분리를 미리 가정할 때만 존재한다. 오늘날 새로운 정치적 사고가 국가권력을 객관화하지도, 규범화하지도 않는 그런 정치 내부로부터의 행위를 사고하기 위해 그것을 사고 가능하고 그 자체로 실행 가능한 것으로 만든 이후, 그것은 오직 철학적으로만 구성될 수 있는 이유가 여기에 있다.[19]

이런 곤경에 대한 바디우의 (국가적 형식 내부도 아니고 외부도 아닌) 해결 방법은 그래서 국가적 형식**으로부터 거리를 두는** 것이다. 외부이지

---

[18] 바디우가 "영원한 진리", 즉 그 보편성이 각각의 역사적 세계들, 의미의 지평들을 가로지르는 초역사적 진리에 대해 말할 때 이 보편성은 융의 원형과 같은 신비한 보편성이 아니다. (비록 원시시대의 동굴벽화부터 피카소까지 말의 이데아에 대한 그의 기술이 때로는 위험하게 융의 원형에 근접할지라도) 오히려 그것은 의미가 부재한 실재의 보편성, 혹은 라캉이 '수학소'(matheme)라고 불렀던 것이다.
[19] Ibid., p.547.

만 국가 형식의 파괴라는 차원에서의 외부는 아닌, 오히려 그것을 파괴하지 않고서 국가 형식으로부터 자신을 '빼내는' 제스처이다. 여기서 제기되는 진정한 문제는 어떻게 국가에 대한 이런 외부성이 가동될 수 있는가 하는 점이다. 문화혁명은 내부로부터 국가 형식을 파괴하려는 시도의 실패를 증명하기 때문에 유일한 대안은 국가를 기정사실로서, '재화 공급'을 위한 기구로서 수락하고 그것과의 거리를 조직하는 것(비판적인 선언문과 요구들을 국가에 퍼붓는 것)인가? 하지만 그런 입장은 사이먼 크리츨리의 입장과 매우 가까워지지 않는가? 앞에서 지적했듯이 크리츨리는 해방적 정치를 이렇게 말한다.

> 국가로부터의 — 정치적, 지역적, 상황적 — 거리를 상연 내지 실행하는 것이다. (……) 그것은 국가를 의문에 부치며 기존 질서의 근거를 묻는다. 그것은 국가를 소멸시키기 위해서가 아니고 — 물론, 유토피아와 다를 바 없는 그것은 매력적인 사유이긴 하지만 — 국가를 더 좋게 하고 그것의 나쁜 효과를 누그러뜨리기 위해서다.

이런 입장의 주된 모호성은 기괴한 오류추리에 있다. 만약 국가가 기정사실이라면, 즉 국가(그리고 자본) 폐지가 불가능한 것이라면, 왜 국가로부터 거리를 두는 행위를 해야 하는가? 왜 국가 **안에서** 활동하지 않는가? 왜 제3의 길의 기본 전제를 받아들이지 않는가?

달리 말해서, 크리츨리의(그리고 바디우의) 입장은 우리가 국가에 대해 비판적 거리를 취하는 활동에 참여할 수 있도록 **다른 누군가**는 국가 기구를 운행하는 과제를 맡아야 한다는 입장이 아닌가? 또한, 해방적인 정치 공간이 국가와의 거리두기로 정의된다면 우리는 너무나 쉽게 적에게 (국가의) 장을 넘기는 것이 아닌가? **어떤** 형식의 국가권력인가가 중요한 게 아닐까? 이런 입장은 이런 중요한 문제를 부차적인 것으로 축소시켜 버리는 게 아닌가? 결국 이런 입장은 어떤 종류의 국가를 가질 것인가는 문제 삼지 않는다.[20]

그래서 바디우가 홍위병들은 "10여 년 동안 **확신에 찬 새로움의 실현**을 실천했지만, 그들의 열광은 여전히 그들이 전복하고자 했던 그 안에 사로잡혀 있었기 때문에, 그들은 단지 순수한 부정의 관점에서 이 시작을 탐색했을 뿐이다"라고 주장할 때, 이 '확신에 찬 실현'은 국가에 기대지 않거나, 국가를 '철폐'하거나, 국가와 거리를 두거나, (훨씬 더 근본적으로) 국가기구를 새롭게 **전유하는** 새로운 방식을 창안하는 것의 하나가 될까?

하지만 문화혁명의 실패에는 또 하나 훨씬 중요한 측면이 있다. 보편적 차원에서, 총체적인(혁명적인) 기획으로서의 정치적 진리를 형성했던 것이 가능했던 그런 시대의 종말을 예고하는 측면 말이다. 이 역사적 패배의 여파 속에서 오늘날의 정치적 진리는 오직 국지적인 사건, 국지적인 투쟁, 개별적인 배치로의 개입(그에 대한 충실성)으로만 발생할 수 있다. 하지만 이런 주장을 통해 그는 오늘날에는 오직 국지적인 '저항' 행위만이 가능하다는 자기 나름의 포스트모더니즘을 수락하는 것이 아닌가? 바디우에게 결핍된 것은 (라클라우나 버틀러와 마찬가지로) 정치적인 것에 대한 '탈근대적' 이론에 따라붙는 대안에 대한 답을 제공할 메타-역사 이론이다. '거대' 역사(서사)(hi)story에서 '작은' 역사(서사)로의 이행, 본질주의에서 우연성으로의 이행, 총체적인 정치에서 국지적인 정치로의 이행은 그 자체로 역사적 전환이 아닌가? 그래서 보편적 정치는 과거에나

---

20 한 걸음 더 나아가 '나쁜' 국가를 가지는 게 더 **낫다고** 말하고픈 유혹을 느낀다. 이를 통해 경계선들이 분명하게 그어질 수 있기 때문이다. 이와 같은 선상에서 1933년 독일 공산당은 히틀러가 바이마르 공화국보다 **낫다는** 주장을 하기에 이른다. 히틀러를 통해 우리는 우리가 어디에 서 있는지, 전선이 어디인지 뚜렷해지기 때문이다.

가능했다거나, 정치적 개입의 국지적 성격에 대한 통찰은 정치 자체의 본질에 대한 통찰로, 보편적인 정치적 개입의 가능성에 대한 과거의 신념은 이데올로기적 환영에 불과하다는 식의 역사적 전환에 대한 이야기가 아닌가?

같은 선상에서 바디우는 최근에 자본주의를 오늘날 역사적 배치의 자연적 '배경'으로 규정한다. '세계-없음'으로서의 자본주의는 단지 특수한 상황의 일부가 아니라, 특수한 상황들이 발생하는 전방위적인 배경이다. '반-자본주의적 정치'를 추구하는 것이 무의미하게 되는 것은 이 때문이다. 정치는 언제나 특수한 행역자들에 반하여 특수한 상황에 개입하는 것으로, 직접적으로 중립적인 배경 자체와 맞서 '싸울' 수는 없는 노릇이다. 우리는 '자본주의'와 맞서 싸우는 게 아니라 미국 정부와, 미국 정부의 결정과 정책들에 맞서 싸우는 것이다.

하지만 이런 총체적 배경은 가끔씩 피부에 와 닿을 정도로 가혹한 제한으로 느껴지지 않는가? 오늘날 좌파들의 반복적인 이야기는 '새로운 세계'에 대한 약속을 통하여 보편적 열광 속에서 당선된 지도자나 정당(만델라, 룰라)에 관한 것이다. 하지만 조만간, 보통 수년 사이에 핵심적인 딜레마에 봉착한다. 과감히 자본주의의 메커니즘들을 공격할 것인가, 아니면 단지 '게임'을 할 것인가? 만약 자본주의 메커니즘을 교란한다면 아주 빠른 시일 안에 시장의 동요, 경제적 혼돈에 의해 '처벌'을 받게 된다. 그래서 반-자본주의가 직접적인 정치적 목표가 될 수 없다는 것은 진실이라고—정치 안에서는 익명의 '시스템'이 아니라, 구체적인 정치 행위자들과 그들의 행위들에 반대할 수밖에 없으므로—할지라도, 우리는 여기서 라캉의 목적$_{aim}$과 목표$_{goal}$의 구별을 적용해야 한다. 반-자본주의는 해방적 정치의 즉각적인 목표는 아닐지라도, 그 정치적 행위의 궁극적인 목적, 그 행위 전체의 지평이어야 한다. 이것이 맑스의 **'정치적** 경제학 비판'(바디우에게 완전히 결여된)의 교훈이 아닌가? 경제의 세계는 '비정치적'으로 보일지라도 정치적 투쟁의 구조화 원리이며 숨겨진 참조점이다.

2006년 10월 16일 체코 지방선거와 상원의원 투표 며칠 전, 체코 공화국 내무부는 공산주의 청년동맹(KSM) 조직을 금지했다. 이 동맹의 어떤 점이 내무부로 하여금 그것을 '범법적인 사상'으로 간주하게 한 것일까? 청년동맹의 정치적 기획이 생산수단의 사적 소유를 사회적 소유로 바꾸자는 주장에 근거한 것이라면, 그것은 체코 헌법에 정면으로 위배된다는 것이다……. 생산수단의 사회적 소유에 대한 요구가 범죄라는 주장은 현대 좌파의 사유가 범죄적인 근원을 갖는다고 말하는 것과 같다.[21]

행위란 본질적으로 기존의 배경 안에서 움직이는 것이 아니라 그것의 좌표를 무너뜨리고 그것을 문자 그대로 배경**으로** 보이게 만드는 것이다. 그래서 오늘날 필수적인 정치적 행위는 배경으로서의 경제가 갖는 위상을 파괴하고 그것의 정치적 속성을 가시화시키는 것이다(이것이 맑스가 **정치적** 경제학에 대해 쓴 이유이다). 웬디 브라운의 "만약 맑스주의가 정치이론을 위한 분석적 가치를 가진다면 그것은 자유주의 담론 안에서 암묵적으로 '비정치적'—자연적인—것으로 언명된 사회적 관계 안에 자유의 문제가 내재해 있다는 주장에 있지 않는가?"[22]라는 냉철한 분석을 상기해 보자. 이것이 "오늘날 미국의 정체성 정치가 일정하게 자본주의의 재자연화를 통해 이뤄지는 것처럼 보이는"[23] 이유이다. 그래서 던져

---

21 이런 움직임은 2000년 이후 대다수 동유럽 구-공산권 국가들(리투아니아, 폴란드, 체코 공화국, 헝가리, 슬로베니아……)에서 나타난 흥미롭지만 증상적인 '구시대적 반-공산주의' 현상의 일부를 이룬다. 공산주의를 나치즘이나 파시즘과 같은 차원에서 범죄시하려는 움직임 말이다. (붉은 별과 같은 공산주의적 상징의 전시를 금지하는 따위) 공산주의와 파시즘 간의 이런 '등가성'이 일종의 기만에 불과하고, 암묵적으로는 공산주의가 최고의 범죄로 고양되고 파시즘은 일종의 정치적 '모방 범죄'로 공산주의에 대한 반작용 흉내 내기로 축소된다는 사실을 증명하는 것은 쉽다.
22 Wendy Brown, *States of Injury,* Princeton, NJ: Princeton University Press, 1995, p.14.
23 Ibid., p.60.

져야 할 질문은 다음과 같다.

> (……) 자본주의에 대한 비판은 단지 '사회주의적 대안의 상실'이나 표면적인 '자유주의의 전 지구적 승리'에 의해서가 아니라 최근의 대항 정치 지형에 의해 일정 정도 배제되고 있는 게 아닐까? 사회 전체에 대한 맑스주의적 비판과 총체적 변혁에 대한 그의 전망과 대조적으로 정체성 정치는 자신들이 반대하는 기존 사회의 내재적 기준을 요구하고 있지 않은가? 단지 자본주의를 비판으로부터 보호하는 기준이 아니라, 계급을 보이지 않게 하고 말할 수 없게 하는 기준 말이다. 그것도 어쩌다가 그러는 게 아니라, 풍토병처럼 몸에 배어 있는 듯이.[24]

물론 바디우는 정체성 정치에 근본적으로 반대하지만 자본주의를 '자연화'하고 그것을 정치적 투쟁의 대기와 같은 자연적 배경으로 환원하는 태도를 공유하지 않는가? 나아가 아이러니하게도 이렇게 자본주의를 미리 전제된 배경으로 '자연화'하는 태도는 후쿠야마가 역사의 종말이라고 부른 것의 핵심적인 이데올로기적 요소이다. 후쿠야마에 관한 선택 가능한 대응 방법은 역사의 종말에 대한 테제, 즉 최종적으로 발견된 합리적인 삶의 사회적 형식에 관한 그의 유사-헤겔적 테제를 받아들이거나, 아니면 역사적 우연과 투쟁은 계속되며 역사적 종말은 아직도 멀었다는 것을 강조하거나 둘 중 하나로 보인다. 나의 요점은 이 두 선택지 중 어떤 것도 진정으로 헤겔적이지 않다는 것이다. 물론 우리는 화해의 실현이나 원칙적으로 이미 승리한 전투라는 소박한 의미로 이해되는 역사의 종말 개념을 거부해야 한다. 그러나 전 지구적 자본주의와 자유-민주주의

---

24 Brown, *States of Injury*, p.61.

질서와 함께, 이 '총체적인 반성성'의 체제와 함께, 우리는 실로 이전의 모든 역사와 질적으로 단절되었으며, 어떤 의미에서 역사는 자신의 종말에 도달했고, 우리는 포스트-역사적 사회를 살고 있다. 전 지구적인 역사주의와 우연성이야말로 '역사의 종말'의 결정적 지표들이다. 그래서 오늘날 역사는 종말에 도달하지 않았지만 '역사성'이라는 개념 자체는 이전과 전혀 달리 기능하고 있다고 단언해야 한다. 이것이 의미하는 바는 역설적으로 자본주의의 '자연화'와 우리 사회를 반성적 위험사회로—거기서 현상들은 우연적인 것으로, 역사적으로 우연한 구성 결과로 경험된다—경험하는 것은 동전의 양면이라는 것이다.[25]

이데올로기에 대한 지배적 관념은 그것이 우연적인 역사적 과정의 결과를 '자연화'하거나 그 과정을 고정시킨다는 것이다. 그래서 이에 대한 해독제는 사물을 역동적으로, 역사적 과정의 일부분으로 보는 것이 된다. 하지만 오늘날 보편적 역사성과 우연성이라는 관념이 지배적 이데올로기의 일부분이 될 때 우리는 비판-이데올로기의 관점을 뒤집어서 현대 사회의 그 찬탄할 유목적 역학 속에서 **동일하게 남아 있는 것**은 무엇인가? 라고 물어야 한다. 물론 그 답은 자본주의, 자본주의적 관계이다. 여기서 동일한 것과 변화된 것 간의 관계는 고유하게 변증법적이다. 동일하게 남아 있는 것—자본주의적 관계—은 끊임없는 변화를 촉발하는 배치 자체이다. 왜냐하면 자본주의의 본질적 특성 자체가 영속적인 자기-혁명의 역학이기 때문이다. 진실로 근본적인 변화—자본주의적 관계 자체의 변화—를 일으키고자 한다면 우리는 자본주의적 삶의 영속적인 사회적 역학을 뿌리부터 잘라내야 할 것이다.

---

25 사회-정치적 우연성에 대한 주장과 자본주의의 자연적(자연화된) 필연성으로의 고양 간의 이런 연관성에 대해 상세하게 조명한 델리 대학교의 사로즈 기리(Saroj Giri)에게 감사드린다.

어떤 빼기?

우리의 적이 우리와 동일한 언어를 사용할 때, 동일한 전제를 공유할 때, 항상 조심해야 한다. 대개 이 공유 지점이 그들의 증상 지점이다. 바디우, 크리츨리, 네그리라는 각기 다른 세 명의 현대 철학자들을 예로 들어 보자. 앞에서 살펴본 것처럼 그들은 국가기구를 장악하고 통제하는 것을 목표로 둔 당-국가 정치의 시대는 끝났다는 전제를 공유한다. 지금부터의 정치는 국가의 영역으로부터 스스로를 배제시켜 국가 외부에 있는 '저항의 장소들'을 창조해야 한다. 이런 전환의 이면은 자본주의를 우리 삶의 '배경'으로 수락하는 것이다. 공산주의 국가의 몰락에서 얻을 수 있는 교훈은 '자본주의'와 맞서 싸우는 것은 무의미하다는 것이다……. 우리는 이 공유된 공간으로부터 스스로를 '빼내야'subtract 한다. "저항은 스스로를 하나의 탈주exodus로, 세계 바깥으로의 이탈로 제시한다."[26]

최근의 인터뷰에서 알랭 바디우는 우리가 처한 곤경에 대한 정치적 진단의 핵심을 드러낸다.[27] 그는 공산주의와 맑스주의 사이에 구분선을 그으면서 시작한다. 그는 여전히 자신을 공산주의자로 여긴다. ("공산주의는 '일반적 의미'에서 단지 모든 이가 다른 모든 이에 대해 사회적 기능의 다양성 안에서 평등한 것을 의미합니다.") "하지만 맑스주의는 다른 것입니다." 맑스주의의 핵심은 레닌이 "공산주의의 ABC"라고 불렀던 것이다. "대중은 계급으로 분리되고, 계급은 정당에 의해 대의되며, 정당은 지도자에 의해 지도받습니다." 이것은 더 이상 오늘날에는 적용될 수 없는 것

---

26 Antonio Negri, *Goodbye Mister Socialism,* Paris: Éditions du Seuil, 2006, p.125. [『굿바이 미스터 사회주의』, 박상진 옮김, 그린비, 2009.]
27 Filippo Del Lucchese and Jason Smith, "'We Need a Popular Discipline' : Contemporary Politics and the Crisis of the Negative", interview with Alain Badiou, *Critical Inquiry 34,* Summer 2008.

이다. 전 지구적 자본주의의 탈-조직화된 대중은 더 이상 전통적인 맑스주의적 계급으로 나눠지지 않는다. 그래서 대중을 정치적으로 조직하는 과제는 여전히 남아 있지만, 그것은 더 이상 낡은 계급-당의 방식으로 이뤄지지 않는다.

중앙집중적 당 모델은 당 자체의 권력에 못지않은 새로운 형태의 권력을 가능하게 했습니다. 우리는 지금 내가 '국가로부터의 거리두기'라고 부른 것에 직면해 있습니다. 이것은 무엇보다 권력의 문제가 더 이상 '직접적'이지 않기 때문입니다. 오늘날에는 봉기를 통한 '권력 쟁취'는 어디서도 가능해 보이지 않습니다.

여기서 세 가지 사항이 지적되어야 한다. 첫번째, 공산주의에 대한 모호한 정의로서 '사회적 기능의 다양성 안에서'의 평등. 이 정의가 회피하는 것은 '사회적 기능의 다양성' 바로 그것에 의해 양산된 불평등이다. 두번째, '계급들로 분화된 대중'으로 이해된 계급 적대는 그것을 사회적 체제 내부의 계층분화로 축소함으로써 전체 사회체제를 가로지르는 단절로서의 위상을 무시한다. 세번째, 혁명적 권력 쟁취의 불가능성이 지닌 정확한 위상은 무엇인가? 이것은 단지 일시적인 좌절, 혹은 비-혁명적인 상황을 살고 있다는 단순한 징후인가? 아니면 당-국가 모델의 혁명이 지닌 한계에 대한 지적인가? 바디우에게는 두번째 의미이다.

이와 같은 새로운 상황에서 우리는 새로운 형식의 정치, '빼기의 정치', '국가권력으로부터 독립된—이탈된—' 정치적 절차들을 필요로 한다. "당에 의한 봉기 형태와 달리 이 빼기의 정치는 더 이상 직접적으로 파괴적이지도 않고 적대적이거나 군사적이지도 않다." 이런 정치는 국가로부터 거리를 유지한 채 더 이상 "국가에 의해 확정된 스케줄과 아젠다에 따라 구조화되거나 분극화되지 않는다." 우리는 이 국가로부터의 외부성을 어떻게 사고해야 할까? 바디우는 여기서 자신의 핵심적인 개념 구분을 제시한다. 그것은 파괴와 빼기 사이의 구분이다.

(빼기subtraction)는 더 이상 정치적 상황의 현실을 지배하는 법에 의존하지 않습니다. 그렇다고 이것은 그런 지배적 법들의 파괴로 환원되지도 않습니다. 빼기는 여전히 장소 안에 머물러 있는 상황의 법들로부터 벗어날 것입니다. 빼기가 하는 일은 자율의 지점을 불러일으키는 것입니다. 그것은 하나의 부정이지만 부정의 파괴적인 측면과 동일시될 수는 없습니다. (……) 우리는 지배적인 상황의 법들로부터 독립된 새로운 공간을 창조할 '기원적인 빼기'를 필요로 합니다.

여기서 바디우가 문제 삼고 있는 철학적 범주는 헤겔의 '규정적 부정', 그 결과가 제로가 아닌 부정/파괴라는 개념이다.

부정의 부정이 새로운 긍정을 생산하는 헤겔과 반대로 나는 오늘날 부정성은 엄밀하게 말해서 아무것도 새로운 것을 창조하지 않는다고 단언할 수밖에 없습니다. 그것은 물론 낡은 것을 파괴하지만 새로운 창조를 일으키지는 않습니다.

여기서 중요한 것은 혁명적 정치와 헤겔 변증법 사이의 연결고리다. "한때는 승리에 찬 봉기의 형식이었지만 오늘날에는 시대착오적이 된 당처럼 부정에 대한 변증법적 이론도 마찬가지입니다." 불행히도 이런 연결고리는 바디우를 "부정에 고유한 부정적 측면과 내가 '빼내는'subtractive이라고 부른 것 사이의 대응 내지 조정"이라는 유사-문제로 이끈다.

내가 '약한 부정'이라고 부른, 민주주의적 반대로 환원된 정치는 파괴적인 부정과 너무 많이 분리되어서 더 이상 하버마스가 '합의'consensus라고 부른 것과 구별할 수 없는 빼기로 이해될 수 있습니다. 다른 한편으로 우리는 파괴를 창조와 새로움의 **순수한** 형상이라고 필사적으로 주장하는 자들을 목격하고 있습니다. 이런 증상은 자주 종교적이고 허무주의적인 특성을 띠게 됩니다.

간단히 말해서, 파괴적인 잠재력이 제거된 민주주의적인 순수 빼기와 순수하게 파괴적인('테러리즘적인') 부정 사이에서 적절한 기준을 찾는 것이 과제가 된다. 여기서 문제는 파괴적인 측면과 '빼내는' 측면으로 '부정을 내적으로 이접하는 것'은 정확히 헤겔이 '규정적 부정' 개념으로 해결하고자 했던 바로 그 이접을 발생시킨다는 점이다. (바디우는 폭력을 포기해서는 안 된다는 것을 잘 알고 있다. 오히려 우리는 폭력을 방어적 폭력으로 재규정해야 한다. 자신의 해방구를 방어하는 사파티스타처럼 빼기에 의해 창조된 자유의 공간을 방어하는 폭력 말이다.) 바디우에 의해 '적절한 기준'의 사례로 제시된 것은 대답보다 훨씬 더 많은 문제를 제기한다. 폴란드의 자유노조 운동은 "전통적으로 부정적으로 이해되어 왔던 행위 방식들―파업, 시위 등―과 공장에서의 자율적 공간을 창조하는 것과 같은 행위 간의 새로운 변증법을 실천합니다. 그것의 목표는 권력을 장악하거나 기존 권력을 대체하는 것이 아니라, 국가로 하여금 노동자와의 새로운 관계를 창안하도록 강제하는 것입니다".

하지만 그 실험이 왜 그렇게 짧은 순간만 지속되었는지에 대해 바디우는 그 운동이 반체제운동의 세 국면에서 두번째 국면으로 기능한다고 지적한다. ①자기 자신의 입장에서 체제를 비판하는 국면("우리는 진정한 사회주의를 원한다"). 즉, 집권당에 대해 "너는 너 자신의 사회주의적 근원을 배반했다"고 비난하는 단계. ②그런 사회주의에 대한 집착은 위선이라는 집권당의 대항-비난에 이어 공개적인 인정이 이뤄지는 국면. 맞다. 우리는 지배적인 사회주의 이데올로기의 **외부**에 있다. **하지만** 우리는 권력을 원하는 게 아니라 단지 우리의 자율성을 원한다. 거기에 덧붙여 권력자들이 기본적인 윤리적 규칙(인권 등)을 존중해 주기를 요구하는 것이다. ③권력 장악에는 관심이 없다는 것은 위선으로, 반체제자들이 실제로 원하는 것은 권력이라는 집권당의 비난에 이어 공개적인 인정이 뒤따른다. 맞다. 왜 아니겠는가? 우리는 권력을 **원한다.**

바디우의 또 다른 사례는 레바논의 헤즈볼라가 국가권력과 맺고 있는 모호한 관계이다. (부분적으로는 국가권력과 거리를 유지하면서 오래된 레닌주의적 '이중권력' 개념과 유사한 것을 소생시키는 것—레닌에게도 이 이중권력은 전술적인 것으로 이후의 완전한 권력장악을 위한 기반으로 제시된다.) 이 사례는 이 운동의 종교적 토대에 관한 문제를 야기한다. 바디우는 "이 운동의 내적 한계는 그들이 종교적 특수성에 구속되어 있다는 점입니다"라고 주장한다. 하지만 이런 한계는 오직 짧은 기간에만 나타나는 게 아닌가? 바디우가 암시적으로 지적한 것처럼 그들이 스스로를 보편화할(해야 할) 때 이 운동은 소위 '두번째, 고차원적인' 발전 단계 속에서 그 한계를 극복할(극복해야 할) 것이다. 바디우가 문제는 종교 자체가 아니라 그것의 특수성이라고 지적한 것은 맞다—그리고 이런 특수성은 지금 직접적으로 반-계몽주의적인 이데올로기 형식을 취하고 있는 이 운동의 치명적인 한계가 아닌가?

바틀비의 바디우적 버전에 대한 적절한 대응은 헤겔에게서 찾아야 한다. '적절한 기준'의 문제는 가짜 문제이다. 빼기는 '부정의 부정'(혹은 '규정적 부정')이다. 달리 말해서, 지배권력을 직접 부정-파괴하는 대신 그 지배권력의 장 안에 남아 있음으로써 그것은 바로 이 장 자체를 전복하고 새로운 실정적 공간을 개방한다. 요점은 이런저런 빼기들이 있다는 것이다. 바디우가 사회-민주주의적 입장을 순수한 빼기로 규정할 때 그 자신은 참으로 증상적인 개념적 후퇴를 범하고 있는 것이다. 민주주의적 빼기는 결코 빼기가 아니다. 오히려 자신의 근본주의적인 종교적 정체성의 공간을 창조함으로써 스스로를 빼내는 사람은 '허무주의적인' 테러리스트들이다. 그들 속에서 근본적인 파괴는 근본적인 빼기와 **겹쳐진다.** 또 다른 '순수한' 빼기는 뉴에이지의 명상적 후퇴로, 그들은 사회적 현실을 내버려 둔 채 자기만의 공간을 창조한다. (또한 순수한 파괴도 있다. 2005년 프랑스의 방리유Banlieue에서 일어난 차량 방화와 같은 '무의미한' 폭력의 분출 말이다.) 그럼 빼기는 실제로 언제 새로운 공간을 창조하는가? 유일하게 타당한 대답은 이렇다. **그것이 스스로를 빼내는 시스템의 좌표 자체를 무너뜨릴 때**, 그 시스템의 '증상적 비틀림'의 지점을 가격할 때이다. 카드로 만든 집이나 나무토막 쌓기를 상상해 보자. 그것은 하나의 카드나 나무토막을 빼내면—**배제하면**—전체 체제가 붕괴되는 복잡한 방식으로 지어졌다. **이것이** 진정한 빼기의 기술이다.

사라마구의 『눈뜬 자들의 도시』를 떠올려 보자. 거기서 유권자들은 집단적으로 투표를 거부하고 무효투표를 해버림으로써 정치체제 전체(지배집단과 반대자들 **모두**)를 패닉 상태로 빠뜨린다. 이런 행동은 그들 자신을 주체에 대한 근본적 책임의 상황으로 던져 놓는다. 그런 행위야말로 가장 순수한 빼기이다. 합법적 의례에 참여하는 것으로부터 물러나는 단순한 제스처가 국가권력을 절벽 너머의 허공에 매달린 것처럼 보이게 만든다. 그들의 행위는 더 이상 민주주의적 합법성에 의해 보호받지 않으며, 권력자들은 돌연 항의자들에게 대답할 선택권을 박탈당한다. "우리를 비난하는 너는 누구냐? 우리는 선출된 정부이다. 우리는 우리가 원하는 것을 할 수 있다"라는 선택권 말이다. 합법성을 결여한 그들은 고된 노력을 통해, 그들 자신의 활동에 의해 합법성을 획득해야 한다. 나는 슬로베니아에서 공산주의 통치의 마지막 몇 년을 기억한다. 인민을 위해 무언가를 하며 합법성을 획득하고자 애쓰는 정부는 없었다. 모든 사람을 만족시키려 애쓰는 정부 말이다. 공산주의자들이 권력을 장악하고 있었기 때문이다. 공산주의자들까지 포함해 모든 사람이 알고 있듯이 그 권력은 민주적으로 정당화된 권력이 아니었다. 공산주의자들은 그들의 종말이 임박했음과 엄중하게 심판받을 것임을 알고 있었다. 바로 그 때문이었다.

여기서 제기되는 비난은 명백하다. 이것은 증가하는 정치적 무관심과 투표 불참이 만연한 오늘날의 상황에서 이미 일어나고 있는 게 아닌가? 권력자들은 이런 현상에 대해 전혀 위협을 느끼지 않는다. 도대체 여기 어디에 전복적인 날카로움이 있다는 말인가? 그에 대한 답은 대타자에 주목해야 한다는 것이다. 투표하지 않는 대부분의 사람들은 그것을 능동적 행위로 하는 게 아니라 타인에 의존하여 그렇게 하는 것이다. "나는 투표하지 않아. 나는 나를 대신해서 투표하는 사람들에게 묻어갈 거야." 투표-불참은 그것이 대타자에게 영향을 미칠 때만 하나의 행위가 된다.

정확한 의미에서 빼기는 **이미** 헤겔의 '부정의 부정' 안에 있다. 최초의 부정은 직접적 파괴이다. 그것은 자신과 공유된 현실의 장 안에서 자기가 반대하는 실정적 내용을 폭력적으로 '부정'/파괴한다. 이와 반대로 고유한 의미에서 빼기는 투쟁이 발생하는 장의 좌표 자체를 바꾼다. 바디우의 몇몇 정식화에서 이 중요한 지점은 명확히 강조되지 않는다. 피터 홀워드는 바디우의 '빼기'가 지닌 의미의 다양성에 주목한 바 있다. 이 개념의 의미는 비트겐슈타인의 '가족 유사성'을 포괄하는 듯하다.[28] 중심축

---

28 Peter Hallward, *Badiou: A Subject to Truth,* Minneapolis, MN: Minnesota University Press, 2003.

은 (자기 자신의 공간을 창조하면서 국가의 영역으로부터) "……으로부터 물러남"으로서의 빼기와 "미세한 차이로의 환원"(실재적인 분리선을 그음으로써 다양성으로부터 근본 적대로 이동하는 것)으로서의 빼기 사이에 있다. 힘든 과제는 이 두 가지 차원의 빼기가 겹쳐지는 운동을 형성하는 것이다.

이뤄져야 하는 빼기는 지배적인 장**으로부터** 빼내는 동시에, 그 장 **속으로** 강력하게 개입하여 그것을 봉쇄된 최소 차이로 환원시키는 것이다. 그런 빼기는 근본적으로 파괴/정화purification보다 훨씬 더 파괴적이다. 그것은 미세한 차이, 부분(들)과 비-부분, 1과 0, 집단들과 프롤레타리아 사이의 차이로 환원시키는 것이다. 그것은 단지 주체를 헤게모니 장**으로부터** 빼내는 것이 아니라 폭력적으로 이 장 자체에 **영향을 가하여**, 그 장의 진짜 좌표들을 벌거벗기는 빼기이다. 그런 빼기는 헤게모니 장을 특징짓는 두 입장 간의 긴장에 제3의 입장을 추가하는 것이 아니다. (자유주의와 근본주의에 더하여 급진적인 좌파의 해방적 정치 역시 있다는 식으로) 오히려 이 삼항은 전체 헤게모니 장을 '탈자연화'하여, 그것을 구성하는 대립항들의 공모관계를 폭로한다.

셰익스피어의 『로미오와 줄리엣』을 예로 들어 보자. 여기서 지배적 대립항은 몬터규가와 캐풀렛가의 대립이다. 이것은 실정적인 존재의 질서 안에 있는 대립으로, 이 가문에 속할 것이냐, 저 가문에 속할 것이냐는 멍청한 대립이다. 이 대립을 '최소 차이'로 만드는 것, 다른 모든 선택들을 이 하나의 문제적인 선택에 종속시키는 것은 거짓 결정이다. 이 헤게모니 대립에 대한 로미오와 줄리엣의 제스처는 정확히 빼기의 제스처이다. 그들의 사랑은 그들을 개별화singularize 한다. 그들은 스스로를 이 존재의 지주로부터 빼내 그들만의 사랑의 공간을 구성한다. 그 빼기가 결혼으로 실행되는 순간, 그것은 단지 위반적인 정사가 아니라 지배적인 대립을 무너뜨린다. 여기서 지적해야 할 중요한 사항은 사랑을 위한 그 같은 빼기의 제스처는 계급적 차이가 아니라 오직 특수한(민족적, 종교적) 영역의 '실체적' 차이와 관련해서만 '작동한다'는 점이다. 계급 차이는 '비-빼기'의 차이로, 우리는 그로부터 스스로를 빼낼 수 없다. 계급 차이는 사회적 존재의 특수한 지대들 간의 차이가 아니라 사회적 공간 전체를 관통하여 절단하기 때문이다. 계급적 차이와 대면할 때 사랑의 결속을 위한 해법은 오직 두 가지밖에 없으며, 연인은 한쪽을 **택해야** 한다. 은혜롭게도 하층계급의 파트너가 상층계급으로 편입되거나, 상층계급의 파트너가 하층계급과의 정치적 연대를 통해 그 혹은 그녀의 계급을 포기하거나.

거기에 빼기의 딜레마가 있다. 그것은 자기가 빠져나오려는 장을 건드리지 않고 내버려 두는 빼기/물러남인가? (혹은 심지어 그 장의 내재적인 보충으로 기능하는 것인가? 뉴에이지 명상이 진정한 자기를 위해 사회적 현실로부터 스스로를 '빼내는' 것처럼.) 아니면, 자기가 빠져나오려는 그 장을 폭력적으로 뒤흔드는 것인가? 첫번째의 빼기는 포스트-정치적인 생정치biopolitics에 꼭 들어맞는다. 그럼 어떤 것이 그 생정치에 대립할까?

프롤레타리아 독재에게 기회를!

생정치와 단절할 수 있는 유일한 방법이 좋았던 그 옛날의 '프롤레타리아 독재'를 과감히 다시 불러내는 것이라면? 이것은 우스꽝스럽게 들릴 수밖에 없다. 이것은 어떤 공유 공간도 없는 양립 불가능한 두 관점을 결합한 것처럼 보일 수밖에 없다. 정치권력에 대한 최근의 분석 대 고풍스럽고도 신뢰할 수 없는 공산주의 신화 말이다……. 하지만, 하지만 말이다. 이것이 오늘날 유일하게 진정한 선택이다. '프롤레타리아 독재'는 여전히 핵심적인 문제를 겨냥한다.

이 지점에서 통상적인 비난이 제기된다. 왜 독재냐? 왜 진정한 민주주의나 혹은 그냥 프롤레타리아의 권력이 아니냐? '프롤레타리아 독재'라는 용어는 여전히 중요한 논쟁을 불러일으킨다. '독재'는 민주주의의 반대가 아니라 민주주의 자체의 기저에 깔린 작동 양태이다. 처음부터 '프롤레타리아 독재'에 관한 테제는 그것이 다른 독재 형식(들)의 대립물임을 전제하고 있다. 왜냐하면 국가권력의 전체 장이 독재의 장이기 때문이다. 레닌이 자유민주주의를 부르주아 독재 형식이라고 지적했을 때 그는 단순히 민주주의는 단지 조작된 외관에 불과하고 실제로는 비밀 도당이 권력을 장악한 채 상황을 통제하고 있을 뿐이라고, 그래서 민주주의적 선거를 통해 자신의 권력을 상실하게 될 위기에 처하게 되면 그들의 진면목과 독재적 권력의 실체가 드러날 것이라는 소박한 관념을 제시한 게 아니다. 그가 말하고자 한 것은 부르주아-민주주의 국가의 **형식** 자체, 그 이데올로기-정치적 전제들 안에 있는 권력의 주권 자체가 '부르주아' 논리를 구현하고 있다는 것이다.

그래서 우리는 '독재'라는 용어를 정확히 민주주의 역시 독재의 한 가지 형식이라는 식으로 순전히 **형식적인** 개념으로 사용해야 한다. 민주주의의 구성요소는 자기-질문으로, 민주주의는 언제나 민주주의의 특질에 대한 부단한 자기-질문을 허용하거나 심지어 요구한다는 사실은 자주 지적되어 왔다. 하지만 이런 자기-지시성은 어떤 지점에서 멈춰야 한다. 가장 '자유로운' 선거조차도 그것을 정당화하고 조직하는 법적 절차, 그 선거 절차를 보증하는(필요하다면 강제로) 국가기구에 대해 의문을 제기할 수 없다. 제도적 측면에서의 국가는 이해관계들의 대의로 설명할 수 없는—민주주의적 환영은 그럴 수 있다는 것이다—견고한 현실이다. 바디우는 이런 과잉을 국가 재현 결과에 대한 국가 재현과정의 과잉으로 개념화해 왔다. 이것은 벤야민의 관점에서 개념화할 수도 있다. 민주주의는

얼마간 구성된 폭력을 배제하지만 그것은 여전히 끊임없는 구성적 폭력에 의존해야 한다.[29]

헤겔의 '구체적 보편성'이 주는 교훈을 상기해 보자. "해석학적, 혹은 해체주의적 철학과 분석적인 철학 사이의" 논쟁을 떠올려 보면, 얼마 안 있어서 그들이 단순히 '철학'이라는 공통된 장의 위치를 점하고 있는 게 아님이 밝혀질 것이다. 그들을 구별 짓는 것은 철학이란 무엇인가에 관한 관념 자체이다. 한마디로, 분석철학은 철학의 전체 장을 인식하고 참여자들 간의 차이를 인식함에 있어서 해석학자들과 전혀 다르다. 그들을 다르게 만드는 것은 차이 자체이며, 이것이 얼핏 보면 보이지 않던 그들의 진정한 차이를 뚜렷하게 만든다. "이것이 우리가 공유하는 것이며, 여기서 우리의 차이는 시작된다"는 점진적인 분류 논리는 붕괴된다. 오늘날 인지주의적 분석철학자에게 철학은 인지주의적 전환 속에서 형이상학적 사변은 그만두고 진지하고 성숙한 추론으로 발전해 가고 있다. 반대로 해석학자들에게 분석철학은 철학의 종말로, 그것은 진정으로 철학적인 입장을 포기한 채 철학을 다른 실증과학으로 변형시킨 것이다. 그래서 논쟁에 참여하는 자들은 그들을 분리시키는 이런 근본적인 간극에 부딪히게 되고 '독재'의 계기에 걸려 넘어지게 된다. 이와 유사한 형태가 정치적 민

---

[29] 민주주의의 이런 한계는 자유민주주의 수출국들의 다음과 같은 통상적인 걱정과는 아무 상관이 없다. 그 결과가 민주주의를 반대하는 자들의 승리라면? 그래서 민주주의의 자기-소거라면? "이것이 우리가 직면한 끔찍한 진실이다. 최근 우리와 비이성적인 무슬림 군중 사이에 있는 것은 결국 우리가 세우도록 도와준 폭정과 인권유린의 벽이다."(Sam Harris, *The End of Faith*, New York: Norton, 2005, p.132). 그래서 해리스의 모토는 이것이다. "당신의 적이 도덕관념이 전혀 없다면 당신의 도덕관념은 적의 손에 든 무기 중 하나가 된다."(Ibid., p.202) 당연히 이 지점에서 그는 고문을 정당화하는 방향으로 나아간다. 이런 논증은 매우 설득력이 있어 보이지만 명확한 결론으로 나아가지는 못한다. 그것은 여전히 지겨운 자유주의 논쟁 구도에 얽매여 있다. "무슬림 대중은 민주주의를 할 만큼 성숙한가(문화적으로 적합한가)? 아니면 우리가 그들 중 계몽된 독재자를 밀어줘야 하는가?" 이 선택의 이면 선택지(우리의 민주주의를 그들에게 강요하거나, 그들의 배후를 이용하거나) 자체가 틀렸다. 진짜 문제는 이것이다. **'우리가 세우도록 도와준 폭정과 인권유린의 벽' 자체가 '비이성적인 무슬림 군중'을 양산하고 지탱하는 것이라면 어쩌겠는가?**

주주의에도 나타난다. 투쟁이 투쟁 자체의 장에 관한 투쟁으로 전환할 때 그것의 독재적 성격이 드러난다.[30]

그럼 프롤레타리아는 어떤가? 프롤레타리아가 보편성을 대변하는 '몫 없는 자들'인 한, '프롤레타리아 독재'는 '몫 없는 자들'이 조성한 보편성의 권력이다. 그들은 왜 평등주의-보편주의적인가? 또다시 순전히 형식적인 이유 때문이다. 몫 없는 자들로서의 그들은 사회적 체제 안에서 자신의 자리를 정당화할 특수한 특질이 결여되어 있기 때문에 사회적 부분집합에 속함이 없이 사회라는 집합에 속해 있다. 그들의 소속은 그 자체로 보편적이다. 여기서 다양한 특수한 이해와 타협을 통한 이해관계의 중재라는 논리는 한계에 직면한다. 모든 독재는 이와 같은 대의의 논리를 파괴한다. 파시즘을 단순히 금융자본의 독재로 정의하는 것이 틀린 이유가 여기에 있다. 맑스는 이미 원형-파시스트라고 할 수 있는 나폴레옹 3세가 대의의 논리를 파괴했다는 것을 인식하고 있었다.

'독재'라는 단어는 정치적 공간에서의 헤게모니 기능을 지칭한다. 그리고 '프롤레타리아', 사회적 공간 안에서 '탈구된'out of joint 존재들, 사회적 장 안에 자기 자리가 없는 '몫 없는 자들'을 가리킨다. 이것이 프롤레타리아를 '보편적 계급'으로 치부하는 것이 요점을 놓치는 이유이다. 프롤레타리아는 헤겔이 국가 관료를 사회의 보편적 이해를 직접 대변하는 자들(자신의 특수한 이해를 대변하는 '신분'estates과 달리)이라고 할 때의 그 '보편적 계급'이 아니다. 이 때문에 프롤레타리아에게 부여된 특질은 부정적 특질이다. 다른 모든 계급들은 (잠재적으로) '지배계급'의 지위를 획득할 수 있는 데 반해 프롤레타리아는 계급으로서의 정체성을 해체시키

---

30 혹은, 자유로운 토론 속의 '독재'는 어떤 '최종 진술'의 환기가 결정의 순간으로 간주되는 방식 속에서 일어난다. 오늘날 포스트모던 해체주의에서 그것은 유목적인 것 대 고정된 정체성, 변화 대 정체, 다양성 대 일자 등의 대립을 환기시키는 것이다. **이것이** 독재의 계기인 것이다.

지 않고서는 그럴 수 없다.

노동계급을 역사적 사명의 대행자로 만드는 것은 그들의 속성도 아니고, 그들의 군사적이거나 유사-군사적인 조직도 아니며, (주로 산업적인) 생산수단과의 근접성도 아니다. 노동계급이 그런 사명을 띠는 것은 오직 또 하나의 지배계급으로 조직화될 수 없는 구조적인 불가능성 때문이다. 프롤레타리아는 자신의 대립물을 말소시키는 행위 속에서 스스로를 해체하는 유일한 (혁명적) 계급이다. 이에 반해 무수한 계급과 하위-계급, 사회·경제적 계층들로 구성된 '인민'은 구조적으로 그와 같은 사명을 수행할 수 없다. '인민'에게 특정한 '역사적 사명'이 부여될 때마다 그 결과는 언제나 맹아적인 부르주아가 선두에 나서 발전과정을 가속화하고 자신을 지배계급으로 조직하는('민족해방운동'의 경우) 것 아니면, 정치-이데올로기적 중심이 스스로를 무한정한 기간 동안의 (인민을 위해, 혹은 노동계급을 위해) '문지기' 정부로 규정하는 경우일 뿐이다. 그것은 결국 제국으로 귀결된다(자코뱅과 볼셰비키의 경우처럼).[31]

그래서 스탈린주의의 정점에서 숙청에 의해 사회조직 전체가 산산이 분쇄되었을 때 새로운 정부가 소비에트 권력의 '계급적' 성격의 종말을 선포했다는 사실(그래서 이전까지 배제되었던 계급 구성원들에게 투표권이 다시 주어졌다)과 사회주의 체제가 '인민의 민주주의'라고 불렸다는 사실에는 위선 이상의 진실이 있다. 여기서 프롤레타리아와 '인민'의 대립이 중요하다. 헤겔의 관점에서 그 둘의 대립은 '진정한' 보편성과 '거

---

31 2007년 1월 28일 블런트 소메이(Bulent Somay)가 보낸 편지. 이 구절을 인용하는 것이 그나마 안심이 된다. 소메이의 편지는 심각하게 나를 비판하는 것이기 때문이다.

짓' 보편성 간의 대립이다. **인민은 포함적이고 프롤레타리아는 배제적이다. 인민은 완벽한 자기-확증을 방해하는 침입자나 기생 존재와 맞서 싸운다. 프롤레타리아는 바로 그 핵심에서 인민을 분해하는 투쟁을 강행한다. 인민은 자기 확인을 원하고, 프롤레타리아는 자기 해체를 원한다.**

그래서 우리는 '프롤레타리아 독재'라는 엄포를 철저하게 탈신비화해야 한다. 가장 근본적인 차원에서 그것은 정치적 장에 보편성이 직접 침입함으로써 복잡한 재현의 망이 중지되는 전율의 순간을 가리킨다. 프랑스 혁명과 관련하여 '프롤레타리아 독재'에서 국가 폭력으로, 혹은 벤야민식으로 신적인 폭력에서 신화적 폭력으로의 미세한 전환을 정식화한 사람은, 로베스피에르가 아니라 바로 당통이다. "우리가 끔찍해지자. 인민이 그럴 필요가 없도록."³² 당통에게 자코뱅의 혁명적인 국가 폭력은 일종의 예방 행위로, 그 진정한 목적은 적을 향한 복수가 아니라 상-퀼로트sans-culottes, 인민 스스로의 '신적' 폭력을 차단하는 것이다. 다시 말해서 인민이 우리에게 원하는 것을 하자. **그들 스스로 그렇게 하지 않도록.**

고대 그리스부터 우리는 보편성의 침입에 대한 이름을 가지고 있다. 민주주의 말이다. 고대 그리스에서 민주주의가 처음 나타났을 때 데모스demos(위계적인 사회적 체계 안에서 확고한 자기 자리가 없는 자들)는 단지 권력자들에 맞서서 그들의 목소리가 들리기를 원한 게 아니다. 그들은 단지 그들이 받고 있는 부당함을 항의한 것도 아니고, 그들의 목소리가 공적 영역에서 독재자나 귀족과 동등한 위치에서 인정되거나 포함되기를 원한 것도 아니다. 그보다 그 배제된 자들은 스스로를 사회 전체의 구현체로서, 진정한 보편성을 체현한 존재로 선언했다. "우리—질서 속에서 셈해지지 않은 '아무것도 아닌'nothing—는 인민이다. 자신의 특수한

---

32 Simon Schama, *Citizens,* New York: Viking Penguin, 1989, pp.706~707.

특권적 이해만을 대변하는 다른 자들과 달리 우리는 전부이다." 정치적 갈등은 고유하게 각각의 부분이 자기 자리를 갖는 체계화된 사회체제와 보편성의 텅 빈 원칙에 의해 이 질서를 무너뜨리는 '몫 없는 자들' 사이의 긴장을 지칭한다. 그 텅 빈 보편 원칙을 에티엔 발리바르는 평등-자유égaliberté 즉 말하는 존재로서의 모든 인간이 지닌 원칙적 평등이라고 불렀다. 이 데모스의 최근 사례는 중국의 '유민'으로, 그들은 집도 없고 직업도 없이 이리저리 떠돌아다닐 뿐만 아니라 문화적·성적 정체성도 없고 국가에 등록되지도 않는다.

사회 안에 자기 자리가 없는(혹은 사회 속의 종속적 자리 배정을 거부하는) 사회적 부분과 사회 **전체**의 동일시는 정치화의 기본 제스처로, 프랑스 혁명에서부터(거기서 제3계급은 귀족과 성직자에 대항하면서 자기 계급은 국가Nation 자체와 같다고 주장했다) 동유럽 사회주의의 붕괴에서까지(거기서 반체제 '포럼'은 스스로를 당 노멘클라투라에 대항한 전체 사회의 대표라고 주장했다) 모든 위대한 민주주의적 사건 안에서 확인할 수 있다. 엄밀한 의미에서 정치와 민주주의는 동의어이다. 반-민주주의적 정치의 기본 목표는 탈정치화이며 "사태는 다시 정상화되어야 한다"는, 각각의 개인은 그 혹은 그녀의 특정한 직능에 고정되어 있어야 한다는 요구이다. 이것은 불가피하게 역설적인 결론으로 이끈다.

'프롤레타리아 독재'는 민주주의의 폭발적 분출 자체의 다른 이름이다. '프롤레타리아 독재'는 그래서 합법적인 국가권력과 불법적 국가권력 간의 차이가 중지되는, 국가권력 자체가 불법이 되는 제로-차원이다. 1792년 생-쥐스트는 이렇게 말했다. "모든 왕은 반역자이며 참주이다." 이 구절은 해방적인 정치의 초석과 같은 언명이다. 참주와 대립된 '합법적인' 왕이란 건 없다. 왜냐하면 프루동이 사유재산 자체가 절도라고 했던 것과 같은 맥락에서 **왕이 된다는 것 자체가 권력 찬탈이기** 때문이다. 여기서 우리는 헤겔의 '부정의 부정', 단순하고 직접적인 부정("이 왕은 합법적이지 않다. 그는 참주이다")에서 본질적인 자기-부정('진정한 왕'이란 말은 모순형용이다. 왕이 된다는 것은 그 자체로 권력찬탈이다)으로의 이행을 발견한다. 이것이 로베스피에르가 국왕의 재판은 결코 재판이 아니라고 말한 이유이다.

어떤 재판도 안 된다. 루이 왕은 피고가 아니다. 여러분은 판사가 아니다. 여러분은 정치인이고 국가의 대표자이다. 여러분은 한 사람을 위한 선고를 내려서는 안 된다. 여러분은 오직 공적인 구원과 국가의 뜻만을 수행하는 조치를 내려야 한다. (……) 루이는 왕이었다. 그리고 공화국이 수립되었다. 여러분이 따지고 있는 그 문제는 말장난에 불과하다. 루이는 그의 죄 때문에 폐위되었다. 루이는 프랑스 인민을 반역자로 매도했고, 그것을 응징하기 위해 그는 동료 독재자들의 군대를 불러들였다. 우리가 승리했고 인민은 그가 반역자라고 결론 내렸다. 그러므로 루이는 재판받을 수 없다. 둘 중 하나다. 그가 이미 유죄 판결을 받았거나, 아니면 공화국이 아직 무죄 판결을 받지 않았거나. 루이를 법정에 세우자는 주장은 그 결과와 무관하게 왕정과 입헌 독재로 후퇴하는 것이다. 그것은 반혁명적인 생각이다. 왜냐하면 그것은 혁명 자체를 판결에 붙이자는 것이기 때문이다. 사실, 루이가 법정에 설 수 있다면 그는 무죄 판결을 받을 수도 있는 것이다. 그는 무죄일 수 있게 된다. 내가 말하고자 하는 것이 이 점이다. 그는 판결 이전까지 무죄로 추정될 것이다. 하지만 만약 루이가 무죄로 판결되면, 루이가 무죄로 추정될 수 있다면, 혁명은 어떻게 되는가?[33]

---

33 Maximilien Robespierre, *Virtue and Terror*, London: Verso, 2007, p.42. [『덕치와 공포정치』, 배기현

민주주의와 독재의 이 기괴한 조합은 독재라는 개념 자체에 내재한 긴장에 근거한 것이다. 민주주의에는 두 가지 기본적이고 해소 불가능한 측면이 있다. '정원 외 원소'인 자들에 의한 폭력적인 평등주의적 강제가 한 측면이고, 누가 권력을 행사할 것인가에 대한 (다소간) 일반적인 선택 절차에 관한 법적 규정이 다른 한 측면이다. 이 두 측면은 서로 어떻게 관계 맺는가? 두번째 의미에서의 민주주의가 ('인민의 목소리'를 확증할 법적 절차) 궁극적으로 **자기 자신에 대한 방어**라면, 즉 위계적인 사회 시스템을 무너뜨리는 평등주의적 논리의 강제적 부과라는 의미에서, 혹은 이런 과잉을 재가동시켜 그것을 정상적 운동의 일부로 만들고자 하는 시도로서의 민주주의에 대한 방어라면?

그래서 문제는 어떻게 폭력적인 평등-민주주의적 충동을 규제/제도화할 것인가, 어떻게 그것이 두번째 의미의 민주주의(법적 절차)로 타락하는 것을 막을 것인가? 하는 것이다. 만약 어떤 방법도 없다면 '진정한' 민주주의는 '다음 날 아침'이 되면 정상화될 일시적인 유토피아적 폭발로 남게 된다.

조지 오웰식의 명제 "민주주의는 테러이다"는 그래서 민주주의의 '무한 판단'이며, 민주주의의 가장 높은 차원의 사변적 동일성이다. 클로드 르포르의 민주주의 개념에는 이 차원이 사라져 버린다. 그에 따르면 민주주의를 정의하는 것은 권력의 텅 빈 장소, 즉 권력의 자리와 단지 한시적으로만 그 자리를 차지할 수 있는 권력 대행자 사이의 본질적 간극이다. 그래서 역설적으로, 민주주의의 기본 전제는 어떠한 정치적 행위자도 권력에 대해 '자연적인' 권리가 없다는 것뿐만 아니라 '인민' 자체, 주권 권력의 궁극적 원천인 인민조차 실체적인 존재가 아니라는 전제를 내

옮김, 프레시안북, 2009.]

포함다. 칸트적인 개념에서 '인민'에 대한 민주주의적인 관념은 부정적인 개념으로, 그 개념의 기능은 단지 특정한 한계를 지칭할 뿐이다. 그것은 특정한 행위자가 총체적인 주권을 가지고 지배하는 것을 금지한다.[34] 인민이 **존재한다**는 주장은 '전체주의'의 기본 공리로, 그것의 오류는 엄격히 칸트적인 의미에서 정치적 이성의 부당한 사용('오류추리')이다. 인민의 진실한 의지를 직접적으로 체현하는 듯이 행동하는 행위자(전체주의적 당과 영도자)로서 "인민은 존재한다". 이와 같은 민주주의 개념과 라캉의 대타자의 비일관성 개념을 연결하는 자크 알랭 밀레의 정식화를 인용해 보자.

'민주주의'는 주인-기표인가? 의심할 여지없이, 그것은 주인-기표란 없다고 말하는 주인-기표이다. 적어도 자기 스스로 정립되는 주인-기표란 없으며, 모든 주인-기표는 현명하게 다른 것들 가운데 자기 자신을 끼워 넣어야 한다고 말하는 주인-기표 말이다. 민주주의는 라캉의 대문자 S, "나는 타자가 구멍을 지닌다거나 타자는 존재하지 않는다는 사실의 기표이다"라고 말하는 빗금 친 A이다.[35]

물론, 밀레는 모든 주인-기표는 '어떤 주인-기표도 없다. 어떤 타자의 타자도 없다. 타자 안에는 결여가 있다. 이런 간극 때문에 S1과 S2 사이에 간극이 발생한다'(스피노자의 신과 마찬가지로, 주인-기표는 정의상 '통상적인' 기표들의 연쇄 속에 있는 간극을 채운다)라는 사실을 증명하는 것임을 잘 알고 있다. 민주주의에서 이런 결여는 직접적으로 사회적 체

---

34 '인민이 존재하는' 유일한 순간은 선거 기간이다. 선거 기간 동안 전체 사회체계는 해체된다. 선거 속에서 '인민'은 개인들의 기계적 집합으로 환원된다.
35 Jacques-Alain Miller, *Le Neveu de Lacan*, Paris: Verdier, 2003, p.270.

계 안에 기입되어 일련의 절차와 법규 속에서 제도화된다는 점에서 차이가 있다. 그래서 밀레가 참으로 적절하게도 마르셀 고셰Marcel Gauchet를 인용하면서 민주주의에서 진실은 오직 '분열과 해체' 안에서만 나타난다고 (그래서 우리는 스탈린과 마오가 어떻게 '전체주의적' 변형에도 불구하고 우리와 동일한 것을 주장하고 있는지, 즉 정치에서 진실은 오직 무자비한 계급투쟁의 분열을 통해서만 출현한다는 것을 말하고 있는지 지적하지 않을 수 없다) 강조한 것은 당연하다.

이와 같은 칸트적인 민주주의 지평으로부터 민주주의의 '테러리즘적' 측면은 그것의 '전체주의적' 왜곡으로만 나타날 수 있다고, 즉 이러한 지평에서 진정으로 민주주의적인 혁명적 테러를 '전체주의적' 당-국가 체제와 분리하는 선('박탈당한 자들의 우민 통치'를 '우민'에 대한 당-국가의 폭력적인 압제와 구별하는 구분선)은 지워진다는 것을 언급하는 것은 쉽다.[36]

이런 배경 속에서 우리는 정치적 행동의 미학적 차원에 대한 자크 랑시에르의 생각을 비판할 수 있다. 그의 정치 미학에 따르면, 민주주의적 폭발은 기존의 위계화된 사회적 공간의 '치안'police 질서를 해체 조립하여 전혀 다른 질서, 공적 공간의 전혀 다른 **분배**의 스펙터클을 연출한다. 피터 홀워드가 오늘날의 '스펙터클 사회'에서 그런 미학적 재구성은 전복적인 특질을 상실했다고 지적한 것[37]은 전적으로 옳다. 진정한 과제는 기존의 '치안' 질서를 전복하는 일시적인 민주주의적 폭발이 아니라, 바디우가 사건에의 '충실성'이라고 부른 차원에 있다. 민주주의적 폭발을 실증

---

36 물론 우리는 직접적인 '우민 통치'는 본질적으로 불안정하여 필연적으로 자기 대립물, 즉 우민 자신에 대한 전제 지배로 바뀐다고 주장할 수 있다. 하지만 이런 전환은 결코 우리가 지금 하나의 전환, 그것도 근본적인 역전을 논하고 있다는 사실을 바꾸지는 못한다.

37 Peter Hallward, ?taging Equality? New Left Review, 37, Jan.~Feb., 2006.

적인 '치안' 질서로 번역/기입하는 것, 사회적 현실에 **새로운** 항구적 질서를 부과하는 것. **이것**이야말로 모든 미학적인 민주주의적 폭발의 '테러리즘적' 차원, 새로운 질서의 폭력적 강제이다. 모든 이가 민주주의적 반역을, 그 대중적 의지를, 그 스펙터클한/카니발적인 폭발을 사랑함에도 그 의지가 지속되기를 원할 때, 스스로의 제도화를 원할 때는 불안을 느끼게 되는 것은 이 때문이다. 반역이 '진정한' 것일수록, 이런 제도화는 '폭력적'이다.

우리의 운명을 좌우하는 시장의 '보이지 않는 손'을 우려하는 사람들에 대해 자유주의자들은 다음과 같이 반문하곤 한다. 시장의 **보이지 않는** 손으로부터 해방된 대가가 새로운 지배자의 **보이는** 손에 의한 통제라면, 우리는 그런 대가를 치를 준비가 되어 있는가? 이에 대한 대답은 '**그렇다**'이다. 이 가시적인 손이 '몫 없는 자들'에게 보이고 그들에 의해 통제된다면.

9장 자연 속의 불만

후쿠야마를 넘어

그럼 오늘날 우리는 어디에 서 있는가? 우리는 어떻게 규정적 부정의 위기를 돌파하여 진정한 폭력 속에서의 빼기를 실행할 수 있을까? 제럴드 코언은 고전적인 맑스주의적 노동계급 개념의 네 가지 특질을 나열한 바 있다. ①노동계급은 사회의 대다수를 차지한다. ②노동계급은 사회의 부를 생산한다. ③노동계급은 착취받는 사회 구성원들로 이뤄진다. ④그 구성원들은 사회에서 가난한 사람들이다. 이 네 가지 특질이 결합될 때 그들은 두 가지 새로운 특질을 형성한다. ⑤노동계급은 혁명에서 잃을 게 아무것도 없다. ⑥노동계급은 사회의 혁명적 변형에 참가할 수 있고 또 그럴 것이다.[1] 앞의 네 가지 특질 중 어떤 것도 오늘날의 노동계급에는 적용되지 않는다. 이 때문에 ⑤와 ⑥의 특질도 나타날 수 없다. 설사 몇 가지 특질이 오늘날 사회의 일부 구성원에게 여전히 적용될 수 있을지라도 그

---

1 G. A. Cohen, *If You're an Egalitarian, How Come You're So Rich?*, Cambridge, MA: Harvard University Press, 2001.

들은 결코 단일한 행위자로 통합되지 않는다. 이런 열거는 맞기는 하지만 체계적인 이론적 연역에 의해 보충되어야 한다. 맑스에게 그런 특질은 노동력 말고는 아무것도 팔 게 없는 노동자의 위치로부터 도출된다. 노동자는 정의상 착취당한다. 자본주의의 점진적 확장 속에서 그들은 또한 사회적 부를 생산하는 대다수를 이룬다. 그렇다면 어떻게 우리는 오늘날의 조건 속에서 혁명적 관점을 재정의할 수 있을까? 이런 곤경으로부터 탈출하는 방법은 다양한 적대들의 **결합**, 그것들의 잠재적 중첩인가?

근본적인 문제는 이렇다. 어떻게 우리는 해방적 주체의 특이한 보편성을 순전히 형식적이지만은 않은, 즉 실체적 토대로서의 노동계급 없이 객관적–물질적으로 규정된 존재에서 찾을 수 있을까? 그 해법은 부정의 방식이다. 부정적인 실체적 규정을 제공하는 것은 자본주의 자체이다. 전 지구적 자본주의 시스템이 저항의 장소를 형성하는 과잉(슬럼, 생태적 위기 등)을 매개하고 양산하는 실체적인 '토대'이기 때문이다.

후쿠야마의 역사의 종말 개념을 비웃는 것은 쉽다. 하지만 오늘날의 지배적인 경향은 '후쿠야마적'이다. 자유–민주주의적 자본주의는 최종적으로 발견된 가장 좋은 가능 형식으로 여겨지고, 우리가 할 수 있는 것은 오직 그것을 더 정의롭게, 관용적으로 만드는 것뿐이다. 오늘날 유일하게 **진실한** 질문은 다음과 같다. 우리는 이런 자본주의의 '자연화'를 받아들이는가? 아니면 오늘날 전 지구적 자본주의는 그것의 무한한 재생산을 가로막을 만큼 강력한 적대들을 내포하는가? 네 가지 적대를 인용해 보자.

1. **생태학**. 자본주의의 무한한 적응력—생태학적 파국과 위기의 경우, 생태계는 새로운 자본주의적 투자와 경쟁의 장으로 전환될 수 있다—에도 불구하고, 생태학적 위험의 본성 자체가 시장의 해결을 근본적으로 차단한다. 왜? 자본주의는 오직 엄밀한 사회적 조건들 속에서만 작

동하기 때문이다. 그것은 마치 이성의 간계처럼 개별적인 이기심이 공공선을 위해 작동하게 보장하는 시장의 '보이지 않는 손'의 객관화된/'물화된' 메커니즘에 대한 신뢰를 내포한다. 하지만 오늘날 우리는 근본적인 변화를 경험하고 있다. 지금까지 역사적 실체—어떤 법에 복종하는 객관적 과정으로서의 역사—는 모든 주관적 개입들의 매개물이자 토대로서 기능해 왔다. 즉, 사회·정치적 주체들이 무엇을 하든 그것은 역사적 실체에 의해 매개되고, 지배되고, 중층결정되었다. 오늘날의 지평은 주관적 개입이 직접 역사적 실체로 개입할 가능성, 가령 생태학적 파국, 치명적인 유전자 돌연변이, 핵전쟁이나 그에 준하는 군사-사회적 재앙의 방아쇠를 당김으로써 역사적 과정을 돌이킬 수 없이 교란하는 예측할 수 없는 가능성으로 드리워져 있다. 우리는 더 이상 우리 행위의 제한된 전망의 보장 기능에 의존할 수 없다. 우리가 무엇을 하든 역사가 알아서 할 것이라는 보장이 더 이상 통하지 않는다. 인류 역사상 처음으로 단일한 사회-정치적 행위자는 전체 역사적 과정에 실질적으로 개입하여 바꿀 수 있게 되었다. 그래서 아이러니하게도 오늘날이야말로 역사적 과정이 '실체로서뿐만 아니라 주체로서' 인식되어야 한다. 우리가 어떤 특이한 파국적 전망들(이를테면, 핵무기나 생물학적 무기를 통해 적을 공격할 의도를 가진 정치적 집단)과 대면할 때 더 이상 표준적인 '이성의 간계' 논리에 의존할 수 없게 된 것, 즉 행위 주체들에 대한 역사적 실체의 우선성을 가정할 수 없게 된 것은 이 때문이다. 우리는 더 이상 "우리를 위협하는 적들의 허세를 내버려 두자. 결국 그 때문에 그들은 자멸할 것이니까"라는 입장을 취할 수 없다. 역사 이성에게 내맡기는 대가가 너무나 크다. 그러는 동안 우리는 적들과 함께 멸망하고 말 것이기 때문이다.

쿠바 미사일 위기 때의 아찔한 순간을 떠올려 보자. 나중에서야 알게 된 것이지만 1962년 10월 27일 쿠바의 소련 B-59 잠수함과 미국 구축함 사이의 해상 전초전 때 우리는 핵전쟁 가까이까지 갔었다. 미국 구축함이 소련 잠수함을 수면으로 떠오르게 하기 위해 폭뢰를 쏟아 부었을 때 그들은 소련 잠수함에 핵어뢰가 장착된 줄 몰랐다. 잠수함 승무원 중 한 명이었던 바딤 오를로프는 아바나에 이 잠수함은 세 명의 장교가 동의하면 어뢰를 발사할 수 있는 권한을 부여받았다고 타전했다. 장교들은 구축함을 침몰시킬지 말지를 두고 맹렬한 논쟁에 돌입했다. 그들 중 두 명은 찬성했고 나머지 한 명은 반대했다. 이 사건에 대해 역사가들은 "아르크니포프라는 이 남자가 세계를 구했다"라고 대해 논평했다.[2]

2. 소위 '지적 재산'에 대한 **사유화**의 부적합성. 새로운 (디지털) 산업의 핵심 적대는 다음과 같다. 어떻게 이윤추구가 가능한 (사유)재산 형식을 유지할 것인가? (무료 음악 유통이 가능한 냅스터Napster 문제를 보라.) 생명유전자에 대한 법적 분규 역시 마찬가지가 아닌가? 새로운 국제 무역 협약의 핵심 쟁점은 '지적 재산권 보호'이다. 제1세계의 거대 회사가 제3세계의 회사를 합병할 때마다 그들이 하는 첫번째 일은 연구 부서를 폐쇄시키는 것이다. 여기서 사유재산 개념을 탁월한 변증법적 역설 속으로 던져 넣는 현상이 발생한다. 인도의 지역 사회들은 갑자기 자기네들이 수세기 동안 해왔던 의료 행위와 사용해 왔던 물질들이 이제 미국 회사의 재산이 되었음을 발견하게 된다. 그래서 그들은 그것을 사야만 한다. 유전자 특허 회사들로 인해 우리 모두는 우리의 일부분인 유전적 요소가 저작권 등록되어서 다른 사람의 소유가 되었음을 발견하게 된다.

사이버스페이스의 역사에서 중요한 날짜는 1976년 2월 3일로, 그 날 빌 게이츠는 (악)명성 높은 "컴퓨터 애호가들에게 보내는 공개 편지"

---

2 David Rennie, "How Soviet Sub officer Saved World from Nuclear Conflict", *Daily Telegraph*, Octorber 14, 2002.

Open Letter to the Hobbyists에서 소프트웨어에 대한 사유재산권을 공개적으로 주장했다. "대다수 컴퓨터 애호가들이 인식하고 있듯이 대다수 여러분들은 여러분의 소프트웨어를 도둑질하고 있습니다. (……) 노골적으로 말해서, 여러분들이 하고 있는 일은 도둑질입니다." 빌 게이츠는 자신의 제국을 건설했고 지식이란 만질 수 있는 재산처럼 취급되어야 한다는 극단적인 견해로 명성을 얻었다. 이것은 소프트웨어라는 공공 영역의 '인클로저'를 위한 결정적인 전쟁 선포였다.

3. **새로운 과학기술적 발전**이(특히 유전공학에서) 지닌 사회-윤리적 함의. 후쿠야마 본인도 유전공학의 인간 본성에 대한 개입이 역사의 종말에 가장 심각한 위협이라고 인정해야 했다.

'유전공학의 윤리적 결과들'에 관한 최근의 논쟁에서 잘못된 점(다른 유사한 논쟁과 마찬가지로)은 논쟁이 너무나 빨리 독일인들이 '하이픈 윤리학'Bindestrich-Ethik이라고 부른 테크놀로지-윤리, 환경-윤리 등으로 전환한다는 점이다. 이런 윤리학은 데카르트가 『방법서설』Discours de la méthode 초입에서 언급했던 '잠정적 윤리'provisional ethic와 유사한 역할을 한다. 데카르트에 따르면 미지의 위험과 통찰들로 가득 찬 신세계로 들어갈 때 그 새로운 통찰들은 우리의 윤리체계 전체를 새로운 토대 위에 세우도록 강요하지만(데카르트의 경우 이 새로운 토대는 칸트의 주관적 자율성의 윤리학에 의해 제공된다) 우리는 일상생활을 영위하기 위한 실천 지침으로서 기존의 낡은 규칙들에 의존할 필요가 있다. 오늘날 우리도 이와 같은 곤경에 처해 있다. '잠정적 윤리'는 출현하는 새로움에 관한 근본적인 반성의 필요성을 대체할 수 없다.

간략히 말해서, 이런 하이픈 윤리에서 놓쳐 버리는 것은 윤리 그 자체이다. 문제는 보편적 윤리가 특수한 논제들로 해체되었다는 게 아니라 반대로, 특수한 과학적 돌파가 직접적으로 낡은 휴머니즘적 '가치들'과 대면하고 있다는 것이다(가령, 유전공학은 우리의 존엄과 자율성의 감각에 영향을 미친다). 그래서 오늘날 우리 앞에 놓인 선택지는 이런 것이다. 전형적으로 포스트모던한 신중한 입장을 취할 것인지(끝까지 가지 말자. 과학적 사물에 대해 적절한 거리를 두자. 그래서 이 사물이 우리를 블랙홀 속으로 빨아들여 우리의 모든 도덕적·인간적 개념을 파괴하지 않도록) 아니면 과감히 '부정성과 함께 머물며' 과학적 현대성의 결과들을 완전히 받아들여 "우리의 정신은 게놈이다" 역시 무한 판단으로 작용할 것이라는 쪽에 내기를 걸든지.

4. 마지막, 그러나 결코 사소하지 않은 **새로운 아파르트헤이트 형태들**, 새로운 장벽과 새로운 슬럼들. 2001년 9월 11일, 쌍둥이 빌딩이 무너졌다. 12년 전인 1989년 11월 9일, 베를린 장벽이 무너졌다. 11월 9일은 '행복한 90년대'를 선포하는 것이었다. 자유민주주의가 승리했고 이제 모든 탐색은 끝났다는, 자유세계의 공동체가 지구촌 골목마다 편재해 있어서 이 초특급 할리우드판 해피엔딩의 장애물(자신의 시대가 끝났다는 것을 알지 못하는 지도자들이 이끄는 국지적인 저항)은 단지 경험적이고 우연적인 사고에 불과하다는 후쿠야마의 꿈 말이다. 이와 반대로 9·11은 클린턴의 행복한 90년대의 종말을 알리는 상징이었다. 그 90년대에 새로운 장벽들이 이스라엘과 요르단강 서안 사이, 유럽연합 주변, 미국-멕시코 국경선에서 출현했다.

그래서 새로운 프롤레타리아의 위치는 새로운 거대도시의 슬럼 거주자들의 위치가 아닐까? 지난 십여 년간 슬럼의 폭발적 증가, 특히 멕시코시티와 라틴아메리카 수도들부터 아프리카(라고스Lagos, 차드Chad), 그리고 인도·중국·필리핀·인도네시아까지 제3세계 거대도시에서 슬럼의 폭발적 증가는 아마 우리 시대의 가장 중요한 지정학적 사건일 것이다.³ 아비장Abidjan에서 이바단Ibadan까지 이어진 7천만 인구의 판자촌 벨트의 가장 큰 마디인 라고스가 대표적인 사례이다. 공식적인 자료에 따르면 라고스의 전체 국토에서 2/3에 해당하는 3,577평방킬로미터가 판자촌과 슬럼가로 분류될 수 있다고 한다. 누구도 그곳에 사는 인구를 정확히 알 수 없다. 공식적으로는 6백만 명이지만 전문가들은 천만 명 정도로 추정하고 있다. 조만간 지구상에서 도시 거주 인구가 지방 인구를 초과할 것이며(제3세계 통계의 부정확성을 고려하면 이미 초과하고 있다) 도시 인구의 대다수가 슬럼 주민들이기에 이 문제는 결코 주변 지역의 문제가 아니다. 그래서 우리는 국가 통제 외부에서, 법의 경계 조건에서, 최소한의 자치 형식의 절박한 필요 속에서 살아가는 인구의 폭발적 증가를 목격하고 있다. 이런 인구는 주변부 노동자들과 해고된 하급 공무원들, 상경한 빈농들로 구성되어 있지만 그들은 단지 불필요한 잉여 인구가 아니다. 그들은 다양한 방식으로 전 지구적 경제에 통합되어 있다. 많은 수가 비공식적 임금노동자이거나 소규모 자영업자로 적절한 건강 보험이나 사회보장 혜택을 받지 못하고 있다. (이 도시 빈민이 폭증하게 된 것은 제3세계 국가들이 지역 농업을 장악한 제1세계 나라들로부터 값싼 식량을 수입하며 세계경제에 편입되면서부터이다.) 그들은 '발전', '현대화', '세계시장'이라는 슬로건의 진정한 '증상'이다. 그들은 단지 운이 없는 존재가 아니라, 전 지구적 자본주의의 내적 논리가 만들어 낸 필연적 산물이다.[4]

　　슬럼의 지배적 이데올로기 형식이 오순절 교파 형식으로, 공동식당

---

3 Mike Davis, "Planet of Slums, Urban Revolution and the Informal Proletariat", *New Left Review*, 26, Mar.~Apr. 2004. 참조.
4 그럼, 슬럼-거주자들은 맑스가 노골적인 경멸의 시선으로 '룸펜 프롤레타리아트'라고 치부했던 자들, 모든 계급들을 '거부'하지만 정치화되면 대체로 원-파시스트나(맑스의 경우, 나폴레옹 3세) 파시즘 체제의 지지자로 기능하는 자들이라고 비난했던 집단으로 분류될 수 있지 않은가? 이에 대한 보다 엄밀한 분석을 위해서는 전 지구적 자본주의 안에서 이들 '룸펜'의 구조적 역할이 어떻게 변화하고 있는지(특히, 대규모의 이주에 대해) 주목해야 한다.

과 아동, 노인 돌봄 같은 사회적 프로그램과 카리스마적인 기적과 근본주의적인 색채의 스펙터클이 혼합된 것은 이상할 게 없다. 물론 슬럼 거주자들을 새로운 혁명적 계급으로 이상화하고픈 유혹에 저항해야 하지만 그럼에도 불구하고 우리는 바디우적 용어로 슬럼을 새로운 진정한 '사건적 장소' 중 하나로 인식해야 한다. 오늘날 우리 사회에서 슬럼 거주자들은 문자 그대로 '몫 없는 자들', 사회의 '정원 외 원소', 시민권의 혜택으로부터 배제된 자들, '구속의 사슬 말고는 아무것도 잃을 게 없는' 자들로 이뤄진 집단이다. 슬럼 거주자들의 특징 중 많은 수가 오래전 맑스가 말한 프롤레타리아적 혁명 주체의 특징에 놀랄 만큼 부합한다. 그들은 고전적인 프롤레타리아보다 훨씬 더 이중적 의미에서 '자유롭다'. (모든 실제적 구속의 끈으로부터 자유롭다. 그들은 국가의 경찰 행정이 미치지 않는 자유로운 공간에서 산다.) 또한 그들은 전통적인 생활방식이나 유전된 종교적·인종적 생활 형식을 박탈당한 채 어쩔 수 없이 새로운 형식의 공동-존재 형식을 창안해야 하는 상황 속으로 '내몰린' 거대한 집단이다.

물론 슬럼 거주자들과 고전적인 맑스적 노동계급 사이에는 중요한 차이가 있다. 후자가 엄격히 경제적인 '착취' 개념으로 정의되는 데(자기 자신의 노동력을 상품으로서 판매해야 하는 상황에 의해 야기된 잉여가치의 전유) 비해 슬럼 거주자들의 규정적 특질은 사회-정치적인 것으로, 거주자의 (대부분) 권리들과 함께 합법적인 시민권 지역으로의 (비)통합에 관련되어 있다. 단순하게 말해서, 슬럼 거주자들은 난민이라기보다 호모 사케르homo sacer에 가깝다. 그들은 전 지구적 자본주의에서 체계적으로 양산된 '산 죽음'living dead이다. 슬럼 거주자들은 부정적 형태의 난민이다. 그들은 자기 자신의 공동체로부터 떨어져 나온 난민인 동시에 국가권력이 한데 모아서 통제하기를 포기한 인간들이다. (에른스트 루비치Ernst Lubitch의 「사느냐 죽느냐」To Be or Not to Be의 잊을 수 없는 말장난을 반복하면) 난민들이 사는 곳을 권력자들은 집단 수용소로 만든다. 하지만 그곳에서 난민들은 통제 공간 외부로 밀쳐진다. 푸코의 미시적인 훈육의 실천들과 대조적으로 국가권력은 슬럼 거주자들에 대한 철저한 통제와 완벽한 훈육을 포기한다. 그들을 회색지대twilight zone에서 연명하도록 내버려 두는 것이 적절하다는 것을 깨달은 것이다.[5]

물론 '현실의 슬럼'에서 보게 되는 것은 범죄 조직들과 카리스마적인 지도자를 따르는 종교적 '근본주의' 집단들, 그리고 새로운 '사회주의적' 연대의 맹아적 형태 등 불확정적인 사회적 삶의 혼합 양태이다. 슬럼 거주자들은 새롭게 출현하는 소위 '상징계급'(매니저, 저널리스트, 광고 홍보인, 학술인, 예술가들 등)의 대항-계급counter-class이다. 이들 상징계급 역시 스스로를 뿌리 뽑힌 보편적 존재로 인식한다. (뉴욕의 학술인은 자기 대학 근처의 할렘가 흑인들보다 슬로베니아 학계 사람들과 훨씬 많은 공통성을 가진다.) 이것은 새로운 계급투쟁의 갈등축을 의미하는가? 아니면 '상징계급'은 본래적으로 분열되어 있어서 그들 중 '진보적인' 사람들과 슬럼 거주자들은 해방을 향해 연대할 수 있는 것인가? 우리는 슬럼 집단들로부터 출현할 새로운 사회적 인식의 징후를 찾아내야 한다. 그들은 새로운 미래의 맹아가 될 것이다.

피터 홀워드가 탈영토화된 유목적 삶, 즉 아무도 예상치 못한 곳에서

---

5 프롤레타리아의 위치에 대한 맑스의 정의는, 어떤 구조적 단락이 발생할 때 출현하는 실체 없는 주체성이다. 그 순간은 생산자들이 시장에서 자신의 생산물을 교환하는 순간이 아니라, 자기 노동의 산물이 아닌 자신의 노동력 자체를 시장에 판매할 수밖에 없는 생산자들이 존재하게 되는 순간이다. 바로 이 이중적/반영적 소외를 통해서만 잉여-대상은 출현한다. 잉여-가치는 문자 그대로 텅 빈 주체이자 상관물로, 그것은 S/의 대상적 상관물이다. 이런 이중적 소외가 의미하는 것은 단지 모든 시장경제에서처럼 "사회적 관계가 사물들의 관계로 나타난다"는 것뿐만 아니라, 주체성 자체의 핵심이 사물과 등가적인 것으로 정립된다는 것이다. 우리는 여기서 보편화의 역설에 주목해야 한다. 시장경제는 오직 노동력 역시 시장에서 상품으로 판매될 때만 보편화될 수 있다. 즉, 자신의 생산물을 판매하는 생산자들로 이뤄진 보편적 시장경제란 존재할 수 없다.

탈주선을 창조하면서 살아가는 자들의 '저항'에 대해 이야기할 때 그는 분명 옳다. 하지만 충분하지는 않다. 기존 시스템의 지배가 중지되었지만 자체적으로 정위되고 정돈된, 해방된 영토라고 부르고픈 사회적 공간이 창조되고 있다. 종교적이거나 예술적인 공동체, 정치적 조직화, 그리고 여타 '자기만의 장소' 형식들 말이다. 슬럼을 흥미로운 공간으로 만드는 것이 바로 이것, 그곳의 영토적 특성이다. 현대 사회는 자주 전면적인 통제사회로 특징지어지지만 슬럼은 국가의 통제가 (적어도 부분적으로는) 미치지 않는 국경선 내부의 영토들이다. 그곳은 국가의 공식적 영토 표시에서 흰 점이나, 공백으로 기능하는 영토들이다. 그곳은 암흑 경제나 조직범죄, 종교집단 등의 연결 고리로 국가와 연결되어 있지만 그럼에도 국가의 통제는 부분적으로 중지된다. 그곳은 법의 지배 외곽 영역이다. 지금은 사라진 동독에서 팔았던 베를린 지도에서 서베를린 지역은 대도시의 세밀한 체계 안에서 기괴한 구멍 내지 공백으로 남겨져 있었다. 크리크타 볼프라는 유명한 동독 반체제 작가가 자신의 어린 딸을 데리고 동베를린의 TV 타워에 갔을 때 금지된 서베를린이 훤히 내려다보이는 그 속에서 어린 딸은 감탄사를 내질렀다. "보세요. 엄마, 저쪽은 텅 비어 있지 않아요. 저기도 여기처럼 사람과 집들이 있어요!" 마치 숨겨진 슬럼 지역을 발견한 것처럼.

이것이 '해체된' 대중들, 모든 것을 박탈당하고 가난해진 사람들, 비-프롤레타리아적인 도시 환경에 던져진 대중들이 도래할 정치의 근본 지평을 형성하는 이유이다. 이들 대중들은 따라서 세계화라는 현상의 중요한 요인이다. 오늘날 세계화의 진정한 형태는 이들 대중의 조직화에서 발견될 것이다. 이들 대중의 세계적 조직화가 가능하다면 그 조건은 본질적으로 동일하다. 바마코Bamoko나 상하이의 교외 거주자들banlieues은 본질적으로 파리의 방리유banlieue나 시카고의 게토에 사는 사람들과 다르지 않다. 19세기의 해방 정치의 기본 임무가 노동계급을 정치화함으로써 부르주아 자유주의자들의 독점을 깨뜨리는 것이었다면, 그리고 20세기의 과제가 아시아와 아프리카의 거대한 지방 농민들을 정치적으로 각성시키는 것이었다면, 21세기의 기본 임무는 슬럼 거주자들의 '해체된 대중들'을 정치화―조직화하고 훈련시키는―하는 것이다.

집권 초반, 우고 차베스가 이룩한 가장 큰 성과는 정확히 슬럼 거주자들의 정치화(그들을 정치적 삶과 사회적 동원에 포함시키는 것)에 있다. 다른 나라에서 그들은 대부분 비정치적인 무력함에서 빠져 나오지 못하고 있다. 차베스를 미국이 지원한 쿠데타로부터 지켜낸 것이 바로 이 슬럼 거주자들의 정치적 동원이었다. 우고 차베스까지 포함하여 모든 사람들이 놀란 것처럼 슬럼 거주자들은 부유한 도시 중앙으로 기울던 국면을 차베스에게 유리하게 바꾸어 놓았다.

차베스가 2006년부터 착수한 사업은 포스트모던 좌파들의 주술과도 같은 탈-영토화, 국가주의적 정치의 거부와는 정반대였다. 그는 '국가 권력에 저항하는' 게 아니라 권력을 **움켜잡고**(처음에는 쿠데타 기도를 통해, 다음에는 민주주의적으로) 자신이 기획한 목적을 위해 철저하게 국가 기구들을 이용하여 개입했다. 나아가 그는 빈민가favelas를 군사화하여 훈련된 무장조직을 형성하고 있다. 그리고 최후의 금기로, 그는 자본에 의한 경제적 '저항'(국가 보조 슈퍼마켓에서 몇몇 상품들의 일시적 사보타주)에 직면하여 최근 자기 자신만의 정치 정당 건설을 공표했다. 심지어 몇몇 동맹자들 중에서도 그의 이런 움직임에 대해 우려를 갖고 있다. 그것은 당-국가 정치로의 회귀를 알리는 신호가 아닌가? 하지만 우리는 이런 위험한 선택을 전적으로 받아들여야 한다. 과제는 이 정당이 통상적인(포퓰리즘적, 혹은 의회 민주주의적) 정당처럼 기능하지 않도록 하는 것, 대신 새로운 정치 형식의 정치적 동원(풀뿌리 코뮨적 위원회 같은)에 초점을 두면서 작동하도록 하는 것이다. 그럼 우리는 차베스 같은 사람에게 뭐라고 말해야 하는가? "안 돼! 국가권력을 잡지 마. 단지 너 자신을 빼내고 (국가)상황의 법은 자기 자리에 남겨 둬!"라고 할까? 차베스는 자주 촌스럽고 익살스럽다고 비난받곤 한다. 그러나 그런 빼기는 실제로 좌파들이 떳떳하게 '마르코스 부-코미디언'Subcomediante이라고 칭하는 사파티스타의 부-사령관Subcomandante 마르코스의 새로운 버전으로 그를 볼 수 있게 하지 않는가? 오늘날 국가에 '저항하는' 자들은 바로 빌 게이츠에서부터 환경 파괴자까지 거대 자본가들이다.

당연한 얘기지만, 맑스주의적 프롤레타리아의 네 가지 특질은 단일한 자본주의 메커니즘에 근거해 있다. 그것들은 동일한 구조적 원인의 네 가지 효과인 것이다. 전 지구적 자본의 끝없는 자기-재생산을 위협하는 네 가지 적대들 역시 동일한 원인으로부터 '연역'하는 게 가능하지 않을까? 이 과제는 현대 물리학에서 하나의 동일한 특질이나 법칙으로부터 네 가지 근본적 힘(중력, 전자기력, 약력, 강력)을 연역해 내는 '통합이론'의 발전만큼이나 어려운 것처럼 보인다.

아마 우리는 코언의 네 가지 특질을 또 다른 네 항으로 전환할 수 있을 것이다. '다수성' 원칙은 우리 모두와 관련된 논제인 생태학으로 나타난다. '빈곤함'의 특질은 슬럼에 사는 배제된 사람들의 특질이다. '부의 생산' 기능은 점점 더 유전공학 같은 과학기술적 발전에 의존한다. 마지막으로 '착취'는 지적 재산처럼 집합적 노동의 착취로 다시 나타난다. 네 가지 특질은 일종의 기호학적 사각형을 형성하여 두 가지 대립이 사회/자연과 새로운 분리 장벽의 내부/외부 선을 따라 교차한다. 생태계는 자연의 외부를 가리키고, 슬럼은 사회적 외부를, 유전공학은 자연적 내부를, 지적 재산은 사회적 내부를 가리킨다.

왜 이 네 가지 적대의 중첩은 헤게모니 투쟁과정에서 채워지는 라클라우식 텅 빈 기표('인민')가 아닐까? 왜 그것은 억압된 성 소수자, 인종집단, 종교집단 사이의 일련의 '무지개 연합'rainbow coalition에 속하는 또 다른 시도가 아닐까? 왜냐하면 우리는 여전히 **프롤레타리아적** 위치, 즉 '몫 없는 자들'의 위치를 필요하기 때문이다. 달리 말해 오래된 모델을 원한다면, 그것은 오히려 신실한 공산주의자의 동맹, 즉 '노동자, 가난한 농민, 애국적 프티 부르주아, 그리고 정직한 지식인'의 동맹이다. 어떻게 네 항이 같은 층위가 아닌지 주목하자. 오직 노동자만이 그 자체로 언명되고, 다른 세 항은 한정 수식된다. ('**가난한** 농민, **애국적인** 프티 부르주아, **정직한** 지식인.'[6]) 이것은 오늘날의 네 가지 적대에도 해당된다. 다른 모든 갈등 지대를 물들이는 제로-등급의 적대는 배제된 것the Excluded과 포함된 것the Included 사이의 적대이다. 결국, 제3세계 국가들을 훈육시켜 '오염된' 빈민들의 억압을 정당화하는 데 생태계를 사용하지 않는 생태주의자만이 포함된다. 유전공학에 너무나 자주 사용되는 보수적 이데올로기(종교-휴머니즘)에 저항하는 유전공학 비판자들만이 포함되며, 재산권 문제를 법적 문제로 축소하지 않는 지적 재산권 비판자들만이 포함된다.

그래서 포함된 것으로부터 배제된 것을 분리하는 간극과 다른 세 가지 적대들 사이에는 질적인 차이가 있다. 이 세 가지 적대들은 하트와 네그리가 '공통성'commons이라고 부른 우리 사회적 존재의 공유된 실체의 세 가지 차원을 가리키는 것으로, 그것의 사유화는 필요하다면 폭력을 통

---

6 이런 한정수식을 지탱하는 기호학은 매우 엄격한 논리에 따르며, 그것은 그 자체로 분석될 만한 주제다. 우리는 단지 이 항목들을 섞어서 '노동자들, 애국적 농민들, 정직한 프티 부르주아, 그리고 **가난한** 지식인들'의 동맹을 제안할 수 없다. 매 순간 분리선은 명확하다. 지배계급과의 협정을 형성하거나 지배계급에 속하는 부자는 말고 오직 가난한 농민들만이, 자본주의적 제국주의에 봉사하는 부르주아는 말고 오직 **애국적인** 프티 부르주아만이, 지배계급을 위해 자신을 팔고 그들의 지배를 합리화하는 자들은 말고 오직 **정직한** 지식인들만이 연대할 수 있다. 그래서 오늘날 우리에게 필요한 것은 배제된 자들과 가난한 생태주의자들과 애국적 지식인 노동자들과 정직한 유전공학자들의 연대라고 말해야 할까?

해서라도 저항해야 하는 폭력적인 행위이다. 첫째는 **문화의 공통성**, 직접적으로 사회화된 '지적' 자본의 형식으로, 커뮤니케이션과 교육의 수단인 언어(만약 빌 게이츠에게 독점이 허용된다면 우리는 특정 개인이 우리의 기본적인 커뮤니케이션망의 소프트웨어 토대를 문자 그대로 소유하게 되는 부조리한 상황에 처해질 것이다)뿐만 아니라 공공 운송이나 전자통신, 우편 등과 같은 공공 인프라도 포함한다. 둘째는 **외부 자연의 공통성**으로, 오늘날 오염과 착취로 위협받고 있다(석유에서부터 숲이나 자연 서식지 자체). 세번째는 **내적 자연의 공통성**(인간의 유전자)이다. 이들 공통성의 투쟁은 자본주의의 '인클로저' 논리가 자유롭게 진행된다면 인류 자체의 소멸로까지 전개될 수 있는 파괴적인 잠재성에 대한 각성을 공유한다. 이 '공통성'에 의거하여—사적이지도 않고 공적이지도 않은 이 생산의 실체—공산주의의 부활이 정당화된다. 그래서 공통성은 헤겔이 자신의 『정신현상학』에서 '사태'die Sache, 즉 공유된 사회적 사물-원인으로 제시한 것, '모든 것과 모든 사람의 일', 끊임없는 주체적 생산에 의해 지속되는 실체와 연결될 수 있다.[7]

두려움에서 전율로

여기서 또 다른 제한 조건이 덧붙여져야 한다. 적대의 해소는 국가의 개입과 국유화를 통한 시장과 사적 소유의 제한이 아니다. 국가의 영역 역시 고유하게 '사적'이다. 정확히 칸트가 국가기구와 이데올로기 장치 안에서의 '이성의 사적인 사용'이라고 말할 때의 의미 그대로 국가의 영역은 사적이다.

---

7 문제는 어떻게 이런 공통성을 전-근대적인 집단적 공통성과 구별할 것인가? 하는 점이다.

이성의 공적인 사용은 언제나 자유로워야 한다. 그리고 그것만이 인간들 사이에 계몽을 불러일으킬 수 있다. 반대로, 이성의 사적인 사용은 특별히 계몽의 진전을 방해하지 않는 한 때때로 제한될 수도 있다. 나는 이성의 공적인 사용을 어떤 이가 학자로서 독서 대중 앞에서 이성을 사용하는 경우로 이해한다. 어떤 시민이 자신에게 부여된 특수한 직책이나 공무 안에서 이성을 사용하는 경우 나는 그것을 사적인 사용이라고 부른다.[8]

칸트를 넘어 덧붙여야 하는 것은 '사적인' 사회적 위계질서 안에 한정된 자리가 없는 특권적인 사회적 집단, 다시 말해 사회적 체제의 '몫 없는 자들'로서 직접적으로 보편성을 대변하는 집단이 존재한다는 것이다. 배제된 자들을 위협으로 간주하고 어떻게 그들과 적절한 거리를 취할 것인지 고심하는 국가 공동체보다 더 '사적인' 것도 없다. 달리 말해서 앞에서 지적한 것처럼, 네 가지 적대들 속에서 포함된 자와 배제된 자 사이의 적대가 다른 것들에 대한 참조점으로서 중요하다. 그것이 없이는 다른 적대들은 자신의 전복적 날카로움을 상실하게 된다. 생태주의는 '지속 가능한 발전의 문제'로 축소되고, 지적 재산권 문제는 '복잡한 법적 난제'로, 유전공학은 '윤리적' 이슈로 전환되어 버린다. 우리는 생태계를 위해, 지적 재산권의 확대를 저지하기 위해, 유전자 카피라이트를 반대하기 위해 싸우면서도 배재된 자와 포함된 자의 적대에 대해서는 문제 삼지 않을 수 있다. 심지어 우리는 오염되고 배제된 자들에 의해 위협받는 포함된 자의 관점에서 이 투쟁들을 정식화할 수도 있다. 이런 투쟁은 진정한 보편성을

---

8 Immanuel Kant, "What Is Enlightenment", ed. Isaac Kramnick, *The Portable Enlightenment Reader,* New York: Penguin, 1995, p.5. [「계몽이란 무엇인가에 대한 답변」, 『칸트의 역사철학』, 이한구 옮김, 서광사, 2009.]

획득할 수 없고, 오직 칸트적 의미에서의 '사적' 관심에 그칠 뿐이다. 홀푸드Whole Food나 스타벅스 같은 회사는 철저하게 노동조합 반대에 앞장서면서도 계속해서 자유주의자들에게 사랑받고 있다. 그 비결은 그 회사가 그 자체로 정치적으로 진보적인 활동이라고 주장되는 상품을 판매하기 때문이다. 커피 원두 경작자에게 정당한 값을 치르고 제조된 커피를 사 마시고, 친환경적인 하이브리드 연료를 넣어서 드라이브를 하고, 고용자에게 (노동조합의 기준에서) 좋은 복지 혜택을 제공하는 회사 제품을 구매하는 행위의 정치적 올바름 말이다. 여기서 정치적 행위와 소비행위는 완전히 혼합된다. 즉, 우리는 배제된 자와 포함된 자의 적대가 없는 세상, 빌 게이츠가 빈곤과 질병에 맞서 싸우는 가장 위대한 휴머니스트가 되고 루퍼트 머독이야말로 자신의 미디어 제국으로 수억 명을 환경에 눈뜨게 하는 생태주의자가 되는 세상에 살게 될 것이다.[9]

이 지점에서 우리는 근본적인 적대의 정치적 표현과 배제된 것의 압력이 기존의 정치적 공간에서 경험되는 방식은 언제나 테러의 양상을 띤다는 것을 분명히 해야 한다. 그래서 이로부터 도출되어야 할 교훈은 이미 오래전 아이스킬로스의 『자비로운 여신들』*Eumenides*의 마지막 부분에서 아테네가 이야기한 것이다.

> 테러에 대해서는
> 도시로부터 완전히 몰아내지 말라
> 도덕적인 사람이라면 어떻게
> 겁을 내면서 정의로울 수 있단 말인가?

---

[9] "Murdoch: I'm proud to be green. News Corp boss orders his entire empire to convert and become a worldwide enthusiast for the environment", *Independent on Sunday*, May 13, 2007, p.3. 참조.

공포를 인지하는 자들은 정의로움을 숭배한다.
이런 시민들과 함께 당신의 나라와 당신의 도시는
안전해질 것이며
인간이 가진 어떤 것보다 강해질 것이다.[10]

이 유명한 구절을 어떻게 해석할 것인가? 이 구절은 오늘날 우리가 알고 있는 두려움의 정치적 조작을 지시하는 걸까?[11] 그런 독해를 가로막는 첫번째 장애는 아테네가 환기시키는 두려움은 훈련된 조직과 도시-국가의 '방어 조치'를 정당화하는 외부의 적에 대한 두려움이 아니라는 사실이다. 여기서의 두려움은 신적인 정의 자체의 공포, 그 맹목적 권위의 공포이다. (지금 우리의 관점인) 현대적인 주체성의 관점에서 이런 두려움의 대상은 주체성 자체의 심연, 그것의 전율스러운 자기-지시적 부정성의 힘이다. 하이데거가 테러Schrecken는 '현대 인간'이 자신의 형이상학적-기술주의적 미몽에서 깨어나 새로운 출발을 열기 위해서 반드시 필요한 것이라고 주장할 때 염두에 둔 것이 바로 이런 외상적 중핵과의 전율스러운 대면이다.

우리는 자기 현존재의 신비와 같은 것을 또다시 대면하기 위한 토대와 그 대면의 영역 자체를 준비함으로써 자기 자신을 근원적으로 돌봐야 한다. 오늘날 거리를 돌아다니는 사람들이 이와 같은 도전에 직면하여 그 신비에 접근하는 데 요청되는 노력 속에서 의식의 교란과 어지러움

---

10 Aeschylus, *Eumenides*, trans. Ian Johnston, http://www.mala.bc.ca/~Johnstoi/aeschylus/aeschylus_ eumenides.htm (2003).[『에우메니데스』, 이봉희 옮김, 동인, 2004.] 참조.
11 사이먼 크리츨리가 자신의 『무한히 요구하기』(*Infinitely Demanding*, London: Verso, 2007)에서 이 구절을 인용하며 그것을 공포 정치의 전사(前史)로 독해한 것은 참으로 기이하다. 그 구절은 크리츨리의 중심 모티프인 '무한히 요구하기'에 훨씬 더 잘 들어맞는데도 말이다.

을 느끼거나 심지어 자신의 우상에 고집스럽게 얽매인다고 해서 놀랄 일은 아니다. 다른 것을 기대하기는 힘들지도 모른다. 무엇보다 우리는 우리의 현존재 속으로 테러를 다시 도입할 수 있는 누군가를 요청해야 할 것이다.[12]

그래서 하이데거는 첫번째(그리스적) 개시의 기본 성향으로서의 경탄을 두번째 새로운 개시의 기본 성향인 테러와 대립시킨다. "첫번째 개시의 기본 성향인 경탄 속에서 존재자들은 최초로 자기 형식 속에 서 있게 된다. 또 다른 개시의 기본 성향인 테러는 모든 진보와 존재자들의 지배 너머에 있는 부적절함의 어두운 공백을 드러낸다."[13] (여기서 주목해야 할 점은 하이데거가 '불안'이 아니라 '테러'라는 단어를 사용한다는 점이다.)

헤겔은 자신의 주인과 노예(예속)의 관계를 분석하면서 이와 유사한 이야기를 전개한다. 그는 예속되는 것도 자기의식이므로,

예속된 의식 상태에게 주인은 본질적인 현실처럼 여겨진다. 그래서 예속된 의식에게 진리는 그 자체로 독립되어 있는 것으로 존재하며 예속된 의식 자체에 내속된 것으로 받아들여지지 않는다. 이러한 가운데 예속된 의식이야말로 스스로가 순수한 부정성을 지닌 독자존재라는 진리를 사무치게 깨우친다고 하겠으니, 노예는 주인의 존재를 몸소 경험하고 있는 것이다. 예속된 의식이 안고 있는 불안은 단지 우발적으로 나타난 것에 관한 불안도 아니고 특정한 순간에 닥치는 불안도 아닌, 그야말

---

12 Martin Heidegger, *Die Grundbegriffe der Metaphysik, Welt-Endlichkeit-Einsamkeit*, Gesamtausgabe, vol.29/30, Frankfurt: Klostermann, 2004, p.255.[『형이상학의 근본개념들』, 이기상·강태성 옮김, 까치글방, 2001.]
13 Heidegger, *Grundprobleme der Philosophie*, Gesamtausgabe, vol.45, Frankfurt: Klostermann, 1984, p.197.

로 자기의 존재에 흠뻑 닥쳐오는 불안으로서 이것이 무한정한 힘을 지닌 주인에게서 닥쳐오는 죽음의 공포라는 것이다. 이러한 공포 속에서 내면으로부터의 파멸에 직면한 노예는 걷잡을 수 없는 전율을 느끼면서 그를 지탱해 왔던 모든 것이 동요를 일으킨다. 도처에 생겨나는 이 순수한 운동, 즉 존립하는 모든 것들의 절대적 유동화는 자기의식의 단순한 본질인 절대적 부정성의 발로로서, 자기의식의 순수한 자립성이 이러한 모습으로 노예의 의식에 나타나 있는 것이다. 더욱이 주인에게 갖추어져 있는 순수하게 독자적인 요소도 그의 대상으로서 받아들여지는 까닭에 노예는 주관적으로나 객관적으로 자립성을 감지하기에 이른다. 그뿐만 아니라, 이것은 노예의 의식에 단지 막연한 심정상의 자괴감으로만 다가오는 것이 아니라 노예노동 속에서 현실적으로 붕괴에 직면하게 한다. 이렇듯 노동을 수행하는 매 순간마다 노예는 자기에게 가해진 물리적인 속박으로부터 탈피하려는 의미에서 사물을 가공하고 변형하는 것이다.[14]

그래서 노예는 자기 자신 안에서 이미 자유롭다. 그의 자유는 자기 외부의 주인 안에 체현되어 있기 때문이다. 바로 이런 의미에서 그리스도는 우리의 주인인 동시에 우리 자유의 원천이다. 그리스도의 희생은 우리를 자유롭게 만든다. 어떻게? 우리의 죄를 갚아서도, 우리의 몸값을 치러서도 아니다. 그것은 마치 우리가 어떤 것을 두려워할 때(죽음의 두려움은 우리를 노예로 만드는 궁극적인 두려움이다) 진실한 친구가 "걱정하지 마. 봐. 내가 할 거야. 뭘 그렇게 무서워하니? 내가 할 거야. 의무라서가 아니

---

14 G. W. F. Hegel, *Phenomenology of Spirit*, Oxford: Oxford University Press, 1977, p.189.[『정신현상학』 1·2권, 임석진 옮김, 한길사, 2005.]

라 너에 대한 사랑 때문에 그것을 할 거야"라고 말하는 것과 같다. 예수는 이런 방식으로 우리를 자유롭게 한 것이다. 진실로 **그것은 이뤄질 수 있다**는 것을 보임으로써, 우리 역시 할 수 있다고, 우리는 노예가 아니라고 선언함으로써. 아인 랜드의 『근원』에서 하워드 로크가 법정의 청중들에게 불러일으킨 찰나적인 충격을 떠올려 보라.

로크는 마치 모든 개개인은 자기 내면에 대해 결백하다는 듯이 적의로 가득 찬 군중 앞에 서 있었다. 하지만 그들은 적의로 가득 찬 군중이었다. 하지만 그들은 갑자기 어떤 증오도 그에게 투사할 수 없다는 것을 깨달았다. 섬광과도 같은 찰나의 순간, 그들은 그의 내면적 의식 상태를 보았다. 그들은 자기 자신에게 물었다. 다른 누군가의 승인이 필요한 걸까? 그게 문제가 될까? 내가 묶여 있나? 바로 그 순간, 그들은 각자 자유로워졌다. 법정에 있는 다른 모든 이들에게 자비심을 느낄 정도로 그들은 자유로워졌다. 그것은 단지 찰나의 순간이었다. 로크가 이윽고 말문을 열기 직전, 침묵의 순간이었다.[15]

이것이 예수가 자유를 이끌어 낸 방법이다. 예수와 대면하는 순간 우리는 우리 자신의 자유를 깨닫는다. 체 게바라의 경우도 마찬가지가 아닐까? 볼리비아에서 체포되어 정부군에게 둘러싸인 게바라의 사진은 기묘하게도 예수와 같은 아우라를 내뿜는다. 마치 자신의 십자가 앞에서 지쳤지만 여전히 도전적인 예수를 보고 있는 듯이. 게바라의 머리에 권총을 들이대고 있는 사형 집행인의 손이 떨린 것은 당연하다. 게바라는 그를

---

15 Ayn Rand, *The Fountainhead,* New York: Signet, 1992, p.677. [『마천루』 1·2권, 허종열·김원 옮김, 광장, 1988.]

쳐다보며 말했다. "잘 겨냥하게, 자네는 지금 한 사람을 죽이고 있네."[16] 이것은 게바라식 '이 사람을 보라……'*ecce bomo*가 아닌가? 자신의 실패를 통해, 그 실패 속에서 그는 존속하고, 계속될 것이라는 메시지 말이다. 우리는 볼리비아에서의 절망적인 마지막 며칠 동안 사뮈엘 베케트의 「이름 붙일 수 없는 것」*L'Innomable*의 "침묵 속에서 너는 알지 못한다. 너는 계속해야 한다. 나는 계속할 수 없다. 나는 계속할 것이다"를 생각하는 그를 상상할 수 있다.[17] 아이러니하게 쿠바 혁명의 승리 후 그가 한 모든 것이 실패였다. 쿠바 경제 장관으로서의 정책은 비참히 실패했다. (1년 후에는 식량 배급이 필요할 지경이었다.) 콩고 모험도 실패했고, 볼리비아에서의 마지막 임무도 실패했다. 하지만 이 '인간적인, 너무나 인간적인' 실패는, "진실로 인간적이기 위해서는 평범한 인간성을 초월하여 비인간의 차원으로 나아가야 한다"는 바디우의 모토를 실행하는 듯한 게바라의 그 특유한 초-인간적(혹은, 비인간적) 형상의 출현 배경으로 스러져 갈 뿐이다.

자연에 대립한 생태주의

오늘날 우리에게는 또 한번의 그와 같은 파열적인 부정성의 경험이 필요한 게 아닐까? 다시 말해서, 오늘날 우리 앞에 놓인 진정한 선택지는 두려움과 테러 **사이의** 선택이 아닐까? '두렵고도 전율스러운'이라는 표현은

---

16 체 게바라의 '마지막 말'로 알려진 것은 다양한 형태로 전해진다. 그 중 몇 가지를 예시하면, "네가 나를 죽이러 온 걸 알고 있다. 쏴라. 너는 그저 한 사람을 죽이는 것뿐이다." / "쏴라, 겁쟁이! 너는 그저 한 사람을 죽이는 것뿐이다." / "이것만 알아 둬라. 너는 지금 한 사람을 죽이고 있다." / "네가 나를 죽이려는 걸 알고 있다. 나는 결코 살아 남지 못하게 될 것이다." / "피델에게 말해 줘. 이번 실패가 혁명의 끝을 의미하지는 않는다고. 혁명은 다른 어디선가 반드시 승리할 거라고. 알레이다에게 나를 잊으라고, 다른 남자와 결혼해서 행복하라고, 그리고 아이들을 계속 공부시키라고 전해줘." / "쏘지 마! 나는 체 게바라이고 나는 너보다 더 살 가치가 있다."

17 Samuel Beckett, *Trilogy,* London: Calder, 2003, p.418.

동일한 현상의 두 측면을 가리키는 표현이다. 하지만 이 둘 사이의 간극을 도입해야 하는 게 아닐까? 그래서 전율스러운 것(테러에 직면함)이 가장 근본적인 차원에서 두려움의 진정한 대립물이라면? 달리 말해서 우리가 두려움으로부터 벗어날 수 있는 유일한 방법은 안전에 대한 절망적인 추구를 통해서가 아니라 반대로 그것을 끝까지 밀어붙여서 우리가 잃어버릴까 두려워하는 것의 공허함을 받아들이는 것이다.

아이작 아시모프는 어디선가 두 가지 가능성이 있다고 말했다. 우리를 지켜보는 사람이 아무도 없이 세계에 홀로 남아 있거나, 아니면 외부의 누군가 있거나. 어느 경우든 참을 수 없는 건 마찬가지다. 그래서 우리는 대타자 안의 정주를 상실할 것에 대한 두려움으로부터 어떤 대타자도 **없는** 공포로 이행해야 한다. 그래서 "공포 자체 말고는 두려워할 아무것도 없다"는 오래된 공식이 예상치 못한 새로운 의미를 획득한다. 두려워할 게 아무것도 없다는 것은 상상할 수 있는 것 중 가장 공포스러운 것이다. 테러는 바로 이와 같은 '자기-지시적'이거나 혹은 '자기-부정적인' 공포이다. 그것은 우리가 되돌아갈 곳이 없다는 사실, 즉 잃어버릴까봐 두려워하는 것, 위협받고 있다고 느끼는 그것(자연, 삶-세계, 우리 공동체의 상징적 실체……)이 언제나 이미 상실되었다는 것을 받아들이는 순간 일어나는 두려움 자체의 변화이다. 일찍이 헤겔은 죽음의 위협에 직면한 노예의 주관적 체험에 대한 묘사에서 이와 같은 공포의 윤곽을 묘사한 바 있으며, 이런 배경 속에서 우리는 맑스와 엥겔스가 『공산당 선언』에서 기술한 자본주의적 역학을 독해해야 한다.

생산의 끊임없는 변형, 모든 사회 상태들의 부단한 동요, 항구적 불안과 격동이 부르주아 시대를 이전의 다른 모든 시대와 구별시켜 준다. 굳고 녹슨 모든 관계들은 오랫동안 신성시되어 온 관념들 및 견해들과 함께 해체되고, 새롭게 형성된 모든 것들은 정착되기도 전에 낡은 것이 되어 버린다. 모든 신분적인 것들, 모든 고정된 것들은 대기 중으로 녹아 버리고, 모든 신성한 것들은 모독당한다. 그리고 사람들은 마침내 자신들의 생활상의 지위와 상호 연관들을 냉정한 눈으로 바라보지 않을 수 없게 된다. (……) 낡은 지방적 및 민족적 자급자족과 고립 대신에 민족들 상호 간의 전면적인 교류와 전면적인 의존이 등장한다. 그리고 이는 물질적 생산에서나 정신적 생산에서나 마찬가지이다. 개별 민족들의 정신적 창작물은 공동재산이 된다. 민족적인 일면성과 제한성은 더욱더 불가능하게 되고, 많은 민족적·지방적 문학들로부터 하나의 세계문학이 형성된다.[18]

이것은 그 어느 시기보다 오늘날 우리의 현실을 말해 주지 않는가? 에릭슨 전화기는 더 이상 스웨덴의 것이 아니고, 도요타 자동차는 60퍼센트가 미국에서 제조되며, 할리우드 문화는 지구 반대편의 지역에까지 퍼져 있다. 또한 인종적·성적 정체성의 형식도 마찬가지 운명에 놓여 있다. 이런 의미에서 우리는 맑스의 기술에 덧붙여 성적인 "일면성과 제한성은 더욱더 불가능하게 되고", 성적인 실천과 관련해서도 "모든 고정된 것은 대기 중으로 녹아 버리고, 모든 신성한 것은 모독당한다"고 할 수 있다. 그래서 자본주의는 표준적인 이성애를 불안정하게 이동하며 증식하는 정체성들과/혹은 성적 경향으로 대체하는 경향이 있는 게 아닌가? 또한 최근 유전공학의 발전과 함께 우리는 대기 중으로 녹아 버리는 것이 **자연 자체**인 시대로 진입하는 게 아닐까? 유전공학 발전의 최종 결과는

---

18 Karl Marx and Frederick Engels, *The Communist Manifesto*, Harmondsworth: Penguin, 1985, pp.83~84.「공산주의 선언」, 김태호 옮김, 박종철출판사, 1998.]

바로 자연의 종말이다. 우리가 자연 유기체의 구성 규칙을 알게 되는 순간 그것은 조작 가능한 대상으로 변형된다. 인간과 비인간의 자연은 그래서 '탈실체화'되어 불가해한 밀도, 헤겔이 '대지'earth라고 불렀던 것을 박탈당한다. 이것은 프로이트의 『문명 속의 불만』Unbehagen in der Kultur이라는 제목을 새롭게 변형하도록 만든다.[19] 최근의 과학기술적 발전과 함께 문명 속에서의 불만족, 불편함은 자연 속에서의 불만족으로 바뀐다. 자연은 더 이상 '자연적'이지 않다. 그것은 더 이상 우리 삶의 확실한 '밀도'가 있는 배경이 아니다. 이제 자연은 언제든 파국의 형태로 폭발할 수 있는 깨어지기 쉬운 메커니즘으로 나타난다.

유전공학은 인간의 영혼을 기술적 조작의 대상으로 환원함으로써 하이데거가 현대 테크놀로지에 내포된 '위험'으로 인식했던 것의 경험적 사례가 된다. 여기서 중요한 것은 인간과 자연의 상호의존성이다. 인간을 속성 변형이 가능한 또 다른 자연 대상으로 환원함으로써 상실되는 것은 인간성(뿐만)이 아니라 **자연 자체**이다. 이런 의미에서 프란시스 후쿠야마는 옳다. 인간성은 '인간적 자연'의 유전된 몇 가지 개념에 의존한다. 그것은 단지 우리에게 주어져 온 어떤 것, 우리가 그 속으로 태어나는/던져지는 우리 자신의/속의 불가해한 특질들이다. 그래서 역설적이게도 오직 불가해한 비인간적 자연(하이데거의 '대지')이 존재하는 한에서만 인간은 존재한다. 게놈에 대한 접근으로 열린 유전공학적 개입의 전망 속에서 좋은 **자기 자신**을, 자신의 좌표를 자유롭게 바꾸거나 재정의한다. 이런 전망은 실제적으로 인류를 유한한 종적 제약으로부터, '이기적인 유전자'에

---

19 이 제목은 보통 '문명과 그 불만'(Civilization and Its Discontents)으로 번역된다. 이렇게 번역하면 문화와 문명 간의 대립 작용을 파악할 기회를 잃게 된다. 불만은 문화 속에, 자연과의 폭력적인 단절 속에 있다. 반면에 문명은 그것을 미봉하려는 이차적인 시도, 즉 자연과의 단절을 '교화'하고 상실한 균형과 조화의 외관을 재도입하려는 이차적인 시도로 인식될 수 있다.

의 예속으로부터 해방시킨다. 하지만 이 해방은 대가를 치르게 된다.

인간 유전자에 대한 개입과 함께 자연에 대한 지배는 거꾸로 자기 자신에 대한 통제 행위가 된다. 그것은 우리의 유전적-인종적 자기 이해를 바꾸고, 독립적 생활 방식과 보편적인 도덕의 이해를 위해 필수적인 조건들을 파괴할 수 있다.[20]

그럼 우리는 어떻게 이런 위협에 대응해야 할까? 하버마스의 논리는 이렇다. 과학의 결과는 우리의 독립성과 자유(에 대한 지배적인 관념)를 위협하기 때문에 우리는 과학의 영역을 축소해야만 한다. 이런 해법을 위해 치러야 할 대가는 과학과 윤리 사이의 물신주의적인 분열이다. "나는 과학이 주장하는 것을 잘 알아. 하지만 나의 독립성(의 외관)을 유지하기 위해 나는 그것을 무시하고 마치 모르는 듯이 행동할 거야." 이것은 진정한 의문과의 대면을 방해한다. **어떻게 이 새로운 조건들은 우리로 하여금 자유, 독립성, 윤리적 책임성에 대한 관념 자체를 바꾸고 다시 창안하도록 강제하는가?**

오늘날 과학과 기술은 자연적 과정을 이해하고 재창조하려고 하는 게 아니라 우리를 놀라게 할 새로운 생활 형식들을 발생하는 것을 목적으로 한다. 그 목적은 더 이상 자연(의 법칙)을 지배하는 것이 아니라, 우리 자신까지 포함하여 고유의 자연보다 강하고, 크고, 새로운 것을 생성하는 것이다. 가령, 인공지능에 대한 강박은 인간 뇌보다 더 강력한 기능을 가진 뇌를 생산하고자 하는 것이다. 과학기술적 시도를 지탱하는 꿈은 기하급수적으로 재생산되고 독립적으로 진행되는 비가역적인 과정을 촉발하

---

20 Thorsten Jantschek, "Ein ausgezehrter Hase", *Die Zeit*, July 5, 2001, Feuilleton, p.26. 인용.

는 것이다. 따라서 오늘날 '2차적 자연'이라는 개념의 두 가지 중심 의미는 과거 어느 때보다 적실해졌다.

첫째, 문자 그대로 인공적으로 생산된 새로운 자연이라는 의미에서 기형인 젖소나 나무 등 자연의 괴물들, 혹은—보다 긍정적인 꿈으로—우리에게 유용하도록 유전자 변형되어 '기능이 향상된' 유기체로서의 2차적 자연이 있다. 다음, 보다 표준적인 의미에서의 '2차적 자연'은 우리 자신의 활동 결과의 독립성이다. 우리의 행위 결과가 우리를 벗어나는 방식, 그 결과가 독자적인 생명을 가진 괴물을 생성하는 방식이다. 우리에게 충격적인 공포를 야기하는 것은 우리가 통제할 수 없는 자연의 힘이 아니라 우리 행위의 예측 불가능한 결과들이다. 오늘날 새롭게 나타난 것은 이 두 가지 '2차적 자연'의 단락이다. 객관적 운명 내지 자동적인 사회적 과정으로서의 '2차적 자연'이 인위적으로 창조된 자연, 자연적 괴물들이라는 의미에서의 '2차적 자연'을 양산하고 있는 것이다. 즉, 우리의 통제 범위를 넘어서서 위협을 가하는 과정은 더 이상 정치적·경제적 발전의 사회적 과정만이 아니라, 새로운 형태의 자연적 과정 자체이다. 예측 불가능한 핵폭발의 파국에서부터 지구 온난화, 상상할 수도 없는 유전자 변형의 결과들 말이다. 우리는 나노 테크놀로지 시험이 초래할 결과가 어떤 것이 될지 상상조차 할 수 없다. 새로운 생활 형식, 마치 암처럼 우리의 통제력을 넘어서서 재생산되는 새로운 생활 형식이 어떤 게 될지 상상이나 할 수 있을까?[21] 다음은 이런 공포의 표준적인 묘사이다.

50년에서 100년 안에 새로운 종류의 유기체가 출현할 것이다. 이 유기

---

21 이와 유사하게 유럽원자핵공동연구소(CERN)에서 과학자들이 입자 가속기로 빅뱅 상황을 재현하는 실험을 준비할 때 몇몇 회의론자들은 그 실험이 너무 성공적으로 이뤄져서 새로운 빅뱅이 일어나 우리가 알고 있는 이 세계를 쓸어버릴지도 모른다고 경고했다.

체들은 최초에는 인간에 의해 고안되었다는 의미에서 인위적이라고 할 수 있다. 하지만 그것들은 애초의 형태와는 전혀 다른 것으로 '진화'하면서 재생산될 것이다. 그것들은 '생명'을 어떻게 정의하든 '살아 있게' 될 것이다. (……) 진화론적 변화의 속도는 극단적으로 빨라질 것이다. (……) 인간과 생명권에 주는 그 영향력은 너무나 엄청나서 산업혁명이나 핵전쟁, 혹은 환경오염보다 훨씬 더 클 것이다.[22]

이런 두려움은 분명히 자기 고유의 리비도적 특질을 지닌다. 그것은 생명의 무성적asexual 재생산의 공포, 즉 끊임없이 팽창하고 자기-분열을 통해 재생산되는 '죽지 않는' 생명에 대한 공포이다.[23] 또한 지난 이천 년의 역사에서 항상 그랬듯이 이런 두려움을 이용하는 가장 위대한 지배자는 가톨릭 교회이다. 오늘날 가톨릭 교회의 지배적인 전략은 제한된 의미 속에 실재를 포함시키는 것이다. (유전공학적 위협 안에 물질화된) 과학적 실재에 대한 대답으로서 종교는 자신의 새로운 존재 근거를 발견한다.

오늘날 개별 종교와 종교 연합체는 과학에 의해 소멸되기는커녕 일상생활이 구성과정에서 증가 일로에 있다. 라캉은 에큐메니즘ecumenism이 가난한 자들을 위한 정신이었다고 말한 바 있다. 이런 문제들에 대한 세속권력과 일체의 종교적 권위들 간의 놀랄 만한 의견일치가 존재해 왔다. 그들은 경이로운 반향을 불러일으키기 위해서 어떤 지점에서는 의견일치를 이뤄야 한다고 스스로에게 말해 왔고, 결국에는 세속권력도 다

---

22 Doyne Farmer and Aletta Belin, "Artificial Life: The Coming Evolution", eds. C. G. Langton, C. Taylor, J. D. Farmer, and S. Rasmussen, *Artificial Life,* Reading, MA: Addison-Wesley, 1992, p.815.
23 최근 십여 년 동안 이런 주제는 공상과학 공포물에서 폭발적으로 다뤄졌다. 그 중에서 특히 마이클 크라이튼의 『먹이』(*Prey,* New York: Avon Books, 2002.[『먹이』1·2권, 김신준 옮김, 김영사, 2004])를 보라.

른 것과 마찬가지로 하나의 종교라고 말하기까지 했다. 이렇게 볼 수밖에 없는 것은 과학의 담론이 실제로는 부분적으로 죽음충동과 결합되어 왔다는 것이 드러났기 때문이다. 종교는 생명의 보호자로서, 생명을 절대화하면서, 인간 속에 있는 생명을 무조건적으로 옹호하는 입장 안에서 자란다. 그리고 그 입장은 인간성의 보호로 확장된다. (……) 이것은 (……) 생명복제와 인간 세포의 상업적 이용에 의미의 장벽을 세우고, 과학을 조절된 진보 안에 기입함으로써 종교의 미래를 보증하는 것이다. 우리는 실재에 의미를 부여하려는 종교의 그 경이로운 노력 안에서 종교의 새로운 활력을 본다.[24]

그래서 교회가 전해 주는 희망의 메시지는 이미 존재하는 공포에 의존한다. 그것은 희망과 신념의 해법을 제공할 공포를 환기하고 정식화한다.[25] '생명의 문화'에 대한 옹호 속에서 교회가 약속하는 생명은 긍정적 생명이 아니라 반동적 생명, 죽음에 대한 방어로서의 삶이다. 우리는 지금 메리 셸리의 『프랑켄슈타인』에서 최초로 정식화된 공포의 최근 버전을 다루고 있다. 『프랑켄슈타인』에 대한 수많은 해석자들이 직면한 딜레마는 한편에서는 빅터와 신 사이, 다른 한편에서는 괴물과 아담 사이의 명백한 상동성에 관련된 것이다. 양자의 경우 우리는 비-성애적 방식으로 남자 자식을 창조한 특이한 아버지를 목격한다. 양자 모두 이 창조에

---

24 Jacques-Alain Miller, "Religion, Psychoanalysis", *lacanian ink 23*, 2004, pp.18~19.
25 근대 내내 교회는 자신을 '너무-많은-앎'의 위험을 감시하는 자로 자처해 왔다. 교회가 자신을 자유와 인간 존엄성의 봉화로 자처하는 오늘날 우리는 간단한 사고 실험을 해보는 것도 나쁘지 않을 것이다. 1960년대 초반까지 교회는 (보통) 가톨릭인들이 읽지 말아야 할 (악)명성 높은 장서 목록을 간직해 왔다. 만약 근대 유럽의 지식, 예술사에서 이 목록에 포함된 책들을 지워 버린다면, 가령 대표적인 근대 고전문학 작품들은 논외로 치더라도 데카르트, 스피노자, 라이프니츠, 흄, 칸트, 헤겔, 맑스, 니체, 사르트르 없는 근대 유럽의 지성사를 상상한다면?

이어 그 자식의 신부가 될 여성적 파트너의 창조가 뒤따른다. 이런 상동성은 소설의 표제 글에서 언급된 아담의 신에 대한 불만에서 뚜렷하게 드러난다.

> 창조주여, 제가 부탁했습니까, 진흙에서
> 저를 빚어 사람으로 만들어 달라고? 제가 애원했습니까,
> 어둠에서 절 끌어내 달라고?
> ―『실낙원』, X, 743~5

이 구절의 문제적인 성격을 지적하는 것은 쉽다. 만약 빅터가 신을 환기시킨다면 어떻게 그는 신에 항거한 프로메테우스 역시 연상시킬 수 있단 말인가? (소설의 부제 "……혹은 현대의 프로메테우스"를 상기해라.) 대답은 셸리 본인이 제시한 것처럼 단순해 보인다. 빅터의 죄는 정확히 주제넘게 '신처럼 행동한' 죄, 오직 신만의 특권으로 남아 있어야 할 (신적 창조의 정수인 인간 생명의) 창조 행위를 감행한 죄이다. 만약 인간이 신을 모방해서 그에게 부여된 권한 이상의 것을 행한다면 그 결과는 끔찍할 것이다…….

하지만 또 다른(체스터턴식의) 독법이 있다. 이에 따르면 아무 문제도 없다. 빅터가 궁극적인 위반행위를 자행하고 그 끔찍한 결과에 직면했을 때 그는 정확히 '신과 같아지게' 된다. **신 역시 가장 위대한 반란자**, 궁극적으로 자기 자신에 대한 반란자이기 때문이다. 우주의 왕은 최상의 범죄적 아나키스트이다. 빅터와 마찬가지로 인간 창조 속에서 신은 너무 높은 목표를 향해 최고의 범죄를 저질렀다. '자기 자신의 형상'을 한 피조물을 창조한 행위, 새로운 영적 생명을 창조한 행위 말이다. 마치 인공지능을 가진 생명체를 창조하는 꿈을 가진 오늘날의 과학자들처럼. 자신의 피

조물이 그의 통제를 벗어나 그에게 항거한 것은 이상할 게 전혀 없다. 그렇다면 예수의 죽음(자살)은 이런 범죄에 대해 신이 치러야 할 대가가 아닌가?

정확히 이 생태계의 영역에서 순수한 두려움의 정치로부터 해방적 테러의 정치를 분리하는 구분선을 그을 수 있다. 생태주의의 지배적 형태는 두려움의 생태주의이다. 인간이 야기했거나 자연적인 생태 재앙의 두려움, 인간의 문명을 위협하거나 심지어 완전히 파괴할지도 모르는 대재앙, 그래서 우리의 안전을 지켜 줄 정책을 수립하도록 독려하는 생태 재앙의 두려움으로 구성된 생태주의 말이다. 이런 두려움과 비관론은 한스 게오르크 가다머Hans-Georg Gadamer가 지적한 것처럼 대체로 허위적이다. "비관론자는 진실하지 않다. 왜냐하면 그는 자기 자신의 두려움에 대해 스스로를 속이기 때문이다. 정확히 비관론자로 활동함으로써 그는 은밀하게 자신이 예측한 끔찍한 일이 일어나지 않기를 희망하기 때문이다."[26] 언표된 것과 언표 위치 사이의 이와 같은 긴장이 오늘날의 생태주의적 비관론을 특징짓는 것이 아닐까? 파국을 예언하는 자들이 자신의 주장을 강하게 하면 할수록 그들은 은밀하게 파국이 일어나지 않기를 바라는 것이 아닐까?

이와 같은 두려움과 관련하여 충격적인 사실은 그것이 이데올로기적 조류에 의해 조건 지어진다는 점이다. 20여 년 전만 해도 모든 사람들, 특히 유럽인들은 삼림의 고사에 대해 말해 왔다. 그때의 주된 이슈는 주간지 표지에 관한 것이었다. 오늘날 그에 관한 논의는 사라졌다. 지구 온난화에 관한 걱정이 점차 확대되고 과학적으로 증명되고 있지만 사회-정치적 운동으로 조직된 생태주의는 전반적으로도 사라져 가고 있다. 또

---

26 Jean Grondin, *Hans-Georg Gadamer*, New Haven, DT: Yale University Press, 2003, p.329.

한 생태주의는 자주 이데올로기적 신비화에 스스로를 이용하기까지 한다. 뉴에이지 신비주의의 미끼로서(제1세계는 브라질이나 중국 같은 제3세계 나라들의 급속한 경제성장이 자신들의 환경을 위협한다고 불평한다. "아마존의 열대 강우림을 파괴함으로써 브라질 놈들은 지구의 허파를 파괴하고 있다") 혹은 '자유주의적 공산주의자들'의 명예로운 대의로서(친환경 재생 상품을 구매함으로써…… 마치 생태주의를 자본주의적 착취를 정당화하는 데 이용하듯이) 생태주의를 이용한다.

이 두려움의 생태주의는 쇠퇴해 가는 종교를 대신하여 대중을 위한 새로운 아편으로서 전 지구적 자본주의의 지배적 이데올로기로 발전할 수 있는 가능성을 지닌다.[27] 그것은 한계를 부과할 수 있는 무조건적 권위를 지님으로써 과거 종교가 지닌 근본적 기능을 대신하게 된다. 이 두려움의 생태주의가 끊임없이 강조하는 것은 인간의 유한성이다. 우리는 현실로부터 절연된 데카르트적 주체가 아니라, 우리의 지평을 초월하는 생명권 안에 구현된 유한한 존재들이다. 자연 원료의 착취 속에서 우리는 미래로부터 빚을 지고 있는 것이며 그래서 우리는 지구를 존중할 뿐만 아니라 궁극적으로 신성한 어떤 것으로, 그 베일이 완전히 벗겨져서는 안 되는, 지배할 대상이 아니라 믿어야 할 신비한 힘으로 대해야 한다. 우리는 우리의 생명권역에 대한 완전한 지배력을 획득할 수는 없지만, 불행히도 그 경로를 이탈시키고 균형을 교란시켜 무질서하게 널뛰게 하여 그 과정에서 우리를 사멸케 만드는 힘은 있다. 이런 까닭에 생태주의는 항상 우리의 삶을 근본적으로 바꾸도록 요구하지만 이런 요구 근저에는 정반대로 변화에 대한 불신, 발전에 대한 불신, 진보에 대한 불신이 숨겨져 있다. 모든 근본적 변화는 예기치 못하게 파국으로 이어질 결과를 초래할

---

27 이런 표현은 알랭 바디우에게서 얻었다.

수 있기 때문이다.

이런 불신이 생태주의를 지배적 이데올로기의 이상적인 후보자로 만든다. 그것은 거대한 집단적 행위에 대한 반-전체주의적·탈-정치적 불신을 유포하기 때문이다. 이와 같은 불신의 가장 뚜렷한 허구적 형태 중 하나는 스티븐 프라이의 『역사 만들기』[28]이다. 이 소설은 히틀러와 나치에게 정신적 상처를 입은 과학자에 관한 이야기로, 1950년대 그는 시간의 벽을 넘어 제한적으로 과거를 바꿀 수 있는 방법을 발견한다. 그는 히틀러의 부모가 마시는 시냇물의 화학적 조성을 바꿔서 여자들이 불임이 되게 만들 결심을 한다. 실험이 성공하고 히틀러는 태어나지 않게 된다. 하지만 그 과학자가 바꾼 현실과 대면했을 때 그는 자신이 한 행위의 끔찍한 결과를 목도하게 된다. 히틀러 대신 훨씬 더 지적이고 신분이 높은 관료가 나치를 승리로 이끈 것이다. 나치는 전쟁에서 승리하고 홀로코스트보다 훨씬 많은 수의 유대인을 학살하며 그들의 행위에 대한 기억까지 말살시켜 버린다. 과학자는 남은 생애를 또다시 과거에 개입하여 처음에 그가 계획한 일이 일어나지 않도록, 그래서 히틀러가 존재하는 좋았던 옛날로 돌아갈 수 있도록 만드는 데 전념한다.

이와 같은 불신은 새로운 과학적 돌파에 앞장서는 유전공학자들에 의해 더욱 확산된다.[29]

> (지금까지 유전공학자들은) 자연이 이미 만들어 놓은 것을 수선하고 개조하는 역할에 제한되어 왔다. 가령, 박테리아 유전자를 추출해서 옥수수나 돼지의 염색체에 주입하는 정도였다. 지금 우리가 말하고자 하는 것

---

28 Stephen Fry, *Making History*, New York: Arrow Books, 2005.
29 "Life 2.0", *Newsweek*, June 4, 2007, pp.37~43. 참조.

은 전혀 새로운 생명체의 생산에 관한 것이다. 근원적인 모세포의 유전적 후손이 아닌 생명체 말이다. 새롭게 창조된 혈통의 첫번째 종들은 결코 자신의 선조를 갖지 않을 것이다.

유기체의 게놈 자체가 인공적으로 조립될 것이다. 우선 각각의 생물학적 구성 인자들이 제조되고 그 다음에 그것들은 전적으로 새로운 합성에 의해 자기 재생적 유기체로 조립된다. 과학자들은 이 새로운 생명-형태를 '생명체 2.0'이라고 지칭한다. 그로 인해 '자연' 자체는 놀랍게도 '생명체 1.0'이 된다. 자연은 소급적으로 자신의 자연발생적-자연적 성격을 상실하고 인공적인 합성 기획 단계 중 하나가 된다. 이것이 '자연의 종말'이 의미하는 바이다. 합성 생명체는 단지 자연적 생명을 보충하는 게 아니다. 그것은 자연적 생명 자체를 인공합성 생명체의 한 (지리멸렬한, 불완전한) 종으로 바꿔 놓는다.

암세포를 추적하고 제거하는 미생물에서부터 태양열 에너지를 유용한 연료로 바꾸는 모든 '공장들'까지 그 전망은 어지러울 정도다. 하지만 이런 시도들의 주된 한계는 명백하다. 존재하고 있는 자연적 유기체의 DNA는 "과학자들이 파악할 수 있는 어떤 목적도 갖지 않는 정크junk와 구획들로 중첩된 혼란"이다. 그래서 유전공학자들이 이 혼란을 수선할 때 그들은 어떤 결과가 나올지 확신할 수 없을 뿐만 아니라 정확히 어떻게 그런 결과가 발생했는지도 알 수 없다. 이로부터 도출되는 논리적 결론은, 수선하는 게 아니라 아예 "새로운 생명 체계를 만드는 것이다. 그 새로운 생명체계는 우리가 의도한 방식으로 만들었기 때문에 이해하기도 더 쉬울 것이다". 그러나 이런 기획은 "최소한 90%의 인간 게놈이 아무런 기능도 하지 않는 '정크DNA'이다"라는 명제를 온전히 받아들일 때만 실행될 수 있을 것이다. (과학자들이 추정하기로 이 정크 유전자는 카피 오류의 위험에 대응한 일종의 보험적 성격의 백업 카피 기능을 한다.) 오직 이 경우에만 우리는 번거로운 '정크'를 제거하고 '순수' 유전 공식에만 따르는 유기체의 생산을 기대할 수 있다. 하지만 '정크'가 미지의 중요한 기능을 한다면 어쩔 것인가? 우리는 고도로 복잡한 방식으로 상호작용하는 유전자의 법칙을 완전히 파악할 수 없고, 오직 제한된(유한한) 요소들의 집합으로부터 어떻게 '무한한'(자기-관계적인) 유기적 구조가 '발현된 특질'로 나타나는지만 설명할 수 있을 뿐이기 때문이다.

인공합성 생명체에 가장 맹렬하게 반대하는 자들은 종교 지도자들과 환경론자들이다. 그들에게 있어서 생명체를 처음부터 다시, 제로 지점에서 창조하려는 생각은 금단의 영역으로 들어가는 일종의 파계와도 같은 것이다. 이것은 다시 생태주의가 새로운 형태의 대중적인 아편으로 이용되고 있다는 생각으로 돌아가게 한다. 생태주의의 기저에 깔려 있는 메시지는 보수적인 것으로, 어떠한 변화도 더 나쁜 결과를 초래할 뿐이라는 것이다.

합성 생명체에 대한 저항 뒤에는 자연(혹은 신)이 가장 최적의 상태로 세계를 창조했다는 직관이 깔려 있다. 찰스 다윈은 자연의 무수한 창조 기획들은 어떤 의도였든 간에 완벽하게 작동하도록 갈고 다듬어져 온 것이라고 믿었다. 동물은 어쨌든 보고, 듣고, 노래하고, 헤엄치거나 날아다니게 되어 있고, 식물은 태양광선에서 에너지를 공급받으며 수분 매개자를 유혹하기 위해 꽃잎 색을 밝게 만들도록 되어 있다.[30]

다윈에 대한 참조는 심각한 오독이다. 다윈주의의 궁극적인 교훈은

---

30 "Life 2.0", *Newsweek*, p.41.

정반대로, 자연은 극히 제한적인 성공 속에서 엄청난 손실과 재앙을 통해 땜장이처럼 임기응변식으로 진화해 왔다는 것이다. 인간 게놈의 90%가 아무런 명확한 기능도 하지 않는 '정크DNA'라는 사실이 그 증거가 아닌가? 결국 여기에서 도출되어야 하는 교훈은 스티븐 제이 굴드가 반복적으로 지적한 것처럼, 인간 실존의 지독한 우연성이다. 진보란 것은 없다. 자연의 역사는 균형의 파괴와 대재앙의 연속이다. 과거의 무수한 지점들에서 생명은 전혀 다른 방향으로 전개될 수 있었다. 우리의 주된 에너지인 석유는 상상할 수조차 없는 규모의 지각변동의 결과물이다.

그 연장선상에서 '테러'란 우리 존재의 지독한 근거 없음을 받아들이는 것을 의미한다. 안전하게 의지할 수 있는 어떤 확고한 토대나 은둔지도 없다는 사실 말이다. 그것은 "자연은 존재하지 않는다"는 것을 온전히 받아들이는 것, 다시 말해서 생활-세계로서의 자연과 자연적 현실이라는 과학적 개념을 분리하는 간극을 완전히 성취하는 것을 의미한다. 균형 잡힌 재생산 영역으로서의 '자연', 인간이 오만하게 개입하여 그 순환운동을 탈선시키는 유기적 발전 영역으로서의 자연은 인간의 환상이다. 자연은 이미 그 자체로 '2차적 자연'이며 그것의 균형은 언제나 파국적인 혼란 이후에 몇 가지 질서를 회복할 '기질'habit을 형성하려는 2차적인 시도이다.[31] 그래서 우리는 환경과학자들의 다음과 같은 결론을 온전히 받아들여야 한다. 그들에 따르면, 지질권역에서 인간의 개입이 어떤 궁극

---

[31] 캘리포니아 커먼웰스 클럽에서 마이클 크라이튼은 "종교로서의 환경주의"라는 제목의 연설로 다양한 종교관들(특히 유대-기독교 교리)과 자연과 지난 과거에 대한 낭만적인 관념을 가진 근대 도시의 무신론자들 간의 유사성을 묘사했다. 그가 생각하기에, 그 무신론자들은 에덴 동산과 원죄, 그리고 최후 심판의 날과 같은 관념을 믿고 있다. 오늘날의 환경론자들 중에는 과학적 반증에도 불구하고 고집스럽게 자신의 신념을 버리지 않는 경우가 있다. (크라이튼은 DDT와 간접흡연, 지구 온난화의 위험성에 대한 오해가 그런 사례라고 지적한다.) 크라이튼에게 가질 수 있는 혐의—그의 베스트셀러들은 후기 자본주의의 지배 이데올로기를 완벽하게 구현하고 있다—에도 불구하고 그의 말은 일리가 있다.

적 결과를 초래할지 명확히 알 수는 없지만, 한 가지 확실한 점은 만약 인간이 돌연 자신의 거대한 산업 활동을 중단하여 지구상의 자연이 균형을 찾도록 내버려 두고자 한다면 그 결과는 총체적인 파국으로, 상상할 수도 없는 대재앙이 일어날 것이라는 사실이다. 지구상의 '자연'은 이미 인간의 개입에 '적응'되어 있으며, 인간의 '오염'은 이미 불안하고 깨지기 쉬운 '자연적' 재생산의 균형 안에 완전히 포함되어 있다. 따라서 인간적 개입의 중단은 파국적인 불균형을 초래할 것이다.[32] 이것이 인간이 은신할 곳은 존재하지 않는다는 말의 의미이다. '대타자'(의미의 최종적 보증자인 자기-함축적 상징질서)가 존재하지 않을 뿐만 아니라, 자기-재생산의 균형 잡힌 질서로서의 **자연**이란 것도 존재하지 않는다. 인간의 불균형적인 개입에 의해 그 평형상태가 교란되고 경로 이탈하는 그런 자연이란 없다. 대타자가 '빗금쳐져 있을' 뿐 아니라, 자연 역시 빗금쳐져 있다. 그래서 우리는 진보에 대한 이데올로기의 한계를 인식해야 할 뿐만 아니라, 혁명을 진보의 이탈 경로에서 긴급 브레이크를 밟는 것으로 보는 벤야민식 혁명 개념의 한계 역시 깨달아야 한다. 그렇게 하는 것 역시 언제나 너무 늦다.

『아스캬 화산 가장자리에서의 성찰』에서 스쿨라손은 아이슬란드 중앙의 눈 덮인 산으로 둘러싸인 아스캬 화산 계곡과 화산 호수에 어떻게 감명을 받았는지 보고하고 있다.

---

[32] 또 다른 사례가 있다. 생태주의자들은 무자비한 삼림 파괴 정책에 대항하기 위해 엄격한 화재 진압 조치들을 부과하도록 강제하곤 했다. 그로 인해 원시림이 복구 불가능하게 파괴되는 (왜냐하면 우발적인 화재가 숲의 자기-복구과정에서 중요한 역할을 했던 것이다) 예기치 못한 결과가 벌어졌다. 또 다른 사례로, 영국에서 심각한 석탄 매연으로 오염된 계곡에 관한 사례를 떠올려 보자. 그래서 석탄 연소를 중지하자 그 즉시 재앙적인 결과가 빚어졌다. 조류와 다른 생명체들은 이미 매연으로 인한 오염을 자신의 새로운 생존 환경으로 이용하고 있었던 것이다. 그래서 그들이 떠나자 계곡의 생태적 균형이 교란되어 버린 것이다. 산업화된 농장에서 사육되는 돼지 같은 사육동물은 어떤가? 그 동물들은 자기 힘으로는 단 며칠도 생존할 수 없다(그 돼지들은 눈이 먼 것처럼 비틀거리며 자기 다리로 서 있을 수도 없다).

아스캬는 모든 사유와 믿음과 표현으로부터, 모든 인간적인 경험으로부터 독립한 객관적인 현실의 상징이다. 그것은 특이한 자연 시스템으로, 그 안에서 산과 호수와 하늘은 화산 분화구 안으로 수렴된다. 간단히 말해서, 아스캬는 지구 자체를 상징한다. 그것은 지금까지 있어 왔고 앞으로도 자기 궤도를 유지하는 한 우리 인간이 존재하든 하지 않게 되든 영원히 존재할 지구 자체이다. (……) 아스캬로 다가가는 것은 최초로 자신의 지구적인 실존 근거를 발견하면서 지구 자체로 다가가는 것이다.[33]

질 들뢰즈는 자주 탈-인간-되기 속에서 어떻게 "인간 이전(혹은 이후)의 존재 지각 (……) 인간적 좌표로부터 해방된 지각"[34]을 체험하는 법을 배워야 하는지에 관해 이야기한다. 스쿨라손은 바로 그런 지각 경험을 기술하고 있는 듯하다. 우리 '손 안에 있는' 주변 대상의 세계 안으로 침잠하는 것으로부터, 우리가 참여하고 있는 현실과의 즉자적 관계로부터 자기 자신을 빼내는 체험 말이다. 정말 그런 걸까? 그가 하고 있는 체험이 어떤 종류의 체험인지 좀더 정확히 관찰하자.

마치 현실이 이음매 없는 전체로 나타난 것처럼 세계는 돌연 충격적으로 다가왔다. 그래서 세계 자체, 총체성으로 함몰된 현실에 관한 의문이 떠올랐다. 세계는 실제로 통합된 전체일까? 현실은 단지 끝없는 다양성으로 채색된 특수한 현상들의 다발이 아닐까?[35]

---

33 Pall Skulason, *Reflections at the Edge of Askja,* Reykjavik: The University of Iceland Press, 2005, p.21.
34 Gilles Deleuze, *Cinema 1: The Movement-Image,* Minneapolis, MN: University of Minnesota Press, 1986, p.122.[『시네마 1: 운동-이미지』, 유진상 옮김, 시각과언어, 2002.]
35 Skulason, *Reflections at the Edge of Askja,* p.11.

여기서 우리는 헤겔주의자가 되어야 한다. 이음매 없는 전체로서의 현실 체험 자체가 전적으로 무의미한 "끝없는 다양성으로 채색된 특수한 현상들의 다발"(알랭 바디우가 존재의 근원적 복수성이라고 부른 것)과의 직접적 대면을 피하기 위해 우리 자신이 강제적으로 부과한 것, (오래되고 부적절한 단어를 사용하면) 우리가 '그 안에 투사한' 것이라면 어쩔 텐가? 여기서 우리는 칸트의 초월론적 관념론의 교훈을 적용하지 않을 수 있을까? 전체로서의 세계는 사물-자체가 아니라, 인간 정신의 규제적 관념이라는 것, 우리의 정신이 현실을 잘-규제된 의미로 충만한 전체로 체험하기 위해 날것의 복수적 지각에 부여한 어떤 것이다. 여기서 발생하는 역설은 우리와 독립된 전체로서의 즉자적 자연 자체가 우리의 (주관적) '종합 활동'의 결과라는 것이다. 스쿨라손의 말을 문자 그대로 읽을 때 그는 이미 이와 같은 사실을 지적한 게 아닌가? "아스캬는 이와 같은 텍스트 안에서 세계에 대한, 그리고 그 안에 거주하는 존재들에 대한 특이하고도 중요한 체험의 상징으로 사용된다. 인간에게 가장 중요한 것들에 대해 말할 때 사용된 다른 많은 상징들이 있기는 하지만."[36] 칸트적 숭고에서 명확히 드러난 것처럼, 날것의 자연-자체의 불가해한 현존은 "특이하고도 중요한 체험"을 위한 물질적 외관(다른 것들로 대체 가능한)으로 환원될 수 있다. 왜 이런 체험은 필연적인가?

살기 위하여, 또 존재할 수 있기 위하여, 정신은 특정한 종류의 질서와 결합되어야만 한다. 그것은 독립된 전체로서의 현실을 포착해야 하며, (……) 우리가 현실이라고 부르는 어떤 고정된 양태 안에 묶여야 한다. 그것은 평범한 일상의 체험 세계에 구속될 수 없고 단지 예외적으로 현

---

36 Skulason, *Reflections at the Edge of Askja*, p.19.

실이 어떤 객관적 전체, 정신과 독립해 존재하는 전체를 구성한다는 믿음에만 구속될 뿐이다. 정신, 그리고 우리는 현실 자체에 대한 신뢰관계 속에서 살아 있다. 이 관계는 이탈된 현실, 정신과는 전혀 다른 현실에 대한 신뢰관계와 흡사하다. 우리는 이러한 신뢰관계 속에서 살고 존재한다. 그 신뢰관계는 본성상 불확실하고 불안정하다. (……) 신뢰관계는 (……) 원래, 진실로, 언제나, 자연적 전체로서의 현실, 즉 자연과의 관계이다.[37]

여기서 우리는 거주할 수 있음과 거주할 수 없음의 긴장에 대해 정교하게 분석해야 한다. 우리의 의미 지평 안에 현상된 현실의 자그마한 일부 속에 거주하기 위해 우리는 현실-자체, '정신과는 전혀 다른', 우리의 세계를 지탱하는 현실이 이음매 없이 정돈된 전체 현실의 일부라고 가정해야 한다. 간단히 말해서, 우리는 현실에 대한 믿음과 확신을 가져야 한다. 자연-자체는 단지 무의미한 다양체의 합성물이 아니다. 그것은 자연 Nature이다. 하지만 이런 자연에 대한 믿음의 관련성이, 정신과 현실 간의 원초적 조화에 대한 신념이 가장 근본적인 관념론의 형식이라면, 대타자에 대한 의존의 기본 형식이라면? 진실로 유물론적인 입장은 무의미한 혼돈의 다양체로서의 즉자In-itself를 받아들임으로써 시작될(그리고 어떤 의미에서 끝날) 수 있다면? 여기서 우리는 다시 아이슬란드의 특이한 자연 풍경으로 돌아가고픈 유혹을 느낀다. 웅장하게 펼쳐진 남부 해안의 안개 빛 도는 푸른 초원은 젖은 갈색 이끼로 뒤덮인 거대한 바위로 찢겨져 마치 암세포 돌기로 가득 차 있는 자연의 난동처럼 보일 수밖에 없다. 이것은 솔기 없는 총체성의 숭고한 이미지라기보다는 '자연-자체'에 훨씬

37 Ibid., pp.31~33.

더 가깝지 않은가? 실로 우리에게 필요한 것은 **자연 없는 생태학**이다. 자연을 보호하는 데 방해가 되는 궁극적인 장해물은 우리가 의존하고 있는 자연의 관념 자체이다.[38]

우리가 직면한 문제의 진정한 원천은 "최근 몇 세기 동안 서구 문화에서 일어난 것 중 가장 영향력이 큰 사건", 즉 "인간과 자연 사이의 관계 단절"[39]이지 신뢰관계의 퇴락이 아니다. 반대로 이런 "현실 자체와의 신뢰관계" 자체가 가장 근본적인 차원에서 생태계 위기와의 대면을 방해하는 장해물이다. 다시 말해서, 생태계 재앙에 대한 불신을 과학적 이데올로기에 물든 정신의 탓으로 돌리는 것은 너무 쉽다. 그것이 우리의 상식적인 이성에 따른 염려, 즉 과학기술적 태도에는 뭔가 근본적인 잘못이 있다는 직관을 말살한다고 비난하는 것은 너무나도 쉬운 방법이다. 문제는 훨씬 더 심각한 곳에, 우리의 공통감각 자체의 신뢰할 수 없음에 있다. 그것은 우리의 생활세계 안에 습관처럼 내면화되어 있어서 일상생활의 현실적 흐름이 교란될 수도 있다는 것을 받아들이기 어렵게 만든다. 이런 상식적인 태도는 물신주의적으로 분열된 태도이다. "나는 (지구 온난화는 인류 전체에게 위협이 된다는 것을) 잘 안다. 하지만 그럼에도…… (나는 실제로 그렇다고 믿을 수는 없어) 내 정신이 연결된 자연세계를 보는 것만으로 충분하다. 초록빛의 들판과 나무들, 산들거리는 바람, 일출을 떠올려 보라. 이 모든 것들이 파괴되는 것을 우리는 정말 상상할 수 있을까? 당신은 오존층의 구멍에 대하여 이야기한다. 하지만 아무리 하늘을 올려다봐도 나는 그것을 볼 수 없다. 내가 보는 것은 푸르거나 회색빛의 하늘뿐이다."

---

38 Timothy Morton, *Ecology Without Nature*, Cambridge, MA: Harvard University Press, 2007.
39 Ibid., p.35.

그래서 문제는 우리가 과학적 정신에도 의존할 수 없고 우리의 공통감각에도 의존할 수 없다는 것이다. 그것들은 각자의 맹목성을 상호강화할 뿐이다. 과학적 정신은 위험에 대한 냉혹하게 객관적인 평가를 주장한다. 그와 같은 평가가 실제로 가능하지 않는 곳에 내재한 위험에 대한 평가 말이다. 이에 반하여 공통감각은 대재앙이 실제로 일어날 수 있다는 것을 받아들이기 힘들다고 생각한다. 그래서 참으로 어려운 윤리적 과제는 우리가 침잠해 있는 생활세계의 기본 좌표를 '떨쳐 버리는' 것이다. 통상적인 지혜로 기능하는 것(우리 세계의 좌표에 대한 기본적인 신뢰)이 오늘날에는 위험의 **원천**이 되었다. 우리는 진실로 더 '성장해서' 우리를 생활세계에 묶어 놓고 있는 탯줄을 끊어야 한다. 과학-기술적 태도의 문제는 우리가 생활세계와 분리되어 있다는 점이 아니라, 이와 같은 분리의 추상적인 성격으로서 그러한 추상성이 과학-기술적 태도를 생활세계의 침잠 중에서 최악의 요소와 결부되도록 만든다. 과학자들은 자기 자신을 이성적인 존재로, 그래서 잠재적인 위험을 객관적으로 평가할 수 있는 존재로 간주한다. 그들에게 예측 불가능하고 불합리한 요소는 오직 무지한 대중들의 광적인 반응일 뿐이다. 대중들은 자신의 부인된 공포 disavowed fear와 환상들을 그 상황에 투사하기 때문에 대중들 속에서 자그맣고 통제 가능한 위험은 어처구니없이 커지고 총체적인 정신적 공황을 초래한다. 과학자들이 깨닫지 못하는 것은 그들의 '냉철하고 거리를 둔' 평가 자체의 '불합리'하고, 부적절한 성격이다. 현대 과학은 두 가지 **이데올로기적** 필요에 봉사한다. 전통적으로 종교가 해오던 '희망과 검열'의 이데올로기 말이다.

오직 과학만이 이교도를 침묵시키는 힘을 갖고 있다. 오늘날 당당하게 권위를 요청할 수 있는 기구는 과학밖에 없다. 과거의 교회와 마찬가지로 과학은 독립적인 사상가들을 파괴하거나 주변화하는 권력을 지니고 있다. (……) 사상의 자유를 존중하는 사람의 관점에서 이것은 불행하게 여겨지지만 의심할 여지없이 과학적 명성의 주된 원천이다. 오늘날 교회는 의심의 성소가 되어 가는 데 반해 과학은 사유로부터의 자유라는 기적을 약속하면서―몇몇 조치 속에서 그 기적을 이끌어 내면서―불확실성으로부터의 도피처가 되고 있다.[40]

일찍이 니체가 지적한 것처럼, "아, 오늘날 얼마나 많은 것들이 과학에 의해 숨겨져 있는가? 아, 얼마나 많은 것들이 감춰지기를 원하고 있는가!"[41] 하지만 우리가 지금 이야기하고 있는 것은 과학 자체가 아니다. '사유로부터의 자유'를 지탱하는 과학에 대한 관념은 하이데거의 "과학은 사유하지 않는다"는 관념의 또 다른 형태가 아니다. 우리가 이야기하고 있는 것은 과학이 하나의 사회적 권력으로, 이데올로기 장치로 기능하는 방식이다. 이런 차원에서 과학의 기능은 확실성을 제공하는 것, 우리가 의존할 수 있고 (새로운 테크놀로지는 질병으로부터 우리를 구해 줄 것이라는 따위의) 희망을 품을 수 있는 참조점이 되는 것이다. 이런 차원에서 과학은―라캉적 개념으로―가장 순수한 형태의 대학 담론, 그 '진실'이 S1(주인-기표, 권력)인 S2(지식)이다. 역설적이게도 오늘날 과학은 한때 종교가 보장했던 체제 안전을 제공하는 반면에, 종교는 현대 사회에 대한 비판적 의심을 발전시킬 수 있는 장소들(따라서 '저항의 장소들'이기도 한) 중 하나이다.

---

40 John Gray, *Straw Dogs*, London: Granta, 2003, p.19.
41 Friedrich Nietzsche, *On the Genealogy of Morals*, Oxford: Oxford University Press, 1998, p.97.[『도덕의 계보』(니체전집 14), 김정현 옮김, 책세상, 2002.]

루이 뒤몽[42]은 인지주의적 환원-자연화의 역설을 지적한다. 인간은 자기 자신의 게놈을 재창조함으로써 최종적으로 자기 자신을 지배한다. 하지만 여기서 **누가** 지배의 행위자인가? 뉴런neuron의 맹목적 회로인가? 여기서 언표된 내용과 언표 위치 간의 긴장(푸코가 '선험적-경험적 이중성'이라고 불렀던 것)은 최고 정점에 도달한다. 언표된 내용이 객관적인 물질적 과정에 제한되면 될수록 언표 위치는 점점 **순수한 코기토**, 텅 빈 주체의 공허 속으로 축소된다. 이것은 우리를 자유의지의 문제로 데려다 준다. 다니엘 데넷[43] 같은 양립론자는 양립 불가능론자들의 반-결정론에 대해 기품 있는 해법을 제시해 왔다. 양립 불가능론자들이 우리의 자유는 우리의 모든 행위가 자연적 결정 연쇄의 일부일 뿐이라는 사실과 양립할 수 없다고 주장할 때 그들은 은밀히 증명되지 않은 존재론적 가정을 하고 있다. 처음에 그들은 우리(자기, 자유로운 행위자)가 어쨌든 현실 **외부**에 서 있다고 전제한다. 그 다음에 그들은 현실이 완전히 결정론적으로 통제되고 있다는 관념에 억압받고 있다고 투덜거리는 것이다. 이것이 바로 우리 자신을 자연적 결정론의 사슬에 의해 '구속되어 있는' 존재로 여기는 관념의 오류이다. 그런 관념 속에서 우리 자신이 현실의 일부라는 사실은 은폐된다. 우리의 '자유로운' 갈망과 그것에 저항하는 외부 현실 사이의 (가능한, 국지적인) 투쟁은 현실 자체에 내재한 투쟁이라는 사실 말이다. 다시 말해서, 우리의 내밀한 갈망이 (미리)결정되어 있다는 사실에 '억압적'이거나 '구속적'인 것은 아무것도 없다. 우리가 외부 현실의 구속적 압력에 의해 우리의 자유가 방해받고 있다고 느낄 때 우리 안에는 틀림없이 어떤 욕망, 방해받고 있는 갈망이 존재하는 것으로, 그 방해하는 현실

---

42 Louis Dumont, *Homo Aequalis*, Paris: Gallimard, 1977. 그리고, *Essais sur l'individualisme*, Paris: Éditions du Seuil, 1983.
43 Daniel Dennett, *Freedom Evolves*, Harmondsworth: Penguin, 2003.

로부터 그런 갈망이 생겨나는 것이다. 우리의 '자유의지'는 어떤 신비로운 방식으로 '사물의 자연적 과정을 교란'하는 게 아니다. 그것은 바로 이 과정의 일부분이다. 우리가 '진실로', '근본적으로' 자유롭기 위해서는 우리가 자유로운 행위로서 하기를 원하는 어떤 실증적 내용도 없어야 한다. 만약 우리가 우리 행위를 규정하는 어떤 '외부적'이고 특수하게/소여된 것도 원하지 않는다면, 그때 "이것은 우리 자신의 모든 부분으로부터 자유로워짐을 포함할 것"[44]이다. 결정론자들이 우리의 자유로운 선택은 '결정되어' 있다고 주장할 때 이것은 우리의 자유의지가 어쨌든 구속되어 있다는 것, 우리는 우리의 자유의지에 **반해서** 행동할 수밖에 없다는 것을 의미하지 않는다. '결정되어 있는' 것은 바로 우리가 '자유롭게', 즉 외부적 장벽에 의해 방해받지 않고서 하고자 원하는 바로 그것이다.

하이데거의 이용과 오용들

그래서 두려움의 생태주의가 은폐하는 것은 테러에 내재한 보다 근본적인 차원이다. 오늘날 인간의 육체적·정신적 특질의 유전공학적 조작의 전망과 함께 하이데거가 고심한 현대 테크놀로지에 각인된 '위험'에 대한 인식은 점점 상식이 되어 가고 있다. 하이데거가 강조하는 것은, 진정한 위험은 인간의 육체적인 자기-파괴의 위협, 즉 유전공학적 개입으로 사태가 끔찍하게 잘못되고 있다는 위협이 아니라, 정확히 **아무것도** 잘못된 것은 없다는 위협, 유전공학적 조작은 부드럽게 잘 진행될 것이라는 위협이다. 이 지점에서 순환은 특이한 방식으로 종결되고 인간 존재의 쇠멸을

---

44 Nicholas Fearn, *Philosophy: Latest Answers to the Oldest Questions,* London: Atlantic Books, 2005, p.24.

향한 새로운 열림이 시작된다. 다시 말해서, 하이데거의 위험Gefahr은 존재적ontic 의지가 존재론적인 것the ontological을 '삼켜 버리는' 것(인간, 혹은 현-존재를 단지 과학의 대상으로 환원시키는 것)이 아닌가? 여기서 우리는 또다시 불가능한 것에 대한 두려움과 만나지 않는가? 두려운 것은 일어날 수 없는 것(존재론적 차원은 존재 차원으로 환원될 수 없기 때문에)이 그럼에도 일어나리라는 것이다.

이와 같은 지적은 후쿠야마와 하버마스부터 빌 맥키븐에 이르기까지 과학기술의 발전이 인간의 존재방식에 영향을 미치고 있다(잠재적으로 인간 종이 자기 자신을 다시 정의하거나 다시 설계할 수 있는 능력을 부여하면서)고 걱정한 문화비판가들에 의해 거친 형태로나마 이루어져 왔다. 맥키븐의 저서 제목 "충분하다!"는 이들의 주장을 압축적으로 말해 준다. 집단적 주체로서의 인간은 명확한 한계를 설정하고 더 이상의 이런 '진보'를 기꺼이 포기해야 한다. 맥키븐은 그런 한계를 경험적으로 특정화하려고 노력한다. 체세포 유전자 체료體療는 아직 임계점을 넘지 않은 것으로 우리가 알고 있는 세계 바깥으로 나가지 않고도 실천할 수 있는 것이다. 왜냐하면 그것은 단지 오래된 '자연적' 방식으로 형성된 신체에 개입하는 것뿐이기 때문이다. 하지만 생식질生殖質 변형은 한계선을 넘은 실천으로, 의미 너머의 세계에 속한다.[45] 우리가 개개 인간들의 정신적·육체적 특질들을 그들 자신이 인식하기 전에 미리 변형하게 될 때 우리는 한계선을 넘어 개인을 생산물로 전환하는 계획의 완성 단계로 넘어가 버리는 것이다. 그렇게 되면 개개 인간은 자신을 책임질 수 있는 행위자, 즉 자신의 의지를 모아 노력하여 자기 자신을 교육/형성해야 하고 그로 인해

---

45 Bill McKibben, *Enough: Staying Human in an Engineered Age,* New York: Henry Holt, 2004, p.127.

성취감을 만끽하는 행위자로 경험할 수 없게 된다. 그런 개인은 더 이상 자신을 책임질 수 있는 행위자로 간주할 수 없다.

이런 추론은 이중적으로 불충분하다. 우선, 하이데거가 지적했듯이 사람들의 인간-됨being-human은 사람들의 존재적 결정에 의존할 수 없다. 맥키븐과 같은 허용의 한계치를 규정한다고 해도 **진정한 파국은 이미 일어나고 있다**. 우리는 이미 우리 자신을 원칙적으로 조작 가능한 존재로 경험하고 있다. 우리는 단지 이런 잠재성을 완전히 실현할 가능성을 포기할 뿐이다. "테크놀로지 시대의 가장 큰 문제는 최대한 다 이용한다는 것이다."[46] 이것은 어떻게 생태주의적 관심이 적어도 주류적인 형태로는 여전히 테크놀로지의 지평 안에 남아 있는지에 대해 새로운 조명을 비추지 않는가? 자원을 아껴 쓰고 다시 쓰는 것의 요점은 쓸 수 있는 만큼 다 쓰자는 것이 아닌가?

그러나 중요한 점은 유전공학적 설계와 함께, 우리의 의미 세계가 사라지고 있다는 것뿐만이 아니라—달리 말해서, 디지털 천국에 대한 유토피아적인 묘사는 틀렸다. 왜냐하면 그것은 의미가 여전히 지속될 것임을 함축하기 때문이다—반대로, 기술적인 자기-조작의 '의미 없는' 세계에 대한 비판적 기술 역시 관점적 오류에 빠질 수밖에 없다는 것이다. 왜냐하면 그들 역시 부적절하게도 오늘날의 현재적 기준으로 미래를 재단하기 때문이다. 다시 말해서 기술적인 자기-조작의 미래는 의미 있는 세계가 어떤 것인지에 대한 전통적 관념에 의해 측정될 때만(혹은 전통적 지평 안에서만) '의미가 박탈된' 것으로 보인다. 이 '포스트-휴먼' 세계가 어떤 '즉자' 존재로 자신을 드러낼지 누가 알겠는가? 그에 대해서는 어떤 단일

---

46 Mark Wrathall, *How to Read Heidegger,* London: Granta, 2005, p.102.[『HOW TO READ 하이데거』, 권순홍 옮김, 웅진지식하우스, 2008.]

하고 단순한 답도 있을 수 없다. 오늘날의 경향들(디지털화, 유전공학적 자기-조작) 자체가 다양한 상징화의 가능성을 개방한다면 어쩔 것인가? 유토피아, 즉 하드웨어에서 각기 다른 몸체로 자유롭게 떠돌아다니는 주체성의 소프트웨어로의 이행에 대한 도착적 꿈과 디스토피아, 즉 인간의 의지에 따라 인간 자신을 프로그램화된 존재들로 변형하는 악몽이 단지 동일한 이데올로기적 환상의 긍정적·부정적 측면에 불과하다면? 바로 이 기술적 전망 안에서 우리는 우리 자신의 유한성과 대면하게 되는 게 아닐까?[47] 하이데거 본인은 여기서 모호한 입장을 견지한다. 하이데거가 테크놀로지를 노스탤지어적 갈망이 아니라고 본 것은 사실이다.

테크놀로지는 "언젠가 있었을 이전 대상들"을 향한 노스탤지어적 염원이 아니다. "사물 되기의 경로 속에서, 그리고 실제로 자신을 사물('그 사물')로 제시하면서", 하지만 또 다른 한편 우리 자신이 언어에 의해 조건 지어지도록 함으로써 우리의 4원성[천상, 지상, 신성, 필멸]에 적합하도록 사물을 기르고 양육함으로써 '사물 속에 4원성을 유지하는' 법을 배우는 그런 대상 말이다. 우리의 실천이 4원성을 통합할 때 우리의 삶과 우리를 둘러싼 모든 것은 단지 자원으로서의 의미를 초과하는 중요성을 갖게 될 것이다. 왜냐하면 그것들은, 오직 그것들만이 우리가 세계 속에 거주하는 방식에 조응할 것이기 때문이다.[48]

---

47 조르조 아감벤은 미국 입국을 거부했다. 그는 지문채취를 받아들이지 않은 것이다. 그에게 지문채취는 "가장 사적이고 말로 할 수 없는 주체성의 측면"을 국가 통제 시스템의 일부로 맡겨 버리는 것이기 때문이다. 하지만 우리는 왜 손가락 끝 마루의 우발적인 무늬가 "가장 사적이고 말로 할 수 없는 주체성의 측면"인가?라고 물을 수 있다.
48 Ibid., p.117.

하지만 하이데거가 '사물 속에 4원성을 유지하는' 사례로 제시한 모든 것, 그리스의 신전, 반 고흐의 신발에서부터 그의 슈바르츠발트 산맥의 수많은 사례들은 이미 지나가서 더 이상 우리의 것이 아닌 노스탤지어가 아니다. 가령, 그는 전통적인 농경을 현대의 기술화된 농업, 슈바르츠발트 지역 농부의 오두막과 현대적인 아파트를 대립시킨다. 그럼 오늘날 테크놀로지의 시대에 적합한 사례는 어떤 게 될까? 레이먼드 챈들러Raymond Chandler의 캘리포니아를 하이데거적인 '세계'로 읽는 프레드릭 제임슨의 생각을 진지하게 받아들여야 할 것이다. 거기서 필립 말로우[챈들러의 범죄소설 속 주인공]는 천상과 지상, 그의 필멸성과 그의 간절한 동경 속에서 빛나는 '신성함' 사이의 긴장에 사로잡혀 있다. 그리고 루스 렌델Ruth Rendell은 영국 교외의 버려진 검은 정원과 황량한 쇼핑몰의 풍경에서 그와 같은 노스탤지어적 세계를 발견하지 않는가? 이 때문에 허버트 드레이퍼스가 도래할 전회Kehre를 위해, 새로운 신의 도래를 예비하기 위해 우리는 전면적인 기술 지배에 저항하는 실천에 참여해야 한다고 주장할 때 그 해법은 너무 쉽다.

하이데거는 탈근대적인 기술주의적 실천에 저항할 수 있는 일종의 '모으기'gathering를 탐색한다. (……) 그는 『예술 작품의 기원』Der Ursprung des Kunstwerkes에서 탐색한 (의미 있는 차이의 공유를 수립하고 이를 통해 전체 문화를 통합하는) 문화적 모으기로부터 국지적 세계를 수립하는 장소적 모으기로 전환한다. 그런 장소적 세계는 사물들 자체와 사물들의 사용에 관심을 가지는 활동을 하는 자들 모두를 낳는 일상적 사물들 주위에서 발생한다. 하이데거는 이런 사건을 **사물이 사물화되는 것**thing thinging이라 부르고, 사물과 사람을 그 자신으로 태어나게 하는 실천을 **전유**appropriation라고 부른다. (……) 그와 같은 장소적 모으기에 집중된 사물의 사례는 포도주 단지와 오래된 돌다리 같은 것들이다. 그런 사물들은 슈바르츠발트 삼림의 농경적 실천들을 한데 모은다. (……) 가족의 식사가 가족 구성원들의 요리 기술과 사회적 기술들을 한데 모을 때, 그리고 아버지들, 어머니들, 남편들, 아내들, 자식들, 가족적 온기와 고상한 유머가 최고의 상태로, 하이데거라면 최고의 자기다움이라고 불렀을 상태로 드러나도록 불러 모을 때 그것은 장소적 사물이 된다.[49]

엄격히 하이데거적인 입장에서 그와 같은 실천들은 저항의 반대편으로, 즉 기술주의적 동원의 부드러운 작용에 이미 포함된 실천으로 기능할 수 있고 또 대체로 그렇게 기능한다. (마치 초월적인 명상 코스가 직업생활에 더 충실하도록 만드는 것처럼) 이 때문에 구원을 향한 길은 오직 기술주의적 동원에 전적으로 참여하는 것으로 이끌 뿐이다.

물론, 끊임없는 자본주의적 혁신의 이면에는 항구적인 쓰레기 생산이 있다.

근대와 탈근대 산업 자본주의의 주된 생산물은 정확히 쓰레기이다. 우리는 탈근대적 존재이다. 왜냐하면 우리는 감각적으로 이끌린 소비품 모두가 실제로는 쓰고 버린 것으로 귀결될 것이고, 그런 소비품들이 결국은 지구를 거대한 쓰레기장으로 변모시키고 말 거라는 사실을 목도하고 있기 때문이다. 당신들은 비극의 감각을 상실했다. 당신들은 진보를 우스꽝스러운 것으로 지각한다.[50]

---

49 Hubert L. Dreyfus, "Highway Bridges and Feasts", Conference on 'After Postmodernism', University of Chicago, November 14~16, 1997(http://www.focusing.org/apm_papers/dreyfus.html). 참조.
50 Jacques-Alain Miller, "The Desire of Lacan", lacaninan ink 14, 1999, p.19.

이와 같은 비활성적이고 역기능적인 '폐품' 더미의 끝없는 팽창 속에서—쓸모 없는 쓰레기 더미, 쓰다 버린 자동차, 컴퓨터의 산, 모하비 사막에 있는 항공기의 '마지막 휴게소'의 성장 속에서—우리는 그 무의미한 것들의 현존에 놀랄 뿐이지만 또 한편 거기서 자본주의적 무한 충동의 휴식을 지각한다. 여기에 타르코프스키의 영화, 특히 「잠입자」Stalker에 묘사된 황무지의 중요성이 있다. 버려진 공장의 무성한 풀, 콘크리트 터널과 철로, 썩어서 고인 물웅덩이, 집 나간 고양이들과 여기저기 배회하는 개들로 이뤄진 후기 산업사회의 황무지 말이다. 여기서 자연과 산업 문명은 공통된 부패 속에서 중첩된다. 부패한 문명은 (조화로운 이상적 자연에 의해서가 아니라) 해체 상태에 놓인 자연에 의해 다시 부각되어 간다. 타르코프스키의 궁극적 풍경은 인간적 노력의 파편들, 녹슨 금속 조각과 부식된 콘크리트 벽돌들로 가득 찬 숲 어름의 시내나 물웅덩이다. 후기 산업사회의 황무지라는 **2차 세계** Second World는 사실 오늘날 전 지구적 자본주의의 총체성을 무너뜨릴 수 있는 증상 지점이자 특권적인 '사건적 장소'이다. 우리는 그 잿빛 빌딩 파편들과 유황 냄새까지 포함하여 이 세계를 **사랑해야** 한다. 바로 이것들이 탈-역사적 1세계와 전-역사적 3세계에 의해 망각될 위기에 처한 **역사**를 또렷이 대변한다.

벤야민은 재자연화된 역사로서 '자연사'라는 개념을 개진한다. 그것은 역사적 산물이 자신의 생동적인 의미를 상실할 때, 자연에 의해 다시 부각된 죽은 대상들로 지각될 때, 가장 잘된 경우로 과거의 죽은 문화유산으로 인식될 때 발생한다. (벤야민에 따르면, 가장 순수한 역사를 체험할 수 있는 순간은 자연에 의해 다시 부각된 인간사의 죽은 유물과 대면할 때다.) 여기서 역설적인 점은 이런 재-자연화는 그 대립물인 탈-자연화와 중첩된다는 점이다. 인간의 문화는 우리의 '2차적 자연'이기 때문에 우리는 그것을 우리의 자연적 서식지로 경험한다. 생동적인 의미의 총체 안에서의 기능이 중지될 때 문화적 인공물은 자연과 문화, 삶과 죽음의 '사이-공간'에 던져진다. 그것은 유령 같은 실존 속에서 자연에도 속하지 않고 문화에도 속하지 않은 채 머리가 둘 달리거나 다리가 세 개인 젖소처럼 자연적 변덕의 괴물과 유사한 것으로 나타난다.

좀 덜 감상적이지만 훨씬 더 실제적인 전략은 십 년 전, 혹은 그 이전에 유행했던 일본의 진도구珍道具 운동으로, 너무나 과도한 실용성 때문에 오히려 실제적으로는 쓸모없는 물건을 제작하는 것이다. (가령, 비 오는 거리를 걸을 때 더 잘 보이게 하려고 작은 '와이퍼'를 달아 놓은 안경, 버터를 발라먹고는 싶은데 나이프가 없을 때를 위한 립스틱 모양의 '버터-스틱', 비를 피할 수도 있고 동시에 신선한 물을 공급할 수 있는 위쪽으로 뒤집힌 우산) 이것은 이데올로기적 과잉-동일화의 기술적 대응물이라고 할 수 있는데, 이런 방식은 테크놀로지에 참여하는 것 자체를 테크놀로지의 포획으로부터 자유로운 거리를 취하는 수단으로 뒤집는 것이다.

그래서 테크놀로지에의 도전은 우리의 모든 활동이 해소 불가능한 unhintergehbare 생활세계로의 침잠에 의존해야 한다는 것을 (재)발견하는 게 아니라, 반대로 그런 침잠으로부터 우리 자신을 단절시켜 실존의 근본 심연을 받아들이는 것이다. 이것은 하이데거조차 대면하지 못한 공포다. 충격적인 비유를 하자면, 전前-반성적인 상징적 생활세계에 침잠된 인간들로 남아 있는 한, 우리는 '상징적 식물'과 같은 게 아닌가? 헤겔은 『자연철학』에서 식물의 뿌리는 식물의 내장으로, 동물과 달리 식물은 그것을 외부로 꺼내 놓고 있지만 그 뿌리로부터 잘려 나가 마음대로 돌아다니지 않도록—그런 절단은 식물에게 있어서 죽음과 같은 것이다—땅속에 파묻어 놓고 있다. 우리가 언제나 이미 전-반성적으로 침잠해 있는 상징적 생활세계 역시 바깥에 꺼내 놓고 있는 우리의 상징적 내장 같은 게 아닐까? 그리고 테크놀로지에 대한 진정한 도전은 식물에서 동물로의 이행을 반복하여, 우리의 뿌리를 상징적으로 절단하고 자유의 심연을 받아들이는 것이 아닐까? 바로 이런 의미에서 우리는 인간이 탈-인간으로 이행할 것이고/이행해야 한다는 명제를 받아들일 수 있다. 상징적 세계에 침잠해 있는 것은 인간-되기의 정의이기 때문이다. 그리고 이런 의미에서 테크놀로지는 테러를 통한 해방의 징후라고 할 수 있다. 이런 테러의 체험을 통해 혹은 그런 테러 안에서 출현하는 주체는 궁극적으로 코기토 자체, 초월론적 주체의 핵심을 구성하는 자기-지시적 부정성의 심연, 머리 없는 (죽음)충동의 주체이다. 그것은 고유하게 비-인간적인 주체이다.

무엇을 할 것인가?

이런 테러를 촉발하는 것은 우리가 어떻게 근본적인 변화의 한가운데 있는지 깨닫는 것이다. 개인적 행동은 일종의 차원의 단락 속에서 '고차원적인' 사회적 배치에 영향을 미치지만, 그것들이 어떤 방식으로 작용할지는 예측 불가능하다. 배치는 본질적으로 포착 불가능하다. 우리(개인이나 집단적 행위자들)는 그것이 전적으로 우리에게 달려 있다는 것을 알지만 우리 행위의 결과를 예견할 수는 없다. **우리는 무력하지 않다. 오히려 정반대로 우리의 힘의 크기를 한정할 수 없다는 점에서 우리는 전능하다.** 원인과 결과 사이의 간극은 해소 불가능하며, 이 두 차원의 조화를 보장할, 우리의 개입이 야기할 전체 결과가 만족스러울 것임을 보장하는 어떤 '대타자'도 존재하지 않는다.

이와 같은 곤경은 (뒤피[51]에 의해 반복해서 개진된 것처럼) 겉으로 보이는 것보다 훨씬 심각하다. 문제는 대타자가 계속 '2차적 자연'의 형태

---

51 Jean-Pierre Dupuy, *Retour de Tchernobyl*, Paris: Éditions du Seuil, 2006.

로, 즉자적인 것처럼 지각되는 미세하게 '물화된' 사회 시스템의 형태로 기능하고 있다는 것이다. '객관적인' 시장 같은 것은 없지만, 단지 무수한 개인들 간의 상호작용만 존재하지만, 각각의 개인은 시장을 객관적 시스템으로 지각한다. 비록 개인들이 그것을 잘 안다고 할지라도 '객관적' 시장이라는 유령은 개인들의 체험-사실처럼 받아들여져 개인들의 믿음과 행위를 결정한다. 시장뿐만 아니라 우리의 사회생활 전체가 그와 같은 물화된 메커니즘에 의해 결정된다. 자신들의 부단한 활동을 통해 과학·기술적 진보를 지속시키는 과학자들과 기술자들은 그럼에도 이런 진보가 마치 자신의 삶을 지배하고 결정하는 객관적 제약처럼 느낀다. 이런 제약은 '체계적인' 것처럼 간주되어 아무도 그것에 대해 개인적 책임을 지지 않고, 모든 사람들은 그저 그것에 적응해야겠다는 필요성만 인식할 뿐이다. 자본주의 자체도 이와 같이 돌아간다. 아무도 책임지지 않는다. 모든 사람이 경쟁과 이윤에 대한 객관화된 충동, 자본의 순환을 지속시키는 충동에 사로잡혀 있다.[52]

보통 의인법은 순진한 의식이 빠지기 쉬운 신비화의 수단으로, 그래서 '탈신비화'되어야 할 것으로 여겨진다. 몬테베르디C. Monteverdi의 「오르페우스」L'Orfeo의 도입부에서 음악의 여신은 자신을 소개하면서 "나는 음악입니다……"라고 말한다. 이것은 얼마 후 '심리적' 주체들이 무대를 점령할 때는 생각할 수도, 재현할 수도 없는 어떤 것이 아닌가? 따라서 '원시적인' 의인법의 기술을 실천하는 '객관적인' 사회과학자들을 보는 것은 훨씬 더 놀랍다. 뒤피는 어떻게 사회학자들이 선거 결과를 해석하는지 강조한다. 이를테면, 집권당이 가까스로 다수표를 획득했을 때 그 결과는

---

[52] 물론, 공산주의 국가들의 경험은 국가의 중요 기능이 '공통'의 이해를 더 잘 다룬다는 보장이 없다는 것을 증명했다. 공산주의 국가들에서 생태학적 재앙은 훨씬 심각했던 것이다. 국가와 공통성 간의 대립은 여기서 다시 확인된다.

이렇게 해석된다. "유권자는 집권당에 대한 신임을 연장했지만, 좀더 잘 하라는 경고도 잊지 않았다." 마치 선거 결과는 권력자에게 어떤 '메시지' 를 전해 주고 싶어 하는 단일한 메타-주체meta-Subject('유권자는⋯⋯')의 결 정 결과인 것처럼 해석되는 것이다. 헤겔은 자주 관념론적 의인화의 모델 로 간주되지만(정신이 우리 유한한 필멸자를 통해 말한다. 혹은, 헤겔의 '유 물론적 비판'의 역전 안에서 우리 필멸의 인간들은 우리 행위의 결과들을 자 율적인 정신으로 투사/번역한다⋯⋯) 헤겔의 '객관 정신'이라는 개념은 정 확히 그런 의인법적 신비화를 **무너뜨린다**. '객관 정신'은 역사를 움직이 는 메타-주체가 **아니다**.

헤겔의 '객관 정신'을 딜타이적 생활-형식, 즉 '객관화된 정신'으로 서의 구체적인 생활세계, 혹은 사람들의 집단적 정신의 산물과 혼동하지 않는 것이 중요하다. 그렇지 않으면 우리는 헤겔의 '객관 정신'의 요점을 놓치게 된다. 그 요점은 객관 정신은 개인들에 의해 외적인 강제나 구속 으로 체험되는 객관적인 형태의 정신이라는 것이다. 그래서 '객관 정신' 의 창조자가 되거나 자신의 '객관화'가 이 정신이 될 그런 집단적이거나 정신적인 슈퍼-주체 같은 것은 없다. 헤겔에게 있어서 개별 인간 너머에, 혹은 그 위에 있는 집단적 주체나 주체-정신 같은 것은 없다. 거기에 '객 관 정신'의 역설이 있다. 그것은 개인들로부터 독립해서 그들에게 주어진 것처럼, 그들 이전에 존재하며 그들 행위의 전제조건처럼 마주하지만 그 럼에도 그것은 정신, 즉 개인들이 그들의 활동을 이것에 관련지을 때만, 이것을 **그들 자신의** (앞선) 가정으로 여길 때만 비로소 존재하는 어떤 것 이다.[53]

---

53 Myriam Bienenstock, "Qu'est-ce que 'l'sprit objectif' selon Hegel?" ed. Olivier Tinland, *Lectures de Hegel*, Paris: Livre de Poche, 2005.

그럼 오늘날의 문제는 무엇인가? 우리의 (때때로 개인적인) 행위들은 파국적인(생태주의적 재앙 등) 결과를 초래할 수 있지만 우리는 계속해서 그런 결과를 익명적/시스템적인 것으로, 분명한 행위자가 없기 때문에 우리로서는 책임이 없는 것으로 인식한다는 점이다. 보다 정확히 — 그리고 여기서 우리는 자기가 곡식 알갱이가 아니라는 것을 잘 알지만 닭들은 아직 그 사실을 모른다고 걱정하는 정신병자의 논리로 돌아간다 — 우리는 우리가 책임이 있다는 것을 잘 안다. 하지만 닭(대타자)은 그것을 모른다. 지식이 '나'의 작용이고, 믿음이 '타자'의 작용이라면, 우리는 사태의 본질을 잘 알지만 우리는 그것을 믿지 않는다. 우리가 그것을 믿는 것, 그 지식과 책임을 받아들이는 것을 대타자가 가로막는다. "신중한 사고를 독려하는 자들과 반대로 우리가 행동하지 않는 것은 과학적 불확실성 때문이 아니다. 우리는 잘 안다. 하지만 우리는 우리가 알고 있는 것을 스스로 믿게 할 수 없다."[54] 지구 온난화의 경우, 앞에서 지적한 것처럼 그것에 대한 모든 상세한 자료에도 불구하고 아직도 사실이 불확정적이라는 데 (심리적 공황에 대해 경고하는 자들이 주장하는 것처럼) 있는 게 아니라, 그것이 실제로 일어날 수도 있다는 것을 우리가 믿을 수 없다는 데 있다. 창밖을 보라. 푸른 초원과 파란 하늘이 저기 있지 않은가? 삶은 계속되고 자연은 자신의 리듬을 따르고 있다……. 그리고 거기에 체르노빌 사고의 공포가 자리하고 있다. 우리가 그곳을 방문할 때 늘어선 석관을 제외하고는 이전과 달라진 것을 발견할 수 없다. 생명만 떠난 그곳은 모든 게 원래 그대로처럼 보이지만 우리는 뭔가 지독하게 잘못되었다고 생각한다. 변화는 가시적인 현실 자체의 차원에 있지 않다. 그것은 보다 근본적으로 현실의 직조 자체에 작용한다. 체르노빌 주변에는 이전과 다름없는 삶을 지

---

54 Dupuy, *Retour de Tchernobyl*, p.147.

속하고 있는 외로운 농부들이 살고 있다. 그것은 하등 이상할 게 없다. 그들은 그저 방사선에 관한 이해할 수 없는 이야기를 무시하는 것이다.

이런 상황은 오늘날 '선택 사회'의 곤경을 가장 근본적인 형태로 대면시킨다. 표준적으로 강요된 선택 상황에서 나는 올바른 선택을 하는 조건에서만 선택할 자유가 있다. 그래서 나에게 남겨진 것은 어떤 경우든 나에게 강요된 것을 마치 자유의지로 행한 것처럼 가장하는 공허한 몸짓이다. 여기서는 정반대다. 선택은 실제로 **자유롭다.** 그리고 바로 그 때문에 그것은 훨씬 더 절망적인 것으로 경험된다. 우리는 우리의 삶에 근본적인 영향을 줄 문제에 대해 결정해야 하지만 안정적인 지식 안에 근거해 있지 않은 위치에 던져진 우리 자신을 발견하게 된다.

우리는 모든 것이 잠정적인 시간 속에 던져졌다. 새로운 테크놀로지는 우리의 일상생활을 바꾸어 놓았다. 과거의 전통으로 되돌아갈 수는 없다. 그와 동시에 우리는 어떤 미래가 도래할지 거의 모른다. **우리는 마치 우리가 자유로운 것처럼 살도록 강요받고 있다.**[55]

맑스주의적 비판의 표준적 모티프를 변주하는 것으로는 충분하지 않다. "우리는 선택의 사회에 살고 있다고 하지만 우리에게 남겨진 선택들은 사소한 것뿐이다. 그런 선택들의 번화함은 우리 삶의 기본 특질에 작용할 진정한 선택들의 부재를 은폐할 뿐이다." 이것이 사실이라 할지라도 문제는 오히려 선택에 대한 정보를 제공할 지식에 대한 통제권이 없는 가운데 이런 선택을 강요받고 있다는 점이다.

여기서 뒤피가 대재앙에 대한 우리의 불신이 과학적 이데올로기에

---

55 Gray, *Straw Dogs*, p.110.

침윤된 정신 때문이라고 지적하면서 그 과학적 이데올로기가 우리의 상식적 이성에 따른 염려, 즉 과학·기술적 태도에는 뭔가 근본적으로 잘못된 것이 있다는 직관을 말살한다고 비난하는 것은 너무 성급하다. 앞에서 강조한 것처럼 문제는 훨씬 더 심각한 곳에, 우리의 공통감각 자체의 신뢰할 수 없음에 있다. 그 공통감각은 우리의 생활세계 안에 습관처럼 내면화되어서 일상생활의 현실적 흐름이 붕괴될 수도 있다는 것을 받아들이기 어렵게 만든다. 그래서 문제는 우리가 과학적 정신뿐만 아니라 공통감각에도 의존할 수 없다는 데 있다. 그 둘은 서로의 맹목을 상호 강화한다. 과학적 정신은 실제로는 불가능한데도 객관적인 위험 평가를 할 수 있다고 주장하는 반면에, 공통감각은 재앙이 실제로 일어날 수 있다는 것을 받아들일 수 없다.

뒤피가 의거하는 복합 시스템 이론에 따르면 시스템은 두 가지 대립적인 특질을 지닌다. 견고하고 안정적인 특성과 극단적으로 불안정한 성격을 동시에 지닌 시스템들은 특이한 문턱('임계점')까지는 어떤 교란도 흡수하여 새로운 균형과 안정을 찾을 수 있지만, 그 문턱을 넘어가면 아주 작은 교란조차 총체적인 재난을 일으킬 수 있고 그로 인해 전혀 다른 질서가 수립될 수 있다. 수세기 동안 인류는 자신의 생산 활동이 환경에 가하는 충격에 대해 걱정할 필요가 없었다. 자연이 인간의 삼림 벌채나 석유, 석탄 사용 등을 자기 시스템 안에 통합하여 적응할 수 있었던 것이다. 하지만 오늘날 우리가 그 임계점에 도달하지 않았다고는 결코 확신할 수 없다. 확실하게 말할 수 있는 시점은 이미 임계점을 넘어선 너무 늦은 시점이 아닌지 우리는 결코 확신할 수 없다. 여기서 우리는 버나드 윌리엄이 '도덕적 행운'moral luck[56]이라고 이름붙인 도덕성의 역설적 뻔뻔함

---

56 Bernard Williams, Moral Luck, Cambridge: Cambridge University Press, 1981.

을 보게 된다. 윌리엄은 아이러니하게도 고갱이라는 이름의 화가를 예로 든다. 그는 자신의 예술적 재능을 발전시키기 위해 자식과 아내를 버리고 타히티로 떠난다. 이런 행동은 도덕적으로 정당한가? 그렇지 않은가? 윌리엄에 따르면 우리는 이 질문에 대한 대답을 오직 **소급적**으로만, 즉 우리가 그의 위험한 결정의 최종 결과—그는 예술적 재능을 발전시켰는지, 그렇지 않은지—를 알 때만 얻을 수 있다. 뒤피가 지적한 것처럼,[57] 다양한 생태학적 재앙의 위험에 대해 뭔가 해야 한다는 긴박성 속에서 우리는 이와 같은 딜레마에 직면해 있다. 위험을 진정으로 받아들이고 어떤 행동에 돌입할 것인지(만약 재앙이 안 일어난다면 그 행동은 우스꽝스러운 게 될 것이다), 아니면 아무것도 하지 않을 것인지(재앙이 일어난다면 우리는 모든 것을 잃게 될 것이다)의 선택 상황. 가장 나쁜 선택은 중간자의 입장에서 제한적인 조처를 취하는 것이다. 이 경우 우리는 최종 결과가 어떻게 되든 실패하게 된다. (즉 생태학적 재앙이 도래할 때는 어떤 중간적 입장의 여지도 없다. 재앙은 일어나거나 일어나지 않을 것이다.)

이와 같은 상황에서는 예측이나 조심, 혹은 위험 관리란 것은 무의미하게 되기 쉽다. 왜냐하면 우리는 지금 럼즈펠드식으로 "모르는 무지" unknown unknowns라고 불러야 할 상황에 직면해 있기 때문이다. 언제가 임계점이 될지 모를 뿐만 아니라 정확히 우리가 **무엇**을 알지 못하고 있는지도 모른다. 생태학적 위기의 불확정적 측면은 미친 듯이 날뛸 수 있는 소위 '실재 속의 지식'과 관련되어 있다. 겨울인데도 너무 더울 때 식물과 동물들은 2월의 더운 날씨를 벌써 봄이 온 것으로 오해하여 그에 따라 활동하기 시작한다. 그래서 뒤늦은 추위의 공격에 쓰러질 수 있을 뿐만 아니

---

57 Jean-Pierre Dupuy, *Pour un catastrophisme éclairé*, Paris: Éditions du Seuil, 2002, pp.124~126.

라 자연적 재생산의 전체 리듬을 교란할 수도 있다. 2007년 5월 아메리카 꿀벌을 전멸시킨 미지의 질병이 미국의 식품 공급에 치명적인 여파를 미칠 수 있다고 보고된 바 있다. 인간의 식료품 중 3분의 1이 곤충-수분 식물에서 얻어지고 꿀벌은 그 중 80%의 수분을 책임진다. 심지어 미국 자주개자리alfalfa를 목초로 하는 축우 역시 꿀벌에 의존하고 있다. 대부분의 과학자들은 꿀벌의 집단 폐사는 이전에도 있었지만 이번에는 특별히 위협적이고 치명적이라고 지적하면서 식량 위기를 예상했다. 이것은 일어날 수도 있는 대재앙을 어떻게 상상해야 하는지 보여 준다. 자그마한 교란도 치명적인 결과를 야기할 수 있는 것이다.

우리는 럼즈펠드의 인식론으로부터 더 많은 것을 배울 수 있다. 럼즈펠드 인식론이라 함은 물론 2003년 도널드 럼즈펠드가 알려진 것과 알려지지 않은 것의 관계에 관해 꽤 유명한 아마추어의 철학을 개진한 것을 일컫는 것이다. 먼저 "알고 있는 지식known knowns이 있다. 이것은 내가 안다는 것을 알고 있는 것이다. 알고 있는 무지known unknowns도 있다. 이것은 내가 모른다는 것을 알고 있는 것이다. 하지만 모르는 무지unknown unknowns도 있다. 이것은 내가 모른다는 걸 알지 못하는 것이다." 그는 네 번째 중요한 항목이 추가되어야 한다는 걸 잊었다. '모르는 앎'unknown knowns 말이다. 내가 안다는 걸 모르는 것, 이것은 정확히 프로이트의 무의식으로, 라캉의 말처럼 그것은 '알려지지 않은 지식'이다. 럼즈펠드가 이라크와의 전쟁에 있어 주된 위험은 '모르는 무지'라고, 다시 말해서 우리로서는 어떤 존재인지도, 어떻게 대응해야 할지도 모르는 사담 후세인의 위협이라고 주장한다면, 그에 대해 우리는 '모르는 앎', 즉 우리를 지배하고 있지만 우리는 그 사실을 알지 못하는 부인된 믿음과 가정이야말로 가장 큰 위험이라고 대답해야 것이다. 생태주의의 경우 이런 부인된 믿음과 가정은 우리가 재앙의 가능성을 실제로 믿지 못하도록 방해하고 그것을

'모르는 무지'와 결합하는 것이다. 그것은 마치 시계상의 맹점blind spot처럼 기능한다. 우리는 그 간극을 보지 못하고, 그로 인해 전개된 상황은 연속적인 것처럼 보인다.

'체계적 악'의 결과에 대한 우리의 무지는 공산주의자의 범죄에 관한 논쟁에서 가장 잘 나타난다. 거기서 책임 소재는 분명하게 지적된다. 우리 앞에 있는 것은 주체적인 악, 혹은 그 범죄를 자행한 행위자들로, 우리는 심지어 그 범죄의 이데올로기적 원천까지 확정 짓는다. (전체주의 이데올로기, 『공산당 선언』, 루소······.) 하지만 자본주의의 세계화에 의해 수백만 명이 죽은 것에 대해서는 상황이 다르다. 16세기 멕시코의 비극으로부터 한 세기 전 벨기에령 콩고의 대학살에 이르기까지 그 범죄의 책임성은 부인된다. 그것은 단지 '객관적인' 과정의 결과로 일어난 것뿐이고, 아무도 그것을 계획하거나 집행한 적이 없고, **자본주의 선언** 같은 것도 없다(아인 랜드가 이런 선언에 가장 근접한 글을 썼지만). 그리고 거기에 고삐 풀린 자본주의-기술주의적 발전의 위험에 대응하는 곳마다 불쑥 불쑥 튀어나오는 '윤리위원회들'의 한계가 있다. 그 위원회들의 선한 의도와 윤리적 성찰에도 불구하고 그것들은 보다 근본적인 '시스템' 차원의 폭력을 무시해 버린다.

콩고 대학살을 총괄한 벨기에 왕 레오폴드Leopold가 위대한 인도주의자로 교황으로부터 성인 칭호까지 받았다는 사실은 단순한 이데올로기적 위선이나 냉소주의의 사례로 치부되어서는 안 된다. 누군가는 개인적으로 그가 진정한 인도주의자였으며, 그가 통치했던 콩고(콩고는 그의 사적인 영토였다!)의 자연 자원에 대한 무자비한 경제적 착취와 그 재난적 결과에 대해 적절하게 반대했다고까지 주장할 수 있다. 참으로 아이러니하게도 그 사업의 경제적 이익 대부분은 벨기에 인민들을 위해, 벨기에의 공공사업과 박물관 등을 위해 사용되었다.

17세기 초반 쇼군將軍 체제의 수립 이후 일본은 외국 문명으로부터 스스로를 고립시키자는 특이한 집단적 결정을 내렸고 균형 잡힌 재생산과 절제하는 삶, 일체의 야만적 팽창을 억제하면서 오직 자신의 문화적 세련에만 집중하는 삶의 경로를 추구했다. 19세기 중반까지 지속된 그 시기는 단지 미국 군함의 페리 제독에 의해 잔인하게 깨진 일본의 고립주의적 꿈에 불과한 것일까? 그 꿈이 오늘날의 팽창주의 안에서 우리가 여전히 지속할 수 있는 꿈이라면? 만약 우리 모두가 그때의 일본의 결정을 반복해야 하고, 그래서 그 방향을 바꾸기 위해 우리의 유사-자연적 발전에 개입하기로 집단적으로 결정한다면 어쩌겠는가?

	비극적인 것은 오늘날에는 그런 집단적 결정의 가능성을 전혀 믿지 않는다는 것이다. 20여 년 전 국가 사회주의의 붕괴에 대해 우리는 그와 같은 시기에 서구의 사민주의 복지국가 이데올로기 역시 심각한 타격을 받아 더 이상 열정적인 정치 참여를 일으킬 상상계로서 작용하지 못하게 되었음을 잊지 말아야 한다. 오늘날 "복지국가의 시대는 끝났다"는 생각은 상투적인 명제가 되었다. 이 두 개의 패망한 이데올로기는 집단적 주체로서의 인간은 비인격적이고 익명적인 사회-역사적 발전에 제한을 가할 수 있고 우리가 원하는 방향으로 이끌 수 있다는 관념을 공유한다. 오늘날 그런 관념은 재빨리 '이데올로기적'이고/이거나 '전체주의적'이라고 치부된다. 사회적 과정은 또다시 사회적 통제를 넘어선 익명의 운명에 지배된 것으로 인식된다. 전 지구적 자본주의의 출현은 우리가 맞설 수 없는 그런 운명으로 제시된다. 그것에 적응하든지, 아니면 역사와 어긋나서 짓뭉개지든지 둘 중 하나다. 우리가 할 수 있는 것은 단지 전 지구적 자본주의를 가능한 인간적으로 만드는 것, '인간의 얼굴을 한 자본주의'를 위해 싸우는 것(이것이 궁극적으로 제3의 길이 추구한—혹은 추구했던—것이다)이 된다. 이런 태도에 도입된 음속장벽은 깨져야 한다. 위험은 거대한 집단적 결정을 해야 할 필요를 제공하는 것으로 받아들여져야 한다.

벤야민식으로 혁명을 정의해서 파국을 향해 가는 '역사의 탈선'을 멈춰 세우는 것으로 볼 때, 역사적 과정을 단지 비판적으로 분석될 어떤 것으로 보는 통상적 관점은 불충분하다. 우리는 또한 시간에 대한 통상적인 '역사적' 관념의 한계에 주목해야 한다. 각각의 시간적 계기마다 다양한 가능성들이 실현되기를 기다리고 있다. 그 가능성 중 하나가 실현되면 다른 가능성들은 말소된다. 그와 같은 역사적 시간의 대표 작인은 라이프니츠의 신이다. 최적 상태로 세계를 창조한 그 신은 가능 세계들의 전체 배열을 염두에 두고 있으며 그의 결정은 선택지 중 가장 최적의 선택으로 이뤄진다. 여기서는 가능성이 선택에 앞선다. 선택은 가능성들 중에서 선택하는 것이다. 이런 선형적인 역사적 전개의 지평 안에서 생각할 수 없는 것은 소급적으로 자기 자신의 가능성을 만드는 선택/행위이다. 근본적으로 새로운 것의 출현은 소급적으로 과거를 변화시킨다는 관념 말이다. 물론 그 과거는 현실적인 과거가 아니라(우리는 공상 과학 속에 있지 않다) 과거의 가능성들, 보다 형식적인 용어로 말하면, 과거에 대한 양태적 진술들의 가치이다.

뒤피의 요점은 만약 우리가 (우주적, 혹은 환경적) 재난의 위협에 직면해 있다면 우리는 이와 같은 '역사적' 시간성을 파괴할 필요가 있다는 것이다. 우리는 시간에 대한 새로운 관념을 도입해야 한다. 뒤피는 이런 시간을 '기획의 시간', 과거와 미래 사이에 닫힌 회로의 시간이라고 불렀다. 미래는 과거의 우리 행위에 의해 인과적으로 산출되며, 우리의 행위 방식은 우리의 미래 예견과 그 예견에 따른 반응에 의해 결정된다. 이것이 앞으로 도래할 재앙에 대면하는 방법으로 뒤피가 제시한 것이다. 우리는 우선 그 재앙을 우리 자신의 피할 수 없는 운명으로 인식해야 한다.

그 다음에 우리는 우리 자신을 그 운명 안으로 던져 놓고 그 견지에서 지금 우리의 행동을 뒷받침하는 추정 가능성들을 소급적으로 그 과거(미래의 과거) 속에 삽입해야 한다. ("만약 우리가 이것을 했었다면 지금 우리 속에 있는 재앙은 일어나지 않았을 것이다."[58]) 거기에 뒤피의 역설적 공식이 있다. 우리는 가능성들의 차원에서 미래는 운명 지어져 있어서 재앙은 꼭 발생한다는 것을 받아들여야 한다. 그것은 우리의 숙명이다. 이런 수용을 배경으로 우리는 운명 자체를 바꿀 행동을 조직해야 하며, 그로써 새로운 가능성을 과거 안에 삽입해야 한다. 바디우에게 사건에 대한 충실의 시간은 전미래 시제futur antérieur이다. 자기 자신을 미래로 추월함으로써 현재의 우리는 우리가 원하는 미래가 이미 여기 존재하는 것처럼 행동한다. 전미래 시제의 순환 전략은 대재앙(이를테면, 생태학적 재난)에 마주하여 가장 실제적인 전략이다. "미래는 아직 열려 있다. 우리에게는 아직 최악의 사태를 막을 시간이 있다"고 말하는 대신 재앙을 불가피한 것으로 받아들이고, 소급적으로, "별자리 속에 새겨진" 우리의 숙명이 일어나지 않게 행동해야 한다.

긍정적 운명을 부정적 운명으로 뒤집은 대표적인 사례는 고전적인 역사유물론을 아도르노와 호르크하이머의 '계몽의 변증법'으로 바꾼 것이 아닌가? 전통적인 맑스주의는 (공산주의의) 필연성이 일어나도록 하는 행위를 조직한 것에 반해 아도르노와 호르크하이머는 이미 결정된 것으로 인식된 재난(완벽하게 통제된 '관리사회'의 출현과 주체성의 종말) 속으로 자신을 던짐으로써 오늘날 우리가 처해 있는 끔찍한 재앙에 맞서 싸우는 행동을 조직하도록 했다. 그리고 아이러니하게도 1990년 공산주의의 패망에 대해서도 동일한 논리가 적용되지 않는가? 현재적인 관점에

---

58 Dupuy, *Pour un catastrophisme éclairé*.

서 우파에서 좌파까지, 솔제니친에서 카스토리아디스C. Castoriadis까지 서구 민주주의의 무지와 연약함, 그 윤리-정치적 연약함과 공산주의 위협에 대응하는 용기의 결핍을 개탄하면서 냉전은 이미 서구의 패배와 공산주의 진영의 승리로, 서구의 붕괴는 뻔한 결과라고 생각했던 '비관주의자들'을 조롱하는 것은 쉽다. 하지만 정확히 그 비관주의자들의 태도야말로 공산주의를 붕괴시킨 가장 실제적인 태도이다. 뒤피의 관점에서 가능성의 차원, 선형적인 역사 발전의 차원에서 그들이 행한 '비관주의적인' 예견 자체가 그 예견에 맞서는 행위를 조직한 것이다. 그래서 우리는 선형적인 발전의 시간은 '우리 편'이라는 편견을 완전히 포기해야 한다. 역사는 땅 밑을 파는 두더지처럼 이성의 간계를 실행하면서 '우리를 위해' 일한다는 편견 말이다.[59] 하지만 그럼 어떻게 우리는 생태학적 재앙의 위험에 대응해야 하는가? 이 지점에서 바디우가 혁명적-평등주의적 정의의 '영원한 이상'이라고 불렀던 것의 네 가지 계기로 돌아가야 할 것 같다. 여기서 우리에게 요구되는 것이 있다.

1. 엄격한 **평등주의적 정의**(모든 사람은 사건적 포기에 대해 똑같은 대가를 치러야 한다. 즉, 우리는 1인당 이산화탄소 배출량, 에너지 소비량 등의 세계적인 기준을 똑같이 부과해야 한다. 선진국들이 브라질에서 중국까지의 제3세계 국가들이 급속히 성장하는 과정에서 우리의 공유된 환경을 파괴

---

59 하지만 이런 이미지는 외관상 자기와 대립되는 이미지로 보충되어야 한다. 냉전 시대의 마지막 십여 년 전으로 돌아가 보자. 급진적인 반-공산주의자들이 서구와 동구의 인권 협정(헬싱키 인권 선언 등)을 공산주의자들이 지키지도 않을 속임수라고 비난했을 때 그들은 틀렸다. 물론 그들은 그 협정을 속임수라고 간주했지만 그럼에도 공산주의 국가들의 반체제 운동은 법적 구속력이 있는 문서로 받아들여졌던 헬싱키 선언을 민주주의적 운동의 발전을 위한 도구로 활용했다. 공산주의 지배자들은 외관이 지닌 치명적인 힘을 과소평가하는 경향이 있다. 그들은 자신들이 단지 외관으로만 지각하고 있는 것의 게임에 사로잡혀 버렸다.

하고 있다고 비난하며 현재 비율로 환경을 오염시키는 것을 더 이상 하지 못하도록 해야 한다).
2. **테러**(강제적인 환경보호 조치를 위반한 모든 사람에 대한 무자비한 처벌. 자유주의적 '자유'에 대한 가혹한 제한이나 예상되는 법-위반자들에 대한 기술적인 통제까지 포함하여).
3. **의지주의**(생태학적 재앙의 위험에 대처하는 유일한 방법은 대규모의 집단적인 결정을 통해 자본주의적 발전의 '자생적인' 내부 논리를 거부하는 것이다).
4. 마지막으로 이것들은 **인민에 대한 신뢰**로 결합되어야 한다(대다수 인민은 이와 같은 엄정한 조치들을 지지할 것이며, 그 조치를 자기 자신의 것으로 간주하여 스스로 그 강제에 참여할 준비가 되어 있다는 쪽에 설 것이다). 우리는 평등주의-혁명적 테러의 형상들 중 하나로, 당국자들의 범죄를 고발하는 '내부고발자'의 활동을 혁명적 테러와 인민에 대한 신뢰의 결합으로 단언하는 것을 두려워해서는 안 된다(엔론Enron 비리 사태 때 『타임』Time은 참으로 정당하게도, 금융 당국자들의 비밀을 폭로한 내부고발자를 공공의 영웅으로 찬미했다).[60]

이렇게 생태주의적 도전은 평등주의적 테러의 '영원한 이상'을 재창안하는 특이한 기회를 제공하지 않는가?

---

60 하지만 여기서 우리가 절대적으로 거부해야 하는 유혹은 생태학적 재앙을 일종의 자연의 '신적 폭력'으로, 자연의 정의/복수로 간주하는 것이다. 그런 결론은 자연에 대한 반-계몽주의적 의미 부여가 될 것이다.

옮긴이 후기 지젝과 함께 다시 맑스로

2009년 6월 25일, 이명박 대통령이 민생 행보차 재래시장을 방문했다. 좋았던 옛날 같으면 '나랏님' 손 한번 잡아 볼까 들떴을 소상인들의 표정은 생계 곤란으로 어둡기만 하다. 처음 들어간 상점에서 이명박 대통령은 이웃 대형마트 때문에 살기 힘들다는 상점 주인의 한탄에는 아랑곳 않고 "이거 사먹어라, 뻥튀기"라며 소탈한 인간미를 과시했다. 연이어 만난 상점 주인들도 한결같이 대형마트 때문에 죽겠다고 하자 그제서야 "왜, 여기가 더 쌀 것 아니냐?", "산지와 직거래 안 하냐?", "마트보다 더 일찍 열고 더 늦게 닫지 않냐?"라며 소상인들의 경쟁력을 타박한다. 회식 자리에서도 대형마트 규제를 호소하자 "정부가 대형마트를 규제하는 법안을 만들더라도 헌재에 헌법소원을 내면 패소하게 되어 있다"며 날렵한 현실론을 편다. 그러면서 위로하듯 "자기가 노점상할 때는 어디 하소연할 데도 없었다. 그런데 지금 여러분들은 이렇게 하소연할 데라도 있지 않느냐. 얼마나 살기 좋아졌느냐. 세상이"라고 갈무리한다.

　　들어주지도 않을 거면서 약만 올리는 이 '나쁜' 대통령에 수많은 네티즌들이 분개했다. 그 중 꽤 많은 사람들은 이명박 대통령의 비인간적인 통치와 인간미 넘쳐 '좋았던' 노무현 전 대통령을 비교했다. 하지만, 노무현 정권은 정말 그렇게 달랐을까? 다른 점이 있다면 노무현 전 대통령은 들어주지도 못할 약속은 하기도 싫고 상인들 귀찮게 하기도 싫어 아예 '제왕적 행차'를 하지 않았다는 점뿐이다. 이에 반해 공통점은 많다. 첫번째 "이거 사먹어라, 뻥튀기"라는 이명박의 응답 속에는 구조적 모순을 인간적 시혜로 해결하는 논리가 함축되어 있다. 노무현 정권 역시 금융 자유화, 새만금 개발, 한미 FTA, 노동 유연화와 같은 신자유주의 정책을 밀어붙였고, 그 때문에 생활 기반을 상실한 사람들에게는 복지와 인권을 확대하면 된다고 했다. 인권과 복지 정책이란 정치-경제적 주권자로서의 지위를 상실하여 오직 날것의 생명밖에 갖지 못한 인간에게 주어지는 최후의 보상적 권리가 아닌가? 이명박 정부가 인권과 복지를 앗아 갔다는 생각에 '더 많은 인권, 더 많은 복지'를 요구할 때, 우리는 보다 근본적인 것, 정치-경제적 주권을 잃어버리는 게 아닐까?

두번째, 대기업 CEO 출신으로서 '규모의 경제'를 모를 리 없는 이명박 대통령은 "직거래 하라"고 했다가 "어떻게 그 물량을 소화하냐"는 편잔을 듣는다. 노무현 전 대통령이 한미 FTA가 한국의 농업과 서비스업, 중소 제조업을 초토화시킬 것이라는 반대 논거에 '경쟁력을 키우자'라고 했던 것과 같은 논리다. 세번째, 대기업 규제법은 헌법재판소에 제소당할 게 뻔하다는 응답은 이미 노무현 정부가 WTO의 '서비스 무역에 관한 일반협정'에 위배되기 때문에 대형마트 규제법은 불가하다고 했던 것과 같다. 네번째, "지금 이렇게 말이라도 할 수 있으니 얼마나 좋은 세상이냐"는 응답은 노무현 정권 때 귀가 따갑도록 들었던 "그래도 지금은 표현의 자유를 누릴 수 있으니 독재 시대와 비교하면 얼마나 좋은 세상이냐"는 말과 똑같다.

이명박의 민생 행보 속에는 '이명박'으로 대변되는 신자유주의적 강탈 국가와 '노무현'으로 대변되는 자유민주주의적 복지국가에 공통된 철학적 전도가 숨어 있다. 첫번째 '뻥튀기' 장면에서는 '구조'가 '인간'으로 전도되고 있다. 구조적 관계의 총체인 인간이 생물학적 존재로서의 인간으로 전도되고 있는 것이다. 이런 철학적 전도 속에서 자본주의 국가의 통치 대상은 주권(법)과 대응하는 신민subject이 아니라, 개별적으로 훈육되어야 할 유기체와 통계적으로 관리되어야 할 인구population로 규정된다. 근대적인 훈육 시스템과 보험-복지 시스템은 인간을 '생명체'로 규정하는 인간학적 배치의 산물이다. 자본주의적 상품 경제는 그와 같은 인간학적 배치를 인간의 상품화로 실행했다. 생명활동의 능력인 노동력뿐만 아니라 생명을 구성하는 요소(장기, 혈액, 정자, 난자, 유전자, 희귀세포 등) 자체도 상품화된다.

두번째 장면에서는 집합적 관계의 산물인 '힘'(역관계)이 개체적 힘(능력)으로 전도되고 있다. 소상인이 요구한 것은 대형마트와의 역관계를 바꿔 달라는 것이었지만, 그에 대해 이명박은(그리고 미국과의 역관계를 바꿔 달라는 반-FTA 진영의 요구에 대해 노무현은) 개체(개인이든, 기업이든)의 능력(경쟁력)을 기르는 수밖에 없다고 답한다. 개체들 간의 관계(복합)에서 생기는 힘을 낱낱의 분리된 개체에 내속하는 능력으로 간주하는 것이다. 이런 관점으로부터 사적 소유와 경쟁의 자연성에 근거한 자본주의적 생산관계가 확립되었다.

세번째 장면에서는 '주체'가 '객체'로 전도되고 있다. 헌법 때문에, 혹은 국제 협약 때문에 대기업 규제법을 만들 수 없다는 논리 속에서 우리는 카프카의 「법 앞에서」에 나오는 시골 농부가 된다. 법정 문지기의 권위에 짓눌려 문 앞에서 전전긍긍하던 농부는 죽기 직전 "여러 해를 두고 나 말고는 아무도 법문法門으로 들여 보내 달라고 애걸하는 사람이 없으니 도대체 어쩐 일이요?"라고 묻는다. 그러자 문지기는 "이 문은 오직 당신만을 위한 것인데, 이제 당신조차 못 들어가니 나는 문을 닫고 가봐야

겠소"라고 대답한다. 신자유주의에서 더욱 극성스러워진 법-물신주의는 법이란 '모두'를 위해 객관적으로 존재하는 것이 아니라, 오직 주체 '하나'만을 위해, '주체'에 의해 창조된 것임을 망각하게 한다. 같은 선상에서 여당은 (2년 근속 비정규직 노동자는 정규직으로 전환해야 한다는) 비정규직법의 적용 시기를 유예하지 않으면 100만 실업사태가 발생할 것이라고 협박하면서 한편으로는 공기업을 필두로 대량 해고를 유도하고 있다. 주체적인 행위 결과를 마치 주체가 고려해야 할 객관적 전제처럼 간주하는 논리가 들통 나는 순간이다.

네번째 장면에서는 '실재'가 '말'로 전도되고 있다. 박정희나 전두환 정부 같은 권위주의적 독재에서는 말이 어느 정도 실재성을 가지고 있었다. 박정희였다면 어쩌면 말 한마디로 소상인들의 고충을 해소할 수도 있었을 것이다. 권위주의적 독재자가 인민의 말을 통제했던 것은 자신의 말처럼 인민의 말도 실재성의 무게를 지니고 있다는 판단에서였다. 그래서 독재자의 말이 힘을 잃고 저항의 말이 터져 나오자 독재자의 권력은 붕괴했다. 하지만 민주주의 독재에서 말의 실재적 효력은 선거 국면에만, 그것도 아주 기만적인 방식으로만 나타난다. 핵심적인 정책은 아무 말 없이 사법-행정적으로 처리되고, 인민의 말을 대신하는 국회는 형식적인 말잔치와 스펙터클만 연출할 뿐이다. 통치자의 말이 실재의 무게를 상실한 것에 상응하여 저항의 말 역시 실재성을 상실했다. 인터넷을 통해 통치자에 대한 비판과 조롱의 말이 쏟아지고 방송 매체를 통해 학살과 탄압의 현실이 드러나도 말은 말일 뿐, 스펙터클은 구경거리일 뿐 더 이상 실재의 변화를 가져오지 못한다. 그렇기 때문에 민주주의적 독재는 말은 터놓고 실재는 봉쇄한다. 그 결과 말의 자유는 실재의 봉쇄를 은폐하는 차폐막으로 기능한다. 이명박 대통령은 "말이라도 할 수 있으니 얼마나 좋은 세상이냐"고 하지만 '말만 하고 아무런 변화도 없는 세상'이야말로 가장 끔찍한 세상이다.

* * *

지젝은 이와 같은 (후기)자본주의의 통치에서 잃어버린 것은 '정치'라고 말한다. 그에게 정치란 한마디로 '적대'의 가시화이다. 적대는 칼 슈미트가 말한 '적과 아의 구분'이나 맑스가 말한 '계급투쟁'으로 나타난다. 그 적대를 비가시화하는 통치의 논리는 '치안'police이다. 치안이란 지배의 대상인 인민을 인간 주체로 보지 않고 사물화된 존재로 간주한다. 그것은 사물로 상징화할 수 있는 적절한 '자리'와 '몫'을 부여하거나, 반대로 그와 같은 '정체성'이 완전히 제거된 날것의 생명체로 환원하여 훈육하고 보호하는 통치 질서이다. 인간의 '주체성'을 제거하여 '사물화'한다는 점에서 치안의 논리는 곧 경제의 논리이다. CEO가 통치하는 대한민국 주식회사가 노동자의 파업 투쟁에 민사상 손해 배상으로 대응하고, 재개발 정책 반대자들을 재개발 업체가 고용한 용역 깡패로 진압하고, 용산 재개발 현장에서 발생한 국가 폭력에 항의하기 위해 희생자의 주검을 요구하는 유가족들에게 장례식 비용 4억 원을 내지 않았다고 잡아가는 것은 너무나 당연하다.

이와 같은 정치의 치안-경제화에 상응하는 저항의 논리는 나의 사유 재산인 몸과 정신과 감각을 침범하지만 않는다면 뭘 해도 상관없다는 '관용주의'나 서로 다른 정체성과 향락을 보장하자는 '다문화주의'이다. 지젝이 보기에 이런 저항 논리에서도 정치는 실종된다. 정치란 단지 서로에게 외부적인 세력들 간의 적대일 뿐 아니라 그렇게 외부화되면서 사라지는 '주체성'의 분출이기 때문이다. 프로이트-라캉 정신분석이 전제하는 것처럼 '주체'는 자아 이미지(정체성)가 붕괴된 자리에서 출현한다. 정치는 치안의 질서에서 자기 몫과 정체성이 박탈된 자들의 주장 속에서 발생한다. 랑시에르의 말처럼 몫 없는 자들이 몫을 주장하고, 그것도 공동체 전체와 자신을 '잘못' 동일시하면서 '없던' 평등을 입증할 때, 그래서 치안의 질서 자체가 근거 없음을 입증할 때 정치는 출현한다.

몫 없는 자들이 무제한적인 폭력의 희생자(호모 사케르homo sacer)로 전락하지 않고 정치적 주체가 되기 위해서는 공동체 전체와 자신을 동일시하는 평등의 이념, 그 보편적 진리에 대한 자기-충실성이 요구된다. 바디우의 말처럼 진리에의 충실성이 치안의 존재 질서를 외부로부터 파열시키는 사건의 원인이다. 치안(경찰)의 관점에서 그런 정치적 사건은 '폭력'이다. 맞다. 자기 자신을 치안의 법 외부로 빼내지 않고서는 정치적 주체가 될 수 없으며, 그런 정치적 주체의 행위는 치안의 법과 적대한다는 점에서 폭력적일 뿐 아니라, 어떤 대타자 형상에도 의존하지 않고 자기 진리(윤리적 법)를 입증하는 제헌적 행위라는 점에서도 폭력적이다. 이와 같은 주체(주권자)의 정치, 진리의 정치, 제헌적 폭력의 정치를 포기하고 그저 자기 몫의 증대를 주장하고 다양한 정체성들의 평화로운 공존만 주장하는 포스트-모던 대항-정치는 정치 본연의 적대성을 은폐하는 탈-정치화에 불과하다는 것이다.

정치를 치안-경제화 하는 (후기)자본주의적 통치와 그에 상응하는 포스트-모던 대항-정치를 비판할 때 지젝은 랑시에르나 바디우와 함께 정치 본연의 적대성을 주장한다. 하지만 그들의 순수 정치론이 경제 영역에서의 투쟁을 등한시하고 민주주의 투쟁에만 초점을 맞출 때 지젝은 그들의 탈-맑스주의를 비판한다. 맑스에게 적대는 노동과정과 직접 단락한다. 경제는 단순히 재화의 공급이 아니라 생산과정에 참여하는 인간들 간의 적대 관계를 함축한다. 지젝에게 진정한 정치는 경제 영역과 분리된 정치 영역에서가 아니라 생산관계 자체에서 일어나는 단절이다. 그래서 자코뱅이 일으킨 정치적 사건은 단두대의 공포정치가 아니라 "여성의 자치 조직화에서부터 모든 늙은이가 평화와 존엄 속에서 말년을 보내는 공동체 가족까지 불과 2~3년 사이에 이뤄진" 일상의 재조직에 있으며, 러시아 혁명의 진정한 정치성은 10월 혁명이 아니라 1920년대 초반 "이전의 결혼 의례나 장례 의례를 어떻게 바꿀 것인가? 어떻게 공장과 집단 거주지에서 공산주의적 교류를 조직할 것인가?" 등 일상생활의 의례들을 재창안하려는 실험에 있다. 스탈린의 토지 개혁이나 마오의 문화혁명까지 포함하여 자본주의적 생활(생산)양식의 전면적 혁명에 실패할 때 그 경제적 혁명의 실패를 은폐하기 위해 정치적 테러가 발생하는 것이다. 정치적 폭력 자체가 나쁜 게 아니라 그것이 경제적 혁명(폭력)에 대한 무능력을 탈-은폐하는 증상으로 나타나는 게 문제다.

맑스와 마찬가지로 지젝에게 경제란 단지 재화의 공급만이 아니라 여성의 자치 조직, 노인 공동체, 결혼이나 장례 의례, 화장실 구조, 성관계 방식 등 인간적 삶의 제형식을 포괄한다. 사회-상징적 욕망의 양식이라고 불러도 좋을 이런 (삶의)생산관계를 전면적으로 바꾸는 것이 맑스가, 그리고 지젝이 생각하는 혁명이다. 당연히, 그런 혁명은 정치적이다. 포스트-맑스주의적 정치이론의 문제 중 하나는 정치의 경제화를 비판하면서 은연중에 경제를 물품 공급으로 간주하는 데 있다. 지젝에게 평등-민주주의란 단지 일상생활과 분리된 대의 체제를 지칭하는 게 아니라 지극히 일상적이고 심지어 무의식적이기까지 한 삶의 생산 형식에서 실현되어야 하는 것이다.

그렇다면 우리는 어떻게 자본주의적 생산관계, 즉 자본주의적 욕망의 형식, 자본주의적 무의식까지 혁명할 수 있을까? 지젝은 이 지점에서 다시 '정치'로 돌아온다. "경제는 핵심적인 영역으로 전쟁은 거기서 결정되어야 하며, 거기서 우리는 전 지구적 자본주의의 주문을 깨뜨려야 한다. 하지만 그런 개입은 경제적인 것이 아니라 고유한 의미에서 정치적인 것이어야 한다." 그리고 그 혁명적 평등-민주주의는 부르주아의 국가권력을 장악한 프롤레타리아의 독재에 의해, "혁명적-민주주의적 테러의 형태로만 제도화될 수 있다". 그런 근대적 혁명은 불가능하거나 위험하다고 간주하면서 그 대신 자본과 국가권력 외부에서 비자본주의적인 생활 형식을 실험하자든가, 후기 자본주의적 생산관계는 그 자체로 이미 공산주의적 생산관계를 잠재적으로 내포하고 있기 때문에 필요한 것은 그저 부르주아 계급이 그것을 깨닫게 만드는 다중의 투쟁일 뿐이라고 주장하는 것은 지젝이 보기에 너무 순진하다. 부르주아 국가권력의 장악과 프롤레타리아 독재 없는 혁명을 주장하는 것은 카페인 없는 커피를 원하는 것처럼 혁명의 혁명성(폭력성)이 없는 혁명, 즉 가짜 혁명을 소비하는 것뿐이라는 것이다. 또한 그런 탈근대적 혁명론은 아주 손쉽게 혁명적 에너지가 거세되어 개인주의적 생활-영성 운동으로 전락해 버린 뉴에이지 운동론으로 흡수되고 만다는 것이다.

　　최근에 미국 출신의 아나키스트 인류학자 데이비드 그레이버David Graeber에게서 흥미로운 이야기를 들었다. 미국의 하층 노동자 계급은 자본가보다 엘리트 지식인 계급을 훨씬 더 증오한다는 것이다. 왜냐하면 열심히 일하면 자본가는 될 수 있을지 몰라도, 죽었다 깨어나도 예일대 출신의 인권 변호사나 뉴욕 타임즈에서 인권과 톨레랑스를 주장하는 칼럼니스트는 될 수 없다고 느끼기 때문이다. '상품가치'(화폐)는 획득할 수 있어도 '인권'이나 '관용' 등 정치적으로 올바른 '가치 상품'은 유대인을 비롯한 소수 엘리트 계층만의 지적 상속물이 되어 버렸다는 것이다. 하층 노동자 계급이 부시에게 투표하고 이라크 전쟁에 참전하는 것도 유일하게 남은 고귀한 '가치 상품'이 '애국'밖에 없기 때문이다. 외국에 파병된 미군들에게 대민 봉사활동을 시킬 때, 그것은 해당 지역에서 미국의 이미지를 개선하는 외부 효과보다 오히려 미군의 (재)복무 기한을 연장시키는 내부 효과가 더 크다고 한다. 인간은 화폐와 같은 경제적 가치만을 추구하는 존재가 아니라 '인권', '관용', '애국' 같은 정치적 가치 역시 추구하는 존재이기 때문이다. 그 '대의'Cause의 가치마저 사유재산이 되고 상품화될 때, 그래서 어디서도 '공동체'를 느끼지 못할 때 우파는 '애국'을 정치적으로 동원하거나 전쟁 상품으로 개발한다.

얼마 전, 세 살 먹은 딸이 놀이터에서 놀고 있는데 같은 또래 남자아이가 와서 딸을 성가시게 하려고 했다. 그 순간 그 아이 어머니가 화들짝 놀라 죄송하다며 자기 아이를 떼어 갔다. 타인의 영역을 침범하지 않겠다는 이 조심성, 타인의 향락을 침범해서는 안 된다는 이 '정치적으로 올바른' 감수성의 이면에는 나의 사적 소유인 몸, 나의 사적 소유인 향락에 대한 자본주의적인 소유 감각이 도사리고 있다. 그런 뉴요커식 문화가 지배하게 되면 정말이지 자본주의적 소유관계를 넘어서는 코뮨적 삶의 형식과 그것을 위한 혁명은 불가능할 것이다. 지젝이 톨레랑스보다는 적대를, 향락보다는 대의를, 시민사회의 변혁보다는 국가의 변혁을 주장하는 것이 이해할 만했다. 자본주의적 소유관계에서 상실된 인간적 삶의 공통성을 '국가'를 매개로 회복하고픈 열망도 이해할 만했다.

그럼에도 불구하고 지젝에게 완전히 동의할 수 없는 부분은 '대의'Cause를 혁명의 '원인'cause으로 설정하는 것이다. 인간은 분명 '대의'를 추구하는 존재이지만 맑스가 말한 것처럼 의식(대의 역시 의식이다)을 결정하는 것은 '존재'이지, 의식이 존재를 결정하는 것은 아니다. 또한 프로이트의 교훈처럼 의식을 결정하는 것은 욕망이지, 의식이 욕망을 결정하는 것은 아니다. 비자본주의적인 존재 형식과 욕망의 형식이 자본주의와 적대적인 '대의'를 낳는 것이지 거꾸로가 아니다. 지젝 자신의 말처럼 자본주의적 생산관계는 언제나 이미 실체적으로 존재하는 것이 아니라 그것의 존재를 믿고 욕망하는 주체들의 행위에 의해서만 존재한다. 따라서 자본의 욕망에 포획되지 않고 비자본주의적인 존재(욕망) 형식을 창안하는 것은 부르주아 국가의 혁명 이전에도 가능하다. 그런 비자본주의적인 존재 형식이 부르주아 독재에 적대하는 이념을 낳고, 그 존재 형식을 증식시키려는 욕망이 자본주의적 치안에 적대하는 정치적 사건을 일으키는 것이다. 존재 방식 자체가 정치적인 삶, 존재 자체가 위험한 코뮨적 욕망이 대의Cause의 원인cause이 아니겠는가?

2009년 8월

옮긴이

잃어버린 대의를 옹호하며

초판1쇄 펴냄 2009년 8월 31일
초판3쇄 펴냄 2022년 4월 29일

지은이 슬라보예 지젝
옮긴이 박정수
펴낸이 유재건
펴낸곳 그린비
주소 서울시 마포구 와우산로 180, 4층
대표전화 02-702-2717 | **팩스** 02-703-0272
홈페이지 www.greenbee.co.kr
원고투고 및 문의 editor@greenbee.co.kr

주간 임유진 | **편집** 홍민기, 신효섭, 구세주, 송예진 | **디자인** 권희원, 이은솔
마케팅 유하나, 육소연 | **물류유통** 유재영, 한동훈 | **경영관리** 유수진

이 책의 한국어판 저작권은 신원에이전시를 통해 저작권자와 독점 계약한 (주)그린비출판사에 있습니다.
저작권법에 의하여 한국 내에서 보호를 받는 저작물이므로 무단전재와 무단복제를 금합니다.
책값은 뒤표지에 있습니다. 잘못 만들어진 책은 구입처에서 바꿔 드립니다.
ISBN 978-89-7682-729-6 04300 978-89-7682-717-3 (세트)

學問思辨行: 배우고 묻고 생각하고 판단하고 행동하고
독자의 학문사변행을 돕는 든든한 가이드 _그린비 출판그룹

그린비 철학, 예술, 고전, 인문교양 브랜드
엑스북스 책읽기, 글쓰기에 대한 거의 모든 것
곰세마리 책으로 통하는 세대공감, 가족이 함께 읽는 책